U0117160

周代的信仰

天、帝、祖先

罗新慧　著

上海古籍出版社

图书在版编目(CIP)数据

周代的信仰：天、帝、祖先 / 罗新慧著. —上海：
上海古籍出版社，2023.3（2023.11 重印）
ISBN 978-7-5732-0570-4

Ⅰ. ①周… Ⅱ. ①罗… Ⅲ. ①宗教信仰-关系-中华
文化-研究 Ⅳ. ①B928.2

中国国家版本馆 CIP 数据核字(2023)第 011762 号

周代的信仰：天、帝、祖先

罗新慧 著

上海古籍出版社出版发行

（上海市闵行区号景路 159 弄 1-5 号 A 座 5F 邮政编码 201101）

（1）网址：www.guji.com.cn

（2）E-mail：guji1@guji.com.cn

（3）易文网网址：www.ewen.co

上海中华印刷有限公司印刷

开本 787×1092 1/16 印张 41.75 插页 5 字数 600,000

2023 年 3 月第 1 版 2023 年 11 月第 2 次印刷

印数：2,301—3,350

ISBN 978-7-5732-0570-4

B·1301 定价：198.00 元

如有质量问题,请与承印公司联系

序

　　中国古代传统文化特别关注人的精神世界，由此而关注、研究和探讨身心性命之学。早在春秋时期就有智者提出天道、人道之事，汉儒或笃信"人副天数"、天人感应，宋儒则讲"天理"，认为道德规范由天理决定，明儒王阳明则强调个人的心性当与天通达，清儒阮元撰《性命古训》，从文献学的角度提出"性命皆由天道而出"（《研经室集·性命古训》）的论断。现代学问家傅斯年《"性命古训"辨证》一书继续阮元的研究，开启用周代金文结合文献资料进行相关研究之途。郭沫若则以历史发展的观念为基础考察先秦天道观的变迁。天命观念之所以引起历代学者的浓厚兴趣，正是由于它在传统文化中位置极其重要的缘故。

　　除了笃信天命以外，服膺权威亦是我国传统文化的一个特色。这对于统一社会各阶层人们的思想和意志有极大作用。过去在一般人家的中堂多供奉牌位，上书"天地君亲师"，概括了人们最为尊奉的权威。这权威大而言之，主要有二，一是天命；二是祖宗。先秦时期对于祖先的敬奉源远流长。敬奉祖先这一观念的核心就是对于宗族、家族传统的继承。周代礼乐文明中，尤重尊祖敬宗，强调"帅型祖考之德"。

　　尊天敬祖是塑造周代文明非常重要的因素，在周代的历史发展中，它被不断地过滤、提炼和演化，通过制度的保障和政治家们以及哲人的宣示，其潜在的功能与影响被发掘放大，使其成为笼罩在周代社会上的神圣之光、社会各阶层人们精神世界的依托与慰藉。周代的天命观念突破了邦国、氏族的界限，成为全社会的共同信仰，凝聚起社会各族、各阶层人们的精神。这种共同的信仰使全社会的人们有了共同的归属意识，有了时代文明自觉与自信，奠定了周代文明的基础，在漫长历史时段中影响着社会发展的走向。尊天敬祖的观念，不仅为周代社会提供了道德伦理和心理行为的依据，而且，经过不断的改造、丰富与锻铸，还影响着整个古代中国的思想观念和精神文化。由于时代和材料的局限，对于周代天命观念的起源及其形成问题以及祖先崇拜的全面考察，尚无综合的研究成果出现。专家之论虽时有精义在，但缺乏整体性的考察、全景式的展现，读相关论著，时有见树而不知林的感觉。罗新慧教授的这部大书着意于弥补前人相关研究在这方面的缺憾，书中详细缕析了八百年之久的周代信仰世界的变迁，探究了作为当时信仰世界核心的天、帝及祖先观念的特点和影响。对于此问题以高瞻远瞩的审视进行规模宏大的论析，为以往的论著所罕见。若论此书的特色，这当是其一。

　　周代信仰世界并非空中楼阁，而是以各种形式渗透、融汇于现实世界的政治、制度、文化之中。信仰世界既是现实世界的投影，又是影响现实世界的重要力量。周是古代中国延续时间最长的一个朝代。这个漫长时段是中国传统制度与文化的奠基期，这个时段所形成的文化、思想、观念一直延续了整个中国古代。传统文化的核心部分虽经历代损益而发扬光大，但是其基本理念的形成和齐备，则是周代的事情。以丰富的史料，缕析信仰世界与周代社会历史实际的相互关联，是一件非常复杂的工作。罗新慧教授的这部书稿为完成这一工作做出了杰出的贡献。这是本书的第二个特点。

　　古代文献关于周代信仰世界的记载，虽遍及于经、史、子类之籍，但皆东鳞西爪，不仅梳理困难，而且往往相互龃龉，甚难牵合一致。清儒礼学大家，多据礼而言礼，在礼书中左勾右连，成绩虽巨，但距离历史实际则往往较远。当代学者多关注面世的古文字资料及史籍，而于礼书则多敬而远之。《周代的信仰》一书却不避繁难，进行多方面的辨析研究，力图熔经史子于一炉，解决许多前人未解之纠葛，并且注意到了不少几微的材料，虽属雪泥鸿爪，但用来解决信仰世界的一些问题却颇有价值。这类创见散布于此书许多章节。善于发现前人未见之资料，董理各种资料而做综合研究，提出新见，不尽协前人矩矱，这是此书的第三个特色。

　　罗新慧教授不逐世俗热点,潜心于是书的撰写,历经十多年的不懈努力,所呈现给学术界的这部著作,全面而系统地展现了周代信仰的核心部分,亦即天、帝、祖先观念发展变迁的不同时段的面貌和特点,以丰富的文献与地下考古及古文字资料进行深入缕析,不做空泛之论,而务以"实事求是"为鹄的,循守有几处证据说几分话的学术原则。这部专著为提升周代信仰世界的研究做出了扎实贡献,定会引起广泛关注。

晁福林

谨识于北京师范大学历史学院中国古代史研究中心

时当庚子年六月

目　录

序 ……………………………………………………… 001

绪论 …………………………………………………… 001

第一编　传统的形成：西周时期的信仰

第一章　天与天命 ………………………………… 017
第一节　殷周之际的"天" ……………………… 018
第二节　天命与西周国家 ……………………… 035
一、天命与周人立国 ………………………… 037
二、周王的神性："天子"与"配天" ………… 056
第三节　天与至上神 …………………………… 066
一、天的神性 ………………………………… 066
二、天：至上神 ……………………………… 072
三、祭祀于天 ………………………………… 076
本章小结 ………………………………………… 082

第二章　周人的上帝 ……………………………… 086
第一节　周人对于商"帝"的改造 …………… 086
第二节　帝的神性以及帝人关系 ……………… 096
一、帝的神性 ………………………………… 096

二、帝臣与帝廷 ⋯⋯⋯⋯⋯⋯⋯⋯⋯⋯⋯⋯⋯⋯ 102

三、帝与人的关系：祭祀上帝 ⋯⋯⋯⋯⋯⋯⋯⋯ 111

第三节　帝与宗祖神 ⋯⋯⋯⋯⋯⋯⋯⋯⋯⋯⋯⋯⋯ 120

一、帝与后稷 ⋯⋯⋯⋯⋯⋯⋯⋯⋯⋯⋯⋯⋯⋯⋯ 121

二、祖考之称前附有"帝"字 ⋯⋯⋯⋯⋯⋯⋯⋯⋯ 125

第四节　帝是否为至上神 ⋯⋯⋯⋯⋯⋯⋯⋯⋯⋯⋯ 133

一、商人的帝是至上神？ ⋯⋯⋯⋯⋯⋯⋯⋯⋯⋯ 133

二、周人的帝与至上神 ⋯⋯⋯⋯⋯⋯⋯⋯⋯⋯⋯ 137

第五节　帝与天的异同 ⋯⋯⋯⋯⋯⋯⋯⋯⋯⋯⋯⋯ 139

本章小结 ⋯⋯⋯⋯⋯⋯⋯⋯⋯⋯⋯⋯⋯⋯⋯⋯⋯⋯ 146

第三章　"帅型祖考"与祖先崇拜 ⋯⋯⋯⋯⋯⋯⋯⋯ 149

第一节　西周时人祭祀祖先的系统 ⋯⋯⋯⋯⋯⋯⋯ 150

一、商人的祭祖系统 ⋯⋯⋯⋯⋯⋯⋯⋯⋯⋯⋯⋯ 151

二、西周早期的祭祖范围 ⋯⋯⋯⋯⋯⋯⋯⋯⋯⋯ 153

三、周人祭祀中的旁系祖先 ⋯⋯⋯⋯⋯⋯⋯⋯⋯ 162

附：略论西周早期商遗民的祭祖系统 ⋯⋯⋯⋯⋯ 166

四、西周中期以来周人祭祖范围的变化 ⋯⋯⋯⋯ 171

五、余论：西周文献中不见祭祀公亶父之前先祖 ⋯ 178

第二节　赞颂与缅怀：祖先与生者的一般性关系 ⋯ 183

第三节　祖先的神性 ⋯⋯⋯⋯⋯⋯⋯⋯⋯⋯⋯⋯⋯ 190

一、商周祖先神性比较 ⋯⋯⋯⋯⋯⋯⋯⋯⋯⋯⋯ 190

二、周人祖先的神力 ⋯⋯⋯⋯⋯⋯⋯⋯⋯⋯⋯⋯ 194

第四节　"帅型祖考"和"内得于己"

　　　　——周代先祖之"德"及其影响 ⋯⋯⋯⋯⋯ 208

一、德之源:"上帝降德"与"祖考之德" …………… 210

二、"仪刑文王"与文王之德 ………………………… 217

三、"为民之极":"自我"的凸显与成德路径的转换 ……… 224

四、余论 ………………………………………………… 231

本章小结 ……………………………………………… 233

本编小结 ……………………………………………… 237

第二编　波动与变迁:春秋时期的信仰

第四章　春秋时期天与天命观念的演变 ……………… 247

第一节　王权的余威 ………………………………… 247

第二节　天与天命 …………………………………… 255

一、天的崇高性 …………………………………… 256

二、天命属周? …………………………………… 264

三、天命:从天子到诸侯 ………………………… 267

四、天命论的发展与衍变 ………………………… 278

第三节　天的神性 …………………………………… 289

一、"天有五义" …………………………………… 289

二、天的神力 ……………………………………… 290

三、天廷与天神 …………………………………… 304

四、祭天与告天 …………………………………… 310

本章小结 ……………………………………………… 312

第五章　帝与帝命 ·········· 316

第一节　帝之命 ·········· 316

第二节　帝的神力与祭祀上帝 ·········· 323

一、上帝的神力 ·········· 324

二、帝廷当中的至上神 ·········· 328

三、祭祀上帝 ·········· 334

第三节　帝与人王 ·········· 338

本章小结 ·········· 341

第六章　祖先崇拜的发展与演变 ·········· 344

第一节　春秋时期祭祀祖先的范围 ·········· 345

一、合祭以及祭祀远祖 ·········· 345

二、春秋时期的"选祭" ·········· 350

三、春秋时期的"逆祀" ·········· 355

四、余论 ·········· 362

第二节　祖先崇拜的演变 ·········· 364

一、从作器者的自我称谓看祖先崇拜的变化 ·········· 364

二、从作器者的自我描绘看祖先崇拜的演变 ·········· 373

三、从"喜侃前文人"到"以乐其身"：祖先崇拜的演化 ·········· 383

第三节　祖先崇拜依然盛行 ·········· 393

一、礼与敬：祖先神灵与生者的关系 ·········· 393

二、祖先的神性与春秋时人所设想的"彼岸"世界 ·········· 398

三、创造祖先与神化祖先：华夏共同祖先意识的萌生 ·········· 422

本章小结 ·········· 453

本编小结 ⋯⋯⋯⋯⋯⋯⋯⋯⋯⋯⋯⋯⋯⋯⋯ 455

第三编　大一统背景之下的战国信仰

第七章　"天"与"天命"的沉浮 ⋯⋯⋯⋯⋯⋯⋯⋯ 463

　第一节　战国时期的王权 ⋯⋯⋯⋯⋯⋯⋯⋯ 464

　第二节　天命观的演变 ⋯⋯⋯⋯⋯⋯⋯⋯⋯ 474

　　附论：诸子天论 ⋯⋯⋯⋯⋯⋯⋯⋯⋯⋯⋯ 482

　第三节　天的神圣性与祭天礼典 ⋯⋯⋯⋯⋯ 493

　　一、神圣的皇天与祭天之礼：礼学家的规划 ⋯⋯ 494

　　二、天的神力 ⋯⋯⋯⋯⋯⋯⋯⋯⋯⋯⋯⋯ 504

　　三、天之臣属 ⋯⋯⋯⋯⋯⋯⋯⋯⋯⋯⋯⋯ 509

　第四节　"配天"和"天人感应"观念的兴起 ⋯⋯⋯ 517

　　一、配天的含义 ⋯⋯⋯⋯⋯⋯⋯⋯⋯⋯⋯ 517

　　二、"天人感应"观念 ⋯⋯⋯⋯⋯⋯⋯⋯⋯ 520

　本章小结 ⋯⋯⋯⋯⋯⋯⋯⋯⋯⋯⋯⋯⋯⋯ 523

第八章　上帝与五帝 ⋯⋯⋯⋯⋯⋯⋯⋯⋯⋯⋯ 525

　第一节　上帝的神性与祭祀上帝 ⋯⋯⋯⋯⋯ 526

　　一、帝命 ⋯⋯⋯⋯⋯⋯⋯⋯⋯⋯⋯⋯⋯⋯ 526

　　二、上帝的神性 ⋯⋯⋯⋯⋯⋯⋯⋯⋯⋯⋯ 527

　　三、帝臣与帝廷的变化 ⋯⋯⋯⋯⋯⋯⋯⋯ 534

　　四、祭祀上帝 ⋯⋯⋯⋯⋯⋯⋯⋯⋯⋯⋯⋯ 541

　第二节　战国时期的五帝观念 ⋯⋯⋯⋯⋯⋯ 560

　　一、五帝观念的兴起 ⋯⋯⋯⋯⋯⋯⋯⋯⋯⋯ 561

　　二、秦人的五帝 ·· 579

　　本章小结 ··· 589

第九章　礼敬祖先 ··· 591

　第一节　"报本反始"：祖先的崇高性 ······················· 592

　第二节　祭祀祖先的范围 ·· 596

　　一、几种卜筮祭祷简所显示的祭祀祖先系统 ············· 601

　　二、"五世先祖"与祭祖范围 ······································ 611

　第三节　祖先的神力 ·· 617

　本章小结 ··· 622

本编小结 ··· 624

参考文献 ··· 628

后记 ··· 656

绪　　论

　　本书是一部研究周代宗教信仰的著述,重点考察在周代信仰领域中居于核心地位的天、帝、祖先。

一

　　有关中国古代宗教信仰的研究,自现代以来即已开展。自那时到现在,相关论断甚为宏富。考察其所言,大致有三种论题和论点值得关注:

　　其一,淡化中国古代宗教信仰的功用,指出中国古代社会,道德教化、哲学伦理植基深厚,较之宗教信仰,有更为广泛而深远的影响。20 世纪20 至 40 年代,学者们以揭示中国文化的特点为务,考察出两千余年来中国之风教文化以儒家为中心,注重伦理情感,从而走上哲学化的道路和以道德代宗教的道路。冯友兰先生指出哲学在中国文化中的地位,类似于宗教在其他文化中的功用。中国人在哲学中找寻到"超越现实的存在",在哲学里"表达和欣赏那个超越伦理道德的价值""体验超越伦理道德的价值"。哲学发挥了宗教的功效,因而中国人"不那么关切宗教"。冯先生预言,"将来的世界里,哲学将取代宗教的地位",这样的趋向,既符合中国哲学传统,同时也助益于人们获得原本由宗教所提供的"最高福分"。①

---

　　① 冯友兰:《中国哲学简史》,赵复三译,北京:三联书店,2009 年,第 1、5、6 页。(转下页)

在冯先生看来，由宗教而哲学，不仅预示着人类精神的发展方向，而且也正是中国传统文化演进历程的反映。此即以哲学代宗教之路。

梁漱溟先生则将中国古代精神世界的演变概括为"以道德代宗教"，其中，以孔子为代表的儒家发挥关键作用，"中国自有孔子以来，便受其影响，走上以道德代宗教之路"。儒家之礼制，一定程度上具有宗教之效，"儒家之把古宗教转化为礼……这些礼文，一面既妙能慰安情感，极其曲尽深到；一面复见其所为开明通达，不悖理性"。① 传统的礼制，或则引发崇高之情，或则妥安人生志向，或则安顿人生归处，一切之一切，无须外假于神。此为以道德代宗教之路。

两位学者均淡化宗教的作用，影响甚巨。他们指出传统文化中的哲学、礼制不但具有与宗教异曲同工之妙，同时又深具理性，对于中国古代文化产生更加深远的影响。他们紧紧地将宗教研究与传统文化的探讨结合起来，力求为中国古代"理性"的发展缕析出清晰的线索，由此开启了中国古代宗教研究的一个重要路途。

其二，上古宗教信仰对于传统文化的影响至深至巨，甚至决定其发展之路。与上述冯、梁两先生的论点截然不同，学者指出中国原初的宗教信仰对于中国传统文化的趋向的形成有关键性作用。

宗教信仰对于文化与社会的作用，是西方学人久已关注的课题。马林诺夫斯基（1884—1942）有关原始宗教与文化紧密相关的论点广为人知。他借原始宗教的研究，探讨了宗教信仰所展示的文化功能，指出宗教"将精神上的冲突的积极方面变为传统的标准化"，同时，宗教信仰及仪式"增强了人类团结中的维系力"，"宗教使人类的生活和行为神圣化，于是变为更强有力的一种社会控制"。② 换而言之，宗教的作用是将人类情感

（接上页）冯先生明确指出儒家不是宗教："在西方人眼里……儒家俨然成为一种宗教。而事实上，儒家思想并不比柏拉图或亚里士多德思想更像宗教。"（《中国哲学简史》，第1页）按《中国哲学简史》初版于1947年，原为1946—1947年冯友兰先生受卜德（Derk Bodde）教授之邀，在宾夕法尼亚大学东方学系教授课程的讲义。

① 梁漱溟先生指出中国古代伦理有宗教之用，中国缺乏宗教，见《中国文化要义》，上海：上海人民出版社，2005年，第77—108、95、101页。按《中国文化要义》初版于1949年。

② 马林诺夫斯基：《文化论》，费孝通译，北京：华夏出版社，2002年，第79（转下页）

中、精神上、人格里的积极因素予以传统化、标准化、神圣化,从而使个人心理获得平衡,社会生活得以稳定。宗教之于文化和社会,功用大焉。

韦伯(1864—1920)更是着重论述了宗教对于文化、社会制度的深切影响,他的新教伦理与资本主义关系的研究思路,肯定了宗教在其中所产生的主导性作用。

而汤因比(1889—1975)的相关学说则更进一步,强调宗教信仰对于文化的发轫作用。汤因比认为"文化"是一种精神活动,作为精神活动的"文化",其核心是某种价值体系,而价值体系的根基则是宗教信仰。一个伟大的文明社会,总是伴随有相对完善的政治制度、经济建设和文化艺术,而诸项成就的达成,依赖于社会共同体之下的全体成员具有相同的宗教信仰,以此来凝聚社会成员的认同感或团契意识。由此,宗教信仰构成了人类文明形成和发展的源泉与动力。质言之,宗教信仰是整个人类历史的"文化本体或文化泉源"。这就是"宗教决定文化论"。①

西方学者紧扣宗教与文化之间的关联,这一思路引起中国学者的共鸣。由此,宗教信仰在传统文化发展进程中的作用、宗教信仰对于民族性格的型塑、中国文化与原始宗教的关系、中国文化从原始宗教渐入理性的过程,成为学者们重点探讨的内容。有学者将中国的早期宗教视为"民族精神总纲",认为宗教信仰在中华民族的形成与发展过程中,起到了重要的民族认同和文化纽带作用。中国的早期宗教为"中华民族的形成与发展奠定了基础",是"中华民族多元一体格局的精神纽带"。②诸多学者认为,殷周宗教中的基因与萌芽,开儒家理性主义精神和诸子宗教批判运动之先河,造就了中国古代以非宗教性的、理性主义的儒家学说为主导的、又有多种学说并存的基本面貌。

而在 20 世纪 90 年代中期以来,随着雅斯贝斯(1883—1969)"轴心期"理论、帕森斯(1902—1979)"人类精神觉醒"理论的盛行一时,更是为

(接上页)页。他指出"宗教信仰可以使个人摆脱其精神上的冲突,而使社会避免瓦解的状态"(《文化论》,第 85 页),宗教对于个人生活以及社会伦理均具有重要作用。

①　汤因比:《历史研究》下册,曹未风译,上海:上海人民出版社,1964 年,第 99 页。

②　牟钟鉴:《从比较宗教学的视野看中国宗教文化模式》,《中国宗教》2007 年第 7 期。

学者们探寻传统文化之源提供了新的启示。学者们借助理论探讨了三代信仰与以孔子为代表的儒家思想的关联,将儒家文化的起源与夏商周时期的宗教联系起来,为追溯中国传统人文理性的发生提供了新视角。

与此同时,学者们也将中国文化发展的独特性与早期的宗教信仰关联起来,其中值得回味的是有关巫术的研究。中国学者对早期巫术的重视,与韦伯将宗教信仰与文化发展紧密扣合的思路不可分割。韦伯个人青睐"使世界解除迷幻色彩"的说法,他认为要判断一个宗教所代表的理性化水平,重要的标准就是这个宗教脱离巫术的程度,即著名的"祛魅"理论。韦伯认为,禁欲的基督教新教斩断了与巫术的关联,这表示对世界之彻底"祛魅"。而中国社会则全然不同,宗教(如道教)之中,处处可见类似于巫术的踪影。不但如此,由于儒家倡导对于外在世界须适应而非变革的观点,其包容性导致了巫术自行其道。于是,中国文化不能像清教一般与巫术完全决裂,以使理性从巫术的影响中解放出来,[①]从而展开理性化伦理的充分发展。易而言之,不单是中国的资本主义无法形成与中国古代的宗教有关,巫术浓重的色彩也导致中国古代的理性难以展开。

那么,早期巫术信仰究竟对中国古代文化产生有怎样的影响? 张光直先生的研究独树一帜。他在探讨世界范围内文明的发生途径时,曾经指出以中国为代表的演进方式的主要特征是"连续性",即从野蛮社会到文明社会,许多因素延续、保存下来,与西方"突破式"的演进方式迥然相异。这一观点旨在说明在人类文明进程中,"连续性"的形态很可能是更为普遍的路径,而西方"突破式"的演进则是变体或特例。但是,又是哪些因素造成了中国"连续性"的演进方式呢? 张先生认为在中国文明产生之时,人与人之间关系的变化而非"人与自然之间关系的变化",成为文明产生的主要动力。因此,从史前社会中延续下来的宇宙观、巫术、天地人神的沟通以及借助这种沟通所独占的政治权力等,充分地发挥了作用。而其中,巫术的影响尤其剧烈,王本身常常兼有巫师的身份特征,可以说,中

---

① 马克斯·韦伯:《韦伯作品集 V:中国的宗教 宗教与世界》,康乐、简惠美译,桂林:广西师范大学出版社,2004 年,第 302—303、305 页。

国文明是"萨满式文明",①巫术的浓厚色彩成为中国文化的独特面貌之一。② 但是,张先生的巫术研究并未步入韦伯之理论轨道,并未得出巫术阻碍理性发展的结论。在此之后,学者们更多地沿袭了张光直先生的研究思路,探讨巫术在中国古代社会盛行的方方面面,也不认为巫术的存在阻滞了理性的发生。

总之,学者们热切地肯定宗教信仰对于传统文化、古代历史的深远影响,认为传统的宗教信仰促成了人文精神的发生,提升了伦理情感,升华了政治思想。但他们的结论与此前淡化宗教之功用的学者并无本质的不同。两种论点殊途同归,皆认可构成传统文化的基本因素是人文道德而非宗教信仰。

其三,对于古代中国宗教特点的探寻。学者们普遍认为中国传统宗教信仰的特点表现为重现世、重实用、重人伦、重教化。

探讨中国早期宗教的特点,离不开理论与方法。20 世纪 80 年代以来,涂尔干(1858—1917)有关宗教在社会体系中的结构功能论,韦伯、夏普(1933—2000)等学者的比较宗教学理论,成为学者们研究中国古代宗教信仰的重要切入点。

在探讨中国古代宗教信仰的过程中,韦伯对于中国宗教特点的分析引人瞩目。韦伯的原旨并非研究中国的宗教,而是探究理性的资本主义缘何未能在西方之外的地区真正形成。韦伯看重思想、观念、精神性因素

① 张光直:《考古学专题六讲》,北京:文物出版社,1986 年,第 22、4 页。
② 事实上,张光直先生虽然强调了中国在由原始时期向文明时代迈进过程中,巫术因素大量保留下来,但并未将之视为中国文化没有产生如西方式"断裂"的原因。其中的原因,在于以中国为代表的文明发生了"人与人关系"的改变,而不是"人与自然关系"的改变,巫术因素并非东西方文化差异的源头所在。普明教授在对中国古代宗教、文化解析时,误解了张先生原意,认为中西文化的差异在于中国没有与史前的巫术决裂,从而造就了人神不分的宇宙观("For Chang, China and the West diverged because the Near East experienced what Change calls a 'breakout' from this earlier, shamanistic past, whereas China maintained its shamanistic culture. Thus, the West developed, among other things, 'a cosmology that emphasized the separate existence of gods', while Chinese culture was built on an assumption of an 'interlinked world continuum'". Michael Puttee: *To become a god: Cosmology, Sacrifice, and Self-Divinization in Early China*, Harvard University Press, Cambridge, Massachusetts, and London, 2002, p16)。

对于人和社会所产生的决定性的影响，特别是宗教观念通过经济伦理作用于人和社会。他观察出以"儒教"为代表的中国传统宗教信仰的突出特点是缺乏任何形而上的基础，"儒教"所关注的是现世，而不憧憬此世以外的彼岸世界。儒教徒"没有超越尘世寄托的伦理，没有介于超俗世上帝所托使命与尘世肉体间的紧张性，没有追求死后天堂的取向，也没有恶根性的观念"。① 没有原罪观念，没有救赎观念，因此也没有因期待拯救而必须完成上帝使命的紧张感。这一宗教是一种调和的入世的宗教，反映了那些具有世俗理性主义特征和文学教养的人们的分位伦理。

韦伯的观点在学界产生回响，中外学者进一步揭示了中国传统宗教的特点，如信仰与世俗结合紧密而显示出强烈的世俗性，多种宗教并存而不具有一神教的特点，实用性目的突出而求取精神解脱和心灵安慰的特征不甚明显，传统宗教与伦理、政治三位一体，宗教活动对于社会人心具有强烈的教化功能，人文化、理性化因素十分明显，中国传统文化的核心是孔孟儒家的宗法伦理思想，中国宗教实质上不过是它的表现形式，等等。

更有学者对于先秦时期的宗教信仰进行了具体研究。一致认为先秦时期的传统宗教信仰以天神崇拜、祖先崇拜为主体，即"敬天法祖"是其基本内容。而它的突出特点，体现为"神道设教"，体现出强烈的理性色彩、道德色彩。先秦时期的宗教信仰，奠定了中国传统文化的发展基础。

上述三种论题，一种淡化中国传统文化中的宗教因素，一种反其道而行之，强调宗教信仰对于传统文化的巨大影响，另一种则具体剖析传统宗教及其在先秦时期信仰的主要特征。无论哪一种论点，何种研究路径，均无一例外地总结出先秦时期宗教信仰的核心内容是"尊天敬祖"或"敬天法祖"，这是非常重要的观点。但他们的研究思路，或以宗教与伦理对比，突出中国传统文化"伦理化"的特点；或以宗教为起点，进行中西对比，揭示出中西文化不同发展路径与早期宗教之间的关联；或以宗教为背景，从中抽绎出华夏文明的理性发展线索。可以说，学者们的研究之旨在于追寻华夏文明的特点这一宏大主题，而非专注于探索早期信仰本身；其用力

---

① 参见马克斯·韦伯：《韦伯作品集 V：中国的宗教　宗教与世界》，康乐、简惠美译，第 304 页。

之深在于缕析传统文化中理性的发展线索,从而为未来中国文化的发展找到可以凭信的基石。而先秦时期的宗教信仰,成为学者们研究内容的一个衬托。

学者们的苦心孤诣,令人感佩。然而,其中的一些关键问题,却仍有未尽意之处。例如,探索早期宗教与传统文化之间的关联,可以明确地说,早期信仰奠定了中华民族形成与发展的基础,早期信仰成为中华民族的精神纽带。然而,设若询问早期信仰如何形成基础,如何发挥纽带作用,则未有深论。特别是论述夏、商、周三代的宗教,虽然把握到天命、祖先在其中的关键作用,但往往将夏、商、周作为一个板块,将长达一千多年的信仰历史视为一体,看不到宗教信仰在不同社会结构、时间流程中的变迁转化。这样一种对于中国早期宗教的解读,以及早期宗教信仰对于中国历史影响的结论是不能完全令人信服的。

二

本书的主旨是在前辈专家研究的基础上,致力于以下三个方面的开掘:

第一,探讨周代不同历史时段中天、帝、祖先信仰的具体内容,并深入缕析有周一代宗教信仰的变迁。

其实,对于先秦时期宗教信仰的研究而言,首要的工作仍然是需要辨明这一时期宗教信仰的具体内容是什么,不同社会结构下信仰观念与宗教实践经历了怎样的变迁等。在这一方面,历史学家做出了卓越贡献。如郭沫若先生对于先秦时期天道观念的梳理,[1]陈梦家先生对于殷代之帝、山川风雨之神的考察,[2]胡厚宣先生对于殷人至上神灵的探索等。[3] 学者

---

[1]　郭沫若先生《先秦天道观之进展》,写于 1935 年,收入《青铜时代》,北京:科学出版社,1957 年。

[2]　陈梦家先生之论见于《殷虚卜辞综述》,北京:中华书局,1988 年。

[3]　胡厚宣:《殷卜辞中的上帝和王帝》,《历史研究》1959 年第 9、10 期。

们的研究并不是对先秦宗教信仰的全景式描摹，但十分裨益于深入了解先秦社会信仰的具体内容、细节状况。遗憾的是，学者们尚未对有周一代不同时段中宗教信仰的变化予以进一步的揭示。

因此，对于本书来说，第一步的工作是要讲清西周、春秋、战国不同历史时期之中，天、帝、祖先信仰的具体内容，它们的神性、主要功能，人们对它们的祭祀，以及神人关系。特别是春秋、战国时期，随着文献材料的丰富，不仅可见王室、高等贵族的信仰崇拜，社会普通人群的宗教活动也跃入视野。因此，利用传世文献、两周金文资料、战国简帛材料，描绘西周、春秋、战国每一时代宗教信仰的基本内容、整体面貌，是本书的首要工作。

在上述工作的基础之上，书稿着力于缕析有周一代宗教信仰的演变。有周八百年间，经历数次社会变革：由殷商入西周，社会组织形式发生明显改变；由西周至春秋，王权发生重大变化；由春秋到战国，社会结构变换显著；再由战国到"大一统"王朝，国家治理模式发生根本转换。每一次转折，都带来巨大的社会震荡，宗教信仰领域也莫能在外。以天、天命观念来说，周人在翦商之际，发明了天命观念，将国祚的建立与上天结合起来，从而在意识领域赋予周之政权以最高合法性。这是中国古代历史上首次对于政权合法性来源进行阐述的理论。可以说，天与天命观念的出现，显示出商周在宗教文化方面的深刻差异。西周晚期至春秋时代，王权衰落，霸权迭兴，传统的天以及天命观念，"已经普遍而深刻地遭了动摇"（郭沫若先生语）。然而勘诸春秋金文，却可见有不少诸侯国君、贵族称颂天命之例。诸侯、贵族们所称颂的天命，当然是其立国的保障，是其政权存在的神圣依据。但与西周时期传统的天命观念相比，无论是从天命的承受者来说，还是从天命的含义方面来看，都已经发生了巨大改变。步入战国时代，与王权休戚相关的天与天命思想进一步下落。战国诸子热衷于鼓吹君权，却罕言天与天命。更加不利的是，战国晚期以来，五德终始说作为另外一种阐释政权正当性的理论，方兴未艾，对于天与天命观念，在客观上形成挑战之势。从西周时期的天命观念，到战国时期的五德终始说，周人有关天的信仰经历了兴衰起伏的过程。缕析其间的转折、变换，裨益于深入理解有周一代的社会变迁。总之，分条析理由商到西周、历春秋战国而至"大一统"国家建立漫长的历史过程中信仰领域的变化，是本书的基础工作。

其次，书稿由宗教信仰出发，探讨天、帝、祖先对于两周政治文化的影响。周代的宗教信仰与周代的政治文化，特别是意识形态紧密相关。因此，考察信仰观念与政治文化之间的关联，也是本书的重要内容。学者曾经指出，新创之周，事实上是一个已经抟铸出"共同意识"的"文化共同体"。[①] 周人建国之后，典章文物的建设，灿然明备。王国维先生早已指出，周人宗法制、分封制等一系列制度，皆周之所以纲纪天下。典章制度对于华夏"共同体"的形成，功莫大焉。然而，周人在意识形态方面的成就同样在国家运作中发挥关键作用，对于"共同意识"的培养，殊为重要。人所共知，西周国家建立在血缘家族组织之上，所封诸侯主要是王室同姓、姻亲，周人主要是依赖"封建亲戚"施行统治。但是，并不能据此认为西周的政治体系仅仅依靠宗族纽带即得以维系巩固。事实上，周之四方之内，不仅有殷遗民，而且有大量的异姓氏族。对于他们，无法单纯依靠血缘亲情、姻亲婚媾来完成统合。在宗法、分封之外，周人势必采用其他方式弥合制度遗留下来的空隙。可以看到，周人有意识地运用了意识形态维护统治，他们宣扬天命、称颂天命，天命就是周王朝用以号召民众、建立共同意识的重要手段。由西周青铜铭文可见，周王高举天命大旗，不仅对于姬周贵族督促劝导，更是以天命为号召，劝勉异族邦君臣服、拥戴周室。周王以及周之贵族反复宣扬天命，其效果就是使各阶层民众、各个族属在一定程度上具有了共同意识。由此可说，周人不仅依赖其制度方面的成就创建出一个以周天子为核心的"四方"，而且依靠天授大命的思想，营造出一种有助于统一倾向的氛围，培养出一种共同的意识。典章制度与意识形态相辅相成，并列成为维护周邦安宁稳定的重要动力。不唯天帝，祖先崇拜也对周人政治文化产生深刻影响。研究宗教信仰与周代政治思想的关系，助益于了解周代政治文化的特点。

---

① 许倬云：《西周史》，北京：三联书店，1993 年，第 316 页。

再次，从宗教信仰的角度，考察天、帝、祖先崇拜对于古代传统文化的深远影响，也是本书努力追求的目标。周人天命观念中"敬天保民"的因素，寓意着人文精神的跃动，开启了传统文化中人文主义的端绪，这是人们所熟知的内容。事实上，天的重要性还在于预示了天下观念的出现。周人所开创之天，是具有普遍、超然意义的在上神灵，它不专属某一族群、不囿于某一地域，非宗族之天，也非城邑之天，它照临四方、无所不覆，超越了族姓限制、地域局限，其广泛性、开阔性，裨益于在精神、意识层面团结融合各邦诸族。以天的观念为基础，西周时人开创出"天下"（《尚书·召诰》）的意识。在西周金文中，与这一概念相对应的是"四方""四或（国）""万邦"。天下虽非实指，但在周人头脑中，却对于天下四方所应有的状况有了最初的设想。在理想的情境下，其所统御下的宇内安定平静，民众大安。西周金文中"奠（定）四方""畯尹四方"屡屡得见，表示着周人有周之政权安定四方、四方永恒大治的政治理想。而在四方之内，民众安和，"四方民亡不康静"（师询簋铭文），"绥万邦，娄丰年"（《诗经·周颂·桓》），周人怀柔远方、优抚近地，远迩皆来，形成以周天子为核心的天下格局，这一幅政治蓝图，正如西周铭文所概括"溥求不僭德，用谏四方，柔远能迩"（番生簋盖铭文）。此后，循着这一思路，人们发展出布教四方，从而形成千里同俗、万里同风、"内平外成"的局面。有此一观念的铺垫，"普天之下""天下一家"[①]"天下远近小大若一"的观念在稍后的历史时段中应运而生。[②]"天下定于一""四海之内皆兄弟"成为中国传统文化中的高远理想。可以说，周人所创造的天与天命，并不必然意味天下统一，然而，若说其开启了传统思想中"大一统""天下国家"的信念，[③]殆无疑义。

---

① "溥天之下"出自《诗经·小雅·北山》孔颖达：《毛诗正义》，阮元校刻：《十三经注疏》，北京，中华书局，1980年，第463页；"天下一家"出自《礼记·礼运》（"圣人耐以天下为一家，以中国为一人者，非意之也"，孔颖达：《礼记正义》，阮元校刻：《十三经注疏》，北京：中华书局，1980年，第1422页）。

② 《公羊传》何休注。徐彦：《春秋公羊传注疏》，阮元校刻：《十三经注疏》，北京：中华书局，1980年，第2200页。

③ 语出《孟子·离娄上》（"人有恒言，皆曰：'天下国家。'天下之本在国，国之本在家，家之本在身"）。孙奭：《孟子注疏》，阮元校刻：《十三经注疏》，北京：中华书局，1980年，第2717页。

祖先崇拜对于传统文化的影响同样深远。由殷商卜辞可知，商人崇拜祖先，频繁地祭祀祖先。西周金文以及传世文献显示，周人与商人相似，十分敬仰祖先，向祖先行大量的祭祀。然而，不同于商人，周人赋予祖先以"德"，周人祖先是有德之人，是子孙"帅型"的榜样（在商人的意识中，祖先或有宏大功烈，但祖先是否有德，则十分模糊）。这一观念对于传统文化具有重要意义：正是依靠"帅型祖考之德"，即效法祖先之德，周人开创出了最早的成德路径，找到了如何拥有德行的方法。周人通过祖先崇拜这一形式，将更广阔的人群纳入修"德"的范围之中，为此后儒家发明德之自修、德之内修奠定了基础。周人在祖先崇拜这一方面的拓展，在中国传统文化发展历程中，意义重大。

商周时期的祖先崇拜对于华夏共同祖先意识的形成也产生了重要影响。甲骨卜辞显示，商人特别崇拜在商族历史上做出过重大贡献的先公先王，给予这些先公先王特殊的对待。由西周金文，可以看到周代贵族群体展现出同样的心理特征：十分仰慕具有开创之功的先祖，特别重视对于家族发展立有显赫功勋的祖先。崇拜祖先，崇拜英雄祖先，商周时期的这一传统为东周时期人们在观念中创造出英雄的华夏祖先奠定了基石。春秋时期继承了殷周传统，崇拜在家族发展史中贡献卓越、能力绝伦的祖先。更进一步，人们突破了血缘方面的限制，崇拜各族的英雄祖先，对各族英雄祖先的祭祀上升到国家祭祀的层面上（《国语·鲁语》）。不仅如此，创造共同祖先的意识在春秋时期业已出现。春秋时期邾公钘钟铭文、小邾国郳公䣄父铺铭文所记载的"陆融""有融"，战国卜筮祭祷简以及传世文献所记楚之先祖"祝融"，表明共同祖先意识至迟在春秋时期即已开始酝酿。而战国时期的陈侯因㜎敦铭文（妫姓的陈侯称姬姓的黄帝为其远祖）以及传世文献显示，以黄帝为共同祖先的意识在这一时期正式形成。可以说，殷周以来崇拜英雄祖先的传统与春秋时期创造神化祖先的创意，铺垫了共同祖先意识的确立。自此而后，崇拜共同的华夏英雄祖先的观念深入人心，天下一家的观念遂孕育而出。

要之，探讨西周、春秋、战国时期天、帝、祖先信仰的基本面貌及不同时代的特点,缕析有周八百年间的宗教信仰变迁,在此基础上考察宗教信仰与周代政治的关系,再进一步探索天、帝、祖先对于传统文化的深远影响,是本书写作的几个方面。

第一编

传统的形成：
西周时期的信仰

明代洪武七年(1374)，《皇明宝训》修纂完成。既称"宝训"，则知是明人治国之大纲大法。在诸种纲要中，"敬天、法祖、勤政、爱民"几项，尤为重要，时人谓"敬天法祖，无二道也"。① 甚至崇祯皇帝时，还将书有"敬天法祖"的匾额高悬于乾清宫中，②以昭示政治理想。即便清代统治者价值观念与有明不尽相同，但"敬天""尊祖"两项并无变化，乾隆皇帝为紫禁城三大殿所题楹联，仍旧突显上天与皇祖的威严，③显示出中国古代王朝在发展的后期阶段，仍然对于昊天与烈祖无比崇敬。此种政本的"成文宪法"，当然是宋元以来儒家政治经验的总结。④ 然而，追本溯源，称其肇端于西周时期，殆无可疑。

天与祖，是周人信仰领域中的重点内容，而"敬天"与"法祖"又是古代王朝政治文化的核心内容。宗教与政治，神权与王权，其纷纭复杂的关系，构成了中国古代历史发展的重要内容。

西周一代，"肇华夏意识端倪，创华夏文化本体，成华夏社会基石"，⑤是中国古代历史上的重要时段。本编从天、帝、祖先三个方面，探讨西周时期宗教信仰的内容与特点、商周文化异同，缕析西周王朝宗教与政治的关系，进一步探索早期信仰对于历史文化的深远影响。

---

① 《明史》卷四十八，北京：中华书局，1974 年，第 1249 页。

② 明刘若愚云"入门丹陛至乾清宫大殿，其扁曰'敬天法祖'四字。崇祯元年八月初四日悬安"(刘若愚：《酌中志》，北京：北京古籍出版社，1994 年，第 144 页)。

③ 乾隆四年(1739)、八年(1743)，乾隆皇帝为紫禁城三大殿保和殿、太和殿、中和殿题写了匾联。保和殿的楹联为"祖训昭垂，我后嗣子孙尚克钦承有永；天心降鉴，惟万方臣庶当思容保无疆"，太和殿楹联为"帝命式于九围，兹惟艰哉，奈何弗敬；天心佑夫一德，永言保之，遹求厥宁"，中和殿的楹联是"时乘六龙以御天，所其无逸；用敷五福而锡极，彰厥有常"(李文君：《故宫三大殿的更名与匾联》，《中国纪检监察》2018 年第 7 期)，其核心内容仍是敬天、崇祖。

④ 参见傅斯年：《性命古训辨证》，《民族与古代中国史》，石家庄：河北教育出版社，2002 年，第 336 页。

⑤ 许倬云先生语，见《西周史》题记。

第一章　天　与　天　命

西周时期天信仰的形成与确立,在中国古代历史发展进程中具有深远意义。

天的重要性,固然体现于周人翦商之际,将国祚的建立与天结合起来,从而在意识领域赋予周之政权以最高合法性;天的重要性还在于,周人以"敬天保民"的思想意识,寓意了"人道主义之黎明"、人文精神的跃动;①天的重要性又在于,周人所开创之天,是具有普遍、超然意义的在上神灵,它不专属某一族群、不囿于某一地域,它照临四方、无所不覆,其广泛性、开阔性,裨益于在精神、意识层面团结融合各邦诸族。以此为基础,中国传统文化中天下的观念应运而生,并进一步在此后拓展出天下国家、②天下一家③的信念。

周人敬畏天,其情至笃。在周人心目中,天具有神性,可降休咎祸福,是周人祈祷求佑的对象。同时,周人以为天赐修人事者以永命,周人的天命观成为周王室以及统治集团所宣扬的主要意识形态,与周之典章文物相辅相成,成为维护周邦安定稳固的根本力量。可以说,周人天的信仰,是与其政治行为紧密相关的。天既具有宗教意义,又富于政治意涵,几方面的内容构成了周人天信仰的整体。

---

① 傅斯年:《性命古训辨证》,《民族与古代中国史》,第 320 页;徐复观:《中国人性论史》先秦篇,上海:上海三联书店,2001 年,第 22 页。

② "天下国家"语出《孟子·离娄上》("人有恒言,皆曰:'天下国家。'天下之本在国,国之本在家,家之本在身")。

③ "天下一家"语出《礼记·礼运》("圣人耐以天下为一家,以中国为一人")。

第一节　殷周之际的"天"

天的观念，是周人发明抑或继承殷人而来？这涉及殷周文化异同，需要辨析。

从甲骨卜辞看，"天"字已经出现，作𣂸形。关于其义，王国维指出：

> 古文天字本象人形，殷虚卜辞或作𣂸，盂鼎、大丰敦作𡗊，其首独巨。案《说文》"天，颠也"，《易·睽·六三》"其人天且劓"，马融亦释天为凿颠之刑。是天本谓人颠顶，故象人形。……𣂸、𡗊为象形字，𠀐为指事字，篆文之从一大者，为会意字。文字因其作法之不同，而所属之六书亦异。①

王先生认为，卜辞、金文中的"天"字，其意义当如《说文》所示，为人头顶之谓，尚不具备上"天"之意。

在此之后，诸多学者均认为尽管商代已有"天"字，但其义为"大"。例如，胡厚宣先生谓"卜辞虽亦有天字，但若'天邑商''天戊'之天，皆用为大，与天帝之天无关"。② 日本学者岛邦男指出，"金文的天字于卜辞中用为'大'之意，无上天、天神之用例"。③ 于省吾先生亦曾就甲骨、金文中的"天"字进行释义，云：

> 商代甲骨文的天字，作𣂸或𠀐，商代金文的天字作𡗊或𡗊。商代

---

① 王国维：《释天》，《观堂集林》卷六，北京：中华书局，1961年，第282—283页。"天"字之意，《说文》"天，颠也。至高无上，从一大"，以天为会意字；段玉裁释曰"颠者，人之顶也。以为凡高之称，臣于君、子于父、妻于父，民于食，皆曰天是也"（《说文解字注》一篇上，上海：上海古籍出版社，1988年，第1页），认为天字的本义是人之头顶，并非一个虚空的概念。朱骏声则认为"大犹人也。天在人上，仰首见之。一，指事"（《说文通训定声》，北京：中华书局，1984年，第851页）。朱骏声之说仍然认为"天"有具体所指。

② 胡厚宣：《殷代之天神崇拜》，《甲骨学商史论丛初集》（外一种）上册，石家庄：河北教育出版社，2002年，第239页。

③ 岛邦男：《殷墟卜辞研究》，濮茅左、顾伟良译，上海：上海古籍出版社，2006年，第397页。

甲骨文的大字作 ✶ 或 ✶，周代金文的大字作 ✶ 或 ✶。以上所列古文
字均象人之正立形。……总之，早期或较为早期的天、大、人三种形
体，因为都起着表示人形的作用，所以有时在偏旁中互作无别。①

于先生认为，"天"字本义与表示"人"的"大"字相近，不包含在上之"天"的
意蕴。② 众多学者皆以为卜辞中虽有"天"字，但没有用作苍穹、神明意义
之例。

　　因而，甲骨文中虽然出现了"天"字，但并不表示与"地"相对的"天"的
概念，也没有神明的含义。那么，殷商时代的人们对高高居上的神灵没有
想象吗？研究表明，殷人并非无视苍茫长空、缺乏在上神明的观念。殷人
对于天有所认识，只不过不是以"天"来表示，而是用"帝"来表达，卜辞中
的"帝"即代表了后世的天神。③ 对此，学者们早有讨论，譬如胡厚宣先生
云"殷人已有至上天神之观念，武丁时卜辞名之为帝"，④高鸿缙先生说
"殷时以帝（蒂本字）代天神，周初始以天（即 ✶，即顶）"表天神，⑤常玉芝

---

　　① 于省吾：《释从天从大从人的一些古文字》，《古文字研究》第十五辑，北京：中华书
局，1986 年，第 185 页。容庚先生释金文中的天谓"天，象人形"（《金文编》，北京：中华书
局，1985 年，第 3 页）。

　　② 但亦有学者认为卜辞中若干"天"用为神祇之意，如金祥恒：《续甲骨文编》第一
卷，台北：艺文印书馆，1959 年，第 75 页；李孝定：《甲骨文字集释》第一卷，南港：中研院，
1965 年，第 13—21 页。近年有学者据非王卜辞中的内容论证殷商时期有天的观念，并举
《合集》22431、22055、22093、22454（中国社会科学院历史研究所编：《甲骨文合集》，北京：
中华书局，1978—1982 年。以下简称《合集》，不再出注），小屯南地甲骨 H50：211 为例说
明，指出此类"天"字字形与王卜辞中"天"之写法不同，作 ✶、✶形，并认为"天"是祭祀对象，
殷商民间社会将其奉为至上神（董莲池：《非王卜辞中的"天"字研究——兼论商代民间尊
"天"为至上神》，《中国文字研究》2007 年第一辑）。但是，学者指出非王无名组卜辞中，商
王大庚之大作 ✶（《合集》22054）、✶（《合集》22077），与文中所举之例写法一致，仍当视
为"大"字的同字异形体；而《合集》22093"天邟（御）量"之"天"应该是人名（承蒙韩江苏教授
相告）。如此，仍难以说商人有"天"的观念。关于此字，姚孝遂先生认为是从上从大（见于
省吾主编：《甲骨文字诂林》"天"字条按语，北京：中华书局，1996 年，第 213 页），严一萍先
生则说"人所戴为天，天在人上也"（于省吾主编：《甲骨文字诂林》第一册，第 211 页）。

　　③ 《尚书》和《诗经》中与商有关的文献却有"天"的记载。《尚书》中，可信的文献中载
有"天"者，《盘庚》篇凡五见、《高宗肜日》四见、《西伯戡黎》七见、《微子》一见。《尚书》中所
录应为周人记述的结果，不能视为商人的观念。

　　④ 胡厚宣：《殷代之天神崇拜》，《甲骨学商史论丛初集》（外一种）上册，第 238 页。

　　⑤ 高鸿缙：《毛公鼎集释》，台湾师范大学《师大学报》1956 年第 1 期，第 75 页。

先生谓"殷人把天神称作'上帝'或'帝'，而绝不称作'天'，卜辞中的'天'字都不是神称"，①晁福林先生论证了卜辞中帝之功能皆可视为天之功能，指出"商代'天'之观念与'帝'融而为一"。② 总之，卜辞中表示"天"之意义的是"帝"，商人对于天的认识，是以"帝"来表示的。天的观念，在殷人那里尚未获得充分发展。

需要特别指出，目前可见有关"帝"字甲骨卜辞共 454 条，③全部用为神明之义，而不表示自然之天。这暗示出浩浩天穹，殷人虽然可见可视，却以神灵视之。易言之，商人的观念中，帝表示在上神灵，而不是自然之天。自然之天的意识在殷商时期或许尚未产生。

商人缺乏"天"的观念，以"帝"指"天"。那么，周人"天"的概念从何而来？周人的天与商人之帝有无关联？

在回答这一问题之前，首先考察周人"天"的含义。周人所说的天，是自然之天，还是神明之天？

表一：西周金文中的"天"④

序号	器　　名	内　　容
1	何尊（西周早期）《集成》5445	1. 唯武王既克大邑商，则廷告于天。 2. ……公氏，有爵于天。 3. 叀王恭德，谷天临我不敏。
2	大盂鼎（西周早期）《集成》2837	1. 天翼临子，瀺保先王，匍有四方。 2. 敏朝夕入谏，享奔走，畏天畏（威）。

① 常玉芝：《商代宗教祭祀》，北京：中国社会科学出版社，2010 年，第 26 页。此外，张桂光先生也指出"'天'字在殷人的头脑里压根儿就没有至上神的观念，殷人是只尊帝不尊天的"（《殷周"帝""天"观念考索》，《华南师范大学学报》1984 年第 2 期）。
② 晁福林：《说商代的"天"和"帝"》，《史学集刊》2016 年第 3 期。
③ 李双芬：《卜辞"帝"观念的转变与商末政治理性的进步》，《齐鲁学刊》2016 年第 5 期。作者统计《甲骨文合集》，并根据《甲骨文合集分组分类总表》，指出有关"帝"之卜辞，一期383 条，宾组二类卜辞居多；一、二期之间的有 34 条，其中属于二期的有 9 条，皆为出组二类卜辞；属于三、四期的卜辞 16 条，何组居多，无名组次之；五期黄类卜辞有 12 条。
④ 表中所列，不包括"天子""天君""天尹"之称，以及人名、族徽、含义不明、铭文不清之例。

（续表）

序号	器　名	内　容
3	录伯威簋盖（西周中期前段）《集成》4302	乃祖考有爵于周邦，佑辟四方，更弘天令。
4	班簋（西周中期）《集成》4341	三年静东国，亡不成尤天畏，否畀屯陟，公告厥事于上，唯民亡徙哉，彝昧天令，故亡。
5	遂公盨（西周中期）《中国历史文物》2002年第6期	天令禹敷土，堕山濬川，乃差地设征，降民监德……厥顯唯德，民好明德，蒦才（在）天下。……好德婚媾，亦唯协，天釐用考，神，复用福禄。
6	师询簋（西周中期后段）《集成》4342	1. 丕显文武，膺受天令。 2. 哀哉，今日天疾威降丧。
7	禹鼎（西周晚期）《集成》2834	天降大丧于下国
8	大克鼎（西周晚期）《集成》2836	肆克□于皇天，![](于上下。
9	毛公鼎（西周晚期）《集成》2841	丕显文武，皇天引厌厥德，配我有周，膺受大命……唯天壮集厥命，亦唯先正辥辟厥辟，恭勤大命，肆皇天亡斁，临保我有周，丕巩先王配命，旻天疾威，司余小子弗及，邦将曷吉，𥳑𥳑四方大从不静。
10	㝬簋（西周晚期）《集成》4317	余亡康昼夜，经拥先王，用配皇天。
11	㝬钟（西周晚期）《集成》260	唯皇上帝、百神保余小子，朕猷有成亡竟，我唯司配皇天。
12	五祀㝬钟（西周晚期）《集成》358	先王受皇天大鲁令。
13	㝬盨（西周晚期）《集成》4469	勿使暴虐纵狱，爰夺颣行道，厥非正命，乃敢疾讯人，则唯辅天降丧。
14	逨盘（西周晚期）陕西省考古研究所、宝鸡市考古工作队、眉县文化馆联合考古队：《陕西眉县杨家村西周青铜器窖藏》，《考古与文物》2003年第3期	丕显朕皇高祖单公，桓桓克明哲厥德，夹召文王、武王达殷，膺受天鲁令。
15	南宫乎钟（西周晚期）《集成》181	天子其万年眉寿，畯永保四方，配皇天。

目前所见西周金文中，涉及天者计 15 件 25 次（见表一）。由青铜铭文可知，周人之天可降大鲁令（录伯威簋、班簋、师询簋、毛公鼎等），又可降丧（师询簋、禹鼎、𤲹盨）；皇天有威严（大盂鼎、班簋），监临在上（何尊）；皇天无懈地保佑周人（大盂鼎、毛公鼎），周人向上天告祷（何尊）；周王可"配皇天"（㝬簋、㝬钟、南宫乎钟）。显然，这样的天有意志，可主宰，具有人格属性，是神明之天。

但是，豳公盨中出现了"天下"的概念，其中"天"的意义需要辨析。豳公盨谓：

> 天令禹敷土，堕山濬川，乃差地设征，降民监德。乃自作配飨民，成父母，生我王、作臣。厥顯唯德，民好明德，𩐈才（在）天下。用厥绍好，益美懿德，康亡不楙。①

铭文大意是讲天赋予大禹以使命，又立天之配，从而有王有臣。具体解释尚有较多分歧，此不赘述。引人瞩目的是"民好明德，𩐈在天下"句，其中的"𩐈"字，从页（首）从食，或以为即"擾"字，柔顺义；②或以为"羞"字，进献之义；③或以为读作"憂"，即"優"字，和顺义。④ 无论"𩐈"如何释义，在这里，"天下"之义是明确的，即在天之下。此处的在天之下尽管可以理解为在"天"这样的神明之下，但解读为在自然的天之下，更符合上下文意，更为通顺。如此，可以说，西周金文中的"天"，有表示自然之天之例，但相比于用如神明之"天"，殊为少见。

"天"也多见于《尚书》"周初八诰"中，计 94 见（见本节节末所附表二）。由八篇文献，可知天赐予大命，惩罚商人；天有情感，哀于四方民；天辅佐诚信之人，天为民立君，等等。绝大多数情况下，天表示神明之天。但有两点可堪注意：

---

① 见李学勤、裘锡圭、朱凤瀚、李零先生文，《中国历史文物》2002 年第 6 期。

② 此句意谓民好明德，则天下归心，无不驯服。见李零：《𤔲公盨发现的意义》，《中国历史文物》2002 年第 6 期。

③ 此句之意是民好明德，则进献、任用于天下。见裘锡圭：《𤔲公盨铭文考释》，《裘锡圭学术文集》（金文及其他古文字卷），上海：复旦大学出版社，2012 年，第 165 页。

④ 意谓民好明德，则天下和顺。见陈英杰：《𤔲公盨铭文再考》，《语言科学》2008 年第 1 期。

第一，周人之"天"含有物质之天的意义。"八诰"之一《召诰》云"天既遐终大邦殷之命,兹殷多先哲王在天",意谓上天长终大邦殷之命,①使殷众多先王在天。第一个"天"字,是有人格意志的上天。但第二个"天",即殷先王所在之天,当为处所,表示具体的地点,因此,这个"天"含有物质之天的意蕴。②

第二,《召诰》篇亦出现有"天下","天下"的概念显示出"天"表示自然之天的意涵。《召诰》谓"其惟王位在德元,小民乃惟刑用于天下",是说王立于德之首,小民效法以行于天下。"天下"之"天"系自然之天。事实上,《尚书》"周书"中写成于西周时期的文献,也可见"天下"之语。《立政》篇记载周公晚年告诫成王"(孺子王)以陟禹之迹,方行天下,至于海表,罔有不服",《顾命》篇记载册命康王之辞谓"临君周邦,率循大卞,燮和天下,用答扬文武之光训"。两例"天下"中的"天",当以自然之天为宜。

"天下"也见于《诗经》。《周颂·般》篇为《大武》之一章,是公认的西周早期诗篇。③ 其谓"敷天之下,裒时之对,时周之命",这里的"敷天之下",应指自然之天穹。

要之,西周时期,周人所说的"天",多指神明之天。然而,有时也指自

①　"天既遐终大邦殷"句,学者之释各有不同。杨筠如先生引《尔雅·释诂》"遐,远也",并谓"远之,则弃之也"(《尚书核诂》,西安:陕西人民出版社,2005 年,第 305 页);刘起釪先生引朱骏声说"遐终,犹永终,长久也",并谓"观下文'殷多先哲王在天',即知此'遐终'是天的美意,非终讫之谓"(《尚书校释译论》,北京:中华书局,2005 年,第 1437 页)。由上下文看,"终"非终止之义。

②　《诗经·周颂·清庙》篇中的"天"是否表达物质之天的含义,值得分析。《清庙》篇系宗庙祭祀之歌,云:"济济多士,秉文之德。对越在天,骏奔走在庙。"对越,即对扬。对是报答,扬是宣扬。对越,郑笺"对,配。越,于也",此句意谓"济济之众士,皆执行文王之德,文王精神已在天矣"(孔颖达:《毛诗正义》,阮元校刻:《十三经注疏》,北京:中华书局,1980 年,第 583 页)。《尔雅·释诂》"骏,速也"。意谓济济众士,报答宣扬文王在天之灵,迅疾勤敬地在庙中祭祀文王(邢昺:《尔雅注疏》,阮元校刻:《十三经注疏》,北京:中华书局,1980 年,第 2574 页)。若照此理解,即文王之灵在天,则此天亦是物质之天。然而,"在"亦有"于"之义,《诗经·小雅·鱼藻》"鱼在在藻",第二个"在"字即介词"于"之义(杨树达:《词诠》,北京:中华书局,1954 年,第 283 页)。如此,诗句意为对扬于天,天仍指在上之神灵。

③　王国维:《周大武乐章考》,《观堂集林》卷二,第 104—108 页;高亨:《周代大武乐考释》,《高亨著作集林》第九卷,北京:清华大学出版社,2004 年,第 105 页;孙作云:《周初大武乐章考实》,《诗经与周代社会研究》,北京:中华书局,1966 年,第 239—272 页。

然之天，甚至有物质之天的意蕴，只是意义较为模糊。①

那么，周人之天缘何而来，是否源自商人之帝？

翻检前辈学者相关探讨，可见有矛盾之处。一方面他们认为天是周人的独创，与殷人没有太多关联。如郭沫若先生主张天之观念是周人提出的，殷末虽有"天"字，但不是神，到了周朝，"天"才具有至上神的神格。② 陈梦家先生说"'天'之观念是周人提出来的"。③ 美国学者顾立雅认为"天"是周人自创的观念，在克商之后，周人之天等同于商人之帝。④但另一方面，学者们又认为周人的天来源、因袭自商人。郭沫若先生说"殷时代是已经有至上神的观念的，起初称为'帝'，后来称为'上帝'，大约在殷周之际的时候又称为'天'。因为天的称谓在周初的周书中已经屡见……那是因袭了殷末人无疑"，"关于天的思想周人也是因袭了殷人的"。⑤ 岛邦男先生说"在周初称上帝为'天'，正是承袭了殷代称上帝为'□'的习惯。……可以认为上帝即上天，殷以来的上帝信仰至西周末已转化为'敬天'的信仰……在'敬天'思想的发展背后，是以'上帝'信仰为支柱的"。⑥ 总之，周人之天是否承袭自殷人之帝，学者仍有不同观点。

应当说，以为周人之天与商人之帝存在关联，有其合理性，这是由于：一，周人的"天"与商人的"帝"，皆指向在上的神明；二，周人沿袭了商人帝的观念，并且常常天、帝连言，以天为帝、以帝称天（此例在西周金文及传

---

① 当然，需要指出的是，在周人的观念中，自然之天、物质之天与神明之天合而为一？即周人以在上之天为客观存在（自然之天、物质之天），但这个自然之天、物质之天之上又存在神明，而周人亦将之称为天？譬如战国时人广泛祈祷门、行（道路）、门、行本为物质，但人们以为其中存在神灵。对比战国时期的情形，不排除周人对自然之天、物质之天已有认识，同时，他们也可能把这一自然的、物质的天当中的神灵称为天。遗憾的是材料匮乏，无从作进一步的推断。不过，神明之天在周人意识中居于最重要的地位，这一点无可怀疑。

② 郭沫若：《先秦天道观之进展》，《青铜时代》，第5—6页。

③ 陈梦家：《殷虚卜辞综述》，北京：中华书局，1988年，第581页。

④ 顾立雅（H.G.Creel）："The Origin of the Deity Tian", *The Origins of Statecraft in China*, Volume one, Chicago and London：The University of Chicago Press，1970，p473.

⑤ 《先秦天道观之进展》，第9、第18页。陈梦家先生认为周人之"天"代替了商人之"帝"，但未说明周代的天是否源于殷商的帝。"西周时代开始有了'天'的观念，代替了殷人的上帝"（《殷虚卜辞综述》，第562页）。

⑥ 岛邦男：《殷墟卜辞研究》，第400页。

世文献中不胜枚举），①予人以天、帝同为一物，只是名称有异的印象。然而，细致考察这一问题，则可见周人之天与商人之帝差异巨大：

首先，商人之帝与周人之天的神性不同。卜辞所记帝的功能包括：令雨、令风、令𪊨、令雷、令雹、降旱、𡆥年，②降福降祸、左右城邑安危、左右战事胜负等。③ 而周人之天，虽不能说完全不具备上述能力，但天在这方面的神力十分模糊。西周金文以及可靠的西周文献记载，天最显著的神性就是授予周人大命，舍此而外，天并不特别显示其神力（详见本章第三节）。换言之，天最为神圣的职责是掌握受命这样的大事，而不关心风雨雷电一类具体职事。因而，在神性方面，帝、天差异明显。

其次，周人观念中天上的构成情况不同于商人。卜辞显示，商人有"帝臣"的概念，卜辞中的上帝常常发号施令，帝有帝使、帝臣之类供奔走帝命。甲骨中的帝五臣正、帝五工臣、帝五臣、帝工等即为帝之臣属。在殷人的观念中，天上存在着帝与帝臣这样的等级关系。然而，西周时期周人虽有"帝廷"（癲簋"其濒（频）在帝廷陟降"）的概念，但并无天之使臣之说。在天与其他神灵之间，未见明确的上下尊卑等差。周人所设想的天上的构成，与商人的帝廷相异之处颇多。

复次，帝是商人极为重要的神灵，但商人从未将帝与王权的确立，与国家政权的合法性联系起来。周人之天，是周人国祚建立的根据，是周人政权立论的最高权威，天的神圣性超越于商人之帝。

再次，周人之天，在指向神明之天外，也用如自然之天，而商人之帝，并不表示自然之苍空的概念。

---

① 如西周中期师询簋谓"肆皇帝亡𣨟，临保我有周"（中国社会科学院考古研究所编：《殷周金文集成》（修订增补本）4342，北京：中华书局，2007 年。以下简称《集成》，铭文字体尽量以通行字写出，下文不再出注），西周晚期毛公鼎谓"肆皇天亡𣨟，临保我有周"（《集成》2841），五祀𫆻钟"受皇天大鲁令"（《集成》358），癲簋说"龢（申）𠃊（固）皇帝大鲁令"（《集成》4317），知"天""帝"意义相同。

② 甲骨文"𡆥"，是一个表灾害的字，诸家无异议，但究竟相当于后世的哪一个字，迄今尚无定论。详细讨论见裘锡圭：《释"蚩"》，《裘锡圭学术文集》甲骨文卷，上海：复旦大学出版社，2012 年。

③ 陈梦家：《殷虚卜辞综述》，第 562—573 页；胡厚宣：《殷卜辞中的上帝和王帝》（上）；常玉芝：《商代宗教祭祀》，第 28—61 页。

综上，周人之天与商人之帝既有联系，又有区别。联系是次要的，区别是主要的。从总体上说，周人虽借用了殷商文化中的"天"字，但却创造出了一个具有全新内涵的"天"。"天"是周人的发明。

考察了周"天"与商"帝"之间的异同，需要进一步提出的问题是，既然商文化中已有"帝"表示神明之天，周人为什么要在商人的"帝"以外，创造出大异于"帝"的"天"呢？

事实上，周人虽然创造了天的概念，但从未放弃帝。① 帝常常出现于周公的诰辞中，刻写于周人的彝铭上。周人在说到受命时，"帝命"义同于"天命"，可见周人吸收了商人"帝"的观念，并赋予了帝十分崇高的地位。但细勘西周文献，又可见在周人的观念中，天的地位更加崇高，周人更倾向于以"天"称谓在上的神灵，"天"的使用频率远高于"帝"。② 例如西周金文中，天作为神祇义，出现 25 次于 15 件器铭中，而帝凡 10 见于 9 件器铭中，天出现的次数是帝的 2 倍之多；③《尚书》周初"八诰"中，天凡 94 见，而帝只有 19 见，其中《酒诰》《梓材》《洛诰》篇所记周公之辞，只讲"天"，完全不涉及"帝"。周人特别是周统治者青睐于"天"而少用"帝"，这种情况，是否暗示着在事实上周人之"天"具有更强大的影响力，周人在有意无意之间提升天的地位以起压抑商"帝"之效？惜乎史料无载，仅能据蛛丝马迹推阐而已。总之，周人观念中的天、帝关联颇为复杂，就现今可见各种材料言，周人更青睐于皇天。

"天"是周人所创的观念，但前文亦云甲骨卜辞中已有"天"字，只是

① 学者指出，周公时代，周人刻意地以天帝并用，其目的在于融合商、周两族，融会两种文化（顾立雅：*The Origins of Statecraft in China*，Volume one，p500）。作者指出在《尚书·多士》篇中，周公以成王之命告迁于成周之殷遗，其中，周公提到"帝"字 9 次之多，远远超过其他诰辞中"帝"的数量。周公帝、天并用，表明周公因商人之俗而有欲融合商、周文化的意图。这一观察与结论非常有趣。需要补充的是，《多士》篇中"天"出现 16 次之多，数量仍多于"帝"出现次数，表明周公观念中，天的重要性超越帝。

② 关于天、帝在文献中出现的情况，学者早有统计，如美国学者顾立雅指出：天用作神祇意，在《诗经》中有 118 次（除去天子），而帝或上帝只有 43 次；《尚书》"周诰"12 篇中，"天"有 116 次，帝或上帝只有 25 次。而在西周金文中，天出现 17 次（除去天子以及其他称号），帝或上帝只见 4 次。其中天纯作天神之义者仍四倍于"帝"出现的次数（顾立雅：*The Origins of Statecraft in China*，Volume one，p495）。其所统计的金文材料，由于时代所限，与今天所见已有不同。另，统计中，《诗经》《尚书》未考虑到各个篇章的时代问题，因此不能反映不同时代的特点。但所用方法，具有意义。

③ 有关"帝"的统计见第二章。

"天""大"意义相通,混用不别。那么,尚需辨析的问题是:周人以"天"字表示上苍、神明的做法,起于何时?

　　关于周人何时以"天"作为在上神灵的称号,是一个值得关注的问题。岛邦男先生曾经指出,"大"在金文中用为"大"意之例不少,如不少学者所认为西周早期天亡簋铭文中"王祀于天室"①之"天室"实际上是他器习见的"大室"。的确,检诸西周金文,"大"常常为"大"字的同意语。不过,"天"字与"大"字虽然可通,但在字形方面已经有所区别。例如,大盂鼎中"受天有大令(命)","天"字写为"大"而"大"字作"大",毛公鼎"皇天引厌厥德,配我有周,膺受大命"之天写成"大",虽为人形,但突出巨首,而"大"写成"大",为正面站立人形。"天"与"大"在字形方面的区别,姚孝遂先生总结道:

　　　　甲骨文天、大二字,形音义均相近,但二字之用,还是有严格的区分。固然"天邑商"或称"大邑商",但"大邑"决不称"天邑";"大戊"间或有作"天戊",但属于特例,不是普遍的现象。其它如"大甲""太乙""大丁""大示""大牢""大启"等等,从无作"天"者。或以为"天与大,其始当本为一字",这是有可能的。但在甲文已明显分化,实际上当如陈柱所说:"大字本象人形,所重不在顶,故首形不显。天字则所重在顶,故首形特大也。"自目前所能得见之古文字资料观之,"天"与"大"有时虽可通用,但终究判然有别。②

据此可知,"天"与"大"在字形方面早有区分,只是两字在意义方面长期相通。那么究竟从何时起,周人开始明确地以"大"字表示在上之天,而与"大"字相区别开来?岛邦男先生较早地注意到这一问题,并予以回答。他说:

　　　　金文以"大"为"天神"的用例亦习见,但能明确判断以"大"作至上神用例的,最早还是康王时器《大盂鼎》的"天"(陈梦家也有此说,见《卜辞综述》五八一页),铭文"丕显文王受天有大命……故天翼临子……畏天畏"的"天"明显为天神。③

---

① 《集成》4261。
② 于省吾主编:《甲骨文字诂林》,第213—214页。
③ 岛邦男:《殷墟卜辞研究》,第398页。

他认为周人以"天"作为神明，至迟出现于康王时代。

事实上，在此之后面世的彝铭资料，恰可补充这一结论。以目前所见，"大"字表示至上天神的含义，至迟出现于文王、武王之际。1963年出土于陕西宝鸡的何尊记载了成王迁于成周事，铭文有"祼自大"以及成王追忆武王"廷告于大"的记载，①其中的"大"明确无误地表示高踞于上的天，表示高高在上的神灵。此外，重要的证据来自周原甲骨。周原甲骨1977年发现于陕西岐山县凤雏村一建筑遗址，一般以为，其年代下限可至西周成王、康王之世，多数应属于文王时期。② 周原甲骨中亦出现有"天"字，其例有三：

(1) 乍天大（立？）　　　　　　　H11：24③（见左下图）

(2) ……文武……王其邵帝……天□典册周方伯□□，
由正亡ナ……【王】受又。　H11：82④（见右下图）

----

① 《集成》6014。此器岛邦男先生写作《殷墟卜辞研究》时未及见。

② 王宇信：《甲骨学通论》，北京：中国社会科学出版社，1993年，第397页。

③ 曹玮编著：《周原甲骨文》，北京：世界图书出版公司，2002年，第22页。关于此片甲骨的释读，学者意见不一：陈全方先生以为"乍"同"作"，"立"即"位"，"乍天立"即"作天位"，指为建筑天子宫室而祭卜（《陕西岐山凤雏村西周周原甲骨文概论》，《古文字研究论文集》，《四川大学学报丛刊》第十辑，1982年5月）；张桂光先生认为是建筑祀天之所（《殷周帝天观念考索》）；徐锡台先生以为"乍"即"祚"，保佑之意，"乍天立"，为保佑天位（《周原出土卜辞选释》，《考古与文物》1982年第3期）；朱歧祥先生读为"乍大立"，并以为殷卜辞中有"乍大"的残辞，此片意指"修治王者的住处"（《周原甲骨研究》，台北：学生书局，1997年，第15—16页）。但由字形看，应读为"天"。

④ 曹玮编著：《周原甲骨文》，第62页。此片甲骨辞残过甚，不知其中"天"字到底何指。

（3）□告于天，由亡咎　　　　　H11：96①（见下图）

由于辞残，前两例中的"天"字，其义不易确定。但 H11：96 片中的"天"为神灵之天，则无可疑义。此片甲骨之意为某人祭告于天，希冀没有灾咎，"天"确凿无疑地指在上之神灵。关于周原甲骨的族属，迄今未有定论，②不过有学者认为 H11：96 应为周人甲骨。③ 总之，何尊铭文以及周原甲骨，说明在殷周之际文武时期已有了神明之天的概念，周人对于"天"的意涵，在周立国之初，已心领神会。

周人选取"天"字表示雄踞在上的自然之天、神明之天，或与"天"字的字义有关。"天"为人形，"天"上部特别显示出巨大的顶颠形，意指人的最高处，因此，"故凡高处都称之为颠，树顶称颠，山顶称颠，日月星辰所运行着的最高的地方称天"。④"天"字以人的上部表明其位置，代表高悬于头顶之上的苍空，"天"是由其字义引申而来。⑤

---

① 曹玮编著：《周原甲骨文》，第 70 页。关于此片甲骨，陈全方先生认为"天"即昊天，"告"为祭名（《陕西岐山凤雏村西周周原甲骨文概论》）；张桂光先生亦认为是对天举行小告之祭（《殷周帝天观念考索》）。

② 有关周原甲骨族属的综述，见曹玮编著：《周原甲骨文》，第 8—9 页。

③ 朱歧祥：《周原甲骨研究》，台湾：台湾学生书局，1997 年，第 37 页。

④ 郭沫若：《先秦天道观之进展》，《青铜时代》，第 5 页；相同的观点见岛邦男：《殷墟卜辞研究》，第 400 页；许倬云：《西周史》，第 104 页。

⑤ 本文虽然辨析了周人之"天"与商人之"帝"的关系，但仍然不能回答周人何以崇拜天的问题。学者推测，或与周人所在黄土高原，目力所及，皆为苍茫之天从而产生慑伏人心之感有关（许倬云：《西周史》，第 105 页）。

综上所述，商人文化中虽有"天"字，但却并不表示自然之天、神灵之天，商人是以"帝"来表达神明之天这一观念的。周人袭用了商文化中的"天"字，却创造出了内涵全新的"天"。周人所说的天，绝大多数指神明之天，少数用为自然之上苍，偶然表示与"地"相对的物质之天。

周人之天与商人之帝，在若干方面，有相似性，但在神性、功能方面，有根本的区别。中国古代传统文化中影响至深至远的"天"之观念，是周人的创造。据现有文献，周人在文王的时代，已视天为在上神明，经过武王、周公时期的发展，周人"天"的观念在西周早期臻至成熟。

表二：周初"八诰"中的"天"

序号	篇　　名	内　　　　容
1	《大诰》	天降割(害)于我家。
2		矧曰其有能格知天命？
3		予不敢闭于天降威。
4		用宁王遗我大宝龟，绍天明。
5		天降威，知我国有疵。
6		予造天役，遗大投艰于朕身。
7		天休于宁王，兴我小邦周。
8		今天其相民，矧亦惟卜用？
9		天明畏，弼我丕丕基。
10		天閟毖我成功所，予不敢不极卒宁王图事。
11		天棐忱辞。
12		天亦惟用勤毖我民，若有疾，予曷敢不于前宁人攸受休毕？
13		亦惟十人，迪知上帝命，越天棐忱。
14		天降戾于周邦。
15		尔亦不知天命不易。
16		天惟丧殷。

（续表）

序号	篇　名	内　　容
17		天亦惟休于前宁人。
18		天命不僭。
19	《康诰》	天乃大命文王，殪戎殷，诞受厥命。
20		古先哲王，用康保民，弘于天，若德裕乃身。
21		天畏棐忱，民情大可见。
22		助王宅天命，作新民。
23		于弟弗念天显，乃弗克恭厥兄。
24		天惟与我民彝大泯乱。
25		爽惟天其罚殛我，我其不怨。
26		矧曰其尚显闻于天。
27	《酒诰》	惟天降命，肇我民，惟元祀。
28		天降威，我民用大乱丧德。
29		惟天若元德，永不忘在王家。
30		在昔殷先哲王，迪畏天显小民，经德秉哲。
31		弗惟德馨香祀，登闻于天。
32		天降丧于殷，罔爱于殷。
33		天非虐，惟民自速辜。
34	《梓材》	皇天既付中国民，越厥疆土。
35	《召诰》	皇天上帝改厥元子，兹大国殷之命。
36		天既遐终大邦殷之命。
37		殷多先哲王在天。
38		夫知保抱携持厥妇子，以哀吁天。
39		天亦哀于四方民。
40		相古先民有夏，天迪从子保。

（续表）

序号	篇 名	内 容
41		（相古先民有夏，天迪从子保，）面稽天若，今时既坠厥命。
42		今相有殷，天迪格保。
43		（今相有殷，天迪格保，）面稽天若，今时既坠厥命。
44		今冲子嗣，则无遗寿耇。曰其稽我古人之德，矧曰其有能稽谋自天？
45		旦曰：其作大邑，其自时配皇天。
46		有夏服天命，惟有历年。
47		有殷受天命，惟有历年。
48		今天其命哲，命吉凶，命历年。
49		肆惟王其疾敬德，王其德之用，祈天永命。
50		小民乃惟刑用于天下。
51		我受天命。
52		欲王以小民受天永命。
53		祈天永命。
54	《洛诰》	王如弗敢及天基命定命。
55		公不敢不敬天之休。
56		公其以予万亿年敬天之休。
57		（王若曰：）以予小子，扬文武烈，奉答天命。
58	《多士》	旻天大降丧于殷。
59		我有周佑命，将天明威，致王罚，敕殷命终于帝。
60		非我小国敢弋殷命，惟天不畀允罔固乱。
61		惟帝不畀，惟我下民秉为，惟天明畏。
62		（夏）大淫泆有辞，惟时天罔念闻，厥惟废元命。
63		惟天丕建保乂有殷。

（续表）

序号	篇　名	内　　容
64		殷王亦罔敢失帝,罔不配天其泽。
65		在今后嗣王,诞罔显于天。
66		(殷)诞淫厥泆,罔顾于天显民祗。
67		惟天不畀不明厥德。
68		予亦念天即于殷大戾肆不正。
69		时惟天命,无违。
70		肆予敢求尔于天邑商,予惟率肆矜尔。非予罪,时惟天命。
71		我乃明致天罚。
72		天惟畀矜尔;尔不克敬,尔不啻不有尔土。
73		予亦致天之罚于尔躬。
74	《多方》	洪惟图天之命,弗永寅念于祀。
75		天惟时求民主,乃大降显休命于成汤。
76		惟天不畀纯。
77		弗克以尔多方,享天之命。
78		非天庸释有夏。
79		非天庸释有殷。
80		乃惟尔辟,以尔多方,大淫图天之命。
81		天降时丧。
82		天惟降时丧。
83		天惟五年,须暇之子孙,诞作民主。
84		天惟求尔多方,大动以威。
85		(天惟求尔多方,大动以威,)开厥顾天。
86		惟我周王,灵承于旅,克堪用德,惟典神天。
87		天惟式教我用休,简畀殷命。

（续表）

序号	篇　名	内　　容
88		尔曷不夹介乂我周王，享天之命？
89		尔曷不惠王熙天之命？
90		尔乃不大宅天命。
91		尔乃屑播天命。
92		天惟畀矜尔，我有周惟其大介赉尔。
93		惟尔多方探天之威。
94		我则致天之罚。

表三：《尚书》"周书"中《无逸》《君奭》《立政》《顾命》篇中的"天"

序号	篇　名	内　　容
1	《无逸》	周公曰：呜呼！我闻曰，昔在殷王中宗，严恭寅畏天命。
2		周公曰：……非天攸若，时人丕则有愆。
3	《君奭》	周公若曰：君奭，弗吊天降丧于殷，殷既坠厥命，我有周既受。
4		我不敢知曰，厥基永孚于休，若天棐忱。
5		我亦不敢宁于上帝命，弗永远念天威。
6		在我后嗣子孙……天命不易。
7		天难谌，乃其坠命，弗克经历。
8		天不可信，我道惟宁王德延。
9		天不庸释于文王受命。
10		公曰：君奭，我闻在昔成汤既受命，时则有若伊尹，格于皇天。
11		殷礼陟配天，多历年所。
12		天维纯佑命，则商实百姓，王人罔不秉德，明恤小臣。

（续表）

序号	篇　名	内　　容
13		天寿平格,保乂有殷。
14		有殷嗣,天灭威。
15		亦惟纯佑秉德,迪知天威。
16		后暨武王,诞将天威,咸刘厥敌。
17		其汝克敬以予,监于殷丧大否。肆念我天威。
18		天休兹至。
19		公曰:君,予不惠若兹多诰,予惟用闵于天越民。
20	《立政》	其克诘尔戎兵,以陟禹之迹,方行天下,至于海表,罔有不服。
21	《顾命》	在后之侗,敬迓天威,嗣守文武大训,无敢昏逾。
22		今天降疾,殆弗兴弗悟。
23		临君周邦,率循大卞,燮和天下。
24		敬忌天威。

第二节　天命与西周国家

周人天之信仰的核心内容,是天命观念。"天命"对于西周国家意义重大,对于古代传统文化影响深远。举其大端,有如下几项:

一,天与天命思想的形成,开创了中国古代王朝政权合法性来源的理论。周人翦商之际,将国祚的建立与上天结合起来,在意识领域赋予周政以合法性,在中国古代历史上首次阐述了王权的来源。此后,在中国古代历史发展过程中,尽管王朝递嬗、政权代易,但周人所发明的天命理论却是最为行之有效的政权合法性依据之一。直至有清覆亡之时,"奉天承运"仍是根深蒂固的政治意识。可以说,天命成为大一统王朝的正统观念，支撑了王朝意识形态的核心内容，它的影响力远远超越了周王朝的存在时段，而贯穿中国古代社会之始终。

二，天命思想的确立，对于周人维持统治具有重大意义。周人不仅依赖其制度方面的成就创建出一个以周天子为核心的"四方"，而且依靠天授大命的思想，培养出一种"共同的意识"，营造出一种有助于"统一"倾向的氛围，裨益于在精神上凝聚诸多族群、提高周之国家威望。典章制度与意识形态相辅相成，并列成为维护周邦安宁稳定的重要力量。

三，天命观念的出现，寓意着人文精神的跃动。傅斯年、徐复观先生倡此说。傅先生由周初"八诰"透露出的"天命时依人事而变易""事事托命于人事，而无一事舍人事而言天"的思想，寻绎出天命思想中的理性因素，以"人道主义之黎明"来称颂之。① 徐先生则对比商周宗教，指出在周人的手中，天命"从它的幽暗神秘的气氛中摆脱出来，而成为人们可以通过自己的行为加以了解、把握，并作为人类合理行为的最后保障"，认为周人的天命观念蕴含有丰富的道德的人文精神。②

四，天与天命论的提出，孕育了"天下"观念，预示了传统政治文化中"大一统"思想的酝酿。许倬云先生曾就此立论，③以为天与天命观念助益于周人开疆拓土，创立超越于自身族属、地域局限的"天下"格局。概言

---

① 傅斯年：《性命古训辨证》，见《民族与古代中国史》，第 320 页。
② 徐复观：《中国人性论史》先秦篇，第 22 页。又谓"殷人的精神生活，还未脱离原始状态……周人的贡献，便是在传统的宗教生活中，注入了自觉的精神，把文化在器物方面的成就，提升而为观念方面的展开，以启发中国道德地人文精神的建立"；"在周人的领导人物中，却可以看出有了一种新精神的跃动。因为有了这种新精神的跃动，才使传统的宗教有了新地转向，也即是使古代整个地文化，有了新地发展"（《中国人性论史》先秦篇，第13—14、18 页）。
③ 许倬云先生云"新创之周实际上是一个诸部族的大联盟。周人在这个超越部族范围的政治力量上，还须建立一个超越部族性质的至高天神的权威……于是周人的世界，是一个'天下'，不是一个'大邑'；周人的政治权力，转铸了一个文化的共同体"；又云"西周文化不断扩散，其文化的同化力也极为强大。任何文化体系本身若不具有普遍性和开放的'天下'观念，这个体系就难以接纳别的文化成分，也难以让别的文化体系分享其输出的文化成分。华夏文化在西周形成时，先就有超越部族的天命观念以及随着道德性天命而衍生的理性主义。为此，华夏文化不致有强烈的排他性……华夏文化体系，兼具坚韧的内部抟聚力，及广大的包容能力，遂使中国三千年来不断成长不断扩大，却又经常保持历史性共同意识"（《西周史》，第 315—317 页）。

之,天与天命观念的形成,铺垫了"天下定于一""天下一家"的思想基础。

有关天、天命观念中所包含的理性因素,已为人们所熟知,而天与天命观念作为意识形态对于西周国家的深刻影响,对于古代王朝"大一统"信念的深远影响,尚有进一步阐述的余地。

一、天命与周人立国

(一)天命:一种意识形态

"天命",即天所命与、天所令与、天所赐予之义。由天所命,即显示出无与伦比的神圣性。可靠的材料表明,当殷周政权交替之际,一种不同于以往的新的信仰观念产生了。周人以天作为大命的来源、王权确立的依据,历史上前所未有地产生了政权合法性来源的理论。

西周时期的"天命"观念,主要见载于西周金文及《尚书》《诗经》相关篇目。然而,一个略需要辨析的问题是,金文中又有"天令""大命""大令"(见表三),四者是否有所区别,指向不同的意义?可以肯定,"天命"即"天令",就是"大命",也是"大令",四种写法虽然不同,但在含义方面没有差异。周人自谓受天命时,常常云"丕显文武,膺受天命"。这一习语在师询簋中作"膺受天令",在乖伯簋中作"膺受大命",在四十二年逨鼎中作"膺受大令",而在 1978 年宝鸡杨家沟出土的秦公器中,既有"我先祖受天命",又有"秦公畯瘝在位,膺受大令"之说。因此,天命就是大令,就是大命,也是天令。"天命""天令""大命""大令",即便写法在两周时期略有时代差异(如"天命"皆见于春秋铭文,"天令"均刻于西周彝器。见下表),①但基本含义皆指向上天所命、所降、所给予。

宣称天命的主体,在西周金文中可以归纳为两类:1. 周王宣扬天命。天子在册命或赏赐之时(绝大多数为册命),往往追溯文、武王膺受天命,此几为册命铭文中的程式化用语,贯穿于西周一代。这种情况出现的天命在西周金文中最为常见;2. 高级贵族赞颂祖考。贵族们在追美祖先辅

---

① 其他学者亦有统计,如 Mercedes Valmisa:"Is the ideology of the 'Mandate of Heaven' already present in Western Zhou bronze inscriptions?", Princeton University, May 2012.

表四：两周金文所见"天命"

天命	天令	大命	大令
1. 秦公簋(春秋) 2. 秦公钟（秦公镈，春秋） 3. 蔡侯申尊(春秋) 4. 晋公盆(春秋) 5. 叔夷钟(春秋) 6. 曾侯與钟（春秋） 7. 司马楙钟（春秋战国之际）	1. 录伯戜簋盖（西周） 2. 师询簋(西周) 3. 班簋(西周)	1. 何尊(西周) 2. 毛公鼎(西周) 3. 乖伯簋(西周) 4. 晋公盆(春秋) 5. 蔡侯申尊(春秋) 6. 郘公敊父镈（春秋） 7. 曾侯與钟（春秋）	1. 五祀㝬钟(西周) 2. 大盂鼎(西周) 3. 番生簋(西周) 4. 师询簋(西周) 5. 师克盨(西周) 6. 逑盘(西周) 7. 四十二年逑鼎(西周) 8. 单伯昊生钟（西周） 9. 秦公钟(春秋)

佐先王时，也会涉及天命，不过这种情况比较少见，目前仅有番生簋、单伯昊生钟两例。① 因此，可以说，使用天命最多的群体是周王，天命与周王有最密切的联系，天命是周家的核心意识。

当然，由番生簋、单伯昊生钟可见，贵族也可称天命。但需要指出的是，贵族并不受命，膺受大命的只有天子。金文中表达受命的用词有"受天命""膺受天命""受天有大令"，这些词汇的主语全部是周王，因此，只有周王可以受命。而贵族之职，则是作为王之股肱，恭敬大命，如番生簋称"番生不敢弗帅型皇祖考丕丕元德，用䚅(申)䦼(固)大令，屏王位"，单伯昊生赞美祖先"单伯昊生曰：丕显皇祖、烈考，逑匹先王，恭勤大令，余小子肇帅型朕皇祖考懿德，永宝奠"，前者宣称巩固大命，后者宣示恭敬勤谨先王。又如师询簋谓"乃圣祖考克股肱先王，作厥爪牙，用夹绍厥辟，奠大令"。显而易见，周王身当天命，贵族虽亦涉及天命，但职责所在却是辅翊天子，恭勤大命、克定大令、弘扬天命。

① 番生簋虽非册命铭文，缺乏周王册命之词，但其中提到"王令䚅司公族、卿士、太史寮"，可以看作是宽泛的册命。单伯昊生钟则完全没有册命或赏赐，它的叙述主语即器主。即便番生簋、单伯昊生钟铭文没有王之诰令，也均与周王有关。

最早记载"天命"观念的成王时期何尊铭文谓（见下图）：①

何尊铭文拓本

　　唯王初迁宅于成周。复禀武王礼，祼自天。在四月丙戌，王诰宗
小子于京室，曰："昔在尔考公氏，克弼文王，肆文王受兹大令（命）。
唯武王既克大邑商，则廷告于天，曰：'余其宅兹中或（国），自之乂
民。'呜呼！尔有虽小子亡（无）识，视于公氏有爵（恪）于天，彻令敬享
哉！恵王恭德，谷（欲）天█（临）我不每（敏）。"王咸诰，何易贝卅朋，
用作庚公宝尊彝。唯王五祀。

是器记载周成王诰教宗小子，谓"从前你们的父亲能够辅弼文王，文王受此大
命"。在这里，成王明确提到文王受大令（命）。事实上，天降文王大命之说，习
见于西周文献，如《尚书·康诰》"天乃大命文王，殪戎殷，诞受厥命"等，②不烦

---

① 《集成》6014。
② 《尚书·康诰》。孔颖达：《尚书正义》，阮元校刻：《十三经注疏》，第203页。

赘举。

周初人反复称颂的文王受天命，其旨意何在？由何尊铭上下文意看，无疑是在强调君权天授，强调文王得天命而得天下。何尊记载成王在诰宗小子的言辞中，特别提到"唯武王既克大邑商，则廷告于天"，[①]武王克商后，特意向天做出汇报，此举正如《尚书》中所说"今惟我周王丕灵承帝事，有命曰：割殷，告勑于帝"，[②]克殷之后，将此一消息上告于天，从而得到皇天的首肯。在告天之辞中，武王谓"余其宅兹中国，自之乂民"，意谓我将在中心区域行建制，从这里来治理民众。武王诰天及其诰辞透露出，武王对于天十分仰赖与敬畏。唯其诰天，获得天的认可，才拥有合理的统治"中国"之权。由何尊分析，当周人的天命观形成之时，其主要内容，一是宣扬文王承受天命；二是强调武王伐纣，顺应天命。其意在于说明以周代殷，合于天意，具有绝对的正当性。这层意思在传世文献中所记甚多，[③]如《尚书·多士》录周公之语，谓："非我小国敢弋殷命，惟天不畀允罔固乱，弼我，我其敢求位？"意谓是上天终止殷人之命，天眷顾于周，周人由此获得统治权。很显然，"文王受天命"是周人对自己获得政权的认识与解释。这应当是周初人们宣传文王受命的根本意义所在。

周人建国后，在典章文物方面的建设，灿然明备。王国维先生早已指出，周人宗法制、分封制等一系列制度，皆周之所以纲纪天下，其旨"则在纳上下于道德，而合天子诸侯卿大夫士庶民以成一道德之团体"，[④]对于华夏"共同体"的形成，功莫大焉。周人的制度建设固然可观，而周人在意

---

① 彝铭之"廷"，专家或读为"莛"，即《离骚》之"以莛簭"（唐兰：《西周青铜器铭文分代史征》，北京：中华书局，1986年，第76页）。莛，本指小折竹。莛簭，指结草折竹以卜；或谓通"侹"，敬也（马承源主编：《商周青铜器铭文选》三，北京：文物出版社，1990年，第21页）。按，廷，《广韵·青韵》解为"正也"（周祖谟：《广韵校本》，北京：中华书局，1960年，第196页）。彝铭中尚有"昭告"（沈子它簋）、"巩告"（师𫑡簋），与之对比，何尊中"廷告"释为正告、敬告较优。

② 《尚书·多士》（孔颖达：《尚书正义》，阮元校刻：《十三经注疏》，第220页）。勑，同敕，告也。

③ 如《尚书·召诰》谓"皇天上帝，改厥元子，兹大国殷之命"（孔颖达：《尚书正义》，阮元校刻：《十三经注疏》，第212页），《尚书·康诰》曰"天乃大命文王，殪戎殷，诞受厥命"（孔颖达：《尚书正义》，阮元校刻：《十三经注疏》，第203页）。

④ 王国维：《殷周制度论》，《观堂集林》卷十，第454页。

识形态方面的成就同样在国家运作中发挥重要作用。人所共知,西周国家建立在血缘家族组织之上,所封诸侯主要是王室同姓、姻亲,正如《左传》所说"昔武王克商,光有天下,其兄弟之国者十五人,姬姓之国者四十人,皆举亲也",①周人主要是依赖"封建亲戚"以行统治。然而,并不能据此认为西周的政治体系仅仅依靠宗族纽带即得以维系巩固。事实上,周之四方之内,不仅有殷遗民,而且有大量的异姓氏族。对于他们,无法单纯依靠血缘亲情、姻亲婚媾来完成统合。② 在宗法、分封之外,周人势必采用其他方式弥合制度遗留下来的空隙。可以看到,周人有意识地运用了意识形态维护统治,他们宣扬天命、称颂天命,天命就是周王朝用以号召民众、联络共同意识的重要手段。

青铜铭文中常常可见,周王告诫异族领袖,他们的祖先辅弼文王、武王,顺应天命。言外之意,作为后代的他们理当继续顺服周天子,唯有如此才能获得祐佑。穆王时期录伯威簋记载:

> 王若曰:录伯威,繇自乃祖考有爵于周邦,佑辟四方,更弘天令(命),汝肇不惰,余易汝……录伯威敢拜手稽首,对扬天子丕显休,用作朕皇考釐王宝尊簋,余其永万年宝用,子子孙孙其帅型。③

更,铭文中写作"",助之义,与"佑"相对成文。④ 铭文记载穆王追溯录伯威的祖考敬于周邦,协助开拓疆土、膺受天命。穆王赏赐录伯,勉励他发扬光大祖先之业。作器者录伯威称其父为"皇考釐王",则知其为异邦之君,非姬周族。⑤ 而穆王赞赏他不惰于先祖功业,继续辅弼周王,助扬

---

① 《左传》昭公二十八年(孔颖达:《春秋左传正义》,阮元校刻:《十三经注疏》,第2119页)。
② 相关论述亦可参考尤锐:《展望永恒帝国——战国时代的中国政治思想》,孙英刚译,上海:上海古籍出版社,2013年,第24页。
③ 《集成》4302。
④ 李学勤:《试论董家村青铜器群》,《新出青铜器研究》(增订版),北京:人民美术出版社,2016年,第89页。
⑤ 《通志·氏族略》三"禄氏,子姓。《风俗通》云:纣子武庚字禄父,其后以字为氏。泾阳有此禄姓,亦出扶风"(《通志二十略》,北京:中华书局,1995年,第114页)。按照《氏族略》所说,录非姬周族。张政烺先生曾经指出"周时称王者皆异姓之国"(《矢王簋盖跋——评王国维古诸侯称王说》,《古文字研究》第十三辑,北京:中华书局,1986年,第174—180页)。

天命。可见无论是录伯之祖考，还是其自身，捍卫大命都是其神圣的职责，是家族一脉相承的荣耀。恭王时期乖伯簋则记载乖伯的祖辈曾经"克弼先王，翼自它邦，有苪于大命"，①乖伯之祖从自己的国中来到有周辅佐周先王，承受天命。而乖伯则协助益公奉周王之命征伐眉敖，②弘扬先祖之业。周王赏赐乖伯，乖伯称颂周王"弗忘小裔邦"，称父考为"皇考武乖幾王"。显然，乖伯为异族邦君，非周室所封同姓、姻亲。1972 年甘肃灵台姚家河 M1 墓地出土刻有"乖叔作"三字之铜鼎，或说明乖之地望当在附近。

录伯、乖伯既非姬周族，其与周王并非"同姓同德"，其所属之国很可能与周王室若即若离，时亲时叛。但周王高举天命之旗以相号召，劝勉异族邦君以诚臣服、拥戴于周室。可知对于并不在血缘宗法系统内的非姬周族来说，天命是周人具有感召力的神圣法宝。

在周族内部，天命同样极具号召力。建国后，文王或文武王受"天命"（大令）的说法不断被加深、巩固，但凡忆及周人代殷，或祖述先王之德，"丕显文武，膺受大令"都是周人有言必称的内容。③ 这一观念在周人的意识形态中根深蒂固，成为周王朝用以号召民众、巩固周邦的重要手段，即便在王朝的中晚期阶段，仍然如此。例如，询簋记载"王若曰：询，丕显文武受令（命），则乃祖奠周邦，今余令汝……用事"，④周王说在文武受命之时，询之先祖即辅翊周王，如今王再次任命询，以克弼周王，顺从天命，

---

① 《集成》4331。苪，马承源先生指出即为《说文》中之"苪，相当也"。有苪大命即有当于天命，符合天命（《商周青铜器铭文选》三，第 140 页）。

② 眉敖，亦见于陕西岐山董家村窖藏所出九年卫鼎，谓"王在周驹宫，格庙，眉敖者膚卓使见于王"（《集成》2831）。本铭则称"征眉敖"，可见其时服时叛。

③ 如周康王时期大盂鼎（《集成》2837）"丕显文王，受天有大令（命）"，恭王时期乖伯簋（《集成》4331）"朕丕显文武，膺受大命"，懿王时期师询簋（《集成》4342）"丕显文武，膺受天令"，懿王或孝王时期癲钟（《集成》251）"曰古文王，初鼄穌于政，上帝降懿德大甹，匍有四方，匐受万邦"，西周晚期五祀㝬钟（《集成》358）铭文谓"明𩁹文乃膺受大命，匍有四方。余小子肇嗣先王，配上下，乍厥王大宝，用喜侃前文人，墉厚多福，用𩁹（申）𩁹（固）先王，受皇天大鲁令"（按，此铭开篇突兀，缺少主语。学者认为应上接另一钟铭，前面的语句，当是赞美文王或文武受大命。见穆海亭、朱捷元：《新发现的西周王室重器五祀㝬钟考》，《人文杂志》1983 年第 2 期）等。

④ 《集成》4321。

执行王命之事。西周晚期逨鼎记载周王赏赐、册命逨,王首先颂扬伟大的先祖文王、武王,膺受大命,接着赞扬逨之先圣祖考夹辅先王,恭勤大命。然后,王自称"弗遐忘圣人孙子",不忘逨之先祖的功绩,予逨以赏赐、册命。逨自谓其将秉持先祖之德,永为王之臣。① 对于同族或异族,周王或周之上层皆以天命为号召,以相督促,以相劝导。如此之类,青铜铭文中不一而足。

由上述铭文,可知"天命"不仅是周王朝"革殷"立国的根本依据,而且对于周人维持统治具有重大意义。"天命"观念实质上涉及了共同意识的问题。亚里士多德曾经指出古希腊政治中一个重要原则,那就是"如果要达到长治久安的目的,必须使全邦各部分(各阶级)的人民都能参加而怀抱着让它存在和延续的意愿",②即共同的意识。法国学者古郎士也指出,"古代民族建立正式社会时的特殊困难,是应当想到的……欲与以共同信条,建立威权,使他们承认服从情感、服从理性,个人理性服从公共理性,自然必须有件事物,较实力为大,较利益为尊,较哲学学说为准确,较契约更固,这件事物存在人人心中,并对人人有威权。这件事物就是信仰。莫有再比他在精神上更有力量的了"。③

周代社会君主与贵族们不厌其烦地宣扬天命理念,其效果就是各阶层民众在某种程度上具有了共同意识,对于周人政权的神圣性有了基本认可。因此,周人不仅依赖其分封、宗法制度方面的成就创建出一个以周天子为核心的"四方",而且依靠天授大命的思想,营造出一种有助于"统一"倾向的氛围,培养出一种共同的观念,裨益于周人在实际上开疆拓土,在精神上凝聚诸多族群、提高周之国家威望。典章制度与意识形态相辅相成,并列成为维护周邦安宁稳定的重要力量。

概括而言,周初之时,周人宣扬文武受天命,此时的天命包含了"万邦

---

① 陕西省考古研究所、宝鸡市考古工作队、眉县文化馆联合考古队:《陕西眉县杨家村西周青铜器窖藏》。

② 亚里士多德:《政治学》,吴寿彭译,北京:商务印书馆,1981年,第88页。

③ 古朗士:《希腊罗马古代社会研究》,李玄伯译,上海:上海文艺出版社影印,1990年,第103页。

之方，下民之王"①这样统御四境、具有绝对权威的意蕴。周初乃至有周
一代，周人极力以不同的方式宣扬文武受命。考诸当时的情境，可说周人
宣传天命，不但是要进行思想上的变革，而且是要适应现实形势，为王朝
的建立寻找依托，并以此晓喻天下周革殷的正当与合理。即便是在建国
之后，周人不断加深受命观念，亦是出自巩固周邦的需要。

周人创造出天命观念，使其政权具有了意识形态上的正当性。但天
命毕竟事涉神圣性、神秘性，周之统治者又当怎样向天下证明国祚由天所
赐、告谕民众文、武王经过"天选"接受了大命这一高深的道理呢？这真是
摆在周统治者面前的一件大事。

捜诸文献，可见周人偶有以神灵之义探求天命的做法。如《尚书·大
诰》记载周公决定平定三监之乱，他劝诫邦君庶士从征之辞曰：

> 猷！大诰尔多邦，越尔御事。弗吊，天降割（害）于我家，不少
> 延……弗造哲，迪民康，矧曰其有能格知天命？……敷贲，敷前人受
> 命，兹不忘大功。予不敢闭于天降威，用宁王遗我大宝龟，绍天
> 明……肆予告我友邦君，越尹氏、庶士、御事，曰："予得吉卜，予惟以
> 尔庶邦，于伐殷逋播臣。"……已！予惟小子，不敢替上帝命。天休于
> 宁王，兴我小邦周，宁王惟卜用，克绥受兹命。今天其相民，矧亦惟卜
> 用……肆予大化诱我友邦君，天棐忱辞，其考我民，予曷其不于前宁
> 人图功攸终？

周公殷殷告诫邦君庶士，云：天降灾害于周家，并且降灾迅速，不稍延
缓。……遭时不顺，不能导民于安康，更怎么能说知晓天命了呢？周公把
占卜的龟兆，把先王所受天命的情况展示给邦君庶士，这样做是为了不忘
先王的伟大功业。周公不敢壅塞隐藏天所降的威严之命，所以要用文王
遗留的大宝龟来卜问并展现天命。② 周公向友邦君主和大臣及众多官

---

① 《诗经·大雅·皇矣》(孔颖达：《毛诗正义》，阮元校刻：《十三经注疏》，第521
页)。按，"万邦之方"的"方"，毛传"则也"。别本作"向"。郑笺谓"方，犹向也，为万国之所
向"。"万邦之方"，意即万邦之所向。马瑞辰指出"方"有则、正之义，"万邦之方"义为王邦
之准则，亦通(《毛诗传笺通释》，北京：中华书局，1989年，第852页)。

② 经文"绍"，曾运乾曰"读为卟，《说文》卟，卜问也"(《尚书正读》，北京：(转下页)

员、执事人员转告占卜的结果，谓："我得到吉利的卜兆，要和众邦族前往讨伐叛乱之臣。……我不敢不信从上帝之命。天降福于文王，使小邦周兴盛。文王之时即依占卜行事，才能安受大命。如今天来佑助周之民众，我们只有依卜行事……"

周公所谓"用宁王遗我大宝龟，绍天明"，即是说需要卜问天的命令或天的意旨。大敌当前，周公劝说邦君庶士往征平叛。他说天降凶害于周邦，周人当度知天命。大龟曾经辅助先王接受天命，于今不能忘其大功。周公以文王遗留的大宝龟卜问天命而获吉卜，表明天将助周平叛。可是有人却反对出征，甚至说何不违卜。周公告诫他们，吉卜为天所示，不可替废大命。周公此番话，有几点尤可注意：一，天命不可违。由此可知周人仰赖天命，天命至高无上。二，努力探知天意、天命。从周公之语看，周文王时期即用大龟占卜的形式来探求天命，而在平叛之前，周公再次以龟占卜，测知天意。占卜是一种有效的证明天意的途径。

然而，在此之外，观西周金文与传世文献，可见周人似乎没有其他的方法做出论证，也没有发明特殊的"神谕"以增加天命以及身受天命的神秘性。他们主要是依靠反复宣扬其为政之美行来说明获取上天青睐的必然性，依赖"懿行导致天命"这样的因果关系来不断向贵族阶层乃至民众渗透受命观念。周人的这一做法常见于金文，《尚书》周初"八诰"中更是俯拾即是。兹取西周晚期毛公鼎铭文为例简要说明，铭谓"皇天引厌厥德，配我有周，膺受大命，率怀不廷方，亡不闬于文武耿光，唯天壮（将）集厥命，亦唯先正襄乂厥辟，恭勤大命"，[①]铭文强调光明盛大的上天长足文武之德，以周合于天意，使周承受大命。安怀不朝觐之邦，使其罔不蒙受文武之光，因此上天大降命。毛公鼎铭文十分典型地说明了，在周人的逻

（接上页）中华书局，1964 年，第 150 页）。周秉钧曰"明，杨遇夫先生曰：'明是命之假借字。'绍天明，问天命也。言我用文王遗留之大宝龟，卜问天命"（《尚书易解》，长沙：岳麓书社，1984 年，第 158 页）。刘起釪谓"'绍天明'即卜问天的命令或天的意旨"（《尚书校释译论》，第 1267 页）。

① 《集成》2841。铭文中的"引"，《尔雅·释诂》"长也"；厌，饱也。意指上天赐予长久之"德"。率，王引之谓"家大人曰：率，语助也……'聿'与'率'声近而义同"（《经传释词》，长沙：岳麓书社，1982 年，第 215 页）。将，大也。《诗经·周南·樛木》"福履将之"，毛传"将，大也"（孔颖达：《毛诗正义》，阮元校刻：《十三经注疏》，第 279 页）。

辑中，天命归因于文、武王之美行，人事方面的因素主导了天命的去向。总体而言，西周时人对于天命的论证十分平实，并无神异色彩。

西周时人的这一做法有其特别性，区别于世界古代民族。人所共知，古代犹太民族宣扬"弥赛亚"的到来。他们所采用的方法主要是依靠先知讲述异象（vision）来向民众传播上帝的话语、意志。异象包括奇异的景象、梦境等，上帝通过异象将他的意图传递给先知，而后先知再向民众传布。异象常常光怪陆离、扑朔迷离，带有强烈的神秘性质，从而增强上帝话语的力量。异象暗示上帝在场，带来上帝的特殊启示，①因此异象具有不容置疑的权威性，增强了民众的认可度。例如，《旧约圣经·出埃及记》记载上帝传递给先知摩西神谕，要他向以色列民众传布：上帝将要把他们带出埃及，上帝需要民众服从他，服从誓约，从而成为上帝的选民。当上帝在西奈山降临时，雷电交加，浓云密布，号角震耳，西奈山为浓烟笼罩，上帝在火中降临，在山顶向摩西发话。这一异象产生之前，上帝已对摩西说："我将在云端降临，显现于你，众人可以听见我与你谈话，从而会始终将信任寄托于你了。"②上帝的话很清楚地说明了异象的功用，即异象加深了人们对上帝的敬畏，提升了上帝话语的崇高性。③

反观西周时人，当他们创造神圣的天命观念时，原本也是借助天的神性来阐述建立政权的权威性，但目前可见的相关文献中，几乎不见周人宣扬神谕（《尚书·大诰》篇偶尔提及以"大宝龟"度知天命），全然不见任何莫测的论述，其以人事解说神秘天命的思想令人印象深刻。可以说，西周初年周人创造出天命观念，宣扬天命观念，依靠的完全是一种信念，一种不证自明、不言而喻、无须申说的强大信念。在那时，周人

① 张若一：《以马内利的兆头——希伯来圣经异象的形式特征、建构类型及拯救意义》，《国外文学》2016 年第 3 期。

② "Exodus"19, *Holy Bible*, New International Version, Zondervan, 2011, p70.

③ 此外，还可注意先知在其中扮演的角色。韦伯在进行比较宗教研究时，曾指出先知对于犹太民族意义非凡。他认为，中国之所以没有发展出资本主义，其因素之一就是缺少"道德先知"这样一种革新性的力量，从而导致未能打破传统的因循、提出新的理念、建立新的道德规范，云"中国人的灵魂从未经历过先知的洗礼"（杨庆堃导论，见马克斯·韦伯著，康乐、简惠美译：《韦伯作品集》V《中国的宗教　宗教与世界》，第 354 页）。周公未可称先知，但"天命"观念的提出，完全称得上是新的道德规范。

尚未考虑如何创造"神话"、如何利用先知来增强天命的神圣性与神秘性这一类事项。

(二) 天与天下四方

考诸中国古代历史,可知周人将天作为王权的根据,其意义不止于为立国作邦寻找终极依据。

周人将天与国祚相联,为开拓天下观念铺垫了基础。许倬云先生在进行商周文化对比研究时,曾经指出殷人的神始终不脱宗族神、部落神的性格,因而未能开创一个超越政治力量的共同文化。周人则建立了一个无所不包的至高天神的权威,因此周人的世界,是整体的"天下",一个文化上的共同体由此形成。① 这一论述缕析出由周初之"天"到传统文化中"天下"观念的发展线索,诚为卓见。然而事实上,并非完全如此,殷人之帝亦非部落神、宗族神。② 无论殷商还是姬周,其所信仰的帝、天都已是超越部族、宗族之上的神灵。③ 殷人与周人的区别,关键在于没有将天上的"帝"与地上的国家权力相结合,未能将"帝"视为王朝建立的最终依据。周人观念的独特之处,在于自我创造地、径直地将天与政权结合起来,不但为王权寻找到权威来源,而且由"天"进一步发展出"天下"的思路,在观念的层面上"天下"成为一个融合诸族、囊括众邦的具有统一倾向的"共同体"。④

---

①　许倬云:《西周史》,第316页。

②　郭沫若先生曾根据帝俊、高辛氏二子、玄鸟传说以为殷人的帝就是帝喾,是以"至上神而兼宗祖神","殷人的神同时又是殷民族的宗祖神,便是至上神是殷民族自己的祖先"(《先秦天道观之进展》,《青铜时代》,第14、9页)。但陈梦家先生指出"卜辞中尚无以上帝为其高祖的信念,但尊上帝则可无疑"(《殷虚卜辞综述》,第582页)。就卜辞记载来看,帝非殷祖先神。

③　徐旭生先生说:"凡早期各氏族中所崇拜的神全是属于本氏族的,没有超氏族的。超氏族的神或帝的出现是相当晚的。商、周之交恐怕正是氏族神和超氏族神嬗变的时期。看甲骨文中所称的帝和《尚书·盘庚下》篇所称的上帝,像是超氏族神已经渐次出现,但是在这个时期似乎还是若明若昧,分别还不够清楚。等到周初,情形却大不相同。《尚书·召诰》内说到'皇天上帝',《诗经·大雅·皇矣》篇说到'皇矣上帝',这位上帝是'命靡常'的,是'监观四方,求民之莫'的。这一定是超氏族的。"见《中国古史的传说时代》,桂林:广西师范大学出版社,2003年,第235页。

④　赵伯雄先生细致辨析了西周时期"天下"概念的出现,"天下"与诸邦、庶邦的关系,以及天下观念的变迁。见《西周至秦汉间天下观之演变》,北京大学、南开大学:《郑天挺先生110周年诞辰暨中国古代社会高层论坛会议论文集》,2009年9月18日。

"天下"一词,西周金文中目前仅见于豳公盨,谓:

> 天令禹敷土,堕山濬川,乃差地设征,降民监德。乃自作配飨民,成父母,生我王、作臣。厥顯唯德,民好明德,襄才(在)天下。

"天下"也见于《尚书》"周书"中的若干篇目。八诰之一的《尚书·召诰》谓:

> 若有功,其惟王位在德元,小民乃惟刑,用于天下,越王显。

位,立也;元,《尔雅·释诂》"首也";① 用,《说文》"可施行也";② 越,《尔雅·释言》"扬也";显,《尔雅·释诂》"光也"。③ 言王立于德之首,小民乃效法以行于天下,发扬王之光显。④ 这里的"天下"虽然并未突出"普天之下"的强烈意义,但所表达的广阔、宽广的意涵显而易见。《立政》篇记载周公晚年告诫成王如何治国理政、任用官员,弘扬文武之功业。他勉励成王:

> (孺子王)其勿误于庶狱,惟有司之牧夫。其克诘尔戎兵,以陟禹之迹,方行天下,至于海表,罔有不服。以覲文王之耿光,以扬武王之大烈。

庶,众;之,与也;⑤诘,治之义,杜预注《左传》襄公二十一年"子盍诘盗"云"诘,治也";⑥陟,得;⑦迹,即绩。周公告诫成王,刑者为治国之重事,成

---

① 或释"德元"为"元德",即师询簋之"首德"。见于省吾:《双剑誃尚书新证》,北京:中华书局,2009年,第175页。

② 许慎:《说文解字》,北京:中华书局,1963年,第70页。

③ 邢昺:《尔雅注疏》,阮元校刻:《十三经注疏》,第2573页。

④ 参考周秉钧:《尚书易解》,第207页。孔传谓"顺行禹汤所以成功,则其惟王居位,在德之首。王在德元,则小民乃惟用法于天下,言治政于王亦有光明"(孔颖达:《尚书正义》,阮元校刻:《十三经注疏》,第213页)。

⑤ 王引之:《经传释词》,第200页。

⑥ 孔颖达:《春秋左传正义》,阮元校刻:《十三经注疏》,第1970页。关于"诘"字之释,诸家众说纷纭,主要是由于此句有"启后世好大喜功之患"(吕祖谦语,见《增修东莱书说》)的嫌疑,故又有将"诘"释为"禁""谨"之说,以表明周公之意并非勉励成王用兵于外。然而,推诸上下文意,"诘"仍以释"治"最为通顺。详细辨析可参刘起釪先生说(《尚书校释译论》,第1697—1699页)。

⑦ 刘起釪先生指出"陟"有"得"之义(《尚书校释译论》,第1696页)。"陟""得"一声之转。

王当知刑狱之可畏,必专任有司牧夫理之,而不可以己误之。他鼓励成王当务其远大,步大禹之绩,普行天下,至于海角,无有不服。《顾命》篇记载成王之后,召公、毕公相太子即位,是为康王,康王在庙中接受册命,册命辞谓:

> 临君周邦,率循大卞,燮和天下,用答扬文武之光训。

是说统御周邦,遵守大法,①协和天下,以答扬文武之明训。《立政》《顾命》篇中的"天下",其所蕴含的以天子为中心,扩展至无边无际而又无所不包的意义已经十分突出了。

"天下"所表达的四海之内、无垠无涯的意义在《诗经·周颂·般》篇中更为显豁,诗篇谓:

> 敷天之下,裒时之对,时周之命。

诗句中的"裒",毛传"聚也",②马瑞辰指出即"抔"之别体,聚之义;③"裒时"之"时",而也;④"时周之命"之"时",是也。此句意谓普天之下,皆聚而答扬此天之休命。这里的"敷天之下",强调全天之下而囊括万有。

以上即是可靠的西周文献中所记载的"天下",可以说,与周人言常称"天"相比,"天下"的使用频率并不高,表明"天下"的观念尚未盛行。可是,西周金文中有周人习用的"四方""四国"以及"万邦"等,皆表示所治广阔,四方与天下是否为同类概念? 需要辨析。

西周金文显示,周人每每称颂"膺受大命"时,常常接以"匍有四方"之语,两者几成固定搭配。如西周早期大盂鼎谓:

> 丕显文王,受天有大令(命),在武王嗣文作邦,辟厥匿,匍有四方。⑤

---

① 孔安国传释"大卞"为大法(孔颖达:《尚书正义》,阮元校刻:《十三经注疏》,第240页)。

② 孔颖达:《毛诗正义》,阮元校刻:《十三经注疏》,第605页。

③ 马瑞辰:《毛诗传笺通释》,第1124页。

④ 裴学海先生指出"'时'训'而',犹'之'训'而'也。'时'与'之'古字通"(《古书虚字集释》,上海:上海书店,1933年,第824页)。

⑤ 《集成》2837。

文王膺受天命，武王作周立邦，广有四方。显而易见，此四方为上天所赐，包含有在天之下的意蕴。相同文例亦见于西周晚期师克盨、①五祀䟢钟、②瘨钟、③逨鼎等。周人称颂上天降大命而溥有四方，足见人们深切以为四方与天命相关。

与天命相联的四方，所表达的是什么概念呢？可以通过西周金文辞例对比，做一分析。瘨钟铭谓"曰古文王，初龣龢于政，上帝降懿德大甹，匍有四方，匂受万邦"，其所传达的意思与上举大盂鼎相关内容类似，旨在表彰文王受命、大有四方。而在史墙盘中，则作"曰古文王，初龣龢于政，上帝降懿德大甹，匍有上下，迨受万邦"，两例铭文非常近似，只是瘨钟云"四方"而墙盘谓"上下"。合两例观之，知"四方"与"上下"所表示意涵相近，皆指无所不包的一种状态。并且，"四方"与"上下"均非实指，而是周人所想象的无边无际的境况。在这个意义上，可说"天下"与"四方"同为一类词语，④都是周人用以表示广大、无垠的词汇。与之类似的还有"四国""万邦"。例如，逨盘铭文谓"文王、武王达殷，膺受天鲁令，匍有四方"，又谓"成王，成受大命，方狄丕享，用奠四国万邦"，两相对比，知四方即四国，即万邦，皆言其遥远、浩大。总体而言，西周时期，周人较少运用"天下"而多以"四方""四国""万邦"为称，这类语词是周人状摹其所辖所治无穷无尽之用语，而在他们的观念中，并不在意这虚指的天下与其所实际控制的区域并不相吻合这一事实。相较于昔日的"小邦周""蕞尔小邦"，克商之后的周人真称得上是取得天下了。

在"天"概念的基础上，西周人创造出"天下"观念。入春秋之后，"天下"的概念就比较普及了，人们说"普天之下，莫非王土"，以之颂扬王权；

---

① 《集成》4467。
② 《集成》358。
③ 《集成》251。
④ "四方"的含义尚需细致考辨。由西周彝铭看，"四方"有时又与"周邦"同义，如大克鼎"天子其万年无疆，保辥周邦，畯尹四方"（《集成》2836）。有时"四方"具有较明确的界限，如兮甲盘"王令甲政司成周四方积，至于南淮夷"（《集成》10174）、逨钟"（王）令瞷司四方虞林"（陕西省考古研究所、宝鸡市考古工作队、眉县文化馆联合考古队：《陕西眉县杨家村西周青铜器窖藏》），此处所说的四方均应有其具体所指，特别是兮甲盘，谓"至于南淮夷"，可见四方有其边界。但很多时候，四方泛指无边的状态。

也说"在天之下,余臣儿难得",①以凸显自我价值。

天下虽非实指,但在周人头脑中,却对于天下四方所应有的状况有了最初的设想。那就是在其所统御下的宇内,周王为之典范,他慎重刑狱,任用官长,由近及远,将一套准则推行于海内(《召诰》)。

在天之下,周人不乏以自我为中心的设想,《康诰》即谓"四方民大和会……见士于周",以四方与有周相对,周居于四方之中。在此基础上,战国时人发展出四方之内,等差有别的观念,如《礼记·曲礼下》所谓"九州之长入天子之国曰牧②……其在东夷、北狄、西戎、南蛮,虽大曰'子'。于内自称曰不榖,于外自称曰王老。庶方小侯入天子之国曰某人,于外曰子,自称曰孤"。在《曲礼》的想象中,有周位于天下中心,自别于边缘,有其高出一等的优越感。甚至在这个设想中,不乏开疆拓土、征伐四方的抱负(见上引《立政》)。

但是,必须注意到,周人所设想的天下四方,更为常见的是安定平静,民众大安的局面。西周金文中"奠(定)四方""畯尹四方"屡屡得见,表示周人有着周之政权安定四方、四方永恒大治的政治理想。而在四方之内,长久地导正民众("畯正厥民"),③民众安和,"四方民亡不康静"。④ 周人"迨受万邦",⑤"绥万邦,屡丰年",⑥万邦协和。周人怀柔远方、优抚近地,远迩皆来,形成以周天子为核心的天下格局,这一幅政治蓝图,正如西周铭文所概括"溥求不僭德,用谏四方,柔远能迩"。⑦ 此后,循着这一思路,人们发展出中国与四方民,修其教、尊其性的意识,谓"修其教不易其

---

① 河南淅川下寺楚墓所出春秋晚期䣄钟铭文,参河南省文物研究所、河南省丹江库区考古发掘队、淅川县博物馆:《淅川下寺春秋楚墓》,北京:文物出版社,1991 年,第281 页。

② 陈澔谓"取牧养下民之义,故曰牧",参《礼记集说》,南京:凤凰出版社,2010 年,第21 页。

③ 大盂鼎,《集成》2837。

④ 师询簋,《集成》4342。

⑤ 史墙盘,《集成》10175;癲钟,《集成》251。

⑥ 《诗经·周颂·桓》(孔颖达:《毛诗正义》,阮元校刻:《十三经注疏》,第 604 页)。

⑦ 番生簋盖铭文,《集成》4326。僭,差也。《诗经·大雅·抑》"不僭不贼",毛传"僭,差也"(《毛诗正义》,第 556 页)。

俗,齐其政不易其宜。中国戎夷,五方之民,皆有性也,不可推移。东方曰夷,被发文身,有不火食者矣;南方曰蛮,雕题交趾,有不火食者矣;西方曰戎,被发衣皮,有不粒食者矣;北方曰狄,衣羽毛穴居,有不粒食者矣。中国、夷、蛮、戎、狄,皆有安居、和味、宜服、利用、备器。五方之民,言语不通,嗜欲不同,达其志、通其欲",①五方之民,语言相异,爱好有别,但是他们的志趣、欲念都应受到尊重和圆满实现。人们又有布教四方,从而形成"内平外成"局面的理想。春秋战国时人认为,舜曾举八元使布五教于四方,从而"内平外成"。孔颖达疏曰:"此五教可常行,又谓之五典也。诸夏夷狄,皆从其教,是为内平外成。"平、成,皆有和义,属近义字对举。在这个构想中,舜举八元至四方推行教化,诸夏夷狄皆从其教,四方同风,遂整合为一个天下皆和的共同体。② 周人还设想,普天之下,不分彼与此,没有此疆与彼界的区分、隔绝,几至"天下远近小大若一"的境地。③《诗经·周颂·思文》谓:

> 帝命率育,无此疆尔界,陈常于时夏。

在这里,"帝"就是"天",上帝命令,一切人都要养育,都要有谷可食,在这一点上没有此邦和彼国的界限。④ 自西徂东、从南至北,四方之内,无分彼此、没有区隔,可谓"天下大同"理想的最初肇端。⑤

---

① 《礼记·王制》。孔颖达:《礼记正义》,阮元校刻:《十三经注疏》,第 1338 页。

② 参考余敦康:《春秋思想史论》(下篇),王中江主编:《新哲学》第二辑,郑州:大象出版社,2004 年,第 43 页。

③ 《公羊传》隐公元年何休注(徐彦:《春秋公羊传注疏》,阮元校刻:《十三经注疏》,第 2200 页。)

④ 此处采用高亨先生译文,"陈,宣示。常,指常规、制度。时,是也。夏,古人称中国为夏。此句指周王颁布地税制度于中国,使人人有饭吃",见《诗经今注》,上海:上海古籍出版社,1980 年,第 485 页。关于此句,郑笺"天命以是循存后稷养天下之功,而广大其子孙之国,无此封竟于女,今之经界乃大有天下也",所释迁曲不可从。孔疏"谓当时经界已广大万里,于汝此之内使无封疆,是乃大有天下之辞也"(孔颖达:《毛诗正义》,阮元校刻:《十三经注疏》,第 590 页)。马瑞辰曰"常"即"政","陈常于时夏"就是"陈农政于中夏",此句意谓"遍布其农政,所以布利于是中夏也",与《国语》"王人者,将道利而布之上下者也"义同(《毛诗传笺通释》,第 1062 页)。

⑤ 战国礼学家有类似的理想,如《周礼·天官》设定"小宰"之职为"以安邦国,以宁万民,以怀宾客","以和邦国,以谐万民","以服邦国,以正万民","以诘邦国,以纠万民","以富邦国,以养万民,以生百物"(贾公彦:《周礼注疏》,阮元校刻:《十三经注疏》,(转下页)

综之，西周时期，天下的观念尚未普及，周人是以四方、四国、万邦等来表达其无远不至的理想境地。四方之内，其民大安，远近咸至，没有他者与我者的区分，这是周人的精神追求。有此一观念的铺垫，"普天之下""天下一家"、①"天下远近小大若一"的观念在稍后的时段中应运而生，"天下定于一""四海之内皆兄弟"②成为中国传统文化中的高远理想。可以说，周人所创造的天与天命，并不必然意味天下统一，然而，若说其开启了传统思想中大一统、天下国家的信念，殆无可疑义。

周人将罔极昊天与国祚相系联，在世界古代文明中有其特别之处。

世界古代历史中，王权与神权的相互映照，是十分普遍的现象。当王权确立时，其后往往有强大的神灵支持，这一现象广泛见于古老文明中，如古代埃及的荷鲁斯、阿蒙神，苏美尔的马尔都克，希腊的宙斯、雅典娜等。然而归根结底，上述神灵原本为某一城市之神，他们虽然神力强大，但并不具有超越一切族群、城邑的特性。相应于此，王权所具有的统御四境的象征意义也不突出。

例如，古代两河流域王国形成之时，据学者研究，与地上的王权相对应，在上的神灵也形成了等级。但是，这种金字塔形的神灵等级从未发展出严格意义上的一神独大的倾向。上古时代美索不达米亚的人们有时会将这一神灵或那一神灵提高到超越其他神灵的地位，好像赋予他以特别的神性，但其他神灵仍然存在，并未出现至上神灵。③

相同的情况出现于古代希腊。法国学者古朗士研究了希腊城邦的诸

（接上页）第653页）。关于周代的天下观，参考钟春晖：《从"西土"到"中国"——周初天下观的形成和实践》，《紫禁城》2014年第10期；关于中国古代天下观念的历史影响，参考张志强：《超越民族主义："多元一体"的清代中国——对新清史的回应》，《文化纵横》2016年第2期。

①　"溥（普）天之下"出自《诗经·小雅·北山》。"天下一家"出自《礼记·礼运》，"圣人耐以天下为一家，以中国为一人者，非意之也"。

②　《论语·颜渊》。邢昺：《论语注疏》，阮元校刻：《十三经注疏》，北京：中华书局，1980年，第2503页。

③　Jean Bottero, Clarisse Herrenschmidt, Jean-Pierre Vernant: *Ancestor of The West: Writing, Reasoning, and Religion in Mesopotamia, Elam and Greece*, translated by Teresa Lavender Fagan, Chicago and London, The University of Chicago Press（2000），p54.

神,指出各家族、各城邦有自己的神灵,宗教在城市国家的建立中起到关键性的作用。他缕析了古代雅典城建立的材料:据普鲁塔克记载,起初阿提卡半岛上有若干家族,其中有奉波塞冬和雅典娜为守护神的西克罗普斯家族,有信奉阿波罗的普拉塞亚家族等,在乡间有数百个类似团体独立存在。但逐渐地,数个家族结成了一些小团体,人们从家长制的家国一体的组织形式转换到扩大化的社会之中。在这个过程中,西克罗普斯家族发挥了重要作用,家族的继承者戴则(Theseus,传说中的古王)将 12 个联邦统一为一个城市,雅典人完成了统一大业,而雅典娜神也成为阿提卡地区所有人共同信仰的神灵。在这里,城市中具有普遍意义的神灵来源于家族之神,①而并非超越于各族、各城之神。古朗士指出,由于存在各家宗教、各邦宗教之故,"国家只限于一城,永不能超越邦神最初所画的城垣。每个邦不只政治自主,各有自有的祀典、法典,宗教、法令,政府皆为每个邦所私有。邦是唯一动力,其上一无所有,其下亦一无所有。既无各邦的统一,亦无个人自由"。② 显而易见,宗教上的区分造成了在政治上无法产生统一的王权。而在各邦之上,也并未有一位最高君主。

古朗士特别指出:

> 未为罗马征服前的希腊及意大利史,地方极端分割及各邦的独立思想,就是那时的明显性质。希腊永远未合于一国,拉丁各城……亦永未能成一坚固团体。大家常以为希腊不可医治的分割,由于地形。山岭成为居民间的天然界划。……地形固能影响及于民族史,但人类信仰的力量尤大。在邻近两城间,有较山岭尚难超越的事物:即神灵的界石,不同的宗教,各邦分隔他的神与外人的障碍。……因此古人未能创立,亦未能想出,邦以外的社会制度。希腊人、意大利人,皆未想到若干城可以平等联合,共存于统一政府之下。即罗马人亦经久始能知道。两邦间为一时利害,固然曾有临时的联合,但永无完全统一。宗教做成各城自为一体,不能混合于另一体中。独立是

---

① 古朗士:《希腊罗马古代社会研究》,第 102—104 页。
② 古朗士:《希腊罗马古代社会研究》,第 293 页。

邦的信条。①

古代希腊未能形成统一的政权,而其原因,或归咎于自然环境——山岭阻隔了各邦的统一。但是古朗士认为,即便在拉丁人城市当中以及其他地区,并没有山川的阻挡,可是人们依然无法联合起来,因此,与其说是地理环境分离了人们,毋宁说是信仰观念导致人们相互疏离。宗教信仰的影响力远远大于山川河流所导致的地理分割。

故此,在古代国家建立之初,王权与神权结合的情况各异。美索不达米亚古代王国、希腊城邦,它们所创造出来的神,间或有高级别的大神,但此类神,并未能够永恒地成为众神之长、众神之君,本质上仍属于某城某邦。这种情况,与周人将无疆无界,不偏于一族一邑之天作为王权、国家权力象征的做法,有着不小的区别。

关于古代国家的统一,周人展示出一条和与古代罗马不同的道路,这为研究信仰与国家政权、王权的关系提供了重要启示。学者们的研究表明,古代罗马的国家起源时,这一地区存在大量混杂的族群。罗马在第一次扩张(前753—前350年)过程中,将其所征服的各邦的宗教都吸引至罗马。"征服神与征服城同等重要",比如从卫易夺取如依,从蒲类乃斯特夺取朱庇特,从珊尼特夺取维纳斯,总之,将其所征服城市的神灵转而成为罗马城中供奉的神灵。古人说过"罗马有以征服城的宗教入彼的习惯;有时分在各演司,有时侪于邦宗教之列"。这是罗马人非常独特之处,它将邻近城邦的宗教都引进至罗马城中来,却不将自己的神灵植入被征服地区,"罗马获得被征服者的神,而不与征服人以其神",法国学者孟德斯鸠赞誉罗马人不迫令征服者信奉其神为精细的灵巧政策。其结果是罗马较之其他城市拥有更多的祭祀和更多的守护神,而其效果则如学者指出:

> 宗教及神既多数出自被征服人,于是罗马与其他民族皆发生宗教关系。⋯⋯亦如其他各城有邦宗教,亦因此而生爱国主义;但利用

---

① 古朗士:《希腊罗马古代社会研究》,第165页。

宗教以自扩充者,他是唯一的邦。其余各邦方因宗教而各自独立之时,或因手段,或因机会,罗马反能用宗教吸引各邦而统治一切。[①]

就这一角度说,罗马利用征服以及集合众神的方法,完成了统治。

要之,在古代国家建成之时,宗教信仰发挥了特殊作用。将宗教信仰与国家权力联系在一起,是古代人们普遍的做法。但是,具体的途径又千差万别。以周人与罗马人来说,两者在一定程度上都完成了"统一"。然而,对于宗教意识的运用却又全然不同:罗马人依赖对其他城邦神灵的吸收、包容,建成万神殿,帮助其完成政治上的整合;周人则在建国之时,将浩荡无际的天作为国祚建立的基础,以超越了血缘、地域限制的神灵作为国家政权的依据,在观念意识方面,具备了统一性。

二、周王的神性:"天子"与"配天"

周人将天的信仰与政治相融合,其中有三个层面的意义十分重要:第一,天革殷命,授周大命。周人初创天命观时,致力于将"小邦周"替代"大邦殷"的缘由归之于天之命令。"天既遐终大邦殷之命",文、武王"膺受天命",是这一时期的主要观念。第二,周人立国后,始终将"承天命""更弘天命""申固大命"作为王朝政治之本,以巩固天命为政治要务。第三,在关于"人"和"天"之关系的思考中,周人提出了天子的概念以及配天的观念,拉近了王与天的距离,强化了王的神圣性。这三个层次的内容,组成了信仰与政治融合的早期状况,对于传统政治文化影响深刻。前两个方面的内容上节已述,以下试就天子与配天的观念进行论述。

关于"天子"之称的出现,傅斯年先生曾根据《尚书·召诰》"皇天上帝,改厥元子,兹大国殷之命",指出"此虽周人之语,然当是彼时一般人共喻之情况,足征人王以上天为父之思想,至迟在殷商已流行矣……(金文中)自西周中叶以后天子之称始普遍,知称天以况王辟,必周初人承受之于殷商者也",[②]以为天子之称,源自商人。前文已指出,商人没有天的概

---

① 古朗士:《希腊罗马古代社会研究》,第305—306页。

② 傅斯年:《性命古训辨证》,《民族与古代中国史》,第319—320页。

念,帝相当于天,但卜辞中没有以帝之子称呼商王的记载。西周金文显示,周代早期已有天子的称呼,如邢侯簋、静簋等铭文皆记有"天子"。但是,"天子"之称何意? 是否就是天的儿子呢?

《尚书·召诰》谓"皇天上帝,改厥元子,兹大国殷之命",古今学者多认为此处的"元子"即上天之长子,是为天子。岛邦男先生结合西周铭文认为:"天子之称在康王以后的金文中习见,周初'王'或称为'元子'……天子之称是根据元子而来的,天子的原义为元子,'天'之意则为元首之意。"①他以为,"天子"与"元子"为同义。元,《说文》"始也",引申而有长、首、大之义,②因此"天子"即是大子、长子。这一说法很有见地,因为西周金文中,亦多见"天君"、③"天尹"④之称。关于"天君",陈梦家先生说"君为君后之称……西周金文则称君、天君、君氏,⑤即周王之后尊称为"天君"。而"天尹",唐兰先生认为"天"字通"大","大尹是尹中最大的……大尹等于大君",⑥即地位高级的官员。因此,天子、天君、天尹等称呼,是对于周王、王后、官员(上司)的敬称,"天"应当与"大"同义。"天子"就是最大的、最长的、最首要之子。

"天子"之义既然如此,那么他又是谁的最大的、最长的、最首要之子呢?

材料显示,周人的确赋予"天子"以神性,⑦视"天子"为天之子,将人间之王与上天联系起来。前述《召诰》说殷周代易是"皇天上帝,改厥元子,兹大国殷之命。惟王受命,无疆惟休",皇天上帝有其大儿子,现在周

---

①　岛邦男:《殷墟卜辞研究》,第 399 页。

②　《诗经·鲁颂·閟宫》"建尔元子",毛传"元,首也"(孔颖达:《毛诗正义》,阮元校刻:《十三经注疏》,第 615 页);《左传》襄公九年"元亨利贞",孔颖达疏"元,长也,长亦大也"(孔颖达:《春秋左传正义》,阮元校刻:《十三经注疏》,第 1942 页)。

③　如征人鼎"天君飨禋酒,在斤,天君赏厥征人斤贝"(《集成》2674),并鼎"内史恭朕天君"(《集成》2696),公姞鬲"天君蔑公姞曆"(《集成》753)。

④　如作册大鼎"公束铸武王、成王異鼎……公赏作册大白马,大扬皇天尹太保宝"(《集成》2758),显然此处之"皇天尹"指"太保",即公,一般以为是召公。公臣簋"(公臣)敢扬天尹丕显休"(《集成》4184)。

⑤　陈梦家:《西周铜器断代》,北京:中华书局,2004 年,第 61 页。

⑥　唐兰:《西周青铜器铭文分代史征》,第 138 页。

⑦　关于"天子"的考释,可参看郑慧生:《天子考》,《历史教学》1982 年第 11 期。

王受命，就成为天之子，①天之最首要的儿子。在天命观念之下，周人以天子称谓周王，表明天子统治万民是天帝赐予的天职，从而予周王以神的象征意义。《诗经·周颂·时迈》则云"时迈其邦，昊天其子之"，毛传"迈，行"，郑笺"武王既定天下，时出行其邦国，谓巡守也。天其子爱之"，②是说上天慈爱周王如其子。㠪公盨铭谓"天……生我王、作臣"，③明确宣称王为天所生，人王为天之子。这样，殷商以来宗教经验的结构便发生了变化。这个变化，简言之，就是殷商时期，商人只是以为先王可宾于帝，与帝有了某种关联，舍此而外，帝与王没有其他关系，特别是没有像对待儿子那样对待商王。作为商王本身，他是人间的政治权威，其权威的确立依赖征伐、王本身所具有的能力或其他现实性因素。而周王不同，周王因为与天有了父子关系，便可凭借"天子"的名号，在作为最高神灵的"天"与王之间建立了最紧密的"血统关系"，于是，"天"具有了父亲的含义，与周人的关系贴近了，周王的神圣与崇高性得到了极大提升。

应当说，西周时期的人们并未能有意识地解释何以天帝与天子之间存有血缘关系这一难题，换言之，天与天子之间的"血统"关系得不到证实。然而，人们的确迷信天帝与天子之间存在着神秘的关联：天帝会像父爱子一样护佑周王，天子又是人间与天帝联络的合法代表。可以说，以人王为天之子同样是周人笃信不疑的观念。从此后的历史发展线索看，周人解释缘何周王为天之子的做法是：将周之始祖视为天帝之子，如《诗经·大雅·生民》说"履帝武敏歆"，"载生载育，时维后稷"，以后稷为帝之子。后稷的时代，渺远不可寻，后稷是否果为帝之子，同样渺不可知。依靠将始祖神化为天帝之子的做法，周人在一定程度上克服了无法论证时王为天帝大子的障碍，增加了天子的神圣性。至战国时期，又有所谓"王者禘其祖之所自出，以其祖配之"的说法，④以为天子用禘礼祭祀的对象，

---

① 《召诰》所云"元子"，伪孔传作"大子"（别本作"太子"，误）。孔颖达疏引郑氏说谓"言首子者，凡人皆云天之子，天子为之首耳"（《尚书正义》，《十三经注疏》，第212页），这是东汉时人的观念。

② 孔颖达：《毛诗正义》，阮元校刻：《十三经注疏》，第589页。

③ 㠪公盨铭文，见《中国历史文物》2002年第6期。

④ 《礼记·大传》。孔颖达：《礼记正义》，阮元校刻：《十三经注疏》，第1506页。

就是化生出始祖的天帝。从而，人王与天帝通过始祖存在着血缘上的关联，人王的神圣意义得以强化。总之，从神秘的始祖诞生故事中寻找王的神圣性，在此后成为古代帝王惯常的手法。

西周之后，人们对于天子有新的理解。典型者有如下两例。其一，《礼记·曲礼》谓"君天下曰天子"，[①]这是从天子的权威方面而言；其二，《吕氏春秋·本生》云"始生之者天也，养成之者人也，能养天之所生，而勿撄之，谓之天子"，这是肯定天子冠绝众庶、为民之父母的角色，是从天子的职责角度而言的。这两例皆是提升天子的权力，其神圣性并没有由此而增强。中国古代，进一步将"天子"与天系联起来，宣称天子为天之子，从而合理地神化人君的是西汉时期的董仲舒。《春秋繁露》云"通天地、阴阳、四时、日月、星辰、山川、人伦，德侔天地者称皇帝，天佑而子之，号称天子"，"受命之君，天意之所予也。故号为天子者，宜视天如父，事天以孝道也"，在董仲舒这里，人君与皇天，系明确的父子关系。

要之，西周早期即已出现"天子"之称，在天命观念影响下，周人认为天帝与周王存有神秘关联，天子具有神圣性。天子作为政治权威，受到了精神、意识方面的认可，接受了来自上天方面的支持，王的意志上升为天的意志。

在周王受天命而成为天子的观念之外，周人还发明有"配天"之说，提振了王的尊崇地位。

"配天"，常常被理解为王之德行配天或周王祭祀时以先祖配祭上天，其意义是否果真如此？[②] 需要辨析。首先将金文中相关记载列出如下：

> 王曰：有余虽小子，余亡康昼夜，经拥先王，用配皇天。（厉王时器㝬簋）
>
> 朕猷有成无竞，我唯嗣配皇天。（厉王时器㝬钟）
>
> 天子其万年眉寿，畯永保四方，配皇天。（西周晚期器南宫乎钟）[③]

---

① 孔颖达：《礼记正义》，阮元校刻：《十三经注疏》，第 1260 页。
② 关于配天的含义，学者们有不同的解释，详见徐难于：《豳公盨铭"乃自作配飨民"浅释——兼论西周"天配观"》，《中华文化论坛》2006 年第 2 期。
③ 㝬簋、㝬钟、南宫乎钟依次见《集成》4317、260、181。

上引三例中，前两例为厉王自诩"配皇天"，第三例为贵族颂扬天子"配皇天"，三例皆用于时王，显然不能理解为配祭上天。事实上，"配"之含义，张政烺先生释㝬簋铭文时即已指出："《毛诗·周颂·思文》：'思文后稷，克配彼天。'笺：'后稷之功能配天。'又《大雅·皇矣》：'天立厥配，受命既固。'戴震《毛郑诗考正》：'配当如"配命""配上帝"之配，合于天心之谓，言天立其合天心者，方此之时受命则既固，而宜后之日盛大也。'"①"配"即合，揆之铭文，厉王自夸夙夜不敢康逸，遵循拥护先王之政，以合皇天。其治国之谋大有成就，其继承文武事业，以合上天。南宫乎钟则祝祷天子永远保有四方，合于皇天。就㝬器看，铭文中"配皇天"前皆为描述周王美善品行、盖世功绩之语，并且王之伟业、善行其实是"配皇天"的前提。易言之，"配皇天"隐含有周王政美行善、成就卓著，才合于皇天之义。② 因此，铭文中天子以合于皇天自喻、诸侯亦以合上天祝颂天子，此处的"用配皇天"是赞颂周天子具有奉天承命的神圣职责，"用配皇天"是王之最高政治使命。这里的"配天"，其义并非是王之德行可配天，将王与天等量齐观，而是强调王是合适的天命承受者，其重点在于颂扬王之懿行。总而言之，此处之天具有凌驾于王之上的超越意义，天命具有至高无上性。

周人有时王配天之说，还有先王配天（或配帝）的思路，特别是文、武王配天。那么，先王配天，可否理解为祭祀上天以先王配飨呢？

西周晚期逨盘谓"文王、武王达殷，膺受天鲁令，匍有四方，并宅厥勤疆土，用配上帝"，③意谓文、武王灭殷，承受天之嘉命，广有天下，统治其勤劳所得之疆土，以合上帝。此处之"用配上帝"与前述"用配皇天"含义相同，指文、武王合于天帝之命、受天帝大令，并不是说以文王、武王配祭上帝。西周晚期毛公鼎谓"肆皇天亡斁，临保我有周，丕巩先王配命"，此句之义，王国维释为"《文王》'永言配命，自求多福'，传云'永，长。言，我

---

① 张政烺：《周厉王胡簋释文》，《古文字研究》第三辑，北京：中华书局，1980 年，第107 页。

② 西周铭文中还有"配上下"的说法，五祀㝬钟谓"余小子肇嗣先王，配上下"。此处的上下，据㝬器之例，应偏重于"上"，亦为合于天。

③ 陕西省考古研究所、宝鸡市考古工作队、眉县文化馆：《陕西眉县杨家村西周青铜器窖藏》。

也。我长配天命而行'。案毛公鼎:'皇天弘厌厥德,配我有周,膺受大命。'又云:'丕巩先王配命。''配命',谓天所畀之命,亦一成语。'永言配命',犹云永我畀命,非我长配天命之谓也"。① 总之,彝铭和文献所言"配命",意谓皇天不懈,临视保护周邦,坚固先王配天之命。此处所强调的,是皇天眷顾,先王合于大命、承受天令。

因此,西周金文中无论是时王配天,抑或先王配天、配帝,其意均为周王合于天帝之命,是对他们秉承天意、领受大命这一神圣职责的赞颂,并非天子德可配天②或祭祀时以先王配祭之义。③

周代文献中亦有不少"配天""配命"的记载,其意值得缕析。《尚书·召诰》记载周人营建洛邑,周公谓"其自时配皇天",意谓建成洛邑这件大事,庶几自此合于上天之意。它表达的是周人对天命的探求,以合乎天意为人事之准则。《尚书·多士》记载周公称颂殷先王之有德者,"亦罔敢失帝,罔不配天其泽",孔安国传谓"无不皆配天而布其德泽",④意指殷先王不敢失天意,无不匹天之泽。其所说同样是强调殷先王兢兢惕厉,探求天命,故能合于上帝之心。⑤《诗经·大雅·文王》谓"永言配命,自求多福。殷之未丧师,克配上帝",意谓周人永远合于天命,殷未丧师时,亦能够合于上帝之意旨。⑥《诗经·周颂·思文》云"思文后稷,克配彼天",同样可

---

① 王国维:《"与友人论诗书中成语书"二》,《观堂集林》卷二,第81页。

② 战国时期,的确有天子德配天地之说,如《礼记·经解》谓"天子者与天地参,故德配天地,兼利万物,与日月并明,明照四海而不遗微小"(孔颖达:《礼记正义》,阮元校刻:《十三经注疏》,第1610页),天子的德行能与天地相配,能使万物都受益,光辉与日月齐明,照耀四海而无微不至。

③ 西周时人所说的合于上天(配天)观念影响深远,至春秋时期,诸侯们仍以祖先合于天或自身合于天而标榜,春秋早期秦公钟谓"我先祖……不象于上,昭合皇天"(《集成》262),春秋晚期秦景公石磬铭文谓"申用无疆,作疐配天"(王辉、程学华:《秦文字集证》,图版70—71,台北:艺文印书馆,1999年),意即受用无疆的福佑,以为民众的楷模,以合于天意。此处之配天,皆为合于天之意。

④ 《尚书·多士》。孔颖达:《尚书正义》,阮元校刻:《十三经注疏》,第220页。

⑤ 顾颉刚先生以为"泽""怿""嗣"并通,读此句为"殷王亦罔敢失帝,罔不配天,其泽",意谓殷王谨慎自惕,故能得上帝之心,绳继其绪业。转引自刘起釪:《尚书校释译论》,第1516页。

⑥ 《诗经·大雅·下武》有"配于京"的说法,谓"三后在天,王配于京。王配于京,世德作求"。关于"三后",毛传以为是公亶父、王季、文王,"王"为武王。郑笺以为(转下页)

以理解为后稷所行，合于天意。① 上述文献中的配天，又称为"配命"，即"配天命"之简称，指殷王、周王合于天意、天命。此类用法中的王，是天意的探求者，是履行天意神圣职责的人王。"配天"观念所表达的是，王的作为合于天意，并非是将人王提升至天的高度。②"配天"的观念在战国时期仍然可见，《庄子·天地》尧问于许由曰"啮缺可以配天乎"，《荀子·大略》"配天而有天下者"，清儒马瑞辰指出其义"皆以人主受天命为配天"。③

然而，周人亦有以天子为天之副贰的观念。在这一观念中，人王与上天并列，人王的地位提高了，王的神性增强了。这一观念见于西周中期幽公盨铭文，谓"（天）乃自作配，飨民"，裘锡圭先生指出此处的"作"有"造""立"之义，"自作配"是说天为自己立配，即天在下土立王，王为天之副贰。④ 此外，天于下土立配的观念也见诸于传世文献。《诗经·大雅·皇矣》谓"天立厥配，受命既固"，其中的"配"字，历代儒者均释为文王之偶大姒，如毛传"配，媲也"，郑笺"天既顾文王，又为之生贤妃，谓大姒也"。⑤朱熹《诗集传》、马瑞辰等皆如是说。但分析上下文，此处讲"帝迁明德，串夷载路"，此当为太王事迹，若"天立厥配"是天为文王备其配偶，则文意太过突兀。高亨先生将"配"释为佐，意为王是天所立下土之辅佐，⑥其释甚洽。《皇矣》诗又说"帝作邦作对"，毛传训"对"为"配"，郑笺云"作，为也。

（接上页）"京"是镐京，谓"此三后既殁登遐，精气在天矣，武王又能配行其道于京，谓镐京也"（孔颖达：《毛诗正义》，阮元校刻：《十三经注疏》，第525页）。高亨先生则以为"三后"指王季、文王、武王，"配"释为"佐"，句意为"成王在周的京城，辅佐上帝"（《诗经今注》，第296页）。按，诗所言"配于京"，当是指武王在镐京，其政上合天意。

① 后稷配天句，传统经师有不同理解。郑笺曰"后稷之功能配天"，孔疏"后稷有大功德，堪能配彼上天"（孔颖达：《毛诗正义》，阮元校刻：《十三经注疏》，第590页）。郑玄、孔颖达将其释为功德配天，或许是由于后稷未受命、未为王之故。

② 《尚书·吕刑》记有"惟克天德，自作元命，配享在下"句，诸家所释不一。孔疏"配当天意，在于天下"，又曰"惟克天德，言能效天为德……大命由己而来，是自为大命。'享'训'当'也。是此人能配当天命，在于天之下"，其解"配享在下"为配当天命。依照孔说，此"配享在下"仍是说天子在下，合于上天。诸家所释，可参刘起釪：《尚书校释译论》，第1978页。

③ 马瑞辰：《毛诗传笺通释》，第845页。

④ 裘锡圭：《鑽公盨铭文考释》，《中国历史文物》2002年第6期。

⑤ 孔颖达：《毛诗正义》，阮元校刻：《十三经注疏》，第519页。

⑥ 《诗经今注》，第390页。

天为邦谓兴周国也,作配谓为生明君也"。① 依毛、郑之意,诗句中的"对",指天所立之君,仍然是天立其配之意。此后,《尚书·吕刑》谓"天相民,作配在下",孔安国传"天治民,人君为配天在下",此犹言人君作为天的副贰、天的代表在下界来治理民众。② 这里的"天对"实有天之副的意义。以周王为天在下土所选之配,所立之副贰,是对王神圣性的推进。

综之,西周时期的"配天"观念,主要包含两层意思:一,周王配天。这一观念仍然是周人天命思想的组成部分,强调周王之行合于上天,王是合格的天命接受者。二,天作配。意谓天选立周王为其下地之佐,强调天对于尘世最高权力的决定作用,也显示了王具有神圣性。这一观念隐含了将王的地位上升至天之高度的可能性。③

事实上,有周一代,王的地位不断提升,王的神圣性不断增强,以至于在祭祀中王与天并列,人王逐渐获得了与天并驾齐驱的资格。这种转变的一个标识,就是东周以降,周人祭天典礼上出现了以先王配享的做法。

明确提出以周之先王配天而祭的是《周易·豫卦》"象传",其谓"先王以作乐崇德,殷荐之上帝,以配祖考"。④"殷荐之上帝",即"用此殷盛之乐荐祭上帝"。"以配祖考"即在祭天之礼上"配祖考",以祖考(殷先王)配享上帝。⑤《周易》所说明确表明时人具有以祖考配祭上帝的观念。此外,孔子之后的儒家也强调以祖配天的重要性。《孝经·圣治章》记述曾子与孔子的对话,云:

---

① 孔颖达:《毛诗正义》,阮元校刻:《十三经注疏》,第 520 页。

② 《逸周书·度邑》载周武王慨叹商纣王"不淑兑(充)天对,遂(坠)命一日",其意是说,纣王以不善充当天之配,迅速地败亡。所云"天对",清儒庄述祖《尚书义》谓:"对,配也。《诗》云:'殷之未丧师,克配上帝。'"(转引自黄怀信、张懋镕、田旭东:《逸周书汇校集注》,上海:上海古籍出版社,1995 年,第 497 页)

③ 有学者对"配"作为名词和动词时的不同意义进行了总结,"配,用作动词,是周人从人君的角度讲'合天心''匹配天命';用作名词,则是从天帝的角度,配指称天帝所选立的'配天命''合天心'者"(徐难于:《豳公盨铭'乃自作配飨民'浅释——兼论西周"天配观"》)。

④ 孔颖达疏谓"以祖考配上帝"(《周易·豫卦·象传》,孔颖达:《周易正义》,阮元校刻:《十三经注疏》,北京:中华书局,1980 年,第 31—32 页)。

⑤ 另有专家释"配"为"献",不如孔疏优(高亨:《周易大传今注》,济南:齐鲁书社,1979 年,第 187 页)。

> 曾子曰："敢问圣人之德无以加于孝乎?"子曰："天地之性,人为
> 贵。人之行,莫大于孝。孝莫大于严父,严父莫大于配天,则周公其
> 人也。昔者周公郊祀后稷以配天,宗祀文王于明堂,以配上帝。是以
> 四海之内,各以其职来祭。"

所谓"严父",邢昺注谓"尊严其父",[①]意即高度尊崇其父。儒家想象出祭
祀中以后稷配天、以文王配帝的做法,从而将人王推崇备至,上升到天帝
的高度,王获得了与天帝并尊的地位,其神圣性无以复加而达到极致。
《礼记·丧服小记》亦云"王者禘其祖之所自出,以其祖配之",是说天子举
行禘礼,祭祀自己的始祖所由诞生的天帝,以自己的始祖配祭。《礼记》宣扬
王者出自上帝,把人主与皇天的"血缘关系",推向渺远的虚无之所,俾使大
众相信人主就是"天子",这是从另一个角度对王权的神秘化和神圣化。

可以看出,周人"配天"观念经历了变化的过程:早期文献中所显示
的配天观念,仍然是周人天命论的组成部分,其重点在于说明周王合于天
意,可承天命,完成其神圣使命。此外,周人又有天立厥配的观念,以为周
王是上天在人间的对应者,其重点在于强调王为天选,是对王权的神圣
化。再后,周人产生了以先祖、先王配祭上天的观念,人王的神性由此得
以凸显。将人王与天帝相并列的观念,与西周早期王"配天"的思想内涵
已经有了显著的不同。

在这里还可以探讨一下王的神性问题。世界古代文明中,王与神如
影随形,神权总是予王权以影响。学者指出,对于古代埃及人来说,王权
的基本观念是"法老不是凡人,而是神……法老具有神的本性,是神的化
身","国王是由神生育的","法老不仅属于人类秩序,还属于神的秩
序……国王被塑造为神世界不可缺少的一部分"。[②] 就是说,法老本身就
是神,他不需要借助神化而即握有王权。然而在古代美索不达米亚,王权

---

① 邢昺:《孝经注疏》,阮元校刻:《十三经注疏》,北京:中华书局,1980 年,第 2553 页。
② 亨利·富兰克弗特:《王权与神祇——作为自然与社会结合体的古代近东宗教研
究》,郭子林、李岩、李凤伟译,上海:上海三联书店,2007 年,第 3、63、12 页。但也有学者从
王无力超脱死亡这一角度论证王并非神(金寿福:《古代埃及国王不具备神性》,《中国社会
科学报》2014 年 10 月 22 日,第 B01 版)。

的情况又有不同,据说"埃及人把法老看作一位神,但美索不达米亚人却把他们的国王看作一位被赋予了神圣职责的凡人","与法老相似,美索不达米亚人的国王也是负责保持人类社会与超自然的神之间的协调关系;然而他绝对不是一个神而是一位社会成员。相反,在埃及,众神之一已来到了人间"。① 揆诸西周社会,"天子"之称使得王成为名义上天的儿子,王的神圣性获得提高。然而,王并非神,王被天帝授予大命,同时王也需要成为合格的秉承天意之人以"配天",王的地位始终在天之下。上天在人王合于天意时,将政权赋予他,人王若不配天意,其权力将会被转移至他家。因此,与美索不达米亚的王权相似,周人通过种种手段(如发明"天子"观念、"配天"观念、"天作配"观念)神化王权,但王自身还不是神。②

周人创造了将王比拟为天之子的思路,王由于与天的特殊关系而获得统治天下的最高合法性。在此后古代历史的发展过程中,天子的神性时时会引起人们的关注。③ 但在天子与天这一关系格局中,人王(即"天子")的地位始终未发展至超越天的地步,他的神圣性始终在天之下。这也是中国政治文化传统中王与神之间互动的基本模式。④ 由于有了天的强劲支撑,中国古代的王权始终显得极其强大,在观念上,也具有独一无

---

① 亨利·富兰克弗特:《王权与神祇——作为自然与社会结合体的古代近东宗教研究》,第 345、4 页。又有学者研究,古代两河流域早王朝晚期神权对于王权有决定性的作用,但在早王朝末期萨尔贡建立阿卡德王朝的时代,王权"僭越"神权,王将自身提升至神的地位。新亚述帝国时期,随着统治者在战争中的胜利以及国家领土的扩张,王权相对于神权的地位相应提升(欧阳晓莉:《两河流域王权观念的嬗变》,《文汇报》"文汇学人"第 249 期,2016 年 6 月 24 日,第 16 版)。

② 美国学者伊若泊在讨论周代的天时,曾经指出,商王只是帝的主祭,然而周人的天命观念却使周王成为天的执行者,在实际上与天相同无别(Robert Eno: *The Confucian Creation of Heaven: Philosophy and the Defense of Ritual Mastery*. New York: State University of New York Press, 1990, p23)。但是从周人探知天意、帝意方面看,周王从未自认为天。

③ 在传统政治文化中,神化统治者、编造帝王神秘的诞生故事、宣扬帝王的神异性,在西汉时期又达到了一个高潮。

④ 不过,这里还要注意到一个悖论。西周时期,王为天子,但王本身并不是神。在名义上,天与王存在父子关系。可是,在"彼岸"的世界,先王在天上,在帝左右,似乎和天帝存在君臣关系。那么,从"此岸"世界的父子关系,如何又转化为"彼岸"世界的君臣关系? 这恐怕是周人未能在逻辑上解决的一个问题。

二性，天子之外，莫能与其匹。可以说，天与王权的结合，保障了古代历史发展长河中王权在观念领域中独尊的地位。

第三节　天与至上神

周人的天命观念中，包含有深刻的理性因素。然而，另一方面，又可见周人事事托命于天，借天言事，从未丧失敬天畏天之心，周人谓"我其夙夜畏天之威"，恭敬之情夜以继日、不暇片刻；周人又祭祀告祷，"祈天永命"，[①]恳请上天护佑，祛灾降福，信仰之情殷殷可鉴；周人笃信天降处罚，以为其势不可阻挡，连明智如孔夫子者也认为"获罪于天，无所祷也"，[②]在"天"之面前，战战兢兢之态隐然可见。在周人的信仰世界里，天固然具有理性方面的意义，但毋庸置疑，天所具有的神性，同样富含宗教意义。以下主要讨论在信仰生活中，天所具有的神性。

一、天的神性

天最为重要的神性，在于赐予"大命"，这是周人"天"信仰的根本内容。周人心目中天的神性，也多围绕大命而展开。周人以为，与"大命"有关联的国祚、民人、疆土、社会法则、社会秩序等皆为天所赐。但是，需要注意的是，周人尚未认定天是宇宙的创造者。

周人所信仰的天的神性，主要有如下诸项：

其一，天既赐与大命，则民人、疆土等亦是拜天所赐。《尚书·梓材》记载周公语"皇天既付中国民，越厥疆土于先王"，付，与也。言皇天使文王受命，而且付人民、疆土于先王。[③] 民众、疆土等皆由天所赐，此层意思与西周早期大盂鼎铭文"雩我其遹省先王受民受疆土"[④]意义十分贴近。

---

① 《尚书·召诰》语（孔颖达：《尚书正义》，阮元校刻：《十三经注疏》，第213页）。
② 《论语·八佾》（邢昺：《论语注疏》，阮元校刻：《十三经注疏》，第2467页）。
③ 孔安国传"大天已付周家治中国民矣，能远拓其界壤"（孔颖达：《尚书正义》，阮元校刻：《十三经注疏》，第208页）。越，与也。
④ 通，《尔雅·释诂》"循也"（邢昺：《尔雅注疏》，阮元校刻：《十三经注疏》，（转下页）

天不但付周邦民众、疆域，还可赐予明哲智慧、幸福吉祥，甚至国祚之长短。《尚书·召诰》记周公之言"天其命哲，命吉凶，命历年"，其，庶几之意；命，予也。① 言天庶几赐予明智、赐予福祥、赐予永年。在西周人看来，智慧、吉凶、年数之长短，均由天主宰。

其二，上天福佑周家、天子，为其保护神。同时，天是周人祈祷、求佑的对象，帮助周人祛灾御患。

皇天护佑周人的观念出现甚早，见于周原甲骨。H11：96 片记载"□告于天，由亡咎"，意指告祭于天，以求无凶险祸患，足见在周初人们的心目中，天可被除殃咎，护佑在上位者。西周早期大盂鼎亦谓"天翼临子，灋保先王，匍有四方"，意谓上天护佑监察，大保先王，广有天下四方。西周中期师询簋曰"肆皇帝亡斁，临保我有周"，晚期毛公鼎亦谓"肆皇天亡斁，临保我有周"，②是说上天不懈地临视保护周邦。几例彝铭清楚地显示，天是周王、周家的保护神。此外，《诗经·周颂·我将》谓"我将我享，维羊维牛，维天其右之"，"将"与"享"是指向神灵奉献祭品，③意指祭祀上天而天遂保佑周人。人们深信，上天护佑，绵延不休。

在遭遇凶、故之时，周人要探求天命、测知天意，求得天的佑助。《尚书·大诰》记载周公劝诫邦君庶士参与平定三监叛乱之语，谓：

> 天降割（害）于我家，不少延……弗造哲，迪民康，矧曰其有能格知天命？……予不敢闭于天降威，用宁王遗我大宝龟，绍天明……肆予告我友邦君，越尹氏、庶士、御事，曰："予得吉卜，予惟以尔庶邦，于伐殷逋播臣。"……已！予惟小子，不敢替上帝命。

周公说国家未定、天命不知，将以龟决疑，卜问天命。他占卜得吉，谋求与

（接上页）第 2569 页）；省，省视，视察；言王将巡省先王所受之土与民。默钟有"王肇通省文武勤疆土"（《集成》260），义近。

① 于省吾先生谓"命谓赐予。《周礼·小宗伯》'赐卿大夫士爵则傧'，注'赐，犹命也'"（《双剑诊尚书新证》，第 173 页）。刘起釪先生亦引，见《尚书校释译论》，第 1442 页。

② 大盂鼎（《集成》2837）、师询簋（《集成》4342）、毛公鼎（《集成》2841）。

③ 毛传"将，大；享，献也"，郑笺"将，犹奉也。我奉养，我享祭之"（孔颖达：《毛诗正义》，阮元校刻：《十三经注疏》，第 588 页）。马瑞辰引庄述祖之说，以为"将"即西周金文中常见"蠨鼎"之"蠨"，享之义（《毛诗传笺通释》，第 1053 页）。

庶邦往伐东国，但庶邦君等以为不可征讨，劝周公违卜。周公告知，吉卜所示，即是上帝命，不可替废。显而易见，周公之诰表明，对国家命运直接产生影响的是上天。在王朝存废的关头，首先要向天祈祷，求得天的庇佑。只有顺从天意，方可获得天之祐佑，化险为夷。

在一般情况下发生灾害之时，人们也要向天吁请，希望天帝垂悯。《诗经·大雅·云汉》描写周宣王时代，旱灾深重，诗人云：

> 旱魃为虐，如惔如焚。我心惮暑，忧心如熏。群公先正，则不我闻。昊天上帝，宁俾我遁？……祈年孔夙，方社不莫。昊天上帝，则不我虞……瞻卬昊天，曷惠其宁？

诗句描写旱魃作祟，人们心忧如焚，皇天上帝不闻不问，宁使人们日益艰难。人们向神灵祈求丰年，又莫不祭祀四方、土地之神，但天帝仍不怜悯水深火热中的人们。人们不禁问，浩荡天帝什么时候才能带给人们安宁？诗篇中，天帝并非旱灾的作俑者，禳旱也并非其专长，但当人们万般无奈、束手无策之时，皇天上帝仍是人们求祷的对象。

总之，昊天保佑周人，周人遭遇危机、灾咎之时，向天祈求佑助。然而，奇怪的是，周人虽然认定皇天保佑天子、周邦，但却少有上天降福、降禄的观念。目前可见的西周金文中，除史墙盘称"上帝……授天子绾令，厚福"，以为皇天上帝降临大福外，其余无一例称昊天赐予丰福厚禄。相反，诸多彝铭均有"先祖（先王）其严在上，降余多福"之语，以为祖先是大福的降赐者。祖先与上天功能之不同，可见一斑。旻天赐福、福禄源自天帝，这一观念在春秋时期就较为普遍了。具体论述，见春秋章。

其三，天是最高存在，民、王等皆由天所生，人间秩序、人伦等也由天所规定。西周中期豳公盨铭文谓："天令禹敷土，堕山濬川，乃差地设征，降民监德；乃自作配飨民，成父母，生我王、作臣。"天不但令禹导山导川，且天降民、成父母，天还为民立王立法，人间秩序均由天所设立。[1] 铭辞中，民、王、臣等咸为天所生，表示人间秩序有其天然的合理性。

---

[1] 诸家对于豳公盨铭文的释解，详见《中国历史文物》2002 年第 6 期所载李学勤、裘锡圭、朱凤瀚、李零等先生的论文。

幽公盨铭文称天"降民""生王",虽然没有特别突出民之价值,但其意义非同寻常。学者在论及周人予殷人传统宗教以转化时,曾指出其中的关键点表现为"中国很早便认为人是由天所生。这一点,给中国思想史以很大的影响",具体而言,就是"对作为政治对象之人民,亦将其抬高到与天命同等的地位;人民的意向,成为天命的代言人,要求统治者应通过人民生活去了解天命","这是开始由道德地人文精神之光,照出了人民存在的价值,因而使人民在政治中得到生存的最低限度的保障"。① 由幽公盨铭文看,虽不能说其"天降民"的观念是为抬高民众之地位,但是,毕竟已经出现了民由天所生这一思想观念的萌芽,为此后民本观念的展开,提供了思想基础。约略在两周之际,"天生民"的观念进一步兴起。《诗经·大雅·荡》谓"天生烝民",烝,众;言民众皆由天所生。② 《大雅·烝民》云"天生烝民,有物有则",天生民众,有事物、有准则。民众与法则,社会人伦与人间秩序全部由天开启。③ 《诗经·小雅·巧言》甚至说"悠悠昊天,曰父母且",④称昊昊上天为民之父母,蕴含有天可化育的思想。⑤ 需要指出的是,周人虽然有天立物、立则的观念,但这里的法则是极其模糊的,并不是像古代犹太人所说的那样从上帝那里获得了清晰的"律法",从而神的意志被一劳永逸地揭示出来。周人所言"天生彝则"的观念,并没有将相关理论推向极致,而是为周人以人事解释天意,留有更多的余地。春

---

① 徐复观:《中国人性论史》先秦篇,第 28 页。

② 《荡》篇为讽刺周王的诗作,除第一章直写外,其余七章全以文王口气指责殷纣王,乃是托古讽今之作。但《诗序》指出"召穆公伤周室大坏也。厉王无道,天下荡荡,无纲纪文章,故作是诗也"(孔颖达:《毛诗正义》,阮元校刻:《十三经注疏》,第 552 页)。此篇或作于西周晚期。马承源先生曾据上博简《诗论》第 25 简的内容指出《荡》篇的后七章当是另一篇的内容,盖因错简的缘故而混入(见马承源主编:《上海博物馆藏战国楚竹书》(一),上海:上海古籍出版社,2001 年,释文第 239 页)。

③ 《诗序》谓此篇诗旨"尹吉甫美宣王也,任贤使能,周室中兴焉"(孔颖达:《毛诗正义》,阮元校刻:《十三经注疏》,第 568 页),应可信。此篇亦当作于两周之际。

④ 此篇据说作于幽王之时,诗篇讽刺周王听信谗言,酿成大祸。《诗序》曰"刺幽王也。大夫伤于谗,故作是诗也"(孔颖达:《毛诗正义》,阮元校刻:《十三经注疏》,第 453 页)。其中的"且",为语气词,用法当如《山有扶苏》"不见子都,乃见狂且",毛传"且,辞也"(孔颖达:《毛诗正义》,阮元校刻:《十三经注疏》,第 341 页),亦见《经传释词》,第 178 页。

⑤ 郑笺:"悠悠,思也……我忧思乎昊天,愬王也。始者言其且为民之父母。"(孔颖达:《毛诗正义》,阮元校刻:《十三经注疏》,第 453 页)是说以王拟天,为民之父母。

秋战国时期,"天生民"的观念进一步发展,但其立意却出现了根本性的转折:民众固然为天所生,但天所生之民则必有天所立之君司牧之。这一思潮的实质并非提升民众之地位,反而是为君权张目。

值得注意的是,豳公盨铭文虽称天"生我王",但就目前可见文献而言,并未见天生文王、天生武王的说法。而西周后期,随着王权式微,社会中的高级贵族和天有了若干联系。周人以为伟大人物、非凡臣僚亦可被视为由天所生,为天所光宠。《诗经·大雅·烝民》谓"天监有周,昭假于下,保兹天子,生仲山甫"。诗篇歌咏天监在上,降临周人,护佑周之天子,而生仲山甫。仲山甫,周宣王卿士,《国语·周语》记载他谏宣王立鲁武公长子伯御,又荐鲁孝公为侯伯训导诸侯,再谏宣王不可料民,与虢文公同为宣王时期重臣。《烝民》篇称仲山甫为天所生,如此颂扬一位高级臣僚,在西周前期从未出现,而西周后期,则并非偶然。《诗经·小雅·小弁》据说是太子宜臼(即后来的周平王)之傅所作。[①]周幽王宠爱褒姒,废申后,逐宜臼,立褒姒为后、褒姒之子伯服为太子。诗人作诗讽刺周王,斥责谗人,他借太子之名呼号:"天之生我,我辰安在?"辰,时也,即后人所谓时运。诗篇中,诗人将宜臼与天联系起来,以为太子出于上天,[②]与上引《烝民》篇以天生仲山甫如出一辙。事实上,将贵重人物喻为天所生,是有周一代的风气。郭沫若先生在说到西周末年时期的天道观时,谓"一切的庶民都是天所生的……有德的人,是天生来保佑国家和王者的"。[③]以贵族为天所生,天的神圣性并未降低,而是表明贵族的地位在周代社会获得大幅度蹿升。

其四,天不仅赐大命、生烝民,而且自然之物亦由天所生。《诗经·周颂·天作》篇是周王祭祀岐山所唱的乐歌,歌曰"天作高山,大王荒之",

---

① 《诗序》谓"刺幽王也,大子之傅作焉"(孔颖达:《毛诗正义》,阮元校刻:《十三经注疏》,第 452 页)。

② 不但天可造就高贵之人,骏极于天的山岳也可产生重要人物。《诗经·大雅·崧高》描写周宣王优待其母舅,加封申伯,并派召伯虎为申伯建筑谢城,经营土地。宣王的大臣尹吉甫作诗献给申伯,他说"崧高维岳,骏极于天。维岳降神,生甫及申"。"甫"即"吕",在今河南南阳附近;申,亦为南阳地区诸侯国(有关中国地望,本文暂不涉及)。尹吉甫赞美申侯,他说山降之神,生吕及申。吕侯与申侯,由高耸至天的山岳所生。

③ 郭沫若:《先秦天道观之进展》,《青铜时代》,第 28 页。

作，生也；意谓岐山由天所造，而太王公亶父迁居于此。诗篇歌咏"天作高山"，其意并非赞美天生万物，而是要颂扬公亶父居于此，周人崛起之路由是发轫。诗作的主旨仍是围绕周之大命而铺陈，但客观上却显示了天具有造物的神性。但就整体而论，西周时人尚没有天生万物的说法，也没有天是造物主的概念。

其五，天为先王所至之地。西周金文中每有先王"在帝左右"之语，谓周先王去世之后，往升于天。同时，周人偶尔亦言先王在天，如《尚书·召诰》记载周公之语"天既遐终大邦殷之命，兹殷多先哲王在天"，是说上天长久大邦殷之命，①众多殷邦哲王均升遐于天。贤明的殷先王既然在天上，则天是接纳先王之地。《诗经·大雅·下武》歌咏道"下武维周，世有哲王。三后在天，王配于京"，意谓周邦代有哲王出，三位祖先往升至天，而时王治于都邑，以符合天意。显而易见，在西周时人的观念中，上天为周王先祖登遐之处。

其六，天是奖善惩恶的正义象征。周人以为，天命由商转移至周，就是对殷人多行不义的惩罚，《尚书·多士》谓"弗吊旻天大降丧于殷"。②然而，天亦可降恶于周人。周人将国之内乱、君王之丧，也视为天之降灾。《尚书·大诰》记录周公作诰以劝庶邦畏天出征，云"天降割（害）于我家，不少延"，意谓天降凶害于我周邦不稍迟缓，盖谓武王刚刚去世，三监发动叛乱，当时民不安、心未定，好似"天其罚殛我"。③ 所以，周人努力探求天意，积极调整人事，尽人事以辅天。西周晚期毛公鼎谓"旻天疾威，司余小子弗及，邦将曷吉"，"旻天疾威"习见于典籍，④疾威即发威、震怒，多与"降丧"相连。铭文中周王称上天降丧，他自谦才能不及先王，如此邦国之事如何能好？国家之祸乱，明明是现世中人为非作歹，但皆视为天降之丧，是上天意志使然，故而需要修整人事，重合天意。西周晚期禹鼎谓"天

---

① 遐，《释诂》"远也"。刘起釪先生引朱骏声《便读》"遐终，犹永终，长久也"，并谓"按观下文'殷多先哲王在天'，即知此'遐终'是天的美意，非终讫之谓"（《尚书校释译论》，第1437页）。

② 吊，即淑，善之义。

③ 《尚书·康诰》（孔颖达：《尚书正义》，阮元校刻：《十三经注疏》，第205页）。

④ 如《诗经·小雅·雨无正》。

降大丧于下国,亦唯噩侯驭方,率南淮夷、东夷广伐南国、东国",①噩侯反
叛,率南淮夷和东夷大肆侵伐周之南国、东国,本是侯国君主造反,也被视
为天之所祸。周人还以为天降丧,人若不善,则是助天为虐。西周晚期毛
盨谓"厥非正命,乃敢疾讯人,则唯辅天降丧",②意指若没有正当之命,随
便审讯人,就是助天之乱。上天并不因为曾经赐予周人大命而不降祸警
示周人,表明周人观念中的天,具有自我意志和独立的判断力。昊天在
上,明察秋毫,奖善罚恶,迅速而果断,天下的君主和臣民必须符合天意而
行事。

以上即是周人观念中,天所具有的重要神性。

然而,颇可使人起疑的是,天好像只针对周人布大命而施展神性,舍
此而外,天并没有其他可以发号施令的臣属。目前可见的西周文献中,没
有任何记载显示上天统领臣下,也没有天对其他神灵发号施命的只言片
语。天与周人所崇敬的祖先神,以及其他自然神之间,不见有任何关联。
这意味着周人尚未以天为核心,建立起一整套神灵谱系。天的崇高性虽
然无可比拟,但它并不是众神拱卫的中心。

总之,西周时期,天的神性体现为天是大命的降与者;天是周邦、周天
子的保护神;天生民、生王;天是祈祷求佑的对象,帮助周人攘灾去患;天
体现正义,扬善去恶。然而,可以看到,天的神性整体而言比较模糊,天在
降与大命之外,缺乏独一无二的神性,缺少使其超凡绝伦的神力。另外,
天也并不是自然界及全体社会的主宰。周人的观念中,并不注重赋予天
统治一切的权能。

二、天：至上神

天的神性,见诸前节论述。使人略感困惑的是,至高无上的天,在赐
予大命、疆土、民人之后,并无其他特殊作为,上天似乎隐匿起来了。固然
有时天可充当周王的保护神,帮助其攘灾去祸,但这方面的记载并不多

---

① 《集成》2833。
② 《集成》4469。

见。甚至可以说，即便天在某些时刻予人以佑助，但天也并不是主宰性的神灵。反而在许多方面，天并不付出其神性，也不施展其神力。此外，在天与其他神灵之间，也难见其统御各种神灵的绝对权威。那么，西周时期，天是否可称为至上神？

讨论至上神，首先需要界定其义。所谓至上神，是指在信仰世界中君临众神的神灵，是神灵世界的中心，他全知全能，是自然万物的创造者，也是社会秩序的主宰者。19世纪末、20世纪西方人类学与宗教学界在探讨宗教起源及进化的争论中，提出了"原始至上神"的概念，指"原始社会的群体信奉一位至高、至尊的神灵，它被视为世界、宇宙、人类和万物的创造者和主宰者"。① 按照这一说法，至上神的观念在原始时期即已存在。

针对原始宗教进行研究时，宗教学家指出在许多族（而且是最落后的）的信仰中，常常遇到一个天神或创造者的形象，②在大多数原始社会里都存在天神信仰，③且天被视为至上神，"天神信仰几乎是普遍存在的"。④ 天被视为至上神的主要原因，依照宗教学家伊利亚德的研究，主要是天空具有超越性、权能和神圣性，"'最高的'自然成为这个神灵的特点之一。在人类难以企及且布满星星的地方充满着超越的、绝对真实的、永远存在之神圣尊荣。这些地方乃是诸神的住所；某些被赋予特权的人通过仪式而升抵天庭"，"天空又高又远（在宗教意义上）就意味着神力，意味着其本身充满神圣"。在诸多原始部落中，至上神天均被称为"在高处的"，"神的超越性直接显现为天的不可企及、无限、永恒和创造力（雨）。天的全部本质就是一个永不枯竭的神显"。总结伊利亚德所说，天是全能的，它无所不在，俯视万物，创造并统治万物因而遍知万物。天的高远性、超越性、无限性、创造性构成了天成为至上神的要素。⑤

---

① 蔡家麒：《论"原始至上神"》，《世界宗教研究》1995年第2期。
② 安德雷·兰：《宗教的制造》，转引自 C.A. 托卡列夫：《外国民族学史》，汤正方译，北京：中国社会科学出版社，1983年，第127页。
③ 施密特：《原始宗教与神话》，萧师毅、陈祥春译，1987年，上海：上海文艺出版社，1987年，第17页。
④ 伊利亚德：《神圣的存在：比较宗教的范型》，晏可佳、姚蓓琴译，桂林：广西师范大学出版社，2008年，第35页。
⑤ 伊利亚德：《神圣的存在：比较宗教的范型》，第36—37、52页。

　　然而，值得追问的是，在原始的信仰世界中，在天之外，是否存在其他神灵，天与其他神灵的关系如何，天是否真正凌驾于众神之上？① 伊利亚德介绍了诸多民族的天神信仰，在这些民族中，无一例外，天是造物主，在有的民族中，天有其下属，分别统治大地、天空（如库林部落），②天则高居于上。但是，在有的民族中，其他神灵信仰（虽然伊利亚德很少论及这些民族所信仰的其他神灵）更为活跃，天神与这些神灵之间并不存在上下统属关系，且天在宗教中的作用极其普通，"其他那些更接近人及其日常经验、对人更有用的神灵扮演着重要的角色"。③ 综括之，原始民族中作为至上神的天，其突出特点是创造性，它是造物主。但天不必凌驾于众神之上，其所施展神性的范围，未必较之于其他神灵更为广泛。

　　在考察天神"历史"发展的脉络时，伊利亚德提出至上神所具有的其他品行，值得关注。"我们大体可以称天神的历史就是'神力''创造''律法'或者'君主'之观念的历史"，④"至上神是创造者、是善、是永恒（古老的）；他们是现有秩序的奠基者，是法律的捍卫者"，在这里，伊利亚德除了强调至上神的创造性之外，突出了天与"律法"、人间秩序、"君主"之间的关联。也就是说，至上神所具有的此类意涵同样重要。

　　反观西周时期的天，可否说它是至上神呢？周人心目中的天，最突出之神性在于赐予大命。因而，天是神圣的、至高无上的；天降大命，文、武王"膺受天命"，天与君主的选立息息相关；"天生烝民，有物有则"，人间秩序、律令亦与上天相关。同时，天也是尊贵神灵的居所（主要是祖先），有其高远性；并且周人观念中的天，有一定的创造性，如豳公盨铭文谓"天降民""生王"，《诗经·大雅·烝民》等谓"天生烝民"，天在一定程度上创造

---

① M. 缪勒似乎并不认为天是唯一的至上神，他指出，人类宗教始于"单一神教"，它是对单个神灵的崇拜，即每一个神对其信仰者都是至上至尊的主神，然信仰者也不否认其他神灵的存在。这些神灵都是独自往来于不同领域，彼此不发生任何关系，它们代表着不同品行的神，在各自的领域里都是至高无上的，具有至上神的全部属性（缪勒：《宗教的起源与发展》，金泽译，上海：上海人民出版社，1989年，第180—205页）。需要注意的是，伊利亚德所说的至上神，与基督教等一神教中以上帝为最高、唯一神灵的观念是有所区别的。
② 伊利亚德：《神圣的存在：比较宗教的范型》，第38页。
③ 伊利亚德：《神圣的存在：比较宗教的范型》，第39页。
④ 伊利亚德：《神圣的存在：比较宗教的范型》，第37页。

了国祚、民众、疆土、人王。上述种种,与宗教学家所描述的天作为至上神的内涵较为契合。但同样显明的是,周人并没有天是宇宙的创造者、天生万物的概念。换言之,周人心目中的天尚未发展为十足的造物主。[①] 以西周时期的天与宗教学家所定义的至上神概念相比,可说西周时期信仰世界中的天具有无可置疑的神圣性,但它的创造性与宗教学家所言的至上神仍有区别。

当然,西周时期的天信仰是周人在进入国家的进程中发展创造出来的,与原始时期的天信仰有着根本的不同。学者也曾指出,"处在原始社会的民族及其传统宗教里信奉至上的天神。这类具有原生形态的至上神,当同阶级社会的至上神特别是一神教的至上神有着明显的历史的区别"。[②] 进入阶级社会的西周时期的天,与国家政权的建立息息相关,特别是周人发展出以人事辅天道的思路,使得天信仰显示出较为浓厚的理性色彩。尽管在周人的观念中,并无将天置于万神殿最高处以统帅诸神的做法,但无可置疑的是,天赐予国祚、民人,为政治上的主宰,在信仰世界之中,天具有无可比拟的崇高性。

随之而来的问题是,至上神的出现,是否与王权的产生相关? 不少学者以为,地上的王权对应于天上的至上神。例如,冯友兰先生说:"随着地上王权的出现,也就产生了天上的至上神。在人们的幻想中,他们相信,在宇宙间也有一个至上神作为主宰。这个至上神,他们称为'帝'或'上帝'……这个上帝是被认为统治一切的。一切自然界中及社会中的事,都由这个至上神作主宰。它有一个以日月星辰等为臣工使者的帝廷,协助统治一切。他以自己的好恶,发号施令,他的号令称为'天命'。"[③] 就西周时期的天的神性来说,天并不是自然界及全体社会的主宰,天不具有统治

---

① 应当指出,综观伊利亚德所说,至上神的创造性并非完全指宇宙起源层面上的创造者,如他举出希腊宙斯的例子来说明至上神的创造性:"这个'创造性'因素在宙斯这里十分明显,不是在宇宙起源的层面上创造(因为宇宙不是他创造的),而是在生物—宇宙的层面上创造:他统治丰产的资源,他是雨水之主。统治者乃是创造者。"(《神圣的存在:比较宗教的范型》,第 70 页)即便如此,对比西周时期的天,仍可说天的主要特性不是创造性。

② 蔡家麒:《论原始至上神》。

③ 冯友兰:《中国哲学史新编》,北京:人民出版社,1982 年,第 60 页。

一切的权能,天与其他神灵之间,也未有明确的统属关系。但是,周人直截了当地将天与王权的产生、国家的建立结合在一起,赋予了天以超越其他神灵的尊崇地位。就西周国家的建立来说,周人选取了宇盖四方、无所不覆的天作为大命的赐予者、支撑者,王权的出现与天上至尊神灵的产生密不可分。

不过,需要注意的是,就世界古代历史而言,王权的产生并不是总有至上神的出现作为背景。史华兹教授考察了两河流域早期文明中至上神与王权之间的关系,所论富于启发。他说"'高高在上的神'的降临,并非与所有古代文明中的中央集权政体的兴起总是合拍的(在原始文化中肯定不是)。在古代美索不达米亚神话以及在赫西奥德的《神谱》中,我们发现高高在上的诸神与地、天的初始自然实在,与初始的水是有关联的……它们的兴起并不必定与中央集权王权的兴起保持一致","在美索不达米亚,恩利尔和其他高高在上的神祇,尽管代表天空、大气以及其他包含一切的自然现象,却最终与特定的城邦(city-states)关联在一起,并且,它们的至高无上性似乎随着城邦的命运而动荡。随着巴比伦的兴起,我们发现马尔都克在诸神集会中的地位上升了;随着亚述的兴起,我们发现阿舒尔(Ashur)神的地位突出起来。它们中间没有任何一个是与普遍王权相联系的、不受挑战的、超越的、高高在上的神祇"。[1]

就是说,以西亚早期文明为参考,可说王权的产生未必与高高在上的至上神的存在有必然的关联。但是,在古代中国,昊昊上天是王权确立的最高依据。统一性的王权与无所不覆的皇天密不可分,构成了中国古代传统政治文化的根本特点。

三、祭祀于天

早在殷周之际,周人已有祭天之举。前引周原甲骨 H11：96 记载"□告于天,由亡咎",意谓祭祀上天,贞问是否有咎。

遇重大事件,周人举行祭天仪式。克纣灭商,是周人历史上的头等大

---

[1] 史华兹:《古代中国的思想世界》,程钢译,南京：江苏人民出版社,2004 年,第29—30 页。

事,西周铭文及文献多次记载武王翦商后告祭于天,将灭商的消息汇报通达于上。西周早期的何尊铭文记载:

> 唯武王既克大邑商,则廷告于天。曰:余其宅兹中国,自之乂民。①

关于"廷"字,唐兰先生读为"筳",即《离骚》之"筳篿",为折竹卜,意谓武王向天卜告;②马承源先生读为"侹",以《广韵·迥部》"侹,敬也"为据释为"敬"之义;③李学勤先生隶定为"廷",《广雅·释诂二》"廷,归也",即归告于天。④ 按,西周金文中多有"告"字,"告"之前的字,常有敬、明之义,如师㝨簋"巩告于王"、沈子它簋"昭告朕吾考"。⑤ 因此,何尊铭文中的"廷告"很可能是指恭敬告天。武王克殷翦商后,向上天告祭,谓从此将居于中心,由此来统理人民。武王告天,显然含有获得天之认可、祈求天护佑的意蕴。

《逸周书·世俘》篇也记武王大胜殷人后祭告上天,⑥"荐俘殷王鼎,武王乃翼矢圭、矢宪,告天宗上帝",武王献上所获殷人之鼎,敬陈玉圭、符玺,⑦祭祀天神上帝。⑧《世俘》篇还说武王"乃俾史佚繇书于天号",武王

---

① 《集成》6014。

② 唐兰:《西周青铜器铭文分代史征》,第 76 页。

③ 马承源主编:《商周青铜器铭文选》三,第 20 页。

④ 李学勤:《何尊新释》,《中原文物》1981 年第 1 期。

⑤ 《集成》4324、4330。

⑥ 《世俘》篇所记主要事迹当为可信。关于此篇的成书时代,顾颉刚先生曾考证"无论在用语上,在历法上,在制度上,在史实上,《世俘》必然是西周时代的一篇记载"(《〈逸周书·世俘篇〉校注、写定与评论》,《文史》第二辑,1963 年 4 月,又收入《顾颉刚古史论文集》第二册,北京:中华书局,1988 年,第 239 页)。

⑦ 潘振云"圭,礼天之玉;宪,兴盛貌",朱右曾云"宪,宪令。《大训》之类"(见黄怀信、张懋镕、田旭东:《逸周书汇校集注》,第 448 页)。顾颉刚先生按"《大训》见《顾命》,与'弘璧''大玉'为类",他还引章炳麟说"《逸周书》诸言'宪'者,并借为'契'而训'法',独《世俘解》言'矢圭''矢宪''矢珕',宪则圭、珕之侪,其字亦为契,其物则符玺瑞日欵"(《〈逸周书·世俘篇〉校注、写定与评论》)。此处"宪"之释可从章炳麟说,非必为符玺,但应与圭、珕等类似。

⑧ 此处的天宗上帝,顾颉刚先生说"《礼记·月令》:'孟冬之月……天子乃祈来年于天宗。'郑注:'天宗,谓日、月、星、辰也。'《淮南子·时则》文同。高诱注:'凡属天上之神,日、月、星、辰,皆为天宗。'是则'天宗、上帝'为二名。'上帝'为主宰;'天宗'为泛称,凡天神皆可蒙此名。此为武王克纣而告天之祭"(《〈逸周书·世俘篇〉校注、写定与评论》)。按,"天宗"的说法不见于早期文献,此处很可能为后人补入,但武王祭天当有较早的记载。

命令史佚以书文告于天。①此后，武王告于周庙，曰"以斩纣身，告于天、于稷"，"用牛于天于稷五百有四"，以牛牲祭祀天与后稷。足见武王克商，举行开国大典，祭天、告天是重要内容。②

西周初年，王举行大礼，祭天或为其中的内容。③天亡簋谓："王有大丰，王凡三方，王祀于天室。"天亡簋一般认为是武王时器，铭文中的"天室"或释为大室，但陈梦家先生以为当读"天室"，谓"战国晚季对于祭天之处尚有其它的称谓。《逸周书·度邑》篇云'定天保，依天室'，又《世俘篇》云'戊辰王遂御循追祀文王'，'若翼日辛亥祀于位，用篇于天位'……凡此天室、天位、天宗都是祀天的明堂"。④按，簋铭中的"天室"确与西周彝铭中常见的"大室"写法不同，但究竟是不是明堂，并无确凿证据。考虑到铭文中有"事喜上帝"的内容，可将此处的"祀于天室"理解为向天行祭。

何尊记载，洛邑建成之时，成王举行祭祀典礼，礼仪由"天"开始：

> 唯王初迁宅于成周，复禀武王礼，裸自天。

所谓"裸自天"，多数学者认为是指裸礼从天室开始。⑤裸礼由天室开始，

---

① 此句之意，孔晁云"使史佚用书，重荐俘于天"，潘振曰"繇，册辞也。书，录之也。天号，若云昊天上帝是也"，陈逢衡谓"史佚，尹佚也。繇，致也。《尚书帝命验》：'天有五号。'又曰：'帝者，天号也。'《周礼·大祝》六号，一曰神号，即天号。郑注'神号，若云皇天上帝'"（转引自黄怀信、张懋镕、田旭东：《逸周书汇校集注》，第464—465页）。顾颉刚先生释为"此句之意，为武王至周庙，命史佚向上帝朗诵书文"（《〈逸周书·世俘篇〉校注、写定与评论》）。

② 武王在祭天之外，也祭其他神灵，《世俘》篇记载"用小牲羊、犬、豕于百神水土，于誓社……用小牲羊、豕于百神水土，二千七百有一"。关于武王克商后祭天，《汉书·律历志》引古《武成》篇说"武王燎于周庙，翌日辛亥，祀于天位"（《汉书》，北京：中华书局，1962年，第1016页）。孔晁注《世俘》谓"庚戌明日郊天"，注解"武王朝至，燎于周……若翌日辛亥，祀于位，用篇于天位"（黄怀信、张懋镕、田旭东：《逸周书汇校集注》，第441页）。

③ 关于"天室"，吴大澂、刘心源、孙诒让等释为"大室"。岛邦男先生以为是"天室"，但天、大相通，当读为大室（详见《殷墟卜辞研究》，第397页）；孙稚雏先生指出簋铭"天"与"大"在字形上区别明显，认为应是祭祀天之室（《天亡簋铭文汇释》，《古文字研究》第三辑，北京：中华书局，1980年）；此外蔡运章（《周初金文与武王定都洛邑》，《中原文物》1987年第3期）、曲英杰（《先秦都城复原研究》，哈尔滨：黑龙江人民出版社，1991年，第127页）、林沄（《天亡簋"王祀于天室"新解》，《史学集刊》1993年第3期）诸先生则认为"天室"为中岳嵩山。

④ 《西周铜器断代》，第4—5页。

⑤ 《集成》6014。关于"裸自天"句，学者理解多有不同。唐兰先生释这个字为"福"，此句之意为"还按照武王的礼，举行福祭，祭礼是从天室开始的"（《何尊铭文解释》，（转下页）

应与告天、祭天有关。

王举行大礼,有告天方面的内容。那么,贵族是否告天、祭天? 有关这一问题,文献鲜有记载,只能根据相关内容做大致推测。西周中期班簋铭文记载器主班随毛公奉王命征伐东国,大捷之后,又有若干仪式,其中之一,铭文记载:

> 公告厥事于上:唯民亡徣哉,彝昧天令,故亡。允哉显,唯敬德,亡攸违。①

铭文中的"告厥事于上",或以为告于在上之王,②或以为告于天。③ 按,当以告天为是。西周金文中习见就某事"告于王"(如翩比鼎《集成》2818),而不见以"告于上"之"上"代王的情形,因此,铭文中的"上"指在上之天。如此,则可说西周贵族亦可告天,天不必为周王所独有。铭文中毛公告天云:民众无成,④因常昧于天命,故亡。信乎其显明,唯有自救以德,才能无所违失。毛公告天,以昭示常明天命的重要意义。依照班簋铭文,西周时期,或许贵族亦有告天的可能性,天非必由王所垄断,充当民众

(接上页)《文物》1976 年第 1 期);李学勤先生亦释其为"福",读为"复禀武王丰","禀"为"领受",认为是成王领受致祭武王的祭物,武王之灵在天,故曰"自天"(《何尊新释》,《中原文物》1981 年第 1 期);马承源先生读为"复□武王丰福,自天",指出此句与德方鼎铭文"王在成周,延武王福,裸自镐"相似,因此"福"是祭名,"天"相当于天亡簋中"王祀于天室降"之天,是一个具体的地点(《何尊铭文初释》,《文物》1976 年第 1 期);张玉金先生认为"天"是天室的简称,指祀天之室,此室在镐京,"复称珷王醴裸自天"是说"又举行始自镐京天室的对武王的'醴裸'"(《德方鼎铭文续考》,《中国文字研究》第五辑,南宁:广西教育出版社,2004年);涂白奎先生从陈福林先生释"复"为"返还"(《关于何尊铭文的几点新补证》,《贵州社会科学》1991 年第 8 期),以为此句之意为"王从天室对武王进行裸祭后回来"(《说何尊的"复……自天"及相关问题》,《考古与文物》2010 年第 1 期)。合德方鼎的"裸自镐"句,"自"后接具体地点,故"裸自天"之"天"应为具体地点,或即为天室。

①　《集成》4341。

②　郭沫若:《班簋的再发现》,《文物》1972 年第 9 期;马承源:《商周青铜器铭文选》三,第 109 页。

③　李学勤:《班簋续考》,《古文字研究》第十三辑,北京:中华书局,1986 年。

④　此句中的"徣"字之释,诸家不一。有释为"拙"(郭沫若:《班簋的再发现》;陈梦家:《西周铜器断代》,第 27 页;马承源:《商周青铜器铭文选》三,第 109 页);有释为"诞"(唐兰:《西周青铜器铭文分代史征》,第 204 页);有释为"遂"(李学勤:《班簋续考》);有释为"造",义同《诗经·周颂·闵予小子》"遭家不造",郑笺"造犹成也"(陈剑:《释造》,《甲骨金文考释论集》,北京:线装书局,2007 年,第 175 页)。

与皇天之间的代言人。但需要指出的是，迄今未见贵族祭天的线索，祭祀皇天，很可能由周王一家把持，他人不得染指。

天监在上，俯视民人，于芸芸众生有悲悯慈怜之情，民众遂呼天、吁天，求天垂悯。《尚书·召诰》记载，周公述说商末纣之残暴，民不聊生，其情景是"夫知保抱携持厥妇子，以哀吁天，徂厥亡出执"，谓当纣之时，人人皆知携其妇子，呼吁哀求上天，①而"天亦哀于四方民，其眷命用懋"，天哀怜人民，其眷顾之命因此移于有周。② 可是，上天虽慈悲无比，但天也可以不回应人间疾呼。据《左传》《国语》诸书记载，周厉王时期卿士芮良夫所作《诗经·大雅·桑柔》篇历述厉王暴虐，民众暴乱，厉王被赶走，芮良夫逃离东去，作诗以指斥执政大臣，讽刺周王。诗篇谓"倬彼昊天，宁不我矜……天不我将"，矜，怜也；将，扶助。③ 意谓天下昏乱，但天并不显示其大能，不哀怜民众，不辅助百姓，任由暴虐横行。总之，天的神性中包含有垂悯百姓的内容，但天是否哀怜民众、倾听民众之声，在下之人并不知晓。

此外，周人遭遇自然灾害时，亦向上天告祭求祷。《诗经·大雅·云汉》描写周宣王时代旱灾深重，诗人云"旱既太甚，蕴隆虫虫。不殄禋祀，自郊徂宫。上下奠瘗，靡神不宗。后稷不克，上帝不临。耗斁下土，宁丁我躬""旱既太甚，则不可推。兢兢业业，如霆如雷"，人们虽然向天帝祈祷，奈何上天并不眷顾。④ 可惜周代向天祈祷之辞极其罕见，民

---

① 《召诰》此段经文中的"夫"，犹人；"知"，刘起釪先生引孙星衍、俞樾说，以为是语词（《尚书校释译论》第三册，第1437页）；"徂厥亡出执"句殊为难读，孙诒让读"徂"为"诅"，曾运乾读"执"为"垫"，云"《说文》'下也'；《益稷》'下民昏垫'，郑玄'陷也'"（《尚书正读》，第193页），如此，则此句意谓人人皆知携其妇子，呼吁上天，诅咒商纣灭亡，使己出于昏垫。但于省吾先生则指出"'亡'应读'无'"，"'徂'，《伪传》训'往'，是也。徂厥亡出执者，言有所往，其无出而见执也"（《双剑诊尚书新证》，第167页），如是，则此句意谓民众哀求天"我们只有逃走了，但不要出去之后被捉回来呀"（参考刘起釪：《尚书校释译论》，第1446页）。

② 孔安国传"民哀呼天，天亦哀之，其顾视天下有德者，命用勉敬为民主"（孔颖达：《尚书正义》，阮元校刻：《十三经注疏》，第212页），得其意旨。

③ 诗句中的"将"字，郑笺"将，犹养也"（孔颖达：《毛诗正义》，阮元校刻：《十三经注疏》，第558页）。马瑞辰指出《说文》"將，扶也"，故"天不我将"犹言天不扶助我（《毛诗传笺通释》，第964页）。

④ 郑笺"瘼，病也。黾勉，急祷请也。欲使所尤畏者去，所尤畏者，魃也"（孔颖达：《毛诗正义》，阮元校刻：《十三经注疏》，第562页）。马瑞辰谓"《广雅释诂》'畏，恶也'。即苦此旱而恶去之也"（《毛诗传笺通释》，第964页）。"方社不莫"句，郑笺"我祈丰年甚早，祭四方与社又不晚"（孔颖达：《毛诗正义》，阮元校刻：《十三经注疏》，第562页）。（转下页）

众与天的关系无法全面梳理。

总体而言，天虽贵为在上神灵，但周人祭天、吁天的相关内容并不多见，这种情况难免使人心生疑窦。天既是最为尊贵的神灵，缘何祭祀上天的活动鲜见记载？是否果如经学家所说，一般性的常祀，不需见录（关于聚讼纷纭的郊祭，俟诸专文，此处不述）？史籍缺载，不敢遽论。

然而，需要指出的是，就世界范围内来说，至上神灵较少受到祭祀的情况并不罕见。宗教学家通过对世界人们天神崇拜的研究，指出在不少部落，"至上神信仰在宗教生活中并没有占据重要地位"，人们"并不崇拜这位神灵，也没有祈祷，也不上供，也不谢恩"，"没有祭祀——尤其没有任何季节性仪式的日程——是大多数天神的特征"，天"极为高远、极为善良，以至于不需要日常崇拜……在灾难降临的时刻却是人们吁求的对象"，"在原始人那里，我们确实没有发现至上天神扮演什么主导作用"。不仅如此，在世界各民族的天神崇拜中，还出现了天神成为"退位神"的现象。美国宗教学家伊利亚德提醒人们："要记住这个悬而未决的问题——这是一个相当重要的问题——这样我们就能够在至上神的天神的'历史'中发现一种在人类宗教史上极其重要的现象：这些神灵有着从祭祀中消失的倾向。在任何地方他们都不起领导的作用。而是变得遥不可及并为其他宗教力量——如祖先崇拜、精灵和自然神灵、丰产神、大母神等——崇拜所替代。值得注意的是，这种替代几乎必然意味着一种具体的、更加充满活力的、更具丰产性质的神灵或者宗教力量（太阳、大母神、女神等）的出现。"为何至上神遭遇如此待遇？伊利亚德暗示，或许是由于以下原因，导致天神在人们的宗教生活中不能发挥主导作用：1. 至上神在完成造物工作后，将治理的事情移交于较低级的神灵。2. 至上神具有超越性和消极性的普遍表现："至上神太远离人了，以至于无法满足人数不尽的宗教的、经济的以及生命的需求。"这一因素或许是人们淡忘天神的最重要原因，至上神虽然被描绘为无所不能的造物主，但真正掌控人间事务的

（接上页）胡承珙云"《甫田》'以社以方'，《传》云'方，迎四方气于郊'。此'方社'连言，与彼同，则方祭亦即迎气之祭"（《毛诗后笺》，合肥：黄山书社，1999 年，第 1430 页）。

却是其他神灵。伊利亚德强调"人类只有在遇到直接来自天空的威胁时才想起至上天神；在其他时候，他们的虔敬只是因日常需要而产生，他们的宗教生活和敬奉直接指向控制这些需要的力量。但是，毫无疑问，至上天神的自主性、崇高和首要的地位绝没有降低；至多不过说明'原始的'民族和开化民族一样，在觉得对神灵已无所求的时候就会很快忘却他们；生活的艰难迫使他们更多地关注大地而不是天空，人们只有在面临来自上天的死亡威胁时才发现上天的重要性"。①

按照伊利亚德所说，至上天神并不是日常之神，它并不主宰人们的日常生活，因此在祭祀活动中，它并非主角。揆诸西周社会，对于天的祭祀、祈祷也不多见，这一状况可否用伊利亚德之学说解释？尚需进一步研究。前文已述，天最为重要的职责是授与大命，舍此而外，天并不在其他具体领域内施展神力。可以说，天掌管国祚大事，而不插手具体琐碎之事。但是，必须指出的是，这并不意味着周人的天也存在退出至上神位置的可能性。事实上，即便西周末年王权式微，天帝饱受质疑，甚至遭遇诅咒，但天并未"退位"。在世事巨变、暗流汹涌的两周之际，天与政权、王权相结合的观念，以另一些方式延续开来，使得在此后中国古代历史发展过程中，天在意识形态领域的尊崇地位始终居高不下、永不退位。②

本 章 小 结

对于天的敬惧很可能源于人们对于与天相关的风雨雷电等气象现象的畏惧，这种畏惧会使人们直接地想到电闪雷鸣和狂风暴雨这巨大自然力量的来源何在，自然，这些现象都存在于上天，因此人们思索"天"也是顺理成章之事。除此而外，上天还有人们所无法理解的万端神秘：日月

---

① 伊利亚德：《神圣的存在：比较宗教的范型》，第 39、40、43、42、45 页。
② 伊利亚德也提到若干天神在历史发展过程中保持其崇高地位的情况，"很少一些天神在人们的宗教生活中保留了地位，抑或由于被视为统治之神这种地位得到了强化"（《神圣的存在：比较宗教的范型》，第 96—97 页）。

升沉,周而复始;星辰熠耀,天幕无尽;斗转星移,寒暑更迭,凡此种种,皆非人们的思考所能理解者。民智初开的上古时代,人们的思考能力十分有限,然而就是在这样的背景下开始将人类之思游弋于至高至大的"天"的领域,摄幽思于空寂之境。从而有了对于"天"的初步认识。这种认识应当是历夏、商而至于西周初期臻于成熟。

天之观念,是周人的创造。殷商文字中虽有"天"字,但并不表示与"地"相对应的"天"之义,也不表示在上神明的含义。卜辞中,"天"多表"大"义。商周之际,周人赋予了"天"以意义。至迟在文、武王之时,周人已开始用"天"表达在上神明,而与"大"字相区别开来。

周人所说的天,包含三种义项:1. 在上神明。这是周人对于天的最主要的认识。2. 自然之天。"天下"之"天"所表达的即是自然之天。3. 天有物质之天的含义,是祖先所至之处。三种义项中,在上神明之义最为突出,自然之天与物质之天的意涵在西周时人的观念中比较模糊,尚未发展完善。

周人的"天"与商人的"帝",既有联系,又有区别。商人以"帝"表达"天"的观念,商人的"帝"与周人的"天",皆表示在上神明。所不同的是,周人的天成为降大命者,与周代政权的建立紧紧关联起来。而商人的帝,在殷商文化背景中,并不具备此种功能。经过周人的改造后,"帝"才成为可授大命的神灵,在此种情境下,天命即是帝命。但是,天的神性与帝的神性,仍有显著的区分,周人的天不等同于商人的帝。

周人天信仰的最重要内容,是创立了天命观念。天命观念对于西周政治,对于古代王朝,均有深刻影响:

一,周人创造出天命观念,前所未有地开创了政权合法性来源的理论。自此之后,两千多年的王朝历史,跌宕起伏,但天命却始终是最为有效的政权合法性来源理论。[①] 天命成为大一统王朝的正统观念,居于古代王朝政治文化的核心地位。

二,周人发明天命观念,意味着周人具有了一套意识形态,那就是以

---

① 战国后期直至秦汉大一统王朝时期的五德终始说与天命观念有着复杂的关系,容他文另作探讨。

天命为号召，凝聚各个族属、联络共同意识，特别是对于异族异姓，天命成为血缘宗法之外，另一种有效的黏合剂。周人的这一意识形态并非全然是政治宣传，而是有其实际效用。可以说，在建国之初，周人即兼备制度建设与意识形态设置，典章文物与其天命观念相互映照，两者相辅相成、齐头并进，营建出一个具有共同意识的社会群体，形成"周初大一统之规模"。①

三，周人天命观念中，重要的内容是"天命靡常""皇天无亲，惟德是辅"。周人将人事、德行与天命的转换结合起来，"明德""保民"成为获取天命的基本要素，也成为周人政治实践中的精神理想，开启了古代中国重行重德的政治传统。

四，周人天命思想的创制与深化，促进了天下观念、大一统观念的形成。周人之天，是超越了族姓限制、地域局限之上的神灵，在信仰意识方面，有利于周人整合出"天下远近小大若一"的政治格局。在天、天命观念的基础之上，天下、溥天之下的意识应运而生，天下国家的信念由此确立，天下一家、万物一体的观念遂成为华夏传统文化中的重要内容。

在天命观念之外，周人的政治中渗透着浓厚的天的影响力。周王称天子，是上天的元子，周王与上天有了这样的关系，其神秘性与神圣性大为增强。周人还发明了"配天""天作配"的观念，进一步提升王的崇高性。"配天"意谓周王合于天意，并非天子德可配天或祭祀时以先王配祭之义。"天作配"则是以王为天之副贰，是对王神性的高度赞颂。

天命、天子对于周人而言，极为重要，但有意思的是，西周一代，人们并未有意识地论证天降大命、周王为天之子的可信性。对于周人而言，这是不证自明的信念。

周人所崇拜的天，具有神性。周人对于上天，笃信不疑，周人祭祀于

---

① 王国维：《殷周制度论》，《观堂集林》卷十，第 467 页。金景芳先生说"周代的这种由上而下的分封制，还是造成了比夏、商二代更为统一的国家，更为集中的王权"（《中国奴隶社会史》，上海：上海人民出版社，1983 年，第 139 页）；杨向奎先生说"周灭商后，疆域扩大，已经是一统的多民族国家，因而，当时人们的思想中，遂有'溥天之下，莫非王土；率土之滨，莫非王臣'的'大一统'思想之初步形成"（《先秦儒家之一统思想——兼论"炎黄"、"华夏"两实体之形成》，《山东大学学报》1988 年第 4 期）。

天、告祷于天。天最为突出的神性是授予大命,此外,天是周邦、周天子的保护神;天生民、生王;天帮助周人攘灾去患;天体现正义,扬善去恶。不过,值得注意的是,周人尚未赋予上天全能的造物主的特性,上天也未成为福禄的源泉。总体而言,天在周代政治中所具有的主宰作用异乎寻常,相形之下,较少涉及日常领域。

第二章　周人的上帝

　　帝原本为殷人所尊神灵，经由周人改造，变幻出新的神力，在殷周社会秩序更替、西周国家权力运转中，发挥神圣功能。

　　讨论西周信仰观念中的帝，若干问题需要辨析：1. 周人建国之时，对商人的帝进行了怎样的改变；2. 帝与天，是否为同一神灵；3. 周人之帝与商人之帝，有何异同；4. 周人"靡神不宗"，信仰众多神灵，天、帝、祖先皆具尊贵地位，在周人的神灵世界中，帝之地位如何，帝是否可称为至上神。以下试就上述问题进行考察。

第一节　周人对于商"帝"的改造

　　探讨周人的上帝，需要首先追溯商人之帝。

　　"帝"字见于甲骨卜辞。关于帝字本义，有象花蒂之形，[①]象男性生殖

---

　　① 　郭沫若先生说："王国维曰：'帝者蒂也。'……帝之兴，必在渔猎牧畜已进展于农业种植以后。盖其所崇祀之生殖，已由人身或动物性之物而转化为植物。古人固不知有所谓雌雄蕊，然观花落蒂存，蒂熟而为果，果多硕大无朋，人畜多赖之以为生。果复含子，子之一粒复可化而为亿万无穷之子孙……天下之神奇，更无有过于此者矣。此必至神者之所寄。故宇宙之真宰即以帝为尊号也。"（《甲骨文字研究》，北京：人民出版社，1952 年，第 18 页）以为帝为蒂之初文，是因为花蒂包涵有无穷生殖力之意义。

器之形,①象寮柴祭天之形,②象草制偶像之形,③是宇宙万物的生殖之神④等多种说法,并无定谳。

有关"帝"的属性,学者们所论不同。傅斯年先生认为,帝是商人的宗族神。他指出,商人之帝尚停留在部落神的阶段,"初民的帝天,总是带个部落性的……商代的帝必是个宗族性的,这可以历来传说商禘帝喾为直证,并可以商之宗祀系统中以帝俊(即帝喾)为高祖为旁证"。⑤ 郭沫若先生也认为帝是商人的祖先神,他曾根据帝俊、高辛氏二子、玄鸟传说以为殷人的帝就是帝喾,是以"至上神而兼宗祖神","殷人的神同时又是殷民族的宗祖神,便是至上神是殷民族自己的祖先"。⑥ 但是,陈梦家先生否定了帝为商人祖先的说法,谓"卜辞中尚无以上帝为其高祖的信念"。⑦总体而言,商人帝之属性,学者间有不同的说法,⑧但可以确定,帝并非商人的祖先神(说详下)。

虽然关于"帝"之起源的讨论聚讼纷纭,但说到周人帝观念的来源,诸家并无异议,皆以为因袭自商人。傅斯年先生说"周人袭用殷商之文化,

----

① 陈仁涛:《男性生殖器石刻》,见《金匮论古初集》,香港:亚洲石印局,1952年,第6—7页。

② 叶玉森:《殷契钩沉》,收入《甲骨文研究资料汇编》第十六册,北京:北京图书馆出版社,2008年,第596页。此外,朱芳圃《殷周文字释丛》,北京:中华书局,1962年,第38页)、王辉《殷人火祭说》,《古文字研究论文集》,《四川大学学报丛刊》第十辑,成都:四川人民出版社,1982年,第260—279页)等先生亦持此论。

③ 康殷:《文字源流浅说》,北京:荣宝斋,1979年,第593页。

④ 张桂光:《殷周"帝""天"观念考索》,《华南师范大学学报》1984年第2期。

⑤ 傅斯年:《性命古训辨证》,《民族与古代中国史》,第310—312页。

⑥ 郭沫若:《先秦天道观之进展》,《青铜时代》,第9页。

⑦ 陈梦家:《殷虚卜辞综述》,第582页。

⑧ 有学者认为,商人的上帝观念,植根于崇尚鬼神的意识之中,是一种虚幻的宗教性观念,帝是自然神中之神或至上神(李绍连:《殷的"上帝"与周的"天"》,《史学月刊》1990年第4期)。在探索"帝"的起源时,有学者将中国文化与巴比伦文化联系起来,以为帝与西亚文化有关。刘复先生从字形、声音方面论证了"帝"字源于巴比伦的"天"字(刘复:《帝与天》,收入顾颉刚编:《古史辨》卷二,上海:上海古籍出版社,1982年,第20—27页)郭沫若先生在外国学者波尔观点的基础上,指出巴比伦文化中作为星形转化的"𣏾",具有天神和人王二义,这个观念"在殷商时代输入了中国,殷人故意用了字形和字音相近的帝字来翻译了它,因而帝字便以花蒂一跃而兼有天神和人王的称号"《先秦天道观之进展》,《青铜时代》,第15页)。

则并其宗教亦袭用之,并其宗神系统中之最上一位曰'上帝'者亦袭用之。上帝经此一番转移,更失其宗神性,而为普遍之上帝,于是周人以为'无党无偏'以为'其命无常'矣",①"殷周的上帝都与宗姓有关系,然而周的上帝确是从东方搬到西土的",②"商人的上帝是帝喾,周人向商人借了帝喾为他们的上帝,所以虽种族不同,至于所禘者,则是一神",③以为周人之帝来源于商人的信仰。许倬云先生谓"周人以蕞尔小邦,国力远逊于商,居然在牧野一战而克商。周人一方面对如此成果有不可思议的感觉,必须以上帝所命为解,另一方面又必须说明商人独有的上帝居然会放弃对商的护佑,势须另据血缘及族群关系以外的理由,以说明周之膺受天命。于是上帝赐周以天命,是由于商人失德,而周人的行为却使周人中选了",在周人这里,"上帝的身份,已是万民的神了,他极关怀四方人民的生活"。④ 美国学者伊若泊同样认为周人的帝、天观念源自商人的帝信仰,并且在含义方面,周人之帝同于商人之帝。⑤

　　诸家指出,周人帝的观念沿袭自商人,其间的不同在于帝是殷商的部族神,经由周人的改造,上帝失去其宗神性而成为普遍的上帝。这一结论非常重要,对于说明商周之际信仰的转化以及天帝观念在传统文化中的影响,十分有益。但需要指出的是,帝并非殷人的祖先神,也非某一族群之神,帝应当与周人的天一般,是超越了族群限制、地域限制的在上神灵。

---

　　① 傅斯年:《性命古训辨证》,《民族与古代中国史》,第 319 页。他认为普遍之神的出现与大一统思想的发展有关,"每一部落有其特殊之宗神,因部落之混合,成为宗神之混合,后来复以大一统思想之发达,成为普遍的混合","其混合方式要不出于战伐的,文化的,思想的"。关于殷人之帝转化为全民之帝,他说"由宗神的帝喾,变为全民的上帝,在殷商时代当已有相当的发展,而这上帝失去宗神性最好的机会,是在民族变迁中"(《性命古训辨证》,《民族与古代中国史》,第 310、311、314 页)。

　　② 傅斯年:《性命古训辨证》,《民族与古代中国史》,第 312 页。

　　③ 傅斯年:《性命古训辨证》,《民族与古代中国史》,第 313 页。

　　④ 许倬云:《西周史》,第 101 页。

　　⑤ 他说 "After the conquest, as Chou culture absorbed additional Shang elements, the Shang term *ti* gradually came to denote T'ien in the sense of the sky spirit".他的另一论点是在周人克商后,在信仰领域为寻求普遍意义的最高权威,周人将天与帝结合而创造出具有伦理意义的至上神。他借用顾立雅的观点,以为天是周人祖先的集合,而帝是商人祖先的集合。Robert Eno(伊若泊):"Was There a High God *Ti* in Shang Religion?" *Early China*, Vol. 15, 1990, pp. 15 and 17.

商周之不同在于：商人尚未有意识地将帝这一在上之神与殷商的政权结合起来，上帝并没有成为国祚的最高创造者、施与者。① 而在周人手里，帝与天相同，成为大命的授予者、周代政权的最高来源。②

文献显示，周文王、武王时期，周人已有帝之崇拜。西周早期天亡簋记载王举行大礼，"衣祀于王不显考文王，事喜上帝"，③《尚书·立政》亦云"文王、武王……敬事上帝"，表明周王对于帝十分恭敬。

在西周政权建成之际，在周代国家发展过程中，帝作为在上的神灵，发挥有关键作用。帝之所以产生如此重要的影响，与周人对于商帝的改造与设计密不可分，其主要表现在两个方面：

首先，周人对于商人之帝进行改造，赋予"帝"以"天"的意义，使"帝"具有了与"天"同样的崇高性，"帝命"与"天命"等同。在说到受命时，帝就是天，天就是帝，帝降大命的思想为周人的立国提供了最终依据，在信仰、意识领域配合了周人翦商建邦。④

殷商甲骨卜辞显示，商人所信仰的帝，掌管风云雷雨、农业年成、城邑建筑、方国征伐等，上帝发号施令、降人间以祸福，但是，帝与国祚无关。周人对于帝施以变化，使其与天一样，成为周人大命的授予者，成为最高的裁决者。周人自谓"受天有大令"（大盂鼎）、"受皇天大鲁令"（五祀㝬

---

① 朱天顺先生指出"殷商的上帝信仰，还是处在比较初期的阶段，这种上帝是消极、被动的祈求对象，它的神性主要是满足人们提出的具体要求，人们还没有把它当做主动支配社会命运的中心力量来崇拜。这种上帝的神性跟社会道德、政治制度的结合还不多、不突出"（《中国古代宗教初探》，上海：上海人民出版社，1982年，第259页）。

② 关于统治者寻找政权合法性依据的心理，郭沫若先生曾指出"新兴的支配阶级要使自己的支配权合理化，要使自己的支配权恒久不变，所以创造出一个合理的至上神出来，使他统治万物，回头又使自己和这至尊的统治者相等。至上神是一成不变的，所以自己的统治权也就一成不变"（《中国古代社会研究》，《郭沫若全集·历史编》第一卷，北京：人民出版社，1982年，第86—87页）。

③ 《集成》426。

④ 伊藤道治先生曾将商代王权的上升与上帝权能的收缩联系起来。他认为商人早期也有最高神灵上帝，祖灵与自然神都位在上帝之下。但此后对祖灵的祭祀逐渐规则化，祖灵对于子孙护佑的观念也渐趋确立。到商代末期帝乙、帝辛时，祖灵的权威已经完全确立，祭祀的规律也已固定，商人统治群的自我意识渐渐强烈，宗教上有排斥他群的现象。原本是多族群的商王国竟因此而丧失了向心的凝聚力（《中国古代王朝的形成——以出土资料为主的殷周史研究》，江蓝生译，北京：中华书局，2002年，第30页）。

钟），同时也说"龘齫皇帝大鲁令"（默簋）。"皇帝大鲁令"就是"皇天大鲁令"，帝就是天。西周中期偏晚时段的师询簋谓"肆皇帝亡斁，临保我有周，雩四方民无不康静"，西周晚期毛公鼎云"肆皇天亡斁，临保我有周，丕巩先王配命"，两相对比，知皇帝就是皇天，是周之国祚的保护神。西周早期的邢侯簋谓"鲁天子宥厥濒福，克奔走上下，帝无终命于有周"，[1]意思是说，嘉美之天子受其厚福，（邢侯）能够奔走效力于上下四方，上帝无终命于周。所谓"无终命"意即无终止的命，即帝授予周人以永命。十分明显，此处"帝"与天同义，是周人大命的来源。

周之大命来源于帝，这一观念在传世文献中也随处可见。《尚书·多士》记周公告诫殷多士，谓"尔殷遗多士！弗吊，旻天大降丧于殷"，又谓"我有周佑命，将天明威，致王罚，勅殷命终于帝"，"非我小国敢弋殷命，惟天不畀允罔固乱，弼我。我其敢求位，惟帝不畀。惟我下民秉为，惟天明畏"，是说上天降丧于殷，而周人奉天明威，行王者之罚，使殷国终结上帝之命。非小邦周敢于取代殷国之命，只是上天不与大命于诬罔恃乱的殷人。周人当汲取殷鉴，所执所为，敬畏天命。周公之辞中，"帝""天"交换出现，他强调是上帝终止了殷人大命，将"命"转移至周人手中。周人频繁地交错使用天与帝，说明在他们的观念里，天、帝相当。凡此种种，都说明在关乎国祚的确立方面，"帝"与"天"意义相同，都是授予周人大命者。

周人将原先没有授命资质的"帝"转变为疆理天下之"大命"的来源，使"帝"具有了与天同等的神性，由此，原本是商人重要神灵的"帝"转化而为周人国祚的赐予者和护佑者，帝的地位大大提升。由此一来，帝成为天下各邦各国的共主，完全具有了左右天下政治的权威。周人对于帝观念的如此改造，配合了周人在舆论上膺受天之大命的宣传，在小邦周翦灭大邑商的过程中，起到了关键作用。

其次，周人赋予"帝"十分强烈的人格色彩，使其成为理性的化身。

关于帝的人格色彩，郭沫若先生认为商人的帝即已具有人格属性："由卜辞看来可知殷人的至上神是有意志的一种人格神，上帝能够命令，

---

① 邢侯簋（《集成》4241）。此处铭文有学者读为"克奔走，上下帝无终命于有周"者，详细论析见后文。

090

上帝有好恶,一切天时上的风雨晦冥,人事上的吉凶祸福,如年岁的丰啬,
战争的胜败,城邑的建筑,官吏的黜陟,都是由天所主宰。"①他认为商人
之帝有人格意志。胡厚宣先生也说:"殷人相信在天上存在着这样一个具
有人格和意志的至上神,名叫帝或上帝。"②但商人之帝是否与人们存在
感应? 由卜辞可见,帝对于风、雨、雷、雹等气象的影响完全是一种自然的
行为,殷人可以通过贞问知道某个时间段中"帝"是否命令风、雨、雷等来
到,但帝并不会由于人的祈求而对于某种气象施加影响。天旱时帝不会
降雨;有风灾时,帝不会止风;有涝灾时,帝不会息雨。卜辞材料表明,帝
并不能适应人世间的需要来安排风雨晴旱等气象变化,对于世间所降灾
祸,帝很少起到免除灾害、保佑民众的功能。帝对于人间生活的干预,并
非天人感应的结果;帝所降之灾不是对于下世君主的惩戒,其保佑也非对于
下世君王的奖励。因此,商人之帝并非是与人间存在交互感应的神灵。③

　　而周人观念中的"帝",其人格色彩十分突出。《尚书·康诰》记载周
公申告康叔文王受命,谓"(文王)惟时怙冒,闻于上帝,帝休,天乃大命文
王",是说文王勤勉有大功,上帝知其令闻,嘉美之而授大命于文王。④ 在
这里,上帝具有扬善抑恶的人性特点。《诗经·大雅·皇矣》描写英明的
上帝临视下界,监察众国,上帝憎恶殷人失政,而向西眷顾于周。上帝既
顾文王,乃和其国之风雨,使山林树木茂盛。上帝授意文王,攻伐密国,又
告诫文王,联合同盟,攻打崇国。凭借上帝的循循善诱,文王一步步走向
胜利。周人所塑造的上帝,是分辨美丑、明察秋毫,对周人青睐有加、关怀

---

　　① 郭沫若:《先秦天道观之进展》,《青铜时代》,第9页。
　　② 胡厚宣:《殷卜辞中的上帝和王帝》(上)。
　　③ 关于商人之帝的讨论,参考了晁福林先生的论述,见《论殷代神权》,《中国社会科
学》1990年第1期。此外,陈梦家先生说"殷人的上帝是自然的主宰,尚未赋以人格化的属
性"(《殷虚卜辞综述》,第580页);常玉芝先生说"上帝是个操纵着天上、人间一切事物的无
所不能的大神……上帝的权能,当以主宰气象和农业生产的年成最为重要,其次是左右战
事的胜负。上帝仍然是属于自然神的范畴,是商人自然神崇拜的一部分"(《商代宗教祭
祀》,第541页)。
　　④ 又如《尚书·大诰》"亦惟十人,迪知上帝命,越天棐忱",迪,道也;越,与也。意谓
有十指导而知上帝之命与天辅诚信之事。参周秉钧:《尚书易解》,第164页。

备至的人格化的神灵。这是周人对帝之属性的一大改造。在殷人观念中既可作福又可作威、既能佑助又能降祟、好恶无常的帝演变为正义的化身，具有鲜明的是非观、强烈的理性因素，[1]成为周人的保护神。西周中期师询簋谓"丕显文武……龖和于政。肆皇帝亡斁，临保我有周"，铭文颂扬文、武王"龖和于政"，而光明的上帝不懈地临视护佑周邦。可以看到，殷人的神灵已转化为周人的护卫者。

要之，上帝可授予大命，上帝具有理性人格，经过周人改头换面，商人的帝具有了不同以往的全新"神格"。

周人袭用商人之帝，帝经由变化而具有焕然一新的神性。然而，值得注意的是，周人所袭用的商人之帝，对于商人来说，是否自始至终具有无上权威，周人所沿用的，是否是商人最具权威的神灵？学者指出，商人对于帝的态度、对于帝之意志的揣摩，帝对于商人的影响，有前后时期的变化。伊藤道治先生指出，在第一期武丁时代卜辞中，帝出现的次数最多，而在祖甲时代的卜辞中，"作为第一期最高神的帝消失了，而且这样祈求对灾祸的原宥，使人推测当时对帝的神格的想法有了变化"，"在第一期卜辞中，最高之灵是上帝，在其下存在由血缘关系起作用的、被看作死灵的祖先灵，以及作用于自然现象的灵鬼。第二期以后，在这三者之中，祖先灵逐渐强而有力"。[2] 伊藤道治先生认为，商代信仰领域中存在着祖先神超越上帝权威的发展过程。常玉芝先生也有类似的发现，谓"商人揣摩上

---

[1]　帝有意志，因此周人亦探求帝之命，不违帝之令。周公称"不敢替上帝命"，替，废也；指不敢违拗上帝之命。《尚书·召诰》谓"王来绍上帝，自服于土中"，意谓王来卜问上帝，自治于洛邑。关于此句之释读以及所反映的周代的神人关系，学者有不同的理解。Michael Puett(普明)以此来论证周代神人关系的和谐，他认为殷代商王以祭祀占卜探知帝意，而《召诰》中则显示帝是主要的"发动者"，指导周王定居于洛邑。他说"The Zhou thus represents the consolidation of an earlier archaic tradition resting on the harmony of man and Heaven"，商代"the concern was the human appropriation of land controlled by Di, and the king was attempting to use sacrifices and divination to determine Di's will. Here, Di is the prime mover, directing the king to settle a new city"，见 Puett, Michael, *To Become a God: Cosmology, Sacrifice, and Self-Divinization in Early China. Cambridge*, MA: Harvard University Asia Center, 2002, p.57 and 59.他所提出的商周时期神人关系的变化值得重视，但《召诰》中所论，还应当视为周人通过占卜探知帝意。

[2]　伊藤道治：《中国古代王朝的形成——以出土资料为主的殷周史研究》，第21、30页。

帝意志的卜辞,绝大多数都是属于第一期的武丁卜辞,其次是第三期、第四期卜辞,在第二期祖甲卜辞中很少见到,到了商末的帝乙、帝辛时的第五期卜辞中则几乎见不到了"。① 两位先生所论极富启示意义,表明帝在商人信仰中的地位经历过重大变化。

然而可以补充的是,正是在"帝"罕见的第二期卜辞时代,商人出现了以"帝某"称死去的父王、先祖的辞例,此外,商末四祀邲其卣、②周原甲骨③以及坂鼎④中有称"文武帝乙"的情况。此类"帝"之含义,学者曾争论不休,目前的倾向性是以之为庙号(说详后)。如果是庙号,则表明商人选取了重要的词汇作为父王、先祖之庙号。因此,占卜"帝"的辞例虽然减少,但"帝"仍有其意义。

二祀邲其卣铭文

更加引人注目的是,在商末青铜铭文中,明确记载有商人祭祀帝之举。二祀邲其卣(见右上图)谓:

在正月,遘于妣丙肜日大乙奭。唯王二祀,既殟于上下帝。⑤

---

① 常玉芝:《商代宗教祭祀》,第 541 页。常先生认为这种变化表明"到了商代末期,人们对自然的认识逐渐提高了,上帝主宰人间一切的宗教观念在商人的意识中已经淡薄了"。

② 《集成》5413。

③ H11:1。曹玮编著:《周原甲骨》,第 1 页。

④ 李学勤:《试论新发现的𧝬方鼎和荣仲方鼎》,《文物》2005 年第 9 期。

⑤ 《集成》5412。此卣铭文奇特。在迄今所见卜辞中,只有"上帝"之称(中国社会科学院历史研究所编:《甲骨文合集》10166、24979、30388,北京:中华书局,1978—1982 年。以下简称《合集》),未见一例称"上下帝"者。而卜辞中的"上下"多有所见,约有 60 余条。卜辞所见"上下",其后多不接神祇之名,如"上下示"之类,又如"又(侑)于上下""上下若""上下弗若"等。所云"上下",即指上下神灵,犹《尚书·召诰》"其自时配皇天,毖祀于上下"、《论语·述而》"祷尔于上下神祇"、《诗经·大雅·云汉》"上下奠瘗,靡神不宗"之"上下"。再者,"帝"在卜辞中常用为动词,指禘祭,如"隹(惟)帝(禘)取(㩁)𡨦(妇)好"(《合集》3637),谓先禘祭,然后再㩁祭好妇。卜辞中的"酒帝"(《合集》14345、15703)即先酒祭后禘祭。但此卣铭文中之"帝"并非表示动词义的"禘",而应是在上的上帝。

意谓在正月，时值大乙的配偶妣丙的肜日之祭。这是在商王二年，已经裸祭帝之后。二祀邲其卣铭文内容的主体是记载商王赐田，但铭文之末却郑重地记载了商代周祭大乙配偶妣丙的时间，并且指出在此之前已经举行了对于帝的裸祭，足见作器者对于祭先祖和祭帝十分重视。铭文中的"上下帝"之义虽不甚明了，但由此铭来看，帝明显是商人的祭祀对象。此外，周初人在追忆殷商历史时，曾说"殷王亦罔敢失帝"，[1]意谓商人先王不敢违失帝意，可见帝对于商王具有重要的指导意义。

综合上述，帝信仰在殷商一代有较为复杂的变化过程，它在不同的时期有所起伏，或如学者所说，帝之重要性在某些时段逊于祖先神灵，并不具有绝对权威的地位。但以目前可见的材料而言，周人在建国的历程中，选取、借重了商人的"帝"而非其祖先神灵，加以转化、重塑，提升其超越于祖先神之上的地位，将它转化成为周人大命的施与者，塑造"帝"为具有国家宗教意义的神灵。[2] 周人由此承接了商之正统，成为普天之下合法的统治者。

表五：西周金文中的"帝"

序号	器　　名	内　　容
1	天亡簋（西周早期）	王祀于天室，降，天亡又王。衣祀于王丕显考文王，事喜上帝。
2	邢侯簋（西周早期）	克奔走上下，帝无终命于有周。

---

① 《尚书·多士》。关于"罔敢失帝"，孔安国传"能忧念祭祀"，孔疏"齐敬奉其祭祀"，将"帝"释为禘祭之禘。事实上，将之解为不违失帝意更直接。参孔颖达：《尚书正义》，阮元校刻：《十三经注疏》，第 220 页。

② 关于商周之际帝之转化，中外学者如傅斯年、顾立雅等都曾有过讨论。详见朱凤瀚：《商周时期的天神崇拜》，《中国社会科学》1993 年第 4 期。本文倾向于认为周人接受了商人帝的观念。关于商人后期重祖先神灵而至西周早期帝的地位获得提升，美国学者史华兹说："（西周）天或高高在上的神的地位明显提高了，被提升到了在宇宙论及社会伦理生活中居于中心的而又超越的位置……这也许是对于商代晚期一再强调王族祖先崇拜的中心地位的直接回应。把人间秩序统治者的伦理的和礼仪的行为的最终裁判权交给高高在上的神，这一做法似乎引进了真正新颖的超验层面的内容。"（史华兹：《古代中国的思想世界》，程钢译，南京：江苏人民出版社，2004 年，第 48 页）

（续表）

序号	器　名	内　容
3	师询簋（西周中期）	肆**皇帝**亡斁，临保我有周。
4	史墙盘（西周中期）	曰古文王，初斁龢于政，**上帝**降懿德大甹。
5	癲钟（西周中期）	曰古文王，初斁龢于政，**上帝**降懿德大甹。
6	㝬簋（西周晚期）	㝬作䵼彝宝毁，用康惠朕皇文烈祖考，其格前文人，其濒（频）在**帝**廷陟降，畯臨皇帝大鲁令。
7	戜狄钟（西周晚期）	先王其严在**帝**左右。
8	逨盘（西周晚期）	文王、武王达殷，膺受天鲁令，匍有四方，并宅厥勤疆土，用配**上帝**。
9	盂鼎（西周早期）	盂龏文**帝**毋日辛尊。
10	庚姬尊（西周早期）	**帝**后赏庚姬贝卅朋。
11	师眉鼎（西周中期）	用享于厥**帝**考。
12	仲师父鼎（西周晚期）	用享用孝于皇祖**帝**考。
13	应公鼎（西周晚期）	应公作尊彝簟鼎，珷（武）**帝**日丁。①
14	伯或父鼎（西周中期）	凡姬乃亲于宗人曰：用为汝**帝**宾器。宗人其用朝夕享事于敔宗室，肇学前文人，秉德其型，用夙夜于帝宗室。

表六：《尚书》周初"八诰"中的"帝"

序号	篇　名	内　容
	《大诰》	予惟小子，不敢替**上帝**命。天休于宁王，兴我小邦周。
		王曰：呜呼，肆哉！尔庶邦君……亦惟十人，迪知**上帝**命。
	《康诰》	惟乃丕显考文王……惟时怙冒，闻于**上帝**，**帝**休，天乃大命文王。

---

① 第11—14条中的"帝"，非在上神灵之义，为检索方便，一并列入表中。

（续表）

序号	篇　名	内　　容
	《召诰》	诰告庶殷，越自乃御事。呜呼！皇天**上帝**，改厥元子，兹大国殷之命。
		王来绍**上帝**，自服于土中。
	《多士》	王若曰：尔殷遗多士！弗吊，旻天大降丧于殷。我有周佑命，将天明威，致王罚，敕殷命终于**帝**。
		非我小国敢弋殷命，惟天不畀允罔固乱，弼我。我其敢求位，惟**帝**不畀。惟我下民秉为，惟天明畏。
		上帝引逸，有夏不适逸，则惟**帝**降格。
		向于时夏，弗克庸**帝**，大淫泆有辞。惟时天罔念闻，厥惟废元命，降致罚。
		自成汤至于帝乙……殷王亦罔敢失**帝**，罔不配天其泽。
		惟时**上帝**不保，降若兹大丧。
		今惟我周王，丕灵承**帝**事。有命曰割殷，告敕于**帝**。
	《多方》	惟**帝**降格于夏。
		有夏诞厥逸，不肯戚言于民，乃大淫昏，不克终日劝于**帝**之迪，乃尔攸闻。厥图**帝**之命，不克开于民之丽，乃大降罚。

第二节　帝的神性以及帝人关系

　　经过周人的转化，上帝成为大命的降与者。那么，在授命之外，帝还具有怎样的神性？周人的帝与商人的帝，在神性方面有何异同？

一、帝的神性

　　关于商人之帝的神性，学者们已有充分的研究。胡厚宣先生指出殷商时期，帝的功能表现为掌管风云雷雨、农业年成、城邑建筑、方国征伐，帝降人间以祸福，帝可保佑或作害殷王，帝发号施令等。他说：

在殷人心目中，这个至神上帝，主宰着大自然的风云雷雨，水涝干旱，决定着禾苗的生长，农产的收成。他处在天上，能降入城邑，作为灾害，因而辟建城邑，必先祈求上帝的许可。邻族来侵，殷人以为是帝令所为。出师征伐，必先卜帝是否授祐。帝虽在天上，但能降人间以福祥灾疾，能直接护祐或作孽于殷王。帝甚至可以降下命令，指挥人间的一切。殷王举凡祀典政令，必须揣测着帝的意志而为之。①

陈梦家先生则总结帝之功能，谓：

殷人的上帝或帝，是掌管自然天象的主宰，有一个以日月风雨为其臣工使者的帝廷。上帝之令风雨、降祸福是以天象示其恩威，而天象中风雨之调顺实为农业生产的条件，所以殷人的上帝虽也保祐战争，而其主要的实质是农业生产的神。②

与商人的帝相比，西周时期帝的神性最为突出之处，是可降大命（见前节），这是商代之帝完全不具备的。舍此而外，综合文献所记，知周人心目中的帝，其神性还表现为：

首先，帝是周人特别是周王的保护者。卜辞显示，商代的帝可保祐殷王也可加害殷王，如卜辞中有"帝受（授）我祐"、③"保王"之语，多是在战争中护祐商王。一期卜辞有：

壬寅卜，㱿贞，帝弗左王。壬寅卜，[㱿]贞，[帝]其[左]王。④

---

①　胡厚宣：《殷卜辞中的上帝和王帝》（下）。

②　陈梦家：《殷虚卜辞综述》，第580页。朱凤瀚先生则对帝是商人的保护神提出质疑，并以为上帝是商人的农业神的看法不确切，他指出"上帝是可崇敬而不可亲近的，是不易被感动的，故而从未见过直接向上帝乞求年成、求上帝'御年'的卜辞存在。不仅如此，像上帝'降饉''㞢我年'（10124正）之类卜辞，显示上帝破坏年成的淫威，更是祖神与自然神所不见的"。此外，上帝非商人保护神的性质还表现在有关战事的卜辞中。商王常常卜问征伐敌方时帝是否"受祐"，而卜问祖先神时则不问是否受祐，表明商人认为祖先神必会保祐自身。因此"无论如何也不能认为上帝对于商人有'保祐战争的主宰'之身份"（《商周时期的天神崇拜》）。

③　《合集》6273、6543、14671。

④　《英藏》1136。李学勤、齐文心、艾兰编：《英国所藏甲骨集》（上编下册），北京：中华书局，1985年，第233页。

此为对贞卜辞，从正反两面卜问上帝是否佐助商王。又如一期卜辞"贞，帝其乍我孽"，[1]贞问上帝要降灾咎于王。而在周人的观念中，帝护佑周王，是王的保护神。西周晚期的㝬钟谓：

> 唯皇上帝、百神保余小子。

器主祈祷上帝、百神之保佑，知上帝与祖先神灵（百神）一样，对祈祷者施行保护。当然，这里的器主非同常人，学者普遍认为㝬钟器主系周厉王，故而帝是周王的保护神。

帝与周王有亲密的关系，他对周王亲切关怀，呵护备至。《诗经·大雅·皇矣》描写了帝对于王季、文王的关切，谓"维此王季，帝度其心，貊其

德音"。是说王季之身为天帝所祐，天帝开度其心，令之有揆度之惠，又安定其德，教之善音。[2] 上帝又教导文王"无然畔援，无然歆羡……予怀明德……顺帝之则……询尔仇方，同尔兄弟"，他循循善教，授文王以用兵征伐之策，教之以顺服民心之则。帝劝勉文王，不要徘徊不进，不要临渊羡鱼，而是要占据有利地位，寻求同盟的支持，找寻兄弟之国的帮助，用锋利的钩援、坚不可摧的战车，冲锋陷阵、攻城拔寨。上帝完全是文王可信赖的朋友，可依赖的导师。

其次，上帝将美好事物，如厚福、丰年等，赐予天下。帝在这方面的神性同样与周王密切关联。卜辞表明，商人之帝可赐王以福祉。如：

> ……帝不降永。……来岁帝其降永。在祖乙宗。十月卜（见左图）。[3]

《屯南》723（局部） 此为四期对贞卜辞，从正、反两面卜问上帝是否会降赐商

---

① 《合集》14184。

② "貊其德音"之"貊"，毛传"静也"，郑笺"德正应和曰貊"（孔颖达：《毛诗正义》，阮元校刻：《十三经注疏》，第 520 页）。马瑞辰指出貊、嗼、貘相通，《玉篇》"嗼，静也"（《毛诗传笺通释》，第 847 页），意谓定其德音。

③ 中国社会科学院考古研究所编：《小屯南地甲骨》723，北京：中华书局，1980 年。以下简称《屯南》，不再出注。

王长久的福祉。西周时期的"帝"亦有类似功能。西周中期的史墙盘谓：

> 上帝降懿德大甹……天子眉无匄（害），襲㠯上下，亟獄逗慕，昊
> 照亡斁，上帝司夏（擾）尢保，授天子绾令，厚福、丰年，方蛮亡不柲见。

铭文意谓上帝赐降懿德、屏藩，①天子眉寿无疆，②天子敬事上下，③谋略极其光明远大，④昊天无终地临照，上帝授予周天子美令、丰福、大好年成，诸方及外族无不朝见。铭文强调了上帝将"懿德大甹"授予周天子，还授予了"绾令、厚福、丰年"，足见对于天子慷慨大方。"上帝司夏（擾）尢保"句，虽然诸家所释不同，⑤但均指出上帝保佑天子。"绾令"，或释为美好之令，或释为宽裕之令，或释为长命，总之上帝给予人间天子的，是美善之令。

　　众所周知，卜辞中帝与年成息息相关，史墙盘铭文显示在周人的观念中，上帝也带来丰年。事实上，周人以为，帝与年谷丰收关联密切。《诗

---

① "大甹"之"甹"，见于班簋、番生簋，作"甹王位"，郭沫若先生指出其与文献中"屏予一人以在位"义近，当为"屏"字之假借（《两周金文辞大系图录考释》二，上海：上海书店影印，1999 年，第 21 页）。

② 关于"无害"，于豪亮先生指出"匄、害并当读为介，《诗·思文》'无此疆尔界'，《文选·魏都赋》李善注引薛君云：'介，界也。'疆与界义同。因此'釁寿无匄'与'眉寿无有害'即眉寿无疆"（《墙盘铭文考释》，《古文字研究》第七辑，北京：中华书局，1982 年）。

③ "襲㠯"，此两字诸家所释不一。可参看徐中舒：《西周墙盘铭文笺释》，《考古学报》1978 年第 2 期；李学勤：《论史墙盘及其意义》，《考古学报》1978 年第 2 期；裘锡圭：《史墙盘铭解释》，《文物》1978 年第 3 期；李仲操：《史墙盘铭试释》，《文物》1978 年第 3 期。按照文例，应是恭敬上下之义。

④ "亟獄逗慕"句，亟，同極（极）；獄，通熙，光明之义；逗，诸家释为"桓"，大之义；慕，可通为谟，指谋划。

⑤ 唐兰先生认为：铭文中的"司"通"嗣"，"夊"为"夏"字，"上帝嗣夏应是夏祝"。"尢字古文作尩"，"尢保是巫保"，并谓：《史记·封禅书》：'秦巫祠社主、巫保、族纍之属。'《索隐》：'巫保、族纍，二神名。'秦国地域原是西周，巫保这个神，应是西周时就有的。"按照唐兰先生理解，"上帝司夏尢保"指上帝之后夏祝和神巫，则帝不仅可有后代，且是帝的后代授予天子善令（《西周青铜器铭文分代史征》，第 455—456 页）。裘锡圭先生则认为司夏为后稷，"据《大雅·生民》'后稷不克，上帝不临'，《閟宫》'皇皇后帝，皇祖后稷'，皆以后稷与上帝并提"。"尢保"隶定为"亢保"，"亢"为"蔽"之义（《史墙盘铭解释》，《文物》1978 年第 3 期，第 28 页，又收入《裘锡圭学术文集》金文及其他古文字卷，第 12 页）。关于铭文中"司夏"所指是否为后稷，见后文之讨论。此外，徐中舒先生释"尢"为"尪"，"尪"与"匡"通，匡，匡保，辅助之义。"尢保受"，为三动词连用（徐中舒：《西周墙盘铭文笺释》）。今取徐先生说。

经·周颂·思文》是周王祭祀上帝与后稷，祈祷年谷顺成的诗歌，诗篇歌咏道"帝命率育，无此疆尔界，陈常于时夏"，[1]帝下令垦殖，养育所有之人，可见帝与农耕有关。《周颂·臣工》是周王举行藉田礼之诗，歌曰"维莫之春，亦又何求？如何新畲。於皇来牟，将受厥明。明昭上帝，迄用康年"，在暮春之际，周王藉田，有新田、有畲田。大麦小麦，年谷将成。光明的上帝，赐予乐岁。[2]年景之丰成，是帝之职责所在。

墙盘铭文显示，上帝还授予天子"厚福"。福，"祐也"，"备也"。[3]西周金文中，"福"的降与者往往是祖先，而在这里，"帝"也成为"福"的施与者。西周金文中上帝降福仅此一见，但它表明周人观念中出现了新因素。商代甲骨中是否有"福"字，存在争议，[4]而周人心目中的帝，具有了新功能——赐予"厚福"。中国传统文化中皇天上帝降福的观念，滥觞于此。

再次，帝亦能降大祸于下土。周人的思想意识中，帝所降祸主要指"大命"被褫夺，特别是针对夏桀、商纣。《尚书·多士》篇记载周公诰殷遗多士说，因为商纣王"诞淫厥泆（佚），罔顾于天显民祗。惟时上帝不保，降若兹大丧"，[5]意指纣王淫逸侈靡，不顾念天下民众疾苦，于是上帝不再保佑商国，降下使其丧亡的惩罚。这个主题也在《立政》篇中反复出现。应当说，揭露商纣王的薄德暴行以及因此而自食失却天命的恶果，是周人历来宣扬的主题之一。周人由商纣王而上溯至夏桀，依然采用这一观念，《尚书·多方》谓：

> 有夏诞厥逸，不肯戚言于民，乃大淫昏，不克终日劝于帝之

---

① 孔颖达：《毛诗正义》，阮元校刻：《十三经注疏》，第590页。

② 诗篇中的"新畲"，毛传"田二岁曰新，三岁曰畲"（孔颖达：《毛诗正义》，阮元校刻：《十三经注疏》，第591页）；"将受厥明"之"明"，马瑞辰引《尔雅·释诂》"成也"，谓"古以年丰谷熟为成……明亦成也"（《毛诗传笺通释》，第1065页）。

③ 《说文》云："福，祐也。"段注《说文》则云："福，备也。"《广雅·释诂》同为"备"。参许慎：《说文解字》，第7页；段玉裁：《说文解字注》，上海：上海古籍出版社，1988年，第3页；徐复主编：《广雅诂林》，南京：江苏古籍出版社，1992年，第185页。

④ 卜辞中的"畐"字，其释主要有四种意见：1. 福；2. 裸；3. 橺（酒）；4. 奠。详见于省吾主编：《甲骨文字诂林》（第二册），北京：中华书局，1996年，第1072—1078页；李圃《古文字诂林》第一册，上海：上海教育出版社，1999年，第96—105页。以目前研究看，学者多采用"裸"之释，以之为祭名。

⑤ 孔颖达：《尚书正义》，阮元校刻：《十三经注疏》，第220页。

迪……厥图帝之命，不克开于民之丽，乃大降罚。①

是说夏桀放肆无忌地逸乐，不肯忧戚民众的疾苦，大肆淫乱昏庸，不能念及上帝之意，败坏上帝所赐之命，不能开释害民之罗网，于是上帝便降下灾罚。有意思的是，周人所说的帝降丧，主要针对夏和商，而鲜有帝作祸于周的说法。

　　然而，西周晚期以来，周人的观念发生了变化。西周后期以降，人们一方面祈求天帝赐予福佑，另一方面，对天哀怨、对帝抱恨的情绪每每流露出来，人们埋怨天降灾于下民，抱怨上帝不佑，整体情况与西周前期相比有了明显的不同。《诗经·大雅·板》所谓"天之方难""天之方虐""天之方懠"等，就是对于"天"的不满情绪的典型表达。同时，周人对帝也相当愤懑，《板》篇开门见山即曰"上帝板板"，板板，指乖戾、不正常。《诗经·小雅·正月》是西周官吏指斥统治者腐朽残暴的诗篇，他悲愤王朝的沦丧，怨恨上天带来的灾难，他说"民今方殆，视天梦梦……有皇上帝，伊谁云憎（民众危难之时，天却昏暗糊涂。② 皇皇的上帝也不来拯救，还有谁可憎恨呢）"。《诗经·小雅·菀柳》谓"上帝甚蹈，无自暱焉……上帝甚蹈，无自瘵焉（上帝很荒唐，不要去靠近他。上帝很荒唐，下民需要明哲保身不要自招灾祸）"。③《诗经·大雅·荡》谓"荡荡上帝，下民之辟。疾威上帝，其命多辟（骄纵的上帝，何为下民之君。贪婪暴虐的上帝，其命令邪恶怪僻）"。由诸多诗篇可以看到，西周晚期，"帝"与"天"一样，其神圣性也受到了严峻的挑战。此种情况与西周后期，厉王、幽王因昏庸而招致社会动荡的局

---

① 孔颖达：《尚书正义》，阮元校刻：《十三经注疏》，第 228 页。

② 王先谦云"鲁说曰：梦梦，乱也。韩说云：恶貌也"（《诗三家义集疏》，北京：中华书局，1987 年，第 667 页）。

③ "上帝甚蹈"的"蹈"字，毛传"动"，郑笺"蹈读曰悼。上帝乎者，愬之也。今幽王暴虐，不可以朝事，甚使我心中悼病"（孔颖达：《毛诗正义》，阮元校刻：《十三经注疏》，第 492 页）；马瑞辰指出《韩诗外传》引诗下章作"上帝甚慆"，而上引孙子赋云"以盲为明，以聋为聪，以是为非，以吉为凶。呜呼上天，曷维其同"，则"慆亦变乱是非之义"（《毛诗传笺通释》，第 771 页）；高亨先生说"蹈，《韩诗外传》四引作慆，均借为滔。水乱流为滔，因而人胡作妄为也为滔。'上帝甚蹈'，言上帝很荒唐"（《诗经今注》，第 353 页）。此篇诗的"暱"字，毛传"近也"，王引之引王念孙说"《广雅》'暱，病也'……毛传训为近，非其义也"（《经义述闻》，上海：上海古籍出版社，2018 年，第 368 页）。

面是非常吻合的。民众斥天、责帝，无异于指桑骂槐，其矛头指向厉、幽昏君。皇天上帝权威的坍塌，王室威权的泯灭，两者正是同步行进的。

综合上述，与商人的帝相比，周人之帝的神性大为收缩与转化。在商人那里呼风唤雨、主宰气象、保佑战争的帝，在周人的观念中摇身一变，专司与周之大命相关之事，成为周王的护佑者。帝在殷人观念中所具有的神性，如与农业有关的性格，几近消失殆尽（由史墙盘以及西周时期的籍田看，上帝或许仍与年成有关，但在相关材料中罕有记载）。帝与周人的政权、与周人的政治运作紧密相关，他的神圣性、崇高性获得空前提升，但与此同时，他作为神灵彰显其神力的领域大幅缩减。简言之，商人的帝是生活或生产上的主宰，而在周人这里，帝却主要是政治上的主宰，专司国运的上帝遂不再牵扯日常具体事项。

此外，还可以观察到，与天类似，西周时期的帝虽然地位崇高，但其权能却已消散。可以说，皇天上帝高远无比，与尘世社会的距离更加隔绝了。对于这样的现象，宗教学家曾经指出"这种至上神的抽象化和理性化过程在宗教史上屡见不鲜"，[1]之所以如此，"主要是由于天空的超越性以及人类永远'渴望具象'"。[2] 这一原因是否可以解释帝之权能在西周时期的缩减，值得进一步探讨。而有意思的是，在经历了西周末期天帝地位的衰落之后，帝的神力在春秋战国时期复又兴盛，大有"东山再起"之势。此一问题，留待后文探讨。

二、帝臣与帝廷

商人所构筑的神灵世界中，帝之地位崇高，帝之下有帝臣，供其驱使。卜辞中所记帝臣主要有帝史凤、帝五工臣、帝五臣、帝工等，帝凌驾于众臣

---

① 伊利亚德：《宗教思想史》，晏可佳等译，上海：上海社会科学院出版社，2008年，第466页。

② 此外，伊利亚德还指出了天神进化的过程，并将其区分为两种发展方向："第一，天神、世界之主、绝对的统治者（暴君）、法律的捍卫者；第二，天神、创造者、至高无上的男性、大地之母的配偶、雨水的施与者。无需赘言，在任何地方我们都不会只是遇上其中一种类型，这两种发展方向从来就不是平行的，经常相互交叉……但我们可以毫不犹豫地说，这种专业化过程极为清晰地描述了两种类型的神施展其权能的社会背景。"伊利亚德：《神圣的存在：比较宗教的范型》，第74页。

之上，为最尊贵者。

关于帝之臣属，陈梦家先生认为与后世文献中所记东君、大司命或风师、雨师等天神接近，"帝五工臣当指帝庭的诸执司，其成员当近于《九歌》的东皇太一、东君、云中君、大司命、小司命，或《周礼·大宗伯》的司中、司命、风师、雨师，或郑玄注《小宗伯》五帝之日、月、风师、雨师和司中、司命"。① 胡厚宣先生则说"帝五臣或帝五工臣者，或即指日月星辰和风云雷雨一类的神灵而言，惟不悉究竟是那五神而已"。② 常玉芝先生认为风、雨、云、日、四方即是"帝五臣""帝五丰臣""帝五丰"之所指的五个神灵。③ 大致可说，帝之臣为天上各类小神。

那么，殷先公先王是否为帝臣？众所周知，卜辞中有殷先王宾于帝的记载，据此是否可说先公先王亦为帝臣？卜辞记录：

> 贞，咸宾于帝。贞，咸不宾于帝。
>
> 贞，大[甲]宾于帝。贞，大甲不宾于帝。
>
> 贞，下乙[宾]于帝。贞，下乙不宾于帝。
>
> （见下页图）④

关于"宾于帝"的意义，学者之释各不相同。陈梦家先生由此认为商人的观念中存有帝廷，"宾帝"即先王配于帝。他说："帝廷或帝所，先公先王可以上宾之，或宾于上帝，或先公先王互宾……所谓宾帝，发展为周人的配天。"⑤胡厚宣先生亦认为"宾于帝"与配天同，谓"宾之义为配。《楚辞·天问》'启棘宾帝'，《山海经·大荒西经》'启上三嫔于天'，《逸周书·太子晋解》'上宾于帝所'。宾于帝即配于帝，配于帝犹言配于天"，"即死后德

①　陈梦家：《殷虚卜辞综述》，第 572 页。《大宗伯》中的"风师"本作"飌师"，今统作"风师"。

②　胡先生又说"帝五臣和帝五工臣者，也或即指五方之神而言，亦未可知"[《殷卜辞中的上帝和王帝》（上）]。

③　常玉芝：《商代宗教祭祀》，第 541—542 页。

④　《合集》1402。

⑤　陈先生还认为后世传说中，保存了"宾于帝"的一些原始的意义，如《山海经·大荒西经》"夏后开上三嫔于天，得九辨与九歌以下"，《天问》"启棘宾帝（原作商，从朱骏声、王闿运改），九辨九歌"，《孟子·万章上》"禹尚见帝……迭为宾主"等。陈梦家：《殷虚卜辞综述》，第 573 页。

《合集》1402 正

可以配天"，"殷人以为先王死后，可以配帝"。由此，胡先生进一步认为能配天的人王与上帝相应，"上帝主宰着自然和人间的一切，人王也就天生的掌握着人世的一切"。而宾于帝的祖先，其功能是当商人求雨求年时，"就要祷告先祖，求先祖在帝左右从旁再转请上帝，而绝不直接向上帝行之"。① 是说殷先王死后像客人一样居住在上帝处，成为帝廷的成员，并

---

① 胡厚宣：《殷卜辞中的上帝和王帝》（下）。

将人世间的祷告转达于上帝。于省吾先生持相似见解："以上三条,是贞问'咸'和大甲或下乙是否作宾于上帝。宾为宾相或宾辅之意。这是说,咸、大甲或下乙是否死后升天作辅于上帝。上帝为主,则宾为辅佐。《诗·文王》一章:'文王陟降(往来),在帝左右。'又六章:'殷之未丧师,克配上帝。'其言'左右',言'配',也与'宾'义相仿。"①认为在天的祖先为帝之辅佐。若此,则商王往升于天后,其身份遂转化成为帝之臣下。

　　然而,这一观点有可商之处。倘若将"宾于帝"释为"配于帝""德可以配天",又该如何理解卜辞中所记载的先公先王"互宾"的现象?卜辞有载:

　　　　甲辰卜……下乙宾于[咸]。贞,下乙不宾于咸。②

　　　　贞,大甲不宾于咸。(见右图)③

　　　　父乙宾于祖乙。父乙不宾于祖乙。④

《合集》1401

在这几例卜辞中,殷之先公并非宾于帝,而是先祖之间相"宾"。关于"宾"字,岛邦男先生以配祀释之。他认为卜辞中有祭帝之记录,因此"下乙宾于帝""下乙不宾于帝"是卜祖乙配祀于帝之事。卜辞中之所以有如此的配祀,是为了向诸神祈求降雨与稔谷灾害的宥恕。⑤ 循此思路,先公"某宾于某"即意味着是某位先祖配享于所"宾于"的先祖。张秉权先生持类似观点,他引用《尚书·尧典》"寅宾出日"马融注"宾,从也",认为卜辞中的先王"相宾"类似于配享,"父乙宾于祖乙,意即父乙从于祖乙而享受祭祀,按其文义当是因祭祖乙而及父乙",⑥以为"宾"所表示的是配祀。姚孝遂先生亦谓"(宾)乃祭名。《合集》1402 正辞云:'贞,大甲不宾于

---

①　于省吾:《泽螺居诗经新证》,北京:中华书局,1982 年,第 89、91 页。

②　《合集》1402 正。

③　《合集》1401。

④　《合集》1657。

⑤　岛邦男:《殷墟卜辞研究》,濮茅左、顾伟良译,上海:上海古籍出版社,2006 年,第 368—370 页。

⑥　张秉权:《殷虚文字·丙编》(中辑·二),台北:"中研院"历史语言研究所,1965 年,第 409 页。

帝……'其义为'傧'，谓配享"。① 上述之说看似融洽，可是，问题在于，"宾"字并无配享之义。

对此，晁福林先生认为，"宾"一般作迎迓或迎神以祭解，"宾"于某神即被某神所迎，上述卜辞即说明大乙、大甲、下乙为帝所迎。同时，咸(大乙)、祖乙等祖先神和帝一样可以宾迎某神。而且"卜辞里没有任何迹象可以说明天上的先祖要将人世的祈祷转告于帝……以祖先神配属于上帝，那是周人的创造"。② 朱凤瀚先生则以为"宾"为宾客之义，即作客。其意是："商王卜先王'宾于帝'，可能即是为了选择某一可宾于帝的先王(一般是圣王)，以通过在此先王宗庙内占卜来与上帝沟通。"他指出"商人的祖神并不属于帝臣"。③ 按，"宾"字在甲骨文中多作"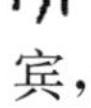"(从屋从人)、""(上从屋，下从人从止)，象人在屋下或人至屋下。宾，《说文》"所敬也"，段玉裁云："宾谓所敬之人，因之敬其人亦曰宾。"④《广韵》"敬也，迎也，列也，服也"，⑤"宾"并无宾配之义。⑥

甲骨卜辞中此类"宾"字用法，与《逸周书·度邑解》中所记有类似之处，是篇或有助于了解"宾"字之意。《度邑》记载武王克商而归，欲营洛邑，诏周公以代其事，武王曰：

> 予有不显，朕卑皇祖不得高位于上帝……德不可追于上，民亦不可答于朕。下不宾在高祖……

武王自谦未能光显祖业，致使皇祖不得在上帝之处，上无以对先祖，下无以答群臣百姓，百年之后不得与于高祖。其中"下不宾在高祖"句，与卜辞中"宾于帝""宾于某祖"句式相类。关于此句，清儒有释：庄述祖云"不宾

---

① 于省吾主编：《甲骨文字诂林》(第三册)，北京：中华书局，1996年，第2023页。

② 晁福林：《论殷代神权》。近来晁福林先生将此"宾"解释为宾导，见《卜辞所见商代祭尸礼浅探》，《考古学报》2016年第3期。

③ 朱凤瀚：《商周时期的天神崇拜》。

④ 《说文·贝部》。段玉裁：《说文解字注》，第281页。

⑤ 《广韵》上平声卷一真部，《宋本广韵》，北京：中国书店，1982年，第83页。

⑥ 岛邦男先生认为卜辞中有祭帝之记录，故"下乙宾于帝""下乙不宾于帝"是卜祖乙配祀于帝事。而之所以有如此的配祀，是为了向诸神祈求降雨与稔谷灾害的宥恕(《殷墟卜辞研究》，第368—370页)。

在高祖者，即所谓不得高位于上帝也"；陈逢衡云"高祖，太王以上也。古谓前王大行为上宾于天，言在帝左右也，不宾则弗克追配矣"；朱右曾云"宾，列也。若怀安其妻子，上爽祖德，下乖民望，则朕死不从乎高祖之列"。① 前儒所释虽皆有其理，但陈逢衡以为即升天之别语、朱右曾以为即在先祖之列，最为顺恰。② 揆诸卜辞，可说"宾于帝"，不宜理解为配于帝，其义当从晁福林、朱凤瀚二先生说，为迎于帝、作客于帝之义，即先祖至帝处、至先公先王处，是祖先登遐的另一种说法。故此，"宾帝"卜辞不能说明殷之先王是帝之下属，先王的身份不是帝臣。并且，殷人所谓的"宾于帝"与西周金文中的配天、配帝观念无关（见前述"配天"一节），周天子逝后配天、配享上帝是西周以后的观念。

综之，殷人所想象的帝廷当中，帝位居中心，帝有臣属，存在上下等级结构。③ 殷先王也应列于帝之侧，但殷人并没有先王为帝臣的观念。殷卜辞中未见"帝廷"一词，很可能在商代，人们只有笼统的上帝概念，尚未进一步构筑天上之宫阙来作为"帝"的处所。

周人承继了殷人帝的观念，但周人所设计的上帝的世界，却又显示出与商人不同的面貌：

---

① 转引自黄怀信、张懋镕、田旭东：《逸周书汇校集注》，第 509 页。

② 关于学者所引：1.《山海经·大荒西经》所记"夏后开上三嫔于天，得九辩与九歌以下"句，清儒郝懿行疏："《离骚》云'启九辩与九歌'，《天问》云'启棘宾商，九辩九歌'，是宾嫔古字通，棘与亟同。盖谓启三度宾于天帝而得九奏之乐也。"（《山海经笺疏》，成都：巴蜀书社，1985 年，第 9 页）启几度宾于天，来往于天、地之间，并不以"宾"为"配"之义。2.《天问》"启棘宾商，九辩九歌"之"宾"，王逸"宾，列也"（洪兴祖：《楚辞补注》，北京：中华书局，1983 年，第 98 页）；朱熹曰"窃疑棘当作梦，商当作天，以篆文相似而误也。盖其意本谓启梦上宾于天，而得帝乐以归"（《楚辞集注》，上海：上海古籍出版社，2001 年，第 59 页）；刘梦鹏曰"宾谓以客礼之而不臣"（见游国恩：《天问纂义》，北京：中华书局，1982 年，第 207 页）。3.《逸周书·太子晋解》记太子语"吾后三年上宾于帝所"，孔晁云"言死必为宾于天帝之所，鬼神之"；陈逢衡云"上宾，犹登遐也。宾于帝所，言在帝左右也。后世以王子晋为仙人，本此"（转引自黄怀信、张懋镕、田旭东：《逸周书汇校集注》，第 1102 页）。"上宾于帝"为"死"之委婉说法，意为至于帝所。

③ 常玉芝先生认为风、雨、云、日、四方即是"帝五臣""帝五丰臣""帝五丰"之五所指的五个神灵，她指出商人心目中的天神帝廷组合的情况是："上帝指挥四方神，四方神再指挥雨神、风神、云神、日神。四方神、雨神、风神、云神、日神虽然都是上帝的使臣，但四方神的地位要高于风神、雨神、云神、日神（卜辞表明，雨神的地位又比风神、云神高，风神的地位又比云神高）。上帝通过四方神操纵着雨神、风神、云神、日神等神灵，上帝是意志的决定者，不是具体的实行者，四方神才是上帝意志的具体实行者。"（《商宗教祭祀》，第 542 页）

首先,周人没有明确的"帝臣"概念,西周青铜器铭文、传世文献中没有"帝工""帝五臣"等称谓。

其次,周人有非常明晰的"帝廷"观念。周人所想象的帝廷,主要由帝与周王先祖构成。

当然,殷先哲王亦登天,在帝廷。①

周人以为,去世的先王在帝廷。西周晚期𫑡簋谓:

> 𫑡作𧰼彝宝簋,用康惠朕皇文烈祖考,其格前文人,
> 其濒(频)在帝廷陟降,𩛥(申)𡎳(固)皇帝大鲁令。

𫑡簋铭文拓本

铭文大意为𫑡作常器,用以安宁、顺和先祖父考,祭祀之时祖考来至。祖

---

① 《尚书·君奭》记载周公语"我闻在昔成汤既受命,时则有若伊尹,格于皇天。在太甲,时则有若保衡。在太戊,时则有若伊陟、臣扈,格于上帝"(孔颖达:《尚书正义》,阮元校刻:《十三经注疏》,第476页)。文中之"格",殊难释义。孙星衍释为"升",意指成汤得伊尹辅佐,升配于天(详见刘起釪:《尚书校释译论》,第1563页)。其释为"升",可取,但其意当指成汤、太戊死后上升于天,达到帝廷。

108

考并在帝廷陟降，①猷踵继帝之大令。② 由铭文可知祖先去世后，往升至帝所。又如《尚书·金縢》记载周公为武王祷疾，祈于太王、王季、文王，谓"乃命于帝庭，敷佑四方，用能定尔子孙于下地"，是说公亶父、王季、文王在帝庭布命，遍佑天下四方，因而可以安定周之子孙于下地。③《金縢》篇显示，周人以为逝去的祖先在帝廷之中。西周晚期韯狁钟谓：

> 侃先王，先王其严在帝左右。④

照此铭文，先王在帝之侧，但其中的"严"字何指？"严"字之释歧义迭出，学者或释为灵魂，⑤或释为矜庄，⑥或释为恭敬⑦，或指出金文中"严在上"

---

① 频，《广雅·释诂》"比也"，《国语·楚语》"百嘉备舍，群神频行"，韦昭注"频，并也"（上海师范大学古籍整理组校点：《国语》，上海：上海古籍出版社，1988年，第567页）。意谓祖考并在帝廷陟降，即祖考升于帝。关于"陟降"之意，王国维曰"古人言陟降，犹今人言往来，不必兼陟与降二义。《周颂》'念兹皇祖，陟降庭止''陟降厥士，日监在兹'，意以降为主，而兼言陟者也。《大雅》'文王陟降，在帝左右'，意以陟为主，而兼言降者也"（王国维：《与友人论〈诗〉〈书〉中成语书》，《观堂集林》卷二，第77页）。

② 关于"大鲁令"的主语，看似为前文人。但考诸金文，"龢（申）圉（固）大令"的一般是时王，意谓王接续、申固皇天上帝所授之命。对照五祀猷钟"用喜侃前文人，前文人庸厚多福，用龢（申）圉（固）先王受皇天大鲁令"（《集成》358），"申固先王"皇天大鲁令者是时王，故猷篇中主语也应是时王。

③ "乃命于帝庭"句，孔安国传谓"汝元孙受命于天庭为天子，布其德教以佑助四方，言不可以死"，孔颖达疏"（发）有人君之用，乃受命于天帝之庭，能布其德教"，传与疏以为武王至帝庭受命（孔颖达：《尚书正义》，阮元校刻：《十三经注疏》，第196页）。刘起釪先生认为此句中"乃受命"之"乃"应为第二人称代词，指太王、王季、文王在帝庭承受了天命（刘起釪：《尚书校释译论》，第1230页）。

④ 《集成》49。

⑤ 郭沫若先生述之较详："死后其灵不灭曰严……灵魂不灭，俨然如在，故谓之严。严父者，神其父也。又统观彝铭诸例，神其祖若父以配天帝之事，即人臣亦可为，盖谓人死而魂归于天堂也。"（郭沫若：《周彝中之传统思想考》，《金文丛考·传统思想考》，《郭沫若全集·考古编》第五卷，北京：科学出版社，2002年，第31页）陈初生先生释为"威严，英灵"，见《金文常用字典》，西安：陕西人民出版社，2004年，第128页。

⑥ 徐中舒先生指出金文中"其严在上"之"严"，"严翼并言，亦见《诗·六月》'有严有翼'。亦有单言严或翼者，《常武》'有严天子'，《殷武》'天命降监，下民有严'，《卷阿》'有冯有严''以引以翼'，《文王有声》'以燕翼子'，凡此严皆当读如《论语》'望之俨然'之俨。俨有庄矜之意，毛传释威严，义实相通"（《金文嘏辞释例》，收入《徐中舒历史论文选辑》（上），北京：中华书局，1998年，第558页）。

⑦ 王冠英：《说"严在上，异在下"》，《中国历史博物馆馆刊》1992年，总第18—19期；王人聪：《西周金文"严在上"解——并述周人的祖先神观念》，《考古》1998年第1期。

当指祖先"从事'御于天子''述匹先王'之类的事"，①即先王在帝之身旁辅佐上帝。如此，则帝与先王之间存在君臣关系。然而，窃以为此处之"严"仍以"英灵"之释为妥。春秋中期秦公簋器盖铭文载：

作噂宗彝，以昭皇祖，其严𤔲各。②

铭文中的"𤔲"字之隶定，学者们意见不同。③但"各"为"至"意，表示祖先来至，则非常明确。此句意谓器主作常器，以昭明（作者人）之心，④祖先之"严"乃至。显然，"严"是指祖先去世后的一种状态，其义类似于魂灵。应当说，此时古人魂灵的观念并不明确，"严"或许已经具有"灵魂"方面的意义，但不具体、不清晰。清华简《祭公之顾命》篇记载祭公对穆王说"朕魂在朕辟昭王之所，芒（亡）图不知命"，⑤"朕魂在朕辟昭王之所"与敢狄钟所谓"其严在帝左右"（特别是春秋晚期叔夷钟"有严在帝所"）句式类似。⑥两相对比，可知"严"是与魂、灵魂非常近似、十分接近之"物"。"严"很可能是在灵魂观念趋于成熟之前所出现的、意指祖先去世后的非物质化的精神存在。明乎此，则知"先王其严在帝左右"句，侧重于说明先王与帝在一起，并未突出先王为帝臣的意蕴。

先王在帝廷、在帝左右的记载见于春秋金文及传世文献，如秦公簋谓

---

① 陈英杰：《西周金文作器用途铭辞研究》，北京：线装书局，2009 年，第 369 页。
② 《集成》4315。按，此器铭文的"噂"字，当如唐兰《天壤阁甲骨文存并考释》、《唐兰全集》（第六册），上海：上海古籍出版社，2015 年，第 341—344 页）、李学勤先生（《续释"寻"字》，《故宫博物院院刊》2000 年第 6 期）所指出，读若寻，《左传》昭公元年"日寻干戈"，杜注："寻，用也。"铭云"作噂宗彝"，意即用作宗彝。
③ "𤔲"字，于省吾先生以为是"徵"之或体，并引《尔雅·释言》"徵，召也"，"徵格"犹言"昭格"（《双剑誃吉金文选》，北京：中华书局，2009 年，第 206 页）。
④ 铭文中"昭"字之释，参考陈英杰：《西周金文作器用途铭辞研究》，第 309 页。
⑤ 李学勤主编：《清华大学藏战国竹简》（壹），上海：中西书局，2010 年，第 174 页。
⑥ 《逸周书·祭公》此句作"朕身尚在兹，朕魂在于天，昭王之所，勖宅天命"。关于此句之意，孔晁云"言虽魂在天，犹明王之所勉，君天下之士也"，潘振云"宅，定也。虽魂已在天，犹明晓王之所勉，安宅天命也"，庄述祖云"宅，居也。惟有明德者能居天命"；陈逢衡云"勖，即冒，懋也。'昭王之所勖'犹《君奭》言'乃惟时昭文王迪见冒''昭武王惟冒'耳。昭读为《释诂》'诏亮左右'之诏"；朱右曾云"魂在先王左右，言必死也。勉王安保天命"（转引自黄怀信、张懋镕、田旭东《逸周书汇校集注》，第 988 页）。按，对比清华简，"勖宅天命"与"芒（亡）图不知命"，皆谓勉励安定大命。叔夷钟，《集成》275。

"丕显朕皇祖……十又二公，在帝之坏，严恭夤天命"、①春秋晚期叔夷钟谓"赫赫成汤，有严在帝所，溥受天命"，②铭文皆言祖先在帝所、在帝左右，但其重点是称颂先王地位崇高，去世之后升至于天，并无先王恭奉上帝、先王为帝臣之义。传统文献中，《诗经·大雅·文王》篇云"文王陟降，在帝左右"，谓文王升至于天，在帝之侧，其意与同篇所谓"文王在上，于昭于天"相近，强调的是文王在天上，并未说明文王敬奉上帝。然而，清华简《祭公之顾命》篇所记祭公之语"朕魂在朕辟昭王之所"，虽未明言去世之后的祭公将继续侍奉昭王，但已经暗示出这一意蕴。因此可说，西周人的观念中，天帝地位高于祖先，祖先逝去后升至帝廷，在帝左右，但时人尚未发展出明确的先王为帝臣、敬事天帝之观念。祖先、先王敬奉天帝，为帝之下属，当为东周时人的思想。

在祖先之外，周人的"帝廷"中不见可供帝差遣、驱使的帝臣，这是周人之帝廷与殷人帝廷区别之所在。徐复观先生曾说："殷代的宗教，虽说也有帝庭及其臣正的存在，但并没有向前更进一步的构想，使帝庭具备更明朗的形式，而只是漠然地存在。"③徐先生本意是说商人的信仰观念中，未能发展出人文主义的精神。但借用其语来描绘殷商、西周时期人们对帝廷的想象，也恰如其分。不但殷商，西周时期的帝廷也"漠然地存在"。周人虽然将去世的先王想象为在帝廷、在帝身旁，以表达对于先祖的尊崇，但周人似乎对进一步想象出帝廷的众神系统并无兴趣。帝在完成了授予周人大命的工作后，便居于高邈的帝廷，由周先王相伴，"垂拱而治"，很少有作为了。

三、帝与人的关系：祭祀上帝

卜辞中有明确的祭祀帝之使臣的记录，如"贞：燎于帝云"，④"帝云"

---

① 《集成》4315。
② 《集成》275。
③ 徐复观：《中国人性论史》先秦篇，第35页。
④ 《合集》14227。

指上帝的使臣云，意谓以燎祭的方法祭祀帝之使臣云；"于帝使风，二犬"，①"燎帝使风，牛"，②这两条卜辞卜问用二只犬和一头牛来祭祀上帝的使臣风。然而，殷商时人是否祭帝？

不少学者认为，商人并不祭帝。例如，董作宾先生说"卜辞中全不见祭祀上帝的记录"，③胡厚宣先生指出"卜辞多半为祭祖之辞，祭帝者则未见，以帝之至上独尊，不受人间之享祭，故不能以事祖先之礼事之，此帝与先祖之最大分野"。④ 陈梦家先生之说略有矛盾，"卜辞并无明显的祭祀上帝的记录"，上帝"不享受生物或奴隶的牺牲（除了方帝与帝臣）"。⑤ 他一方面认为殷人不祭上帝，但另一方面又对卜辞中"方帝"的意义有所怀疑。

如若商人不祭祀上帝，但商人为什么却祭祀帝臣呢？ 常玉芝先生说：

> 在商人的心目中，天神上帝是个凌驾于天上其他诸气象神之上的主神，它主宰着自然界的气象变化，它有权命令诸气象神是否下雨、打雷、下雹、刮风、下雾、出云等等。它高高地居于天上，世间的人们对其是既不可望也不可即的，人们不能向它祈求满足自己的各种愿望……对于这个威力无穷的天神，人们是既看不见也摸不着的，所以人们只能是通过占卜来揣摩它的意志，揣测它是否会给人间带来各种灾祸，人们所能做的也就仅此而已。但是人们对于上帝的使臣雨、风、雷、雹、云、雾等却是看得见摸得着的，人们将其所祈求的愿望寄希望在这些上帝的使臣即诸气象神身上，他们对这些气象神进行着各种各样的祭祀，以祈求它们满足自己的各种愿望。⑥

她认为上帝高高在上，虚无缥缈，它的意志是通过臣使来实现的，所以人

---

① 《合集》14225。
② 《合集》14226。
③ 董作宾：《中国古代文化的认识》，《董作宾先生全集乙编》第三册，台北：艺文印书馆，1977年，第341页。
④ 胡厚宣：《殷代之天神崇拜》，《甲骨学商史论丛初集（外一种）》（上），石家庄：河北教育出版社，2002年，第239页。
⑤ 陈梦家：《殷虚卜辞综述》，第577、580页。
⑥ 常玉芝：《由商代的"帝"看所谓"黄帝"》，《文史哲》2008年第6期。

们不祭帝,其期望和祈求由臣使来实现。常先生所论,与伊利亚德所观察到的天神所具有的"退位神"性格有近似之处。所谓的"退位神",是指至上神消极隐退,"他退回到了天上,而将人类遗弃给较低的神灵"。伊利亚德指出,至上神普遍具有超越性与消极性的表现,"至上神太远离人了,以至于无法满足人数不尽的宗教的、经济的以及生命的需求",①在这种情况下,低级的但拥有具体神力的神灵受到人们的依赖与祭祷。总之,一部分学者以为殷商甲骨中无祭帝的记录。

然而,另有学者则认为商人祭祀上帝。岛邦男先生认为卜辞中的"帝祀"是"祭祀至神上帝",②高明先生也认为上帝是受到商人祭祀的神灵。③

尤其需要指出的是,卜辞中有若干"方帝"的记录,"方帝"的意义是什么,是否可以理解为以"方"的形式祭祀上帝? 若是,则表明商人并非不祭帝。而这也正是前引陈梦家先生之说的疑虑之处。

"方帝"类卜辞约有几十例,主要出现于武丁时期以及武乙、文丁时期卜辞,如:

……方帝三羌	《合集》405
方帝羌、卯牛。	《合集》478
壬午卜,[贞]:方帝	《合集》14304
辛卯,贞:于夕令方帝	《合集》33281
贞方帝	《合集》14307
勿方帝	《合集》14308

以上辞例中有"方帝三羌""方帝羌",以及"方帝""勿方帝"对贞,故知"方"在这里是动词,而"方帝"就应当是有关帝的祭祀。倘若果真如此,则表明商人事实上存在着祭帝的行为,商人与帝的关系需要重新思考。

关于"方帝"的含义,诸家所释不一。胡厚宣先生认为"帝"系禘祭,"方帝"即禘于方;于省吾先生说"甲骨文的方帝习见,即帝方之倒文,也即

---

① 伊利亚德:《神圣的存在:比较宗教的范型》,第43、42页。
② 岛邦男:《殷墟卜辞研究》,第372页。
③ 高明:《从甲骨文中所见王与帝的实质看商代社会》,《高明论著选集》,北京:科学出版社,2001年,第80—81页。

帝于方的省文"；①商承祚先生以为是"祭四方之统名"；②陈梦家先生根据"方帝""勿方帝"的刻辞，指出"由于'方帝'与'勿方帝'的对贞，故知'方'是动词，即'方告于东西'之'方'"，他进一步指出"方帝"与后世的"'方祀''望祀'相当，即各以其方向祭祀四方之帝，《小宗伯》所谓'兆五帝于四郊'"③之义。商、陈两先生以为"方帝"是祭祀四方之帝，颇有启发，但又有可商榷处。众所周知，商人固然有四方观念，但四方之帝却是战国时期的概念（详见本书战国章），因之，以"兆五帝于四郊"来解"方帝"并不合适。近来郭旭东先生对"方帝"做出新解，以为是商王在王邑的周边举行祭祀上帝之礼，④其说值得重视。然而，又有学者根据殷墟甲骨文中"帝"字的不同写法，论证"方帝"之"帝"表示禘祭，并非祭礼上帝。岛邦男先生曾注意到卜辞中"帝"的两种写法，写作"禾"，多用为主格，而写作"禾"形的多作动词，表示"禘祭"之禘。⑤ 在此基础之上，学者指出在宾组卜辞中，"禾"字只表示至上神，"禾"则只用来表示禘祭之禘。⑥ 核检宾组卜辞中的方帝，除了《合集》418 正的两个"方帝"一作"禾"一作"禾"外，其他的方帝之"帝"一律作"禾"，并且，《合集》418 正可视为"避复"，这样，可以确定"方帝"之"帝"是禘祭之义，并不是祭礼上帝。⑦ 总之，商人是否祭祀上帝，事关重大，需要深入研究。

殷商金文中，确凿无疑地显示，商人祭祀上帝。商代晚期金文二祀邲其卣谓：

> 唯王二祀，既妼于上下帝。

铭文中的"妼"字，学者释为祼，即祼酒，指灌祭；⑧如此，则说明商人祭祀

---

① 于省吾：《甲骨文字释林》，北京：中华书局，2009 年，第 210 页。

② 商承祚：《殷契佚存》，收入《甲骨文研究资料汇编》第十四册，北京：北京图书馆出版社，2008 年，第 236 页。

③ 陈梦家：《殷虚卜辞综述》，第 578 页。

④ 郭旭东：《卜辞与殷礼研究》，陕西师范大学博士论文，2010 年，第 171—186 页。

⑤ 岛邦男：《殷墟卜辞研究》，濮茅左、顾伟良译，第 366 页。

⑥ 王子杨：《甲骨文字形类组差异现象研究》，上海：中西书局，2013 年，第 152 页。

⑦ 李丹杨、李发：《"方帝""帝方"再辨》，《殷都学刊》2018 年第 4 期；腾兴建：《商代祭祀对象研究》，南开大学博士论文，2020 年，第 31 页。

⑧ 铭文之释可参杜酒松：《邲其三卣铭文考及相关问题的研究》，《故宫博物院院刊》1985 年第 4 期。马承源先生解释较详："妼假借为祼，妼、祼声近而韵部歌、元对转，（转下页）

帝。但也有学者读为夥，指商王以某种盛大礼仪拜谒上帝。① 这样，则未必指祭帝。按，铭文中"观"后有"于"字，明显为动词，表示动作，结合上下文，以释为祭为宜。因此可说，殷人祀于上帝。

西周时期文献显示，人们祭祀上帝。

西周早期天亡簋谓：

> 王有大豊，王凡三方，王祀于天室，降，天亡又王，衣祀于王丕显考文王，事喜上帝。文王监在上……（见右图）②

天亡簋铭文

铭文大意为武王在大室祭祀之后，又殷祀文王，并且"事喜上帝"。③ 关于"事喜上帝"句，郭沫若先生曰："'喜'当是'熹'省，卜辞：延于丁宗熹。当与祟寮同意。"④陈梦家先生云："喜应读作《商颂·玄鸟》'大糦是烝'之糦。《释文》引韩诗云'大糦，大祭也'。《说文》'饎'之或体作'糦'。《诗·天保》《泂酌》皆作'饎'，《大田》'田畯至喜'，郑笺云'喜读为饎'。'喜上帝'即祭上帝。"⑤尽管学者认为所祭方法

（接上页）裸为灌酒之祭。《殷墟书契续编》卷五第十页第六片：'贞，余勿乎辜先观酒既？'观酒，即裸酒。"（《商周青铜器铭文选》三，第8页）

　① 朱凤瀚先生认为此处之"观"并不是祭礼，他说"从卜辞资料可知，商贵族似并不祭祀上帝，如读为裸（《说文》中观读为踝，与裸音同），即灌礼，于卜辞无证"。他引《方言》"凡物盛多谓之寇，齐宋之郊、楚魏之际曰夥"，以为此处指盛大的典礼（《有关郏其卣的几个问题》，《故宫博物院院刊》1998年第4期）。

　② 《集成》4261。

　③ 关于此铭的断句与训释，专家所论甚多，歧义迭出。日本学者白川静在"衣祀于王"后断句，他说这个王字指"王所"（白川静通释，曹兆兰选译：《"金文通释"选译》，武汉：武汉大学出版社，2000年，第13页）。

　④ 郭沫若：《两周金文辞大系图录考释》二，第1页。

　⑤ 陈梦家：《西周铜器断代》，第5页。

不同，但皆以为"事喜上帝"为祭祀上帝。① 事实上，周初祭祀上帝之载亦见于传世文献。《逸周书·世俘》篇记载武王克商后，"辛亥，荐俘殷王鼎，武王乃翼矢圭、矢宪，告天宗上帝"，②是说武王荐献所俘获的殷王之鼎，武王举行祭礼，③敬陈玉圭、宪章，④向天神上帝祭告。⑤ 综合天亡簋与

---

① 杨树达先生云"余往者据《孝经》'宗祀文王于明堂以配上帝'之文，说《文王》篇为宗祀文王于明堂之诗，此铭记衣祀文王，而云'事喜上帝'，盖亦以文王恒与上帝同祀，故连及之也。'事喜上帝'，犹士父钟云'喜侃皇考'也"（《关涉周代史实之彝铭五篇》，《历史研究》1954年第2期）；洪家义先生读为"衣祀于王丕显考文王事喜上帝"，以为"衣祀于王"是遍祭先王，"丕显考文王事喜上帝"则是"特别把功德显赫的文王单独请出来作陪上帝"，认为是祭帝，而以文王为配（《关于〈天亡殷〉所记史事的性质》，《东南文化》1987年第2期）；李学勤先生读为"于王丕显考文王事糦，帝（禘）"，以为是祭祀文王，以其配帝（《"天亡"簋试释及有关推测》，《中国史研究》2009年第4期）。上述意见基本是以为武王祭祀帝，以文王配享。黄盛璋先生读为"殷祭于丕显考文王事，熹上帝"，认为是"武王祀于天室，祀文王又祭上帝"（《大丰簋铭制作的年代、地点与史实》，《历史研究》1960年第6期）；董莲池先生读为"事糦上帝文王"，谓"是说武王在天室山上祭祀完文王之后，从山上下来，由天亡佑助结束了此项祭祀活动。则此段铭辞是接着下去进行的另一项祭祀活动……'糦上帝'是祭天，连同文王一道祭，则是'王者禘其祖所自出而以其祖配之'之意"（《天亡簋铭的重新考察》，《中国古文字研究》第一辑，长春：吉林大学出版社，1999年，第85页）；Michael Puett（普明）教授所论与杨树达先生之说近似，认为"喜"非祭祀之意。他指出"喜"字后没有"于"，因此难以将其读为祭祀上帝，应将其释为"喜侃"之意。"Guo Moruo reads this as 熹, a type of sacrifice that is being offered to Di. But since there is no *yu* 于 following the word, it seems difficult to read Di as the indirect object of a sacrifice verb. I thus read the word in its usual meaning", "King Wen serves and pleases the Di on high". *To Become a God: Cosmology, Sacrifice, and Self Divinization in Early China*, p61. 按，西周金文中有祭祀动词＋"于"的形式，如西周中期作册嗌卣"用作大御于厥祖妣"，但也有祭祀动词＋祭祀对象而不用"于"之例，如西周早期我鼎"我作御恤祖乙、妣乙、祖己、妣癸，延祔繫二母"（《集成》2763），并无"于"字。又如剌鼎"王啻，用牡于大室，啻昭王"（《集成》2776），而鲜簋作"禘于昭王"（《集成》10166），可见用"于"与不用"于"，两者皆可表示祭祀。天亡簋铭文之义应是武王以"殷"祀祭祀文王，又祭祀上帝，并无以文王配帝而祭的意思。

② 黄怀信、张懋镕、田旭东：《逸周书汇校集注》修订本，第448页。

③ "武王乃翼"的"翼"字，历来皆解为"敬"。或许可读为"异"，"祀"之义。于省吾先生指出"翼"本为"异的后起字"（《甲骨文字释林》，第239页）。《说文》指出"禩"字与"祀"同字，训谓"祼，祀，或从异"。段玉裁说它们"异形而同字"（《说文解字注》，第4页）。常正光先生曾分析甲骨卜辞里"异"的用法，说它就是商代的祭尸礼的象形，谓"'祀'字都应训为'祭'"（《甲骨文字的一字多形问题》，宋镇豪、段志洪主编：《甲骨文献集成》第十八册，成都：四川大学出版社，2001年，第220页）。故"武王乃翼"，意即武王乃祭。

④ 关于"宪"字之释，潘振云曰"兴盛貌"，朱右曾曰"宪令"（转引自黄怀信、张懋镕、田旭东：《逸周书汇校集注》，第448页）。

⑤ "天宗上帝"文献中只此一见。关于其义，顾颉刚先生指出"天宗"即《礼 （转下页）

《世俘》篇所记，可以肯定周人祭祀上帝。但就总体而言，西周时人祭祷上帝之载较为少见。

西周时期，周王举行籍田礼，其祭祀的对象当为上帝。西周早期令鼎记载：

> 王大欁（耤）农于谌田，餳（飨），王射，有司罙师氏、小子俗射。[1]

铭文记载王举行籍田礼，之后饮酒，王又举行了射礼。铭文虽未言天子行籍田礼时祭帝，但祭帝当是籍田礼中应有之义。清华简《系年》即透露出周王籍田时祭帝的一些情况：

> 昔周武王监观商王之不恭上帝，禋祀不寅，乃作帝钦（籍），以登祀上帝天神，名之曰千亩，以克反商邑，敷政天下。[2]

依照简文所说，从前周武王观察到商王对上帝不恭，禋祀时不敬，于是开辟专供祭祀上帝粢盛的籍田，献这些粢盛于上帝天神，籍田称为"千亩"。简文称殷周之际商王不敬神灵，而周人恭祀上天，甚至专有帝籍，[3]以祭

（接上页）记·月令》及《淮南子·时则》"孟冬之月……天子乃祈来年于天宗"之"天宗"，郑玄注《礼记》谓"天宗，谓日、月、星辰也"，高诱注《吕氏春秋》谓"凡属天上之神，日、月、星辰，皆为天宗"，据此，顾先生认为"天宗、上帝为二名。上帝为主宰；天宗为泛称，凡天神皆可蒙此名。此为武王克纣而告天之祭"（《〈逸周书·世俘篇〉校注、写定与评论》，《文史》第二辑，第8—9页）。按，"宗"有"尊"义，如《尚书·尧典》"禋于六宗"，孔安国传"宗，尊也"（孔颖达：《尚书正义》，阮元校刻：《十三经注疏》，第126页），《诗经·大雅·凫鹥》"来燕来宗"，毛传"宗，尊也"（孔颖达：《毛诗正义》，阮元校刻：《十三经注疏》，第538页）。"天宗"，犹言天之尊，指天神。

① 《集成》2803。

② 李学勤主编：《清华大学藏战国竹简》（贰），上海：中西书局，2011年，第136页。

③ 帝钦，整理者释为"帝籍"。"帝籍"之称亦见于传世文献，有时作"帝藉"，见诸《礼记·月令》《吕氏春秋·孟春纪》《上农》。关于"帝藉"之义，诸说不一，大致可概括为四种说法：1. 借民力耕田而供奉上帝。郑玄注《礼记·月令》谓"帝藉，为天神借民力所治之田也"，以为借民力耕种之田称藉田，而藉田的收获主要用于祭祀上帝，故称帝藉（孔颖达：《礼记正义》，阮元校刻：《十三经注疏》，第1356页）。《诗经·周颂·载芟》毛传"籍田，甸帅氏所掌，王载耒耜所耕之田。天子千亩，诸侯百亩。籍之言借也，借民力治之，故谓之籍田"（孔颖达：《礼记正义》，阮元校刻：《十三经注疏》，第601页）。毛亨所说与郑玄之意大致相近，只是多出了天子与诸侯所耕籍田数的等级差别。毛传、郑注对后世影响广泛，其说为众多学者所采纳。如应劭《风俗通义》云"古者使民如借，故曰籍田"等（王利器：《风俗通义校注》，北京：中华书局，1981年，第353页）。2. 供祭帝所耕之田。卢植《月令》注 （转下页）

祀上帝。竹简所说是否反映西周初年史事，不得而知。但西周晚期，周宣王不籍千亩之事，则为人所耳熟能详。《国语·周语上》："宣王即位，不籍千亩。虢文公谏曰：'不可。夫民之大事在农，上帝之粢盛于是乎出。'"①此外，《诗经·周颂·臣工》据说是周王举行籍田之礼在宴会上所唱的乐歌，谓"明昭上帝，迄用康年"，②诗篇赞颂上帝将予周人以丰年。合令鼎、《周语》《系年》所记，知西周一代，祭祀上帝之粢盛出于籍田，周王依然祭祀上帝。由此推测，周代祭祀上帝，有可能是常祀。

周人在祭祀上帝之外，亦卜问上帝，探寻帝之意旨。《尚书·召诰》记

（接上页）"帝，天也。籍，耕也。《春秋传》曰'郮人藉'，故知藉为耕也"（转引自王利器：《吕氏春秋注疏》，成都：巴蜀书社，2002年，第36页）。推其意，"帝藉"即为祭天所耕之田。高诱注《吕氏春秋》亦谓"天子籍田千亩，以供上帝之粢盛，故曰帝籍"（转引自王利器：《吕氏春秋注疏》，第36页）。3. 享众神所耕之田，单说"帝藉"，以突出帝的至上神特质。贾公彦疏《周礼·天官·冢宰》"甸师掌帅其属而耕耨王藉"句谓"言'帝藉'者，藉之谷，众神皆用，独言帝籍者，举尊言之"（贾公彦：《周礼注疏》，阮元校刻：《十三经注疏》，北京：中华书局，1980年，第663页）。以为藉田之粢盛为用享于众神而非仅供上帝。4. 天子所耕之田用以祭祀上帝，与天子践祚有关。此说为陈奇猷先生提出，他在注解《吕氏春秋》相关内容时首先指出"籍"即"祚"，乍、耤二声同部通用，故假"籍"为"祚"也。在此基础上，他认为"籍田即祚田，天子即位践祚阶祭天以行即位之礼，故天子即位曰践祚，今天子所耕之田用以供上帝之粢盛，故曰阼田也"（陈奇猷：《吕氏春秋新校释》，上海：上海古籍出版社，2002年，第13、14页），以为"籍田"非为借民力所耕之田，而是来源于天子践祚以祭天。陈先生所释与诸家皆不同。关于"帝籍"释义之不同，前人早有所论，沈祖绵在《读吕臆断》《读吕随笔》中曾指出"帝籍田之说不一。卢植《月令》注云'帝，天也。籍，耕也'，郑玄注'帝籍，为天神借民力所治之田也'。《二京赋》薛综注与郑说同，下有'田在国之辰地'句。《史记》汉文帝诏曰'农，天下之本。其开籍田，朕躬耕，以给宗庙粢盛'，应劭曰：'古者，天子耕籍田千亩，为天子先籍者，帝王典籍之常也。'应劭《风俗通义》曰：'古者使民如借，故曰藉田。'干宝《周礼》注'古之王者，贵为天子，富有四海，而必私置籍田，盖其意有三焉：一曰以奉宗庙，亲致其孝也；二曰以训于百姓在勤，勤则不匮也；三曰闻之子孙，躬知稼穑之艰难，无逸也'。愚以为'帝籍田'，帝王之籍田，以别于诸侯也"（转引自陈奇猷：《吕氏春秋新校释》，第13页）。

① 韦昭注曰"籍，借也，借民力以为之。天子田籍千亩，诸侯百亩。自厉王之流，籍田礼废，宣王即位，不复遵古"（上海师范大学古籍整理组校点：《国语》，第15页）。其天子、诸侯等差整齐划一的说法并不可信。

② 毛传"康，乐也"，郑笺"至今用之有乐岁"（孔颖达：《毛诗正义》，阮元校刻：《十三经注疏》，第591页）。清儒马瑞辰谓"《说文》：'穅，谷之皮也。或省作康。'……康、荒音义正同。《广雅》：'荒，大也。'则康亦可训大，与丰年训大同义。年大则乐，故康又训乐……康年犹云乐岁矣。迄，至也；至，犹致也。'迄用康年'犹云用致康年"（马瑞辰：《毛诗传笺通释》，第1065—1066页）。

载"王不敢后，用顾畏于民喦；王来绍上帝，自服于土中"，此处所载与成王治于洛邑有关，其中"王来绍上帝"之"绍"字，曾运乾曰"读为卟，卜问也"。[①] 卟字见于周原甲骨，H11：5"卟曰：其□；卟曰：已"(见下图)，[②] 亦见于邢台南小汪西周甲骨，"其事虘陟四白駬。卟曰：已"。[③] 依照甲骨文例，卟为卜问之意。[④] 故《召诰》所记是说王不敢迟缓治洛，以顾畏民艰民困，王来卜问上帝，自治于洛邑。成王宅洛治民，探求上帝之意，知帝在重大事项中有决策、指导作用。

周原甲骨 H11：5

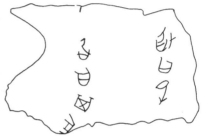

周原甲骨 H11：5(摹本)

总体而言，周人祭帝，探测帝之意旨，但文献中相关记载极少。这是由于"帝"高远不可企及、不关心人间事务，上帝与人的关系并不亲近，还是因为祭帝为常祀而无需记载？尚无资料可考。

---

① 曾运乾：《尚书正读》，北京：中华书局，1964 年，第 195 页。刘起釪先生引孙诒让说，不同于曾释，"孙诒让《胼枝》：按'绍'当训为'助'。《孟子·梁惠王》篇引《书》云：'天降下民，作之君，作之师，惟曰其助上帝。''绍上帝'即'助上帝'也。《文侯之命》云'用会绍乃辟'，王助上帝与诸侯助王义同"(刘起釪：《尚书校释译论》，第 1440 页)。周秉钧先生亦取曾运乾说，读绍为"卟"(《尚书易解》，第 204 页)。周人以恭敬天命自诩，但文献中并不见助上帝之说。参照周原甲骨的记载，释"绍"为助，不若曾、周二氏读"卟"为优。

② 曹玮编著：《周原甲骨文》，第 5 页。摹本采自陈全方：《周原与周文化》，上海：上海人民出版社，1988 年，图版第 68 页。

③ 河北省文物研究所、邢台市文物管理处：《邢台南小汪周代遗址西周遗存的发掘》，《文物春秋》1992 年增刊。

④ 裴锡圭先生认为卟应读为卜兆之"兆"，"卟曰"句应该看作占卜者据卜兆而作出判断的占辞。他说《说文》训'卟'为'卜问'可能别有所据，但与西周甲骨卜辞中'卟'字的用法不能相合(《释西周甲骨文的'卟'字》，原载《第三届国际中国古文字学研讨会论文集》，香港中文大学中文系，1997 年。又收入《裴锡圭学术文集》甲骨文卷，第 433—435 页)。

第三节　帝与宗祖神

　　古代人们的观念中,帝与宗祖神常常纠结在一起。《礼记》中记录有帝与祖先神关系的语句,描述得十分微妙,令后世礼学家煞费周章、苦心积虑地予以诠释。《礼记》云:

> 王者禘其祖之所自出,以其祖配之。[①]
> 祀帝于郊,配以后稷,天子之礼。[②]

关于其义,郑玄注《大传》谓:"凡大祭曰禘;自,由也。大祭其先祖所由生,谓郊祀天也。"孔颖达疏《丧服小记》云"王者夏正,禘祭其先祖所从出之天,若周之先祖出自灵威仰也。'以其祖配之者',以其先祖配祭所出之天"。郑玄、孔颖达认为,禘是祭天之祀,而以祖先配飨。[③] 王肃却认为,禘祭的对象是祖先,云"禘,宗庙五年祭之名,祭其祖之所自出,而以其祖配之。若虞氏之祖出自黄帝,以祖颛顼配黄帝而祭",[④]在王肃看来,禘祭仍是祖先之祭而非祭天。围绕着郑玄与王肃之释,后世礼学家论辩不休。郑玄五帝之说,怪诞无稽,受到学者质疑(见本节后章)。但其天子之始祖诞生于天帝、天帝为天子宗祖神的说法却影响深远。

　　不少现当代学者确乎认为帝是古代族群之祖先神。例如,郭沫若先生即曾根据殷人先祖帝俊的传说等,指出卜辞中的帝为喾(帝俊),帝是殷人的祖先神、宗祖神。他说道"殷人的神同时又是殷民族的宗祖神,便是至上神是殷民族自己的祖先","殷人的帝就是帝喾,是以至上神而兼宗祖神"。[⑤] 裘锡圭先生从"帝""嫡"两字的辨析入手,以为卜辞中的"帝"用以

---

　　① 并见于《礼记·丧服小记》《大传》。孔颖达:《礼记正义》,阮元校刻:《十三经注疏》,第 1495、1506 页。

　　② 《礼记·明堂位》。孔颖达:《礼记正义》,阮元校刻:《十三经注疏》,第 1488 页。

　　③ 孔颖达:《礼记正义》,阮元校刻:《十三经注疏》,第 1506、1495 页。

　　④ 转引自孙希旦:《礼记集解》,北京:中华书局,1989 年,第 866 页。

　　⑤ 郭沫若:《先秦天道观之进展》,《青铜时代》,第 9、14 页。在《中国古代社会研究》中,他曾说"卜辞言帝之事虽有而罕见,帝之性质无可多言,惟据《山海经》则帝即 (转下页)

区别直系先王和旁系先王,帝是对死去商王的称呼,商人所谓上帝既是至上神,也是宗祖神。商王被认为是上帝的嫡系后代,卜辞里的"王帝","大概就指时王之考"。① 美国学者伊若泊以为帝可用如复合名词,并非唯一的至上神灵,帝有时指商人始祖,有时又指时王去世之父,是商人一组祖先的一个集体名词。② 艾兰先生认为帝可能不仅仅是商人的祖先,"除商之外,他也可能曾被视为其他族人的始祖,或者说,他曾被视为所有人的始祖。这将可以解释为什么周人在克商时声称自己的征伐获得了上帝的赞同"。③

不过,一些学者并不赞同帝为祖先神的观点。陈梦家先生根据卜辞,指出"先公先王可以上宾于天,上帝对于时王可以降祸福、示诺否,但上帝与人王并无血统关系","王与帝非父子关系","卜辞中尚无以上帝为其高祖的信念"。④ 晁福林先生也认为"殷人认为商王是其先祖之子,并非帝之子。'天子'一类的概念,此时尚未发生"。⑤应当说,目前尚无明确证据表明帝为商人宗祖神。然而,周人却有女始祖姜嫄"履帝武敏歆"而生后稷的故事,从而将周人的先祖与帝联系起来,那么,帝是否为周人的祖先神?

一、帝与后稷

讨论周人祖先神与帝的关系,后稷是不能回避的话题。《诗经·大

(接上页)帝俊,即殷人之祖先帝喾,则上帝自为人格神无疑"(收入《郭沫若全集·历史编》第一卷,北京:人民出版社,1982年,第248页)。

① 裘锡圭:《关于商代的宗族组织与贵族和平民两个阶级的初步研究》,《文史》第十七辑,1983年,第3页。又收入《裘锡圭学术文集》古代历史、思想、民俗卷,上海:复旦大学出版社,2012年,第123页。

② Robert Eno(伊若泊):"Was there a High God *Ti* in Shang Religion?" *Early China*,1990,pp.1-26. 他说:"'ti' may have been employed solely as a generic or corporate term, never implying the concept of a single supreme deity."

③ 艾兰:《商周时期的上帝、天和天命观念的起源》,刘学顺译,收入《龟之谜——商代神话、祭祀、艺术和宇宙观研究》,北京:商务印书馆,2010年,第243页。事实上,此前美国学者顾里雅认为"天"是周人死去先王的称呼。H. G. Creel:"The Origin of the Deity Tian",*The Origins of Statecraft in China*,Volume one,Chicago and London:The University of Chicago Press,1970,p502.

④ 陈梦家:《殷虚卜辞综述》,第580—582页。

⑤ 晁福林:《论殷代神权》。

雅·生民》篇载：

> 厥初生民，时维姜嫄。生民如何？克禋克祀，以弗无子。
>
> 履帝武敏歆……载生载育，时维后稷。
>
> ……以赫厥灵，上帝不宁，不康禋祀，居然生子！

诗篇谓其初诞生周民，是女始祖姜嫄。生民的情况如何？姜嫄禋祀上天，以祛除无子之忧。姜嫄踩到了上帝的拇指歆然心动，于是分娩生育，后稷出生。姜嫄本以为踩了帝的拇指会使帝不安宁，帝因此不会享用禋祀，但结果姜嫄居然生子。①

《生民》篇追溯周人的起源，将后稷的诞生与帝联系起来，似乎帝是周人的祖先神，并且周人由此具有了高贵纯正的出身。然而，问题在于将帝与后稷的诞生相联，是西周时人的观念抑或出自后人构想？这涉及《生民》篇的写成时代问题。高亨先生曾论及二《雅》的撰写年代，他说："二《雅》是西周时代作品，但也有幽王死后、岐东（包括镐京）归秦所有以前的作品。"②徐中舒先生亦云："《诗》之大、小《雅》及《周颂》大部分皆为西周之诗也。"③于省吾先生则说"周颂中属于西周前期的作品约十篇左右……鲁颂和商颂都系春秋前期所作。大小雅的撰著时期，有的属于西周末期，有的属于春秋早期。……总之，《诗经》中除去周颂中十篇左右外，最早的篇什都超不出西周后期或末期"。④ 于先生所说为是。《生民》诗虽追溯周人起源，但并非西周早期诗篇。检核文献，可见后稷诞生故事流行于东周时期，西周一代难以见到有关后稷的蛛丝马迹。

---

① "以弗无子"句，毛传"弗，去也。去无子，求有子"；"履帝武敏歆"句，郑玄注"帝，上帝也。敏，拇也……祀郊禖之时，时则有大神之迹，姜嫄履，足不能满履其拇指之处，心体歆歆然"（孔颖达：《毛诗正义》，阮元校刻：《十三经注疏》，第528—529页）。关于姜嫄生子，《列女传》谓姜嫄履巨人迹，"归而有娠，浸以益大，心怪恶之，卜筮禋祀，以求无子，终生子，以为不祥而弃之"。黄山云"姜嫄因赫然有娠，显示以灵怪之征，意上帝以己践其迹不安而降之罚，故曰'以赫厥灵，上帝不宁'也。己意亦因之不安而禋祀以求解，本求无子而终生子，故曰'不康禋祀，居然生子'也。前之洁祀，求祓无子之疾；后之洁祀，求获无子之庇"（见王先谦：《诗三家义集疏》，第878—879页）。

② 高亨：《诗经今注》，第10页。

③ 徐中舒：《金文嘏辞释例》，《徐中舒历史论文选辑》（上），第511页。

④ 于省吾：《泽螺居诗经新证》，第138—139页。

周人始祖后稷,不见于西周金文。西周青铜器铭文中颂扬文王、武王之辞甚夥,但迄今未见任何与后稷有关的记载。曾有学者以为西周中期史墙盘记有后稷,铭文谓:"上帝司夏九保,受天子绾令,厚福、丰年。"学者以为"上帝司夏九保"中之"司夏"为后稷,因为"据《大雅·云汉》'后稷不克,上帝不临',《閟宫》'皇皇后帝,皇祖后稷',皆以后稷与上帝并提"。①可是,若以"司夏"为后稷,则根据盘铭,后稷亦当为授予天子绾令、厚福者,然而文献中从未有后稷降令、福的说法,故将"司夏"解为后稷难以说通;其次,学者引以为据的《閟宫》篇,写成时代偏晚,已入春秋时期;再次,就字形而言,可否将此字释为稷,尚需斟酌。② 因此,将上帝与后稷并提的做法,当非出自西周时期。迄今为止,西周金文中未有后稷的记载。值得注意的是,近出春秋战国之际曾侯與(舆)编钟铭文或与后稷有关,铭文谓:

曾侯與编钟铭文
（局部摹本）

　　與(舆)曰:余稷之玄孙,穆善敦敏。(见右图)③

器主自夸身世,谓出自稷,静穆美善惇厚勤敏。铭文中的"稷",可以有两种理解:1. 曾侯與高祖之名。④ 若然,则与周人始祖后稷无关。2."稷"指后稷,器主自称为后稷之子孙。若此,则不但金文中首次出现了周人始祖的记载,并且对于解决曾的族姓问题也十分有利。本书倾向于认为"稷"指代后稷,因为春秋战国时期,后稷单称"稷",习见于文献。反而以

① 裘锡圭:《史墙盘铭解释》,《文物》1978 年第 3 期,又收入《裘锡圭学术文集》金文及其他古文字卷,第 12 页。

② 关于"夏"字之释,主要有如下观点:释为"夏";释为"量",读为朝廷之"朝";释为"蘷",读为"憂(忧)";释为"夒",读为"柔"。所释种种,可参麻爱民:《墙盘补释》,《考古与文物》2003 年第 6 期。亦有学者释为"司夒",即后夒,以为是卜辞中的高祖夒(刘桓:《墙盘铭文札记》,《故宫博物院院刊》2004 年第 1 期)。

③ 湖北省文物考古研究所、随州市博物馆:《随州文峰塔 M1(曾侯與墓)、M2 发掘简报》,《江汉考古》2014 年第 4 期,第 28 页。晋侯與即晋侯舆。

④ 凡国栋先生也指出此点,见《曾侯與编钟铭文柬释》,《江汉考古》2014 年第 4 期。

"稷"用作人之私名者，极为少见，仅有卫国大夫名石稷者一人。

同时，必须注意到，记载后稷事迹的文献，多成篇于西周晚期以后。如《诗经·大雅·云汉》描写周宣王时期的大旱，诗人感叹"旱既太甚……上下奠瘗，靡神不宗。后稷不克，上帝不临"，此处后稷的确与上帝并提，但诗篇最早写于西周末期宣王时代。此外，《诗经·鲁颂·闷宫》亦记述后稷之生，谓："赫赫姜嫄，其德不回。上帝是依，无灾无害。弥月不迟，是生后稷，降之百福……皇皇后帝！皇皇后稷！"①诗句颂扬显赫的姜嫄，她的品德纯正无邪。姜嫄凭依上帝，因此能够没有灾害。她能满月生育，诞下了后稷，上帝给后稷降赐许多福佑。伟大辉煌的上帝！伟大辉煌的先祖后稷！诗篇极尽赞颂上帝赐予姜嫄后稷，将后稷的出生紧紧与上帝关联起来。然而，《闷宫》篇的写成时代与鲁僖公有关，已至春秋前期后段，反映的应是春秋时人的思想。此外，《礼记·明堂位》记载鲁君"祀帝于郊，配以后稷"，《尚书·吕刑》谓"稷降播种，农殖嘉谷"，等等，诸多记载对于后稷颂扬有加，将其与帝同列，但其写作时代偏晚。总之，就传世文献看，除《思文》写成时代不能定论外，②其余与后稷有关的文献皆为西周晚期及其以后作品。

关于后稷之生，上博简《子羔》篇亦有记载：

> 后稷之母，有邰氏之女也。游于串咎之内，终见芺攻而荐之，乃见人武，履以祈祷曰：帝之武！尚吏（使）[子]。③

简文大意是：后稷之母，是有邰氏的女子，她到串咎这个地方游玩时，④向神灵献上象征生殖的两种植物（芺攻），踩在"人武"（她以为此即是"帝之武"）之上，祈祷说："上帝的足迹，希望能使我有一个儿子！"简文所记与《生民》篇之载大致相合，《子羔》写成于战国时期，从一个侧面反映出后稷

---

① 孔颖达：《毛诗正义》，阮元校刻：《十三经注疏》，第614—615页。

② 需要指出的是，《诗经·周颂·思文》是周王祭祀后稷的乐歌，诗谓"思文后稷，克配彼天"，但《思文》篇的写作年代尚不能确定。

③ 上博简《子羔》第12简。马承源主编：《上海博物馆藏战国楚竹书》（二），上海：上海古籍出版社，2002年，第197页。

④ 简文中的"串咎"，马承源先生读为"串泽"，推测当为地名，具体则无所考[马承源主编：《上海博物馆藏战国楚竹书》（二），第197—198页]。

出生故事在春秋战国时期广为流传。

总之,后稷感生于帝之事不见于早期文献,姜嫄履帝武敏之故事应出自周人的创造,这一故事的编成时间,应在西周晚期以后。因此,尽管周人有天子之称,视周王为天之子,但帝不是周人的宗祖神,帝与周族有血缘上的联系,当系后人构思。

二、祖考之称前附有"帝"字

帝不是周人的宗祖神,但金文中有若干"帝考"之称,帝与祖考的关系值得进一步梳理。

事实上,甲骨卜辞中即有商先王日名前附以"帝"号的情况。从武丁时期卜辞开始,就有称先王为帝的,如第一期卜辞称父小乙为"父乙帝",第二期称父武丁为"帝丁",第三期称父祖甲为"帝甲",第四期称父康丁为"帝丁",第五期称父乙为"文武帝"。此外,四祀邲其卣铭文中有"文武帝乙"的称呼,新近面世的商代晚期坂方鼎有"王宾文武帝乙肜日"之说,[1]皆是在商先王名前附以帝字,这里的"帝"是否表明商王与上帝有关联呢?

关于卜辞中先王名前附以帝字,学者们有所探讨,其观点可归纳如下:

一,帝为表庙号之字。陈梦家先生总结卜辞中帝的三种用法时,指出卜辞中祖考之前的"帝"字,为"庙号的区别字","帝即庙主。卜辞帝丁、帝甲之帝,其义与'示'相似",[2]而"示",卜辞中其字形"象以木表或石柱为神主之形","示即主,为庙主、神主之专用字"。[3] 常玉芝先生在陈先生所论基础上,结合杨树达先生对卜辞中上甲庙号"田"的探讨,申论曰:"卜辞中对死去的父辈祖先称'帝某'即'帝+日干名',其'帝'字的意义为神主之义,与上甲、报乙、报丙、报丁、示壬、示癸庙号中的囗、匚、示所表示的意义是相同的。"即"帝"与"示"等相类,为神主之称。至于卜辞、文献中出现的"文武帝""文武帝乙"的称呼,她认为"'文武帝乙'即是指典籍中的帝

---

① 李学勤:《试论新发现的坂方鼎和荣仲方鼎》,《文物》2005 年第 9 期。

② 陈梦家:《殷虚卜辞综述》,第 562、440 页。但他又指出帝辛时代的卜辞、金文称帝乙为"文武帝""文武帝乙""文武帝宗",凡此帝字与帝丁、帝甲之帝或有所不同。

③ 徐中舒主编:《甲骨文字典》,成都:四川辞书出版社,1989 年,第 11 页。

乙，是帝辛对其死去的父亲帝乙的称呼，加在'帝乙'之前的'文武'是美称"，"商代盛行着对死去的父王在其日干名之前加'帝'字的习俗，'帝某'之'帝'不是指商王称帝，它的意义即如《礼记·曲礼下》所说是'措之庙立之主曰帝'的帝"。① 简言之，帝即商王去世后表示庙主、神主之称用辞。②

二，帝是对商王的神化。郭沫若先生以为"帝的称号在殷代末年已由天帝兼摄到了人王上来了"，③以为人王称帝是与天上的上帝相对应的结果，分别是地上与天上的最尊者。胡厚宣先生认为"殷人于天帝称帝，于祖先亦称帝。甲骨文中贞卜殷王祭祀祖先，于其生父每亦称帝"。④ 在胡先生看来，商王死后，其嗣王祭祀他称其为帝，与礼书中天子死后称帝的情况类似，⑤应是对祖先的神化。侯外庐先生也指出，帝本来是天上的神，但殷商晚期"地下的王也称起帝来"，人神关系发生了变化。⑥ 海外学者史华兹将商王帝乙、帝辛庙号之前附以帝字解释为"将'帝'这个称号作为前缀加在他们的庙号之上，这似乎是为了断言他们为自己赋予了高高在上的神本身所具有的能力"。⑦ 伊若泊先生认为此类之"帝"为尊称，西

---

① 常玉芝：《由商代的"帝"看所谓"黄帝"》，《文史哲》2008 年第 6 期；《说文武帝——兼略述商末祭祀制度的变化》，《古文字研究》第四辑，北京：中华书局，1980 年，第 205—233 页。另外，有学者认为卜辞中有王帝之称，陈梦家、胡厚宣先生等都有所解释。陈梦家先生认为"王帝"不是指人帝而是指上天或天神上帝。针对这一观点，常玉芝先生认为，陈、胡先生对于王帝的解释是出于对相关卜辞的误读，卜辞中没有王帝。她指出"商王不称'帝'，不称'王帝'"，"商王无论在生前或是在死后都不加称有帝王意义的'帝'，所谓'王帝'的称谓在卜辞和金文中是不存在的"。

② 关于《礼记》"措之庙立之主曰帝"，郑玄注"同之天神"，孔颖达疏"曰帝者，天神曰帝，今号此主，同于天神，故题称帝，云文武帝武帝之类也"（孔颖达：《礼记正义》，阮元校刻：《十三经注疏》，第 1260 页），以为"帝"是对祖先的神化。事实上，宋儒吕大临早已指出此类的"帝"义为"立主称帝"，并且，他将之视为夏殷之礼："鬼神莫尊于帝，以帝名之，言其德足以配天也。然考之《礼经》，未见有以帝名者，惟《易》言'帝乙'，亦不知其何帝。独《史记》载夏、殷之王皆以帝名，疑夏、殷人祔庙称帝……至周人有谥，始不名帝。愚谓《竹书纪年》夏天子皆称帝，《左传》曰'昔帝夷羿'，亦当夏时。《国语》：'帝甲乱商，七世而陨。'周则未闻有是称也。然则立主称帝，为夏、殷之礼无疑矣。"（转引自孙希旦：《礼记集解》，第 128 页）

③ 郭沫若：《先秦天道观之进展》，《青铜时代》，第 5 页。

④ 胡厚宣：《殷卜辞中的上帝和王帝》（下）。

⑤ 按，《礼记·曲礼下》"措之庙立之主曰帝"，《大戴礼记·诰志》谓"（天子）卒葬曰帝"。

⑥ 侯外庐：《中国古代社会史论》，石家庄：河北教育出版社，2000 年，第 267 页。

⑦ 史华兹：《古代中国的思想世界》，第 38 页。

周文献中,这类"帝"表示新近去世的"王"而非"父"。①

三,帝是对父之尊称,与表示嫡系有关。岛邦男先生指出卜辞中附"帝"于父名前,与西周金文中称"帝考"的性质相同,他认为"帝考是大考即大父之义,这些帝号也必是父之尊称";②李学勤先生认为"帝"在王卜辞中是子王对其已故父王的称呼;③裘锡圭先生则认为称父为帝与区分嫡庶的观念有明显的联系,他说"从卜辞看,商王只把死去的父王称为帝,旁系先王从不称为帝","商王用来称呼死去的父王的'帝'这个词,跟见于金文的'帝(啻)考'的'帝'(啻)和见于典籍的'嫡庶'的'嫡',显然是关系极为密切的亲属词。也可以说,这种'帝'字就是'嫡'字的前身"。④换言之,"帝"为商王对死去父亲的称谓。

殷商卜辞中"帝"之含义,学者们意见不一,而两条甲骨卜辞与西周应公鼎铭文所记又将对"帝"之讨论进一步复杂化。学者发布的卜辞云:

丁丑卜,暊贞:其工丁宗门,告帝甲眔帝丁,受右。⑤

意谓在丁丑日占卜,贞人暊贞问道:在丁宗之门行工册之典,对帝甲和帝丁行告祭,是否会受到神灵的保佑。此条卜辞可能属廪辛、康丁时期,"帝甲"为廪辛或康丁之父祖甲,"帝丁"则为廪辛或康丁之祖"武丁"。⑥ 但无论如何,同时出现"帝甲"与"帝丁",则"帝"不可能是对父考或直系父考的称谓。⑦

---

① Robert Eno(伊若泊):"Was There a High God *Ti* in Shang Religion."

② 岛邦男:《殷墟卜辞研究》,第 339 页。

③ 李学勤:《殷代地理简论》,北京:科学出版社,1959 年,第 32 页。

④ 裘锡圭:《关于商代的宗族组织与贵族和平民两个阶级的初步研究》,《文史》第十七辑,第 2—3 页;又收入《裘锡圭学术文集》古代历史、思想、民俗卷,第 123—124 页。

⑤ 焦智勤:《殷墟甲骨拾遗·续三》,收入王宇信主编:《2004 年安阳殷商文明国际学术研讨会论文集》,北京:社会科学文献出版社,2004 年,第 156 页。

⑥ 学者指出,"自祖庚开始把直系父辈称作帝"(高明:《从甲骨文中所见王与帝的实质看商代社会》,《古文字研究》第十六辑,北京:中华书局,1989 年)。

⑦ 裘锡圭先生指出"此辞不但称时王的父亲祖丁为帝甲,并且把时王的祖父武丁也称为帝丁,可见'帝'在用来称先人时,的确不是只限于称父亲的"(《"花东子卜辞"和"子组卜辞"中指称武丁的"丁"可能读为"帝"》,原载《黄盛璋先生八秩华诞纪念文集》,北京:中国教育文化出版社,2005 年,又收入《裘锡圭学术文集》甲骨文卷,第 522 页);陈絜:《应公鼎铭与周代宗法》,《南开学报》2008 年第 6 期。

此外，近年发掘的殷墟小屯村中村南甲骨也涉及商先祖天干名前加以"帝"字的情形：

> 丁巳卜：其［叙］父己、帝［己］甸。
> 其［叙］父己、帝己甸。①

整理者认为卜辞的年代为康丁时期，其中的父己指"廪辛、康丁之父辈孝己，武丁之太子，未即位而亡"。② 有学者考证父己为武丁之子中己，而帝己则指孝己，可备一说。如此，"帝"用于旁系父考之名前，并非学者们所指出的"帝"表嫡系之义。③

1989 年河南平顶山应国墓地八号墓所出西周应公鼎铭文谓：

> 应公作尊彝篹鼎，斌帝日丁，子子孙孙永宝。（见左图）④

应公鼎铭文拓本

发掘者指出，墓葬时代为两周之际，且很可能为春秋早期，而鼎的时代则或为西周晚期偏晚段。其中铭文中"斌（武）帝日丁"之称引起学者们的关注。争论的焦点一是"帝"字的含义，一是"斌帝"何指。综合学者们所论，目前主要有三种意见：1. "斌（武）帝日丁"指文王，此处之"帝"是时王对其已逝的生父——对直系先王的尊称。发掘报告撰写者指出，西周金文中也有"帝考"之称，"作为同义词的'帝''考'二字联言对举，二者都表示已经逝世的父亲"。⑤在这种情况下，"斌（武）帝日丁"即武王父文王之日名为丁。2. "斌（武）帝日丁"斌为武王，帝为父考之称，"武

① 中国社会科学院考古研究所：《殷墟小屯村中村南甲骨》437，昆明：云南人民出版社，2012 年。
② 中国社会科学院考古研究所：《殷墟小屯村中村南甲骨》，第 723 页。
③ 腾兴建：《商代祭礼对象研究》，南开大学博士学位论文，第 194 页。
④ 河南省文物考古研究所、平顶山市文物管理局：《河南平顶山应国墓地八号墓发掘简报》，《华夏考古》2007 年第 1 期。
⑤ 河南省文物考古研究所、平顶山市文物管理局：《河南平顶山应国墓地八号墓发掘简报》；王蕴智、陈淑娟：《应国有铭青铜器的初步考察》，《中原文物》2008 年第 4 期。

考"为应国始封君对武王的称呼。① 3. "珷（武）帝日丁"指武王，应国为武王之后（《左传》僖公二十四年"邘、晋、应、韩，武之穆也"），珷（武）帝是应国国君对其始封君所自出的先王之祭称，此处之帝应与《礼记·曲礼下》"君天下曰天子……措之庙立之主曰帝"、《大戴礼记·诰志》"（天子）卒葬曰帝"所说类同，是庙号之称。②

应当说，"帝甲罘帝丁""父己""帝己"卜辞以及应公鼎铭文的出现，表明卜辞中先王名前附以的"帝"字，并不是父考的另一种称谓，也不能够将之理解为嫡系之"嫡"。目前来看，以庙号释之，是比较妥当的方法。

西周金文中有不少祖考之称前附以帝号的辞例，这类辞例与应公鼎的"珷帝日丁"格式有别，但其意义同样值得关注。与卜辞所记不同，西周青铜铭文中祖考前加以"帝"字者，不只局限于周王阶层、直系先王，高级贵族以及母姙之名前也可附以"帝"字，如1996年湖北蕲春所出西周早期盂方鼎铭谓"盂鬟文帝母日辛隚"（见下图），③即为一例。此外，"帝"在西周铭文中许多情况下是与"考"连用，称为"帝考"，而不出现父考之名，此点亦与卜辞以及若干商周之际铭文所记有异。具体铭文如下：

> 章叔将自作尊簠，其用追孝于朕皵考。

---

① 李凯：《应公鼎"珷帝日丁"试解》，《殷都学刊》2008年第3期。

② 陈絜先生根据"帝甲""帝丁"卜辞，以及应公鼎铭文，指出"原本几成定论的殷墟卜辞'一世一帝'之说，显然不能成立了，故由所谓的'一世一帝'现象推衍出来的'帝'有'父''考'之义的说法，也只能就此作古"（《应公鼎铭与周代宗法》）。

③ 湖北黄冈市博物馆、湖北蕲春县博物馆：《湖北蕲春达城新屋垮西周铜器窖藏》，《文物》1997年第12期。专家指出，铭中的"文"指文德，"帝"当通嫡，"日辛"是名盂者嫡母的人名。意思是说此器是为其有文德的嫡母日辛所做器。依照此说，这个铭文应当是"帝"字在彝铭里用如嫡的一个例子（吴晓松、洪刚：《湖北蕲春达城新屋垮窖藏青铜器及相关问题的研究》，《文物》1997年第12期）。按，"嫡母"之称未见于先秦时期，盖起自魏晋时代。杜预注《左传》昭公二十年"襄夫人宣姜"云"宣姜，灵公嫡母"（孔颖达：《春秋左传正义》，阮元校刻：《十三经注疏》，第2091页），当是文献中最早出现"嫡母"的记载。先秦时期，嫡妻有称寡妻之例，见于《诗经·大雅·思齐》"刑于寡妻"，毛传"寡妻，適妻也"（孔颖达：《毛诗正义》，阮元校刻：《十三经注疏》，第516页）。"嫡"字，用如嫡庶义者，可能起自春秋时期，《左传》僖公二十四年始有"嫡子"之说（孔颖达：《春秋左传正义》，阮元校刻：《十三经注疏》，第1817页）。《说文》谓："嫡，嬌也。从女啻声。嬌，谨也，从女属声，读若'人不孙（逊）为嬌'。"（许慎：《说文解字》，第262页）是可见嫡字在汉代尚作谦逊之义。还有学者在释盂方鼎"文帝母日辛"时指出"帝"是与文、皇相类的修饰词（张再兴：《"文"、"皇"考辨》，《中国文字研究》2007年第二辑，郑州：大象出版社，第106页），其说是。

孟方鼎铭文拓本

用为宝器鼎二、簋二，其用享于厥帝考。

勇叔买自作尊簋，其用追孝于朕皇祖、窞考。

仲师父作季妓姒宝尊鼎，其用享用孝于皇祖、帝考。①

上引诸器铭的时代，除第三例为西周中期器以外，余皆属西周晚期。金文中此类"帝"字出现的情况，与祖考名前附以帝字的情形不同。上引铭文中，除单称"帝考"外，还有"皇祖"与"帝考"并联之例。显然，这里的"帝"与"皇"意义相近。"皇"用于形容祖先之盛大，"帝"之用法当与之类似。事实上，以"大"状摹父考，是周人的习俗，西周金文中即有"馘考"之说，②馘即胡，大之义。而帝亦有大意，郝懿行疏《尔雅·释诂上》"天、帝，君也"时说道："天与帝亦训君者，天、帝俱尊大之极称。"③前辈学者也指出帝有盛大之义。④因此，西周金文中所谓的"帝考"应是对于去世之后的父考的敬称，帝考与皇考义近，指伟大的父考，⑤只是"帝"特定修饰父考而未见用于状摹祖父之例。

要之，西周金文中在祖考私名前附以"帝"字，"帝"字之义应与殷商卜辞中附"帝"于父名前含义相同，为祖先的庙号之称。所不同的是，殷人多于商王之父前加以"帝"字，而西周时期，不单周王，一般贵族（包括女性贵族）在去世后亦可加"帝"字于私名之前。此外，周人又有不加私名而径称

① 上引诸器铭章叔将簋、师眉簋、勇叔买簋、仲师父鼎依次见《集成》4038、2705、4129、2743。

② 周晋盉铭文谓"周晋早丧厥馘考辛仲"（吴镇烽编：《商周青铜器铭文暨图像集成》14793，上海：上海古籍出版社，2014 年。以下简称《铭图》，不再出注）。

③ 郝懿行：《尔雅义疏·释诂上》，上海：上海古籍出版社，1983 年，第 5 页。

④ 张日昇先生说在彝铭里，"帝"除作名词外，还作形容词，表示"盛大"之义，并举仲师父鼎"其用享用孝于皇祖、帝考"为证（周法高、张日昇：《金文诂林》卷一，香港：香港中文大学出版社，1975 年，第 57 页）。陈初生先生亦引用仲师父鼎铭，指出"帝"有"大"意，并引《独断》"帝，大也"为据（《金文常用字典》，西安：陕西人民出版社，2004 年，第 10 页）。

⑤ 西周金文中还有"帝宗"之称，如西周中期晋伯卣"晋伯作厥啻宗宝彝其万年永用"（首阳斋等编：《首阳吉金》，上海：上海古籍出版社，2008 年，第 92 页），此处之"啻宗"当理解为对晋伯所在之宗的敬称。类似的还有新近面世的宗人诸器，伯或父鼎铭谓"宗人其用朝夕享事于啻宗室……用夙夜于帝宗室"（吴镇烽编：《商周青铜器铭文暨图像集成续编》231，上海：上海古籍出版社，2016 年。以下简称《铭图续》，不再出注）。叔安父簋"宗人其朝夕用享考（孝）于啻宗室"（《铭图续》440），铭文中的"啻（帝）"皆当为大之义。

"帝考"的做法,此处之"帝"是对于逝去父考的尊称,表示大、尊贵之义。无论是父名之前的"帝"字,抑或径称"帝考"之"帝"字,均不说明周人将祖先与帝联系起来,不能把帝看成周人的宗祖神。

此外,这里附带辨析商周铭文中"上下帝"的含义。"上下帝"之称首见于商代晚期二祀邲其卣,铭文谓"唯王二祀,既𩰿于上下帝"。其中的"上帝"为在上之帝,学者无异议。而"下帝",所释不一:1."下帝"指在人间的人王,即商王;①2."下帝"指地祇百神;②3."下帝"指除上帝之外的其他天神;③ 4.下帝指商王室直系先王的集合称谓。④ 此外,有学者指出"上下"属于复词偏义。⑤ 关于复词偏义,王国维先生早有揭示。他在《与友人论〈诗〉〈书〉中成语书》中指出"古人颇用成语,其成语之意义与其中单语分别之意义又不同",如"陟降"一词,"古人言陟降,犹今人言往来,不必兼陟与降二义。《周颂》'念兹皇祖,陟降庭止','陟降厥士,日监在兹',意以降为主,而兼言陟者也。《大雅》'文王陟降,在帝左右',此以陟为主,而兼言降者也……《大雅》之陟降不当分释为上下二义"。⑥此处的"上下"可否与陟降、出入类似,偏重于其中一字而指上帝呢?⑦ 毕竟下帝之称不

---

① 杜迺松:《邲其三卣铭文考及相关问题的研究》,《故宫博物院院刊》1985 年第 4 期。

② 学者指出"上下,或作下上,上指上帝,下指地祇百神"。见徐中舒:《甲骨文字典》,成都:四川辞书出版社,1988 年,第 6 页。

③ 马承源先生持此观点,他说:"(上下帝)疑指在天的上帝和诸天神。上帝是天神之首,至高无上,下帝是相对上帝而言的天神中其他帝名。默钟铭'佳皇上帝百神',百神即是在天的上帝以下的诸神。《周礼·春官宗伯·小宗伯》'兆五帝于四郊',此五帝是天之四方及中央之神,而非上帝。下帝当指此类天神。"(《商周青铜器铭文选》三,第 46 页)

④ 王晖:《论商代上帝的主神地位及其有关问题》,《商丘师专学报》1999 年第 1 期;陈絜:《应公鼎铭与周代宗法》。

⑤ 周言:《说"上下"——商周巫觋社会说的文字学质疑》,《史学月刊》1997 年第 1 期。

⑥ 见《观堂集林》卷二,第 75—78 页。

⑦ 周言先生指出卜辞中的"上下若"或"下上若","就'上下'而言,视具体语境,实为'上'义或作'下'解",他还指出如果"下"指地祇,"商代卜辞中,何以不见分别出现的'上'神或'下'祇? 否定了"上下"之"下"为地祇之说。他以为卜辞中的"上下"专指除"上帝"外的上天百神,可能还包括宾天的祖先(《说"上下"——商周巫觋社会说的文字学质疑》)。他认为上帝(或王帝)与"上下"不相混同,主要是由于《合集》24980 记"曰兹下(上)若,曰兹奉于王帝","下上"与"王帝"并列。但常玉芝先生指出,此条卜辞应为"兹下,[不]若,兹由王,帝[不]𩰿见……"(《由商代的"帝"看所谓"黄帝"》),如是,则不存在"下上"与帝并列的情况。有关辞例尚待进一步研究。

见于甲骨文献。

事实上，将"上下"理解为偏重"上"字，在不少铭文与早期文献中都可以讲通。如五祀㝬钟"乃膺受大命，匍有四方。余小子肇嗣先王，配上下"，①此"上下"与㝬簋"用配皇天"意义相类，指合于上天。西周中期鲜钟"用侃喜上下，用乐好宾"，②所谓的"侃喜上下"，应即铭文中习见的"侃喜前文人"，而前文人其严在上；春秋中期者减钟"其登于上下，闻于四方"，③此句描摹钟声悠长，"登"，升也，因此，铭文中的"上下"明显偏于"上"。蔡侯盘"蔡侯申虔恭大命，上下陟否，擜敬不易"，④"陟"后一字诸家所释不一，但"陟"本身为"登"义，与"上"相对应，故也可将这里的"上下"理解为偏重于"上"。⑤

另外，西周早期邢侯簋亦谓：

> 鲁天子宵厥濒福，克奔走上下，帝无终命于有周。⑥

关于此一铭文，郭沫若先生读为"克奔走，上下帝无终命于有周"，并指出"上帝为天神，下帝为人王"，⑦"天子对上帝而言亦谓之下帝"，⑧以为人世间的周王可称为帝。然而，如若将"下帝"理解为周先王，则"上下帝无终命于有周"难以讲通：就西周铭文及传世文献看，上帝可授予周人"命"，周之子孙亦可求先祖"永命"，但不见周先王"命于"周邦的情况。因此，铭文宜读为"克奔走上下，帝无终命于有周"，其义当如陈梦家先生所

---

① 《集成》358。

② 《集成》143。

③ 《集成》197。

④ 《集成》10171。

⑤ 大克鼎铭中亦有"珰于上下"句，只是"珰"字义不明，"上下"之意也难以理解。暂不讨论。当然，"上下"也可实指"上"与"下"，如《尚书·召诰》"上下勤恤"，其曰：我受天命"，《洛诰》"惟公德明光于上下，勤施于四方"。前者指君臣上下勤劳忧恤，后者为成王赞颂周公之德照耀上下四方。

⑥ 《集成》4241。

⑦ 郭沫若：《两周金文辞大系图录考释》二，第40页。

⑧ 郭沫若：《周彝中之传统思想考》《金文丛考·传统思想考》，《郭沫若全集·考古编》第五卷，第46页。唐兰先生认为"上下帝包括上帝与下帝，上帝指天帝，下帝指已死的奴隶主统治者"（《西周青铜器铭文分代史征》，第162页）；王辉先生指出"下帝指比祖父高一辈的先祖"（《商周金文》，北京：文物出版社，2006年，第62页）。均是将"下帝"解为周先王。

说:"'帝无冬令于有周'即帝无终命于有周。《多士》'殷命终于帝',《召诰》'天既遐终大邦殷之命',与此义同。"①铭辞为邢侯嘉美天子之语,意谓勤劳上下,②帝赋予周人永命。这样,西周铭文中并无"下帝"之说,更不能推阐出周人以王为帝的结论。

综之,目前为止并没有可靠的证据表明商周时人以帝为其祖先,帝并非商周时期的宗族神灵。以商人、周人始祖之诞生与帝相关联,是后起之事。

第四节　帝是否为至上神

在有关商周时期帝的研究中,帝是否为至上神素来是学者们关注的话题。学者们常常认为,至上神的出现总是与政权的建立、王权的确立存在有千丝万缕的联系。

一、商人的帝是至上神?

帝是否为至上神主要集中在对商代之帝的探讨中。

郭沫若、傅斯年、胡厚宣诸先生认为商人的帝是至上神,谓"(卜辞)的'帝'自然是至上神无疑,凡是诗书彝铭中所称的'帝'都是指的天帝或上帝……大抵殷代对于至上神的称号,到晚年来在'帝'上是加了一个'上'字的";③"既祈雨求年于此帝,此帝更能降馑,降若,授祐,此帝之必为上天主宰甚明";④"由于帝的权能极大,所以帝又称帝宗,帝宗即经籍上所说的天宗……殷人以为帝有全能,尊严至上"。⑤在论述殷代神灵集合,特

---

① 陈梦家:《西周铜器断代》,第 83 页。按,于省吾先生曾读此句铭文作"克奔走上帝,无终命于有周",将"终命"解为"失命"(《邢侯彝铭》,《双剑誃吉金文选》,第 163 页)。
② 西周铭文中的"奔走"多用为勤劳、勤奋义。
③ 郭沫若:《先秦天道观之进展》,《青铜时代》,第 5 页。
④ 傅斯年:《性命古训辨证》,《民族与古代中国史》,第 318 页。
⑤ 胡厚宣:《殷卜辞中的上帝和王帝》(下)。按,卜辞有"…帝宗,正,王受屮(有)又(祐)"(《合集》38230)。此"帝宗",意指禘祭于宗庙。如此,"帝宗"很难理解为形容帝权力之大。以为帝系至上神,还见于:张桂光:《殷周'帝''天'观念考索》,《华南师范 (转下页

别是帝与祖先之关系时，有学者指出"先祖是时王向帝表达企望的中介"，①以为帝之权威高于祖先，因此上帝是至上神灵。

　　与上述观点不同，亦有学者认为商人的帝并非至高神，帝的神性功能不及其他神灵。晁福林先生指出"在殷人的神灵世界里占有主导的最重要地位的是祖先神，而不是帝；帝不是万能之神，也不是最高主宰；自然神、天神和祖先神各有特点、互不统辖，呈三足鼎立之势"，"帝只是殷代诸神之一，而不是诸神之长"。帝并非至高神灵，主要原因为：1. 帝的神力有其局限性。以令风令雨来说，帝不能适应人世间的需要来安排风雨晴旱等气象变化，而只是漫无目的地令风令雨。此外，支配风雨等气象并非帝的特权，河、土（社）、岳以及祖先神均有降雨的神力，帝只是主宰之一，而不能算作最高主宰。2. 帝降福降祸具有盲目性，不具有后世天人感应的因素。并且，就降祸、赐福言，帝的影响比之于祖先神，甚至河、岳等，都要小得多。3. 在殷人的观念中，祖先地位重于帝。"在殷人的神灵世界里帝并不能和祖先神等相颉颃。在殷代祭典的祭祀种类、祭品多寡、祭祀次数等方面，帝和祖先神等相比均望尘莫及"。殷人只是向帝提出问题，却并不奉献祭品。在殷人看来，祖先神和他们的关系直接而密切，帝和他们的关系则间接而遥远。不但如此，"卜辞里没有任何迹象可以说明天上的先祖要将人世的祈祷转告于帝……有殷一代，帝的权势都还没有凌驾于祖先神之上"。②

　　朱凤瀚先生则从神灵的权能方面，讨论了帝是否是至上神的问题。他说"商人的宗教作为一种多神教，除上帝以外，自然神、祖先神仍在商人宗教观念中有很重要的地位。尤其是不同等级的祖先神作用之突出与深

（接上页）大学学报》1984 年第 2 期；徐义华：《商代的帝与一神教的起源》，《南方文物》2012 年第 2 期。此外，还有学者认为帝是高于祖先的神灵，如谓 "The concern in the ancestral sacrifices was not simply to submit to the ancestors; rather, it was to create proper ancestors to which the living could then become proper descendants. And these ancestors were then called on to pacify the higher, non-ancestral powers—including, most important, Di. The cosmos would thus, to the limited extent possible, become ordered by the living".（Michael Puett（普鸣）：*To Become a God: Cosmology, Sacrifice, and Divination*, p78）。

　　①　胡厚宣：《殷卜辞中的上帝和王帝》（下）。
　　②　晁福林：《论殷代神权》。

入更是不能忽视的……旧说商人事无巨细均要卜问上帝亦是不严格的"，商代"未形成诸自然神、祖先神各有分工，各司其职，而由上帝以万能之神的姿态将一切神权总揽在手中的局面"。他指出，商人心目中的上帝有着广泛的自然权能，更有着其他诸类自然神与祖先神灵所没有的对人间的强大的破坏力，但在商人的神灵世界中，并未构成一个由上帝做主宰而统领、支配其他一切神灵的万神殿。他说"从卜辞中看，上帝只在天神中建立了自己的臣僚系统，在卜辞中称作帝臣，并无资料可以证明商人上帝与祖先神、自然神之间也形成明确的等级秩序"。并且，祖先神不属于帝臣。"卜辞有并卜祭祀帝臣、岳宗、夒宗是否可以降雨的辞例，由两位远祖神（之宗庙）与帝臣并卜，正可以证明商人的祖神并不属于帝臣"。总之，帝不是至上神，帝并非凌驾于众神特别是祖先神之上。①

伊藤道治先生虽然没有明确说明帝与祖先地位孰高孰低，但他在缕析各期卜辞中所记帝与祖先的功能时，曾经对帝与祖先势力的此消彼长进行勾勒。他指出，在第二期祖甲时代，卜辞显示"作为第一期最高神的帝消失了"，并且在第一期卜辞中帝的功能表明"帝是给王以祐助者"，而在第三、第四期康丁、武乙、文丁时代，"给予祐助的是先王"，"把它跟第一期卜辞作比较，跟祐助有关的，第一期的帝可以说销声匿迹了，只限定于先王"，"在第一期卜辞中，最高之灵是上帝，在其下存在由血缘关系起作用的、被看作死灵的祖先灵，以及作用于自然现象的灵鬼。第二期以后，在这三者之中，祖先灵逐渐强而有力，对它的祭祀规则化了"。② 如此而言，帝并非自始至终都是商王最重要的神灵。③ 事实上，据学者统计，卜辞中有关"帝"之记载共 454 条，其中一期卜辞 383 条，一、二期之间有 34 条，二期卜辞 9 条，三、四期卜辞 16 条，五期卜辞 12 条。"'帝'大量出现

---

① 在考察帝与祖先神的职能方面，朱凤瀚先生说"如仅就大体的权能范围而言，上帝在人事权能上只影响及王自身，不关系到王以外其他贵族，这是上帝与上甲以后的祖先神所不同的……除此而外，上帝与部分祖先神如岳、河、王亥等远祖、高祖以及上甲之间在权能范围方面差别似并不明显"。但他指出上帝的神格高于祖神（《商周时期的天神崇拜》）。

② 伊藤道治：《中国古代王朝的形成——以出土资料为主的殷周史研究》，第 21、23、24、25、30 页。

③ 常玉芝先生亦指出，商代晚期武丁至帝乙时期，商人对于帝的卜问在祖庚、祖甲时期较少，在帝乙、帝辛时期大为减少（《商代宗教祭祀》，第 541 页）。

在卜辞中的时间段为卜辞早期，一期之后锐减"，①结论与伊藤道治相符，表明有商一代，帝之地位变动不居，上帝不是至上神灵。

美国学者伊若泊有相似的论点。他认为帝并非超越其他神灵的至上神，他还引用日本学者池田末利之论，以为没有证据能够表明殷商、周代早期存在王通过祖先而祭祀帝的情形。②

综合而言，商人之帝具有广泛的自然权能，其若干神力非祖先神灵所能企及。但正如学者指出，帝与其他神灵特别是祖先神之间，并没有明确的等级统属关系，商人观念中并未形成帝凌驾于祖先神之上的层级关系。并且，帝对于商人的重要性，并非始终如一。

那么，商代王权的建立与至上神的出现是否存在一致性？

在商代上帝的讨论中，不少学者倾向于认为至上神的出现与国家政权的建立存在一致性，以为信仰中的至上神，即是人间至尊之王的翻版，天上的至上神是人间最高权力出现后的产物。有学者指出，神灵世界经历了由氏族神—部落神—部族神—全能神这一转变过程，全能神的出现标志着阶级社会、国家的出现。胡厚宣先生认为殷代进入阶级社会，宗教信仰领域已经有了全能的统一之神。他说"殷代在武丁时就有了高高在上主宰着自然和人类一切命运的'统一之神'的宗教信仰"，③"天上统一至上神的产生，是人间统一帝王出现的反映。没有人间统一的皇帝，就永不会有天上统一的至上神。殷代这一社会意识形态的宗教信仰，应该是同他的阶级社会的经济基础相适应的"，④"天上的上帝，是与人间的王帝

---

① 李双芬：《卜辞"帝"观念的转变与商末政治理性的进步》。作者还指出，"帝"在一期卜辞后出现频率锐减，与目前所得宾类卜辞数量较多有一定的关系，但是，"如果'帝'为商代的至上神……从时代性上看，五期卜辞也应该都有'帝'卜辞的广泛存在，而不是目前所见的以早期为居多"。

② 伊若泊说"the abstract quality of Ti does not reflect a concept of a single transcendent deity, but is rather due to the fact that *ti* was a flexible term that could be used to denote a body of deities considered collectively (as a corporate term), or as a way of referring to a specific member of the pantheon individually but not by name (as a generic term)"，"the term *ti* denoted not 'God on High', but 'the gods', or 'the god'". ("Was There a High God *Ti* in Shang Religion", p6)

③ 胡厚宣：《殷卜辞中的上帝和王帝》（上）。

④ 胡厚宣：《殷卜辞中的上帝和王帝》（下）。

相适应的。统一之神的形成,反映了当时已经出现了各部族联合的统一的王国"。① 郭沫若先生有类似的观点,他说"地上权力统于一尊,于是天上的神秘便也不能不归于一统。地上在国家成立以后,天上便会有天堂出来",②同样认为统一的至上神与统一的王权的出现存在对应关系。此外,海外学者赤塚忠、吉德炜、白川静、张光直等诸学者也认为,作为高高在上的神"帝"的兴起与"商朝及其统治氏族占据至高地位这一点正相合拍"。③"文明"的世界中王声称拥有普世的至高地位,与神灵世界中至高统治者的兴起在时间上是平行的。

然而,如上所述,帝并非绝对凌驾于众神之上,并且,学者已经指出,在商代后期王权加强的过程中,祖先神发挥有更重要的作用。那么,是否可说至上神的出现一定与商代王权的确立之间存在必然关联?以目前可见的材料而言,上帝的确具有突出的神力,甚至商代王权的建立和强大也应当与上帝的神力有一定的对应关系。但是,商人还未自觉地将王权与上帝联系起来,商王并未有意识地将上帝视为王权的来源,因此,王权的建立、发展有更为复杂的过程,尚不能以上帝神性的突出来总括一切。

二、周人的帝与至上神

商人的帝并非王权的来源,但是到了周人的观念中,发生了重大改变。周人的信仰世界中,帝与王权紧密相关,周人将帝与周代国家的建立扣得很紧。但是,帝是否凌驾于一切神灵之上,是周人的至上神呢? 考察这一论题,需要回答的问题是,帝与祖先神灵的关系怎样,帝是否超越于祖先神灵之上?

---

① 胡厚宣:《殷卜辞中的上帝和王帝》(上)。观念中的至上神与现实中的君主的关系,恩格斯曾经说过"一个上帝,如没有一个君主,永不会出现。支配许多自然现象,并结合各种互相冲突的自然力的上帝的统一,只是外表上或实际上结合着各个因利害冲突互相抗争的个人的东洋专制君主的反映"(恩格斯:《1846 年 10 月致马克思的信》,《马克思恩格斯通信集》第一卷,李季译,北京:三联书店,1957 年,第 53 页),恩格斯的说法对中国学者有很深刻的影响。
② 郭沫若:《中国古代社会研究》,《郭沫若全集·历史编》第一卷,第 127 页。
③ 转引自史华兹:《古代中国的思想世界》,第 29—30 页。

　　首先，从神性方面说，帝与祖先各司其职，帝突出的神性是授予大命，而祖先神则全方位地护佑周人。在政治领域，帝发挥功效；在日常领域，周人更加依赖祖先神灵。

　　帝是周人国祚的最高来源，同时又是周王个人的保护神，西周晚期默钟铭文谓"唯皇上帝、百神保余小子"，上帝与其他"百神"一道成为厉王的保护神。西周金文显示，帝所保佑的对象是周王而非一般贵族。

　　帝虽然是周王的保护神，但帝的神性较为空泛、模糊，相比之下，祖先的神性覆盖范围更加广阔，施展内容更加具体，他们是家族和生者的护佑者：祖先赐予子孙长寿、福禄、康佑、安康；祖先保佑家族子孙繁衍；此外，祖先保佑生者"畯臣天子"、①世卿世禄。祖先的功能还表现在可助子孙禳灾，在战争中保护生命、遇疾时消灾解难等（祖先的神性详见"西周时期祖先崇拜"章）。然而，帝基本不具备这些功能。可以说在神性方面，祖先更为神通广大，更关注周人生活中的方方面面。

　　其次，从神格方面讲，帝之神格高于祖先，但西周时期仍未有祖先为帝臣的明确观念。从西周彝铭观察，帝廷为周先王登假之处，帝与祖先有若干关联。前引默簋铭文"默作鼎彝宝簋……其格前文人，其濒（频）在帝廷陟降"，意谓周先王去世后，往升至帝所。但是，铭文侧重于说明先王与帝在一起，并未突出先王地位在帝之下的含义。敔狄钟铭文进一步显示，到达帝廷的先王在上帝之侧，其谓"侃先王，先王其严在帝左右"。②"在帝左右"暗示出祖先环绕在上帝之旁，帝是帝廷的中心，帝之地位高于祖先。《诗经·大雅·文王》也透露出这层意思，谓"文王陟降，在帝左右"，文王升天之后，在帝之身旁，可见，文王也是以帝为中心。但在这里，帝与祖先神的统领关系并不清晰，还不能说帝与文王之间存在君臣关系。同样的情形见于《逸周书·度邑》篇，此篇记载武王对周公说"予有不显，朕卑皇祖不得高位于上帝"，武王自谦地说，自己并无事功，导致不能使祖

---

　　① "畯臣天子"为周代彝铭习语，畯通骏，意为长。此语犹谓永远臣属于天子，为王室效力。

　　② 《集成》49。铭文中"严"字之释详见第二节"帝廷与帝臣"部分。

先上升至帝之所。① 显然，祖先登假至上帝之廷是祖先的荣誉，因而，帝之地位高于祖先神灵。可是，上述材料无一例表明祖先是上帝的臣属。

综之，由于周人有意识地将帝与大命结合起来，将帝当作国家政权建立的最高依据，帝的神圣性无可置疑地获得提升，成为周人、周邦最重要的神灵，在这个意义上，可说帝是至上神。可是，需要指出，上帝与祖先之间并不存在统属关系。西周时期帝与祖先神各有职司，祖先神灵所掌管的领域、内容较之上帝更为宽阔、多样；从神格方面说，帝之神格高于祖先神灵。但帝与祖先之间并无明确的上下统属关系，西周时期人并未想象出天帝独尊、由上帝统领祖先神和其他众神的景象。

第五节　帝与天的异同

在周人的信仰观念中，帝、天皆为周王大命的最高来源，咸为周王的保护神，且均为周先王陟降之所。帝与天，看起来十分相像。那么，帝与天究竟有无区别呢？ 若有，其区别何在？

关于西周时期帝、天之异同，学者们有所辨析。郭沫若先生认为天是帝的衍化，他说"殷时代是已经有至上神的观念的，起初称为'帝'，后来称为'上帝'，大约在殷周之际的时候又称为'天'。因为天的称谓在周初的《周书》中已经屡见，在周初彝铭如大丰簋和大盂鼎上也是屡见，那是因袭了殷末人无疑"，②在他看来，帝与天同类，商人称为天，周人称为帝。

陈梦家先生则认为帝并非天，皇上帝与皇天是不同的神灵，他以鼒钟铭文"隹皇上帝百神，保余小子……我隹司配皇天，王对作宗周宝钟"为例，指出西周金文中，"皇上帝与皇天是二。皇帝亦见西周金文师询簋'肆皇帝无斁，临保我有周'，《吕刑》'皇帝清问下民'，皆指上帝。东周金文徐

---

① 庄述祖云"言周公不代武王，则宝命终坠，是使后稷不得配天也"；朱右曾云"盖后稷以来积累以基王命，今大统甫集，未致太平，未作礼乐，无以光显祖业于天下，是使皇祖不得享配天之祭也"（转引自黄怀信、张懋镕、田旭东：《逸周书汇校集注》，第509页）。

② 郭沫若：《先秦天道观之进展》，《青铜时代》，第9页。

王义楚鍴'用享皇天祖考'，与《诗》《书》之'皇天''昊天'并皆指上天而非上帝"。①美国学者伊若泊也认为帝、天不同，他指出帝、天只有在指天神这一意涵方面是相同的，天还具有自然之天的含义，同时也是周人祖先的居所，而帝却不具有这两方面的意义。②

朱凤瀚先生对于西周时期帝、天之异，辨析详尽。他将帝、天的不同概括为三项：其一，上帝是周人的保护神，但天却不单是授佑于周人，而且也会对周人降下各种灾害。其二，在神灵人格化的程度上，天与上帝亦有较大的差别。天有思想意志，也有情感，天还可以直接闻知人事，亦可以监视人间，上天属人格化的神。但上帝的人格化色彩更为强烈。上帝不仅具有人格化行为，且能够直接对人说话，天则不见有此神性。并且，上帝具有人形。周人虽赋予天一定的"人性"，但并未见赋予人之形象，因此天是一种超感性形态的灵性力量。其三，周人在笃信天主宰国家命运的基础上，将"天命"明确地与道德观念紧密地结合起来。周人虽视帝为正义之维护者，将上帝的行为赋予一定的道德标准，但这主要是出于从思想上进一步瓦解商人，为周代商制造舆论的目的。易言之，天的宗教色彩逊于帝。他总结道"在周人的宗教观念中，天与上帝是两种既有同一性又有差别的人格化的天神，其同一性是建立于某些共同的权能（特别是顺应克商政治形势的需要而赋予二者共同的人事权能）之上的，就此而言，天与上帝可以说是二位一体的。但是天在神性上有更为复杂的特征。天在人格化程度上不如上帝而接近于自然，天有并非周人保护神的一面，其意志难以揣测，似乎反映了周人对支配世界的客观规律的探求（按其这一神性而言，颇似商人之上帝）；作为天所主宰之命运的'天命'与道德观的结合是周人为寻找客观规律所作的一种努力与尝试，使其宗教色彩较之上帝已明显淡化"。③

学者之论，很有启发，但仍有可补充之处。天与帝相同之处，可归纳为如下几点：

---

①　陈梦家：《殷虚卜辞综述》，第 579 页。

②　Robert Eno（伊若泊）："Was There a High God *Ti* in Shang Religion"，p15.

③　朱凤瀚：《商周时期的天神崇拜》。

首先,天与帝均是周人大命的来源,是周人政权合法性的最高依据。这一点前文已论,不赘述。与大命相关,还可见天、帝均有神力降德于周人,毛公鼎云"丕显文武,皇天引厌厥德",意谓皇天长足文王、武王以德。墙盘、瘐钟俱云"曰古文王,初鳌穌于政,上帝降懿德大甹",①意指上帝赐降美善之德于文王。"德"来源于天、帝。

其次,天与帝皆为周王朝、周天子的保护神。大盂鼎谓"天翼临子,灋保先王,匍有四方",在这里,上天护佑周王。瘐钟记载厉王之语"唯皇上帝、百神保余小子",是说上帝是周厉王的保护神。在周人的观念中,上天、上帝悉心呵护王朝、周王。邢侯簋云"帝无终命于有周",师询簋谓"肆皇帝亡斁,临保我有周",毛公鼎云"肆皇天亡斁,临保我有周",②三例铭文显示,皇天与上帝无时无刻不在保护有周、天子。

又次,天、帝皆可降丧、降罚。由西周金文及可靠的西周文献观察,天、帝皆有能力降下惩罚、丧乱,如《尚书·多士》称"上帝引逸,有夏不适逸,则惟帝降格","惟时上帝不保,降若兹大丧",表明上帝可降丧乱于下国。而"天降丧""畏天威"的说法习见于青铜彝铭、传世文献。西周中期师询簋谓"今日天疾威降丧",西周晚期禹鼎说"天降大丧于下国",西周晚期曶盨记载王告诫曶敬明其心,万勿暴虐任意听讼,否则就是"辅天降丧"。《尚书·大诰》云"天降威,知我国有疵",《康诰》"爽惟天其罚殛我,我其不怨",《酒诰》"天降丧于殷,罔爱于殷",《多士》"我乃明致天罚",《多方》"天降时丧,有邦间之",《君奭》"天降丧于殷,殷既坠厥命"。在惩戒、降灾方面,皇天与上帝皆施展神力。

再次,天与帝代表最高准则、最高标准,周王之行需合于天帝之意。逨盘曰"文王、武王达殷,膺受天鲁令,匍有四方,并宅厥勤疆土,用配上帝",铭文赞颂文王、武王翦商,承当天命,安居其土,勤勉治理国家,文、武之行合于上帝。瘐簋谓"余亡康昼夜,经拥先王,用配皇天",厉王自诩其日夜勤奋,拥护先王,所行合于上天之意。南宫乎钟铭文则颂扬"天子其

---

① 分别见于《集成》2841(毛公鼎)、10175(墙盘)、251(瘐钟)。

② 分别见于《集成》2837(大盂鼎)、260(瘐钟)、4241(邢侯簋)、4342(师询簋)、2841(毛公鼎)。

万年眉寿，畯永保四方，配皇天"，天子万年长生、长久保有四方，以合于皇天。① 铭文中所谓的"配上帝""配皇天"，表明天帝是最高存在、最高标尺，周人以天子所行合于天帝之意为最高理想。

又次，天、帝皆有临视周人、指导周王的神性。何尊谓"叀王恭德，谷天临我不敏"，成王祈祷上天临视、指引，而《诗经·大雅·皇矣》云"皇矣上帝，临下有赫。监观四方，求民之莫"，上帝高高在上，监临四方，指引文王整齐军队、调度兵马、克敌制胜。昊天与皇帝，时时刻刻照临、导引周王。

天与帝有一致性，但也存在微妙区别：②

一，天、帝均具有人格化的色彩，但帝的人格特征更为浓重。在周人的观念中，天具有人性，如《尚书·大诰》谓"天休于宁王，兴我小邦周"，上天听闻文王之行，于是嘉美文王，兴盛小邦周。在这里，天是感性的。《尚书·康诰》云"天乃大命文王，殪戎殷，诞受厥命"，皇天命令文王，尽伐殷，乃受天命。豳公盨铭文说"天令禹敷土，堕山濬川"，大禹导山导水，治理洪灾，也是在接受上天指令之后。在此处，上天如领袖一般，颁布下达指令。总之，上天有感知，有情绪，向人间发布命令，具有拟人化的特征。

相比于天，上帝的人格特点更加突出。《尚书·康诰》记述周公之语，"以修我西土，惟时怙冒，闻于上帝，帝休，天乃大命文王"，③意谓西土之人勉力而为，上帝听到之后，大为嘉美。至于《大雅·皇矣》篇中所说的上帝憎恶殷人（上帝耆之），④于是转而向西看顾西岐（乃眷西顾）。上帝使其心有量度（帝度其心），帝又教导文王，循序渐进实施翦商大计（帝谓文王），上帝简直就是明察秋毫的智者，也是关怀周人备至的导师，人性色彩

---

① 分别见于逨盘（陕西省考古研究所、宝鸡市考古工作队、眉县文化馆联合考古队：《陕西眉县杨家村西周青铜器窖藏》）、簋（《集成》4317）、南宫乎钟（《集成》181）。
② 朱凤瀚先生指出商周帝之差异为：1. 商人的上帝虽主宰天廷诸帝臣，但与祖先神及自然神没有明确的上下统属关系。周人之上帝则与周人祖先神及自然神间结有此种统属关系。2. 商人上帝是一种强大而意向又不可捉摸的神灵，但西周时期上帝已被奉为保护神。3. 商人之帝没有理性，周人之帝主持正义、有明确的是非观念（《商周时期的天神崇拜》）。
③ "惟时怙冒"句之释，诸家所释纷纭，详见刘起釪：《尚书校释译论》，第1307页。
④ "上帝耆之"之"耆"，胡承珙以为"耆"通"指"，"指"有恶义（《毛诗后笺》，第1280页）。

十分浓重。周人似乎按照人的形象塑造了上帝，虽然这一形象仍然模糊，但已初具雏形。

二，帝有帝廷，但周人并未设计出"天廷"的概念。西周金文与传世文献皆显示，帝有帝廷，有先王在帝左右。而周人虽然也有先王在天的观念（《尚书·召诰》"殷多先哲王在天"），①但尚未设想出"天廷"的概念。较之于帝，天缺乏具体的形象，予人以虚空含广的印象。②宋儒曾经从体用的角度对于天、帝予以区分，其说精湛。谓"大抵以形体谓之天，以主宰谓之帝，昊天上帝则主宰乎天者也"，③"天者，帝之体。帝者，天之用"。④"体"与"用"，正是抽象与具体的区别，从另一角度说明了天、帝之不同。

三，天具有一定的创造功能，帝却缺乏这项神力。上章已指出，周人赋予天以化育功能，天生烝民，天生仲山父（《诗经·大雅·烝民》）；天作

---

①　《诗经·大雅·下武》"下武维周，世有哲王。三后在天，王配于京"，其中的"三后在天"，其义当与《尚书·盘庚》中所谓"予迓续乃命于天"之"天"同，只是笼统的观念，并没有"天庭"之意。从现在的材料看，"天庭"观念的完备，已经是汉魏间事。汉魏的星相学家每谓天上的"太微垣"就是天庭。在一般人的观念里则泛指上天。如王逸云"天庭明兮云霓藏，三光朗兮镜万方"（黄灵庚：《楚辞章句疏证》，北京：中华书局，2007 年，第 2957—2958 页），意谓天庭净扫云霓而更加明亮，日月星三光朗朗照耀天下万邦。此处是说天庭为日月星辰之所居。汉儒扬雄说："天胙光德，而陨明忒。昔在有熊、高阳、高辛、唐、虞、三代，咸有显懿，故天胙之，为神明主，且著在天庭，是生民之愿也，厥飨国久长。"（《法言·重黎》。汪荣宝：《法言义疏》，北京：中华书局，1987 年，第 362 页）这个说法依然承继了传统的圣王去世后活在天上的观念。把地上皇宫以及皇帝大臣们都安排至天庭，最早可能是由《晋书·天文志》所完成的。是篇说天上有"天市垣"的区域，类乎宫城，其中的安排是："帝坐一星，在天市中候星西，天庭也。光而润则天子吉，威令行。候一星，在帝坐东北，主伺阴阳也。明大，辅臣强，四夷开；候细微，则国安；亡则主失位；移则不安。宦者四星，在帝坐西南，侍主刑余之人也。星微，吉；非其常，宦者有忧。宗正二星，在帝坐东南，宗大夫也。慧星守之，若失色，宗正有事；客星守之，更号令也。宗人四星，在宗正东，主录亲疏享祀。族人有序，则如绮文而明正。动则天子亲属有变；客星守之，贵人死。宗星二，在候星东，宗室之象，帝辅血脉之臣也。客星守之，宗支不和"（《晋书》，北京：中华书局，1974 年，第 295 页）。从"天庭"这一观念的形成过程看，由原先的朦胧、抽象开始，逐渐将地上的宫殿建筑搬到天上，这一过程经历了一个比较漫长的时段。

②　中国古代传统中，帝此后发展出玉皇大帝等具体人形，天却始终未能形成人的形状，这一传统，或始自西周。

③　叶时：《礼经会元》，文渊阁四库全书第九二册，台北：商务印书馆影印，1982 年，第 118 页。

④　王昭禹：《周礼详解》，文渊阁四库全书第九十一册，台北：商务印书馆影印，1982 年，第 383 页。

高山(《诗经·周颂·天作》)。此外,西周中期幽公盨有"(天)乃自作配"之说,意谓天在下土立王,王为天之副手。《诗经·大雅·皇矣》亦云"天立厥配",是说天在下土立其辅佐。之后,《尚书·吕刑》谓"天相民,作配在下",以为人君是天所设立的副贰在下界治理民众,其旨在于为王权张目。总之,在一定程度上,天具有创生的功能,故至春秋战国时期,人们将天与地、阴与阳相结合,天地孕育,遂成为万物的来源。

帝则少见这一本领,尽管《诗经·大雅·皇矣》有谓"帝作邦作对",将邦国的产生归之于帝,①表明帝也具有创造力,但毕竟帝的此种能力极其少见。究其原因,或许在古人的观念中,空阔的、虚空的、抽象的物体才具有化育的能力,而帝并不具备这一特性。

总之,在涉及受命、国祚方面,天与帝无别。此外,虽然帝、天都是周人的保护神,但在功能属性方面,帝与天存在微妙的差别:帝人格化的色彩较之天更加突出,帝有帝廷,周先王在其左右;天也具有拟人性,但其更加突出的是它的虚空、含广。帝亦可降惩戒、降丧乱,但上天在这方面的神力超越上帝,畏天之威、敬天之渝是周人根深蒂固的观念。帝所具有的创造神力较弱,帝不是造物主;周人虽然也没有赋予天造物主的权能,但天所拥有的造物能力远超帝。帝与天在神性、神力方面有差别,显示出在周人的观念中,天并不等同于帝。

表七:《尚书》"周书"中《君奭》《立政》《金縢》篇的"帝"②

序号	篇名	内容
1	君奭	周公若曰:君奭……天降丧于殷,殷既坠厥命……我亦不敢宁于**上帝**命。
2		公曰:君奭,我闻在昔成汤既受命,时则有若伊尹,格于皇天。在太甲,时则有若保衡。在太戊,时则有若伊陟、臣扈,格于**上帝**。

---

① 句中的"对",毛传"配也";郑笺"作,为也。天为邦,谓兴周国也。作配,谓为生明君也"(孔颖达:《毛诗正义》,阮元校刻:《十三经注疏》,第520页)。

② "帝"字不见于"周书"的《无逸》《顾命》篇。

（续表）

序号	篇　名	内　　容
3		公曰：君奭，在昔**上帝**，割申劝宁王之德，其集大命于厥躬。
4		乃惟时昭文王，迪见冒闻于**上帝**。
5	立政	古之人迪惟有夏，乃有室大竞，籲俊尊**上帝**。
6		亦越成汤陟，丕厘**上帝**之耿命。
7		**帝**钦罚之，乃伻我有夏，式商受命，奄甸万姓。
8		以敬事**上帝**，立民长伯。
9	金縢	乃元孙不若旦多材多艺，不能事鬼神，乃命于**帝**庭，敷佑四方。

表八：《诗经·周颂》诗篇中的"帝"

序号	篇　名	内　　容
1	执竞	执竞武王，无竞维烈。不显成康，**上帝**是皇。
2	思文	思文后稷，克配彼天……**帝**命率育，无此疆尔界，陈常于时夏。
3	臣工	维莫之春，亦又何求？如何新畬。於皇来牟，将受厥明。明昭**上帝**，迄用康年。

表九：《诗经·大雅》诗篇中的"帝"

序号	篇　名	内　　容
1	文王	有周不显，**帝**命不时。
2		文王陟降，在**帝**左右。
3		商之孙子，其丽不亿。**上帝**既命，侯于周服。
4		殷之未丧师，克配**上帝**。
5	大明	维此文王，小心翼翼，昭事**上帝**。
6		**上帝**临女，无贰尔心。

（续表）

序号	篇　名	内　　容
7	皇矣	**上帝**耆之，憎其式廓。乃眷西顾，此维与宅。
8		**帝**迁明德，串夷载路。天立厥配，受命既固。
9		**帝**省其山，柞棫斯拔，松柏斯兑。
10		**帝**作邦作对，自大伯王季。
11		维此王季，**帝**度其心，貊其德音。
12		既受**帝**祉，施于孙子。
13		**帝**谓文王。
14		顺**帝**之则。
15	生民	姜嫄……履**帝**武敏歆。
16		**上帝**不宁，不康禋祀，居然生子。
17		卬盛于豆，于豆于登。其香始升，**上帝**居歆。
18	板	**上帝**板板，下民卒瘅。
19	荡	荡荡**上帝**，下民之辟。
20		疾威**上帝**，其命多辟。
21		匪**上帝**不时，殷不用旧。
22	云汉	后稷不克，**上帝**不临。
23		昊天**上帝**，则不我遗。
24		昊天**上帝**，宁俾我遁。
25		昊天**上帝**，则不我虞。

本 章 小 结

　　"帝"的观念，起源甚早，在甲骨卜辞中，"帝"常常出现。帝是商人十分重要的神灵,主管农业、战争与城邑。帝并非商人的祖先神,它是超越于地域、部落之上的具有广阔性的神灵,只是商人尚未将帝与政权结合起来,因而帝并未在政治领域发挥特别的功效。由卜辞看,帝的神格高于祖先神灵,但帝与商先王之间不存在上下臣属关系。

周人帝的信仰,来源于商人。但在殷周之际、在周人建国的历程中,周人对商人之帝进行了大刀阔斧的改造。周人之帝显示出与商"帝"不同的风貌:1. 帝成为大命的授予者,从而具有了与天相当的神性。从此之后,上帝与国家政权紧密相连,成为王权的象征。2. 帝具有理性,成为周人可以感应的神灵。卜辞显示,殷人之帝"盲目地令风令雨","对人世的降祸或保佑也具有盲目性……帝之降祸不是对下世君主过失的惩罚;帝之保佑也不是对下世君主美德的勉慰"。① 周人之帝不同,帝对于周王谆谆教诲、循循善诱、悉心呵护,帝完全成为道德理性的化身。

此外,从神性方面而言,周帝同样异于商帝:1. 周人帝之神性大为缩减。商人的上帝,可以支配诸种气象,如"令雨""令风""令雷""降旱"等,帝又干预某些社会生活,如"降祸""降灾"、影响年成、左右征伐,决定是否"终兹邑"等,帝在许多方面特别是农业、战争方面展现其神力。而周人之帝,其神性范围大为缩小,基本不见其在城邑、作战等领域施展神性。2. 商人帝廷的构成与周人有所不同。商人虽没有"帝廷"的概念,但以后世观念视之,其帝廷存有等级结构,上帝与"帝臣"之间有上下等级关系。卜辞显示,若干祖先可"宾于帝",但帝与祖先之间没有臣属关系。周人虽然发明了"帝廷"的概念,但帝廷十分空旷,这里没有"帝臣",只有周王之祖先"在帝左右"。帝之神格应当高于周先祖,但上帝与先祖之间并不存在君臣关系。

周人常常天帝联言,帝与天,是否为同一神灵?

分析帝与天的神性,可以说,在论到授予大命时,帝与天系同一神灵,天即帝,帝即天,天帝无别。然而,帝与天的神性并不相同,从关键方面而言,帝的人格化色彩浓厚,帝有周先王在其左右,而天则更为抽象;天有创

----

① 晁福林:《论殷代神权》。

造性，天生烝民、天作配，而帝却相形见绌。天、帝神性不同，表明天与帝并非同一神灵。

在周人的信仰世界中，既有天又有帝。西周时期的文献中"天"出现的次数多于"帝"，但并不表明帝之地位趋于衰落。相反，周人赋予帝新的功能，使帝成为至上神灵。

帝、天并为至上神，这一状况在今人看起来颇为怪诞。但是对于周人而言，帝、天两个至上神灵并存，并不矛盾。对神灵世界的设计、谱系的规划，并非西周时人观念中的主要任务，在他们的头脑中，也还没有"天无二日，土无二王"的意识。可是，帝、天之同异，却给后人留下了无尽的思考。在西周以后的历史发展中，天与帝有了更多的分途。

第三章 "帅型祖考"与祖先崇拜

有周一代,"敬天尊祖"的价值观念已然形成,祖先与天帝并重。祖先崇拜渗透入西周时期的思想意识、政治实践、伦常日用当中,对于价值观念、思想文化、民俗风气的形成,具有举足轻重的作用。

由殷商转入西周,祖先崇拜发生明显变化。观甲骨卜辞,可知殷人祭祀祖先之盛。周人同样祭祀祖先,然而周人崇拜祖先出现新的因素。[①] 列其荦荦大者,有如下诸项:

一,周人感怀、颂扬祖先,周人的祖先崇拜包含有精神文化方面的内容。或许是由于卜辞体例之故,商人对于祖先的情感难以体现。周人不同,西周金文随处可见周人对于祖先的歌功颂德、敬爱尊崇。生者感怀父祖母妣养育之劬劳,欲"报本返始"的情感时时见诸周代文献。殷人举行大量的祭祖活动,周人则不但祭祖,而且敬祖、追思先祖、感怀先祖。周人的祖先崇拜超越了殷人以单纯的祭祀为主要形式的祖先崇拜,蕴含了精神文化方面的更多内容。

二,周人赋予祖先以德的内涵,祖先是为有德者。在商人的意识中,祖先或有宏大功烈,但祖先是否有德,则十分模糊。商人似乎缺少效法祖考的明确意识。并且祖先可作祟,投射生者以恐惧的情绪。[②] 与此相异,

---

① 当然,周人的祖先崇拜与周之政权的建立亦有密切的联系,如祖先崇拜与宗法统治相结合。本文从略。

② 卜辞中有不少占卜祖先是否"孽王""祟王"的记录,表现出商人对于祖先畏惧的心理。但是学者指出这种情况在商代的历史进程中有一定的变化,"在第二期卜辞 (转下页)

周人心目中的祖先，堂而皇之、"其严在上"，是最为可亲、可敬的人。不仅如此，周人以为，祖先是有德之人，他们在奔走于王、申固其姓方面，堪为生者的表率。这一认识对于周人思想观念的发展十分重要：正是依靠"帅型祖考之德"，即效法祖先之德，周人开创出了最早的成德路径，找到了如何拥有德行的方法。周人通过祖先崇拜的形式，将更广阔的人群纳入到修"德"的范围之中，为此后儒家发明德之自修、德之内修奠定了基础。周人在祖先崇拜这一方面的拓展，在中国传统文化发展历程中，意义重大。

概括言之，周人在祖先崇拜方面的扩展，丰富了传统中国人的情感世界、精神世界，开启了传统文化道德自修的路途。

第一节　西周时人祭祀祖先的系统

西周时人祭祀祖先的范围，即举行祭祖礼时，祭祀哪些祖先，是远祖抑或近祖，直系还是旁系？合祭还是选祀？对于周人而言，这是极其普通平常的事情，但对于今人而言，却难以作答。

周人祭祀祖先的范围，事关重大，它不仅涉及亲疏远近关系、家族认同、血缘认知，而且牵涉到西周时期的庙制、宗法制、礼制，甚至与王位继承也有深刻的关联，是极为复杂而重要的问题。有关周人的祭祖范围，战国时期的礼书中曾有不少说法，如"王立七庙，一坛一墠……诸侯立五庙，一坛一墠……大夫立三庙二坛……适士二庙一坛"，[①]似乎由王到士人，七世、五世、三世祖先是周人重点祭祀的对象。但礼书所说不但人言言

（接上页）中，祖先或许依据受未受到祭祀而降灾祸，就是说在那里还是可以见到把祖先作为可怕之物的看法，祖先作为给与祐助之灵的性质还很淡薄。但是在第三期第四期卜辞里，当然是根据祭祀的如何而给与祐助，祖先是被意识为容易给活人更多的恩惠的形象……应该承认这是从对死灵或死者的祭祀向着更为明确的祖先崇拜渐次进化的过程"（伊藤道治：《中国古代王朝的形成——以出土资料为主的殷周史研究》，第25页）。

　① 《礼记·祭法》。孔颖达：《礼记正义》，阮元校刻：《十三经注疏》，第1589页。礼书中还有不少内容如《礼记·大传》《礼记·丧服小记》《仪礼·丧服》等所记也与祭祀祖先的范围有关，表明周人对于祭祖系统，殊为重视。

殊,而且不免整齐划一,缺乏具体细节,甚至完全忽略了时代变迁所带来的演变,因而不可尽信。

有关周人的祭祖范围,学者们偶有涉及,如谓"周代祭祀系统根据祖先的身份限制了祭祀的世代数目。譬如,王室祭祖不超过七代,而普通人仅祭祀父母和祖父母两代。以此类推,新的一代将终止对最上一代的祭祀。但始祖除外,他作为世系身份的集体象征而被保留下来",①这样的概括不能说完全不对,但却失之简略宽泛,杂有臆测之辞,且存在以晚期资料揣测前代状况之嫌,对于由殷周至春秋战国时期祖先崇拜变化的状况也未及分析。总之,学术界对于周人祭祀祖先的范围,尚缺乏系统的研究。

以下主要运用彝铭资料,辅之以传世文献,缕析西周初期至末期周人祭祖系统的演变、祭祖范围的变化。西周金文记述祷祀祖先,仅为偏于一方面之叙述,但在文献匮乏的时代,此类资料弥足珍贵,对于深入了解周人祭祀祖先的特点、探讨西周时期祖先崇拜的发展变化、比较商周时期祖先观念的异同,颇有裨益。

一、商人的祭祖系统

商人祭祀远祖。甲骨卜辞显示,商人祭祀上甲以前的远世高祖,主要有夒、王亥、土、季、王恒、岳、河、兕、王吴、蔑十位。陈梦家先生曾经论证这十位高祖"是卜辞中所常见而重要的",但陈先生又指出"此十名多见于武丁和廪、康、武、文卜辞,而不见于庚、甲、乙、辛卜辞,后者是施行周祭的

---

① 余英时:《东汉生死观》,侯旭东等译,上海:上海古籍出版社,2005年,第141页。关于祭祖的范围,还有学者云"商周时代的祖灵祭祀,一般笼统地祭祀远祖的先王,或神祖考妣,而战国晚期的祖灵观念则从苍茫远祖拉近到以墓主为代表的直系先祖,即实际上的'父'之意识逐渐变得鲜明起来"(黄晓芬:《汉墓的考古学研究》,长沙:岳麓书社,2003年,第241页),或"商人尊神,而且特别崇拜祖先,因此遍祭所有先祖、先妣,同时祭祀繁复、多种,是故祭祖有制,庙数却无定制。周初,周人对祖先的祭祀,有因袭商人遍祀祖先之迹、使用大量牺牲来祭祀祖先的情况,但营建成周之后,周人庙祭之礼渐与商人之祭礼有较大的差异,并显现出周人独有的特点。周人在崇拜祖先,立庙祭祀祖先之余,充分发挥其礼治之精神而形成天子七庙、诸侯五庙等定制,同时又发展出重近祖轻远祖,亲尽毁庙之制"(秦照芬:《商周时期的祖先崇拜》,台北:兰台出版社,2003年,第216页)。

时代,只祭先王,不祭先公"。① 晁福林先生也指出"晚商时代的前期和中期对于远祖比近祖有更多的重视"。② 在先公之外,商人对于先王极其尊崇,如商之开国君主汤,在合祭中具有特殊的地位,而单独对成汤举行的祭祀往往繁多而隆重。

商人既祭祀直系先王,也祭祀旁系先王,但对直系先王的重视程度超过旁系先王。如卜辞中所记大甲等直系先王较外丙、小甲等旁系先王受到更多、更隆重的祭祀。然而,在直系先王中,受祭的次数、祭祀的隆重程度,也有明显的区别,如大乙、大甲、祖辛等受祭次数多,祭祀盛大,而大庚、大戊、中丁则不受重视,其中一些仅是对直系先王的"例行祭祀"。③ 其所以如此,是由于商人尊崇在商族历史上做出重大贡献的先公先王。并且,商代祭祀制度在晚期的祖庚、祖甲时代发生了明显变化,"即与武丁时期相比,不但祀典显得单调,祭祀次数大大减少,而且是只注重对父辈先王的祭祀"。④

殷商时期祭祀祖先制度的变化,尤其值得关注。陈梦家先生曾经指出,在由武丁时期延续至帝纣时期商人的选祭(在一次合祭中选祭若干先祖)活动中,商人所祭祖先多是直系或五世以内的先祖(包括旁系)。⑤ 在此基础上,常玉芝先生进一步论证,商末的祭祀制度产生了专门针对近世直系先王的特祭,特祭只适用于近世直系祖先,并且世系越近特祭越多,

---

① 陈梦家:《殷虚卜辞综述》,第345页。伊藤道治先生也指出"第三期后半、第四期卜辞里,再次像第一期河、夒、夔等先公频繁出现"(《中国古代王朝的形成——以出土资料为主的殷周史研究》,第26页)。

② 晁福林:《试论宗法制的几个问题》,《学习与探索》1999年第4期。

③ 常玉芝:《商代宗教祭祀》,第261页。

④ 常玉芝:《商代宗教祭祀》,第344页。伊藤道治先生同样指出"在第二期后半期的祖甲时代里,先公几乎不见"。他还将这一时期的卜辞分为王族卜辞与多子族卜辞进行考察,认为在王朝卜辞中,先公以及上甲以下的先王屡屡受到祭祀,而王族、多子族卜辞中,对父、兄、妣、母的祭祀多,"当时的祖先祭祀一般不及于十分远的祖先,而是对离自己很近的亡父、亡兄而举行的"(《中国古代王朝的形成——以出土资料为主的殷周史研究》,第14页、79页)。

⑤ 陈梦家:《殷虚卜辞综述》,第373页。

因此商末在祭祀制度上出现了"重近世而轻远世,亲直系而疏旁系"的变化。① 近来学者指出,对于直系先王的特殊尊崇,在殷墟早期的选祭卜辞中已经常见,在商代中后期的武丁、祖庚时代即已产生。②

同时,殷人祭祀若干异姓部族先祖。卜辞材料表明,有莘氏伊尹在殷人祀典中受到隆重祭祀。春秋时代有"神不歆非类,民不祀非族"的说法,但"殷人祀典则尚未出现族类的严格区别,这其间的原因当是为了适应殷代方国联盟发展的需要"。③

综之,商人对于先公先王十分重视,特别推崇有卓越贡献的祖先。而在商代晚期,逐渐出现重视直系和近祖的状况,但遍祀祖妣的周祭仍是祭祖的主要方式。

二、西周早期的祭祖范围

祭祀祖先的范围,是关乎宗法、礼制、人道的大事,历史上曾引起礼学家许多争论。宋代大儒程颐即针对礼书中所划定的祭祖范围提出质疑,谓:

> 自天子至于庶人,五服未尝有异,皆至高祖。服既如是,祭祀亦须如是。其疏数之节未有可考,但其理必如此。七庙、五庙亦只是祭及高祖。大夫、士虽或三庙、二庙、一庙,或祭寝庙,则虽异,亦不害祭及高祖。若止祭祢,只为知母而不知父,禽兽道也。祭祢而不及高祖,非人道也。
>
> 祭先之礼,不可得而推者,无可奈何;其可知者,无远近多少,犹当尽祭之。祖又岂可不报? 又岂可厌多? 盖根本在彼,虽远,岂得无报?④

---

① 常玉芝:《说文武帝——兼略述商末祭祀制度的变化》,《古文字研究》第四辑,北京:中华书局,1980 年。
② 李学勤:《论清华所藏的一版历组岁祭卜辞》,《出土文献研究》第七辑,上海:上海古籍出版社,2005 年。
③ 晁福林:《论殷代神权》。
④ 《二程遗书》,上海:上海古籍出版社影印文渊阁四库全书本,1992 年,第 129、139 页。

他尖锐地指出礼书所规定的祭祀祖先范围（天子七庙、诸侯五庙、大夫三庙）不合人情、人道。在程颐看来，不仅应当消除天子与庶人祭祀世数的差等，而且在祭祀祖先范围方面，应当尽其所有，"其可知者，无远近多少，犹当尽祭之"，即当祭祀所有祖先包括远祖、始祖。礼书中七庙、五庙之说，是否合于周人祭祀祖先的实际范围？考察这一问题，西周金文与可靠的西周文献当然是可资利用的材料。不过，无论是金文还是传世文献，其中记载祭祀具体祖先的材料并不多见，使得这一课题的研究有不小的难度。所幸西周铭文中往往记载有作器对象，为从另一个角度考察西周时期人们祭祀祖先的范围提供了可能。需要说明的是，作器对象并不必然等同于祭祀对象。从青铜铭文观察，作器对象不一定与祭祀对象重合，换言之，祭祀对象很可能多于作器对象。但从理论上说，作器对象应当包含于祭祀范围之内，因为器主为祖先作器，目的一定是为祭祀他（她）。只是在某次具体的祭祀活动中，所祭对象未必局限于作器对象。因此从这一角度说，由作器对象方面观察，约略可以探测到人们的祭祀范围。

考诸西周金文、相关文献，可见周人在不同时期祭祀祖先的范围、数量存在变化。西周早期，周人以祭祀直系近祖为主。①

首先，周王室系统所祭祖先主要为直系近祖。西周早期天亡簋记载：

> 乙亥，王有大豐，王凡三方。王祀于天室，降，天亡又王，衣祀于王丕显考文王，事喜上帝。②

意谓乙亥日周王举行盛大典礼，王望秩南、北、东三方。王在大室举行祭祀，③成礼而退，天亡辅佐王，对伟大显赫的父考文王举行衣祀，以酒食事奉上帝。铭文有"丕显考文王"的说法，因此举行祭祀的"王"应是武王，而

---

① 刘雨先生在缕析西周金文中的祭祖礼时，曾指出西周时人在具体的祭祀活动中，所祭祖先以直系近祖为主（《西周金文中的祭祖礼》，《考古学报》1989 年第 4 期）。晁福林先生亦指出，殷人尊崇和祭祀尽量多的先祖，周人却不同，"周人对后稷、公刘等远祖虽然有诗篇称颂，但在祭典上却总是从公亶父算起，对远祖的重视颇逊于商"（《论殷代神权》）。另，文中所举例亦参考了刘雨先生文。

② 《集成》4261。

③ 铭文中的"天室"，较为特殊。从字形方面看，确为"天"字，与"大"之字形不同，但其义很可能为"大"。

其所祭对象,为父考文王,直系近亲。

小盂鼎记载盂征伐鬼方,得胜而还,告捷于康王,王至周庙并在庙中举行燎祭。此后,王又在庙中"用牲,啻(禘)周王、武王、成王",再后,"□□卜有臧,王祼"。① 此器记载周康王在周庙中举行了一系列祭祀活动,其中所行禘祭,祭祀对象是文王、武王、成王,是康王的曾祖、祖父与父考三世,同样为直系近祖。在禘礼之后,康王又行祼礼。②

穆王时期鲜簋记载"王在莽京,啻(禘)于昭王。鲜蔑厤,祼",③穆王在莽京,举行禘礼祭祀父考昭王,穆王赏赐鲜,又行祼礼。在这里,穆王所祭对象为昭王,并且伴随着禘礼,又举行了祼礼和对臣下的赏赐。穆王时期的剌鼎铭文也记载了王向昭王举行禘礼的情况:"王在衣(殷),辰在丁卯,王啻(禘),用牡于大室,啻(禘)卲王。"④牡,《说文》"畜父也";⑤"用牡于大室"与令方彝"用牲于京宫"文例相同;"禘昭王"则与前引小盂鼎"禘周王、武王、成王"同其文例。意谓穆王在衣地,在大室中以雄性祭牲禘祭父考昭王。

由上引四例铭文,知西周早期周王群体的祭祀对象为直系、三世以内近祖,对父考的祭祀相对突出。周王常常在大室、周庙中举行祭祖典礼,典礼之举行,或是由于战争献捷,或是由于赏赐臣下。祭祖礼间或伴随有祼礼、赏赐等活动,但是不见有以祖先配天帝而祭的情形。

西周金文之外,传世文献所记大多可与金文之载相互印证,显示西周早期王室以祭祀直系近祖为主。《尚书·洛诰》记载成王在洛邑举行祭祀:

戊辰,王在新邑,烝祭岁,⑥文王骍牛一,武王骍牛一。⑦

---

① 《集成》2839。

② "祼"是以圭瓒酌郁鬯灌地以降神之礼。自清代以来,即有学者指出祼有二,即"献尸之祼"和"降神之祼",详见刘起釪:《尚书校释译论》,第1500页。关于禘礼,颇为复杂,暂不涉及,俟诸他文。

③ 《集成》10166。

④ 《集成》2776。

⑤ 许慎:《说文解字》,第29页。

⑥ 有关"烝祭岁",凤来诸家所释不一,详见刘起釪:《尚书校释译论》,第1497—1498页。

⑦ 孔颖达:《尚书正义》,阮元校刻:《十三经注疏》,第217页。

祭祀中,成王向文王、武王献以红色牺牛。在这里,祭祀对象为祖、父两代。《礼记·大传》记述武王翦商之后,告事于先祖,曰"牧之野,武王之大事也。既事而退,柴于上帝,祈于社,设奠于牧室,遂率天下诸侯,执豆、笾,逡奔走,追王大王亶父、王季历、文王昌,不以卑临尊也",[1]武王在牧野之战后,燔柴祭祀上帝,又祈祷社神,并在牧野的馆舍中奠祭祖先,率领天下诸侯拿着豆、笾类祭器疾事祖先,追尊三位肇基之王:亶父为太王、季历为王季、昌为文王。[2]《大传》所说,不免有后人添加成分,但其记载武王所追尊的先祖止于曾祖公亶父,为直系近祖,合于周初一般状况。《诗经·周颂·执竞》篇是周王合祭先王时所唱乐歌,[3]诗篇谓"执竞武王,无竞维烈。不显成康,上帝是皇。自彼成康,奄有四方",时王所祭周先王为武王、成王、康王三位近世祖先。

周王遇故而祷、有事而告,其所祷告对象仍主要是近祖。最显明之例是周人立国之初,武王患疾而周公为武王代祷。《尚书·金縢》记载:

> 既克商二年,王有疾,弗豫……公乃自以为功,为三坛同墠。为坛于南方,北面,周公立焉。植璧秉珪,乃告大王、王季、文王。[4]

武王遭遇不虞之疾,在生死攸关之际周公为之祷告,求取祖先佑助。周公所祷祖先,不过父考、祖父、曾祖三世直系近祖。揆诸情理,武王病笃,周

---

① 《礼记·大传》。孔颖达:《礼记正义》,阮元校刻:《十三经注疏》,第1506页。

② 郑玄注"柴、祈、奠,告天地及先祖也……先祖者,行主也。逡,疾也。疾奔走,言劝事也",不以卑临尊,"不用诸侯之号临天子也"。孙希旦曰"此谓武王克纣之后,归至于丰,而率诸侯以祭宗庙也……盖臣子无爵君父之义,故武王归于丰,既祀宗庙,复行祭天之礼,而以三王之功德告于天而追王之,亦称天而谏之义也"(《礼记集解》,第904页)。

③ 关于《执竞》篇是祭祀武王之诗,抑或是合祭武王、成王、康王之诗,历来意见纷呈。《诗序》曰"祀武王也",毛传释"丕显成康"句,以"成康"为"其成大功而安之",郑笺则将"成康"解作"成安祖考之道"(孔颖达:《毛诗正义》,阮元校刻:《十三经注疏》,第589页)。朱熹却以为"此祭武王、成王、康王之诗……此昭王以后之诗"(《诗集传》,北京:中华书局,1958年,第227页),王应麟谓"'自彼成康,奄有四方',祀武王而述成、康,见子孙之善继也"(《困学纪闻》,上海:上海古籍出版社,1987年,第204页)。按,诗篇中的"成康"当指成王、康王。周人有将成王、康王并列的做法,如《逸周书·祭公解》记"王曰:……用克龛绍成康之业,以将天命","王曰:公称丕显之德,以予小子扬文武大勋,弘成康昭考之烈"。故此,《执竞》篇当理解为合祭武王、成王、康王之诗。关于《执竞》篇所反映的祭礼,可参看水汶:《〈诗经·周颂·执竞〉主旨再探讨》,《天中学刊》2015年第1期。

④ 孔颖达:《尚书正义》,阮元校刻:《十三经注疏》,第196页。

人当遍告祖先,求取列祖列宗的护佑,然而周公所祷者只三位祖先,不仅不见《左传》中所记高圉、亚圉,①即便如周之始祖后稷也未在求祷行列,愈加表明西周早期周王多祭祀、求祷直系近祖。

然而,值得注意的是,传世文献中若干记载不尽全然与前述相同,《逸周书》中《世俘》《作雒》两篇相关内容即异于前文所说。《世俘》与《作雒》所记常为诸家所引,用以说明周初之际,周王不仅祭祀远祖,且祀天配祖,其中的祭祖范围与祀祖系统大异于前文所做结论,需要特别辨析。《世俘》篇记载武王克商后在周庙举行祭祀:

> 告于周庙曰:古朕闻文考修商人典,以斩纣身,告于天、于稷。用小牲羊、犬、豕于百神水土,于誓社。曰:惟予冲子绥文考,至于冲子。用牛于天、于稷五百有四。用小牲羊、豕于百神水土社,二千七百有一。②

武王翦商,告祖于周庙,武王称昔时听闻父考文王循商人之典:③在王朝代易之时,斩杀殷王,告于天、稷,以羊、犬、豕祭祀百神、水土,誓于社。因此,武王说自己告慰父考之心,向天、稷献以牛牲五百有四头,向百神、水土、社献以羊、犬、豕二千七百有一头。《世俘》篇明确记载武王祭祀后稷,又祭祀上天,并且向皇天、后稷献以相同的祭品,似乎暗示殷周之际周王群体即已祭祀始祖,并且在始祖与上天之间建立了关联。对于此条材料的可靠性,顾颉刚先生在经过校勘、考释、纠谬后,肯定此篇为周初之作,史料价值极高。在论及武王祭天祀稷时,顾先生谓"周人推后稷为始祖,且后稷教民稼穑,为周人衣食之源,崇德报功,最不能忘,故其地位仅次于

---

① 《左传》昭公七年记载周景王遣使吊唁卫襄公,曰:"叔父陟恪,在我先王之左右,以佐事上帝。余敢忘高圉、亚圉?"先秦文献中,"亚圉"仅此一见。"高圉"还见于《国语·鲁语上》展禽之语"上甲微,能帅契者也,商人报焉;高圉、大王,能帅稷者也,周人报焉"(上海师范大学古籍整理组校点:《国语》,第166页)。

② 黄怀信、张懋镕、田旭东:《逸周书汇校集注》,第469—470页。

③ 关于"古朕闻文考修商人典"句,诸家以为有错讹,卢文弨说"正文疑当作'告朕文考循商人典'",陈逢衡释为"言昔朕闻文考之训,故修商家伐夏救民之典以斩纣身,以上告于天于稷也"(转引自黄怀信、张懋镕、田旭东:《逸周书汇校集注》,第469页)。顾颉刚先生以为此即周人循商人之典(《〈逸周书·世俘篇〉校注、写定与评论》)。

天……皆足见周人极度尊敬后稷之情，故本节两言'于天、于稷'，且惟天与稷杀牛以祭"，[1]认为此条反映了周初之际周人对于上天和始祖的尊崇，周初的祭祖系统包括远祖，祀祖与祭天相关。《世俘》之外，《作雒》更加明确地记载周人祭祀始祖、远祖并且以后稷配天：

> （周公）乃作大邑成周于土中……乃设丘兆于南郊，以上帝，配□后稷，日月星辰，先王皆与食。[2]

文中"以上帝，配□后稷"，清儒卢文弨增"祀"字于"上帝"前，增"以"字于"后稷"前，各家皆从。依《作雒》所说，周公之时人们已有追祀始祖、以后稷配享上帝的祭礼，其所记截然有别于西周金文相关内容，也与多数传世文献记载不合。可是，《世俘》与《作雒》所记能否当作周初实际来看待？《世俘》篇尽管经顾颉刚先生肯定，且获得不少学者认同，以为是西周早期文献，但亦有学者对《世俘》的可靠性提出质疑。[3] 前引武王祀天祀祖之载，即有可疑之处：《世俘》篇称武王自谓文王循商人之典，祭祀始祖、祭祀上天，即是说殷商时期商人已有祭始祖祀天之俗。然而世所共知，卜辞显示商人并未有天的观念，遑言祭天。故《世俘》中所说不大可能是武王时期之实际，应出自后人编撰。而《作雒》篇，文中大讲周公作邑设城、制郊分县，以五方配五色，诸如此类，均为东周时人观念，更加不可能为周公时代所有，这一点已有学者予以揭示。[4] 因而，《世俘》与《作雒》所说不能证明其事之必有，不能以此为据断言周初已有祭祀始祖甚至祀天配祖的

---

① 顾颉刚：《〈逸周书·世俘篇〉校注、写定与评论》。

② 黄怀信、张懋镕、田旭东：《逸周书汇校集注》，第560—568页。

③ 赵光贤先生将《世俘》划分为三个部分，以为第一部分（武王灭殷至归周）是真的周初文字，不过有的经过改窜；第二部分（命太公望等伐诸多方国）为存疑部分，不能证明其事之必有，也不能确定其事必无；第三部分（所伐诸国、所服众国）文字过分夸诞，是改窜者添加的内容（《说〈逸周书·世俘〉篇并拟武王伐纣日程表》，《历史研究》1986年第6期）。

④ 关于《作洛》篇的写成时代，刘起釪先生以为"可确认为西周文献（虽然文字在传写中当受有东周影响，但主要保存了原貌）"（《尚书学史》，北京：中华书局，1989年，第96页）；赵光贤先生则认为"决非西周作品，而是春秋或战国时人的伪作"（《〈逸周书·作洛〉篇辨伪》，《文献》1994年第2期）；张怀通先生认为《作雒》大致成篇于春秋后期，但所载史实可靠，并非伪作（《〈作雒〉研究——兼论周公篇章的制作与流传问题》，《第五届世界儒学大会学术论文集》，2012年9月27日）。

仪典。

综合上述，仍然可说周初王室在祭祖时重点祭祀直系近祖。

周王阶层之外，贵族群体所祭祖先同样以直系近祖为主。穆王时繁卣记载称"公"者为父考辛公举行禘祭：

> 唯九月初吉癸丑，公彤（肜）祀，越旬又一日辛亥，公禘酌辛公祀，卒事亡尤（愍），公蔑繁曆……繁拜手頧首，对扬公休，用作文考辛公宝尊彝。①

是说公举行肜祭，在距前一次的祭祀十一天后的辛亥日，公又对辛公举行禘、肜之祭。② 铭文中可供注意者有二：其一，人物关系。器主繁称辛公为文考，则繁与辛公为父子关系，而铭文中的"公"对辛公行禘祀、肜祭，则"公"亦当为辛公之子，并且理当为嫡长子，相对于器主繁而言为大宗，对祭祀祖考有主导权。器主繁作为小宗，协助大宗"公"行祭祀，并得到大宗的赏赐。铭文显示，小宗可以为祖考作器，③但在家族举行的祭祖仪式中，大宗主导祭祀权，大宗在家族中的权威可见一斑。其二，祭祀对象。"公"所祭，是器主繁称为文考者，是典型的直系近祖。

1929 年出土于河南洛阳马坡的西周早期作册矢令簋记载器主矢为去世的丁公作器行报祭，铭文谓：

> 作册矢令尊宜于王姜，姜赏令贝十朋、臣十家、鬲百人，公尹伯丁

---

① 《集成》5430。

② 陈佩芬：《繁卣、趩鼎及梁其钟铭文诠释》，《上海博物馆集刊》总第 2 期，1982 年。

③ 小宗为祖考作器，还见于西周早期由伯尊（按，有学者释为由，参晁福林：《甲骨文考释两篇》，《中华文史论丛》增刊《语言文字研究专辑》下，上海：上海古籍出版社，1986 年，第 195 页；陈斯鹏：《说"由"及其相关诸字》，《中山大学研究生学刊》，2002 年第 2 期）"由伯曰：㞢御作尊彝。曰：毋入于公。曰：由伯子曰：为厥父辛彝。丙日，唯毋入于公"（《集成》5998），意谓㞢为其父考辛作祭器，不将其放入公室宗庙。铭文中的㞢很可能为小宗（关于此器之释，裘锡圭先生有不同解读，见《从几件周代青铜器铭文看宗法制度下的所有制》，原载《尽心集——张政烺先生八十庆寿论文集》，北京：中国社会科学出版社，1996 年，又收入《裘锡圭学术文集》古代历史、思想、民俗卷，第 206—207 页）。小宗作器而用享献于大宗者，还可举出作厥祖尊（《集成》5993）、鼀尊（《集成》6005）、令簋（《集成》4300）、盧钟（《集成》88）、兮熬壶（《集成》9671）、晋伯卣（首阳斋等编：《首阳吉金》，上海：上海古籍出版社，2008 年，第 92 页）、周晋盉（《铭图》14793）等。有关小宗祭祖的讨论，俟诸他文。

父贶于戍，戍冀司讫，令敢扬皇王休，丁公文报，用稽后人享。唯丁公报，令用深扬于皇王，令敢扬皇王休，用作丁公宝簋，用尊事于皇宗。……𤸷（隽）册。①

作册大方鼎铭文拓本

作册矢令为王姜举行宴享，王姜予以赏赐，伯丁父（执行王姜之令）在戍地冀完成赏赐。令对丁公行文报，并为丁公作器。此器缀有族徽符号。② 铭文中的报，当为报答之祭。③ 同样在马坡出土、附有相同族徽符号的矢令尊铭文云：

作册令敢扬明公尹厥休，用作父丁宝尊彝，敢追明公赏于父丁，用光父丁。𤸷（隽）册。④

铭文当中的作册令（又称矢）即作册矢令簋之器主，"父丁"应系作册矢令簋中的"丁公"，即器主行报祭的对象。此器当中器主称"丁"为父，则知作册矢令簋中他是为直系父考举行报祭。此一家族当中还有作册大所作方鼎，其铭曰：

公赏作册大白马，大扬皇天尹太保休，用作祖丁宝尊彝。𤸷（隽）册。⑤

---

① 《集成》4300。

② 铭文中的人物关系，诸家持论不同。郭沫若先生以为"伯丁父"即"丁公"，器主矢令之父（《两周金文辞大系图录考释》下册，第 5 页）；陈梦家先生以为白丁父即丁公，可能是齐侯吕伋，《齐世家》称之为"丁公"，而丁公并非矢令之父（《西周铜器断代》上，第 31 页）；唐兰先生则以为白丁父是丁公之子，即吕伋之子（《西周青铜器铭文分代史征》，第 277 页）；刘雨先生以为丁公为器主之父（《西周金文中的祭祖礼》）。

③ 《国语·鲁语》"有虞氏报焉"，韦昭注"报，报德，谓祭也"（上海师范大学古籍整理组校点：《国语》，第 166 页）。徐元诰引《左传》昭公八年孔颖达疏所引孔晁之论"功不及祖，德不及宗，每于岁之大烝而祭，谓之报"（《国语集解》，北京：中华书局，2002 年，第 160 页）。

④ 《集成》6016。

⑤ 《集成》2760。

器主大得到太保的赏赐,因此为祖丁作器。这里的"祖丁"当即矢令尊、矢令簋中的"父丁""丁公",器主大应是矢令的下一辈。大为祖丁作器,包含有祭祀祖丁的意义。如是,他所祭的对象是祖父,系三世近祖。

西周早期后段我方鼎谓"我作禦衸祖乙、妣乙、祖己、妣癸,征(延)繄二母",①禦,《说文》"祀也",②主要是祓禳之祭;衸,或释为祭,③可能是与血祭有关之一种;,或释为"神",④多数释为"礿",当与祭祀有关,具体所指不甚明了;繄,即《说文》之敠字,⑤"敠,楚人谓卜问吉凶曰敠"。⑥大意谓我举行祓禳之祭,祭祀祖乙、妣乙、祖己、妣癸二位先祖及其配偶,同时于妣乙、妣癸行敠祭。⑦铭文中所祭对象祖乙、祖己之具体世次及相互关系并不清晰,推测父子的可能性更大,是器主的曾祖与祖父,如此,祭祀对象包括祖父、曾祖父及其配偶,为直系近世祖先。又如,西周早期耳乑觯铭文谓"耳乑作禦父辛",⑧是说名"耳乑"者为日名为"辛"的父考举行攘灾之禦祭,祭祀对象同样是近祖。⑨

要之,相关材料显示,西周早期人们的祭祷活动中,周王以及贵族群体(其中很可能包括非姬姓之族),无论是一般祭祀,还是遇事而祷,所祭所祷者以直系近祖为主,且基本不超过曾祖父之世。

---

① 《集成》2763。
② 许慎:《说文解字》,第9页。
③ 杨树达:《积微居金文说》,上海:上海古籍出版社,2007年,第236页。
④ 杨树达:《积微居金文说》,第236页。
⑤ 马承源:《商周青铜器铭文选》三,北京:文物出版社,1988年,第86页。
⑥ 段玉裁并谓"与祝双声"(《说文解字注》,第116页)。马承源先生指出此字与敠字同,并根据《说文》将之释为还愿之祭"塞"(《商周青铜器铭文选》三,第86页)。然而,《说文》之释与"报塞"之"塞"并无关联,《说文》"塞也,读若《虞书》曰'窜三苗'之窜",段玉裁云"陆贽《关中事状》'倘有贼臣盗敠'"(《说文解字注》,第342页),其义与"报塞"之"塞"不契合,故不取。敠,揆诸上下文,仍与祭祀有关。
⑦ 铭文中的"征",字迹不甚清晰。杨树达先生云《贞松堂集古遗文续编》中卷所载御父己簋,铭文与此同,惟且匕癸下一字作"征",今依杨释。"征",即延,长之义,"盖谓初禦祭祖妣四人,继改而重行繄于二母,故云征也"(《积微居金文说》,第237页)。
⑧ 《集成》6472。
⑨ 此外,西周早期前段蘯妇鼎铭谓"蘯妇尊,示己、祖己、父癸"(《集成》2368),铭文言简,不知示己、祖己、父癸为作器对象,还是祭祀对象,然而无论怎样,皆应是器主先祖,并且示己、祖己为曾祖、祖父的可能性大,若果,仍然是近世祖先。

三、周人祭祀中的旁系祖先

根据上文，是否可说西周早期周人仅仅祭祀直系近亲而不祭祀旁系先祖呢？事实上，西周早期存在着祭祀多位先祖包括远祖之例。昭穆时期的宁簋盖铭文记载，宁为父考乙作祭器，但又称"用各（格）百神"，[①]即祭祀时以降临百神，所云"百神"泛指多位祖先，很可能包括远祖。西周早期沈子它簋也透露出祭祀多位祖先的信息：

> 它曰：拜稽首，敢敗昭告朕吾考，令乃鵬沈子[②]作紹于周公宗，陟二公，不敢不紹，休，同公克成绥吾考，以于显显受令，乌呼，唯考敗又念自先王、先公……乃沈子其顒怀多公能福……（沈子）作兹簋，用龡享己公，用各多公。[③]

沈子它簋铭文不同寻常，殊为难解。大意为器主敢向去世的父考明告，[④]你的小子遵父考生前之命，在周公宗庙举行紹祭。[⑤] 器主称"作紹于周公

---

① 《集成》4021。

② 关于"沈子"，有多种解释，陈梦家先生指出是"作器者它对其父考自称之词"（《西周铜器断代》，第 114 页）。近来，有学者根据清华简《金縢》篇"予冲人"之"冲"作"沓"、《皇门》篇亦写作"沓"的情况，指出"沈子"即冲子、小子，是器主"它"对于先祖父考的谦称（董珊：《释西周金文的"沈子"和〈逸周书·皇门〉的"沈人"》，《出土文献》第二辑，上海：中西书局，2011 年；蒋玉斌、周忠兵：《据清华简释读西周金文一例——说"沈子"、"沈孙"》，《出土文献》第二辑，上海：中西书局，2011 年）。而"沈"前之"鵬"字，学者所释不一（见郭沫若：《两周金文辞大系图录考释》下册，第 47 页；唐兰：《西周青铜器铭文分代史征》，第 322 页；李学勤：《它簋新释——关于西周商业的又一例证》，文物出版社编辑部编：《文物出版社成立三十周年纪念——文物与考古论集》，北京：文物出版社，1986 年，第 272 页；董珊：《它簋盖铭文新释——西周凡国铜器的重新发现》，《出土文献与古文字研究》第六辑，上海：上海古籍出版社，2015 年，第 166 页）。"鵬"应用如形容词，是"沈（冲）子"的修饰语，具体意义不明。

③ 《集成》4330。

④ 敗，郭沫若先生解为刮目昭告（《两周金文辞大系图录考释》下册，第 46 页）；马承源先生释为拱手相告（《商周青铜器铭文选》三，第 57 页）。

⑤ "紹"字，有学者读为"䙪"，以为"观"义，或"新死之父祔入宗庙的祭礼"（平心：《甲骨文金石文札记（二）》，《华东师大学报》1958 年第 3 期；刘雨：《金文中的䙪祭》，《故宫博物院院刊》1998 年第 4 期）；有学者读为"祼"，即祼礼（唐兰：《西周青铜器铭文分代史征》，第 323 页）。从铭文中看，"紹"为祭祀。

宗",说明器主与周公家族有一定的关联,或许为周公后人。① 铭文中的
"陟二公",陟,升也,与《世俘》篇所说"以列升"义近,即升二公之牌位。至
于"二公"的身份,当为家族中的先公。其与器主的关系,很可能是器主的
祖父、曾祖父。如此,器主所祭之先祖,仍然是近祖。但是,器主称在举行
绤祭之后,他想到"多公"福荫后人,又得到"公"之赏赐,遂作此器,用享献
父考己公,用降至多公。铭文中的"多公",其身份诸家所说不一。② 味其
文义,"多公"应指多位祖先,不局限于铭文中的"二公",当包括远祖。③

　　事实上,周人不但祭祀远祖,甚至旁系祖先也在祭祀行列。《逸周
书·世俘》载:

> 辛亥,荐俘殷王鼎,武王乃翼矢圭、矢宪,告天宗上帝。王不革
> (格)服,格于庙,秉语治庶国,篇人九终。王烈祖自太王、太伯、王季、
> 虞公、文王、邑考以列升,维告殷罪。④

武王克商之后,敬陈玉器,告天祭祀,武王不更换所穿的祭天之服到宗庙
里秉持黄钺宣布统治众国之事,篇人演奏音乐九成。武王祭祀列祖,从太
王、太伯、王季、虞公、文王,到伯邑考,以次列升神灵牌位。武王所祭的
"太伯",是公亶父长子;"虞公",即虞仲,为公亶父次子;"邑考",即伯邑

---

　　①　"周公宗",当从郭沫若先生释,为周公之宗庙,例同小子生尊"王南征在斥,王令生
辨事□公宗"(《集成》6001),即治事于某公之宗庙。唐兰先生谓"周代的祖庙,是:太王、王
季、文王、武王、成王,称为京宫。周公是武王之弟,所以别立周公宗。周公的子孙都是属于
周公宗的"(《西周青铜器铭文分代史征》,第 323 页)。

　　②　关于器主与周公、"二公"的关系,夙有不同说法。有学者指出器主与周公一族有
密切关联,铭文中的"己公"为器主之父鲁幽公,多公则指周公、鲁公、考公、炀公(郭沫若:
《两周金文辞大系图录考释》,第 48、49 页);有学者认为"(沈子)它是其己公(父考)和多公、
周公二公等的下一代,而'子'不一定是亲子"(陈梦家:《西周铜器断代》,第 114 页);有学
者认为"二公"是器主的祖和父,铭文中的"己公"为器主之父(唐兰:《西周青铜器铭文分代
史征》,第 323、324 页);有学者认为"二公"是配祭周公的二先公,具体为伯禽、考公酉,此器
当作于鲁炀公时(马承源:《商周青铜器铭文选》三,第 57 页);有学者认为器主之父很可能
是"刚从周公一族分立出来的小宗"(单育辰:《再论沈子它簋》,《中国历史文物》2007 年第
5 期)。

　　③　特别是器主在"周公宗"中举行祭祀,说明周公是家族所祭的对象,表明祭祀范围
包含远祖。

　　④　黄怀信、张懋镕、田旭东:《逸周书汇校集注》,第 447—450 页。"秉"下,朱右曾依
据后文文例增"黄钺"。

考，是文王长子、武王同母兄。上述三人皆为武王重要的旁系先祖、亲属。关于武王祭祀旁系祖先，前人以为是在附祭之列，以配祭太王等。王国维，①顾颉刚先生则指出前人所说为"以后世宗法制度下之伦理观念解释古史"，以为此祭不分嫡庶与直系、旁系，为商人习俗之遗留，盖周公未制礼以前，殷礼固如斯，周人尚无宗法之制。② 武王祭祀旁系，果为殷礼之影响与否，姑不深论。但武王之祭，表明周人的确有祭祀旁系之举。

摈诸西周金文，可以肯定地说，西周时人祭祀旁系祖先。西周早期何尊谓"何作兄日壬宝尊彝"，③器主为日名是壬的兄长作器，此时"兄"应当已过世，故何为兄作祭器。铭文表明存在器主祭祀其兄的可能性。如此，则是祭祀旁系之例。

著名的召公家族，也存在祭祀旁系的情况。传世的西周早期伯龢器记载"伯龢作召伯父辛宝尊鼎"，④梁山七器中的宪鼎谓"在燕，侯赐宪贝、金，扬侯休，用作召伯父辛宝尊彝"。⑤ 两类器中，作器对象皆为召伯父辛。而出自召公一系的燕侯旨也有为父辛作器之例，传世的燕侯旨鼎记载"燕侯旨作父辛尊"，⑥这年出土于山西翼城大河口霸国墓地 M1 的旨爵刻有"旨作"和"父辛"之文，器主旨即为燕侯旨，作器对象为"父辛"。⑦考虑到燕侯旨的年代，其所称的"父辛"很可能也是"召伯父辛"。如此，伯龢、伯宪、燕侯旨三位并非同胞兄弟的人皆为召伯父辛作器，说明他们很有可能祭祀召伯父辛，⑧召公家族内部存在祭祀旁系祖先的情形。

---

① 王国维论析殷商周礼制异同时，曾经注意到《世俘》篇所记，他指出："此太伯、虞公、邑考与三王并升，犹用殷礼。"又指出，《中庸》言"追王大王、王季，上祀先公以天子之礼"，与《世俘》所载祭礼的情况不同，"追王者与不追王者之祭，固有别矣"。王国维这里所说的"犹用殷礼"，即指不分嫡庶、遍祀先祖之礼（《殷周制度论》，《观堂集林》卷十，第471页）。

② 顾颉刚：《〈逸周书·世俘篇〉校注、写定与评论》。

③ 《集成》5933。

④ 《集成》2407。另有龢爵"龢作召伯父辛宝尊彝"（《集成》9089）。

⑤ 《集成》2749。另有伯宪盂"伯宪作召伯父辛宝尊彝"（《集成》9430）。

⑥ 《集成》2269。

⑦ 山西省考古研究所大河口墓地联合考古队：《山西翼城县大河口西周墓地》，《考古》2011年第7期。

⑧ 关于召伯父辛的身份，学者争论颇多，可参考杨坤：《两周宗法制度的演变》，北京大学博士论文，第199页。

值得关注的是,2011 年考古发掘的湖北随州叶家山曾侯墓地出土有一批青铜器,对于考察西周早期人们祭祀祖先的情况很有裨益。其中,位于叶家山墓地北部的 M1 是几座墓葬中年代最早的,其青铜礼器的年代大致在成康之时。① M1 出土有通高 23.1 厘米的方鼎 4 件,铭文均为"师作父癸宝尊彝"。② 又有 2 件师圆鼎,铭文写作"师作父癸"。③ 此外,编号为 M1:09 的师镬鼎铭文写作"师作父乙宝尊彝"。④ 由铜器铭文,知 M1墓主为师。⑤ 师作器的对象有两人,一是父癸,一是父乙,也就是说,师所祭祀的对象可能是父癸与父乙。所有 M1 出土青铜器中,墓主师为"父

M1:12 师方鼎　　M1:05 师圆鼎　　M1:09 师镬鼎

① 湖北省文物考古研究所、随州市博物馆:《湖北随州叶家山西周墓地发掘简报》,《文物》2011 年第 11 期。

② M1:12。见湖北省博物馆、湖北省文物考古研究所、随州市博物馆编:《随州叶家山——西周早期曾国墓地》,北京:文物出版社,2013 年,第 150 页。

③ M1:05,见湖北省博物馆、湖北省文物考古研究所、随州市博物馆编:《随州叶家山——西周早期曾国墓地》,第 154 页。M1:06 铭文相同,见湖北省文物考古研究所、随州市博物馆:《湖北随州叶家山西周墓地发掘简报》。据发掘报告介绍,M1 所出部分铜器在发掘前曾被哄抢,后追缴,追缴器物在编号前加"0"。

④ 湖北省文物考古研究所、随州市博物馆:《湖北随州叶家山西周墓地发掘简报》。

⑤ 除上引青铜铭文外,M1 还出土有其他有铭青铜器,风格多样。如 M1:015 父丁斝"父丁🅁",带有殷商时期习见的族徽符号;M1:010 铜爵铭文作"🅁兄乙";M1:020 以及 M1:013 铜觯铭文皆为"🅁父癸"(M1:013 见湖北省文物考古研究所、随州市博物馆:《湖北随州叶家山西周墓地发掘简报》;M1:015、M1:020、M1:010 见湖北省博物馆、湖北省文物考古研究所、随州市博物馆编:《随州叶家山——西周早期曾国墓地》,第 158、162、160 页),撰写者认为有晚商风格。同一墓葬中所出青铜器所带族徽符号并不相同,且制作年代也不相同,是否为同一家族所作铜器难以遽断。因此,这部分青铜器铭文所反映的祭祀对象暂不考虑。

癸"作器的铜器共计 6 件,而为"父乙"所作铜器只有一件,据此可以判断"父癸"为师之生父,而"父乙"为"父癸"之兄弟,[1]即师的叔伯。若果,则表明器主最为看重的是直系父考,但他也为旁系叔伯作器,祭祀他们,只是在直系与旁系之间存有亲疏远近的差别。这是西周早期人们祭祀旁系父祖之一例。需要指出的是,叶家山墓葬中有多种商文化因素出现,墓主祭祀旁系祖先,为殷商因素的影响抑或曾国自身传统,未为可知。[2]

总之,传世文献与西周早期青铜铭文表明,周人祭祀旁系父祖,尽管其例并不多见。

附：略论西周早期商遗民的祭祖系统

以上主要讨论了西周早期周王阶层、贵族阶层所祭祖先的范围。事实上,入周以来,商遗民的祭祖情况同样值得关注。前文已述,商人祭祖系统有其特色。然而,进入西周时期以来,商遗民祭祀祖先的范围是什么,是否与传统的做法相延相承?

西周青铜器铭文中,可见若干商遗民的踪迹。如 1971 年和 1991 年两次考古挖掘的陕西泾阳高家堡西周墓地中,所出大部分铜器上缀有戈族族徽,一般以为是一处戈族居住地。戈族出现的时代甚早,殷商卜辞中即有记载,如"叀戈人射","戊戌卜,争贞：叀王族令戈?"[3]戈族族徽在殷商时期的青铜器中也不罕见,学者统计,有明确出土地点的戈族青铜器计 19 件,出土比较集中的是安阳(包括辉县)、洛阳和泾阳,而安阳很可能是

---

① 另外在 M111 号墓中出土有曾侯方鼎,铭文写作"曾侯作父乙宝尊彝",不知此处之"父乙"与 M1 青铜铭文中"父乙"是否为同一人。

② 关于器主师的身份,学者指出由于墓葬中出土兽面纹大圆鼎 1 件、方鼎 4 件,所出器物特别是方鼎的数量超过了多数商末周初国君级别的墓葬,因此,M1 的身份也应是曾国国君。但墓葬中未见"曾侯"字样青铜铭文,师的身份很可能"是尚未授封为曾侯的曾国国君"(湖北省博物馆、湖北省文物考古研究所、随州市博物馆编：《随州叶家山——西周早期曾国墓地》,第 149 页)。另,M111 第二次挖掘中,出土有铭文为"犺作剌考南公宝尊彝"的青铜器,学者指出曾属南公家族(黄凤春：《说西周金文中的南公——兼论随州叶家山西周曾国墓地的族属》,《江汉考古》2014 年第 2 期)。

③ 分别见《合集》33002、14915。

其较早的居住地。①

高家堡四座主要墓葬中,M1 有两件为父戌作器。M2 两件器物所缀族徽与高家堡墓葬不合,应属外来器物。M3 有两件戈父癸器,作器对象为父癸。M4 情况较为复杂,其中�卣等几件刻有其他族徽的器物亦当属外来器。此外,还有祖癸鼎,有四件为父己所作器,有两件刻有"父癸"的酒器。

有关四座主要墓葬墓主的关系,学者观点不尽相同。张懋镕先生认为 1 号墓墓主是此处戈族的第一代首领;2 号墓墓主由尸骨鉴定尚未成年便去世,未及为自己作器,其墓葬中的青铜器应为外族器物;3 号墓出土有父癸铭文的铜器;4 号墓出土有较多的父己铭文铜器,同时又出土父癸瓠、父癸尊、祖癸鼎,4 号墓主与 3 号墓主有一定的关系,特别是祖癸鼎的出土,或许表明 4 号墓墓主是 3 号墓墓主之子。② 张长寿先生根据 M1 所出四件青铜器装饰有蜗形夔纹为主题的纹饰,而 M2 所出青铜卣,器形、花纹与 M1 相类,推测两卣原为一组而分置于 M1、M2 中,因此 M1、M2 墓主应有血缘亲属关系。又由于 M1、M4 均出土有兵器而 M2、M3 未见兵器,则 M1、M4 为男性,M2、M3 为女性。在此基础上,他推断 M3、M4 墓主为夫妻关系,M1 与 M2 墓主为嫡亲关系。③ 朱凤瀚先生根据商周墓葬中常会出现上代先人所作器遗留在下代墓葬中的情况,推测 M3 墓主人是 M4 墓主之父或其母,M3 年代早于 M4。④

从器物铭文观察,M1、M2 墓主身份较难确定,暂且不论。M3 中出土两件为父癸所作器,墓主当为父癸之子。M4 中数量较多的是为父己所作器,有理由推定墓主是父己之子。但又有两件为父癸作器,这就存在两种可能性:1. 父癸是墓主的父辈,但不是生父。M3 墓主与 M4 墓主系叔伯兄弟。若此,则存在 M4 墓主祭祀旁系的可能性。2. 父癸是 M3 墓

---

① 邹衡:《夏商周考古学论文集》,北京:文物出版社,1980 年,第 322 页。

② 张懋镕:《高家堡出土青铜器研究》,《考古与文物》1997 年第 4 期。

③ 张长寿:《论泾阳高家堡周墓》,原载《远望集:陕西省考古研究所华诞四十周年纪念文集》上,西安:陕西人民美术出版社,1998 年,又收入《商周考古论集》,北京:文物出版社,2007 年,第 138—142 页。

④ 朱凤瀚:《中国青铜器综论》,上海:上海古籍出版社,2009 年,第 1264 页。

主之父,父癸器是 M3 主人所作,但遗留至 M4 墓主这一代(如上引专家所论)。若果,M3 墓主有可能是 M4 墓主之父。那么,这两种可能性哪一种更大? 考虑到 M4 墓葬中还出有祖癸鼎,则更大的可能性是 M4 墓主为 M3 墓主人之子,称作"癸"的,是 M3 墓主之父,是 M4 墓主的祖父。祖癸鼎是 M4 主人为祭祀祖父所作器。

综合 M3 与 M4 器物,可见墓主人更加重视的是生父,两座墓葬中最为突出的皆是为父考作器。M4 仅有一件为祖父所作器,表明墓主生前很可能祭祀祖父,但相形之下,父考占据更重要的地位。

表十：陕西泾阳高家堡西周墓地所出青铜器及铭文

编 号	墓主信息	器 名	铭 文	备 注
M1：8		戈⋈卣	戈⋈	1971 年挖掘
M1：9		戈父戊盉	戈父戊	
M1：6		⋈尊	⋈	
M1：7		𫠐卣	器铭：⋈ 盖铭：𫠐作父戊尊彝。戈	
M2：3		亚夫父辛鼎	亚夫父辛册	
M2：1		⋈父丁甗	⋈父丁	
M3：5		亚父⋈鼎	亚父⋈作父丁彝	1991 年挖掘
M3：2		戈父癸甗	戈父癸	
M3：6		戈父癸壶	戈父癸	
M4：19		祖癸鼎	且癸	1991 年挖掘
M4：4		亚父⋈鼎	亚父⋈作父丁彝	
M4：7		戈尸显父己甗	戈尸显父己	
M4：20		戈父己簋	戈父己	
M4：11		戈父己觯	戈父己	
M4：1		乙天爵	乙天	

（续表）

编　　　号	墓主信息	器　　名	铭　　文	备　　注
M4：2		父己爵	父己	
M4：10		父癸觚	父癸	
M4：13		父癸尊	父癸	
M4：12		保父丁觯	保父丁	
M4：17、28		𠦪卣	𠦪	
M4：3		※𠦪父戊罍	※𠦪父戊	
M4：18		子𠁥盉	子𠁥乍隣彝	
M4：14		敔令钺	敔，令	

　　同类情况还有"臣辰"家族。"臣辰"家族亦为商遗,目前可见"臣辰"诸器,约有三十件。最早可追溯至商代晚期,大多数为西周早期或西周早期后段。[①] 部分器相传1929年出土于河南洛阳马坡,其中著名的有士上所作器,记载了周王举行禴礼之年,王令士上殷见于成周,士上获赏,为父癸作器。[②] 所见臣辰家族器铭中,多包含有"臣辰"和"臣辰𠂤"两个氏族名,一般以为"臣辰𠂤"为复合氏族名。臣辰器历来受到学者们的重视,对于这一族的迁徙、发展都有充分的研究。近年来,由于与这一家族相关的器物又在陕西宝鸡石鼓山西周墓地("臣辰𠂤父癸")、[③]湖北随州叶家山西周墓地(𠂤父乙)出现,[④]臣辰家族重又进入人们的视野。诸多器物中,作器对象主要有父乙(写作"父乙臣辰𠂤"、[⑤]"臣辰𠂤父乙"、[⑥]"臣辰𠂤册父乙"、[⑦]"臣

---

　　① 陕西礼泉县所搜集到的"臣辰父乙尊",学者定为商代晚期,见王长启:《西安市文物中心所藏的商周青铜器》,《考古与文物》1990年第5期。
　　② 士上尊,《集成》5999。
　　③ 刘军社等:《陕西省宝鸡市石鼓山西周墓》,《考古与文物》2013年第1期。
　　④ 湖北省文物考古研究所、随州市博物馆:《湖北随州叶家山西周墓地发掘简报》。
　　⑤ 《集成》2004。
　　⑥ 《集成》2005。
　　⑦ 《集成》2115。

辰彡父乙"、①"父乙臣辰彡"②)、父癸(写作"臣辰彡册父癸"、③"臣辰彡册亩父癸"、④"父癸臣辰彡"、⑤"辰臣彡癸"⑥)、父辛(写作"臣辰彡父辛"、⑦"小臣彡辰父辛"⑧)、祖乙("彡臣辰祖乙"⑨),其中最多者是为父乙作器。此外,还有为日乙作器("元作高智日乙窑尊臣辰彡册")。⑩

关于父乙、父癸、父辛诸器的时代,学者指出"父乙组约在成、康之时,父癸、癸(可能即"父癸"省)组约在康、昭之时,父辛组约在昭、穆之际,不晚于穆王。所以彡器中父乙、父癸、父辛是彡族中臣辰氏的三位连续继位的族长。其所在时代几乎包括整个西周早期,其晚期已近于西周中期"。⑪ 但也有学者认为作器对象中的父乙、父癸、父辛并非连续的三代,"父乙组的器物延续时间就更长,几乎从商周之际到西周早中期之际都有,这组器物中的父乙也不可能是同一个人","父乙、父庚(按,应为父癸)、父辛可能并不是三位连续继位的族长,甚至可能有多个父乙、父癸、父辛"。⑫

臣辰诸器由于没有相关墓葬资料作参考,因此其中的人物关系以及作器者的身份难以推定。考虑到铭文中可见"臣辰彡父乙""臣辰彡册父乙",以及"臣辰彡册父癸""臣辰彡父癸"不同的写法,很可能如学者所说一个家族几代之中存在多个父乙、父癸。这样,从祭祀范围上说,也存在如下的可能性:1. 父乙、父癸、父辛为不同辈的三人,相应地,器主也是三

---

① 《铭图》4216。

② 《集成》5153。

③ 《集成》2135。

④ 《铭图》1702。

⑤ 《集成》9392。

⑥ 2012年陕西宝鸡石嘴山西周墓出土,见刘军社等:《陕西省宝鸡市石鼓山西周墓》。

⑦ 《集成》7267。

⑧ 《集成》5835。

⑨ 《铭图》13036。

⑩ 元尊,《铭图》11739。

⑪ 朱凤瀚:《商周家族形态研究》(增订本),天津:天津古籍出版社,2004年,第283页。

⑫ 周亚:《关于彡及臣辰彡诸器的检讨》,《青铜器与金文》第一辑,上海:上海古籍出版社,2017年,第286页。文中附有诸器表,可参看。

个不同的人,分别为其父作器,不存在器主为多父作器祭祀旁系祖先的可能。2. 由于父乙器多见,父乙或不止一位,而是在两代当中都存在。这样,固然存在父乙、父癸或父辛之子各为其父作器的可能性,但也不排除子辈为诸父作器的情况。如是,就有祭祀旁系的情形。

从总体上看,臣辰诸器中绝大多数是为"父"作器,只有一件称为"祖乙",是为祖辈作器,这固然不能说明臣辰家族在具体的祭祀活动中少祭祀祖父及以上先祖,但也表明人们对于父辈的重视。并且,由于多见为"父"作器的情况,而不清楚作器之人的身份,因此也不能排除当时存在为多父作器、祭祀旁系的可能性。

以上由高家堡西周墓所出青铜器以及臣辰诸器简要地考察了西周早期殷遗民的祭祖系统。需要指出的是,从为祖考作器的角度考察祭祀对象,有一定的局限性,只可推测大概。综合两类青铜铭文所录情况看,西周早期阶段,这些商遗民主要祭祀的是父、祖两代,特别是父考占据更为突出的地位,但并不排除祭祀多父的情况。这与学者指出的商代祭祀制度在晚期的祖庚、祖甲时代发生了明显变化,人们注重直系近祖特别是父辈先王的祭祀,[1]换言之,特重父辈祭祀,在一定程度上是相合的。

四、西周中期以来周人祭祖范围的变化

西周中期以来,周人祭祀祖先的范围较之西周早期明显扩大,周人不但祭祀近祖而且祭祀远祖。

西周中期以来,人们对于直系近祖仍然十分重视,金文中不乏对近祖的祭祀。西周中期大簋记载以禘祭祭祀父考,"王在郑,蔑大曆,易犅斁犅,曰:用禘于乃考",[2]王在郑地,勉励名"大"者,赏赐给他经过刍养的赤

---

[1] 常玉芝先生指出,这一时期的祭祀与武丁时期相比,"不但祀典显得单调,祭祀次数大大减少,而且是只注重对父辈先王的祭祀"(《商代宗教祭祀》,第344页);伊藤道治先生也指出祖甲时代卜辞显示,人们几乎不祭祀先公,将远祖排除在外。他还将这一时期的卜辞分为王族卜辞与多子族卜辞进行考察,认为在王朝卜辞中,先公以及上甲以下的先王屡屡受到祭祀,而王族、多子族卜辞中,对父、兄、妣、母的祭祀多,"当时的祖先祭祀一般不及于十分远的祖先,而是对离自己很近的亡父、亡兄而举行的"(《中国古代王朝的形成——以出土资料为主的殷周史研究》,第14、79页)。

[2] 《集成》4165。

色公牛，并命令大以之禘祭父考。①西周中期史喜鼎记载"史喜作朕文考翟祭，厥日唯乙"，②意指任史官的名喜者为其有文采的父考举行翟祭，其日为乙日。③ 这两例铭文中，所祭对象皆为直系近祖，显示出人们对于近祖的尊重。

然而，西周中期显著的变化是，周人不但重视直系近祖，也祭祀远祖。周人遇故祈祷，所祷告的祖先范围不止于近祖，而是将远祖包括在内。西周中期作册嗌卣记载名"嗌"者身遭丧子之痛，而后：

> 用作大禦于厥祖妣、父母、多神。④

此处器主嗌禦祭对象有祖妣、父母、多神。"多神""百神"等见于周代金文与传世文献，学者关于"多神"特别是"百神"具体所指，意见不尽相同。朱凤瀚先生认为默钟"唯皇上帝、百神保余小子"之"百神"可能包括上帝以外的诸自然神与祖先神。⑤ 吴镇烽先生释猷器"猷肇作朕文考甲公宝尊彝，其日夙夕用厥馨香享祀于厥百神"，指出"百神，众多的神灵、列位神灵……用其馨香享祀于上天列位神灵"；⑥裘锡圭先生则指出：

> 簋铭上一句说器主猷"其日夙夕用厥馨香敦祀于厥百神，无（或"罔"）不正"，两个"厥"字都是指器主的领格代词。这种"厥"字西周金文常用，不烦举例。西周铜器铭文屡称器主的先人为神，如称"文神""文神人""皇神""先神"等。此文的"厥百神"无

---

① 《集成》4165。

② 《集成》2473。

③ 关于"翟祭"，杨树达先生认为是"禴祭"（《积微居金文说》，第297页）；唐兰先生认为"翟"即"鷸"字，通作"禴"，"翟祭"就是"禴祭"或"礿祭"（《论周昭王时代的青铜器铭刻》，《古文字研究》第二辑，北京：中华书局，1981年）；刘雨先生认为有可能是翟舞之祭，是祭祀中的乐舞（《西周金文中的祭祖礼》）。

④ 《集成》5427。关于此铭，相关研究见郭沫若：《两周金文辞大系图录考释》下册，第27页；陈梦家：《西周铜器断代》，第124—126页；马承源：《商周青铜器铭文选》三，第95—96页；连劭名：《商周青铜器铭文新证》，《古文字论集》三，《考古与文物》2005年增刊；陈佩芬：《夏商周青铜器研究》（西周篇），上海：上海古籍出版社，2004年，第174页；单育辰：《作册嗌卣初探》，《出土文献研究》第十一辑，上海：中西书局，2012年。

⑤ 朱凤瀚：《商周时期的天神崇拜》。

⑥ 吴镇烽：《猷器铭文考释》，《考古与文物》2006年第6期。

　　疑指器主一族的众多先人。①

此说信而有征。勘诸西周金文,百神、多神、大神与"前文人"之称相类,皆指代祖先。如宁簋盖铭文:

　　　　宁肇谋(其)作乙考尊簋,其用各百神,用绥多福。②

铭文"用各(格)百神",意即以祭品请百神来至。梁其钟谓"用卲各喜侃前文人",瘐簋"作祖考簋,其享祀大神,大神绥多福",③以三例铭文相对照,则知"百神""大神"即为祖先神。④ 作册嗌铭文记载器主向祖妣、父母、多神行襛祓之祭,其所禦对象应当包括众多祖先,⑤祭祀祖先的范围较之西周早期扩大了。

　　在一些具体的祭祀活动中,也可见西周中期人们所祭祖先数量增多。陕西蓝田出土西周晚期軝史殿壶谓"軝史殿乍宝壶,用襖祀于兹宗室,用追福禄于兹先神、皇祖、享叔",⑥器主在宗室中举行襖祀,祭祀对象应当与其所"追福禄"之对象一致,即祖先神、伟大的祖父以及父考享叔,祭祀对象在数量和规模方面已经扩展。山西曲村晋侯墓地所出西周晚期楚公逆钟谓:

---

　　① 裘锡圭:《獄簋铭补释》,原载《安徽大学学报》2008 年第 4 期,又收入《裘锡圭学术文集》金文及其他古文字卷,第 182 页。

　　② 《集成》4021。

　　③ 分别见《集成》188、《集成》4170。

　　④ "百神"亦见于传世文献:《诗经·大雅·卷阿》"岂弟君子,俾尔弥尔性,百神尔主矣"(孔颖达:《毛诗正义》,阮元校刻:《十三经注疏》,第 546 页),《周颂·时迈》"怀柔百神,及河乔岳",郑笺"王行巡守,其至方岳之下,来安群神,望于山川,皆以尊卑祭之",孔疏"百神者,谓天与山川之神"(孔颖达:《毛诗正义》,阮元校刻:《十三经注疏》,第 589 页),《孟子·万章上》"使之主祭,而百神享之,是天受之"(孙奭:《孟子注疏》,阮元校刻:《十三经注疏》,第 2737 页),《礼记·礼运》"礼行于郊,而百神受职焉",郑玄注"百神,列宿也",孔疏"天之群神也"(孔颖达:《礼记正义》,阮元校刻:《十三经注疏》,1426 页),《祭法》"有天下者,祭百神"(孔颖达:《礼记正义》,阮元校刻:《十三经注疏》,1588 页)。可见,百神的含义有所变化。

　　⑤ 陈英杰先生也指出"'多神'可能是指高于祖妣之世系的远祖"(《西周金文作器用途铭辞研究》,北京:线装书局,2008 年,第 76 页注 2)。

　　⑥ 《集成》9718。

唯八月甲午，楚公逆祀厥先高祖考，夫任四方首，楚公逆出，求厥
用祀。①

钟铭较为奇特，记载了楚公逆祭祀他的先高祖考。所谓"先高祖考"，学者
指出"先，祖先。高祖考即高祖父，即祖父的祖父，也称高祖王父"，②如此
知器主所祭为多个先祖，包括远祖。西周中期友簋谓"王蔑友曆，赐牛三。
友既拜稽首，▨于厥文祖考"，③▨，或释为"祼"，或释为"升"，然皆与字形
不合。揆诸上下文意，应为祭祀名称。铭文谓友获得周王赏赐，对其祖考
举行祭祀，此处之祖非特定的三世祖、四世祖，乃为广泛之祖先，理应包括
远祖。

西周中期以降的青铜铭文，在祭祀祖先用语方面也发生了明显变化，
由这一方面的变化，同样观察到周人祭祀祖先范围的扩展。具体而言，西
周中期以来少见具体祭祀名称如"禘""祼"之类，而"用享某""享孝于某"
"用祀于""追孝于某"等泛称类铭文格式却在这一时期十分显著。对此，
学者指出"专祭祀名大多数见用于早期。中、晚期祭祀专名只是偶尔使
用，逐步集中于意义泛化的追、享、孝等几个词上面"。④ 铭文格式的变化
折射出周人祭祀对象的变化。"用享某""享孝于某"等不是具体的祭祀活
动，而是祭祀祖先的泛称；其所祭祀的对象，非特定祖考，乃为广泛之祖
先。易言之，西周中期金文"享孝"类铭辞的增多，表明周人祭祀先祖的范

---

① 李夏廷、张奎：《天马—曲村遗址 北赵晋侯墓地第四次发掘》，《文物》1994 年
第 8 期。

② 黄锡全、于柄文：《山西晋侯墓地所出楚公逆钟铭文初释》，《考古》1995 年第 2 期。
关于铭文之释，分歧较多。李学勤先生读为"楚公逆祀厥先高祖考、大工、四方首"，意谓"楚
公逆对自己的祖先、父亲，以及先世大臣和四方之神，举行用人首祭祀的典礼"（《试论楚公
逆编钟》，《文物》1995 年第 2 期）；黄、于先生释读为"敷壬四方首"，意谓"祭祀高祖考所需用
之物品分担予四方首领"；董珊先生认为"夫壬"为"夫工"，读作"敷供"，"周遍祭祀"之义，
"四方首"指四方神、社稷之神集体称谓（《晋侯墓出土楚公逆钟铭文新探》，《中国历史文物》
2006 年第 6 期）。

③ 《集成》4194。

④ 陈英杰：《西周金文作器用途铭辞研究》，第 243、76、89 页。通过研究铭文中的作
器对象，作者还指出西周中期出现父母、祖考合祭用器，而晚期合祭现象增多。刘源先生也
对"享"所反映的西周常祀进行了论述，见《商周祭祖礼研究》，北京：商务印书馆，2004 年，
第 89—95 页。

围在这一时期发生变化,人们祭祀祖先的范围扩大、数量增多,不局限于以近祖为主。

事实上,"享孝于某"类铭文格式在西周早期即已出现,如鲁侯熙鬲"鲁侯熙作彝,用享蠶厥文考鲁公",是鲁炀公为其父伯禽作祭器,以献享父考。① 但是西周早期,"用享某"一类格式并不多见,且其中的"某"一般为直系近祖,而西周中期以来,此类格式中的"某",尽管时有指代某位近祖,②不过更为显著的是指代诸多祖考,不拘于直系近祖。例如西周晚期梁其鼎"用享孝于皇祖考"③,祖考指多位先祖,是众多祖先的泛称。

西周中、晚期青铜铭文中,另一引人瞩目的现象是生者所开列出的作器对象增多,而此一现象不见于西周早期铭文。作器对象虽然并不必然是祭祀对象,但作器对象的增多充分反映出周人祖先群体的扩展。西周晚期嬰簋铭文云"嬰作皇祖益公、文公、武伯、皇考恭伯蠶彝",④所记祖先不但包括近祖如父、祖父、曾祖,还包括远祖如高祖(曾祖之父)。同类青铜器还有 1974 年陕西扶风强家村窖藏出土的师𬇙钟,记载了器主为四代祖考作钟,谓"师𬇙肇作朕剌祖虢季、宄公、幽叔,朕皇考德叔大林钟"。⑤西周晚期姬寏母豆谓"姬寏母作太公、庸公、□公、鲁仲臤、省伯、孝公、静公豆,用祈眉寿、永命、多福",⑥铭文记载器主为七代先祖作器。1992 年9月陕西扶风县召公镇巨良海家村所出西周晚期师𬧓钟铭文,与寏母豆铭文所记祖先极其相似,值得重视,铭谓:

> 师𬧓自作朕皇祖太公、塘公、𠬝(封)公、鲁仲、宪伯、孝公,朕烈考……□龢钟,用喜侃前辥永命义孙子……⑦

---

① 《集成》648。

② 如西周中期戜方鼎"用夙夜享孝于厥文祖乙公,于文妣日戊"(《集成》2789),是名"戜"者为祖父、母作享之器。

③ 《集成》2769。

④ 《集成》4153。

⑤ 《集成》141。

⑥ 《集成》4693。

⑦ 高西省:《扶风巨良海家出土大型爬龙等青铜器》,《文物》1994 年第 2 期。引文据高先生所释,并参考了刘雨先生的说法(《师𬧓钟和姬寏母豆》,《古文字研究》第二十六辑,北京:中华书局,2006 年,第 169 页)。

两器主拥有相同的先祖，器主之间应有血缘或姻亲关系。① 由师宷钟铭文可知，姬寏母豆铭文中所称的"静公"，其身份为父考，如此，则孝公为祖父，师宷所作器的对象包括父考及远世祖先。作器对象的增加，从一个侧面说明所祭祖先的范围在扩大、延展。

此外，西周中期特别是西周晚期彝铭中，生者赞颂先祖，开具数位祖先之名的现象也备受瞩目。这类铭文中，器主追溯多位祖先功业，逐一表彰列祖列宗的丰功伟绩，其格式迥异于西周早期。著名的共王时期墙盘依次颂扬了文王、武王、成王、康王、昭王、穆王时期微氏家族的高祖、烈祖、乙祖、亚祖祖辛、文考乙公五代祖考。② 西周晚期逨盘则追述了高祖单公、高祖公叔、高祖新室仲、高祖惠仲猛父、高祖零伯、亚祖懿仲、皇考龚叔七世祖考的功勋。③ 西周晚期𤺄鼎也记载𤺄称颂祖考世代为师，侍奉着负责安定周王的尹氏。其祖考包括高祖师娄、亚祖师夆、亚祖师襄、亚祖师仆、王父师彪、父考师孝在内的六代父祖。④ 上述铭文，追忆多位祖考之功，并且不约而同，其所追溯的最早一代先祖，全部是追随文、武开创有周基业的祖先。

上引青铜铭文，有出于王畿地区贵族（如友簋"王蔑友历"），有出于南方楚王（楚公逆），但在祭祀祖考范围方面，表现出一致性。因此可说，从西周中期周人的祷祀（如作册嗌卣）、具体的祭祀活动（如楚公逆钟所记），到西周中期"享孝"类泛祭祖先铭文的流行，再到作器对象较之西周早期明显增加等几个方面看，西周中期以来，人们祭祀祖先的数量增多，所祭祖先范围扩大，不但包括近祖，也包含远祖，众多祖先均在祭祀之列。⑤

---

① 刘雨先生认为师宷、寏母"二人是兄妹或姊弟关系，同为姬姓，分别作器，祭奠同一系祖考"（《师宷钟和姬寏母豆》）；陈英杰先生认为是夫妻（《西周金文作器用途铭辞研究》，第233页）；李学勤先生认为是齐太公后裔（《论西周王朝中的齐太公后裔》，《烟台大学学报》2010年第4期）。
② 《集成》10175。
③ 陕西省考古研究所、宝鸡市考古工作队、眉县文化馆联合考古队：《陕西眉县杨家村西周青铜器窖藏》，《考古与文物》2003年第3期。
④ 吴镇烽：《咸阳市发现西周𤺄鼎》，《考古与文物》2005年增刊；《𤺄鼎铭文考释》，《文博》2007年第2期。按：铭文中的王父，依照宗人簋（《铭图续》461），是对伯父的称呼。
⑤ 有学者指出"（至周代）进一步缩小了血缘近亲的范围，基本上只限于祖（转下页）

然而,为什么西周中期之后,周人祭祖的范围发生变化,祭祖数量明显增加? 其实,这一现象不难理解。周人祭祖数量增多、范围扩大,主要原因是随着世代推移,周人世系自然增长,所以祭祖范围扩大。由西周初至西周中期,累世经年,周人念兹在兹的祖先数量也随之增长,其结果就是周人祭祀祖先的数量不断扩展。① 在若干文献记载中,可见蛛丝马迹。《逸周书·祭公》篇记载祭公谋父教诲穆王,王对答:"予小子追学于文武之蔑,周克彗绍成康之业",穆王称其步学于文、武王,②受继成、康之王业。又谓"公称丕显之德,以予小子扬文武大勋,弘成康昭考之烈",穆王指出要弘扬文王、武王之功勋,发扬成王、康王、昭王之功烈。在这里,穆王所追溯的不仅仅是近祖,而是自文王至康王以来的五世祖。

西周中期以来祭祀祖先数量既多,在实际操作中,难免出现在近祖与远祖之间,孰轻孰重的问题。这一问题或许困扰着周人,因为文献中的蛛丝马迹反映出人们的的确确思考如何平衡近祖与远祖之间的轻重问题。《尚书·高宗肜日》篇记载商王祖庚为武丁举行肜祭,祖庚之贤臣祖己劝诫王曰:

> 王司敬民,罔非天胤,典祀无丰于昵。

(接上页)姒父母,偶尔涉及祖以上或兄的神灵……殷商晚期及两周人们对祖父两代的祭祀频繁程度是不同的,明显地体现出祭父更为频繁"(文术发:《从古文字看商周祭祀制度的演变》,《西南师范大学学报》2000年第3期)。作者将铭文中之祖姒理解为父之父、父之母,但从铭文整体情况看,"祖姒"有时当包括祖父、祖母以上之祖先。

①　周人所祭祀的诸多祖先,是否包括旁系先祖,引起学者们的探讨。学者曾就逨盘所列先祖,探讨了单氏家族的家族结构,李零(《读杨家村出土的虞逨诸器》,《中国历史文物》2003年第3期)、张天恩(《从逨盘铭文谈西周单氏家族的谱系及相关铜器》,《文物》2003年第7期)、董珊(《略论西周单氏家族窖藏青铜器铭文》)等先生认为铭文中的先祖并不一定是逨之直系先祖;朱凤瀚先生则认为铭文中的先祖与逨为直系血亲关系(《商周家族形态研究》(增订本),第659—670页)。本文认为西周晚期铭文中所列多位祖先,应为器主的直系先祖,这些先祖大宗抑或小宗地位,难以论定,但揆诸常理,器主在铭文中自述世系,没有必要述及旁系。

②　"文武之蔑"句,蔑,王念孙曰"'蔑'与'末'同,穆王在武王后四世,故曰追学于文武之末";于鬯云"蔑有盛大之义……《书·君奭篇》云:'文王蔑德降于国人。'彼蔑实亦茂之误"。详见黄怀信、张懋镕、田旭东:《逸周书汇校集注》,第991—992页。按,此句清华简作"我亦佳有若祖周公暨祖召公,兹迪袭学于文武之曼德,克夹绍成康","王曰:公称丕显德,以余小子扬文武之烈,扬成、康、昭主之烈"(李学勤主编《清华大学藏战国竹简》(壹),上海:中西书局,2010年,第174—175页)。

所谓的"典祀无丰于昵"，孔安国传谓"昵，近也……祭祀有常，不当特丰于近庙"，①是说殷之先王嗣位敬民，皆为天之后裔，故常祀不应独丰于近庙。杨树达先生《尚书说》进一步申述道"伪孔传训昵为近，是也……近谓近亲……祖己则谓先王同是天子，不应特异于近亲，故有此言矣"。②"典祀无丰于昵"，简言之就是毋厚此"近亲"薄彼"远祖"之义。《高宗肜日》篇所表达的这一观念，是否果为殷商时人所具有，暂不深论。但它所提出的祭祀中远祖与近祖的平衡问题，对于注重礼制的古人来说，毋庸置疑十分重要。成书于晚些时期的《礼记·大传》也有如下说法：

> 自仁率亲等而上之，至于祖，名曰轻。自义率祖顺而下之，至于祢，名曰重。一轻一重，其义然也。

《大传》以仁与义、轻与重区别祖与亲。关于此句，郑玄说"用恩则父母重而祖轻，用义则祖重而父母轻"，③意谓从恩爱的角度循着父母一代一代向上计，直到祖先们，恩爱的程度逐渐减轻；从义理的角度循着祖先们顺序向下计，直到先父，愈远的祖先就愈当受到尊重。或恩重义轻，或义重恩轻，都出于情理之当然。④将"祖"与"亲"分别冠以义、仁之名，事实上是在远祖与近亲之间有所平衡，说明在现实中，在人们的观念中，确实存在纠结于远祖和近亲的轻重问题，故此才有《大传》的调和、折中之说。

五、余论：西周文献中不见祭祀公亶父之前先祖

周人追忆祖先，祭祀众多祖先。需要指出的是，西周时人追述祖先，有其特点。

首先，由目前可靠文献特别是青铜铭文看，周人所追忆祖先多至文武立邦始，而不再进一步向上追溯。如班簋称"文王、王姒圣孙""文王

---

① 关于"典祀无丰于昵"句，学者所释纷纭，详见刘起釪：《尚书校释译论》，第1014—1022页。孔传见孔颖达：《尚书正义》，阮元校刻：《十三经注疏》，第176页。
② 杨树达：《尚书说》，《积微居读书记》，上海：上海古籍出版社，2006年，第18页。
③ 孔颖达：《礼记正义》，阮元校刻：《十三经注疏》，第1508页。
④ 释文参考杨天宇：《礼记译注》，上海：上海古籍出版社，1997年，第432页。

孙"，①逨盘则夸耀先祖辅弼文、武王，谓"丕显朕皇高祖单公，桓桓克明哲厥德，夹召文王、武王达殷"，逨之高祖单公协助文、武王伐殷，可称为逨之家族光耀之事，其绍述家世，自文、武王时期的高祖单公起。直至东周时期，周人仍喜炫耀祖先辅弼文武受命，如新近面世的春秋晚期曾侯與钟"曾侯與曰：伯括上庸，左右文武。达殷之命，抚定天下"，②曾侯與追溯先祖佐助文王、武王，广有天下四方。足见周人对于文武挞殷建邦记忆深刻。即便对于非姬周族来说，周之克商，文、武王作周立邦，对于他们同样意义非凡。此类世家大族在记录谱系时，也同姬周族一般，往往将先祖追溯至周之建立，文、武王时期，亦以先祖辅佐文、武王而自夸。典型者如史墙盘谓"静幽高祖在微灵处，雩武王既戈殷，微史刺祖乃来见武王，武王则令周公舍宇，于周卑处"，铭文中的微史家族，学者指出或与随武王伐纣之西南夷微国有关，③或与殷哲微子启有关。④ 无论如何，非姬周之微氏家族本当为世系绵长之族，但在记录第一代高祖"在微灵"处后，铭文旋即谓"微史刺祖乃来见武王"，将自身家族的发展与周人立国紧密联系起来。在这里，墙所追忆的第一、第二代先祖，正逢文武时期，而墙并没有再追溯高祖之上的任何先祖。其他铭文中，也可见周人特重归化、辅弼文、武王之非姬周祖先，如乖伯簋谓"王若曰：乖伯，朕丕显祖文、武，膺受大命，乃祖克弗（弼）先王，异自它邦，有芇于大命"，⑤乖伯之祖由他邦而来辅佐周先王，周王表彰名"乖"者之祖先，特别称扬他们追随文、武克商

---

① 《集成》4341。

② 湖北省文物考古研究所、随州市博物馆：《随州文峰塔 M1（曾侯與墓）、M2 发掘简报》，《江汉考古》2014 年第 4 期。关于"伯括上庸"的隶定与释意，参考了诸家说法。

③ 见陕西省周原考古队：《陕西扶风庄白一号西周青铜器窖藏发掘简报》，《文物》1978 年第 3 期；唐兰：《略论西周微史家族窖藏铜器群的重要意义——陕西扶风新出墙盘铭文解释》，《文物》1978 年第 3 期；李仲操：《再论墙盘年代、微宗国别——兼与黄盛璋同志商榷》，《社会科学战线》1981 年第 1 期。

④ 见徐中舒：《西周墙盘铭文笺释》，《考古学报》1978 年第 2 期；李学勤：《论史墙盘及其意义》，《考古学报》1978 年第 2 期；高明：《论墙盘铭文中的微氏家族》，《考古》2013 年第 3 期。

⑤ 《集成》4331。簋铭中的"芇"，即《说文》"芇"字，"相当也"。段玉裁注云这个字从丷，"丷"本为羊角之形，所以"芇"，"取两角相当"为意（《说文解字注》，第 144 页）。马承源先生说簋铭"芇于大命"，意即"符合天命"（《商周青铜器铭文选》三，第 140 页），是可信的解释。

受命之功勋。① 总之，姬姓贵族以及非姬周贵族，其所追溯世系一般至文、武王，而不再向前追溯。

至于周王这一层面，可靠的西周早期文献显示王在祭祀时也只溯源至公亶父，而不见公刘、后稷以及春秋战国文献中所见之高圉、亚圉之属。② 为什么会出现如此的差异？其间的原因，值得深入探索。这里可以提供的一个推测是：周人公亶父之前的世系年代湮远，已无从知晓，后世文献中所记为周之子孙重修祀典时所增饰。由于年代邈远而先祖世次缺载、子孙重订祀谱时增补祖先的情况，见于殷人。众所周知，卜辞中成汤之前上甲、报乙、报丙、报丁、示壬、示癸六世祖先之名，由于排列整齐而使其真实性饱受质疑，王国维先生即指出"疑商人以日为名号，乃成汤以后之事，其先世诸公生卒之日，至汤有天下后定祀典名号时已不可知，乃即用十日之次序以追名之，故先公之次乃适与十日之次同，否则不应如此巧合也"。③ 董作宾、于省吾先生也有相似之论。④依照殷人之例，周之远祖极有可能是周之子孙在后世"修订增补"的结果，以弥缝世次所缺。事实上，郭沫若先生对周人世系特别是后稷传说早有所论，其说值得重视，他说"大凡周初的文字在追颂祖德的时候只说到太王而止……但一到后来便不同了，《吕刑》里面钻出了后稷来，《大雅》的《生民之什》里面，更有了姜嫄生后稷的传说，又有所谓公刘传说。这些传说，据我看来，都是由成康时代或以后的人所编造出来的……后稷的传说自然是由'帝俊生后稷'的传说敷衍而来……同在《大雅》中，《生民之什》和《文

① 至春秋时期，非姬周族追溯先祖的情况有所变化，如宋公固(宋共公)为女作滕鼎、盨，称"有殷天乙汤孙"(李学勤：《枣庄徐楼村宋公鼎与费国》，《史学月刊》2012 年第 1 期)，叔夷钟亦称颂先祖"成汤"(《集成》275)，不惟追溯文、武王时期的祖先。

② 至《史记·周本纪》排列出了后稷—不窋—鞠—公刘—庆节—皇仆—差弗—毁隃—公非—高圉—亚圉—公叔祖类—公亶父—季历—文王的先周世系，其中绝大部分周人先祖不见于经传记载。

③ 王国维：《殷卜辞中所见先公先王续考》，《观堂集林》卷九，第 440 页。

④ 董作宾先生说"我疑心这是武丁时代重修祀典时所定……至于成汤以前，先世忌日，似已不甚可考，武丁乃以十干之首尾名此六世"[董作宾：《甲骨文断代研究例》，《董作宾先生全集》(甲编)，台北：艺文印书馆，1978 年，第 366 页]；于省吾先生说："六示中上甲和三报的庙号，乃后人所追定"(于省吾：《甲骨文字释林》"释自上甲六示的庙号以及我国成文历史的开始"，北京：中华书局，1979 年，第 193、194 页)。

王之什》的时代是完全不同,但在诗的体裁上却几乎是完全相同的。这是表示着《诗经》全体经过后代的纂诗者(不必是孔子)的一道通盘的润色,以纂者的个性把全书整齐化了"。① 依照郭先生所说,后稷是后人"创造"的结果。

关于周人先祖、世系,以及后稷传说的"编造",关涉重大,非本文所能概括,值得日后进一步探索。然而由考察西周时人祭祀祖先的范围出发,确可了解到西周时期人们无祭祀公亶父之前先公以及始祖后稷的做法,这一现象,对于了解周人世系、周人有关自身历史的描绘,有所助益。

其次,周人虽然对于祖先崇尚有加,但在人们的心目中,近祖在生者心目中具有更加特殊的地位。

由西周金文考察,尽管西周中期以来,周人将远祖纳入祭祀范围,但仍然可以看到,人们对近祖倾注更多的情感。以青铜铭文所显示家族情况为据予以说明。如陕西扶风庄白窖藏所出癙器,癙器铭文屡次涉及先祖:一组癙钟铭文中,癙追述祖先"雪武王既戈殷,微史剌祖□来见武王",此处协助武王伐商的微氏祖先为远祖。三年癙壶铭文中,癙记述获周王赏赐,乃"用作皇祖文考尊壶";②癙簋铭文亦记载王赐佩,癙遂"作祖考簋,其享祀大神",③两例铭文中的"皇祖文考""祖考""大神"是对于祖先的泛称,包括近亲也包含远祖。但是在另几组癙器中,却显示出器主对直系近祖的重视。癙盨铭文记述周王赏赐,癙"用乍文考宝簋",④癙爵则记载"癙作父丁",两类器皆是为父考丁所作。一组癙钟铭文称颂祖考,谓"丕显高祖、亚祖、文考,克明厥心",⑤另有一组钟铭则记"追孝于高祖辛公,文祖乙公,皇考丁公",⑥对比两组铭文,知其中所说的祖先即是曾

---

① 郭沫若:《先秦天道观之进展》,《青铜时代》,北京:科学出版社,1957年,第23—24页。

② 《集成》9726。

③ 《集成》4170。

④ 《集成》4462。

⑤ 《集成》247。

⑥ 《集成》246。

祖、祖父、父考，为近世祖先。由瘰器这一个案观察，瘰所提到的祖先有远祖、宽泛的先祖、三世近祖、父考，其中，直系近祖在器铭中出现的频率最高，显示出对于器主而言，虽然远祖十分重要，但对于直系近祖更为亲近。

相同的情况见于陕西眉县杨家村所出逨器。四十二年逨鼎记载逨搏戎有功，王行册命，逨"用作饙彝，用享孝于前文人"，所谓"享孝前文人"，是祭祀祖考的泛称，有近祖又有远祖；逨盘记载，王册命逨"攼司四方虞林"，为纪念此事，逨"用作朕皇祖考宝尊盘，用追享孝于前文人"。这里的"皇祖考""前文人"亦是对祖先笼统的称呼，指近亲和远祖。四十三年逨鼎则记载逨再次受王册命，"官司历人"，逨作器，"用作朕皇考恭叔饙彝"，是为父考作器。逨钟铭文更是盛赞逨之父考"克奔明厥心"，逨在接受了掌管山林川泽之职后，"用作朕皇考恭叔穌钟……用追孝卲格喜侃前文人"，作钟用以祭祀祖考，但乐钟本身，却是以父考名义所作。若说直系近祖在生者心目中占据更为特殊的地位，当可无疑。

再次，在众多先祖中，为家族做出卓著成就的祖先受到更多的尊敬。学者研究，商人即特别崇拜在商族历史上做出过重大贡献的先公先王，给予这些先公先王特殊的对待。[1] 由西周金文，可以看到周代贵族群体展现出同样的心理特征：即十分敬仰具有开创之功的先祖。兹仍举逨器与微史家族器予以说明：逨所做器中，逨盘盛赞七代祖先为其时周王之股肱，但是在逨盉中，器主仅仅提及父考与皇高祖单公，谓"逨作朕皇高祖单公圣考尊盉，其万年子孙永宝用"，"圣考"，即逨之生父龚叔，而"皇高祖单公"，就是逨盘中所称道的"丕显朕皇高祖单公，桓桓克明哲厥德，夹召文王、武王达殷"的那一位，是协助文、武王完成克商大业的堂堂单氏远祖，对于单氏家族具有开拓之绩。盉铭中只列出单氏远祖与父考，两人地位之崇高，不言可喻。又如，微史家族瘰所做诸器中，一件瘰钟铭文单单记载"雩武王既戈殷，微史刺祖□来见武王，武王则令周公舍宇以五十颂处"，颂扬辅佐武王翦商的远祖，而绝口不提墙盘中所说的高出这位"刺

---

① 　常玉芝：《商代宗教祭祀》，第 344 页。

祖"一辈的"静幽高祖"以及在其后一辈的"乙祖"等等。逨盨与癲钟铭文中所表露的心理,颇合于当今俗语所说"有骆驼不说马"的状态,显示出作器者对于建功立业的祖先的崇敬与自豪。

周人特重对于家族发展立有显赫功勋的祖先,这一点,与商人的祖先崇拜呈现出异曲同工之处,成为传统文化中祖先崇拜一以贯之的特征。崇拜祖先,崇拜英雄祖先,为东周时期人们在观念中创造出英雄的华夏族祖先奠定了基石,为华夏各族的融合铺垫了共同的心理基础。

需要指出的是,西周时人祭祖范围显现出与商人不同的面貌。前文已述,商人祭祀远祖,并且既祭祀直系,也祭祀旁系。但在商代晚期,卜辞显示商人对于直系近亲更为重视,针对直系近亲的祭祀更为频繁。反观西周时人,西周早期人们虽然也以祭祀直系近祖为主,但主要是由于远祖年代湮远、无从知晓之故,而非刻意选择近亲的结果。西周中期之后,随着周人世系的扩展,周人的祭祀对象中自然而然地包括了远祖。因此,西周时期人们的祭祖范围,显示出与殷商时期不同的变化趋向。

综之,西周时人祭祀祖先的范围,在早期与中期,有所不同。西周早期立国未远,周人祭祀祖先多为直系近祖。但自中期后,家族不断发展壮大、盘根错节,祭祀祖先出现规模扩大现象,众多祖先皆纳入祭祀之列。这是周人宗法家族发展的必然之势。

第二节 赞颂与缅怀:祖先与 生者的一般性关系

卜辞所见殷人祭祀祖先,方法复杂而繁多,祭祖之次数多而且规格高,反映出祖先在殷人生活中,有着巨大影响。与殷人不同,周人不但祭祀祖先,而且发展出更多精神文化方面的内容。

周人热烈地赞颂祖先、深情地追忆祖先。西周青铜铭文中,充溢着子孙对祖先的颂扬,周代青铜大多为祭祖之器,所铸彝铭的主旨,就铸器者而论，正如于省吾先生所说"昭其德业光烈，传诸子若孙，以享以祀，世守而永宝之。冀其拊循遗泽，奋发濯磨，趾美前徽而不坠也"，[1]其对祖先的赞美、矢志坚守祖先伟业的情感充斥于彝铭之中。此类颂扬虽然可以视为套语，但是考虑到周人常常顾念父祖、母妣在世时的劳瘁、鞠养之恩，可说那些颂辞必定凝结有真切情感。周人思亲至深，他们对祖先的感念、追忆形成了祖先崇拜的稳固心理基础。周人思恩的感情与殷商时人占卜求佑的心理相对比，可见周人的祖先崇拜超越了殷人单纯的占卜、祭祀文

帅隹鼎铭文拓本

化，而包含有丰富的精神内涵。后人说殷人尚质，周人转文，[2]揆诸其祖先崇拜以及祭礼彝铭，信然。

西周青铜铭文中，可见周人思亲念恩的真情实感。这类铭文不拘泥于一般颂祖格式、不落金文俗套、不流于公式化而可见若干个体性的内容，透露出深切的思亲念亲情感。此类铭文在西周时期较为少见，值得关注。西周中期帅隹鼎谓：

> 帅隹懋，贶念王母堇（勤）匄，自作后，王母厚商厥文母鲁公孙用鼎。乃颌子帅隹王母隹用，自念于周公孙子，曰：余弋毋墉又忘。（见左图）[3]

此器器主为帅隹，铭文谓名帅隹者美盛，[4]更加思念伟大的母亲（"王母"）

---

[1] 于省吾：《双剑誃吉金文选》序，第9、10页。

[2] 孔颖达疏《礼记·檀弓下》"殷朝而殡于祖，周朝而遂葬"谓"殷人尚志，敬鬼神而远之，死则为神……周则尚文，亲虽亡殁，故犹若存在"（孔颖达：《礼记正义》，阮元校刻：《十三经注疏》，第1303页）。

[3] 《集成》2774。

[4] 懋，学者多据《说文》训为"勉"。然而考虑到其后所说"贶念王母堇匄"，"贶"有"更"意，此处的"懋"似可训为盛、美。《尚书·舜典》"惟时懋哉"，陆德明《经典释文》引马云"懋，美也"，《尚书·毕命》"唯公懋德"，蔡沈集传"懋，盛大之义"（《书经集传》，南京：凤凰出版社，2010年，第241页）。"帅隹懋"在铭文中为自夸之辞。

的辛勤抚育，①自己为后嗣。② 王母赏赐帅隹之文母所有的鲁公孙鼎。③诚信的儿子帅隹以王母为榜样，④想到自己是周公的后裔，因此说："余弋毋墉又忘。"弋，裘锡圭先生指出即文献中的虚词"式"，其意可表劝令，也可以用来表示可能或意愿，当"会"或"将要"讲。⑤ 此处"弋"与表否定的"毋"搭配，是表示意愿，但似乎也含有表"不会""不能"的因素。这句话的意思是说帅自言对王母的恩惠不容有忘。关于此器，较为特殊的是"王母"并非器主的生母，而是大母。但是从铭文中可以清晰地看到，名帅者表达了王母将其抚育成人，帅隹不能忘怀王母之恩的深厚情感。

同样的情感表达见于西周中期彧鼎，铭文谓：

> 彧曰：呜呼！王唯念彧辟剌考甲公，王用肇使乃子彧，率虎臣御淮戎。彧曰：呜呼！朕文考甲公、文母日庚弋休则常，安永宕乃子彧心，安永袭彧身，厥复享于天子，唯厥使乃子彧万年辟事天子，毋有戠

① 睍，即兄，金文中"父兄"字即写为"跇"或"锐"。李学勤先生指出字或作"况"，在铭中是虚词，意思是滋、益（《鲁器帅鼎》，《缀古集》，上海：上海古籍出版社，1998 年，第 89 页）；"自作后"的"后"当为后嗣之义，曾姬无卹壶铭文有"后嗣"（《集成》9710）之称。在周代宗法制度下，"为人后者为其子"（《公羊传》成公十五年，徐彦：《春秋公羊传注疏》，阮元校刻：《十三经注疏》，第 2296 页）。铭文"旬"，或释为陶，养育义（陈英杰：《西周金文作器用途铭辞研究》，第 570 页）；或读为"覆"，庇护之义（邬可晶：《说古文字里旧释"陶"之字》，《文史》2018 年第三辑）。

② 此句陈英杰先生读为"念王母董旬，自作后"。铭文中的"弋"字，亦从其释（《西周金文作器用途铭辞研究》，第 569—570 页）。

③ 铭文中"王母""文母"的关系殊为难解。李学勤、陈英杰先生认为"'文母'应当是帅隹的已故的母亲，而'王母'是帅隹诸母之一，但非亲生母亲"（《西周金文作器用途铭辞研究》，第 569—570 页）。李晶先生认为"文母"与"王母"为婆媳关系（《〈尔雅·释亲〉王父王母考》，《历史研究》2016 年第 6 期）。按，李、陈先生说是。宗人簋（《铭图续》461）中器主称大宗宗子伯或父为"王父"，表明"王父"是对伯父的称呼。季姬尊（《铭图》11811）中的"王母"应是大宗之妇，仲叡父簋（《集成》4102）中"朕皇考遟伯、王母遟姬"之"王母"也应是大母，而非作器者的生母。鲁公，指鲁国始封君伯禽。鲁公孙，即伯禽之孙。

④ 此句中"乃"，为代词，与上文"王母"相对而言；頋，为形容词，读为"亶"，《尔雅》解为诚信（见李学勤：《鲁器帅鼎》）。此句大意当是你的忠诚之子帅唯王母之命是从。

⑤ 丁声树：《〈诗经〉"式"字说》，《历史语言研究所集刊》（六本四分），上海：商务印书馆，1936 年，第 487 页；裘锡圭：《卜辞"異"字和诗、书里的"式"字》，收入《裘锡圭学术文集》甲骨文卷，第 223 页）两先生都探讨了"式"（弋）在《诗经》以及卜辞中与否定词搭配的情况；毋庸，李学勤先生释其意为"不容"（《鲁器帅鼎》）。

于厥身。（见下图）①

或鼎铭文拓本

名或者说，周王眷念或之显赫的父考甲公，派或率领虎臣抵御淮戎。或赞颂父考、母妣之荫庇，永久地开拓或之心，②延及到或之身，使或奉事天子，永远臣事天子而没有过错。鼎铭的主旨不仅在于向周天子表示忠心，而且在于称颂父母予他以永久的关怀和福佑。在另一件或簋中，铭文记载或在桪林"奔追袭戎"，在馘地与戎展开殊死战斗，大获全胜。战斗结束，或安然无恙（"卒搏，无尤于或身"），他"对扬文母福剌"，称颂母亲无微不至的福佑。或追忆无畏杀敌、旗开得胜的法宝，在于母亲的潜移默化、

---

① 罗西章、吴镇烽、雒忠如：《陕西扶风出土西周伯或诸器》，《文物》1976 年第 6 期。

② "弋休则常，安永宕乃子或心，安永袭或身"句，马承源先生释为"以美善为法则楷模"，"父母美德的熏陶乃使或的心怀永远宽广，这种熏陶乃永远及于或身。是说或在身心两方面都受到父母美德的良好教育和影响"（《商周青铜器铭文选》三，第 117 页）；陈秉新先生引王引之说，训"安"为"于是"，引朱骏声说，以为"宕"转注为宽广之义，此句意为"文考甲公、文母日庚生前效法善德、遵循典法，乃永远使其子或心地宽广，乃永远覆荫或身"（陈秉新、李立芳：《出土夷族史料辑考》，合肥：安徽大学出版社，2005 年，第 175 页）。

言传身教：

> 朕文母竞敏渎行，休宕厥心，永袭厥身，俾克厥敌。①

戜赞颂母亲强干敏捷之德，称母亲的懿德开拓了他的心灵，将智勇永远传递至其身，成为风范榜样，使其克敌制胜。铭文之中，充溢着戜对于父母的深切感念。

感怀父母的文字亦见于传世文献。《诗经·小雅·蓼莪》是一首缅怀父母之作，诗谓：

> 蓼蓼者莪，匪莪伊蒿。哀哀父母，生我劬劳……哀哀父母，生我劳瘁……无父何怙？无母何恃？出则衔恤，入则靡至。父兮生我，母兮鞠我。拊我畜我，长我育我，顾我复我，出入腹我。欲报之德。昊天罔极！②

关于此诗诗旨，《诗序》曰"刺幽王也。民人劳苦，孝子不得终养尔"，是说父母病亡，孝子时在役，不得侍亲。莪，亦为蒿之一种；蓼，植物长大貌。诗篇首句谓莪已长大，但由于役者忧思父母，"心不精识其事"，③视物而不察，以莪为蒿。父母辛劳哺育，父母离世后，孝子顿感无所依怙、无所倚侍。出门则中心衔忧，旋来入门则堂宇空旷，父母不复觌见，孝子心中悲痛交集。④ 父母养育子女劳苦无极，⑤孝子欲报父母之恩，何以及之？《蓼莪》篇的写成时代，以《诗序》所说，为幽王时代，但由诗篇中"无……何"句型的使用，以及排比用句，可说此篇成于东周时代，但诗篇中所描写的思亲弥笃、悲哀至深的感情，与帅隹鼎、戜鼎铭文所透露的弘其孝思、追念祖考的情感完全一致。

周人感怀先祖，同时，周人赞颂祖先。西周时人对祖先的赞颂堪称全心全意，其重点在于尊祀祖考，而不是凸显铸器者本人的功烈。此类青铜

---

① 罗西章、吴镇烽、雒忠如：《陕西扶风出土西周伯戜诸器》。
② 孔颖达：《毛诗正义》，阮元校刻：《十三经注疏》，第459—460页。
③ 郑笺语，见孔颖达：《毛诗正义》，阮元校刻：《十三经注疏》，第459页。
④ 劬，劳也；瘁，病也；衔，含也；恤，忧也。
⑤ 毛传"鞠，养；腹，厚也"，郑笺"畜，起也；育，覆育也；顾，旋视也；复，反覆也；腹，怀抱也"（孔颖达：《毛诗正义》，阮元校刻：《十三经注疏》，第460页）。

铭文甚众，仅以近年陕西眉县出土的速盘铭文说明如下：

> 速曰：丕显朕皇高祖单公，桓桓克明哲厥德，夹绍文王、武王达殷，膺受天鲁令，匍有四方，并宅厥勤疆土，用配上帝。雩朕皇高祖公叔，克速匹成王，成受大命，方逨不享，用莫四国万邦。雩朕皇高祖新室仲，克幽明厥心，柔远能迩，会绍康王，方怀不廷；雩朕皇高祖惠中盠父，盭龢于政，有成于猷，用会昭王、穆王，盗政四方，扑伐楚荆；雩朕皇高祖零伯，舜明厥心，不坠□(厥)服，用辟恭王、懿王；雩朕皇亚祖懿仲，广谏谏，克匍保厥辟考王、夷王，有成于周邦；雩朕皇考恭叔，穆穆趩趩，龢旬于政，明栖于德，享辟厉王；速肇纂朕皇祖考服，虔夙夕敬朕死事，肆天子多赐速休，天子其万年无疆，耆黄耇，保奠周邦，谏辥(乂)四方。①

速器铭文显示，名速者为虞官，管理山林川泽，后因协助杨侯长父伐狁狁有功，受王册赏。此后又被册命加官，兼管历人。在速盘铭文中，速依次夸耀先祖：第一代单公，威武而明慎其德，辅助文王、武王讨伐殷商，文王、武王受命于天、广有天下，统治其勤劳所得之疆土，以合上帝；②第二代皇高祖公叔，是辅佐成王的重臣，继承天命，消除不臣服享献的邦国，③以定天下四方；第三代皇高祖新室仲，④能明其心，安抚远近方国，辅佐康王，安定不来朝觐的邦国；第四代皇高祖惠中盠父，安定协和政事，成其谋略，辅弼昭王、穆王，征讨四方，⑤征伐荆楚；第五代皇高祖零伯，服侍恭

---

① 陕西省考古研究所、宝鸡市考古工作队、眉县文化馆联合考古队：《陕西眉县杨家村西周青铜器窖藏》。

② "并宅厥勤疆土"，可与㝬钟"王肇遹省文武勤疆土"对读。此句采王辉先生释，见《速盘铭文笺释》，《考古与文物》2003年第3期。

③ "方逨不享"之"方"，表示方始之义。

④ "新室仲"即盠驹尊中的"朕文考大仲"。学者指出"新室之义盖从侧室而来……侧室是指从大宗之家分立出来的小宗，建立新的家族组织……新室仲从单氏大宗家族中脱离出来而分支立族"（田率：《陕西眉县青铜器窖藏与西周单速家族》，《中国历史文物》2008年第4期）。

⑤ "盗政四方"句之"盗"，有学者以为读"延"，意思是将其德政普及到四方诸侯（李学勤：《眉县杨家村新出青铜器研究》，《文物》2003年第6期）；有学者以为是"经营（转下页）

王、懿王,他明智于心,①敬服其事;第六代皇亚祖懿仲,直言规谏,②能够大保其君孝王、懿王,有成就于周王朝;第七代皇考恭叔,是逨的父亲,时历王世,恭叔敬慎严肃,和谋国政,成于懿德,③拥戴厉王。逨赞美祖先前辈的功勋伟绩,而祖先的伟业,最主要体现为先祖有德,辅弼周王,为王之股肱。颂扬、夸饰祖先的功绩,充分显示出周人对于祖先的崇敬。历数先世功烈,赞美先祖对于王朝的卓越贡献,以长篇铭文追思祖辈业绩和懿德,这类彝铭多见于西周中后期,逨盘之外,共王时期的墙盘是又一典型。这些长篇彝铭的出现,一方面显示了社会的稳定与宗族的强健发展;另一方面更展现了周代贵族对于先祖的崇敬。

形而下的物质财富,固然对后嗣子孙十分重要,但形而上的先祖之休美德操,亦是后嗣子孙安身立命的精神本源。周代彝铭所展现的对于先祖的称颂赞扬,浸透着血缘亲情,闪现着周人孝道的思想观念。彝铭上的文字与祭祖祀典上黄钟大吕的乐声,两者皆深沉而辽远,其所蕴含的精神内容绝非寻常的套语虚辞可比拟。

总之,周人赞颂祖先、对于祖先感铭于怀,表明在周人的观念中,祖先所具有的内涵十分丰富。商人频繁祭祀祖先,祖先虽然功能强大,但商人

(接上页)四方"之义(刘怀君、辛怡华、刘栋:《逨盘铭文试释》,《文物》2003年第6期);有学者以为盗、挑、剿或可通用,"剿征"即征讨(王辉:《逨盘铭文笺释》);有学者以为"盗"以音近读为"谐调"之"调",即"调正四方"(李零:《读杨家村出土的虞逨诸器》,《中国历史文物》2003年第3期)。

① "舜明"为青铜铭文常用语,陈梦家先生读为"瞬",并引《说文》"瞬,目精也",以为指耳目聪明(《西周铜器断代》,第135页);唐兰先生读为"令",善也(《西周青铜器铭文分代史征》,第457页);于豪亮先生说舜明即精明(《于豪亮学术文存》,北京:中华书局,1985年,第33页)。

② 致,李学勤先生释为"匡"(《眉县杨家村新出青铜器研究》,《文物》2003年第6期);王辉先生指出《说文》:'致,放也。'疑应读为广"(《逨盘铭文笺释》)。谏,《说文》"证也",谏指直言规劝。《周礼·地官·司徒》郑注云"谏犹正也,以道正人行"(贾公彦:《周礼注疏》,阮元校刻:《十三经注疏》,第698页),谏谏是强调良言规劝之意。

③ 隮,李学勤先生释为"陵",读为"济",《尔雅·释言》"成也"(《眉县杨家村新出青铜器研究》);董珊先生也读为"济","明济,聪明干练"之义(《略论西周单氏家族窖藏青铜器铭文》)。王辉先生释为"墮",指出"墮见《石鼓文·田车》'吾以墮于原',墮读为隋……隋于德,达到德的境界";墮,也可读为楼,"墮于德"即楼于德,也即《论语》中的"据于德"(《逨盘铭文笺释》)。

以日名称呼祖先,祖先浓缩为一个符号,其文化意义不免单调。周人则赋予祖先以美好象征,尊崇祖先、褒美祖先,孝的观念、敬的观念由此充实起来,尊祖、敬祖的传统因此确立。学者曾说"将鬼魂观念渐入于抽象化,而祭祖遂成'纪念'之意,故得保存于今日而犹不替",①这是周人的贡献。

第三节　祖先的神性

西周人的心目中,祖先全方位地、全维度地、无微不至地护佑子孙。

一、商周祖先神性比较

在祖先崇拜方面,殷商与西周的不同,另一关键点就是周人祖先的神性与殷商先祖相比,发生了显著变化。

商人先祖神的功能,主要表现为:

一,保佑年成。这是商人先祖最为重要的功能。商人向河、岳以及夒、王亥等高祖,上甲等先公以及大乙等先王"求禾""求年""求雨""受禾",祈求风调雨顺、年景丰稔。如《合集》32064记载商人向大乙至祖丁十位先祖"祈雨",表明在商人心目中,诸位先祖曾是农作等生产活动的能手,祖先神灵的主要职责是掌管农业生产。

二,主管战事。商王的高祖、先公、先王有保佑战争的功能,卜辞中常常可见商人就与各方的战争向先祖行告祭。如"……于王亥匄舌",②是向王亥祈求保佑对舌方的战争。"癸巳卜,争贞:告土方于上甲",③是就土方的战事告祭上甲。"贞,于报乙告舌方",告祭报乙祈求对舌方战争顺利。"贞:告舌方于唐",是向成汤告祭有关舌方战事。

三,福佑商王,包括去除灾害、疾病。如"辛巳卜:其告水入于上甲,

---

① 谢扶雅:《宗教哲学》,济南:山东人民出版社,1998年,第46页。
② 《合集》6157。
③ 《合集》6385正。

祝大乙一牛",①"水入"当是发生水患,祈求上甲予以护佑。又如卜辞记载"贞咸允左王""贞咸弗左王",②是贞问成汤是否佐佑商王。殷人还向一些先祖祷告以禳除灾害,如于祖辛"御疾",③于父乙御"疾齿"。④

四,某些女性祖先具有保护生育的能力。如商人向妣丙、妣庚等"祈王生",⑤表明某些女性祖先对生育之事具有特别的神力。

五,祖先作祟于商王。祖先不仅是商王的保护神,也可施以惩罚,作祟于王。如"己未卜,争贞:王亥祟我。贞:王亥不我祟",⑥高祖王亥可作祟于商王。"上甲祟王。上甲弗祟",⑦高祖上甲亦可为祟。"癸巳卜:成祟我",⑧贞问先王成汤是否作祟于我商王。⑨

商人祖先对于商代国家具有重要意义,商人祖先不仅护佑商部族,同时又保护其他方国、部族,商人祖先成为商联盟的共同神灵。学者指出,商王祭祖时,兴方、井方、危方、禽此类与商王朝关系密切的与国、部族,或送羌俘,或送牛、羲以助祭,而殷人曾向大乙为危方祝祷,⑩也曾为邻、钺⑪等强大部族向大乙、大甲、祖乙等先祖祈求以禳除其灾害。可以说,商王室的祖先神不单是商王朝的保护神,而且也是诸方国、诸部族的保护神,⑫在

---

① 《合集》33347。

② 《合集》248。

③ 《合集》1720。

④ 《合集》13652。

⑤ 《合集》2400。

⑥ 《合集》7352 正。

⑦ 《合集》811 反。

⑧ 《合集》32444。

⑨ 在诸多高祖、先公、先王中,其神力高低不一,如与先王大丁有关的卜辞显示,大丁可以保佑战争,但不见大丁有关农业生产和年成好坏的卜问。见常玉芝:《商代宗教祭祀》,第 241 页。文中所列祖先功能,亦参考了此书第 173—345 页。陈梦家先生也指出,王、妣与先公、高祖等神性有所区别,王、妣、臣等对于时王及王国有作祟的威力,特别是先王,而商人向先公高祖等主要祈求雨和年(禾)。当然界限并非截然划清,少数的王、妣、臣也是奉雨、奉禾的对象,而若干先公、高祖也为害于"王"或"我"(《殷虚卜辞综述》,第 351 页)。

⑩ 《屯南》3001。

⑪ 《合集》39492。

⑫ 晁福林:《论殷代神权》,《中国社会科学》1990 年第 1 期。

商代国家发展中的重要作用不言而喻。①

西周时期，尊天敬祖的社会观念已然形成，祖先神灵在周人的信仰领域中具有特殊地位。周人笃信天命，视天命为立国之本。与此大异其趣的是，周人的祖先神灵并不与国祚相联，周人的祖先神并未上升至国家神灵的高度。然而祖先神却与人们的生活息息相关，他们荫庇、福佑家族、子孙，祖先神灵是从天子到民众最可依赖、信托的神灵。对比卜辞所记商人祖先的功能，可见周之祖先的神性范围有所减弱，其所发挥的领域也有明显变化，特别是周人祖先不具有主宰风雨的神力。

如前所述，商人祖先神通广大，主宰农业、掌管牧业，某些祖先神甚至没有与自然神完全分离，仍具有自然神灵的属性。在周人的观念中，先祖这一方面的神性并不突出，文献中偶然可见周人将先祖与丰收、降雨相连。如《诗经·大雅·云汉》描写周宣王时，连年发生旱灾，周王求神祈雨。其所祈祷的对象有祖先神灵，似乎祖先神具有降雨神力。然而，诗篇显示，祖先神只是周王祈请的众多神灵之一，并不具有特异性。诗谓：

> 倬彼云汉，昭回于天。王曰：於乎！何辜今之人？天降丧乱，饥馑荐臻。靡神不举，靡爱斯牲。圭璧既卒，宁莫我听？旱既大甚，蕴隆虫虫。不殄禋祀，自郊徂宫。上下奠瘗，靡神不宗。后稷不克，上帝不临……昊天上帝，则不我遗。胡不相畏？先祖于摧。旱既太甚，则不可沮……群公先正，则不我助。父母先祖，胡宁忍予？……群公先正，则不我闻。昊天上帝，宁俾我遁？旱既太甚，黾勉畏去……昊天上帝，则不我虞。敬恭明神，宜无悔怒。②

诗篇描写夜晴天河益明之时，周王因遇灾而惧，仰诉于天。周王说，国有凶荒，已索鬼神而祭，毫不吝惜牺牲、圭璧，神却不应答祷者的请求。不断的祭祀，自郊至于庙，在郊祭祀天，在庙祭祀先祖，以奠礼上而祭天，以瘗

---

① 关于商人祖先神的功能以及相关卜辞，主要参考了常玉芝先生的研究成果，见《商代宗教祭祀》，第173—245页。

② 孔颖达：《毛诗正义》，阮元校刻：《十三经注疏》，第561—562页。

礼下而祭地,没有不尊敬神灵的。但是,后稷不闻子孙之困窘,①上帝也不陟降垂悯周人,先祖同样无能为力。② 群公先正,本当是有益于民者,但大难之时却不见其助民。至于祖先父母,生者以恩望之,但此时却施忍于子孙。③ 无可奈何,周王怨天尤神,说:"我祈丰年甚早,祭四方与社又不晚,天曾不度知我心。肃事明神如是,明神宜不恨怒于我,我何由当遭此旱也?"④朱熹说此诗是"垂涕泣而道之也",是矣。发生旱灾之时,周王向祖先祈祷弭灾,知周人心目中,祖先神灵有降雨功能。但是,周王所祈祷的对象,在祖先外,尚有昊天上帝、上下之神,⑤甚至群公先正,可谓靡神不宗、靡神不祷,祖先只是众神之一,并不能独当一面,其主要职责并非降雨,其缺乏主导自然界的神力。与殷人的祖先相比,周之先祖在这一方面的神性大为削弱。⑥

要之,周人祖先的神力,在主导农业方面,较之商人先祖,显著减弱。

---

① 诗句中的"不克",郑笺云"克当作刻,刻,识也……是我先祖后稷不识知我之所困与"(孔颖达:《毛诗正义》,阮元校刻:《十三经注疏》,第 561 页);朱熹云:"言后稷欲救此旱灾而不能胜也……稷以亲言、帝以尊言也"(《诗集传》,第 211 页);马瑞辰云"克,能也。《金縢》'不能事鬼神'即不克事鬼神也。《汉书》颜师古注'能,善也'。善事鬼神曰能,鬼神善视之亦为能……'后稷不克'谓后稷不善视之也。'上帝不临'……谓上帝不临护之也"(《毛诗传笺通释》,北京:中华书局,1989 年,第 979 页)。

② 毛传"摧,至也",郑笺"摧,当作嗺。嗺,嗟也。天将遂旱饿杀我与,先祖何不助我,恐惧使天雨也! 先祖之神于嗟乎,告困之辞"(孔颖达:《毛诗正义》,阮元校刻:《十三经注疏》,第 562 页)。朱熹之释有所不同,他说"言大乱之后,周之余民,无复有半身之遗者。而上天又降旱灾,使我亦不见遗。摧,灭也。言先祖之祀将自此而灭也"(《诗集传》,第 211 页),意为先祖为何不相与畏惧? 如子孙死尽,无人祭祀,先祖亦将受损。

③ "群公先正",即前代的先公、贤臣,郑笺曰"(群公先正)今曾无肯助我忧旱,先祖文武又何为施忍于我,不使天雨? ……(群公先正)忽然不听我之所言也,天曾将使我心逊遁,惭愧于天下以无德也"(孔颖达:《毛诗正义》,阮元校刻:《十三经注疏》,第 562 页)。朱熹释此句为"言天又不肯使我得逃遁而去也"(《诗集传》第 211 页)。当从朱释。

④ 郑笺语,孔颖达:《毛诗正义》,阮元校刻:《十三经注疏》,第 562 页。

⑤ 此处之上下,当指天与地。

⑥ 此外,这首诗透露出的生者与祖先神灵的关系也耐人寻味。生者祈求祖先,但并没有得到祖先的恩赐,生者不免责问先祖。一般而言,神灵高高在上,人恭敬之,祭祀之,神灵赐以大福。但当祖先神灵不应答生者之请求时,子孙亦可责备他们,体现出生者与祖先神灵之间的现实性因素比较浓重。侯外庐先生曾就此诗评说"诗章很明显地指出,后稷、先祖、皇祖、父母都不能锡子以福禄了,在大命告终的时候,祖神神对子孙没有一点援救。反之,人在不畏天的时候,也就要把先祖推翻了"(《中国思想通史》第一卷,北京:人民出版社,1957 年,第 119 页)。

然而，与殷之先祖相同的是，周之祖先是子孙强大的保护神。

二、周人祖先的神力

周之祖先保佑家族繁衍生息，全方位地呵护、看顾子孙。其神力可挈要分述如下：

一，周之祖先在战争中保护子孙，具有与商先祖同样的功能。

甲骨卜辞表明，商人先祖突出的功能在于护佑子孙获得战争胜利。征伐之前，商王要告于祖，商人先祖王亥、①上甲、②大乙、③大甲④皆预于战事，佑助商王出征顺利。

周人在大战来临、战胜之时，亦告祭、祈祷于先祖。战后要向祖先祭祀。这方面的情况在文献里多有记载。《逸周书·世俘解》记录，武王伐殷，"戊辰，王遂禋，循自祀文王"，是说武王举行禋祭，祭祀自文王始。⑤知大战前夕，周人有向先祖求佑的习俗。武王得胜回到朝歌后的情况，《世俘》所记云：

> 辛亥，荐俘殷王鼎。武王乃翼矢圭、矢宪，告天宗上帝。王不格服，格于庙，秉语治庶国。篇人九终，王烈祖自太王、太伯、王季、虞公、文王、邑考以列升，维告殷罪。

是说进献所缴获的殷朝九鼎，武王敬陈玉圭、宪令，报告天宗上帝。武王

---

① "……于王亥勾舌[方]"（《合集》6157），可见征伐下危之前，要将此事告祭于王亥，还祈求王亥在伐舌方时予以保佑。又有卜辞谓"王寻告土方于五示"（《屯南》2564），谓征伐土方之前要再次（"寻"）向五位先祖举行告祭。

② 如"壬午卜，亘贞：告舌方于上甲"（《合集》6131正），"癸巳卜，争贞：告土方于上甲"（《合集》6385正）。

③ 如"贞：告舌方于唐"（《合集》6138），"贞：告土方于唐"（《合集》6387），说明大乙与战争有关。

④ 如"贞：于大甲告舌方"（《合集》6141），"贞：于大甲告舌方出"（《合集》6142）。

⑤ 句中的"禋"，于鬯以为是"柴"之误，认为此处指焚柴祭天（《香草校书》卷九，北京：中华书局，1984年，第184页）。按，以"禋"为"柴"，并无根据。西周金文中，"禋"为祭祖先之祀。如西周早期我簋"我作禋祖乙、妣乙、祖己、妣癸"（《集成》2763），西周中期作册嗌卣"用作大禋于厥祖妣、父母、多神"（《集成》5427）。卜辞中多见"禋祭"，是一种为祓除不祥而向祖妣所作的祭祀。关于此句，孔晁云"循，亦祀"；陈逢衡云"循，追也。祀，自文王追祀，自文王而上也"（转引自黄怀信、张懋镕、田旭东：《逸周书汇校集注》，第447—450页）。

不更换服饰,又来到太庙,向先祖报告已经统治了众邦国。在籥人演奏的音乐声中,武王将功烈先祖太王、太伯、王季、虞公、文王和伯邑考的神主依次升到神主之位,并向他们报告殷人的罪孽,彰显奉天命伐殷之正义。这里所禀告的烈祖有太王公亶父、公亶父长子太伯、公亶父次子虞叔、公亶父小子王季即文王之父、文王以及武王之兄伯邑考。此后,武王又举行祭祀:

> 若翼日辛亥,祀于位,用籥于天位。越五日乙卯,武王乃以庶祀馘于国周庙……告于周庙……告于天于稷。用小牲羊、犬、豕于百神水土,于誓社。曰:惟予冲子绥文考。至于冲子。用牛于天于稷五百有四,用小牲羊、豕于百神水土社二千七百有一。①

是说第二天辛亥日,武王在周庙大庭举行祭祀,并向天奏乐。又过了五天的乙卯日,武王又率众在周庙中祭祀。武王向周庙报告,又向天神和始祖后稷祈祷说:"我这年轻人继承先父文王,佑助我这年轻人吧。"遂向天神、后稷献以大牲牛五百零四头,给山川土地百神用小牲羊、犬、猎共二千七百零一只。由《世俘》所记可知,周人在战前战后祭祀祖先、告慰祖先。但是,需要注意,上引武王所祭者,不唯先祖,还有天宗上帝。即是说,大获全胜源于上天与祖先的双重保佑。

周人临战、战后祭祀祖先,在青铜铭文中也有体现。康王时期的小盂鼎记载盂伐鬼方,获胜之后,王在周庙,盂献俘、献馘,王"用牲,禘周王、武王、成王"。② 西周晚期虢季子白盘记载器主子白于洛之阳,搏伐猃狁,折首执讯,大功告成,王在周庙中褒扬、赏赐子白。③ 敔簋则记载敔奉王命于上洛奔追袭击南淮夷,敔斩首、执讯、夺俘。敔战功赫赫,在成周太庙告捷于周王。④ 上举三例皆述战事之后,军事将领在周之大庙向王献捷,说明周之先祖与战争有关。但显而易见的是,周人在大庙向祖先告捷,更具有象征意义,并非如商人一般,就具体的战事求告于特定的祖先。

---

① 黄怀信、张懋镕、田旭东:《逸周书汇校集注》,第468—470页。
② 《集成》2839。
③ 《集成》10173。
④ 《集成》4323。

二，祖先看护子孙生命，赐予生者长命、寿考，保佑子孙尽其天年。

祖先最强大、最持久、最特殊的神力就是赐予、保佑子孙后代长命无期，这一点，在西周金文中有最充分的体现。金文嘏辞中，向祖先祈寿者约十之七八。[①] 徐中舒先生曾说，西周中期共王以降，金文中最普遍的嘏辞，就是寿考。"所谓眉寿、寿老、黄考，皆寿考之异辞。万年、万寿、无疆、无期，即所冀寿考之极致"，[②]足见西周时人对于长生的热切期盼。而获得寿考之极致，端赖祖先之佑。此类铭文俯拾即是，仅举眉县杨家村窖藏所出四十三年逑鼎为例以说明。铭文称"（逑）用作朕皇考恭叔龢彝。皇考其严在上，翼在下，穆穆秉明德，虩虩彙彙，降余康娱、屯右、通禄、永令（命），眉寿、绰绾，畯臣天子，逑万年无疆，子子孙孙永宝用享"。[③] 是说逑为父考制作祭器，父考英灵在上，庇护在下，庄重威严秉持明德。父考盛大伟岸，赐逑以康乐、厚佑、大禄、长命、寿老、绵长之年、[④]永为天子之臣，以至万寿无疆。皇考所降与的诸多福佑中，"永命""眉寿""绰绾"皆与长生有关。

祖先保佑年寿，在此之外，但凡与生命有关的内容如好命、善终、圆满等也均与祖先的护佑不可分离。西周早期金文中即有"灵令"之语，如沈子它簋盖记载它铸簋之事，谓：

> 作兹簋，用卲饗己公，用格多公，其孔（慈）哀（爱）乃沈子它唯福，

---

① 徐中舒：《金文嘏辞释例》，原载《历史语言研究所集刊》第六本第一分，1936 年。收入《徐中舒历史论文选辑》上册，北京：中华书局，1998 年，第 562 页。

② 徐中舒：《金文嘏辞释例》，《徐中舒历史论文选辑》上册，第 522 页。其他学者也指出西周早期祈求福寿的铭辞不多（陈英杰：《西周金文作器用途铭辞研究》，第 381 页）。

③ 陕西省考古研究所、宝鸡市考古工作队、眉县文化馆联合考古队：《陕西眉县杨家村西周青铜器窖藏》。

④ 西周金文中常见"绰绾"与"眉寿""永令"等相搭配，其义值得辨析。有学者指出，"绰绾"相当于文献中的"婉约""绰约"，是"器主祈求自己永远保持少好之相貌"（陈英杰：《西周金文作器用途铭辞研究》，第 400 页），如此，则祖先不但赐予万年、眉寿，更进一步，祖先能够保护子孙韶华不逝。然而，西周铭文中，"绰绾"偶见与"屯祐""通禄"等连文，如梁其钟"用祈匄康娱、屯祐、绰绾、通禄"（《集成》190）、癲钟"匄永令（命）、绰绾、髪禄、屯鲁"（《集成》246），若以"绰约"释"绰绾"，于上下文意有未安。学者曾经认为"绰绾"同于"宽绰""宽缓"，引申之义有延长不绝之意（徐中舒：《金文嘏辞释例》，《徐中舒历史论文选辑》上册，第 556—557 页），是说更契合上下文意。

用水（赐）霝令。①

意谓它制作此簋，用以设饪献食祭飨己公，用以请致多位先公，祈求慈爱器主、赐之以福，赐之以善命。铭文的"霝"，《广雅·释言》谓"霝，令也"，②《尔雅·释诂》"令，善也"，③故"霝令"即善命，即俗谓之无灾无祸之好命。西周晚期，"霝（令）冬（终）"的观念十分流行。所谓"霝冬（终）"，与"霝令"义近，即战国时人所说"全要领以没"，④今语谓之善终。生者求取善终，需拜祖先之赐。瘝钟铭文谓"大神其陟降严祜……其豐豐躁躁，授余屯鲁、通禄、永令（命）、眉寿、霝终"。⑤ 铭文中的大神即祖先，是说在上之盛美祖先赐予瘝厚美、广禄、长命、年寿、善终。在祖先的护佑下，子孙不但年延寿长，而且最后无灾无疾而终。西周中、晚期铭文中又有向先祖祷请"弥生"之语，即祈求一生圆满。墙盘谓"剌祖文考……授墙尔黻福，怀被禄，黄耇、弥生"。⑥"弥"，有终满之意，⑦意指祖先护佑子孙尽其天年，一生完满。"霝令""霝冬""弥生"等固然体现出西周时人追求美好一生的强烈愿望，但也表明在子孙心目中，祖先具有庇护其全生、尽年的神力。

那么，何以称圆满？西周时人已有初步构想，即在祖先荫庇之下，生者康乐、安宁。彝铭中此类嘏词并不少见，如西周中期师器父鼎谓"用祈眉寿、黄耇、吉康"，⑧师㝬父鼎谓"用匄眉寿、黄耇、吉康"。⑨ 祖先在赐予

---

① 《集成》4330。

② 王念孙：《广雅疏证》，北京：中华书局，1983年，第155页。

③ 邢昺：《尔雅注疏》，阮元校刻：《十三经注疏》，北京：中华书局，1980年，第2568页。

④ 语出《礼记·檀弓下》。是篇载晋献文子（即赵武）筑室成，谓"武也，得歌于斯，哭于斯，聚国族于斯，是全要领以从先大夫于九京也"（孔颖达：《礼记正义》，阮元校刻：《十三经注疏》，第1315页），其所说的"要"即腰，"领"指衣领处的颈项，古刑法斩首或腰斩，皆使人身体分裂而死。"全要领"意谓身首完整。九京，犹言九泉。冀求不遭灾祸而终其天年，即周代人的"善终"之理念，犹今俗语所谓"好死"。

⑤ 《集成》247。

⑥ 《集成》10175。

⑦ 参见徐中舒：《金文嘏辞释例》，《徐中舒历史论文选辑》上册，第532页；陈英杰：《西周金文作器用途铭辞研究》，第401页。

⑧ 《集成》2727。

⑨ 《集成》2813。

长久的年寿之外，还会护佑子孙吉祥、安康。西周晚期嘏辞中常常出现"康勋"之辞。"康勋"之释，诸家不一。① 今暂从学者读"乐"之释，"康乐"意指健康快乐。充满康乐、吉祥而又到达寿考极致的人生可谓圆满，祖先神灵无疑在其中功不能没。

总之，一切与生命有关的因素，尽由祖先赐予、护佑。

三，祖先是无疆之福的源泉。

西周时人以为，祖先是福的来源。然而，"福"又是什么？需要辨析。西周早期彝铭中，多数"福"字写作从"示"从"畐"形，也有写作""（乃子克鼎）从"畐"从"鼎"形，还有仅写为"畐"（西周早期后段季宁尊）。可见，"畐"是"福"字的主体部分。卜辞中已有"畐"字，学者指出"假为福"。② 关于其义，孙海波先生云"《说文》'畐，满也。从高省。象高厚之形'。福，备也……卜辞福作象人以两手奉畐于示前，所以祀神求福也，则两手所奉之畐与西卣之器形相似，正象盛酒之器形，知《说文》训满也，乃后起义，非古谊也。畐字本象器形，奉畐于示前而为福，字故可假为福，福亦祭名"。③ 从字形方面说，"畐"即是器之象形，其原初意义很可能如《说文》所说，象征高厚。而加"示"之"福"则表示置器于示前，求取福佑。故《说文》谓"福，祐也"。这个"祐"，是神所赐之佑。

考诸西周彝铭，可知西周中期以前，福就是祖先之佑，至于所佑的具体内容，则十分模糊。需要说明的是，这一时期有关"福"字的铭文，有其套路。基本格式是某人为祖考作器，祭祀祖考，因而某人受福。④ 如西周

① 徐中舒先生释为"夐"，读为"康睿，康长也，睿深明也，圣也，智也……康睿犹言圣哲长发也"（《金文嘏辞释例》，《徐中舒历史论文选辑》上册，第 550 页）；高鸿缙先生读为"娱"，并引《说文》"娱，乐也"（《甲骨文字诂林》第四册，北京：中华书局，1996 年，第 2842 页按语）；陈佩芬先生也读为"娱"，以为康娱意指安乐、康乐（《繁卣、趞鼎及梁其钟铭文诠释》，《上海博物馆集刊——建馆三十周年特辑》，上海：上海古籍出版社，1983 年）。

② 孙海波先生说，转引自于省吾编：《甲骨文字诂林》第三册，第 2135 页。

③ 卜辞中无"福"作以手捧尊形的写法，但"福"字表示酒置于示前，应当是合理的分析。西周金文中偶有双手奉器的写法。

④ 严格说来，"福"之来源，还当包括去世的至亲。如西周中期前段南姞甗铭文云"南姞肇乍厥皇辟伯氏宝甗彝，用勾百福，其万年孙子子永宝用"（吴镇烽：《獙器铭文考释》，《考古与文物》2006 年第 6 期），这里南姞作器对象是"皇辟伯氏"，即其去世的丈夫。南姞作器以求"百福"，则福来源于其夫。

早期乃子克鼎谓"剢辛伯蔑乃子克曆……用乍父辛宝尊彝,辛伯其竝受厥永匄(福)",①器主克由于受到辛伯赏赐而为日名是辛的父考作器,上司辛伯遍受其佑。② 再如宁簋盖铭文云"宁肇其作乙考尊簋,其用各百神,用绥多福,世孙子宝",③宁为其父考作器,用以来至百神(即祖先),用以受多福。西周中期前段的仲櫆簋铭文谓"仲櫆作厥文考宫叔宝𣪘彝,用匄永福,子子孙孙其永宝",④器主为其父考作器,以求永佑。总之,生者为祖考作彝器,祭祀父祖,求取先祖的保佑,这就是福。尽管铭文中并没有直接说明,但可以肯定,"福"来自祖先。⑤

西周中期以降特别是西周晚期以来,彝铭中有关"福"的观念有所变化。一方面,西周中期之前多见的生者为祖考作器从而受福的铭文辞例依旧可见;另一方面,有关"福"字的铭文增加了新内容。其中两点值得关注:第一,文辞明确说明福降自祖先、福源自先祖。此类铭文也多用套语,基本路数是称扬祖先"其严在上""数数𢄡𢄡",降子孙以福。如善夫克盨"克其用朝夕享于皇祖考,皇祖考其数数𢄡𢄡,降克多福、眉寿、永令(命),畯臣天子,克其日易无疆,克其万年子子孙孙永宝用",⑥器主克自谓勤奋地献享于祖考,祖考盛大威严,降赐多福。又如叔向父禹簋"作朕皇祖幽大叔尊簋,其皇在上,降余多福、緐鳌,广启禹身,勖于永令(命),禹其万年永宝用",⑦叔向父禹为祖父作器,祖父光明盛大在上,赐降禹多

---

① 《集成》2712。
② 铭中"竝受",学者引王引之《经义述闻》"竝受其福"条,释为"普受"(陈英杰:《西周金文作器用途铭辞研究》,第484页)。
③ 《集成》4021。
④ 蔡运章:《洛阳北窑西周墓青铜器铭文简论》,《文物》1996年第7期。
⑤ "福"源自祖先的观念,在诗篇中亦有反映。《诗经·周颂·烈文》称颂先公谓"烈文辟公,锡兹祉福,惠我无疆"(孔颖达:《毛诗正义》,阮元校刻:《十三经注疏》,第585页),赐予福祉的是光明有文采的先祖。《执竞》篇是祭祀诗,谓"执竞武王,无竞维烈。不显成康,上帝是皇。自彼成康,奄有四方……降福穰穰,降福简简"(孔颖达:《毛诗正义》,阮元校刻:《十三经注疏》,第589页),穰穰,多貌;简简,大貌。指成王、康王等先王降下隆盛之福。
⑥ 《集成》4465。
⑦ 《集成》4242。

佑、多福，广泛地佑助禹，助力禹长命。① 显而易见，福由祖先所赐。② 第二，"福"的内容趋于丰富、具体。西周中期以前，祖先所降之"福"仅仅表示获得祖先之佑，但缺乏具体内容。西周中期之后，祖先所福佑的内容清晰起来。如上举善夫克盨铭文，"降克多福"之后尚有"眉寿""永令""畯臣天子"等内容。析而言之，老寿、长命、永远效力于天子（保有禄位）是祖先赐予生者的具体内容；合而言之，诸项之总体就是祖先所降的福佑。因此，徐中舒先生说《洪范》分一切幸福为五类，曰富，寿，康宁，攸好德，考终命，而总名之曰福。故祝嘏之辞，称福必置于并列诸仿语之首或末，以示总挈总束之意"。③ 概言之，福是总体称谓，是集合长寿、长命、厚禄等一切美事的总和。在这个意义上，《礼记·祭统》谓"福者，备也，备者百顺之名也，无所不顺者之谓备"，④福就是大全、无所不包。

要之，"福"指祖先之佑。在周人的脑海中，祖先是大美、厚福、多福乃至无限之福的源泉。周人向祖先用祈多福、用受百福、用匄万福、以受屯鲁，⑤从而达到万福无疆之境。

四，祖先锡降厚禄，保佑官位。

祖先保护子孙生命、授予福佑，此外，祖先在庇护后代禄位方面也发挥神力。西周中期青铜铭文中即见祖先降生者以厚禄的记载（这一时期金文中的"禄"，多写为"猎禄"⑥）。如彧者鼎"用匄俪鲁祟（福），用绥猎录（禄）"，⑦器主向祖先求取福禄。又如癲钟"追孝于高祖辛公、文祖乙公、

---

① 关于"勴"字之释，或谓"协"、或谓"穌"、或谓"嗣"、或谓"擢"（详见陈英杰：《西周金文作器用途铭辞研究》，第 442 页）。揆诸铭文，感觉仍是得祖先之佑获长命之义。

② 现实中，祖考也是家族财富的重要来源，生者需世代相传。西周早期旂鼎记载"文考遗宝积，弗敢丧，旂用作父戊宝尊彝"（《集成》2555），意谓亡父所遗珍宝，子孙莫敢失去。在这里，祖考所遗，成为家族珍贵的宝藏。

③ 徐中舒：《金文嘏辞释例》，《徐中舒历史论文选辑》上册，第 539 页。

④ 孔颖达：《礼记正义》，阮元校刻：《十三经注疏》，第 1602 页。

⑤ 屯，有厚意，《国语·晋语》"屯，厚也"（徐元诰：《国语集解》，第 341 页）。徐中舒先生认为屯鲁即"厚福、大福、全福之意"，其于经典则作"纯嘏"（《金文嘏辞释例》，《徐中舒历史论文选辑》，第 545 页）。

⑥ 铭文中的"猎"字，有学者释为"髮（发）"，以为禄上加发，当是形容禄多如头发；有学者释为"祓"，福也（见陈英杰：《西周金文作器用途铭辞研究》，第 436 页）。

⑦ 《集成》2662。

皇考丁公龢林钟,用昭各喜侃前文人,用禣寿,匃永令(命),绰绾,猎禄,屯
鲁",①瘝为曾祖、祖父、父考作器,祈祷寿考、长命、不绝之命、福禄、厚美。

西周中、晚期,生者向祖先祈请或祖先降赐"屯禄""通禄"的彝铭辞例很
多,兹不赘举。同时,金文中又有福禄并称的情形。西周晚期趩史屃壶谓:

> 趩史屃作宝壶,用禋祀于兹宗室,用追竄(福)禄于兹先神、皇祖、
> 享叔,用匃眉寿无疆,用匃百竄(福),子子孙孙,其万年永宝用享。②

是说器主作器,用于在宗室中祭祀,用以向先祖、祖父、父考享叔祈祷福
禄,先祖父考降以无尽寿年、赐与百福。铭文中,福禄连用,皆来源于祖
先。关于福、禄的关系,徐中舒先生云"《说文》以福释禄,福为一切幸福之
总称,故禄得释福,此通义也",然而,析言之,"禄之本义,当为俸禄。《周
礼·大宰》'四曰禄以驭其士'注:'若今月俸也。'《韩非·解老》云'禄也者
人之所以持生也',盖有禄则足以持(支持)生,无禄则不足以持生,故人死
则曰不禄,曰无禄"。③ 徐先生所言诚是,禄与禄位相连。由青铜铭文看,
周人向祖先祈祷百禄、屯禄、通禄,④有关"禄"之名目不可谓不多,足证在
上的祖先可降下大禄,是生者之禄的保护神。

在祈祷获得福禄的基础上,人们祷请祖先保佑生者永远效劳于天子、
长久在位、长保禄职。西周中、晚期,周人盛行向祖先祈求"畯臣天子""畯
在位",如陕西岐山董家村窖藏所出宣王时期此鼎云"此其万年无疆,畯臣
天子令终",⑤四十三年逨鼎云"皇考其严在上,翼在下,穆穆秉明德……
降余康鼍、屯右、通禄、永令(命),眉寿、绰绾,畯臣天子"。⑥ 铭文中的
"畯"字,长之义,言长在位、长臣于天子。祖先福荫子孙长臣于天子,如此
才可保有世禄。

---

① 《集成》246。
② 《集成》9718。
③ 徐中舒:《金文嘏辞释例》,《徐中舒历史论文选辑》上册,第547页。
④ 所谓"通禄即显禄,以今语释之,则高级薪俸也"(徐中舒:《金文嘏辞释例》,《徐中舒历史论文选辑》上册,第547页)。
⑤ 《集成》2821。
⑥ 刘怀君、辛怡华、刘栋:《四十二年、四十三年逨鼎铭文试释》,《文物》2003年第6期。

更进一步，子孙们向祖先祷告祈求"福、禄、寿"，要求之全面无以复加。如1984年出土于陕西西安长安县马王镇张家坡西周墓的邢叔采钟谓：

> 邢叔叔采作朕文祖穆公大钟，用喜乐文神人，用祈福禄寿繁鲁，其子孙孙永日鼓乐兹钟，其永宝用。①

铭文意谓叔采为祖父作乐钟，用以娱神，向先祖祈祷福禄寿多而美。子孙不但要求福，且需有禄，更加有寿，可谓"全寿富贵"，祖先全方位地、无遗漏地荫庇着子孙。

一言以赅之，祖先是子孙全面的保护神。在护佑子孙生命、益寿延年方面，神力尤其强大。在这一点上，殷、周祖先神性差异显著。学者指出，商人对祖先神灵几乎无所不求、无所不问，但"却从没想到要求他们赐予寿考"。② 而在周人方面，祈祷寿考是西周金文嘏辞中最为重要的内容，显示出周人具有强烈的子孙生命来源于祖先、子孙生命与祖先息息相关的意识。

需要指出的是，上述祖先的功能，主要就西周金文嘏辞观察而来。嘏辞因制器以祈福，其内容不免为偏于一方面之论述，往往只显示出祖先的一般功能，或者说基本功能，却没有特异性，并非针对个人的具体需求而来，因而只能是一般意义上的祖先神力，难以探知祖先与子孙之间特殊的、特定的关系。不过细检文献，仍然可见若干内容透露出祖先与生者之间独特的关联，有助于了解祖先在一些关键时刻对于生者所具有的非凡意义。

祖先神的特殊意义突出地表现为祖先是生者身体发肤的保护者，在子孙面临不虞灾难之际、在千钧一发的关键时刻，祖先佑助生者免除灾祸、排除凶险。《尚书·金縢》记载相当典型，是篇载：

> 既克商二年，王有疾，弗豫。二公曰："我其为王穆卜。"周公曰："未可以戚我先王。"公乃自以为功，为三坛同墠。为坛于南方，北面，周公立焉。植璧秉珪，乃告太王、王季、文王。史乃册，祝曰："惟尔元孙某，遘厉虐疾。若尔三王是有丕子之责于天，以旦代某之身。予仁

① 《集成》356。
② 杜正胜：《从眉寿到长生——医疗文化与中国古代生命观》，台北：三民书局，2005年，第171页。

若考能,多材多艺,能事鬼神。乃元孙不若旦多材多艺,不能事鬼神。乃命于帝庭,敷佑四方,用能定尔子孙于下地。四方之民罔不祗畏。呜呼!无坠天之降宝命,我先王亦永有依归。今我即命于元龟,尔之许我,我其以璧与珪归俟尔命,尔不许我,我乃屏璧与珪。"

周人克商后,武王患病,身陷凶境,周公请以身代武王。由《金縢》篇看,在危急关头,周公拒绝了太公、召公欲"穆卜"的请求,①而是直接向公亶父、王季、文王三位先祖祈祷。周公向父祖诉说,武王身患重病,他愿意替武王前去侍奉祖先,而留下武王治理周邦。与金文以及文献中所记载的一般性祈祷不同,周公的祷告发生于武王罹患不测、生命垂危,并且一般性的手法完全无济于事之时。周公坚信,只有向先祖祈祷才可救武王于危险之境,因此他向祖先奉献祭品,祈祷祖先挽救武王。由周公之祷看,祖先在挽救子孙生命方面,具有特殊的神力。

在子孙遭遇人生不幸之时,祖先最能慰藉生者,他们寄托着子孙深切的依赖、殷切的期盼。作册嗌卣记录了嗌身遭不幸而向祖先祷告,祈求祖先长久地思念他,护佑他宗族绵延不绝:

作册嗌作父辛尊,厥名义(宜)曰"子子孙孙宝"。不禄益子,子延先尽死,亡子,子引有孙。不敢娄扰,觊铸彝,用作大禦于厥祖妣、父母、多神,毋(汝)念哉,弋勿剥嗌鳏寡,遗祐,祐宗不剢。(见右图)②

作册嗌卣铭文拓本

① 关于《尚书·金縢》"穆卜"之意,晁福林先生指出,"是一种不向神龟讲所占卜之事而只是默念于心的占卜方式"(《"穆卜"、"枚卜"与"蔽志"——周代占卜方式的一个进展》,《文史》2016年第二辑)。

② 《集成》5427。关于此铭,相关研究见郭沫若:《两周金文辞大系图录考(转下页)

203

铭文大意为：器主嗌作器，其铭宜曰"子子孙孙宝用之"。短命的嗌子，先已令人伤痛地死去，[①]无子。另一子名引者有孙。[②] 嗌作铸彝器，[③]用以禴祭祖父祖母、父考母妣、众多祖先。祖父祖母、父考母妣、众多祖先要经常念及嗌，[④]勿使嗌受伤害而使其鳏寡，[⑤]保佑宗庙而使之固存不毁。[⑥]器主遭逢丧子之痛，于是向先祖祭祀恳请，祈求祖妣、父母及其他祖先神灵保护他免于鳏寡的境地。在名嗌者的心目中，现实中的苦痛要向祖先诉说，而在天上的先祖，他们长久地挂念着子孙、佑助他们脱离苦痛的深渊。

（接上页）释》下，第 28 页；陈梦家：《西周铜器断代》，第 124—126 页；马承源：《商周青铜器铭文选》（三），第 95—96 页；连劭名：《商周青铜器铭文新证》；陈佩芬：《夏商周青铜器研究》西周篇，第 174 页；单育辰：《作册嗌卣初探》。

①　蠹，《说文》训为"伤痛也"。《尚书·酒诰》"民罔不蠹伤心"，诸家多以伤痛为训。马楠先生据多友鼎、任鼎、师虎鼎指出此"蠹"当读为"尽"，全部之义，指嗌之子全部死去，故不能有孙（《〈尚书〉、金文互训三则》，《中国国家博物馆馆刊》2014 年第 11 期）。另有谢明文先生释为"疾"（《臣谏簋铭文补释》，《中国国家博物馆馆刊》2014 年第 3 期）。按，从句法讲，释为"尽"虽然可通，然而综合全部铭文看，此说有可商之处。其一，器主祈请"勿剥嗌鳏寡"，并且所作器名为"子子孙孙宝"，则与"嗌之诸子尽死"相矛盾。铭文所谓"亡子"，虽指其子夭亡，但并非所有儿子皆亡。其二，从古音训上来说，"蠹"，《说文》以为其从"丽声"。古音为晓纽职部字，与盡（从纽真部）字相较，古音相距较远。此处仍从"伤痛"之释。

②　关于此器中的人物，陈梦家先生以为"延"与"引"皆为器主嗌的儿子（《西周青铜器断代》，第 125 页）；马承源先生认为"延"为助词，"引"为嗌之子。单育辰先生指出"引"为虚词，通"矧"，表示"也没有""也不"。"亡子，子引有孙"句意为器主没有儿子，也没有孙子。但若以此为释，则"子引有孙"句中之"子"不好理解，器主祈祷勿使他鳏寡孤独也无法讲通。引，王晖先生释为延续，指死去的儿子延续有孙子（《作册嗌卣铭文与西周士大夫礼研究》，《中原文化研究》2016 年第 1 期）。

③　"不敢娣擾，觊铸彝"句，意难解。陈梦家先生读为"不敢娣擾"，以为是非嫡孙不能为祖之尸（《西周青铜器断代》，第 124 页）。觊，见于前引帅隹鼎铭，李学勤先生以为是虚词，同于"况"，意为滋、益（《鲁器帅鼎》，《缀古集》，第 89 页）；谢明文先生以为与金文中的"肇"相当（《臣谏簋铭文补释》）。

④　"毋"可解为汝，指祖先神，也可为助词。

⑤　"剥"字从马承源先生释；"弋"为虚词，与否定副词"勿"搭配，表示意愿，有"不要"之义。

⑥　铭文中的"遗祜"，马承源先生释"遗"为"与"，与受祖考之佑。遗，置。《礼记·檀弓上》"天不遗耆老"，孔颖达疏"置也"。此句意指祖先保护宗庙而长存（马承源：《商周青铜器铭文选》三，第 95 页）。"石宗"，陈梦家先生指出即祏宗，《说文》曰"祏，宗庙主也。《周礼》有郊宗石室，一曰大夫以石为主，从示从石。石宗"应为盛主之所，以石为主（《西周铜器断代》，第 125 页）。制，《说文》"击也"，《广雅·释诂》"断也"。马承源先生认为"不制"是周人的吉语。

　　西周中期两件禼器也记录了器主禼祈请父考的在天之灵能够长久地思虑、念想自己，以护佑他无灾无难。铭文云：

　　　　遣伯作禼宗彝，其用夙夜享昭文神，用禣祈眉寿。朕文考其经遣姬、遣伯之德言，其竞余一子；朕文考其用乍厥身，念禼哉！亡匄（害）！①

　　　　遣伯遣姬易禼宗彝，眔逆小子羞匋以友卅人，其用夙夜享昭文神，用禣祈眉寿。朕文考其经遣伯、遣姬之德言，其竞余一子；朕文考其用乍厥身，念禼哉！亡匄（害）！②

铭文的主要内容是器主禼的祈愿。他说自己用做彝器早晚勤谨地享祭已故先人（"文神"），以祈祷长寿。③他赞扬父考生前遵行遣姬、遣伯夫妇之德言，使其强盛（"用竞余一子"）。④ 他祷告先父能将强盛置于禼身，能够时常念及他，让他无灾无害（"亡匄"）。⑤

　　以上三例铭文均透露出生者与祖先之间十分具体的关系、显示出祖先特殊的神性。在子孙的心目中，子孙免受祸患，在于祖先长久的保护与

----

　　①　吴振武：《新见西周禼簋铭文释读》，《史学集刊》2006 年第 2 期。吴先生指出，禼器时代为西周中期，遣伯是作器者，但禼是器主。

　　②　《铭图》5214。两件禼器铭文略有不同。

　　③　于省吾先生指出"经传及金文凡言夙夜，皆寓早夜勤慎之意"（《泽螺居诗经新证》，第 81 页）。禣，学者读为"匄"（陈英杰：《西周金文作器用途铭辞研究》，第 570 页）张懋镕、王勇：《遣伯盨铭考释》，《出土文献》第一辑，上海：中西书局，2010 年，第 134 页），今从之。

　　④　经，遵循之义；德言，见于《尚书·康诰》"封，汝念哉！今民将在祇遹乃文考，绍闻衣德言"，孔安国传"继其所闻，服行其德言"（孔颖达：《尚书正义》，阮元校刻：《十三经注疏》，第 203 页）；竞，有强盛义，《尔雅·释言》"竞，强也"（邢昺：《尔雅注疏》，阮元校刻：《十三经注疏》，第 2582 页）；"余一子"，禼的自称。吴振武先生指出"从器主禼能摹仿天子的口气自称'余一人'来看，器主的身份恐亦不低，推想其当是小宗之长。而遣姬、遣伯，则很可能拥有宗妇、宗君（大宗宗子）之地位"（《新见西周禼簋铭文释读》）。

　　⑤　"乍身"指器主。"乍"，学者或释为"措"，训遗，"古'乍'及从'乍'得声之字常跟'昔'或从'昔'得声之字相通假"（吴振武：《新见西周禼簋铭文释读》）；或读为"祚"，赐福之义（陈英杰：《西周金文作器用途铭辞研究》，第 571 页）；或读为"措"，施与、赠送之义（耿超：《禼簋铭文与西周宗妇地位》，朱凤瀚主编：《新出金文与西周历史》，上海：上海古籍出版社，2011 年，第 287 页）；或读为"胙"，赐之义（杨怀源、孙银琼：《禼簋、奋章钟、奋章镈、公鼎"乍"新释》，《重庆理工大学学报》，2014 年第 12 期；翟胜利：《中国国家博物馆近藏禼鼎、禼簋试析》《中国国家博物馆馆刊》2016 年第 3 期）。念，《说文》"常思也"，朱骏声："谓长久思之"（《说文通训定声》，第 94 页），意谓器主禼希望先父长念自己。

顾念。

近年面世的西周早期否叔器铭文也显示了祖先在这方面的功能，铭谓：

> 否叔献彝，疾不已，为母宗彝则备，用遣母霝。①

否叔为亡母作祭器，否叔患疾未能痊愈，为母亲制作一套"合乎礼法，可供宗庙祭祀用的礼器"，②用来遣送母亲之灵，希望获得亡母的护佑。③ 作器者否叔遇疾不愈，遂为亡母作祭器，祈求在上的母亲为他攘除灾祸。在身体病痛之时，在生死交关之际，祖先神灵是能够安慰子孙、帮助生者的最重要神灵。前引戎簋、戎鼎铭文，记述西周中期戎受王命"追袭""搏戎"。战斗结束，戎毫发不损、平安无事，他将这一切都归为亡母冥冥中的庇护："卒搏，无尤于身。乃子戎拜稽首，对扬文母福剌。"在戎的内心中，能够在搏戎的斗争中发肤无损，实仰赖于文母的祐助。

综观上引诸例，可见但凡子孙遭遇不虞之灾、面临生命危险之时，祖先神灵就发挥护佑、协助子孙的功能。与商人祖先相比，周之祖先福佑子孙、护卫子孙生命的权能特别强大。直至春秋时期，周人心目中的祖先仍有超强的捍卫子孙生命的功能，《左传》哀公二年记载卫太子蒯聩战前祷于先祖，祈求祖先保佑"无绝筋，无折骨，无面伤"。④ 故此，东汉时人犹谓

---

① 张光裕：《西周遗器新识——否叔尊铭之启示》，《历史语言研究所集刊》第 70 本第 3 分，1999 年。又收入《雪斋学术论文二集》，台北：艺文印书馆，2004 年。又收入《澹烟疏雨——张光裕问学论稿》，上海：上海古籍出版社，2018 年，第 80 页。否叔尊与否叔卣同铭。

② "为母宗彝则备"句，采张光裕先生释。

③ "用遣母霝"句，诸家所释不一。张光裕先生以为"否叔母亲疾不已……母有善终，因以为遣"，是指伴随否之母一起遣送的随葬品，是一套宗庙祭器。陈英杰先生以为是为母制作宗彝，用来遣送母亲作祟的魂灵（《西周金文作器用途铭辞研究》，第 220 页）。冯时先生读"霝"为精，以为是亡母之魂魄。铭文表达出的是否自作宗彝而用为遣事，《礼记·祭义》有"恻怛之心，痛疾之意"句，其中"痛疾在心"，"悲哀痛疾之至"与否器中"疾不已"相合，而"送形而往，迎精而反"则即铭文"用遣母精"之意（《我方鼎铭文与西周丧奠礼》，《考古学报》2013 年第 2 期）。本文以为"疾不已"之主语为作器者否，"疾"当为疾病之意，金文中用作名词之疾，皆指疾病，而无痛疾之意，如春秋晚期叔夷钟"毋疾毋已"（《集成》285）。"用遣母霝"句，殊为难解。此处暂释为遣送母灵，以获母灵之护佑。

④ 孔颖达：《春秋左传正义》，阮元校刻：《十三经注疏》，第 2157 页。

"敬神则得寿考万年"，①这里的神，就是祖神。祖先在保护子孙生命平安、身体发肤免受损害方面，具有其他神灵无可比拟的强大神性。

这里还需要讨论的一个问题是，既已知周之先祖全方位地守护子孙，那么，周之先祖是否降祸、作祟于周人？众所周知，商人的一些祖先如王亥、上甲、大乙、大丁、大甲、祖乙等皆可以降祸商王。不仅如此，商王甚至对于有些祖先异常畏惧，常常担心某些祖先会作祸于商王或商邑。例如，有五条武丁时期的卜辞谓：

> 戊子卜，宾贞：王听，隹祖乙孽我。
>
> 乙未卜：王听，不隹祖乙。
>
> 己丑卜，設贞：王梦隹祖乙。
>
> 贞：王梦不隹祖乙。
>
> 王梦不隹祖乙。②

前两条卜辞从正反两个方面分别贞问商王患耳疾是否祖乙作孽的结果。后三条卜辞，反复贞问商王做梦是否因祖乙而起。商人认为梦是有祟的表现，所以要贞问做梦的原因。上引第三条卜辞的同版有"㞢于祖乙"的记载，怀疑祖乙加害于自己，就赶紧对祖乙举行㞢祭以禳灾。③ 祖先可以降祸，商人因此畏惧祖先，昼思夜想，处于焦虑之中。西周青铜铭文及相关文献全然不见祖先作祟之载。相反，但凡降福，皆以为祖先之事。至于降丧降畏，则与祖先无关。祖先是否只有护佑而无责惩呢？文献缺载，难以推定。然而，战国时期出土竹简显示，战国时人以为祖先可以为祟、降灾。睡虎地秦简《日书甲种·病》篇谓"甲乙有疾，父母为祟，得之于肉，从东方来，裹以漆器"，"丙丁有疾，王父为祟，得之赤肉、雄鸡、酉（酒）"，"戊己有疾，巫堪行，王母为祟，得之于黄色索鱼、菫酉（酒）"。④ 按照简文所

---

① 郑玄注《诗经·小雅·信南山》（孔颖达：《毛诗正义》，阮元校刻：《十三经注疏》，第 471 页）。

② 依次见《合集》1632、1633、776、17373、17374 片。

③ 参考常玉芝：《商代宗教祭祀》，第 287 页。

④ 睡虎地秦墓竹简整理小组：《睡虎地秦墓竹简》，北京：文物出版社，1990 年，第193 页。

说，生者患疾，来自父母、祖父祖母作祟，这些"祟"经由一定的途径影响到生者，使之有疾（详细论述见战国章）。以战国时期记载为据，是否可以上推西周时人同样认为祖先作祟降祸，只是由于青铜铭文体例之故而不得见？尚待进一步研究。

总体而言，西周青铜铭文、文献中充溢着祖先"降福穰穰，降福简简"的记载，[①]营造出上下相谐、祖先与生者其乐融融的场景，充分表明在周人的心目中，祖先是生者最为可靠的护卫神，是子孙生活中最为重要的神灵。

第四节　"帅型祖考"和"内得于己"
——周代先祖之"德"及其影响

在传统文化特别是古代思想史研究中，"德"是重要的内容。"德"涉及中国古代文化模式的奠定、民族性格的养成，[②]关联到商周之际的社会变革、西周时期的社会结构、信仰观念，亦牵引到春秋战国时期诸子思想的起源，被称为中国古代宏观与微观思想世界中仅次于"道"的核心概念，[③]成为学者们十分瞩目的研究课题。然而考察有关"德"之研究成果，却发现围绕早期德之来源等一系列问题，尚未引起学者们的充分关注。

众所周知，周人明确了德的概念。而自春秋时期始，以孔子为代表的儒家学派逐渐发展出德修的观念，认为德内在于己，遂倡导自修、内修，将修德转入自我、内向一途，开创了修己成德的重要路径。儒家提出德从内

---

①　语出《诗经·周颂·执竞》（孔颖达：《毛诗正义》，阮元校刻：《十三经注疏》，第589页）。穰穰，多貌；简简，大貌。

②　相关研究见徐复观：《中国人性论史》（先秦篇）；陈来：《古代宗教与伦理——儒家思想的根源》，北京：三联书店，1996年；郑开：《德礼之间——前诸子时期的思想史》，北京：三联书店，2009年。

③　Peter. Boodberg（卜弼德）说"next to dao 道，de is the most important category in Ancient Chinese macro-and micro-cosmology"，见"The Semasiology of Some Primary Confucian Concepts"，收入 *Selected works of Peter A. Boodberg*，Berkeley：University of California Press，1979，p.32.

在而来,依靠自我修习而获取,这一点在传统文化发展历程中,意义重大。后人曾将此一修习方式概括为"内得于己"、①"内得于心",②将德之来源与内心、自修进一步扣合起来。然而,在孔子之前的时代,特别是对于西周时期的人们来说,纵然有德的观念,但德的来源如何,社会中的人们是否有成德的可能性,其获得"德"的途径是什么,其修德的方式又如何向儒家"内得于己"的路途转化,此一系列问题尚未得到完满解答。③

有关德的来源问题,虽没有成为学者们讨论的主要课题,但并非没有涉及。例如,有的学者将中国古代的"德"与美拉尼西亚人超自然的"马那"(mana)以及族"性"相联,认为德源自"生",即族姓;④有的学者分析"人的一切,都是由天所命……则人的道德根源,当亦为天所命",指明德来自天;⑤有的学者通过讨论甲骨卜辞中的"𢖻"字,指出"德"的原始意义为顺从祖先神、上帝神之意,暗示德源于祖先、上帝;⑥有的学者在分析《尚书》"商书"相关篇目后,提示商人之"德"来源于上帝与高祖;⑦有的学者讨论了商周时期祖先之德传于子孙,指出德源自祖先;⑧有的学者则强

---

① 《说文》"心部""悳,外得于人,内得于己也"(许慎:《说文解字》,第 217 页)。
② 郑玄注《周礼·地官·师氏》"敏德以为行本"句谓"德行,内外之称,在心为德,施之为行"(贾公彦:《周礼注疏》,阮元校刻:《十三经注疏》,第 730 页);孔颖达疏《左传》桓公二年"昭德塞违"曰"德者,得也。谓内得于心,外得于物,在心为德,施之为行,德是行之未发者也"(孔颖达:《春秋左传正义》,阮元校刻:《十三经注疏》,第 1741 页)。
③ 关于"德"之内涵,本文不拟特别探讨。
④ 李宗侗:《中国古代社会新研》,北京:中华书局,2010 年,第 30 页、122 页;斯维至:《说德》,《人文杂志》1982 年第 6 期。
⑤ 徐复观:《中国人性论史》(先秦篇),第 29 页。
⑥ 孟旦著,丁栋、张兴东译:《早期中国"人"的观念》,北京:北京大学出版社,2009 年,第 213 页;Vassili Kryukov(刘华夏)"According to bronze inscriptions, the ultimate possessors of *de* are Heaven and the High God (*Shang di*), since they can 'send' *de* down to people ... Besides Heaven and *Shang di*, *de* is in the privileged possession of dead kings and other aristocratic ancestors",见 "Symbols of Power and Communication in Pre-Confucian China (On the Anthropology of "de"):Preliminary Assumptions", *Bulletin of the School of Oriental and African Studies*, University of London, Vol. 58, No.2 (1995);巴新生:《试论先秦"德"的起源与流变》,《中国史研究》1997 年第 3 期。
⑦ 晁福林:《先秦时期"德"观念的起源及其发展》,《中国社会科学》2005 年第 4 期。
⑧ 杜正胜:《从眉寿到长生——中国古代生命观念的转变》,第 207 页。

调了先王、先祖是德的传递者。① 总之，对于德的来源问题，学者们并非没有思考，但遗憾的是未进行系统的论述。

概括而言，"德"之发展的确与西周时期的祖先崇拜有关。由西周至孔子的时代，德的来源、成德的途径均发生了显著的转化，而由崇拜祖先而来的祖考之"德"在其中起到关键性的作用。

一、德之源："上帝降德"与"祖考之德"

征之文献，可知周人并不曾确凿地说明德的来源。然而，细绎周人论述，则显见在周人的观念中，德确有其源。周人认为，德的来源主要有两个途径：一，天或上帝；二，祖先。

西周青铜铭文显示，那一时期的人们以为德的重要来源之一是天、上帝。西周中期史墙盘谓：

> 曰古文王，初鼗龢于政，上帝降懿德大甹，匍有上下。②

铭文意谓文王开始做到了政事和谐，上帝降懿德大定，普有天下。盘铭清晰显示德降自上帝。同类铭文还有西周中期瘋钟"曰古文王，初鼗龢于政，上帝降懿德大甹，匍有四方，匂受万邦"，③是说在很古远的时代，上帝赋予文王以"德"，文王遂广有四方，汇合万邦。西周晚期的毛公鼎则称颂光明伟大的文王、武王，上天长足其德，④当受大命，谓"丕显文武，皇天引

---

① 参看 Constance Cook（柯鹤立）一系列论文、专著，特别是："Ancestor Worship during the Eastern Zhou"，收入 J.Lagerwey and M. Kalinowski 编 *Early Chinese Religion*，Leiden：Brill，2009，p.237－279；"Education and the Way of the Former Kings"，收入李峰、D. Branner 编，Writing ＆ *Literacy in Ancient China*，University of Washington Press，2011，p.302－336；*Ancestors*，*Kings and the Dao*，Harvard University Press，Cambridge (Massachusetts) and London，2017；Scott A. Barnwell："The Evolution of the Concept of De 德 in Early China"，收入 Victor Mair 编 Sino-Platonic Papers，Department of East Asian Languages and Civilizations，University of Pennsylvania 2013，No.235，p.10.

② 《集成》10175。

③ 《集成》251。

④ 引，《尔雅·释诂》"长也"（邢昺：《尔雅注疏》，阮元校刻：《十三经注疏》，第 2570 页）；厌，足。

厌厥德,配我有周,膺受大命"。① 周人德之观念的产生,与其天命观是紧密联系在一起的。但由上述墙盘等铭文看,周人明确德由天、上帝所降,或是在西周中期以降。铭文中的"懿德",学者们多根据传世文献,从古注释家之说,将其理解为文王美德。然而,铭文谓"懿德"由上帝所降,显然这个"德"不是由个人内在所生发出的情感、意识,它外在于人,与"内得于己"之德还有差距,很难说"懿德"就是文王美德;其次,西周金文和周代文献中有"求德"之说,既"求"而得之,则不可说"德"为内在之德。西周中期的𪔳仲觯谓"匄三寿、懿德、万年",②匄,求也。《诗经·周颂·时迈》亦谓"我求懿德,肆于时夏",③"德"由所求而来,那么这个"德"仍然是外在之德。

以上毛公鼎等几例铭文中的"德",还不完全具有后世道德之义,但可以明确的是,德是天、上帝赐予文王、武王,而非文、武王天然具有德行。德由天降的观念至春秋战国时期仍然可见,清华简《周公之琴舞》说"天多降德,滂滂在下",④滂滂,盛大之貌,盛大之德从天而降。孔子甚至也曾说过"天生德于予,桓魋其如予何",⑤表达出德由天生因此而具有绝对性的意义。⑥ 可以说在周人的观念中,德由天降,天是德的重要来源。

那么,在天之外呢?

天之外,周人观念中德的另一来源,就是先祖。西周彝铭多有称颂祖考"克哲厥德""秉德恭纯"之语,表明祖考为德的拥有者。例如西周中期大克鼎载:

> 克曰:穆穆朕文祖师华父,聪襄厥心,宇静于猷,淑哲厥德,肆克

---

① 《集成》2841。

② 《集成》6511。

③ 孔颖达:《毛诗正义》,阮元校刻:《十三经注疏》,第589页。

④ 李学勤主编:《清华大学藏战国竹简》(叁),上海:中西书局,2012年,第133页。

⑤ 《论语·述而》(邢昺:《论语注疏》,阮元校刻:《十三经注疏》,第2483页)。孔子所说的"天生德于予",意在表明德具有绝对性,与西周人所信仰的德由天降并不等同,但从字面看,德与天有关。

⑥ 战国时期有关天德的论述也不少见,如河北平山所出战国中期中山王𧊒鼎所谓"有厥忠臣贾……敬顺天德,以左右寡人"(《集成》2840),就是一例。

> 恭保厥辟恭王，谏辥王家，惠于万民，柔远能迩，肆克□于皇天，██于
> 上下，羣纯亡愍，赐赉无疆，永念于厥孙辟天子。①

名克者追美其祖师华父种种善行懿德，谓其"淑哲厥德"。"淑哲厥德""克哲厥德""穆秉明德""秉德恭纯"类状祖考之语习见于西周铭文，如西周中期伯𢼧簋、善鼎、师望鼎，②西周晚期梁其钟、井人妄钟、③逑盘、四十二年逑鼎、④虢叔旅钟⑤等等，兹不一一胪列。彝铭中的"淑"为美善之意，⑥或用为动词，意为修善。"哲"，《说文》训"知也"，⑦《尔雅·释言》谓"智也"，⑧义同明。"淑哲厥德"指先祖修善、明察德；"克哲厥德"义与之类似，指先祖明其德；"穆秉明德"指先祖庄重地持守明德；"恭纯"与"秉德"并列，恭有奉、承之义，⑨纯则有美、善义，⑩"秉德恭纯"指先祖持德受善。生者称颂祖考修善、明察其德，秉持明德，显然祖先是有德之人。

然而，祖先之德又是从何而来？文王、武王之德由天、上帝所施予，但祖考之德的来源是什么，周人却没有明确的说法。可以肯定的是，祖考并不是天然地具有德行，因为文王、武王那样的圣王也并非天生有德。或许可以推想，冥冥中，周人以为祖先之德亦与天有关？周人认为，先祖去世之后在天上。周贵族之祖考尽管并不如周先王一般配天

---

① 《集成》2836。

② 分别见《集成》4115、2820、2812。

③ 分别见《集成》187、109。

④ 陕西省考古研究所、宝鸡市考古工作队、眉县文化馆联合考古队：《陕西眉县杨家村西周青铜器窖藏》。

⑤ 《集成》238。

⑥ 《诗经·邶风·燕燕》"淑慎其身"，郑笺"淑，善也"（孔颖达：《毛诗正义》，《十三经注疏》第298页）。

⑦ 许慎：《说文解字》，第32页。

⑧ 邢昺：《尔雅注疏》，阮元校刻：《十三经注疏》，第2584页。有学者指出"哲"当读为"慎"，见陈剑：《说慎》，《甲骨金文考释论集》，第39—53页。

⑨ 《尚书·甘誓》"今予惟恭行天之罚"，孔安国传"恭，奉也"（孔颖达：《尚书正义》，阮元校刻：《十三经注疏》，第155页）。

⑩ 《吕氏春秋·士容》"纯乎其若钟山之玉"，高诱注"纯，美也"（引自陈奇猷：《吕氏春秋新校释》，第1709页）；《史记·汉兴以来诸侯年表》"非德不纯"句司马贞索隐"纯，善也"（《史记》，北京：中华书局，1959年，第801页）。

帝、在帝廷、在帝左右，①然而周贵族常常宣扬前文人"其严在上"，②即已说明在周人的心目中，去世的祖先其实是如同周先王一般，在天上的。先祖既在天上，其德是否可由天赋予？不过，周人却从未宣谕先祖之德由天而来。质言之，关于祖考之德的来源，周人并未有明确的思路。

天、帝与祖考是德之重要来源，天之德与祖考之德的内容是什么？

由墙盘、瘝钟、毛公鼎诸铭文看，天、上帝所降与文王、武王之德，很重要的内容就是铭中所说的"匍有上下""匍有四方""匄受万邦"，即广有天下，溥天大定，③实际就是文王、武王所得到的君临天下之权。④可堪注意的是，上帝、天所施予的德，仅限于达致文王、武王，而不传递于一般贵族。因此，周人虽然在意识中十分明确天是德的来源，但天启之德并不提供一般周人获取德的有效途径。

与天之德不同，祖考之德包含有别样的因素，它主要体现了祖考之精神素质和操守品行。捃诸铭文，祖考之德主要包含两方面的因素：一，品格气质方面的因素。⑤如大克鼎铭文赞美祖先"穆穆朕文祖师华父"，"穆穆"，祖先恭敬庄重之貌。⑥"聪襄厥心，宇静于猷"，意谓先祖其心也明，且

---

① 如敔簋"前文人，其濒（频）在帝廷陟降"（《集成》4317），逨盘"文王、武王达殷，膺受天鲁令……用配上帝"（陕西省考古研究所、宝鸡市考古工作队、眉县文化馆联合考古队：《陕西眉县杨家村西周青铜器窖藏》），狱狄钟"先王其严在帝左右"（《集成》49），南宫乎钟"（天子）畯永保四方，配皇天"（《集成》181）。铭文显示，先祖在帝廷陟降。

② 关于"严在上"义的辨析，学者多有讨论。综论见陈英杰：《西周金文作器用途铭辞研究》，第365—369页。

③ 西周青铜铭文显示，文武之德主要是天降之德，强调文武广有天下。但若结合传世文献，则可见文武受命、秉受天德，实由于文王、武王之品行。《尚书》《诗经》中记有文武特别是文王之德行，详见下节。

④ 需要注意的是，这里又涉及"德"是否与"得"相关的问题。徐中舒先生在讨论金文中的"旱屯"时，曾引用师望鼎、虢旅钟、井人妾钟铭文，指出"金文德得各别，此……三器皆德得并见，绝不相混"（《金文嘏辞释例》，《徐中舒历史论文选辑》上册，第543页）。但是，"旱屯"是否即"得屯"，并不能确定。此三器不能作为"德""得"不相混的例证。陈英杰先生在讨论西周早期师俞鼎"易师俞金，俞则对扬厥德"之"德"时，曾指出"德指上级赐予的恩惠"（《西周金文作器用途铭辞研究》，第331页），可见，"德"时有"得"义。

⑤ 祖之德或包括更多的内容，如世卿世禄很有可能即是其中的义项，此处暂不予探讨，俟诸他文。

⑥ "穆穆翼翼"表示祖先恭敬谨慎的样子。"穆穆"，恭敬。《尚书·吕刑》"穆穆在上，明明在下"，孔安国传"躬行敬，敬在上"（孔颖达：《尚书正义》，阮元校刻：《十三经注疏》，第248页）。

有大谋略。① 梁其钟谓皇祖考"穆穆翼翼"，褒美祖考庄重谨慎。这些内容皆是对祖先性格气质的描述。二，祖先功勋方面的因素。西周铭文多称扬祖先功勋卓著，辅翊天子，克定四方，可谓"善继人之志，善述人之事"。② 如大克鼎赞颂先祖"肆克恭保厥辟恭王，谏辪王家，惠于万民，柔远能迩，肆克□于皇天，𤔲于上下，叀纯亡愍，赐釐无疆"，意谓先祖师华父敬辅其君恭王，安正周邦，③和顺万民，安远而善近；恭敬上天，昭闻于上，布政于下，④有厚美而无忧。⑤ 再如，西周中期单伯昊生钟歌颂先祖"丕显皇祖、烈考，逑匹先王，恭勤大命"，⑥逑，匹，皆为辅助之意，"恭勤大命"则指辅佐周王恭受天命。梁其钟追念先祖"农臣先王，叀纯亡愍"，谓先祖勉力辅弼、臣事周王。⑦ 此类铭文甚夥，不赘举。总之，祖先之德的

---

① 聪，明，蔡侯钟作"既聪于心，诞中厥德"（《集成》210）；襄，成也，《左传》定公十五年"不克襄事"，杜预注"襄，成也"（孔颖达：《春秋左传正义》，阮元校刻：《十三经注疏》，第2152页）。明成于心，即赞其祖先其心也明。"宇静于猷"，金文中又有"宇慕远猷"。宇，《尔雅·释诂》"大也"（邢昺：《尔雅注疏》，阮元校刻：《十三经注疏》，第2568页）；猷，《尔雅·释诂》"谋也"（邢昺：《尔雅注疏》，阮元校刻：《十三经注疏》，第2569页）；静，安也。《诗经·邶风·柏舟》"静言思之"，毛传"静，安也"（孔颖达：《毛诗正义》，阮元校刻：《十三经注疏》，第297页）。"宇静于猷"是说有大谋略。

② 语出《中庸》（孔颖达：《礼记正义》，阮元校刻：《十三经注疏》，第1629页）。

③ "谏辪"为金文习语。谏，正也。郑玄注《周礼·地官·司徒》"司谏中士二人"谓"谏，犹正也"（贾公彦：《周礼注疏》，阮元校刻：《十三经注疏》，第698页）。辪，即乂，治理。"保奠"与"谏辪"为同义连用，"谏辪王家"意与此相近。

④ 𤔲字，郭沫若、马承源先生释为"顼"（《两周金文辞大系图录考释》下册，第121页；《商周青铜器铭文选》三，第216页），然彝铭中"页"字写法与此字右部之𤔲不同。陈梦家先生释为"珧"（《西周铜器断代》，第261页），吴镇烽先生释为"珛"（《铭图》2513），皆与字形有所不合，故暂不隶定。"上下"在金文中常见，但意义并不明确。《尚书·文侯之命》有"丕显文武，克慎明德，昭升于上，敷闻在下"（孔颖达：《尚书正义》，阮元校刻：《十三经注疏》，第253页）句，或可为理解"上下"之义提供线索。

⑤ "叀屯无敃（愍）"，"叀"字之释未有确解；屯多读为纯，有厚、美之义。徐中舒先生认为"得屯"犹言得全（《金文嘏辞释例》，《徐中舒历史论文选辑》上册，第543页）。敃（愍），《说文》"愍，痛也"（许慎：《说文解字》，第222页）。愍亦有忧义，《左传》昭公元年"吾代二子愍矣"，孔颖达疏引服虔云"愍，忧也"（孔颖达：《春秋左传正义》，阮元校刻：《十三经注疏》，第2020页）。无愍即无忧而有福。

⑥ 《集成》82。

⑦ "农臣先王"，农，《广雅·释诂》"勉也"（王念孙：《广雅疏证》，南京：江苏古籍出版社，1984年，第83页）。"御于厥辟"，御，侍奉。《国语·郑语》"实御在侧"，韦昭注"御，侍也"（上海师范大学古籍整理组校点：《国语》，第520页）。

另一重要因素是生时效力王室、出纳王命、捍御王身,为王之股肱,可称之为"政德"。①

尤与天之德不同的是,祖考之德可以传布和散播,施及子孙,从而使生者、后人也具有了拥有德之可能性。但祖先之德并非自然传递至子孙,它需要子孙效法祖先、模仿祖先,这样一种成德的路径,就是周人自矢的"肇帅型祖考之德"。"肇帅型祖考之德"意谓子孙敬敏地以伟大的祖考为效法对象,遵循祖考之行。②可以说,"帅型祖考之德"意味着周人对于德之来源、对于修德具有了最初的思考。③ 包含有"帅型祖考之德"语的一类铭文通常格式一致、路数固定:作器者先颂扬祖先"克哲厥德"或"穆秉明德"——此为溢美祖先部分,接以作器者自誓"不敢弗帅型皇祖考之德"——此为过渡、转折语,转折至生者部分——生者宣誓绳其祖武,其中蕴含有生者自我期许的意味。此类铭文甚多,毋庸遍引,惟以西周中期番生簋盖铭文为例:

> 丕显皇祖考,穆穆克哲厥德,严在上,广启厥孙子于下,勖于大服。番生不敢弗帅型皇祖考丕丕元德,用䌛(申)圈(固)大令,屏王

①　"政德"之称见于西周、春秋时期青铜铭文,如逨钟(刘怀君:《眉县出土一批西周窖藏青铜乐器》,《文博》1987年第2期)、王子午鼎(河南省文物研究所、河南省丹江库区考古发掘队、淅川县博物馆:《淅川下寺春秋楚墓》,北京:文物出版社,1991年,第124页)、王孙诰钟(河南省文物研究所、河南省丹江库区考古发掘队、淅川县博物馆:《淅川下寺春秋楚墓》,第142—146页)等。

②　肇,敏,指勤勉。《尚书·文侯之命》"汝肇刑文武",孙星衍疏引《释诂》云"肇,敏也"(《尚书今古文注疏》,北京:中华书局,1986年,第547页)。帅,循。《国语·周语上》"帅旧德而守终纯固",韦昭注"帅,循也"(上海师范大学古籍整理组校点:《国语》,第8页)。型,本义为模,《说文》"型,铸器之法也",段注"引申之为典型"(《说文解字注》,第688页)。关于子孙学习祖先之德,学者们亦有所涉及,如赵伯雄:《先秦"敬"德研究》,《内蒙古大学学报》1985年第2期。

③　Vassili Kryukov(刘华夏)也认为"德"可传递至子孙,但是通过对祖先的祈祷和祭祀而获取,"De is not the private property of individuals, it belongs to the clan and can be transmitted to posterity. At the same time grace(按此处指"德")is not attained automatically through simple clanship succession. It must be pleaded for through prayers and sacrifices dedicated to ancestors", "Symbols of Power and Communication in Pre-Confucian China (On the Anthropology of 'de': Preliminary Assumptions)". 其说偏重于仪式方面的意义,但从"肇帅型祖考之德"上下文意看,"德"之获取不单仰赖仪式,而包含主观方面的意愿。

位，虔夙夜，溥求不僭德，用谏四方，柔远能迩。①

番生首先赞许祖先有德，祖先在上，荫翳后人，广泛地启迪在下之子孙，升于大服，职事王家。② 接着，番生表白自己不敢不以祖考之大德为典范。接续祖考之德后，番生用以申固大命，辅佐周王，日夜虔敬，大求明德，以正四方，怀远善近。③ 可以看到，作器者宣称“不敢弗帅型皇祖考丕丕元德”，意味着祖考之德可通过效法传递至生者，生者进而发扬光大、荣耀祖考。番生簋等一类铭文显示，由祖先所传递的、生者所赓续的德皆是围绕定大命、屏王位而施展，生者则无不以继承祖考之德，奔走今王、赋政于外而自任，这是西周贵族型效祖先的重要内容。

在“帅型祖考”之外，西周金文亦常见祖考“广启某身”之语，如西周晚期叔向父禹簋铭文“叔向父禹曰：余小子嗣朕皇考，肇帅型先文祖，恭明德，秉威仪，用𤔲(申)圞(固)奠保我邦、我家，作朕皇祖幽大叔尊簋，其严在上，降余多福、緐釐，广启禹身，勱于永令(命)”，④“广启朕身”之某为作器者。广，大；启(啟)，《说文》“教也”。⑤ “广启某身”意谓祖考对于子孙有广泛的佑助、导启之作用，其与“帅型祖考”所表达的观念相类。此外，

---

① 《集成》4326。

② “勱于大服”，大克鼎作“勱克王服”(《集成》2836)，班簋作“隥于大服”(《集成》4341)。郭沫若先生说“勱，即《广雅》‘踚，拔也’之踚 ……‘勱克王服’者谓擢克于王官，擢又即勱之后起字矣”(《两周金文辞大系图录考释》下册，第 122 页)；陈梦家先生亦释为踚，并引《方言》一曰“登也”(《西周铜器断代》，第 262 页)；陈英杰先生将“勱于大服”与金文中“用易康勱”相联，以为“勱”读为协，“协克王服”即和合、妥善胜任王官(《西周金文作器用途铭辞研究》，第 443 页)。

③ 屏，为屏障，辅佐之义。《诗经·小雅·桑扈》“万邦之屏”，毛传“屏，蔽也”(孔颖达：《毛诗正义》，阮元校刻：《十三经注疏》，第 480 页)。朁，字亦见于戎生钟“皇考卲伯……懿肃不朁”(《铭图》15241)。朁通憯，段玉裁注《说文》“朁，今《民劳》《十月之交》《尔雅》字皆作憯”，憯，《说文》“痛也”(《说文解字注》，第 203、512 页)，亦有忧意。不朁即不忧。字亦可读为僭，僭有乱、差义，《尚书·汤诰》“天命弗僭”，孔安国传“僭，差”(孔颖达：《尚书正义》，阮元校刻：《十三经注疏》，第 162 页)；《诗经·大雅·抑》“不僭不贼”，毛传“僭，差也”(孔颖达：《毛诗正义》，阮元校刻：《十三经注疏》，第 556 页)。不僭即不乱。不朁德，当是正德之义。参看李学勤：《戎生编钟论释》，《文物》1999 年第 9 期；裘锡圭：《戎生编钟铭文考释》，《裘锡圭学术文集》金文及其他古文字卷，第 111 页。

④ 见于《集成》4242。此类铭文还见于番生簋盖(《集成》4326)、士父钟(《集成》145)、通录钟(《集成》64)、春秋时期戎生钟(《铭图》15239)等。

⑤ 《说文解字》，第 67 页。

西周时人还有祈求"懿德"的说法,如西周中期夒仲鬶"夒仲作佣生饮壸、匀三寿、懿德、万年",①器主作器祭祀祖先,向祖先祈请寿命、美"德"、②长长久久,可见"德"由祖先而来。值得注意的是,"帅型祖考德"、祖考"广启某身"一类的铭文,多出现于西周中期以后,这或许说明,在此一时期,周人有关"德"的观念、有关修德路径的思考基本成熟。

要之,在周人的心目中,天与上帝、祖考是德的重要来源。天所灌注下来的德,只有周天子如文王、武王才拥有,其内涵主要是文、武王大有天下。祖考之德,则体现祖考精神气质以及行为举止,重点内容是祖考生时庄重谨慎、劳于周邦。这一类型之德可以传布、流传,周人通过遵循、效法祖考,就有可能获"德",成为秉"德"之人,这是西周时期人所发明的"修"德的重要途径。应当说,周人在明确了德的概念后,紧随之的重大突破就是对德之来源、承受德之途径有了初步的思考。周人所提出的"帅型祖考之德"观念,在传统文化有关德之起源、成德路径问题思考的历程中,是转捩性的步骤,它开启了由关注天德转而注重人德的路途,③为社会中人们的成德开辟了可由之径,俾使个体修德成为可能,从而向春秋时期儒家自我成德的路径迈进了关键性的步伐。

二、"仪刑文王"与文王之德

周人依靠"帅型祖考"而发明出一条修德的路径,不啻为德修历程中的重要关节点。它将德由距离遥远的天降之德转向"近取诸譬"的祖考之德,从"天生之德"转至通过学习、模仿而可后天养成之德,为儒家开创"内

---

① 《集成》6511。

② 铭文中"德"的含义,由"懿德"与"三寿""万年"并列看,不可遽断为品格气质、行为举止之"德",而似由祖先所赐美好之事。但总体来说,"德"由祖先而来。

③ 德由天向人转换,学者们也有所提及。如李存山先生说"(孔子)把中国人的道德观念从外在的、强制的天启之'德'……引入了'仁'的内心自律",见《饮食·血气·道德——春秋时期关于道德起源的讨论》,《文史哲》1987年第2期;Constance Cook(柯鹤立)先生指出"During the Western Zhou period, ancestors connected to a founder king of a particular geographical region were required intermediaries for obtaining de, but by the Warring States period, the literati had broken loose from this requirement and internalized the old rituals for purposes of individual self-enlightenment","Education and the Way of the Former Kings", p.304.本文的写作亦曾受到柯老师的启发。

得于己"的修身路径提供了可能性。然而需要注意的是，周人同样有"仪刑文王"的观念，即以文王为效法典范。仪刑文王，自然应当包括效法文王之德，如此看来，以文王为典范，也不失为成德的一种方法。但是，若以文王为型范，其效仿的内容是什么，对于周人是否切实可行？

"仪刑文王"句，出自《诗经·大雅·文王》"上天之载，无声无臭。仪刑文王，万邦作孚"，是说上天之事，悄无声息，而效法文王，是探知天意的最好方法，[1]诗篇落脚点在于强调度知天命对于周人的重要意义。事实上，《文王》全篇赞颂周文王受天之命、作立周邦，以及告诫殷遗"自求多福"，并未明晰向文王学习的具体内容。因之，虽有"仪刑文王"说法的提出，但并没有提供可行的路径。此外，关于《文王》篇的写成时代，孙作云、于省吾先生曾指出作于西周末叶。[2]若是，则"仪刑文王"观念的提炼、成熟相对较晚。

观之周代文献，西周铭文所称颂文王的内容，无外"鳌龢于政""敷有四方""膺受大命"一类，[3]主要是从文王造始周邦方面来说，而多数传世文献有关文王之德的叙述也仅止于此。较为详细的描述出自《尚书·康诰》《无逸》两篇。《康诰》说"惟乃丕显考文王，克明德慎罚，不敢侮鳏寡。庸庸、祇祇、威威、显民，用肇造我区夏"，文王之德，体现于惠恤穷民，不慢鳏夫，用可用、敬可敬，刑可刑，以此而示民。[4]《无逸》篇说"文王卑服，即康功田功。徽柔懿恭，怀保小民，惠鲜鳏寡。自朝至于日中昃，不遑暇食，

---

① 毛传"载，事。刑，法。孚，信也"，郑笺"天之道难知也，耳不闻声音，鼻不闻香臭，仪法文王之事，则天下咸信而顺之"（孔颖达：《毛诗正义》，阮元校刻：《十三经注疏》，第505页）。

② 孙作云先生认为《文王》作于西周晚期，且是宣王朝诗，见《诗经与周代社会研究》"论二雅"，第344—364页；于省吾先生指出"旧说多谓此诗为周公所作，殊有未合。此诗词句调畅，押韵流利，在章法上前一章的末句与下一章的首句所用的'蝉联格'，较之西周中叶常见用韵的金文，已经达到进一步的发展。此诗著作时代不仅不是周初，也不是西周中叶，而是属于西周晚期"，"《文王》共七章，自第三章以下，也是用同样的承接方法（按，指每章的首句，都是承接了上章的末句加以变化，蝉联而下），这种章法结构，可以叫做'连锁递承法'。连锁递承法是从形式上各自为章的诗篇发展而来的。足征《下武》《文王》和《既醉》在《大雅》中是比较晚的作品"，见《泽螺居诗经新证》，第138页、216页。

③ 如前引毛公鼎、墙盘、师克盨（《集成》4467）、逨盘。

④ 孔安国传，孔颖达：《尚书正义》，阮元校刻：《十三经注疏》，第203页。

用咸和万民。文王不敢盘于游田,以庶邦惟正之供",①是说文王克勤克俭,以美道和民,又加惠于鳏寡之人,思虑政事,无自逸豫。就两篇所记看,文王"膺受天命"、作周立邦、保惠庶民和勤行其政的观念在周人当中根深蒂固。但需要指出,这类懿行善政皆与身在天子位有关,②是为天子之德。③

　　文王之德昌明,自当是溥天之下周人所引以为楷模的,但两周金文中习见的却是"帅型祖考之德",以祖先为典范。而且,不但周之贵族自称"帅型祖考",就是周王行册命之时,也要勉励受封者"型乃先祖考",指导他们以各自的祖先为仪刑,而不是以学习先王相号召。例如陕西眉县杨家村铜器窖藏所出四十二年逨鼎谓"王若曰:逨,丕显文武,膺受大令,匍有四方。则繇唯乃先圣祖考,夹召先王……余弗叚忘圣人孙子……汝唯克型乃先祖考",④周王册命逨之时,先颂扬文、武王受命,次言逨之祖先辅弼周先王之功,再勉励逨"克型乃先祖考",诫勉逨步武先祖功烈。著名的大盂鼎亦记载王册命盂时曰"命汝盂型乃嗣祖南公",⑤指示盂以其祖南公为榜样。西周中期师𬭚鼎也记述王曰"用型乃圣祖考,隣明令辟前王,事余一人",⑥鼓励𬭚学习祖考之德。上述册命铭文中,周王皆命受封者追循、仿效他们各自祖考之德。可以说,以祖考为典范是周代社会极为普遍的观念、意识,从天子至贵族,深入人心。

　　然而考诸文献,可见其中确有记述以文王为典范者,需要进一步辨

---

　　① 孔颖达:《尚书正义》,阮元校刻:《十三经注疏》,第222页。

　　② 有关周文王之武功,先秦典籍中仅有只言片语,如《诗经·大雅·緜》记录文王与西戎的斗争,《诗经·大雅·皇矣》《文王有声》《大明》描述了文王与商方国的斗争。

　　③ 《诗经·大雅·思齐》亦为歌颂文王之诗,此诗所述文王之德与一般文献有所不同,称扬了文王追孝先祖,安宁百神,内正人伦,外施其化,推举俊髦之士等。而整个诗篇则着眼于"刑于寡妻,至于兄弟,以御于家邦"(孔颖达:《毛诗正义》,阮元校刻:《十三经注疏》第516页)——以文王之德化成天下的模式。这一模式强调的是文王之德的化成作用,是文王"帅以正,孰敢不正"由上而下的影响力,与"仪型文王"强调周人自下而上以文王为典范的学习方式并不相同。

　　④ 陕西省考古研究所、宝鸡市考古工作队、眉县文化馆联合考古队:《陕西眉县杨家村西周青铜器窖藏》。

　　⑤ 《集成》2837。

　　⑥ 《集成》2830。

析。《诗经·周颂·我将》曰"仪式刑文王之典"，①宣称将以文王为效法榜样。不过，高亨先生指出《我将》诗其实是叙写武王出兵伐殷，祭祀上帝和文王。② 因之，此篇所称"仪式刑文王之典"的主语，是武王而非一般周人。秉承文王之德、以文王为典范者多限于周王群体，此层意思还见于其他文献。孔颖达疏《文王》毛传，谓"毛以为戒成王，言天之大命既不可改易，故常须戒惧此事。当垂之后世，无令止于汝王之身已，欲令后世长行之"，③按照毛、孔之说，提出"仪刑文王"观念的《文王》之诗是戒成王之作，诗篇中所称的"仪刑文王"之人，是特指成王及文王后裔。再如《诗经·周颂·维天之命》篇谓"文王之德之纯，假以溢我，我其收之，骏惠我文王，曾孙笃之"，诗篇赞颂文王之德饶衍后人，但《诗序》却指出，此篇诗旨是"大平告文王也"，郑玄云"告大平者，居摄五年之末也，文王受命不卒而崩，今天下大平，故承其意而告之"，郑玄意谓此诗为周公告成王而作。还有学者指出此篇是周王祭祀周文王的乐歌。④ 无论是告成王抑或周王祭祀文王，诗篇中受"文王之德"者，皆是特指文王"曾孙"而不包周之贵族阶层。尤可注意的是，此篇描述了文王之德的传递，谓"文王之德之纯，假以溢我，我其收之"。关于此句之释，前人意见各不相同。⑤ 其实，"纯"有

---

① 毛传"仪，善。刑，法。典，常"（孔颖达：《毛诗正义》，阮元校刻：《十三经注疏》，第588 页）。"仪式刑文王之典"见引于《左传》昭公六年、《汉书·刑法志》，其中"典"作"德"。

② 《诗序》说此诗为"祀文王于明堂也"，孔颖达疏《我将》诗者，祀文王于明堂之乐歌也。谓祭五帝之于明堂，以文王配而祀之"（孔颖达：《毛诗正义》，阮元校刻：《十三经注疏》，第588 页）。但高亨先生则曰"《我将》是《大武》舞曲的第一章，叙写武王在出兵伐殷时，祭祀上帝和文王，祈求他们保佑"（《诗经今注》，第 480 页），"武王伐殷正是继承文王的事业，所以说'仪式型文王之典'"（《周代大武乐考释》，《文史述林》，北京：中华书局，1980年，第 87 页）。孙作云先生对于《我将》为《大武》第一章，有不同意见，见《诗经与周代社会研究》"周初大武乐章考实"，第 249 页。

③ 孔颖达：《毛诗正义》，阮元校刻：《十三经注疏》，第 505 页。

④ 高亨：《诗经今注》，第 476 页。

⑤ 毛传曰"纯，大；假，嘉；溢，慎；收，聚也"；郑笺谓"纯，亦不已也；溢，盈溢之言也……以嘉美之道饶衍与我"（孔颖达：《毛诗正义》，阮元校刻：《十三经注疏》，第584 页）。《左传》襄公二十七年引此诗作"何以恤我"（孔颖达：《春秋左传正义》，阮元校刻：《十三经注疏》，第 1997 页）。朱熹云"何之为假声之转也，恤之为溢字之讹也……言文王之神将何以恤我乎，有则我当受之，以大顺文王之道"（《诗集传》，第 224 页）。胡承珙以"假""誐""何"三字为说，曰"盖'誐'者，正字；'假'者，借字；'何'则声之误也。"他说"溢"当从毛传释为"慎"，"假以溢我"谓"以嘉美之道戒慎我子孙"（《毛诗后笺》，第 1501 页）。马瑞（转下页）

厚意;"假"有至、来之意,《诗经·大雅·烝民》"昭假于下",郑笺"假,至
也";[①]"溢",当读若"易(赐)",西周金文"易(赐)"可写为"益",郭沫若先
生曾指出两者实为简繁关系。[②]《维天之命》诗中,"假以溢我"为同意连
用,指文王之德与我、赐我,而我(曾孙)秉受之,其所表达的意思是文王之
德在周王中自相递送、代代相传。

　　文王之德主要在其后周王中传布、散播,此点也可证之于青铜铭文。
西周早期大盂鼎记载"王若曰:盂! 丕显文王,受天有大令(命),在武王
嗣文作邦,闢厥匿,匐有四方……今我唯即井(型)禀于文王正德,若文王
令二三正……"[③]大盂鼎一般认为是康王世器,铭文中,周王先称颂文武
受命克殷,然后授予盂重要职务,王表示其将型效、秉持文王正德。这是
西周金文中明确记载以文王为型帅对象之一例。可注意的是,康王为文
王曾孙,贵为天子,文王之德正是其所应当仪刑的。另外,西周中期班簋
为文王之孙毛伯班所作,铭文记载周王令毛伯班"更虢城公服",继承虢公
之职位,在征东国之后,毛公"告厥事于上",[④]他拜稽首曰"呜呼! 丕杯皇
皇公,受京宗懿釐,毓文王、王妣圣孙,登于大服,广成厥功。文王孙亡弗
怀型,亡克竞厥烈",班赞扬伟大的父亲受周宗室之福,升于重要职位,大
成其功业。[⑤] 毛班作为文王之孙,[⑥]思慕效法皇公,莫能比其光烈。作器

(接上页)辰谓《说文》'諴,嘉善也',引《诗》'諴以谥我'。諴与假双声,谥与溢字异而音义
同",谥有静义,故"假以溢我"意为"善以绥我"(《毛诗传笺通释》,第 1044、1045 页)。陈奂
以为"嘉"与"諴"声通,谥、溢、恤为同声借借(《诗毛氏传疏》卷二十六,北京:中国书店,
1984 年,第 6 页)。林义光曰"假读为胡,假、胡古同音通借",亦读"溢"为"谥"(《诗经通解》,
上海:中西书局,2012 年,第 393 页)。

　①　孔颖达:《毛诗正义》,阮元校刻:《十三经注疏》,第 568 页。
　②　郭沫若:《由周初四德器的考释谈到殷代已在进行文字简化》,收入《金文丛考补
录》,《郭沫若全集》第六卷,北京:科学出版社,1982 年,第 221 页。
　③　《集成》2837。
　④　《集成》4341。上,或说指周王,或说指在上之神灵。
　⑤　释文考释参考郭沫若:《班簋的再发现》,《文物》1972 年第 9 期;唐兰:《西周青铜
器铭文分代史征》,第 346 页;李学勤:《班簋续考》,《古文字研究》第十三辑,北京:中华书
局,1986 年。
　⑥　关于毛伯,学者意见不同。郭沫若先生认为是《尚书·顾命》中之毛公,亦即文王
子毛叔郑(《班簋的再发现》);于省吾先生以为是《穆天子传》中之毛班(《穆天子传新证》,考
古学社:《考古社刊》第 6 期,1937 年);唐兰指出毛伯是毛公的长子(《西周青铜器 (转下页)

者毛伯称"文王孙亡弗怀型",看似其所效法的是文王,但细勘铭文,则知其所引以为典范的其实是"丕显皇公",即其父考而非文王。因之,在现实中,以文王为效法对象的,多限于周王群体,且重要内容是保有天命。

综合上述,周人虽有"仪刑文王"的思路,但在实践中"型效祖考"却更为普遍。贵族所志所学,独在祖考,由此而造成的一种局面就是文王之德与祖考之德如有所隔。其中缘故盖在于文王之德固然广被天下,且从广义方面来说,其德属于周之天下四方所有,供周人全体崇尚、效法。① 但文王之德从根本上来说是天子之德,其德所传递的主要是后世周王,偏重为王朝继承,是周天子以外的贵族所不能也不当觊觎的。相比于文王之德,祖考之德更为切近。首先,祖考之德主要关乎贵族之操行与素质,足资后代效仿。其次,文王虽是名义上最尊崇的周王,但其与贵族之间的关系在若隐若现之际。相反,贵族之世袭、厚禄、社会地位、权力均来自祖考,祖考是宗族专有的守护者,其德对于宗族有特殊意义。西周册命铭文中常见周王授予贵族职事时称"更乃祖考事",更,续之意,即王命贵族继续职事先祖之职位。② "更乃祖考事"与"帅刑祖考之德"实为一体之两面,"更乃祖考事"是在实际方面从祖考处有所得——得其职位、得其世禄,而"帅型祖考之德"则是在精神方面有所得——得其气质、得其操行(奔走王命,股肱王室),两者相辅相成,互为表里。

这样说来,西周贵族所说的"德",的确具有一定的家族性,是在家族内部所传递的"德"。学者曾经指出"每一家族各有他们的德,周王一定强调文王、武王之德,其他诸侯卿大夫也都追述开宗立家的祖考",③勘视西周社会,确乎如此。周王有周王之德,贵族有贵族之德,各有各的理路,春

(接上页)铭文分代史征》,第349页)。

① 应当指出,"帅型祖考"若层层上推,最终仍至于周文王。《诗经·大雅·文王》说"文王孙子,本支百世"(孔颖达:《毛诗正义》,阮元校刻:《十三经注疏》,第504页),意谓周文王的子孙,大宗、小宗皆世代相传,绵延不绝。

② 如曶鼎谓"王若曰:曶,令汝更乃祖考司卜事"(《集成》2838),山东高青陈庄所出引簋"王若曰:引,余既命汝更乃祖瓢司齐师,余唯申命汝"(方辉:《高青陈庄铜器铭文与城址性质考》,《管子学刊》2010年第3期)。此例颇多,不烦备举。

③ 杜正胜:《从眉寿到长生——医疗文化与中国古代生命观》,第209页。

秋时人谓"诸侯不敢祖天子,大夫不敢祖诸侯",①揆诸西周时期之德,或可说贵族不能效仿天子之德。其间的原因,可说宗法等级制度使然。

还需要补充的是,文献记载中,非周王而称以文王或先王为典范者,多出自西周以后。如《尚书·文侯之命》记载周平王奖励晋文侯,谓"汝克绍乃显祖,汝肇刑文武",勉励文侯追寻文武之德。此篇作于平王东迁之后,已入春秋纪年。② 此外,晋公盦铭文谓"晋公曰:我皇祖唐公膺受大命,左右武王,龢燮百蛮……公曰:余虽今小子,敢帅型先王,秉德秩秩,固燮万邦",③新近公布的晋公盘铭文则作"(晋)公曰:余唯今小子,敢帅型先王,秉德秩秩"。④ 铭文夸耀晋之始祖唐叔虞受天命,协助武王,威令百蛮。晋公⑤则自称要以先王为准绳,持德肃静,定和万邦。铭文有"帅型先王"句,但两例铭文的时代均为春秋末期。春秋晚期,晋公明白宣布以先王为效法典范,此种说法不见于西周铭文,⑥足以窥见春秋时期社会结构与观念意识变化之大略。

总之,周人善于树立典范,效法典范,有学者将周人的政治机制称之

---

① 《礼记·郊特牲》(孔颖达:《礼记正义》,阮元校刻:《十三经注疏》,第1448页)。

② 此篇的时代,《尚书序》谓"平王锡晋文侯秬鬯圭瓒,作《文侯之命》"(孔颖达:《尚书正义》,阮元校刻:《十三经注疏》,第253页)。《史记·晋世家》等则以为是周襄王册命晋文公。

③ 《集成》10342。

④ 吴镇烽:《晋公盘与晋公盦铭文对读》,复旦大学出土文献与古文字研究中心网站,2014年6月22日。

⑤ 此晋公的身份,学者们有不同的说法,杨树达(《积微居金文说》,第113页)、郭沫若(《两周金文辞大系图录考释》下册,第231页)、唐兰(《晋公䣄盦考释》,《唐兰先生金文论集》,北京:紫禁城出版社,1995年,第15页)、马承源(《商周青铜器铭文选》四,第587页)等先生释为"䣄",认为是晋定公午,即《史记·晋世家》所记"顷公卒,子定公午立",顷公之子;于省吾(《双剑誃吉金文选》,第226、227页)、李学勤(《晋公䣄的几个问题》,《出土文献研究》第一辑,北京:文物出版社,1985年,第134—137页)、谢明文(《晋公盦铭文补释》,《出土文献与古文字研究》第五辑,上海:上海古籍出版社,2013年,第236—257页)等先生以为与《左传》昭公四年所记楚灵王请婚于晋有关,时为晋平公;吴镇烽先生则据新见晋公盘,指出此铭中的晋公或为晋文公(《晋公盘与晋公盦铭文对读》)。

⑥ 西周中期牧簋铭文有"(王若曰:)不用先王作型,亦多虐庶民……女毋敢弗帅先王作明型用"(《集成》4343),西周晚期毛公鼎谓"(王曰:)汝毋弗帅用先王作明型,欲汝弗以乃辟陷于艰"(《集成》2841),两例铭文似乎是说王勉励作器者以先王为效法对象,但其实,铭文中的"帅先王作明型"指遵循先王所立制度,非"型帅先王"之意。

为典范政治。① 周人的典范有祖考、文王、武王、其他先王以及孝友、有正等，②但是，由于文王、武王之德为天子之德，且周人之宗法中固有"诸侯不敢祖天子"之类层级因素，致使周人虽有"仪刑文王"之说，但在实践中周贵族群体却仍主要以各自祖考为模范。因此，在周人的"典范政治"中，"帅型祖考"之模式是最为普遍，影响也最为持久的。周人以继承祖先之德自励，此成为家法，盛行于西周社会。"帅型祖考"模式不假上天、不借上帝而找出德的依托，这是周人的新观念。周人依靠这一新观念，深刻引导了"纳上下于道德""以成一道德之团体"的华夏古史发展进程。③

三、"为民之极"："自我"的凸显与成德路径的转换

周人创造出以祖先为仪刑的修德途径，与西周时期的祖先崇拜密切关联。进入春秋战国以来，祖先崇拜发生变化，个体地位逐渐上升，周人有关"德"的来源以及如何修德的思考，也随之变化。

从一方面说，祖先崇拜在春秋战国时期依旧盛行，祖先仍然是生者夸美、祖述的对象。近出湖北随州文峰塔春秋晚期曾侯與钟铭文谓："曾侯與曰……择予吉金，自作宗彝。龢钟鸣皇，用孝以享于（昭）皇祖，以祈眉寿，大命之长，其纯德降余，万世是尚"，④曾侯與作钟以享于其祖，他祈祷眉寿、大命以及祖先"纯德降余"，希冀祖先之德施予其身。可见，德仍然来源于祖考。山东滕州庄里西战国早期司马楙镈铭文谓"朕文考懿叔，亦帅型法则先公正德，俾作司马于滕"，⑤意谓父考懿叔生前以先公正德为

---

① 常金仓：《西周的典范政治及其文化基础》，陕西历史博物馆编：《西周史论文集》下，西安：陕西人民教育出版社，1993 年，第 706 页。
② 《尚书·无逸》中周公为成王树立的典范有太王、王季、文王等周先王，又有殷中宗、高宗、祖甲等殷先王。西周早期曆鼎"孝友唯型"（《集成》2614），孝友为效法对象。西周晚期曩盨"善效乃友"（《集成》4469），毛公鼎"善效乃有正"，以有正为典范。
③ 王国维：《殷周制度论》，《观堂集林》卷十，第 454 页。
④ 湖北省文物考古研究所、随州市博物馆：《随州文峰塔 M1（曾侯與墓）、M2 发掘简报》。
⑤ 山东省博物馆：《山东金文集成》，济南：齐鲁书社，2007 年，第 104 页。释文参考董珊：《试说山东滕州庄里西村所出编镈铭文》，《古文字研究》（第三十辑），北京：中华书局，2014 年。

效法榜样,为滕之司马。先祖之德仍是子孙成德的基础。河北平山战国中山王厝墓所出好盗壶铭文云"於乎,先王之德,弗可复得",①好盗为中山王之子,他说美好的先王之德不可再有,表明祖考之德对于生者具有重要意义。

这一时期还有一类器铭虽未称秉受祖考之德,但就上下文意看,仍应当是承接祖先之德。出土于陕西宝鸡阳平的春秋早期秦公钟及镈铭文谓:"公及王姬曰:'余小子,余凤夕虔敬朕祀,以受多福,克明又(厥)心,盭龢胤士,咸畜左右,蔼蔼允义,翼受明德,以康奠协朕国。'"②秦公称"翼受明德",③却并不说受于祖先,但从铭文中"虔敬朕祀"看,仍是向祖先等神灵祭祀,求多福、求明德。战国中期令狐君嗣子壶铭亦云"令狐君嗣子作铸尊壶,柬柬兽兽,康乐我家,犀犀康淑,承受屯德",④器主自谓"承受屯德",亦当是秉承祖考之厚德。

祖先之德虽然重要,但从另一方面看,个体意识的增强,导致人们观念发生变化,德开始由祖先所有转而为生者所有。西周时期只有祖先"克哲厥德""穆秉明德",至春秋战国时期,生者亦宣布自己秉持德行,德无须刑效祖考而自来拥有。⑤ 此种情况在春秋、战国时期的金文中并不少见。如春秋早期晋姜鼎铭文记载:"晋姜曰:余唯司朕先姑君晋邦,余不暇荒宁,经雍明德,宣钗我猷,用绍匹台辟,敏扬厥光烈……晋姜用祈绰绾眉寿,作疐为极,万年无疆,用享用德,畯保其孙子,三寿是利。"⑥此器器主为晋国女君晋姜,其谓她继承先姑为晋邦之女君,⑦她宣称自己不敢闲逸

---

① 《集成》9734。

② 《集成》262。

③ 翼,有敬义,此句可理解为敬受明德。

④ 《集成》9719。

⑤ 西周时期生者也可有德,不过生者非自诩有德,而是王或上级对下级的劝勉。如西周早期大盂鼎铭记载王曰"今余唯令汝盂绍荣,敬雍德经",勉励盂"敬雍德经",表明生者可有德。陕西扶风强家村窖藏所出西周中期师虎鼎亦记载王夸奖器主"乃用心引正乃辟安德"。可见生人可持有其德。只是生者之德为上级褒奖之语,而非自我吹嘘,显示出西周时期个体的自我意识尚未得以突显。

⑥ 《集成》2826。

⑦ 《尔雅·释亲》"妇称夫之父曰舅,称夫之母曰姑。姑舅在则曰君舅、君姑,没则曰先舅、先姑"(邢昺:《尔雅注疏》,阮元校刻:《十三经注疏》,第2593页)。

荒宁,常和明德,①提供谋略。② 在这里,晋姜自诩勤勉恭敬,且径直宣称自我常和明德,显然,德之所修,并不需要效法祖先,而是自身所有。同类的还有春秋早期秦子簋盖铭文:"有柔孔嘉,保其宫外。温恭穆秉德,受命□鲁,宜其士女。秦子之光,昭于闻四方。"③铭文中,器主称颂自己"温恭穆秉德",是说温和恭敬、庄重地持守德行,德亦为生者所自行拥有。

合以上二例铭文可见,德之来源问题在春秋战国时期发生了新的变化,在个人意识增强的社会背景下,德可由自我获取,而无需绳其祖武。④至这一时期为止,德经历了由天德,到祖考之德,再落实为不假于天、不假于神灵的生者之德,这是德在发展历程中的又一大进步。不惟如此,由春秋晚期若干铭文看,不但个人之德不需要典范祖先而获取,甚至自身也能身为榜样,成为他人效法的楷模,个体意识的提升、对个人价值的肯定达到了一个新水平。河南淅川下寺楚墓所出春秋晚期王子午鼎记载器主自谓:

---

① "经雍明德",此句与大盂鼎"敬雍德经"、者沪钟"虔秉丕经德"(《集成》121)、陈曼簠"肇勤经德"(《集成》4595)以及《尚书·酒诰》"经德秉哲"句意相近,孔安国传"能常德持智"(孔颖达:《尚书正义》,阮元校刻:《十三经注疏》,第 207 页)。关于"经德"与"经德秉哲"之义,刘起釪先生有考辨,见《尚书校释论注》,第 1404—1405 页。

② "宣猷"见于传世文献,《诗经·大雅·桑柔》"维此惠君,民人所瞻,秉心宣犹",郑笺"宣,遍;犹,谋……维至德顺民之君,为百姓所瞻仰者,乃执正心,举事遍谋于众"(孔颖达:《毛诗正义》,阮元校刻:《十三经注疏》,第 559 页)。

③ 李学勤先生认为铭中的秦子当为秦文公太子,即静公(《论秦子簋盖及其意义》,《故宫博物院院刊》2005 年第 6 期);董珊(《秦子姬簋盖初探》《故宫博物院院刊》2005 年第 6 期)、王辉(《秦子簋盖补释》,饶宗颐主编:《华学》第九、十辑,上海:上海古籍出版社,2008 年)先生认为是秦出子,即秦宪公之庶子。另,"恭穆秉德,受命□鲁"句各家断句、释义亦有所不同。

④ Constance Cook (柯鹤立)先生也指出了西周至春秋时期的这一变化,她认为春秋时期的人们由崇拜祖先转而尊崇圣人,而德的来源也转为"气","A major shift evident in all Spring and Autumn examples is the move away from the Zhou ancestral model to one involving either a pre-Zhou sage or none at all", "Instead of conceiving of oneself as the privileged incarnation of ancestral *de*, one was merely a coagulation of *qi*, the cosmic vapor that composed all material objects — de was an accumulation of *qi* channeled through music" ("Education and the Way of the Former Kings"), pp. 310, 312. 相关论述亦见 "Ancestor worship during the Eastern Zhou", 以及 "Wealth and the Western Zhou", *The Bulletin of the School of Oriental and African Studies* 60.2, 1997。

余不畏不差,惠于政德,淑于威仪,柬柬兽兽,令尹子庚縶民之所亟(极)。①

器主王子午,即铭中的令尹子庚,楚国重臣,见诸史载。② 由铭文内容看,这件器当作于襄公十五年(前558年)至襄公二十一年(前552年)子庚为令尹期间。铭文中,令尹子庚自夸"不畏不差,惠于政德,淑于威仪,柬柬兽兽"。"不畏不差",是说王子午既不畏惧,也不谬差;③"惠于政德"句则说明令尹子庚以有政德而自居,④"柬柬兽兽",意谓安和恭敬,临事不苟。⑤ 令尹子庚作器目的是祭祀祖考,但在铭文中,他简要说明要享孝于祖考、向祖考祈祷福佑后,立即过渡到对自己的赞颂。他表彰自己祭祀时恭敬谨慎,并且辅助楚王立有功勋。他甚至说"令尹子庚縶民之所亟(极)",亟,意为表率,称自己为四方民之表率。⑥ 王子午不仅炫耀他有政

① 河南省文物研究所、河南省丹江库区考古发掘队、淅川县博物馆:《淅川下寺春秋楚墓》,第124页。

② 杜预注《左传》襄公十二年"楚司马子庚聘于秦"句谓"子庚,庄王子午也"(孔颖达:《春秋左传正义》,阮元校刻:《十三经注疏》,第1952页),是时其为楚司马。《左传》襄公十三年记载南方吴国趁楚共王死而北上侵楚,司马子庚与养由基御吴,"大败吴师"(孔颖达:《春秋左传正义》,阮元校刻:《十三经注疏》,第1955页)。再后,《左传》襄公十五年记"楚公子午为令尹",子庚升任楚令尹。关于这次任命,《左传》载"君子谓楚于是乎能官人。官人,国之急也。能官人,则民无觎心"(孔颖达:《春秋左传正义》,阮元校刻:《十三经注疏》,第1959页),对子庚等人的任命予以高度评价。《左传》襄公十八年,令尹子庚率师伐郑,不料师出不利,"甚雨及之",遭遇疾风沐雨,"楚师多冻,役徒几尽"(孔颖达:《春秋左传正义》,《十三经注疏》第1966页),楚无功而还。三年之后,令尹子庚去世。

③ 不畏不差:差,郑玄注《礼记·月令》"毋有差贷"谓"差贷,谓失误"(孔颖达:《礼记正义》,阮元校刻:《十三经注疏》,第1383页)。

④ "惠于政德,淑于威仪":伍士谦先生释为"为政以恩德服人……礼容美善"(《王子午鼎、王孙诰钟铭文考释》,《古文字研究》第九辑,北京:中华书局,1984年);马承源先生释为"正德仁惠,威仪美善"(《商周青铜器铭文选》(四),第424页);赵世纲先生释为"既能施以德政,又能以身作则,做出榜样"(赵世纲、刘笑春:《王子午鼎铭文试释》,《文物》1980年第10期)。

⑤ 关于"柬柬兽兽",伍士谦先生取郭沫若、杨树达之释为"柬柬肃肃"。柬柬即简简,《商颂》"奏鼓简简",言乐声之和;肃肃,《诗·烝民》"肃肃王命"笺"敬也",《说文》"肃,持事振敬也"(《王子午鼎、王孙诰钟铭文考释》)。

⑥ 关于"縶"字,刘雨、卢岩两先生释为"也"字,读作"令尹子庚也,民之所亟",以为秦简中"殹"字与"也"字同(《近出殷周金文集录》第2册,北京:中华书局,2002年,第225页)。此句之义,马承源先生释曰"殹,通作縶,语辞,作唯解。《左传》襄公十四年 (转下页)

德,且更进一步,他夸耀自己是民众之典范,其极力自我渲染的风格在当时来说可谓登峰造极。由自矢以祖考为典范到公然宣称"自我"即典范本身,春秋时期风气遽然变化,显可见矣。与王子午自我褒美风格相类的是春秋中晚期,周人具有了希冀后世子孙莫忘其功的观念,自我意识的凸显可见一斑。与兵壶铭文谓:

> 余郑太子之孙与兵,择余吉金,自作宗彝,其用享用孝于我皇祖文考,丕陈春秋岁尝。余严敬兹禋盟,穆穆熙熙,至于子子孙孙。参拜稽首于皇考烈祖,俾万世无期,亟(极)于后民,永宝教之。(见下图)①

与兵壶铭文拓本

器主与兵自称郑太子之孙,在名前冠以先世的名号,颇有自矜身世的意味。他炫耀自己享孝于先祖,恭敬盟祀,他祈求先祖能佑使其万世无期,长远至于后裔。后人宝用此壶,向先祖学习。② 河南淅川徐家岭所出春

(接上页)'王室之不坏,繄伯舅是赖',孔颖达疏云'唯伯舅大公是赖也'。亟,挛乳为極(极),在此用为表率的意思。《诗·大雅·江汉》'王国来极',朱熹《集传》'极,中之表也,居中而为四方所取正',班簋铭'乍四方亟',义与此相似,即为四方之民的表率"(《商周青铜器铭文选》四,第424页)。

① 李学勤:《春秋郑器与兵方壶论释》,《松辽学刊》2001年第5期。

② 王人聪先生以为"亟于后民"之"亟"同"極(极)",法则之义。此句意谓"器主为其后裔的表率"(《郑大子之孙与兵壶考释》,《古文字研究》第二十四辑,北京:中华 (转下页)

秋晚期鄬夫人嫦鼎也显露出作器者冀望后人永远铭记之愿，谓“鄬夫人择其吉金，作铸沐鼎，以和御汤，长贎其吉，永寿无疆。鄬大尹嬴作之，后民勿忘”。[①] 器主告诫后世不忘其功，其突出自我的意识是显著的。河南上蔡春秋楚墓所出竞孙旟也鬲谓“竞孙旟也乍铸鬻鬲，恭孝缵尝，恭持明德，卲事辟王，㑹剪不服，永保之用享，子孙是则”，[②]器主自夸恭有明德，明事君王，他期望子孙以此为则，其潜台词即是以自己为表率。总之，一方面“帅刑祖考”仍然有效，另一方面生者的自我意识不断提升，可自封为他人之标准。

春秋时期个体意识凸显，自我价值提升，文献中实例比比皆是，仅举数例以资说明。鲁国叔孙豹“三不朽”之说已为人们耳熟能详，他否定了“保姓守祀”为“死而不朽”的观念，提出“大上有立德，其次有立功，其次有立言”为“三不朽”，[③]凸显了个体建功立业及垂诸永久的强烈意识。又如鲁僖公二十五年(前 635 年)，邢国引狄伐卫，卫受困至深，遂派大夫礼至诈降于邢，“掖杀国子(邢大夫)”，以至卫侯灭邢。此役礼至居功至大，旋作铭以旌其“伐”，《左传》述其事曰：“礼至为铭曰：‘余掖杀国子，莫余敢止。’”杨伯峻先生指出“金泽文库本作‘礼至自以为铭曰’，多‘自以’两字”。[④] 礼至

(接上页)书局，2002 年，第 238 页)。事实上，郭沫若释晋姜鼎“用祈绰绾、眉寿，作疐为极，万年无疆”句时即指出“‘作疐’与‘为极’为对语，亟者極(极)之省，谓为百政之总揆、庶众之准则也”(《两周金文辞大系图录考释》下册，第 230 页)。然而，徐中舒先生认为“疐亟对文，皆形容老寿之长。《诗·狼跋》‘载疐其尾’，《说文》引《诗》作踬，《一切经音义》四，疐古文有傎蟄二形，古从质执字，皆有至意。《尔雅·释木》‘枣李曰疐之’，孙炎注‘疐之去柢也’，凡言柢亦有至意。亟极古通用，极亦至也。长与至意亦相近。凡长之至，远之至，则曰极。如《尔雅·释地》有四极，《淮南子·地形训》有八极，皆指绝远之地言”(《金文嘏辞释例》，《徐中舒历史论文选辑》上册，第 552 页)。以徐先生所说为是。

① 王长丰、乔保同：《河南南阳徐家岭 M11 新出阤夫人嫦鼎》，《中原文物》2009 年第 3 期；冯时：《𠈇夫人嫦鼎铭文及相关问题》，《中原文物》2009 年第 6 期。

② 马俊才、张学涛：《上蔡县郭庄楚墓》，中国考古学会编：《中国考古学年鉴(2007)》，北京：文物出版社，2008 年，第 297—299 页。

③ 《左传》襄公二十四年。孔颖达：《春秋左传正义》，阮元校刻：《十三经注疏》，第 1979 页。

④ 杨伯峻：《春秋左传注》，北京：中华书局，1982 年，第 430 页。竹添光鸿曰“古者有为自矜之铭以为重器者，礼至铭杀国子，襄十九年季武子铭‘得齐兵’，是也”(《左氏会笺》，成都：巴蜀书社，2008 年，第 561 页)。有关礼至之铭的分析，见韩高年：《春秋时期的铭论与铭体》，《文学遗产》2009 年第 6 期。

的时代，为春秋早期，但其"莫余敢止"所表达的自矜心理事实上正是春秋时代整体风气的折射。礼至之铭可与 1959 年安徽淮南赵家孤堆所出春秋晚期攻吴太子姑发䣌反剑铭文对比，后者谓"攻吴太子姑发䣌反，自作元用，在行之先，员用员获，莫敢致（御）余。余处江之阳，至于南行西行"。[①] 吴太子"莫敢御余"、[②] 礼至"莫余敢止"的不可一世气势，合诸上举春秋时期铭文，充分映射出春秋时人自我肯定、自伐其历的精神样态。[③]

与个体意识提升相伴随的是春秋时期"修德""内省德"的说法十分显著。《左传》庄公八年记载，齐师、鲁师联军围郕，郕却只降于齐师，鲁之仲庆父请伐齐师，庄公却说"不可。我实不德，齐师何罪？罪我之由。《夏书》曰'皋陶迈种德，德乃降'。姑务修德以待时乎"，[④] 庄公提出当务修德行，以德怀人。《左传》昭公四年记，楚欲争霸，晋平侯不许，司马侯语于晋平侯曰"晋、楚唯天所相，不可与争。君其许之，而修德以待其归"，[⑤] 提示晋侯当自我修德以待时局之变，自我修德成为贤明之士身处纷乱之局中

---

① 安徽省文化局文物工作队：《安徽淮南市蔡家岗赵家孤堆战国墓》，《考古》1963 年第 4 期。

② 关于"莫敢致余"句意，郭沫若先生释"致"为"御"，认为是"言天下无敌"（《跋江陵与寿县出土铜器群》，《考古》1963 年第 4 期）；陈梦家先生释为《说文》中的啎字，"啎，屰也"，义为逆（《蔡器三记》，《考古》1963 年第 7 期），指莫敢忤逆之。两释皆通。

③ 其实，生者可为他人表率在西周时期即已出现，西周中期班簋"王令毛伯更虢城公服，屏王位，乍四方極（极）"，陈梦家先生说"'乍四方极'，犹毛公鼎的'命女亟一方'，《君奭》'作汝民极'，《商颂·殷武》'商邑翼翼，四方之极'，韩诗齐诗作'京邑翼翼，四方是则'，故郑笺训极为则效"（《西周铜器断代》，第 26 页），铭文是说王令毛伯班为四方之榜样。《诗经·小雅·六月》叙写尹吉甫奉周宣王命讨伐猃狁获致胜利，诗篇赞颂尹吉甫"文武吉甫，万邦为宪"（孔颖达：《毛诗正义》，《十三经注疏》，第 425 页），意谓尹吉甫为天下万国之榜样。但称毛伯班、尹吉甫为四方之则者，出自周王之勉励以及诗篇之赞颂，与春秋时人自诩为人之表率有显著不同。

④ 孔颖达：《春秋左传正义》，阮元校刻：《十三经注疏》，第 1765 页。《左传》此处所引《夏书》曾被伪古文《尚书·大禹谟》掺入其中。清儒阎若璩揭发其误，谓其"承讹踵谬""令人失笑"（黄怀信、吕翊欣校点：《尚书古文疏证》，上海：上海古籍出版社，2010 年，第 35 页）。依阎若璩所说，固然可以把"德乃降"三字作为《左传》之语，但将此三字作为《夏书》语，也未尝不可。黄怀信先生指出，此三字"未必不是《书》语"（黄怀信、吕翊欣校点：《尚书古文疏证》"前言"，第 10 页）。

⑤ 孔颖达：《春秋左传正义》，阮元校刻：《十三经注疏》，第 2033 页。

的应对法则。更进一步,人们开始自我省察,并提出了"内省德"的说法。僖公十九年(前641),宋人围曹,意欲争霸。司马子鱼言于宋公曰:"文王闻崇德乱而伐之,军三旬而不降,退修教而复伐之,因垒而降……今君德无乃犹有所阙,而以伐人,若之何?盍姑内省德乎?无阙而后动。"[1]司马子鱼劝谏宋襄公"内省德",从上下文意看,此"内省德"是如当年文王伐崇不克退而修教,尚不明确带有将德内化的含义,但其所说"省德",已包含自我省察的意味,距离德之内转、心内之德的出现为时不远。

综括上述,"德"在春秋时期获得重要发展,德由祖先所有转而为生者所有。生者不必尽依祖先而行,对于祖先神灵的仰赖逐渐转移至对于自身行为举止的专注、省察。这是顺应春秋时代以来的人文倾向,而更向前迈进了一步,也是学者们常常所说的由宗教信仰转而为人文精神。从天德降而为个人之德,大约经历了有周一代的漫长时段。需要指出的是,生者有德、自身有德,虽在一定程度上是周代贵族阶层普遍的意识,但他们仍然未能自觉地展开对德之来源问题的思考与体悟,并且春秋时期的"德"也更多地保留在政德的层面,[2]而未能充实扩展个人之德的内容。明确思考德之来源,以及将贵族之政德转向君子之道德,则要俟诸孔子及其儒家学派。

四、余论

在描述先秦时期的信仰特征时,学者们常常以"敬天法祖"来概括之,是为确论。然"敬天法祖"本身,亦有一重大转变,即存在由"敬天"向"法祖"的过渡。"天"与"祖",原本是周人观念中德之来源的两途,而德之来源由天向祖考转移,则有其巨大意义:周人依赖"帅型祖考"的模式,使得主体之人可以越过天这一层级、后天性地具有"德",这是德修发展过程中的关键环节。此后,儒家学派循着人文精神的路线,进一步开创出"内得

---

① 孔颖达:《春秋左传正义》,阮元校刻:《十三经注疏》,第1810页。
② 关于春秋时期的人文倾向以及春秋时期的政德,请参阅徐复观:《中国人性论史》(先秦篇),第20页;陈来:《古代思想文化的世界——春秋时代的宗教、伦理与社会思想》,第272页。

于己"的成德路径，使得先秦时期德之来源、修德途径等再经历了由外而内的转化过程，中国传统文化中有关德之来源的思考至此方臻于圆满。此一发展路径，可大致概括为由"帅型祖考"向"内得于己"的发展、演变。

值得申论的是，西周时期天德、祖考之德的区分，另有意义。如前所述，天德只赐予文王、武王而非整个周之贵族群体，周之贵族所可效仿的，是祖考之德。周王"仪刑文王"，贵族"帅型祖考"，这就造成了各家有各家之德的格局。但从另一个角度看，周王之德与贵族之德的区分不单是一家一姓之德的问题，还牵涉到王、臣之德的区分。周人铭文中那些自誓"帅型祖考之德"的贵族，往往出身于世代担任王官、势力雄厚的世族，[①]其所型效的祖先多为周王之臣下，因而在这一系统中，祖考之德与臣德在一定程度上相合，文王之德与祖考之德固不限于为一姓一宗之私德，而是意味着有了初步的君德与臣德的区分。[②]

王之德、臣之德的区分与确立，其意义非同寻常。王国维在对比殷周异同时，曾指出"自殷以前，天子、诸侯君臣之分未定也……周初亦然，于《牧誓》《大诰》皆称诸侯曰'友邦君'，是君臣之分亦未全定也。逮克殷践奄，灭国数十，而新建之国皆其功臣、昆弟、舅甥，本周之臣子；而鲁、卫、晋、齐四国，又以王室至亲为东方大藩，夏、殷以来古国，方之蔑矣。由是天子之尊，非复诸侯之长而为诸侯之君"，[③]王国维主要是从分封制的层面比较了商周制度上的异同，他所指出的商周之际君臣之分未定是毋庸置疑的事实。周之制度初步厘清了君臣秩序，如王国维所说"而天子、诸侯君臣之分，亦由是而确定者也"。君臣之分的事实，是由制度的确立而获得保证的，但制度的运行，必须有意识观念方面以相促成。西周早期有关臣德的具体内容，与祖考之德息息相关。西周时期君臣之间虽然有浓厚的血缘关系，但在宗法血缘框架内，周人确立了最初臣德的基本内容，

---

① 刘源：《试论西周金文"帅型祖考之德"的政治内涵》，《周秦伦理文化与现代道德价值国际学术研讨会论文集》，西安：陕西人民出版社，2008年，第24页。
② 这里的臣德是相对应于天子而言。张怀通先生亦论述了"对先祖之德的称颂，和对先祖楷模的'帅型'，转化为现实的臣德"（《西周祖先崇拜与君臣政治伦理的起源》，《河北师范大学学报》1997年第4期）。
③ 王国维：《殷周制度论》，《观堂集林》卷十，第466—467页。

由是而君君臣臣、君臣之分确立。

西周时期的臣德,其主要内容是捍御王身,其具体目标是"弘大命""屏王位",而其具体行为,则多如西周铭文所谓"虔夙夕敬厥死事天子","虔夙夕卹周邦,保王身,谏辥四或",可以抽绎为"敬"和"勤政"两项。这两项内容,也可谓臣德的最初内容。此类内容,与文献所记正相呼应,例如《诗经·大雅·假乐》说"百辟卿士,媚于天子。不解于位,民之攸塈",①是说臣下爱戴天子,不怠于政。逮至春秋时期,有关臣之德的内容,获得进一步阐扬,例如晏子与鲁昭公论齐国之政曰"君令,臣共……君令而不违,臣共而不贰",提出臣之德为"共(恭)"。② 周刘康公聘鲁返周后,言于周定王曰"为臣必臣,为君必君。宽肃宣惠,君也;敬恪恭俭,臣也……敬,所以承命也;恪,所以守业也;恭,所以给事也;俭,所以足用也",刘康公将君德与臣德相比照,并就各自内容进行了阐述。③ 晋史黶说"夫事君者,谏过而赏善,荐可而替否,献能而进贤,择才而荐之,朝夕诵善败而纳之,道之以文,行之以顺,勤之以力,致之以死",④史黶着重阐明了何以为臣,并强调了勤政、死力以效君的重要性。合以上诸例,可见春秋时期臣之德的内容较之西周时期铭文中所记已大为扩展,但其基本义项如恭、敬、恪、愍、朝惕夕励却显然是上承西周时期内容而来。

总而言之,周代的祖考之德,在家族内来说为伦理之德,在家族以外说为政治之德。而在现实中,血缘伦理与政治准则合二而一、重叠并轨,由此建立起华夏传统文化早期的基本价值观念。

本 章 小 结

"郁郁乎文哉"的周,使殷商时期盛行的祖先崇拜发展到新的境界:

---

① 孔颖达:《毛诗正义》,阮元校刻:《十三经注疏》,第541页。
② 《左传》昭公二十六年。孔颖达:《春秋左传正义》,阮元校刻:《十三经注疏》,第2115页。
③ 《晋语·周语中》(上海师范大学古籍整理组校点:《国语》,第76页)。
④ 《国语·晋语九》(上海师范大学古籍整理组校点:《国语》,第497页)。

一，周人不仅如商人一般祭祀祖先，而且感怀、颂扬祖先。周人的祖先信仰超越了殷人以单纯的祭祀为主要形式的祖先崇拜，在这一古老的宗教活动中注入了精神文化方面的因素。西周时人对于祖先诚挚的爱戴、深切的追忆，丰富了传统中国人的情感世界、精神世界，也在一定程度上美化了人生，修饰了生命。

二，周人赋予祖先以德的内涵。在西周时人的观念中，祖先是有德者，堪为子孙的表率。西周时人设计出"帅型祖考之德"的思路，通过效法祖先的方式，将广阔的人群纳入修"德"的范围之中，由此开创出了最早的成德路径，开启了传统文化道德自修的路途。周人在祖先崇拜方面的拓展，在中国传统文化发展历程中，意义重大。

西周人的心目中，祖先富有强大的神性。祖先全方位、多层次、无微不至地护佑生者。

与商人祖先的神性相比，周人祖先在农业领域的神力稍有逊色。但是，祖先在保护子孙生命方面，神性卓越。祖先护佑子孙生命免遭威胁，助力子孙身体发肤不受损害。结合彝铭，更可见祖先向子孙降难老、降善终、降长命、降万年、降万年无疆……可以说周人祖先最强大、最持久、最特殊的神力就是赐予、保佑子孙后代生命。

祖先还是无尽之福的源泉。西周金文早、中期之"福"，宽泛地指祖先之佑。而在中期之后，金文嘏辞中生者求佑的内容丰富、具体起来，福成为长寿、长命、厚禄等等一切美事的总和、总汇，无所不包。后人曾经阐述了上古之祭与西周祭祀的区别，谓："昔者神农氏之有天下也，时祀尽敬而不祈福也。其于人也，忠信尽治而无求焉。"①意谓上古时期人们祭祀，表达敬意而已，西周时人的祭祀，却意在"祈福"，敬神之意减弱。此论是典型的以古讽今，并不切实可信。但从西周彝铭看，大致中期以前铭文多素朴，"福"的含义较为平淡，中期以后嘏辞求福之意甚浓，福的含义也大为丰富。

祖先在保佑子孙厚禄亨通方面，也具有杰出的神性。西周时人向祖

---

① 《吕氏春秋·诚廉》(陈奇猷：《吕氏春秋新校释》，第640页)。

先祈祷"屯禄""通禄""畯臣天子"。拥有祖先的庇佑,人们永保世禄、长保官位。

祖先佑助子孙,神力强大、无所不能,生者于是更进一步要求祖先同时赐降福、禄、寿(邢叔采钟铭文)。对于中国人而言,福、禄、寿凝聚着人生最真切的愿望,而这三项概念,在西周中期就已经出现了,全部降自祖先。生命中的一切需求、祈盼,都在祖先的看护下成真。

周人生活中美好福祉的实现,均与祖先有关,周人对于祖先的仰赖,可见一斑。事实上,商人对祖先神灵十分依赖,他们几乎是无所不求、无所不问,但是,却未见请求祖先赐予寿考、福祉、厚禄。祖先神性的转化,由商至周,由此可窥一隅。

与商人类似,周人注重祭祀祖先。对比商、周祭祖系统,可见其异同。

商人祭祀远祖,对于先公、先王十分尊崇,对于重要的先祖如商之建立者成汤的祭祀更加频繁、隆重。商人既祭祀直系先王,也祭祀旁系先王,还祭祀若干异姓族群之祖先,但对直系先王显然更加重视。商人的祭祖系统有前后期的变化,据学者研究,商人所祭祖先的系统在晚期的祖庚、祖甲时代发生了明显变化,不但祭祖的次数减少,而且主要集中于对父辈先王的祭祀,对于远世祖先的祭祀减少了。

西周时人的祭祖范围,也经历了早晚段的变化。根据西周金文,西周早期,周王阶层、贵族阶层,甚至殷遗民,皆以祭祀直系近祖为主。一个值得关注的现象是,周王所祭祀的先王不超越文王,其他人群所祭祀的远世先祖也不早于文武之际的祖先。这一现象令人困惑:文献中所载的周之始祖后稷,周之先公高圉、亚圉,甚至著名的公刘、公亶父,为何于彝铭中全然不见踪影?为何不见后代祭祀他们的任何记录?西周中期以降,周人"追享孝于"祖考,其中的"祖",当包括远祖。这一时期周人所祭祖先世次增多,是由于累世经年,家族世系积累之故。但即便如此,仍然不见祭祀先周时期的祖先。综合而言,西周时期的祭祖范围、祭祖系统,是颇为复杂的问题,绝非后世礼书所说"王立七庙""诸侯立五庙""大夫立三庙""适士二庙"所能概括。

周人祭祀祖考,赞美祖先,在众多先祖中,为家族做出卓越贡献的祖先受到更多的尊敬,具有开创之功的先祖更为子孙所推尊。这一点,与商人的祖先崇拜呈现出一致性,成为商周时期祖先崇拜一以贯之的特征。崇拜祖先,崇拜英雄祖先,为东周时期人们在观念中创造出英雄的华夏族祖先奠定了基石,为华夏各族的融合铺垫了共同的心理基础。

本 编 小 结

"尊天敬祖"是中国古代传统信仰的核心内容,而这一核心内容奠基于西周时期。

周人发明了天的信仰,周人之"天"包含三个义项:一,在上神明。二,自然之天。"天下"之"天"所表达的即是自然之天。三,物质之天。天是祖先所至之处。三个义项中,在上神明之义最突出,是周人天的观念的最重要组成部分。自然之天与物质之天的义项在西周时期已经产生,但并不清晰,远未发展完善。

周人确立了天在中国古代信仰世界中的至高地位;周人又赋予商人之"帝"以新的含义,俾使帝不止于令风令雨,更加具有了降临大命的权能;周人还在商人习以为常的祖先崇拜中增益了"敬"的内容,从此祖先不只存在于求卜贞问的仪式中,而是深化于生者的内心深处。崇尚天帝、崇敬父祖,传统信仰中的核心观念,由周人开其端绪。

周人的天帝观念、祖先崇拜,影响深远:

一,西周时人以其"天降大命"的自信,开创天命理论,将信仰与王权结合起来,使宗教服务于周代王权,前所未有地创造出政权来源理论,将国祚之存亡、王权之兴替与天命结合起来。殷商时期,王权依赖于神权,但在殷人的意识中,尚未思考政权的来源问题,在王权与神权的关系问题方面,商人的意识十分模糊。[①] 周人建国之际,即创造出天命理论,以荡

---

① 参考晁福林:《先秦社会最高权力的变迁及其影响因素》,《中国社会科学》2015 年第 2 期。

荡皇天作为王权的最高存在依据,中国古代历史上首次对政权的合法性做出自觉的阐述。周人王权的神圣性、神权理论的高明程度,远超殷人。自此之后,天命理论虽历经从西周末期到春秋战国,再至有秦与西汉这一长时段中的跌宕与起伏,但在西汉中期以后,重新成为阐释政权合法性的重要理论。直至有清一代,"奉天承运"仍是国家最具影响力的意识形态。可以说,尽管王朝递嬗、皇权更迭、社会结构变动、社会格局变化,但以天作为王朝存在最高法理依据的观念没有再发生根本性的变化。天命理论是大一统国家最为持久的意识形态,有效地支撑了大一统国家的政治观念。

二,西周时人以照临四方的天为最高神灵,这一神灵,非一家一姓所有,它超越了氏族与城邑之上,以其无所不覆的性质孕育出"天下"观念,并由此生发出天下一家的信念。天—天下—天下一家—大一统,并非必然的层层递进关系,天的信仰也未必保障大一统的形成,但是,天的信仰对于中国古代社会的凝聚所具有的深刻影响,益可无疑。

三,周人的祖先崇拜,开创了重要的成德路径,为此后儒家发明德之自修、德之内修铺垫了基础。西周时期,"德"由"天"降(墙盘等),天是德的重要来源。在此之外,周人又发明出祖先有德、"帅型祖考"的观念,进入神灵世界的祖先仍然是生者效法的对象。由此,皇天与祖先并列成为"德"之来源的两种途径。德之来源由天向祖考转移,有其深刻意义:周人依赖"帅型祖考"的模式,使得主体之人可以越过天这一层级、后天性地具有"德",使得"德"不再是天生之德,而是可经后天修为追寻到的目标。这是德修发展过程中的重要环节。此后,儒家学派进一步开创出"内得于己"的成德路径,使得先秦时期德之来源、修德途径等再经历了由外而内的转化过程,中国传统文化中有关德之来源的思考至此臻于圆满。

天、帝、祖先在周人的宗教系统中占据最为重要的地位,但天、帝、祖先神性不同,作用各异。

首先,天与帝并非同一神灵。在言及降大命时,天、帝无别,天就是帝,帝就是天。但是,天、帝并不是同一神灵。天、帝的主要区别是:帝的人格化色彩浓厚,帝有周先王在其左右,而天则较为抽象;天有创造性,天生烝民、天作配,而帝却不具备这方面的能力。

其次,天、帝、祖先施展神性的领域大不相同。天、帝是周代国家政权合法性、权威性的最高来源,它们关注国祚、王权,天甚至还具有一定的创生能力,但是,周人祷请于天帝罕见,天帝对于周人的日常基本不发挥神力。相反,祖先与周人的生活紧密相关。祖先是生命的源头,是子孙与生俱来的地位、财富的源泉。祖先护佑子孙生命、降与子孙福禄寿,是家族和个体全能的保护神。

再次,天、帝、祖先的神格不尽相同。在周人的信仰领域中,天帝神格高于祖先。西周人设想先王去世后"在帝廷陟降"、在"帝左右",贵族祖先也"其严在上"、往升于天,暗示出天帝神格高于祖先。但这一时期,西周时人尚未有清晰的祖先为帝臣的概念,祖先不是天帝的臣属。

讨论西周时期的信仰,一个不能回避的问题是,周人的天神信仰、祖先崇拜,在殷商之际变革的背景下,有着怎样的意义? 这仅仅是一次社会变革,还是在信仰的领域内发生了根本的变化?①

不少学者曾经讨论过类似的问题:美国汉学家伊若泊(Eno)认为,商周社会变革带来信仰领域的变化。他认为,商王只是帝的主祭,然而周人的天命观念却使周王在实际上与天相同无别。② 商王不具有周王这样的地位,卜辞显示帝作祟于商王、商国,商王受到帝的辖制。推其意,商周政治结构的变动,推动信仰领域内普遍的变革。③

余敦康先生则认为西周与殷商宗教信仰存在继承关系。他说"在周人的心目中,不仅商周两代的政治与文化没有形成阶段性的中断,而且包括夏商周三代的政治与文化也是一种继承性的连续",其中主要体现为周人对于"天命""敬德"观念的理解。余先生指出"天命"属于神权范畴,"敬

---

① Michael Puett(普明)曾提出这一问题,特别提出是否改变了人神关系。见 *To Become a God: Cosmology, Sacrifice, and Self-Divinization in Early China*, Harvard University Press, Cambridge, Massachusetts, and London, England, 2002, p.54.

② Robert Eno: The Confucian Creation of Heaven: Philosophy and the Defense of Ritual Mastery. New York: State University of New York Press, 1990, p.23.

③ Robert Eno: "Was There a High God Ti in Shang Religion", *Early China*, vol. 15, 1990.

德"属于王权范畴，"此二者的关系实质上就是蕴含于古已有之的天神崇拜与祖先崇拜以及王权神授的宗教信仰体制中的天人关系"，在余先生看来，商周之间的宗教信仰之所以是延续关系，在于天神崇拜与祖先崇拜古已有之。[①] 美国学者普明（Puett）也认为就实质而言，商周宗教存在继承关系。他指出周人用自己的万神殿替换了殷人的万神殿，但是仪式的原则方面并没有变化，特别是利用祭祀获得祖先的支持，从而最终赢得帝的支持。[②]

事实上，商周之间的信仰，兼有继承与变革。周人在名义上使用了商人卜辞中出现的天字，且帝的观念也来源于商人，这是周人延续商人信仰的一面。

但是，更为引人注目的是周人在信仰领域中创造性的变革。天的内涵、帝的神性，在周人手里皆发生了本质性的变化。这首先体现于固然商人存在上帝崇拜，但商人并未将王权与帝联系起来，殷商时期不存在王权天授的观念，"天降大命"、君权神授是周人的发明，周人观念中的天、帝皆降落大命，成为世俗世界政权合法性的最高来源。因此，就王权的来源方面说，周人体现出迥异于商人的观念。其次，商人的帝并不具有人格特征，特别是不具有扬善惩恶的理性特征，而周人则在宗教的背景下，发展出"敬天保民"、尽人事而知天命的人文主义精神，对于殷商以来的宗教实现了"创造性的转化"。

至于祖先崇拜，周人更加赋予了祖先不同于商人祖先的气质、品行。商人祖先神性体现于方方面面，但周人的祖先主要是子孙的保护神，特别是在保护子孙生命方面，具有特殊神力。周人祖先兼具德行，是生者效法的榜样。祖先可亲、可敬，是周人完全信赖、依赖的神灵。在周人的祖先

---

① 余敦康：《夏商周三代宗教——中国哲学思想发生的源头》，收入姜广辉主编：《经学今诠三编》，《中国哲学》第二十四辑，沈阳：辽宁教育出版社，2002 年，第 59—60 页。

② "The Zhou conquest simply meant a replacement of the Shang pantheon with the Zhou pantheon, but the general ritual principles were much the same. The basic notion was to try to use sacrifices to build support through the ancestral pantheon and ultimately win the support even of Di". *To Become a God: Cosmology, Sacrifice, and Self-Divinization in Early China*, p.78.

崇拜中,增添了商人所未有显现出的情感因素、文化内涵。在周人的心目中,先祖与他们不仅是血缘的生命交接,而且也是事业、家族、文化、精神的传承。在周人那里,虽然祖辈的业绩已经距离遥远,沧海桑田,时过境迁,但先祖的旗帜永远不会改变,是周人生命追求的原动力。列祖列宗不仅是敬畏的对象,而且是学习的楷模、人生的导师。通过祖先崇拜与祭祖仪式,周人经历心灵的洗礼。祖先的形象在这里发生了本质性的转变,周人提升了祖先崇拜的境界。周人延续有殷商宗教因素,但其变革创新的意义远远超过了其承继的一面。孔子说:

> 殷因于夏礼,所损益,可知也;周因于殷礼,所损益,可知也;其或继周者,虽百世可知也。①

信矣。

---

① 《论语·为政》(邢昺:《论语注疏》,阮元校刻:《十三经注疏》,第2463页)。

第二编

波动与变迁：
春秋时期的信仰

西周晚期，"王室而既卑矣，周之子孙日失其序"，①时代纷扰，干戈相寻，王权削弱。伴随着王权的衰落，天下失义，诸侯力政，四裔迭起，向为人们所称颂的天帝，受到怀疑。人们责问"昊天不惠，降此大戾""昊天不吊""天之方虐"，斥天之作充溢于诗篇当中。皇天上帝在人们的心目中由皓然辉煌的形象转变为人们责骂诅咒的对象，社会整体赖以存在的精神支柱和文化认同面临着崩溃的危险，传统的价值观念出现了危机，无法正常运转了。西周社会在经过长时期的平稳发展后，出现了变革的转折点。

社会的震荡在信仰领域引起波动。就西周时期传统的天、帝、祖先信仰而言，祖先崇拜在春秋社会大致来说经历了平稳的发展、变化。相形之下，周人所开创的天帝信仰特别是天命观念，则遭受着强烈冲击。在政治领域内，"敬天""尊天"的西周传统由于王权旁落而遭遇了普遍、深刻的动摇，天命是否属周成为人们的疑虑；在思想领域内，春秋智者不断阐发出"天道远，人道迩"的人文主义思想，②努力脱离天的羁绊，否定天的神性，对传统的天命论、天帝信仰在客观上形成挑战之势。从几个方面来说，西周以来天的信仰都面临着危险。

然而，纵观春秋一世，却可见传统的天的信仰并未从根本上坍塌。不唯如此，这一时期，人们甚至总结出"天地之大德曰生"一类的说法，③将天、帝的崇高性在道理上予以了空前的阐发。事实上，商周以来的人们祭天祀祖，对于天帝、祖先皆有崇敬之情，但从未将为何崇敬天帝如春秋时人一般提升至"普通理论"的高度进行说明，④也从未如春秋时人一般将天的意义解释得如此通畅明白。正是在春秋时期，人们对于传统的宗教

---

① 《左传》隐公十一年，孔颖达：《春秋左传正义》，阮元校刻：《十三经注疏》，第1736页。

② 《左传》昭公十八年，孔颖达：《春秋左传正义》，阮元校刻：《十三经注疏》，第2085页。

③ 《周易·系辞下》，孔颖达：《周易正义》，阮元校刻：《十三经注疏》，第86页。

④ 语出冯友兰：《中国哲学史》，第410页。

实践予以总结,将信仰意识提炼升华,传统的信仰获得了理论方面的支持,在春秋社会有了进一步的发展。

如此,则不禁要问,是什么原因使得天的信仰在现实的困顿、人文主义思潮兴起的多重冲击下没有根本解体?传统的天命信仰依然存在于春秋社会,对于这一时代而言,对于中国传统文化的发展而言,其意义是什么?再次,春秋是大变革的时代,西周以来的天帝信仰、祖先崇拜在这一时期,出现了怎样的发展、变化?

此外,还需要注意的是,春秋时期是为学者们所称道的人文主义思潮风起云涌的时代,诸多学者认为"哲学的突破"即产生于此时,传统的宗教在这一时代已朝向理性、诸子哲学转化。学者们在讨论春秋时期的宗教信仰时,往往将之作为一个过渡时代,以天命衰微、神权褪色、"神灵信仰"的没落作为春秋时代的基本色调,而以疑神重人思潮的兴起、"实践"理性的成长、孔子对于传统宗教思想的改造作为时代强音,说明春秋时期的根本发展线索。但是,回溯春秋时期的历史发展,则可见人文主义只是其中重要的一部分,宗教神学仍然保有其位置,在政治生活、社会生活中发挥作用。将春秋时代仅描述为过渡时代,将这一时期的意义仅定性为人文理性的兴起,忽略了春秋时期社会历史发展的复杂性,遮蔽了春秋时期思想文化、宗教信仰发展的丰富性,并不利于把握春秋思想世界的整体状况。本编的主要内容是从细节方面考察春秋时期的宗教信仰,详细梳理宗教对于春秋社会的影响,细致缕析传统的宗教信仰在春秋时期的波动与变迁,以裨益于从整体方面了解有周一代的历史变迁。

第四章　春秋时期天与天命观念的演变

对于西周向春秋社会的巨大变迁,古人早有所论,宋代大儒欧阳修曾经指出"由三代而上,治出于一,而礼乐达于天下;由三代而下,治出于二,而礼乐为虚名",[①]春秋时期正处于社会转换的关键时期,在政治结构、社会观念等方面,都发生了巨大变革。本章首先从与天、天命休戚与共的王权说起。

第一节　王权的余威

说到春秋时期的王权,在人们的头脑中,是王室式微、天子孱弱,一副黯淡的景象。的确,王权在春秋时期急剧衰弱是不争的事实。

尽管《左传》《国语》等文献中,也记载有不少诸侯尊王事例,表示着王室余威尚存、王权不可小觑。然而,《左传》等所记述的诸侯勤王之事,多多少少给人留下勤王目的并不单纯的印象,诸侯们打着尊王的旗号,实则怀揣挟天子"以令诸侯"的私心、野心。例如,《左传》僖公二十五年记载,秦君驻师于黄河岸边,准备接纳被迫出奔的周襄王。晋国大夫狐偃劝说晋文公抓住机会迎接天子,趁机提高晋国在诸侯中的声望,他说:"求诸侯

---

①　欧阳修、宋祁:《新唐书·礼乐志》,北京:中华书局,1975年,第307页。

莫如勤王。诸侯信之，且大义也。继文之业，而信宣于诸侯。今为可矣。"①狐偃之语表明，"勤王"并非出自晋君的本意，而是一种可资利用的手段，目的是使诸侯信服，提高晋君的影响力。不过从另一层面看来，尊王确实是一面大旗，为天下人所认可，天子的象征意义犹在。

传世文献所载，出自史官之手，其着眼点在于描述事情的整体走势、其间的关节点，时而也以君子的大义观予以评判，但究其实，是一种第三方的论述，当事人的微妙心态、复杂观念并不是史家关注的重点。春秋金文则不同，虽然囿于体例，金文叙事内容并不丰富，情节细节也不清楚，但是，它出自当事人之手，是第一手的资料，在那些看似虚文的铭辞之中，隐藏有当事者的心态、意识。相比于文献所载，它更加直接地反映了事主的内心状态。

由春秋金文观察，诸侯尊王并非完全出于矫饰，社会中尊王观念依然在焉。诸侯敬事周王、奉周王为权威之事令人印象深刻。

著名的齐国洹子孟姜壶记载，齐侯之女家遇丧，按礼齐侯可不服期服，但他自愿如此。这本是齐国内部事务，但是齐侯却要"命大子乘遽来句（敏）宗伯，听命于天子"，专门命令太子乘坐有要事需急行的传遽，快马加鞭至于王所，就丧服一事听取天子的意见。事后，铸造礼器，记载"用铸尔羞铜，用御天子之事"，②表明作器者侍奉天子的决心。仅是服丧一事，却须求取天子首肯，天子的权威可见一斑。春秋中期晋国子犯编钟记载子犯协助晋文公搏击楚荆之事，铭文谓：

> 诸楚荆不听命于王所，子犯及晋公率西之六师搏伐楚荆。孔休。大工（攻）楚荆，丧厥师，灭厥𠶷（属）。子犯佑晋公左右，燮诸侯，得朝王，克奠王位。王赐子犯辂车、四牡、衣裳、黼市、佩。③

---

① 孔颖达：《春秋左传正义》，阮元校刻：《十三经注疏》，第 1820 页。
② 《集成》9730。
③ 《铭图》15200、15201、15202、15203。释文参考了诸家之说：张光远：《故宫新藏春秋晋文称霸"子犯和钟"初释》，《故宫文物月刊》1995 年，总 145 期；裘锡圭：《也谈子犯编钟》，《故宫文物月刊》1995 年，总 149 期，又收入裘锡圭：《裘锡圭学术文集》金文及其他古文字卷，第 83—91 页；蔡哲茂：《再论子犯编钟》，《故宫文物月刊》1995 年，总 150 期；李学勤：《补论子犯编钟》，《中国文物报》1995 年 5 月 28 日；黄锡全：《子犯编钟补议》，（转下页）

铭文声称楚国及其附庸不听命于天子,是以子犯辅助晋文公率西六师讨
伐楚荆,大获全胜,在城濮大战中一举击退楚人,歼灭其部属。子犯佑助
晋公,发挥了燮和诸侯、安定王位的巨大作用。① 由铭文看,固然子犯炫
耀获王赏赐,但其尊王之义昭然可见。

　　春秋晚期小邾国郳公鈹父镈铭文亦谓"作正朕宝,台(以)供朝于王
所",②意谓小邾国国君制作宝物,用以觐见周天子。③ 小邾国是春秋时
期少见于经传的小国,④庄公五年,始见载于《春秋》经("秋,郳犂来来
朝",《左传》则谓"郳犂来来朝,名,未王命也"),彼时尚未受爵命为诸侯。
鈹父时期,小邾国国力不振,固然他不能像齐桓、晋文那样拯救周王于水
火之中,但如此小国也以尊王为旗号,说明了周王天下共主的身份并未
丧失。

　　春秋诸侯不仅朝觐天子,并且在观念上,以尊奉、辅佐天子为己之所
任。春秋晚期蔡侯申宣称:

　　　　蔡侯申虔恭大命,上下陟恀,撴敬不惕,肇佐天子。⑤

(接上页)《中国文物报》1996 年 6 月 2 日;陈双新:《子犯钟铭考释》,《安徽教育学院学报》
2000 年第 1 期;《子范编钟铭文补议》,《考古与文物》2003 年第 1 期;罗卫东:《〈子范编钟〉
补释》,《古汉语研究》2000 年第 2 期。

　　①　铭文中"大工楚荆"之"工",学者释为"上",意谓压迫、攘、退却(李学勤:《补论子
犯编钟》;裘锡圭:《也谈子犯编钟》;蔡哲茂:《再论子犯编钟》)。铭文中"灭厥𢦏",学者释
为"禹",读为"渠",义为"帅"(李学勤:《补论子犯编钟》),本文暂从原释者意见,读为"属"。

　　②　吴镇烽:《铭图》15815;周亚:《郳公镈铭文及若干问题》,《古文字研究》第二十九
辑,北京:中华书局,2012 年,第 390 页。

　　③　"作正朕宝"句,《说文》"正,是也","是"有"此"之意,《论语·八佾》"是可忍",即此
可忍,可以为证。铭文"作正朕宝",意即作此朕宝。

　　④　杜预注《春秋》庄公五年谓"附庸国也……未受爵命为诸侯,《传》发附庸称名例也。
其后数从齐桓以尊周室,王命以为小邾子",孔颖达疏"郳之上世出于邾国……僖七年经书
'小邾子来朝',知齐桓请王命之"(孔颖达:《春秋左传正义》,阮元校刻:《十三经注疏》,
第 1764 页)。就《春秋》《左传》记载来看,《春秋》襄公九年称"小邾子",《左传》称"郳人";
《春秋》庄公十五年记"宋人、齐人、邾人伐郳"(《左传》襄公十五年记"宋、齐、邾伐郳》)。《春
秋》僖公七年始书"小邾",杜注云"邾之别封,故曰小邾"(孔颖达:《春秋左传正义》,阮元校
刻:《十三经注疏》,第 1798 页)。竹添光鸿笺曰"《世本》云:'邾颜居邾,肥徙郳。'宋仲子注
云:'邾颜别封小子肥于郳,为小邾子。'则颜是邾君,肥始封郳"(《左氏会笺》,第 244 页)。

　　⑤　《集成》6010。

铭文的意思是,蔡侯申恭敬大命,严正不易,①佐助天子。蔡侯为宗周姬姓亲族,但春秋时期运命多舛。先是蔡灵侯为楚灵王所杀,蔡国灭亡。后复立,迁都新蔡。蔡昭侯时,蔡人投靠吴国以防御楚人,此器就是蔡侯为即将嫁与吴王的蔡侯女大孟姬所作媵器。铭文中的"攟",可读为"厉",严正之义。② 在自身难保的处境中,蔡侯依然尊奉周天子为天下宗主,执着于佐助周王,足见天子神圣的光环并未消失殆尽。值得指出的是,蔡侯申在所铸另一件钟镈铭中称"余虽末少子,余非敢宁忘,有虔不惕,佐佑楚王",③将其与尊铭比较,可知两者格式如出一辙。但在镈铭中,蔡侯表示他始终恭敬如一地辅佐楚王(而非尊铭中的天子)。蔡国在春秋时期屡遭楚人胁迫,"佐佑楚王"一语事实上反映出蔡国的尴尬地位与蔡侯的微妙心态。可以说,"佐佑楚王"是蔡侯不得不如是的"表白"。然而,蔡侯申在当时的周天子对蔡国的处境完全无能为力之时,却自觉表示要"肇佐天子",表明他并非出于现实利益的考虑,而是天子的权威在其观念中的折射。

殊为引人瞩目的是,僻在西隅的秦国,显示出对天子充分的尊崇。1986 年陕西凤翔南指挥村秦公一号大墓中出土有秦景公(在位时间前576—前 537 年)石磬,其上铭文谓:

> 百乐咸奏,允乐子(孔)煌。铍(钮)虎(锯)觚(载)入,有竫(竷)觚(载)兼(漾)。天子匽喜,共、桓是嗣。④

允,发语词。子,当为"孔","孔煌"为钟铭习语,如王孙遗者钟"元鸣孔

---

① 关于此句,郭沫若先生云"'惕'假为易,不易,不变也"(《由寿县蔡器论到蔡墓的年代》,《考古学报》1956 年第 1 期);陈梦家先生认为"祏"假作"培"或"陪","如陟高冈"之意,此句意谓"蔡侯受命即位以后,上下一心,如涉高冈,孜孜竞竞,戒慎不易"(《寿县蔡侯墓铜器》,《考古学报》1956 年第 2 期);陈秉新先生以为"祏"是"否"字古文,"上下陟祏"谓"奔走上下以陟善塞恶"(《寿县蔡侯墓出土铜器铭文通释》,楚文化研究会编:《楚文化研究论集》第二集,武汉:湖北人民出版社,1991 年,第 358 页)。

② 于省吾先生说,此句义谓"严正敬慎而不变易"(《寿县蔡侯墓铜器铭文考释》,《古文字研究》第一辑,北京:中华书局,1979 年,第 43 页)。

③ 《集成》210。

④ 石磬铭文据王辉、程学华:《秦文字集证》("释文"见第 81 页,图版见第 59、60 页)。

煌"。"孔"是副词,"甚"之义。煌,经传中作"喤",《诗经·周颂·执竞》"钟鼓喤喤",毛传"喤喤,和也"。[1] 此句形容音声之和美。"钗虎",孙常叙先生读为"钼铻",是古人奏乐时止乐之物。《吕氏春秋·仲夏纪》"饬钟磬柷敔",高诱注"敔,木虎,脊上有钼铻,以杖拸之以止乐"。[2] 讘,《说文》虡"讫事之乐也";飤,《说文》"读若载",用为副词,乃、则之义;羕,春秋金文中"永保用之"之"永"常写为"羕",表长久。铭文意谓音声之盛大,乐声之悠长,以安、乐天子,[3]以继承祖、父即共公、桓公伟业。[4] 此石磬的制作背景无从知晓,但铭文将"天子匽喜"与"共桓是嗣"并列,表明天子在秦君心目中,地位甚重。饶有意义的是,以石磬铭文表达尊王的秦景公,在实际上不乏僭越之举。他为自己修建的墓葬在规格上明显超越了王制。考古发掘揭示,秦景公墓平面为中字形,墓葬全长300米,面积达5334平方米,深24米,是全国已发掘的先秦墓葬中最大的一座。[5] 实质上的违反礼制,并不妨碍秦景公在心目中尊王。

实际上,春秋时期秦国与周王室之间的关系耐人寻味。春秋晚期怀后磬亦记载有秦人与王室之往来:"□之配,厥益曰鄯。子(孔)圣尽巧,唯敏□竈,以虔夙夜在位。天君赐之釐,择其吉石,自作造磬,厥名曰怀后。……王始(姒)之釐,乐又闻于百□。"铭文中的天君,为周王之后的尊称。[6] 据学者研究,作器者为秦公夫人,周天子之后赐祭胙于秦公夫人,秦

---

① 孔颖达:《毛诗正义》,阮元校刻:《十三经注疏》,第589页。

② 许维遹:《吕氏春秋集释》,北京:中华书局,2009年,第105页。

③ 依孙常叙先生说,此句意谓"以敔'入乐'发声,致使那正在演奏的'讫事之乐',戛然而止(余音在漾)"(《"钗虎"考释》,《孙常叙古文字学论集》,长春:东北师范大学出版社,1998年,第371—378页)。

④ "天子匽喜,共、桓是嗣"句,王辉先生以为"匽喜"是"秦公宴请周天子"(《秦文字集证》,第89页)。"宴喜"为春秋铭文常用语,但未必皆有具体的宴饮对象,如春秋晚期王子婴次钟"王子婴次自作龢钟,永用匽喜"(《集成》52),此铭中即没有具体的宴喜对象。有时铭文中宴喜的对象为先祖,如秦公镈"作厥龢钟……以匽皇公"(《集成》267),从上下文意看,"皇公"应指"剌剌昭文公、静公"等在天上之祖先。因此,"天子匽喜"未必实指,当为安、喜天子之义。"共、桓"之释参考王辉先生说。

⑤ 中国社会科学院考古研究所编:《中国考古学大辞典》"秦公一号大墓"条称此墓"是迄今为止中国发掘的最大古代墓葬"(上海:上海辞书出版社,2014年,第383页)。

⑥ 陈梦家先生说"君为君后之称……西周金文则称君、天君、君氏"(《西周铜器断代》,第61页)。

公夫人遂作器以纪念赏赐她福胙的周王后。① 在秦公夫人内心中，获得周王室的赏赐殊为荣耀，作磬以为纪念，充分说明周天子的崇高性依旧存在。

上述几例铭文，皆铸造于诸侯、贵族所制青铜器、石器上，这些器物主要用于宗庙之事，而不是献于天子。因此，铭文完全没有必要谀上示好、向天子表示忠诚。然而，在这种情况下，器主们却仍然主动地、自觉自愿地将佐佑天子、天子安喜当作重要内容镌刻于器物上，时刻感受到"天威不违颜咫尺"的威力。其观念意识中对于天子的尊崇显而易见。

还需要注意到的是，西周晚期至春秋一代，诸侯、贵族势力崛起，纵然当时已是"四海迭兴，更为伯（霸）主"的局面，但是，霸主们毕竟是"挟王室之义"，在一定程度上需要赓续周王之责，替代周王撑起即倒之危局。② 正如《公羊传》所说：

> 夷狄也而亟病中国，南夷与北狄交，中国不绝若线。桓公救中国而攘夷狄，卒怙荆，以此为王者之事也。③

齐桓公北攘夷狄，南服荆楚，所行为霸政，但所起效果则是代行王事。继之而起的晋文公父子又担负起第二度尊王攘夷的责任。清儒皮锡瑞说："圣人作《春秋》，因王灵不振、夷狄交横，尊王攘夷是现世主义，不得不然者也。"④春秋霸主树立起尊王攘夷之帜，乃是形势发展之需，亦即所谓的"现世主义"。清儒顾栋高曾经论述晋继齐而为霸主所产生的影响，说"盖天下之无王，自晋始。及势既强大，乃复勤王以求诸侯，周室之不亡复于晋重有赖焉……拥卫天子，鞭笞列国，周室借以绵延者二百年"。⑤ 晋文公父子遏制楚国北上，抵挡秦国东进，中原诸国又一次获得休养生息的机会，⑥

---

① 李学勤：《秦怀后磬研究》，《文物》2001年第1期。
② 详细论述见晁福林：《春秋战国的社会变迁》，北京：商务印书馆，2011年，第19页。
③ 《公羊传》僖公四年。何休注"卒，尽也。怙，服也。荆，楚也"（徐彦：《春秋公羊传注疏》，阮元校刻：《十三经注疏》，第2249页）。所云"卒怙荆"，意即尽使荆楚折服。
④ 皮锡瑞：《经学通论·四春秋》，北京：中华书局，1954年，第25页。
⑤ 顾栋高：《晋疆域论》，见吴树平、李解民点校：《春秋大事表》，北京：中华书局，1993年，第518页。
⑥ 参考顾颉刚：《秦与晋的崛起和晋文公的霸业》，《顾颉刚古史论文集》第二册，北京：中华书局，1988年，第403—433页。

周王室得以再次安定。可以说,春秋时期虽然霸权迭兴,但尊王却始终是霸主们高举的旗帜,王权仍然具有不容忽视的象征意义。

　　总之,春秋时代,王权日蹙。但是另一方面,周王依然顶有神圣的光环,王权至上的传统并未从根本上动摇。特别是在观念领域内,天子仍然享有崇高地位。这也就意味着,与王权紧紧相连的天命观念也不致崩坏殆尽。清儒黄宗羲曾经论及天与王权的关系,他说:

> 夫莫尊于天,故有天下者得而祭之,诸侯以下皆不敢也。《诗》曰:"畏天之威,于时保之。"又曰:"上帝临汝,无贰尔心。"其凛凛于天如此。①

天之凛然即周王之威严,"畏天之威"亦即畏周王之权威。周王室虽衰,但天命仍是其精神支柱,是王朝存在的终极依据。入春秋以来,周王室日益困窘,《春秋》每记载周王派员到诸侯国不耻下问,"求赙""求财""求车",请诸侯国派人为其筑城,用捉襟见肘来形容其经济状况,实不过分。然而,周王仍挟有余威,天命仍为周王所有。甚至王室"不仅有共主之名,而且在一定程度上尚有其实"。②

　　值得关注的是,春秋时期出现了君即天、君与天齐的说法,天与天命用来为君权张目,君主成为天神在人间的代理人,天子的神圣性提升了。典型的事例是春秋中期,楚箴尹克黄出使齐国,返归时逢楚若敖氏之乱,其随从劝其不可入,但箴尹克黄坚持不避危险而入楚复君命,他说:

> 君,天也。天可逃乎?③

在他的心目中,诸侯国君主就是"天",君臣关系有如天笼罩之下的四野,无往而不在。将国君比拟为天,是对君权空前的提高。又如,春秋前期,晋惠公被秦穆公俘获之时,晋臣为救惠公而吹捧秦穆公为"履后土而戴皇

---

①　黄宗羲:《破邪论》,《黄宗羲全集》第一册,杭州:浙江古籍出版社,1985年,第194页。
②　详见晁福林:《春秋战国的社会变迁》,第64页。
③　《左传》宣公四年(孔颖达:《春秋左传正义》,阮元校刻:《十三经注疏》,第1870页)。

天（脚踩后土而头顶皇天）"①的伟大人物，以博取秦穆公的欢心。晋人所说虽为奉承之语，但以"戴皇天"喻君主，也说明了君权的非凡。春秋时人以君喻天，改变了西周以来天子与上天关系的基本格局。如西周章所述，天子虽为天之子，西周时期虽有"配天"之说，但天子处于天的庇佑之下，神权高于王权。"君即天"说法的提出，则是将君提升至天的地位，与天相侔，君主的权力提升至无以复加的地步。

春秋时人所发明的君即天、君主代天行事的说法予古代传统政治以深刻影响。《尚书·皋陶谟》②谓："无旷庶官，天工人其代之。"孔安国释其意"言人代天理官，不可以天官私非其才"，孔颖达疏谓"此官乃是天官，人其代天治之，不可以天之官而用非其人"。③ 其所强调的是帝王管理各种职官，是代天治理，不要因为帝王自己的私见而用人不当。既然天赐君主以统治之权，天还为君主安排好了统治的章程、原则，对君主提出目标和希望，那么其必然的趋向便是君主代天行事、替天完成任务，君主成为上天在人间的代理人，此即伪古文《尚书·胤征》所称的"天戒"。④

君王代天行事思想在古代中国不断发展，西汉哀帝时期丞相王嘉上书谓："王者代天爵人，尤宜慎之。"⑤清雍正帝说："朕不能不赖尔诸王大

---

① 《左传》僖公十五年（孔颖达：《春秋左传正义》，阮元校刻：《十三经注疏》，第1806页）。

② 关于《皋陶谟》篇的成书时代，有周初、春秋战国、秦代、汉初等说，刘起釪先生说"根据先秦引用《书》篇情况，及其文字风格，就可完全肯定《皋陶谟》篇之句在春秋早期就已存在了。但不一定是完全整理定稿了。因为还要由春秋时期的儒家整编加工"（《尚书校释译论》，第510页）；蒋善国先生指出"今本《皋陶谟》是秦始皇二十六年至三十七年间整编的"（蒋善国：《尚书综述》，上海：上海古籍出版社，1988年，第172页）。从此篇的思想源流来看，应当说成于春秋战国之际。《左传》曾两引此篇文句，表明其最终写定时间当在《左传》《国语》成书之前。

③ 孔颖达：《尚书正义》，阮元校刻：《十三经注疏》，第139页。

④ 伪古文《尚书·胤征》"先王克谨天戒"，孔颖达疏谓"王者代天理官，故称'天戒'"（孔颖达：《尚书正义》，阮元校刻：《十三经注疏》，第157页）。

⑤ 《汉书·王嘉传》（《汉书》，北京：中华书局，1962年，第3498页）。有时，"代天"者被用于臣下。唐代大儒韩愈为丞相裴度所写奏章称贤臣为"上宣圣德，以代天工"（《为裴相公让官表》，见《韩昌黎文集注释》下，西安：三秦出版社，2004年，第381页）；唐穆宗长庆二年（822年）制诏谓宰相之职"位列岩廊，权参造化，内操政柄，上代天工"（《元稹同州刺史制》，宋敏求编：《唐大诏令集》，北京：商务印书馆，1959年，第296页）；北宋初年陈彭年作《大宝箴》说朝廷百官"咸代天工"（《宋史》，北京：中华书局，1977年，第9663页）。

臣之克代天工,则朕固不能已于谆谆训诫尔诸王大臣也。"①所谓"代天工",就皇帝而言,即替"天"做事,就大臣而言,还有另外一层意思,那就是替皇帝做事,因为皇帝就是天的代表,也就是嘉庆帝所说的"朕即是天"。清嘉庆帝说:"朕代天工,即同天鉴,欺朕即是欺天。"②再联系到梁山好汉所揭橥的"替天行道"③的大旗,甚至可以说"代天工"乃是中国古代具有普遍性的社会观念。而这一观念,肇端于春秋时期。

要之,西周晚期以来,王室衰微,但天子所具有的崇高象征意义,并没有根本性的变化。

第二节　天　与　天　命

有关西周时期的天命思想,学者们已进行了深入的研究。然而,说到春秋时期的天与天命,则研究者寥寥。

在一般的观念中,春秋一代接续了西周晚期的光景:王权愈益削弱,天命急剧衰落。郭沫若先生的相关论析,十分典型。他说:"(在宣王时代)已经普遍而深刻地遭了动摇的天,有意志的人格神的天,再不能有从前的那样的效力了,一入春秋时代,天就和他的代理者周天子一样只是拥有一个虚名,信仰的人自然也还有,但毫不信仰的人却是特别的多……郑国的子产有一句话更说得透彻,便是'天道远,人道迩,非所及也'(《左传》昭十八年)。这些都表示着春秋时代的为政者的思想是很有点程度地脱离了天的羁绊。"④由郭先生所说,天命观念自西周晚期以来即已动摇,春

---

① 《清实录·世宗实录》(二)"雍正十二年正月",北京:中华书局,1985年,第764页。

② 《清实录·仁宗实录》(三)"嘉庆十二年五月下",第373页。

③ 《水浒》第五十三回"戴宗智取公孙胜,李逵斧劈罗真人",戴宗向罗真人述说,晁盖、宋江一帮梁山好汉,"专只替天行道"。第七十一回"忠义堂石碣受天文,梁山泊英雄排座次",说忠义堂前地下掘出的石碣上书"一边是'替天行道'四字,一边是'忠义双全'四字",梁山顶上"立一面杏黄旗,上书'替天行道'四字,在忠义堂前也立起'替天行道'杏黄旗"(《水浒传》第2版,北京:人民文学出版社,1997年,第714、925、929页)。"替天行道"正是梁山好汉的深层信念。

④ 郭沫若:《先秦天道观之进展》,《青铜时代》,第29页。

秋时期,天的信仰在现实的困顿、人文主义思潮兴起的多重冲击下,愈发凋零。

　　然而,问题在于,春秋一代的天命观念,可否用动摇、衰落一言以蔽之? 在没落与凋敝之外,是否还有人们不曾注意的内容? 并且,如若天的观念在春秋时期即已衰微,其势理当在此后的历史时段中进一步衰亡直至消失殆尽,可是,现实却是二千多年的大一统王朝发展史中,天命始终占据王朝意识形态的中心地位。由此观之,天与天命观念的发展必当有其曲折、复杂的历程。春秋时代是变革的时代,这一时期的天命观念需要更加细致的缕析,以深入了解西周、春秋时期历史演进的基本线索,深刻考察春秋社会观念意识的复杂面貌。

一、天的崇高性

　　考察春秋时期的天与天命,不得不从西周晚期的社会动荡说起。

　　西周中期后段,王室始衰。幽王时期,情形日益恶化,三川皆震,岐山崩坏,一系列的天灾人祸,为人们所记忆深刻。一时间,"天降丧"的说法十分流行,师询簋记载周王告诫师询曰"哀哉,今日天疾威降丧",[①]上天降下灾祸,不再如往昔一般赐予周邦福祉了。毛公鼎铭文谓"旻天疾威……四方大哗不静",[②]不但如此,社会中出现了大量疑天、责天之论,人们对于上天的神圣性起了怀疑,时人慨叹"不吊昊天""昊天不傭""昊天不惠,降此大戾""昊天不平"[③]"天之扤我"[④]"天命不彻"[⑤]等,埋怨天命无常,哀叹上天不再佑周。因此,以天的神圣性跌落来描述西周晚期的境况,并不为过。

---

　　① 《集成》4342。
　　② 《集成》2841。
　　③ 《诗经·小雅·节南山》,孔颖达:《毛诗正义》,阮元校刻:《十三经注疏》,第440—441 页。
　　④ 《诗经·小雅·正月》。诗所言"扤",毛传"动也"(孔颖达:《毛诗正义》,阮元校刻:《十三经注疏》,第443 页)。马瑞辰据《说文》《方言》等指出"扤"借作"捛""刖",《广雅》"刖,危也"(《毛诗传笺通释》,第606 页)。
　　⑤ 《诗经·小雅·十月之交》,孔颖达:《毛诗正义》,阮元校刻:《十三经注疏》,第447 页。

可是,还需要看到,尽管天的权威在西周晚期以来饱受质疑,但是另一方面,社会中还存在其他的因素,支撑、维系着天的尊严。尤其值得注意的有两点:其一,春秋时人对于天灾与人祸的辨识,维护了上天的崇高性;其二,春秋时期的礼制,对于支撑信仰领域中上天的尊贵地位,起到了重要作用。

西周晚期以来,社会发生了翻天覆地的变化。对于时人而言,需要回答的问题是:导致危机的因素,是天灾,还是人事? 倘若是天的失误,则天的至上性将彻底陨落;如若失误在人,则将无损于天的至高性。天抑或人,是需要时人辨析的问题。

两周之际的人们对这一问题的回答呈现出纠结状态。一方面,人们将乱政归咎于天,以为是天的失察导致灾难深重。《诗经·小雅·巧言》谓:

> 悠悠昊天,曰父母且。无罪无辜,乱如此幠。昊天已威,予慎无罪。昊天大幠,予慎无辜。①

诗篇据说为周幽王时代官吏所作。意谓上天是人之父母,本当护卫众生,但诗人抱怨自己无辜、无罪,天却暴虐无比、作威作福,降下灾咎。② 显而易见,上天素所代表的正义、权威受到人们的怀疑。此类诗作在“变风”“变雅”中随处可见。

上天固然遭受怀疑,然而,人们也意识到,人事才是造成西周晚期危局的主要因素。《诗经·大雅·瞻卬》是两周之际著名的责天之作,诗人责问“瞻卬昊天,则不我惠。孔填不宁,降此大厉”,批评上天不惠和民众,长久不宁,③降下大祸。从诗篇表面看,灾难由天而来。但是诗人笔锋一转,云“懿厥哲妇,为枭为鸱。妇有长舌,维厉之阶。乱匪降自天,生自妇人。匪教匪诲,时维妇寺”,指责妇人褒姒为邪恶之枭、恶毒之鸱。褒姒之

---

① 孔颖达:《毛诗正义》,阮元校刻:《十三经注疏》,第453页。
② 诗篇中的“曰”,犹维也;且,语气词;幠,《尔雅·释诂》“大也”;威,犹虐(邢昺:《尔雅注疏》,阮元校刻:《十三经注疏》,第2568页)。
③ “孔填不宁”句,“填”,毛传“久”,孔颖达疏指出“填”与“尘”同,故以为久(孔颖达:《毛诗正义》,阮元校刻:《十三经注疏》,第577页)。

言,是灾祸的根源,乱非由天所生,而是褒姒作祟,①将祸乱的根源直指统治阶层。《诗经·大雅·召旻》是另一篇慨叹天灾严重、犬戎犯边的怨天之诗,诗篇哀叹"天笃降丧""天降罪罟",就字面意看,丧乱源自上天,然而诗篇的落脚点却在人事,谓"昔先王受命,有如召公。日辟国百里,今也日蹙国百里。於乎哀哉!维今之人,不尚有旧",②诗人喟叹文、武王受命之时,有召公奭辅佐,周人一天开辟国土百里,而幽王时犬戎入侵,周人日丧百里。相形之下,今之人不如古之人。在诗人看来,是贤才良臣的阙如导致周政江河日下,人祸才是灾难的根本原因。再如《诗经·小雅·十月之交》,此诗为幽王时期的贵族所作,时人遭遇日食、地震、山崩、河沸等巨大灾异,真可谓天崩地裂,"高岸为谷,深谷为陵",但是诗人坚持认为,"下民之孽,匪降自天。噂沓背憎,职竞由人",尽管灾难重重,但非从天降,而是由人所致,③天灾的根源在于人祸。此类诗作甚多,不烦赘举。在这类诗篇中,不乏对于上天的指斥,但是无一脱开人事而言说灾难,全部认为是人事的混乱导致了西周晚期无可挽回的败局。④

因此,两周之交,人们对于天灾与人事辨析的结果是:并非将社会的混乱、自然的灾难笼统地归罪于天,而是在人事的范畴中探寻原因,以人

---

① "懿"字,郑笺"有所痛伤之声也",孔疏"懿与噫字虽异,音义同。《金縢》云'噫,公命我勿敢言',与此同也。噫者,心有不平而为声"(孔颖达:《毛诗正义》,阮元校刻:《十三经注疏》,第577—578页)。马瑞辰指出懿、抑相通,"《楚语》卫武公'作《懿》戒以自儆',即《大雅·抑》之诗,是懿又通抑"(《毛诗传笺通释》,第1031页)。哲,毛传"知也",郑笺"哲谓多谋虑也",意指妇人多谋略而事败。"时维妇寺"之"寺",毛传"近也"(孔颖达:《毛诗正义》,阮元校刻:《十三经注疏》,第577页),意谓非有人教幽王为乱,王为恶是由于近妇人而用其言。

② 孔颖达:《毛诗正义》,阮元校刻:《十三经注疏》,第579—580页。

③ "噂沓背憎"句,毛传"噂,犹噂噂;沓,犹沓沓;职,主也";郑笺"噂噂沓沓相对谈语,背则相憎逐,为此者,由主人也"(孔颖达:《毛诗正义》,阮元校刻:《十三经注疏》,第447页)。马瑞辰引《说文》等证"噂"通"僔",聚之义。并引朱彬之解"屈原《天问》'何所沓',王逸注'沓,合也'。诗言小人之情,聚则相合,背即相憎"(《毛诗传笺通释》,第620页)。王先谦曰"《说文》'沓,语多沓沓也'。是'僔沓'即聚语也。聚则笑语,背则相憎,小人之情状。其主竞逐为此态者,由人为之,非天降之孽也"(《诗三家义集疏》,第681页)。

④ 关于西周末期的危局,《左传》昭公二十六年中亦说"至于幽王,天下吊周,王昏不若,用愆厥位"(孔颖达:《春秋左传正义》,阮元校刻:《十三经注疏》,第2114页),人们认为是由于幽王的昏庸,导致了周室的衰弱。

事的变幻来解释世事的莫测,甚至相信尽力人事可以挽回天意。这一思路,正是因循周初人所开创的传统而来。《尚书·酒诰》记载周公告诫康叔语"天非虐,惟民自速辜",周公早已指出天非暴虐,民自召罪,在人不在天。① 春秋智者依然是在这一思路中行进,将祸乱的根源归罪于人而非上天。

可以说,周人敬天的传统在时事剧变之际面临了冲击和考验,但是,在思考天命与人事这样一组关系时,春秋智者保持了周初所开创的重人事的传统,由人事的角度解释了西周晚期混乱局面的缘由,在观念上廓清了上天并非乱政之源,从而使得"天"在西周晚期经历跌宕起伏之后,其崇高性得以稳固,天的象征意义得以延展。

在此之外,春秋时期礼制的发展也有效地稳固了天的至尊地位。春秋社会虽然僭礼之事层出不穷,但社会对礼的需求,人们对礼之意义的总结、升华却达到了新的高度。诚如学者所指出,春秋时期,礼的确在下移,其结果却是将更多的人纳入礼的轨道中来,人们对于礼的重要性有了明确认识。特别显著的是,这一时期出现了礼制系统化、理论化、制度化的倾向。② 正是在这一背景之下,礼制当中的等级观念深刻地渗入信仰领域,信仰系统中的神灵有了严密的等级差别,不同的神灵位列不同的级别,不同等级的人群对应不同级别的神灵,上下神灵之间壁垒森严。礼制与信仰系统的结合,等级关系的固化,对于稳定天帝的尊贵地位起到了作用。

事实上,关于礼与信仰的关系,前辈学者早有所论。只是他们重在阐发春秋时期宗教向礼、向人文思想的转化,而忽略了礼对于宗教信仰起到的稳固之效。例如,冯友兰先生指出春秋时期由于儒家的作用,宗教转化为礼。"依《荀子·礼记》对于其所拥护之丧礼与祭礼之解释与理论,则《荀子·礼记》早已将古时之宗教,修正为诗。古时所已有之丧祭礼,或为

---

① 孔传"言凡为天所亡,天非虐民,惟民行恶自召罪"(孔颖达:《尚书正义》,阮元校刻:《十三经注疏》,第 207 页)。速,召也。《尚书·太甲中》"以速戾于厥躬",孔传"速,召也"(孔颖达:《尚书正义》,阮元校刻:《十三经注疏》,第 164 页)。

② 晁福林:《春秋时期礼的发展与社会观念的变迁》,《北京师范大学学报》1994 年第 5 期。

宗教的仪式，其中或包含不少之迷信与独断。但《荀子·礼记》以述为作，加以澄清，与之以新意义，使之由宗教而变为诗"，①所谓"与之以新意义"，是指将祀天、祭祖以至祀百神这些礼文合理化（凡不能使之合理化的，则不在祀典），即对传统的礼进行整理，保留其合理部分，剔除其迷信内容，这是春秋时期人文精神发展的主要体现。梁漱溟先生更是认为春秋时期"礼"代替了宗教，他说：

> 宗教在中国卒于被替代下来之故，大约由于二者：一，安排伦理名分以组织社会；二，设为礼乐揖让以涵养理性。二者合起来，遂无事乎宗教。此二者，在古时原可摄之于一"礼"字之内。在中国代替宗教者，实是周孔之"礼"。不过其归趣，则在使人走上道德之路，恰有别于宗教，因此我们说：中国以道德代宗教。②

在冯、梁两先生看来，理性的发展路途在春秋时期即已成为中国传统文化的主流。与两先生论点类似，有学者认为，春秋战国以后，在宗教思想上分出了两条路向：一是以知识阶层为代表的怀疑的路向，他们走入反宗教的地步；一是以平民大众为主的迷信路向。而怀疑并进一步反对宗教的路向在春秋社会具有显著影响。③

前辈学者看到了礼对于宗教信仰的改变，看到了春秋时期人文主义思潮的涌现，这都是无可置疑的历史事实。然而，在了解到礼对于传统宗教有所转化的一面时，还需要看到礼对于宗教信仰有所维护的另一方面，即礼在动荡变化的春秋社会对于宗教信仰所带来的稳固作用。可以说，由于礼的影响，神灵之间等级愈加分明。礼区别上下、高低的功能在一定程度上导致了春秋时期信仰系统中的神灵固定，西周时期建立起来的神、人秩序也得以在新的环境中重新确立。由于礼的支撑作用，天帝——西周时期的重要神灵在礼的等级中高踞于上，与人间的至上权力紧紧相结合——这一点甚至获得礼制上的明确说明，从而在混乱的时代，其至高无

---

① 冯友兰：《中国哲学史》，第419页。
② 梁漱溟：《中国文化要义》，第98页。
③ 王治心：《中国宗教思想史大纲》（近代名籍重刊），上海：上海三联书店，1988年，第28—29页。

上的地位无可撼动。①

在礼的规定之下，天帝对应于最高统治者，这一点在春秋社会有明确的说法。《国语·周语中》记载周襄王之语：

> 昔我先王之有天下也，规方千里以为甸服，以供上帝山川百神之
> 祀，以备百姓兆民之用，以待不庭不虞之患。其余以均分公侯伯子
> 男，使各有宁宇，以顺及天地，无逢其灾害，先王岂有赖焉。内官不过
> 九御，外官不过九品，足以供给神祇而已，岂敢厌纵其耳目心腹以乱
> 百度？②

周襄王追溯王朝制度创设之初，规划有甸服，以其职贡供周王祭祀天神、自然神、祖先神等，甸服以外之地则划归各类诸侯，使其各有宁居，"顺天地尊卑之义"，奉献粢盛于神祇。周襄王搬出传统周制，③强调王之祭祀与诸侯祭祀，规格完全不同，各个等级之人不得越级僭礼。在这个规矩当中，天帝只对应于天子，也只有天子才有权祭祀天帝，周王祭祀的对象与诸侯祭祀的对象有本质上的区别，天帝专属周王而位列最高等级。

春秋社会，祭祀中的尊卑等级屡屡为时人所强调，而天帝总是与人间权力最尊者相匹配。文献记载曹刿谏鲁庄公如齐观社，也讲到天帝当由最高统治者天子祭祀：

> 夫礼，所以正民也。是故先王制诸侯，使五年四王、一相
> 朝。……天子祀上帝，诸侯会之受命焉。诸侯祀先王、先公，卿大夫

---

① 余敦康先生则从周礼维护华夏共同体秩序的角度论述了礼在春秋社会的重要作用，"春秋时期，传统周礼作为一种广义的文化秩序，一种由三代历史长期发展所形成的定型的政治伦理实体，对于华夏族的各个成员国来说，是不可超越也无法取代的，加上当时面临着异族势力南北夹攻的严重威胁，更有必要自觉地维护周礼以强化文化上的认同。这是历史的决定性的因素，表明当时关于如何在乱世重建正常秩序的探索以及各种政见的分歧只能在传统周礼的框架结构之内进行"（《春秋思想史论（上篇）——哲学突破的历史进程》，收入《新哲学》第一辑，郑州：大象出版社，2003年，第122页）。

② 上海师范大学古籍整理组校点：《国语·周语中》，第54页。

③ 周襄王将这一套制度追溯至西周立国，但由其所说内容如"甸服""公侯伯子男""九品""九御"等看，不可能为西周初创时的制度，故《国语》之载当为托古之说。下引曹刿之说"先王制诸侯"等，同此例。

佐之受事焉。臣不闻诸侯相会祀也，祀又不法。①

曹刿追溯周之"古制"，天子祭祀上帝，而诸侯只可助祭受政命。诸侯只能祭祀先王、先公，卿大夫辅助祭祀以受职事。按照曹刿所引用的先王之训，天帝对应于人王而在众神中享有尊贵地位，其崇高性在先王、先公之上，地位最尊。春秋时期大政治家子产也曾经阐述祭祀之宜，将上帝与最尊崇的天子列为对应等级。他说：

> 是故天子祀上帝，公侯祀百辟，自卿以下不过其族。②

子产明确指出，尊卑不同所祭神灵亦不同，天子祭祀上帝，公侯祭祀有功之人，③卿大夫则只祭祀亲族祖先。④皇天上帝在神界中的地位与在人间的天子相当，最为神圣。

经过礼制的规划，天帝与最高统治者结合得至为严密，其尊崇地位得到彰显。学者曾就春秋时期祭祀中的等级与社会权力等级之间的关系进行论述，谓"这种祭祀制度就成为由天子、诸侯、卿大夫所组成的金字塔式的权力结构的合法性的依据和神圣的象征，而居于权力结构中的各个等级也都在服从神意的前提下各安其位，严守祭祀之礼，推行政教合一、礼仪不分的神权政治"，⑤祭祀制度体现出天子至卿大夫的社会等级差别，反过来，天子、诸侯、卿大夫的祭祀秩序也造成天帝与其他神灵之间存在金字塔式的等差关系，而占据金字塔顶端的，是皇天上帝。

事实上，不但神灵存在等级差别，人们祭祀时所奉献的祭品，也有严格的等级区分，以强固等级制度中神灵之尊卑上下。楚昭王询问观射父

---

① 上海师范大学古籍整理组校点：《国语·鲁语上》，第 153 页。

② 上海师范大学古籍整理组校点：《国语·晋语八》，第 478 页。

③ 韦昭注"百辟"谓"以死勤事，功及民者"（上海师范大学古籍整理组校点：《国语·晋语八》，第 479 页）。

④ 楚国观射父有类似的论述："古者先王日祭、月享、时类、岁祀。诸侯舍日，卿大夫舍月，士庶人舍时。天子遍祀群神品物，诸侯祀天地、三辰及其土之山川，卿大夫祀其礼，士庶人不过其祖。"（上海师范大学古籍整理组校点：《国语·楚语下》，第 567 页）观射父以为，诸侯亦可祭祀天地。但是，在天子、诸侯之间，仍有等级方面的差别。

⑤ 余敦康：《春秋思想史论（上篇）——哲学突破的历史进程》，《新哲学》第一辑，第 126—127 页。

祭祀所用牲,答曰"天子举以大牢,祀以会;诸侯举以特牛,祀以大牢;卿举以少牢,祀以特牛;大夫举以特牲,祀以少牢;士食鱼炙,祀以特牲;庶人食菜,祀以鱼。上下有序,则民不慢"。① 天子祭祀神灵,奉献祭品,诸侯及卿大夫依次降低所祭神灵的等级、祭品的等级,从而造成上下有序的效果。祭祀对于稳定社会秩序,有其特殊功效,对此春秋时人亦进行了理论方面的阐述。楚国的观射父谓:

> 祀所以昭孝息民、抚国家、定百姓也,不可以已。……天子遍祀群神品物,诸侯祀天地、三辰及其土之山川,卿大夫祀其礼,士庶人不过其祖。日月会于龙𪊨,土气含收,天明昌作,百嘉备舍,群神频行……自公以下至于庶人,其谁敢不斋肃恭敬致力于神! 民所以摄固者也,若之何其舍之也!②

观射父将祭祀提升至繁育生息、③安定国家、明示民众、稳固社会的高度,可以说这是春秋时人对于宗教祭祀意义的高度升华,是春秋时人在总结西周礼乐文化的过程中对于传统周礼的提炼。

综之,春秋社会,人们对于祭祀的重要性进行了高度概括、提升,在这个过程中,祭祀的对象——天帝的重要性跃升至了制度层面,有了制度的保障,其地位益发稳固。

当然,西周社会即已存在着区别上下的祭祀规则,然而,由文献可知,春秋时人进一步予以总结、归纳、提升,这一套制度更加凝练,规矩更加清晰,西周时期建立起来的神、人秩序得以在新的环境中再次稳固。不仅如此,这一趋势在战国社会继续演进,标志性的成果就是"三礼"的编撰。简而言之,由于礼制的作用,天帝在礼制的等级中高踞于上,与人间的至上权力紧密结合,其地位获得了有力保障。

总结上述,西周晚期以来,王室衰微、霸主兴起,旧的秩序风雨飘摇,

---

　　① 韦昭注"大牢,牛羊豕也。会,会三大牢。特,一也。少牢,羊豕。特牲,豕也"(上海师范大学古籍整理组校点:《国语·楚语下》,第565页)。
　　② 上海师范大学古籍整理组校点:《国语·楚语下》,第567页。
　　③ "昭孝息民",韦昭注"昭孝养,使民蓄息也"(上海师范大学古籍整理组校点:《国语·楚语下》,第568页)。

上天的神圣性受到怀疑，可是，春秋时人对于天灾与人祸有清醒的分辨，实质上未将乱局归咎于上天，加之周礼对于等级制度的维护，天帝与王权位列礼制金字塔的顶端，一系列的原因，使得天帝在人们的意识之中，仍保有尊贵地位，上天的神圣性并未跌落。

二、天命属周？

春秋时代，即便上天的地位得以维系，但现实的状况却是与天命休戚相关的王室威严一落千丈，这种情况，又不得不使人们思考天命是否属周，是否专佑周天子一家的问题。

所谓"天命属周"，是指西周时期，周人以为上天将统治天下的大权授予周天子，而将他人排除在外，天命只为周天子所有，他人不得觊觎。西周时人认为，天命为王朝命脉所在，天命是国祚的象征、王权的终极依据，绝对不容他人染指。

然而入春秋以来，霸主迭兴，挑战王权之事时有发生，王室摇摇欲坠，现实的状况，必然会刺激人们思考天命是否在周这一现实问题。可以看到，人们的思考呈现出相反的两面。一方面，有人对于天命在周这一信念坚守不移，坚持天命专佑周天子，天命非周王室莫属。鲁宣公三年（前606年），周卿王孙满斥责不可一世的楚庄王在北上之际，问鼎之轻重，王孙满说九鼎乃"承天休"（承奉天赐福佑）之重器，周有九鼎，是"天祚明德""天所命也"的结果，是"天命未改"的标识，[①]宣称天命唯周所有，不可转移。这一番言辞使得勒兵成周城下的楚庄王不敢造次，只得撤兵退回，足见"天命属周"的信念仍具威慑力。再如王子朝被晋国支持的周敬王打败即将奔逃于楚之时，曾向各诸侯国发布文告，说道："若我一二兄弟甥舅，奖顺天法，无助狡猾，以从先王之命。毋速天罚，赦图不榖，则所愿也。敢尽布其腹心，及先王之经，而诸侯实深图之。"[②]此时的王子朝已经穷途末

---

① 见《左传》宣公三年。对于这一记载，还可以有另外一方面的解读，即王孙满所谓的"天命未改"，其实还意味着天命有"改"之可能，只是现在还没有改。

② 《左传》昭公二十六年，孔颖达：《春秋左传正义》，阮元校刻：《十三经注疏》，第2114—2115页。

路,但却依然试图以"天命"为说辞凝聚人心,并以"天罚"来威胁诸侯。"天命"成为王子朝最后一根救命稻草,在他的心目中,仍然相信天命在周。

上述王子朝及周卿王孙满所说,体现出传统的天命属周的观念。当然,他们身处王室,自当如此。可是,史载表明,在王室之外,各诸侯国间,天命属周的观念也为一些人所认可。《左传》昭公三十二年(前510年)记载,周王朝衰敝,穷得修不起城墙。晋人牵头为周筑城,晋卿魏献子主持各国代表开会,他南面而居于君位,这一做法遭到卫国大夫彪傒的非议。彪傒说:

> 魏子必有大咎。干位以令大事,非其任也。诗曰:"敬天之怒,不敢戏豫。敬天之渝,不敢驰驱。"况敢干位,以作大事乎?①

意谓魏献子以卿而居君位,颁命于诸侯,干犯周室之位,必有大灾。彪傒所称引的诗句,见于《诗经·大雅·板》篇,诗篇劝告人们恭敬于天之怒谴,不敢轻慢安逸;恭敬于天的怒变,不敢驰驱享乐。彪傒引此诗句是强调要恭敬于天的态度的转变,恭敬于天的震怒。其深层的意思是说,魏献子等晋卿势力坐大,视晋君为虚位,在为周王城成周之时,竟敢南面无忌,②天所怒谴的,就是魏献子无视王室威严,僭越犯上。由此可以体悟到彪傒之意,上天仍是天子的象征,天命在周。

另一方面,人们怀疑天命是否依然归周,更进一步,认为天并非专佑周天子一家。西周晚期,天灾人祸,有识之士即已担心有周为天所抛弃。周宣王"料民"之举,受到抨击,周大夫仲山父认为这是"天之所恶"的表现。③ 周幽王时王朝颓势明显,幽王二年,三川地震,伯阳父论其事并预言王朝命运,发出了"天之所弃,不过其纪"④的警告。依《周语》所言,十年为"数之纪"。伯阳父预言不出十年,有周将为上天所摒弃。一旦意识

---

① 孔颖达:《春秋左传正义》,阮元校刻:《十三经注疏》,第2128页。
② 关于彪傒之辞的深意,日本学者竹添光鸿曾说:"天降祸于周,王室大乱,因有是役。魏子为晋政卿,命事于诸侯,此宜怵惕儆戒以敬天之怒。"(《左氏会笺》,第2118页)
③ 上海师范大学古籍整理组校点:《国语·周语上》,第24页。
④ 上海师范大学古籍整理组校点:《国语·周语上》,第27页。

到王朝不再为天所佑，这怎能不让周人担心呢？

春秋时期，"天命属周"这一传统观念的变化加快了步伐。时人以为天降丧、降灾于周家，意味着"天"或将抛弃周室，"天命"或将发生转移。春秋时期的周王不仅没有了文武时代膺受天命的豪迈、成康昭穆时代大弘天命的壮志，甚至也没有了周厉王"我唯嗣配皇天"①那样的自信。春秋后期，单穆公谏周景王铸大钱，谓："周固赢国也，天未厌祸焉。"②意思是说周王朝已经是一个赢弱之国，天不仅不再佑助，而且天将不停地降祸于周。又如，郑国庄公谓"王室而既卑矣，周之子孙日失其序……天而既厌周德矣"，③意谓姬周日益削弱，"天厌周德"，上天放弃周室。晋大夫女叔宽也曾论周王朝不再为天佑助，犹如《周诗》所云"天之所坏，不可支也"。④上天不断降灾于周，周已为天所弃，天命不再保佑周家，这在春秋时期成为一个普遍的观念。

更进一步，有人认为春秋霸主代行王事，在事实上已经接续了三代正统，这意味着天命发生转移了。史载子产诊断晋平公久病不愈，是由于未继承夏、商、西周祭祀鲧的做法，他示意晋人应如三代之王一般行祭祀。他说：

> 昔者鲧违帝命，殛之于羽山，化为黄熊，以入于羽渊，实为夏郊，三代举之。夫鬼神之所及，非其族类，则绍其同位……今周室少卑，晋实继之，其或者未举夏郊邪？⑤

绍，续也。所谓的"绍其同位"，指晋国接续殷、周，与其为同列。⑥ 在这

---

① 㝬钟，《集成》260。
② 上海师范大学古籍整理组校点：《国语·周语下》，第 120 页。
③ 《左传》隐公十一年，孔颖达：《春秋左传正义》，阮元校刻：《十三经注疏》，第1736 页。
④ 《左传》定公元年，孔颖达：《春秋左传正义》，阮元校刻：《十三经注疏》，第 2131页。按《国语·周语下》亦有所载。
⑤ 上海师范大学古籍整理组校点：《国语·晋语八》，第 478 页。
⑥ 《左传》昭公七年亦记载子产之语，"(鲧)其神化为黄熊，以入于羽渊，实为夏郊，三代祀之。晋为盟主，其或者未之祀也乎"(孔颖达：《春秋左传正义》，阮元校刻：《十三经注疏》，第2049 页)。《左传》记晋为盟主，为实录。而《国语》云"周室少卑，晋实继之"，直接将晋视为三代以来的正统。相形之下，《国语》所记更为激进。

里,子产明言晋国在实质上接替了周之统绪,天子所握有的最为重要的祭祀权,也当由晋君来完成。在子产的头脑中,晋国在夏、商、西周之后,俨然成为实际上的王统之所在,天命不再归周所有了。对于野心勃勃的诸侯而言,天命似乎也唾手可得,不惟周专有。《左传》昭公十三年记载楚灵王赫然想要"得天下",云:

> 初,灵王卜,曰:"余尚得天下。"不吉,投龟,诟天而呼曰:"是区区者而不余畀,余必自取之。"①

灵王心存得天下之志,不料占卜不吉,气急败坏之下,宣称若天不赞之,则将自取之。在灵王这里,天下可角力而得,天命早已不再佑周了。

总而言之,春秋时期,"天命属周"的观念动摇了,社会中相当一部分人认为天命不再专属周王室所有,天命行将发生转移。但是,如果天命转移,将转移到哪里去呢? 人们虽然看出周王室已经不堪大命,甚至智者如子产也已经挑明春秋霸主接替了周室正统,距离宣言天命转移到诸侯也只有一步之遥。然而,即便如此,春秋时期却没有一个人明确说出天命将转向何方、降与何人。毫无疑问,这种状况在意识领域留下了空白。可是,转向现实,则可见到,有人敢于冒天下之大不韪,宣称拥有大命。这是天命观在春秋时期的重大变化。

三、天命:从天子到诸侯

春秋社会,诸侯纷起,敢于宣示获有大命者,主要是各路诸侯。由文献看,诸侯虽然从未明示自身接续周家天命,但并不怯于宣称自己拥有大命。诸侯们所声称的天命,与西周时期天命的含义是否一致? 诸侯宣称受命,其意义何在? 春秋时期的青铜铭文等为了解这一时段诸侯所称的天命,提供了弥足珍贵的材料。

目前所见相关出土铭文中,屡见秦人宣称拥有大命。1978 年出土于陕西宝鸡阳平镇杨家沟太公庙窖穴的春秋早期秦公镈铭文谓:

---

① 　孔颖达:《春秋左传正义》,阮元校刻:《十三经注疏》,第 2070 页。

秦公曰：我先祖受天命，商宅受国，烈烈昭文公、静公、宪公，不象于上，昭合皇天，以虩事蛮方。公及王姬曰：余小子，余夙夕虔敬朕祀……秦公其畯龏在位，膺受大命，眉寿无疆，敷有四方，其康宝。①

器主为秦武公（前 697—前 678 年在位），他称秦人先祖受天命，受土受国。众所周知，秦人建国始于两周之际的襄公，在周平王仓皇东迁之时，秦襄公率领军队也加入护送队伍，周平王因此封秦襄公为"诸侯"，秦由此从"大夫"上升为诸侯。铭文中的"先祖受天令"，即指秦襄公受封立国。器主又称颂先祖文公等"不象于上，昭合皇天"，即恭敬于上，②合于皇天之意。③ 史载秦文公时代，秦人实力开始提升，势力到达汧水、渭水会合处，并建都邑以营之（前 762 年），铭文遂以先祖所为合于天意褒扬之。器主不但夸美先祖，更是自期"秦公其畯龏在位，膺受大命"，他祈祷自身长久在位，身膺大命。由秦公镈铭文看，诸侯宣称先祖受天命，主要是颂扬先祖受封建国，以及祖先所为合于天意。同时，诸侯也自诩"膺受大命"，表明自己身当君位，得天之佑。

先祖受天命的说法亦见于传世的春秋中期秦公簋，其铭曰：

丕显朕皇祖，受天命，鼏宅禹迹。十又二公，在帝之坏，严恭夤天命，保业厥秦。（见左图）④

秦公簋铭文拓本

---

① 《集成》267。

② 象，陈剑先生释为"惰"，不敬之义，"不象"即恭敬。见《金文"象"字考释》，《甲骨金文考释论集》，北京：线装书局，2007 年，第 253 页。

③ 张政烺先生释㝬簋铭文时即已指出："《毛诗·周颂·思文》'思文后稷，克配彼天'，笺：'后稷之功能配天。'又《大雅·皇矣》：'天立厥配，受命既固。'戴震《毛郑诗考正》：'配当如配命、配上帝之配，合于天心之谓，言天立其合天心者，方此之时受命则既固，而宜后之日盛大也。'"（《周厉王胡簋释文》，《古文字研究》第三辑，第 107 页）

④ 《集成》4315。从秦公簋铭文所说"十有二公"看，它的年代当晚于武公时期秦公镈一百年左右。

意谓伟大的先祖承受了天命，定居于大禹所至之处，①诸位先祖在帝之所，恭敬天命，保佑秦国。铭文同样将秦人建国、受疆受土当作上天赐予大命的结果，并称众多先祖皆严恭大命。秦人热衷于宣扬天授大命，在1986年陕西凤翔南指挥村出土的秦公石磬残铭中，秦公亦宣扬这一观念，说道：

> ……圖天命，曰：竈（肇）敷蛮夏，極（亟）事于秦，即服……②

铭文中残缺之"圖天命"，当为"龢圖天命"，西周金文常用语，见于毛公鼎、猷簋等，龢圖即申固。铭文谓秦公稳固天命，广有蛮夷、华夏，各国疾事于秦，服其事。秦公所说，不免有夸张之嫌，但也可见，在秦人的观念中，称扬秦人获取天命，对于秦国至关重要。由几件秦器看，天命果然已不为周天子所独有，像秦国这样的诸侯先祖以及在位诸侯都可以获有大命了。

春秋时期晋国君主也颇醉心于称颂先祖有天命。传世晋公盆即有"我皇祖唐公，[膺]受大命"③的说法，新近面世的晋公盘亦谓：

> 晋公曰：我皇祖唐公，膺受大命，左右武王，教威百蛮，广辟四方……我烈考宪公，克□亢猷，强武鲁宿，灵名不□，赫赫在[上]，严賮恭天命，以业朕身，孔静晋邦。④

此器是晋公女嫁与楚公子时所作，但具体年代学者们聚讼纷纭。⑤ 器主

---

　① "幂宅禹迹"之"幂"，读为宓，安之义（李零：《春秋秦器试探——新出秦公钟、镈铭与过去著录秦公钟、簋铭的对读》，《考古》1979年第6期）。

　② 王辉：《秦公大墓石磬残铭考释》，"中研院"历史语言研究所集刊67本2分；《秦文字集证》，第94页。关于秦公大墓的墓主，王辉先生认为是秦景公。

　③ 《集成》10342。

　④ 吴镇烽：《晋公盘与晋公盆铭文对读》，复旦大学出土文献与古文字研究中心网站，2014年6月22日。

　⑤ 器铭称"惟今小子，整辥尔家，宗妇楚邦，于昭万年，晋邦维翰"，晋公盘铭文与传世晋公盆铭文基本一致。关于晋公盆与晋公盘的年代，聚讼纷纭。唐兰（《晋公惟蠡考释》，收入《唐兰先生金文论集》）、杨树达（《晋公蠡跋》《晋公蠡再跋》，收入《积微居金文说》，第113—116页）等先生以为是晋定公；李学勤先生以为是晋平公（《晋公蠡的几个问题》，《出土文献研究》第一辑）；吴镇烽先生以为是晋文公（《晋公盘与晋公盆铭文对读》）；彭裕商先生以为作器年代在前670年至前600年之间，为春秋早期到中期时段（《晋公蠡年代再探》，陈伟武主编：《古文字论坛》（曾宪通教授八十庆寿专号）第一辑，2015年）。

晋公甫一开始便称先祖唐公叔虞膺受大命，辅佐武王，开拓四方。文献记载，晋国建邦始于成王之封，但晋人却称"皇祖唐公，膺受大命"，将晋的立国与天授大命联系起来，这一思路与前引秦公镈、秦公簋所述如出一辙。晋公盆铭文称颂祖先辅佐武王，大有四方。事实上，赞颂祖先辅佐文、武王广有天下的内容在西周金文中并不鲜见，其典型者如逨盘所云"丕显朕皇高祖单公，桓桓克明哲厥德，夹召文王、武王达殷，膺受天鲁令（命），匍有四方"，铭文先颂扬先祖德美行善，再褒扬祖先辅佐文、武王克定大命。在作器者看来，祖先最卓著的伟绩即是协助文、武王获赐天命。但至春秋时期，风气大变，晋公盘铭文绝口不提"文武膺受大命"，开门见山就歌颂先祖受命，再云祖先克弼武王开辟天下。在晋公的心目中，先祖的丰功主要是"膺受大命"，其次才是辅弼文、武王广有四方。文、武王受命已然时过境迁，晋人先祖受命才具有现实意义。时人心态、观念的变迁于此可见一斑。不止于此，铭文中晋公还夸赞伟大的父考宪公①恭敬天命，由这一点可以看出，人们盖以为，始封诸侯承受大命，后续君主严守大命，在上位者均与天命有关。

文献记载，春秋早期霸主齐桓公也自认为功盖三代，其价值甚至超越受命，他说：

> 寡人北伐山戎，过孤竹；西伐大夏，涉流沙，束马悬车，上卑耳之山；南伐至召陵，登熊耳山，以望江汉。兵车之会三，而乘车之会六。九合诸侯，一匡天下，诸侯莫违我。昔三代受命，亦何以异乎？②

齐桓公将自己的伟业比于三代受命之圣王，在他看来，"九合诸侯，一匡天下"的胜绩，即可与夏、商、周三代受天命之君相比肩。③

春秋时期的霸主，多有受上天青睐的自信，而对于齐、晋、楚这样的霸主，时人也认可他们受到上天的眷顾与支持。《左传》记载楚国实力蒸蒸

---

① 铭文中的"宪公"，不见于文献记载，吴镇烽先生以为是晋献公，晋武公之子诡诸，前676—前651年在位，并由此推断器主为晋文公（《晋公盘与晋公盆铭文对读》）。

② 《管子·封禅》。黎翔凤：《管子校注》，北京：中华书局，2004年，第953页。

③ 在《管子》书的记载中，齐桓公所以为的受命，核心内容是协和万邦，一统天下。当然，这体现的是《管子》作者的观念。

日上,随国大夫季梁就曾说"天方授楚"。① 宣公十五年,楚欲与宋人平,宋人告急晋国,晋侯欲救宋,大夫伯宗却说:"天方授楚,未可与争。虽晋之强,能违天乎?"②劝阻晋侯不与楚争胜。齐、晋、楚三国势均力敌,互相争锋,时人就有晋、楚、齐尽为天所授的观念。如齐晋鞌之战,齐军失利,晋提出"尽东其亩"的条件,齐宾客予以周旋,鲁、卫之国也倾力调解,请晋允和于齐,曰"齐、晋亦唯天所授,岂必晋?"③在鲁、卫这些中等国家看来,晋、齐这样大国的国运皆为"天"所佑护,两国齐头并进,难分伯仲。又如晋、楚鄢陵之战,楚压晋军而陈,形势于晋不利,范匄鼓舞晋人士气,曰:"晋、楚唯天所授,何患焉?"④意谓不但楚,晋亦得到上天的呵护,两家旗鼓相当,鹿死谁手真不好说。

　　晋、秦凤为春秋大国,有实力宣称当受大命。春秋晚期,吴国势力大盛,遂也号称恭敬天命。1955 年出土于安徽寿县蔡侯墓的吴王光残钟铭文谓:

　　　　……余严天之命,入成(城)不赓。⑤

是器为吴王光嫁女于蔡的媵器。⑥ 学者早已指出,此器的作器背景是吴王光攻破楚都郢城。《左传》定公四年(前 506 年)记载,吴国率领蔡、唐伐楚,师陈于柏举,大败楚人,吴师"五战,及郢",势如破竹,攻克楚都。⑦ 器主称"严天之命",即恭敬天命,言外之意是保有大命,这是他对打败楚人功

---

① 《左传》桓公六年,孔颖达:《春秋左传正义》,阮元校刻:《十三经注疏》,第 1749 页。
② 《左传》宣公十五年,孔颖达:《春秋左传正义》,阮元校刻:《十三经注疏》,第 1887 页。
③ 《左传》成公二年,孔颖达:《春秋左传正义》,阮元校刻:《十三经注疏》,第 1895 页。
④ 《左传》成公十六年,孔颖达:《春秋左传正义》,阮元校刻:《十三经注疏》,第 1918 页。
⑤ 《集成》223。
⑥ 郭若愚:《从有关蔡侯的若干资料论寿县蔡墓蔡器的年代》,《上海博物馆集刊——建馆三十周年特辑》,上海:上海古籍出版社,1983 年。
⑦ "入成(城)不赓"句,"赓"有续之义。李学勤先生读为"入城不赓(抗)",指吴师入郢未遭抵抗(《由蔡侯墓青铜器看"初吉"和"吉日"》,《中国社会科学研究生院学报》1998 年第 5 期)。

绩的夸耀。事实上,吴国势力的上升早已得到社会中人们的认可,春秋后期的吴、越两国不可一世,时人称之"唯天所授",①认可其获赐上天大命。

由春秋金文观察,原本高高在上、专属周天子的天命,在春秋时期与众多诸侯都拉近了距离。2019年发布的湖北随州文峰塔枣树林 M169墓所出嬭加钟铭文也涉及天命,谓:

> 隹王正月初吉乙亥,曰:"伯括受命,帅禹之绪,有此南洍。余文王之孙,穆之元子,之邦于曾。余非敢乍聪,楚既为代,吾徕匹之。密臧我猷,大命毋改。余勉乃子。"②

器主嬭加为曾侯夫人,铭文中的"曰"当是以曾侯的口吻追述曾国受封建国、有此疆土。从铭文看,"伯括受命"之"受命",与前引秦公镈、晋公盆铭文所称的先祖受命意义一致,指曾之先祖伯括受土立邦。至嬭加所处的春秋中期,曾为楚之仇匹。铭文中曾侯称其谋略安定壮大,大命不改。可以确定,铭文中的"受命"就是指曾人受封立国。

淮上方国蔡国也称获有天命,安徽寿县出土的春秋晚期蔡侯申钟铭文云:

> 蔡侯申曰:余虽末少(小)子,余非敢宁荒,有虔不惕,佐佑楚王。懽懽为政,天命是遟,定均庶邦,休有成庆。③

铭文载蔡侯申自谓虽是年轻人,但不敢怠慢荒宁,虔敬而不变易,佐佑楚王。勉力为政,④弘扬天命,⑤安定众邦,美善而有大福。铭文中蔡侯申对楚王态度卑微,但他自诩不忘弘扬天命。蔡国与小邾国一样,国弱君轻,铭文中君主自夸握有天命,大命显然是他们为政的必要条件,治国的

---

① 上海师范大学古籍整理组校点:《国语·吴语》,第591页。
② 湖北省文物考古研究所等:《湖北随州枣树林墓地2019年发掘收获》,《江汉考古》2019年第3期;郭长江等:《嬭加编钟铭文的初步释读》,《江汉考古》2019年第3期。
③ 《集成》210。
④ "懽懽",从于省吾先生之释,读为"懋懋",懽、懋叠韵(《寿县蔡侯墓铜器铭文考释》,《古文字研究》第一辑,北京:中华书局,1979年)。
⑤ "天命是遟"的遟,徐中舒先生读为"将",行之义(《金文嘏辞释例》,收入《徐中舒历史论文选辑》上册)。

依傍,须臾不可离。

上引诸例,皆为诸侯宣称先祖或其自身承受天命、严恭大命。春秋金文中,还可见若干贵族宣扬先祖身当大命。春秋晚期齐国叔夷钟铭谓:

> 尸(夷)典其先旧及其高祖,虩虩成唐(汤),有严在帝所,溥受天命,翦伐夏司(后)……咸有九州,处禹之堵。①

叔夷不见载于史籍,但由钟铭看,他在齐国灭莱之役中立有战功。铭文里,他数典念祖,追溯至赫赫成汤,以显示他帝王之胄的显贵身份。他颂扬成汤在帝之所,大受天命,翦伐夏后,遍有九州,居于禹所奠定的土地上。钟铭所说,与《尚书·汤誓》中汤之语"非台小子敢行称乱,有夏多罪,天命殛之"②有类似之处,宣扬天授大命于成汤。叔夷钟追忆祖先有大命,与西周时期人们追忆文、武王有大命相比,风格已经大相径庭。

河南淅川下寺所出春秋后期佣戈,其铭文也涉及天命,铭云:

> 新命楚王孙,膺受天命。佣用燮不廷……③

意谓新继立的楚王,受赐天命。作器者佣,在同墓所出其他器铭中称"楚叔之孙佣",学界认为即楚康王九年至十二年(前551—前548年)任楚国令尹的薳子冯,铭中楚王应即楚康王。④ 与前引所有铭文不同,佣戈中的器主佣与所膺受大命的楚王,为君臣关系,而非上述铭文中的先祖与子孙关系,佣完全是以"他者"的身份来赞颂君主。事实上,春秋时期他人赞颂春秋霸主得天护佑的不在少数,如人们说晋公子重耳"天其或者将建诸""天将兴之""天实置之",⑤也说社会中的新兴势力"天赞之",⑥事实上就

---

① 《集成》285。

② 孔颖达:《尚书正义》,阮元校刻:《十三经注疏》,第 160 页。

③ 河南省文物研究所、河南省丹江库区考古发掘队、淅川县博物馆:《淅川下寺春秋楚墓》,北京:文物出版社,1991 年,第 189 页。

④ 见李零:《再论淅川下寺楚墓——读〈淅川下寺楚墓〉》,《文物》1996 年第 1 期。但也有学者认为是楚王樊(熊盘)(李守奎:《〈楚居〉中的樊字及出土楚文献中与樊相关文例的释读》,《文物》2011 年第 3 期)。

⑤ 《左传》僖公二十三年、二十四年,孔颖达:《春秋左传正义》,阮元校刻:《十三经注疏》,第 1815、1816、1817 页。

⑥ 《左传》昭公元年,孔颖达:《春秋左传正义》,阮元校刻:《十三经注疏》,第 2023 页。

是天降大任的意思，与受命于天表达的意义相去并不远。然而，就在几乎相同的情况下，时人偏偏不用"天所命""天命之"这一类的表达方法。造成的状况是，人们常常论及天，但天命出现的频率却不高。

新近面世的曾侯與钟铭文，涉及天命，内容新颖，对于了解春秋时期的天命观念，提供了新的材料：

> 曾侯與曰：伯括上庸，左右文武。达殷之命，抚奠天下……周室之既卑，吾用燮讛（就）楚。吴恃有众庶，行乱，西征，南伐，乃加于楚。荆邦既瑥，而天命将误。有俨曾侯，业业厥胜，亲搏武功。楚命是静，复定楚王，曾侯之灵。余申楚成，整复曾疆。择辥吉金，自作宗彝，和钟鸣皇，用孝以享于昭皇祖，以祈眉寿，大命之长，其纯德降余，万世是尚。①

> □□曾侯與曰：余稷之玄孙，穆詰敦敏，畏天之命，定均曾土。②

器主为曾国国君與，③他说：先祖伯括，③辅佐文、武王，挞伐有殷，安定天下。王室衰微，曾侯因此协和、归就楚国。④ 吴国依仗人多势众，敢于作乱，攻打楚国，西进，又南下攻入楚都郢城。楚邦遭受翦伐，⑤而天命危在旦夕。庄严的曾侯，高大威武且睿智，亲自搏战，楚国之命方才平静。楚王复得安定，端赖曾侯之善。铭文所述背景，与上引吴王光钟相同，为春秋晚期的吴楚之争。《左传》定公四年记载，楚自昭王即位，"无岁不有吴师"，公元前506年，吴楚柏举之战爆发，吴人攻克楚都。楚昭王仓皇逃奔，在下属的护卫下，"奔随"。吴人追至随国，向随人讨要楚昭王，但随人以与楚人世有盟誓而拒绝交出昭王，吴军终于退去，昭王躲过一劫。而在

---

① 湖北省文物考古研究所、随州市博物馆：《随州文峰塔 M1（曾侯與墓）、M2 发掘简报》，《江汉考古》2014 年第 4 期。

② 曾侯與钟，湖北省文物考古研究所、随州市博物馆：《随州文峰塔 M1（曾侯與墓）、M2 发掘简报》。

③ "上"后一字，学者释为"庸"，认为意同《尚书·尧典》之"登庸"，为君上录用之义（李学勤：《曾侯與编钟铭文前半释读》，《江汉考古》2014 年第 4 期）。

④ "就"字，原作"讛"，从李天虹释（《曾侯腆（與）编钟铭文补说》，《江汉考古》2014 年第 4 期）。

⑤ "瑥"，学者指出或为"刷"，《集韵·仙韵》"刷，削也"（凡国栋：《曾侯與编钟铭文柬释》）。

铭文中,则谓曾侯"亲搏武功",为楚国避免灭顶之灾,立有汗马功劳。学者多以为铭文中的"曾"即文献中的"随",铭文解决了聚讼已久的"曾随之谜"问题。

铭文中数次出现天命与命,其内容值得重视:首先,铭文明确说明天命为诸侯国所有。前引诸器或说先祖膺受天命,或说诸侯严恭大命,但均未明确地说天命的所有者,因此学者会认为诸侯所称天命是由周王室转移而来。曾侯舆钟不同,它记载楚荆岌岌可危,"天命将虞",这里的"天命",铭文说得十分清楚,是楚国的"命",而不是周王朝的天命。铭文对于了解诸侯所称天命的归属,十分有益。曾侯舆所说是春秋时期天命观的典型表现,即天命不再为周王室所独有,诸侯国、诸侯国君各有各自的大命。再次,铭文表明天命变动不定。曾侯说楚人危如累卵之时,幸赖曾侯出手,转危为安,"楚命是静",楚国的天命得以稳定。由此可以看出,天命是变化不居的,可以由安定转向动荡,又可以化险为夷、起死回生,天命的变化与政权的稳定程度、国运的盛衰联系在一起。

另外,还值得关注的是,春秋时人所说的受命于天,包含有受天之赐的意义。这一义项相较西周时人所强调的与国祚休戚相关的天命,已是大相径庭。春秋时期,受天之命似乎开始向受天所赐之福祉的方向倾斜,与个人之命运联系起来了。近些年面世的春秋中晚期封子楚簠透露出这方面的信息:

> 唯正月初吉丁亥,封子楚,郑武公之孙,楚王之士,择其吉金,自作飤簠,用会嘉宾、大夫及我朋友。兓兓叔楚,剌(厉)之元子,受命于天,万世甸(朋—毋)改。其眉寿无期,子子孙孙永保用之。[1]

作器者封子楚,自称"郑武公之孙""楚王之士",当系入仕于楚的郑国公族。[2]

---

[1]　中国国家博物馆、中国书法家协会编:《中国国家博物馆典藏甲骨文金文集粹》,合肥:安徽美术出版社,2015年,第305页。

[2]　铭文参考发布者田率(《中国国家博物馆典藏甲骨文金文集粹》),以及谢雨田(《封子楚簠小考》,复旦大学出土文献与古文字研究中心网站,2016年1月13日)、黄锦前(《郑人金文两种释读》,复旦大学出土文献与古文字研究中心网站,2016年1月14日)、张崇礼(《封子楚簠铭文补释》,复旦大学出土文献与古文字研究中心网站,2016年1月15日)、《铭图续》30517。关于"封子楚"的具体身份,各家说法并不相同。

他自夸赫赫威武，是厉之长子，受命于天，他希冀万年不变。① 铭文中的封子楚，其身份与上引春秋铭文中称受天命者完全不同，他不是诸侯，也非一国之君，仅仅是楚王之士，但他也声称受命于天。显然，他所说的天命，无关国祚、国运，而更多的是个人之"命"，是上天所降的无期眉寿、无终禄位。铭文中的这层意思与春秋时期逐渐兴起的关注个人之运命的思潮相契合。②

综合上述金文内容，可说春秋时期的天命观念发生了显著变化。值得注意之处，有如下几项：

首先，承当天命者出现了本质变化。西周时期，唯有周天子才能膺受天命，而在春秋时期，各路诸侯纷纷宣扬身受大命。由春秋金文看，号称保有大命的君主，有姬姓之晋、蔡、曾，也有异姓之秦、楚等，表明天命已经不专属一家一姓，不唯周天子所独有，姬周以外的族属亦可获取天命，诸侯、贵族同样可以拥有大命。在这个意义上，可说天命的神圣性打了折扣。

其次，诸侯所具有的天命并非昔日文、武王所膺受的大命，并非由周王室转移而来，也不是周王室的天命"碎片化"的结果。由前引金文看，众多诸侯宣称保有天命，如此，天命并非文、武王传递下来的唯一的天命，而是有相当数量的天命存在，晋国有晋的天命，秦人有秦的天命，各个诸侯国有各个诸侯国的大命。但是，这样的局面，不免造成了棘手的问题，难以逾越的思想困境：原则上，溥天之下，天命只能有一个，而现实中，诸侯纷纷宣称天命，诸侯所拥有的天命，与周王室的天命，存在怎样的关系？春秋时人如何思考这一问题，已经不得而知了。或许诸侯们早已心存席卷天下、囊括四海之意，但他们就是不宣称所拥有的大命是由周王室转移而来；也或许颟顸的诸侯们对这一问题根本置之不理，只是一味地忙于宣称自己拥有天命。无论怎样，春秋社会，实际的情形就是，天命不再只有一个，天命可以有多个，各个诸侯国的天命并行，诸侯的天命与周王室的

---

① 铭文中的"觯改"，依据上下文意，应是毋改、不改。

② 学者也指出，周代文献中的"天命"概念不必与统一君主相关，有时候它可以用来形容诸侯国内的统治或者个人的命运（尤锐：《展望永恒帝国——战国时代的中国政治思想》，孙英刚译，王宇校，上海：上海古籍出版社，2013年，第76页）。

天命并存,但没有一个人敢于宣言其所有的大命是由周天子变易而来。①

但是,可堪注意的是,人们并不惮于指出诸侯国君之命可转移至烜赫一时的卿大夫之手。鲁国大夫子家子即认为鲁国的天命已由时任君主昭公转移到权卿季氏,他对鲁昭公说"天命不慆久矣",②慆,疑也。子家子认为,天命在季氏无可疑已久矣。言外之意,如日中天的季氏之天命是由日薄西山的昭公之处转移而来。若依此逻辑,诸侯所宣称的天命也应当由周天子转移而来,只是人们心存忌惮,不敢轻易出口。

再次,天命不表示改朝换代。诸侯宣扬的天命并非取代周王室而来,因此膺受天命并不意味朝代更迭,政权转换。由春秋金文观察,诸侯所称的天命有三种情况,一是称扬始封诸侯受天命,这是表示诸侯国之建立得天之大命,其立国最高依据在天;二是颂扬先祖受命、恭敬大命,这主要用以颂美祖先,显示先祖功业;三是自诩恭敬天命,这是自夸功绩,同时显示天佑诸侯国的信心。总之,诸侯们宣称的天命,指获得上天的垂顾以昌盛国运,而非改朝换姓,其意与周初人所称的文武受命、革除殷命,特指易姓换代具有根本的不同。③

值得思考的是,在霸主称雄的乱世中,春秋诸侯为何依然对于天命情有独钟?由上引文献分析,可知天命仍然被视为诸侯国立国的依据、国祚最根本的保障,有了天命的支持,才能够"保业厥秦"(秦公簋)、"保辥王国"(晋公盆)、"定均庶邦"(蔡侯申钟),这就意味着,天命依然是权力的最高来源,依旧是政权合法性的最终根据。④ 天命赋予君权以神圣性,这应

---

① 尤锐教授也指出"奇怪的是,在周朝漫长的历史中,很少有用天命理论来为自己推翻执政王朝进行辩护的。从公元前9世纪开始,取代昏庸君主的暴力事件就开始发生,但是没有一场叛乱声称要夺取天命,而且没有人——包括春秋时期飞扬跋扈的卿大夫家族——敢于公开声称取代自己的王室或者公室"(《展望永恒帝国——战国时代的中国政治思想》,第76页)。

② 《左传》昭公二十七年,孔颖达:《春秋左传正义》,阮元校刻:《十三经注疏》,第2117页。

③ 罗新慧:《周代天命观念的发展与嬗变》,《历史研究》2012年第5期。

④ 春秋时人依然认为上天赐予国祚。如《左传》闵公元年记载,晋侯作二军,太子申生将下军,又为太子城曲沃,但赐其他大夫耿地、魏地,时人预测太子不得即立,曰:"天若祚大子,其无晋乎?"(孔颖达:《春秋左传正义》,阮元校刻:《十三经注疏》,第1786页)显而易见,国祚来源于天。

当是春秋诸侯热衷于称颂天命的根本原因。这一套原属周王朝的理念，已经被诸侯们娴熟地用作自身治国的根本法宝了。当大命在身时，君主们所作所为就有了合理性、正当性，甚至拥有了一种势不可挡的力量，如人们所说"天方授楚，未可与争"，重耳"天将兴之，谁能废之"，有了天的庇护，诸侯国君们的兴起就顺理成章，带有了一种事所必然的意蕴。相反，若时运不济，则被看作"天祸之""天弃之"，也具有了一种不可抗拒、无法阻止的命定性。在政治领域中，天所具有的最高权威，天所代表的神圣力量，依然为人们所认可。可以说，终春秋一世，天命依旧是社会中解释君权来源的最有效理论，无论是周王室，还是各路诸侯，仍然都需要天命的支持。日益强大的诸侯国的君主们，一时还想不出更权威、更辉煌的理论来代替它，新的学说还没有成熟。

四、天命论的发展与衍变

春秋社会，天、天命由周天子独揽转化为诸侯国国君、卿大夫皆可承天休命，天命观念发生了明显变化。人所共知，传统的天命观念在为政权提供最高依据之外，还包含有"敬天保民""明德慎罚"等重要内容。将天命与德行相联，是周人政治文化中的高明观念。但是，春秋时期，王权式微，天命的承受者已由周天子降为诸侯、卿大夫，在这种局面下，传统天命观念中所承载的德行方面的内容如何安置，如何最大程度地顺承、转化西周时人开创的高超政治理想？易言之，西周时期的天命传统是否已经断裂？

（一）传统天命论的发展

考诸春秋文献，可见春秋时人较少正面阐述天命与德行、善政之间的关联，但德行与上天相关的思路仍在。《左传》宣公三年记载王孙满应对北上的楚人问鼎之大小轻重，曰：

> 在德不在鼎。昔夏之方有德也……用能协于上下，以承天休。桀有昏德，鼎迁于商，载祀六百。商纣暴虐，鼎迁于周。德之休明，虽小，重也。其奸回昏乱，虽大，轻也。天祚明德，有所厎止。

王孙满以德之盛衰解释三代更替。他说夏人有德之时，民无灾害，上下和而受天佑。德善而明,则有天助。上天赐福于明德之人,必有所固定,并非随时可变。① 王孙满强调德与天命的紧密关联,这是周人传统观念在春秋社会的回响。

此外,"膺受天命"的故事在春秋社会也广泛流传,借助于讲述三代受命故事,传统的天命观念继续传播,西周人强调的恭德敬天意识加固了。周人对于文、武王受命印象极其深刻,文武受命时时出现于春秋时人的记忆中,成为受命故事中光耀寰宇的内容。《尚书·文侯之命》篇是晋文侯受赐于平王后的作品,其中记录有平王册封之语,谓"丕显文武,克慎明德,昭升于上,敷闻在下,惟时上帝集厥命于文王"。② 周平王被迫东迁之后,发布诰命,他一仍其旧,追溯文、武王大受天命。他赞颂两位先祖注重德行,著见于上,布闻于下,威望所至,上帝降临大命。王室颁令,遵循西周旧制,史官著于书帛,传之于世,俾使传统的天命观念在春秋社会继续传播。此外,《诗经》"大雅"中的诸多诗篇,赞颂文王"令闻不已","有命自天",反复讲诵文王明德与天集大命的道理;《逸周书》中的相关篇目,如《大开武》③《小开武》④等依托追记周初故事,再三告诫后王明德敬天,这些内容,都是在传统思路中讲述天命与德行的关系,有益于西周天命观念的传诵。

人们不但讲述文、武王受命,也讲述夏商受命故事。如谓"帅象禹之功,度之于轨仪,莫非嘉绩,克厌帝心。皇天嘉之,祚以天下,赐姓曰'姒'、氏曰'有夏',谓其能以嘉祉殷富生物也",⑤是说禹循行仪法,多有善功嘉绩,长足帝心,上天善之,赐予禹天下。新近面世的清华简中,也有不少内容讲述文武受命、三代受命,使人们对于周人天命观在春秋社会的流传,有了更多的了解。《程寤》篇讲述文武并拜天命,《四告》篇记述周公感叹

---

① 祚,福之义;厎,杜预注"致也"(孔颖达:《春秋左传正义》,阮元校刻:《十三经注疏》,第 1868 页)。

② 孔颖达:《尚书正义》,阮元校刻:《十三经注疏》,第 253 页。

③ 是篇记周公之语"兹在德,敬在周,其维天命,王其敬命"(黄怀信、张懋镕、田旭东:《逸周书汇校集注》,第 275 页)。

④ 是篇记武王之言"敬听以勤天命"(黄怀信、张懋镕、田旭东:《逸周书汇校集注》,第 288 页)。关于《大开武》《小开武》等篇的写成时代,学者以为是春秋时期。

⑤ 上海师范大学古籍整理组校点:《国语·周语下》,第 104 页。

"有殷竭失天命，离残商民，暴虐百姓……暴虐纵狱，蔼蔼争恐，登闻于天"，而文王、武王奉承天命，挞殷克商，"（上帝）乃命朕文考周王殪戎有殷，达有四方。在武王弗敢忘天威命明罚，至戎于殷，咸戡厥敌，①其义与《尚书·康诰》"天乃大命文王，殪戎殷"、《尚书·君奭》"武王诞将天威，咸刘厥敌"几乎相同。《厚父》篇则讲述夏人受赐大命，此篇特别突出了夏后之德与天命的关系，谓"（禹）建夏邦。启惟后，帝亦弗巩启之经德，少命皋陶下为之卿事，兹咸有神，能格于上，知天之威哉，问民之若否，惟天乃永保夏邑。在夏之哲王，乃严寅畏皇天上帝之命，朝夕肆祀……天则弗斁，永保夏邦"，②夏人敬畏上天，心存民之情实，因此上天长保夏邦。在这里，君王的德行与保有天命紧密相关。《厚父》篇还记载厚父之语，更加凸显了明德保教、注重民事的政治观念，谓：

> 天命不可漗斯，民心难测，民弋克共心敬畏，畏不祥，保教明德，慎肆祀……曰民心惟本，厥作惟叶。

意谓天命难以测知，③民心亦难测度。愿民众恭敬敬畏，警惕不善之事，护卫效法明德，严敬祭祀，民心是为政的基础。④ 在厚父的意识中，天命固然难测，但天命的根本在于民心。其所说与《尚书·康诰》"天畏棐忱，民情大可见。小人难保，往尽乃心"异曲同工。

清华简《祭公之顾命》篇也记述了祭公追溯文、武王故事，谓"惟时皇上帝宅其心，享其明德，付畀四方，用膺受天之命，敷闻在下"，⑤祭公所说

---

① 同篇又谓"惠皇上帝命周文王据受殷命，烈祖武王大勘厥敌"。见黄德宽主编：《清华大学藏战国竹简》（拾），上海：中西书局，2020年，第110页。

② 李学勤主编：《清华大学藏战国竹简》（伍），上海：中西书局，2015年，第110页。《厚父》篇为述古之作，文辞尽管有与金文相似之处，但整体文意不古，应当成篇于西周后期、春秋时期。

③ 漗，注释者指出或为"法"之讹字，读为"废"，废替之义[李学勤主编：《清华大学藏战国竹简》（伍），第114页]。释文亦参考了诸家之说。

④ "民心惟本"之"本"，整理者赵平安先生已指出与一般"本"字写法不同[《谈谈战国文字中值得注意的一些现象——以清华简〈厚父〉为例》，《出土文献与古文字研究》第六辑（复旦大学出土文献与古文字研究中心成立十周年纪念文集），上海：上海古籍出版社，2015年，第308页]。此字竟当释为何字，待考。但此句基本意义是注重民心。

⑤ 清华简《祭公之顾命》第4—5简，李学勤主编：《清华大学藏战国竹简》（壹），第174页。

与《诗经》所谓"受禄无丧,奄有四方""维此王季,帝度其心,貊其德音"①十分相似。《封许之命》篇则记载周王分封吕丁侯于许地,嘱咐他"司明刑,鳌厥狱,祗事上帝,桓桓不(丕)苟(敬),严将天命",②告诫他司理刑罚,作出谋划,敬事上帝,隆重地向上天表达敬意,严格地按照天命行事。这段话的主旨与周人所说"严恭夤天命"③极其相似,是对传统天命思想的继承。清华简中时见记述天命故事,应当并非偶然,反映出东周时期,人们在回顾往事、总结过往经验时,王朝的更替以及周人受天命是其中的重要内容,是人们难以忽视的历史经验。而在追述与总结中,传统的天命观念得以赓续。

春秋时期,依然可见人们将德行与上天关联起来。人们认为出类拔萃、脱颖而出的诸侯,也是由于德正行美才得到上天的庇护。例如春秋时人以为重耳得天之启,天降大命于重耳,究其实,是由于重耳"广而俭,文而有礼",④"险阻艰难,备尝之矣;民之情伪,尽知之矣",⑤重耳自身有懿德,重视民情,因此才获得上天所赐。德行与天命,有其必然的联系。⑥春秋社会,人们进一步总结出"皇天无亲,惟德是辅"⑦"善之代不善,天命也"⑧

---

① 《诗经·大雅·皇矣》,孔颖达:《毛诗正义》,阮元校刻:《十三经注疏》,第520页。

② 李学勤主编:《清华大学藏战国竹简》(伍),第118页。

③ 秦公簋,《集成》4315。

④ 《左传》僖公二十三年,孔颖达:《春秋左传正义》,阮元校刻:《十三经注疏》,第1816页。

⑤ 《左传》僖公二十八年,孔颖达:《春秋左传正义》,阮元校刻:《十三经注疏》,第1824页。

⑥ 尽管春秋社会中,不乏冒用德之名,以天意为托词来为某些诸侯、贵族造势的情况,但从反面看,他们的逻辑仍然是承认天命与德行的内在关联。例如,《左传》昭公二十七年记载,鲁国季氏驱逐鲁昭公,盟会之时,季孙贿赂晋范献子,献子拒绝宋、卫之卿要求昭公返回鲁国的建议,说:"季氏之复,天救之也……季氏甚得其民,淮夷与之,有十年之备,有齐、楚之援,有天之赞,有民之助。"(孔颖达:《春秋左传正义》,阮元校刻:《十三经注疏》,第2117页)所谓的"天救之""天之赞",纯属虚构。

⑦ 《左传》僖公五年,孔颖达:《春秋左传正义》,阮元校刻:《十三经注疏》,第1795页。原为《周书》逸书语,宫之奇引用,今见于伪古文尚书《蔡仲之命》篇。

⑧ 《左传》襄公二十九年,孔颖达:《春秋左传正义》,阮元校刻:《十三经注疏》,第2009页。

"天祚有德"①"天道无亲,唯德是授"②的观念,深刻阐明上天无亲疏之别,只辅助有德之人;天助善而祸不善,政必归善者的道理,将天命与德行的关系扣得更紧。人们又说"畏天之威,于时保之",③意为敬畏天威,方保福禄。也常常引用西周之语以诫当下,云"惟命不于常",④以天命变动不居,时人宜努力把握人事以敬天命而自勉;又云"民之所欲,天必从之",⑤将保民作为敬天之要义,将民事视为第一要务。凡此种种,皆是在周初"天命靡常""敬天保民"的传统思想轨道中作进一步的论述,深化、升华了周初天授明德的政治理想。⑥

总之,春秋社会,虽然天命观念发生了种种变化,但西周的传统遗俗、流风善政,犹有存者。周初所开创的敬人事、保天命的传统并未由于春秋社会出现的变迁而断裂、崩溃。西周时人天命"惟德是与"的政治理念依然不绝若线,并在变乱的时代得到新的诠释和发挥。

(二) 天命观念的新因素

春秋时代,传统的天命观有其遗绪,但毋庸置疑,新的因素也在涌现。

在天与人事的关系方面,可堪注意的新情况是:第一,在承认人事对于天命有重要影响的同时,也肯定命定之天的作用;第二,天命与祥瑞、灾异等观念结合在一起,天人感应的意味浓厚起来,天命观念神秘化。

---

① 上海师范大学古籍整理组校点:《国语·晋语四》,第 345 页。
② 上海师范大学古籍整理组校点:《国语·晋语六》,第 421 页。
③ 《左传》文公四年,孔颖达:《春秋左传正义》,阮元校刻:《十三经注疏》,第 1840 页。原为《诗经·周颂·我将》语。
④ 《左传》成公十六年,孔颖达:《春秋左传正义》,阮元校刻:《十三经注疏》,第 1919 页。晋大夫范文子引用《周书·康诰》语。
⑤ 《左传》襄公三十一年,孔颖达:《春秋左传正义》,阮元校刻:《十三经注疏》,第 2014 页。鲁大夫穆叔引用《周书·泰誓》语。
⑥ 当然,也必须看到另外的一面,即贵族常常假"天"与"德"粉饰自己,达到为所欲为的目的。例如,郑人侵伐许国,郑庄公谓"天祸许国,鬼神实不逞于许君,而假手于我寡人"(《左传》隐公十一年),郑人欺凌小国,却假托天之意志行事。"天"为人所"挟持",任人摆布之事,春秋时期比比皆是。既然天"坠落"为人们手中的工具,为人所左右,在这种情况下,论说天的崇高意义、天的德性就成为一种奢谈。换言之,春秋社会的另一重景象是天与德、天与人事,渐行渐远。

《左传》宣公三年记载王孙满针对兵临城下的楚人"问鼎之轻重"的一番说辞,王孙满一面坚持周人的传统说法,谓"在德不在鼎",以德之盛衰解释三代之更替,将天命与德紧密地联系在一起。但另一面他又对自负的楚人说:

> 成王定鼎于郏鄏,卜世三十,卜年七百,天所命也。周德虽衰,天命未改。①

在这里,王孙满强调了天命的绝对意义。需要注意的是,王孙满所说的周之"享年",带有命定的色彩,即不以人之意志、不以人事为转移的"宿命"。这与西周时期的"天辅明德",强调人事影响天命的思想已有不同。又如,《国语·晋语六》记载:"鄢之役,荆压晋军,军吏患之,将谋。范匄自公族趋过之,曰:'夷灶堙井,非退而何?'范文子执戈逐之,曰:'国之存亡,天命也,童子何知焉? 且不及而言,奸也,必为戮。'"②在楚军兵临城下之际,范匄越级而献策,引起其父范文子的不满,认为天命在上,哪里有小子置喙的余地。在范文子看来,国之存亡,已是上天注定,人事无力回天。

在人事与天命两个因素当中,原本天之"命"由人之"事"累积而成、发展而来,人事可以影响天命。只是到了一定的地步,大势已成,人力便无法再起主导作用,遂由主动变为被动,积极转为消极。在这种情况下,天就成为命定性的天,人只能听天由命。《左传》昭公二十五年、二十七年记载,鲁昭公不堪三桓揽权而奔逃于齐,鲁大夫子家子劝说昭公不要幻想获得齐国的帮助就可以返国复位,说道:"天命不慆久矣。……天既祸之,而自福也,不亦难乎?"③慆,疑也。子家子认为,天命在季氏无可疑已久矣,纵使昭公自求福,也力不可支,无法挽回颓势了。昭公二十六年,齐国出现彗星,齐人以为有灾,齐景公举行禳祭消灾,晏子却说:"无益也,祇取诬焉。天道不谄,不贰其命,若之何禳之?"④不谄,谓不变也。意指天道不

---

① 孔颖达:《春秋左传正义》,阮元校刻:《十三经注疏》,第 1868 页。
② 上海师范大学古籍整理组校点:《国语·晋语六》,第 421 页。
③ 《左传》昭公二十七年,孔颖达:《春秋左传正义》,阮元校刻:《十三经注疏》,第 2117 页。
④ 孔颖达:《春秋左传正义》,阮元校刻:《十三经注疏》,第 2115 页。

易，上天不变更其命，①彗星由天所命，即便禳灾，也于事无补。子家子、晏子所说都饱含有人事不可违背天命的意味，都表现出一些运命的色彩，或许这就是所谓"运命之天"理念的滥觞。

春秋时期，如前所述，人们常常将楚、吴等国势力的崛起，冠之以"天所授"，又将鲁昭公之类的君权旁落，看作"天之所祸"，并认为，既然是天之运作，岂可违天？众所周知，楚、吴的兴起更多地是与两国实力壮大有关，而鲁昭公的衰弱是卿大夫势力坐大的结果，但人们仍将之归纳为天之意旨的体现。在这种情况下谈天，天实际上成为客观现实的代名词，它非善非恶，非正非邪，既不是最高裁决者，也不是道德意志的代表。它只是客观的存在。② 这一观念与西周时人强调的人事为天命根据的自信已显示出不小的差别，西周时期那种有人格意志的天的观念正悄然发生着变化。

值得注意的是，虽然天命之下，人无可作为，人似乎又消极起来，但这在一定程度上却代表着人之认识能力螺旋式的上升。人们饱经世事变迁，总结历史经验，切实地看到天命未必以人事为根据，在人事之外，尚有其他力量左右，于是生发出"尽人事听天命"的观念。《左传》昭公二十七年说"哀死事生，以待天命"，③即包含有人无可奈何的慨叹。上海博物馆藏战国竹简《曹沫之陈》篇记载鲁庄公时，曹沫以"修政而善于民"、恭敬勤俭之道劝谏，陈说国家兴衰之道，鲁庄公遂与曹沫就天命有所辩论：

> 庄公曰："昔池舶（伯）语寡人曰：'君子得之、失之，天命。'今异于而（尔）言。"曹沫曰："□不同矣。臣是故不敢以古答。然而古亦有大道焉，必恭俭以得之，而骄泰以失之。君言亡以异于臣之言。君弗尽，臣闻之曰：'君子以贤称而失之，天命；以亡道称而没身就死，亦天

---

① 王引之指出"貳"当为"貣"字，即"忒"。《说苑·权谋》篇引《诗》即写作"皇皇上帝，其命不忒"，忒，变也（《经义述闻》，南京：江苏古籍出版社，1985年，第407页）。

② 春秋战国时期，有不少情况下，天并不代表道义，国家强盛即可视为得天。这与西周时期周人讲述殷商邪恶，因而大命转移的说法相比，可谓大相径庭。这恐怕也是天命论因为没有足够的说服力而衰落的原因。战国时期萌生的"五德相生"说，则用更神秘的因素来取代"天命"，但其不包括价值理想的因素。

③ 孔颖达：《春秋左传正义》，阮元校刻：《十三经注疏》，第2116页。

命。不然，君子以贤称，曷有弗得？以无道称，曷有弗失？'"①

池舶,竹简整理者指出或为《国语·齐语》中的施伯。如是,则施伯为鲁君谋臣,以洞见与智慧著称。② 以施伯之睿智,他传递给鲁庄公的观念是"君子得之、失之、天命",意谓君子或得或失,实在不由人之意愿或主观努力所能决定,而是天命主宰一切。施伯的看法过于消极,但他毕竟看出了在人事之外,还存在着人无力把握的因素。曹沫较之施伯有其积极的一面,他一方面看到尽人事却不一定成天命、天命与人事无关,但另一方面,他从反面看到,不尽人事则一定不能成天命,天命与人事有关。由施伯与曹沫之例看,春秋时期人们已经认识到,天命固然与人事有若干关联,但其中却包含有不以人之意志为转移的、个人力量所无法企及的因素。

春秋智者进一步总结经验,将人事与天意结合起来,认为若成大事,人需尽力,也需审时度势,两者并重,缺一不可。《国语·越语》记载范蠡谏言勾践伐吴之语"人事至矣,天应未也,王姑待之",劝导勾践等待天时。后又奉劝勾践"天应至矣,人事未尽也,王姑待之",等待人事方面的进一步变化。范蠡还说"夫人事必将与天地相参,然后乃可以成功",③人力固然重要,但必须考虑到天时、地利这类客观因素。这是人们对人事、世事有更充分的了解之后,对于天命所包含的复杂因素的新认识。

春秋时期天命观念另一明显变化,是将天命与灾异、祥瑞等系联起来,以禨祥预言天命,借天命寓言天谴,天命观念变得愈发神秘起来。

由文献可见,时人的一种思路是不仅将人事与天、天命紧密联系在一起,甚至将其推向极致,其极端的表现就是将天命与灾异联系起来,企图以严厉的天谴来约束人事,将天命观念的发展导引至另一路途中。上博简《三德》篇谓:

---

　　① 《曹沫之陈》第 6—10 简,马承源主编:《上海博物馆藏战国楚竹书》第四册,上海:上海古籍出版社,2004 年,第 247—249 页。

　　② 关于施伯的智慧,《国语·齐语》记载:管仲射齐桓公而为鲁所俘,桓公听鲍叔牙之谏欲释前嫌而重用管仲,请鲁国将其放回。齐桓公知施伯为能,十分忧虑,说"施伯,鲁君之谋臣也,夫知吾将用之,必不予我矣",担心施伯看透自己的心计而不放人。鲍叔牙教桓公欲以戮管仲于群臣以为说,才得以成功。但即便如此,施伯仍然看穿了齐人的计谋。

　　③ 上海师范大学古籍整理组校点:《国语·越语》,第 649、650 页。

> 敬者得之，怠者失之，是谓天常，天神之[□]。毋为□□]，皇天将
> 举之；毋为伪诈，上帝将憎之。谋而不谋，天乃降灾；已而不已，天乃
> 降异。其身不没，至于孙子。阳而幽，是谓大感；幽而阳，是谓不祥。
> 齐齐节节，外内有辨，男女有节，是谓天礼。敬之敬之，天命孔明。如
> 反之，必遇凶殃。[①]

《三德》篇主旨思想的时代，据推测，当在春秋战国之际。这段简文所表达
的理念，天命与人事紧密相连，人事倘若有悖天命，则秧咎大降。《三德》
篇所透露出的观念与战国时期诸子主张的天人感应说有相合之处。如
《墨子·天志中》云"天子为善，天能赏之；天子为暴，天能罚之"，上天成为
君主的约束。再如，《吕氏春秋·应同》曰：

> 凡帝王者之将兴也，天必先见祥乎下民。黄帝之时，天先见大螾
> 大蝼。黄帝曰："土气胜。"土气胜，故其色尚黄，其事则土。及禹之
> 时，天先见草木秋冬不杀。禹曰："木气胜。"木气胜，故其色尚青，其
> 事则木。及汤之时，天先见金刃生于水。汤曰："金气胜。"金气胜，故
> 其色尚白，其事则金。及文王之时，天先见火，赤乌衔丹书集于周社。
> 文王曰："火气胜。"火气胜，故其色尚赤，其事则火。[②]

《应同》篇所述的思想，是战国时期阴阳五行说的典型之论。此篇以五行
生克学说来解释上古历史变迁。在这个关于历史发展的新理论模式中，
天命与人事的关联被推到极致，两者的关系绝对化了。这一绝对的观念
不仅开了后世灾异论的先河，且与五德相生学说结合，在战国时期揭开了
王朝代易学说的新篇章。事实上，西周人发明的天命观念，本身含有天人
感应的因素，只是周人宣扬的是文、武王德美行善从而膺受大命建立政
权，未将天命与人事的关联广而扩之。东周以降，人们把君主一切的行为
都和上天联系起来了，天人感应的色彩极其浓厚。

　　此外，春秋时人为阐述缘何膺受天命，也增添了新的内容。西周时人

---

　　① 《三德》第2—4简，马承源主编：《上海博物馆藏战国楚竹书》第五册，上海：上海
古籍出版社，2005年，第289—290页。
　　② 《吕氏春秋·应同》，陈奇猷：《吕氏春秋新校释》，第682—683页。

在发明天命观念时，并无丰富的手段证明周人获天帝青睐、膺受大命，周人是凭借着信念，认为获赐大命，获得天帝的认可。① 至春秋时期，尽管距离文、武王受命历时已久，但人们却对于此事增添了新内容，以祥瑞、征兆等来言说天命，增加了天命的神异色彩。

清华简《程寤》篇记载了以托梦预言天命的故事：

> 佳王元祀正月既生魄，太姒梦见商廷惟棘，乃小子发取周廷梓树于厥间，化为松柏棫柞。寤惊，告王。王弗敢占，诏太子发，俾灵名凶，祓。祝忻祓王，巫率祓太姒，宗丁祓太子发。币告宗祊社稷，祈于六末山川，攻于商神，望，烝，占于明堂。王及太子发并拜吉梦，受商命于皇上帝。②

意谓太姒梦见商庭长满荆棘，又梦见太子发将周廷中的梓树移入商庭，这些树木遂变化为松柏等佳木。太姒惊醒后将梦告诉文王，文王召太子发，举行了占卜、祓除、祈祷、攻除、祭祀等一系列活动。然后，文王、太子发敬拜这一吉祥的佳梦，从皇上帝那里接受了大命。清华简《程寤》篇抄写于战国时代，从其所用"何……非"等句式看，写成时代不早于西周晚期。事实上，与《程寤》篇相关的以梦言说受命的记载多见于春秋时期的文献中。《逸周书·文儆》记载："维文王告梦，惧后祀之无保。庚辰，诏太子发曰：汝敬之哉！"前人指出，这里的告梦，"即告《程寤》之梦"。③《逸周书·大开武》篇亦有类似的记录，周公谓"兹顺天。天降寤于程，程降因于商。商今生葛，葛右有周"，④周公所说的顺从天意，即指程地太姒之梦所预言的

---

① 关于周人受命，近年来的研究成果可参看：祝中熹：《文王受命说新探》，《人文杂志》1988 年第 3 期；王和：《文王"受命"传说与周初的年代》，《史林》1990 年第 2 期；孙斌来、孙凌安：《西周开国于周文王》，《松辽学刊》1992 年第 2 期；王晖：《周文王受命称王考》，《陕西师范大学学报》2002 年第 4 期；晁福林：《从上博简〈诗论〉看文王"受命"及孔子的天道观》，《北京师范大学学报》2006 年第 2 期；刘国忠：《周文王称王史事辨》，《中国史研究》2009 年第 3 期等。

② 李学勤主编：《清华大学藏战国竹简》（壹），第 136 页。

③ 陈逢衡说，见黄怀信、张懋镕、田旭东：《逸周书汇校集注》，第 245 页。

④ 黄怀信、张懋镕、田旭东：《逸周书汇校集注》，第 277 页。

文武并受天命。①《文儆》《大开武》篇，一般认为是春秋时期文献。②

《程寤》篇写成的时代，距离周人受命早已久远，按道理，并不需要宣扬文、武王受命的神异性，以此提升民众的信服度。而神秘说法的出现，可能提示当时的社会中，出现了以神异性事件解说事物的思潮，并将之也用以"诠释"政权的代易，再进一步，附会于周人受命的场景当中。事实上，以神异之事来解说西周政权的建立，在春秋战国社会并不罕见。《国语·周语上》记载周大夫内史过谓"周之兴也，鸑鷟鸣于岐山"，③鸑鷟，即瑞鸟凤凰，周大夫所说是以瑞鸟的出现作为西周建立的先兆。《墨子·非攻下》也说："赤乌衔圭，降周之岐社，曰：'天命周文王伐殷有国。'"④墨子所说以更加奇异的赤雀衔玉圭降落于西土之社，并且雀鸟发出人语预告上天降命文王，来增加当时周人受命的神秘色彩。这一类的说法与纬书中所谓"受洛书""赤雀衔丹书入丰"等来象征文王受命⑤的说法非常近似。人们创造出神异事件，其目的无非以此来预言即将发生之事，为达成意图、目的制造舆论宣传，铺垫道路，扫清障碍。⑥

春秋时人将神秘事件附会于文、武王受命，不同于一般的谶纬，它是以神秘的手法解说朝代的更迭这样最为重大而敏感的事件，对于政治人物而言，其意义非凡。相较于传统的西周天命论，它是一种新的手法，一套新的体系，这种新因素的出现，预示了新的观念在酝酿，新的阐释王朝代易的理论在涌动。而当这些新的理论成熟之时，已经是战国时代了。

---

① 关于大姒之梦和《逸周书·文儆》等所记内容的关联，参看晁福林：《从上博简〈诗论〉看文王"受命"及孔子的天道观》；《从清华简〈程寤〉篇看"文王受命"问题》，《北京师范大学学报》2016 年第 5 期。

② 罗家湘：《〈逸周书〉研究》，上海：上海古籍出版社，2006 年，第 12—15 页。

③ 上海师范大学古籍整理组校点：《国语·周语上》，第 30 页。

④ 吴毓江撰：《墨子校注》，北京：中华书局，1993 年，第 221 页。

⑤ 《诗经·大雅·文王》孔疏"诗序"详列各种纬书之说，可参看孔颖达：《毛诗正义》，阮元校刻：《十三经注疏》，第 502 页。

⑥ 例如，《左传》宣公三年记载，郑文公之贱妾燕姞梦到天使赐予她兰花，并告诉她以"兰"为她的儿子取名。燕姞得文公宠幸，果然怀孕生子，后来成为郑国国君，即穆公。燕姞之梦，事实上是为提升她的地位，以及此后在郑国群公子或死亡或逃亡的情况下，公子兰返回郑国，并成功即立为国君制造舆论宣传。

第三节　天 的 神 性

西周时期，天的神性主要围绕天子展开，重点休现在与"天命"相关的赐疆土、授民人方面。春秋时期，天降尊纡贵，天命不再是天子的专利品，而天的神性也发生了微妙的变化。

一、"天有五义"

探讨天的神性之前，首先讨论天的义涵。

有关天的义涵，冯友兰先生曾经指出："在中国文字中，所谓天有五义：曰物质之天，即与地相对之天。曰主宰之天，即所谓皇天上帝，有人格的天、帝。曰运命之天，乃指人生中吾人所无奈何者，如《孟子》所谓'若夫成功则天也'之天是也。曰自然之天，乃指自然之运行，如《荀子·天论》篇所说之天是也。曰义理之天，乃谓宇宙之最高原理，如《中庸》所说'天命之为性'之天是也。《诗》《书》《左传》《国语》中所谓之天，除指物质之天外，似皆指主宰之天。《论语》中孔子所说之天，亦皆主宰之天也。"①冯先生之论，广为学界所采信。

然而，若从时代发展变化角度言，天之义涵在不同的时代亦有不同的侧重。前编已述，西周时期，周人所言之"天"有三个义项：1. 在上神明；2. 自然之天；3. 物质之天。三个义项中，神明之天是周人最常指向的"天"，而与地相对的物质之天，以及自然之天的概念虽然已经出现，但用法少见，只能说这类概念尚处于萌芽阶段。

春秋时期，天之义涵的变化十分明显，具体表现是，在神明之天的义项之外，物质之天、自然之天、运命之天的概念充分发展起来。《诗》《书》等文献中常常可见与大地相对的"苍苍"者，那是物质之天。如《诗经·王风·黍离》"知我者，谓我心忧。不知我者，谓我何求。悠悠苍天，此何人

---

① 　冯友兰：《中国哲学史》上册，第 55 页。

哉",《唐风·鸨羽》"悠悠苍天,曷其有所",《小雅·巷伯》"苍天苍天,视彼骄人"等等,①皆是指物质之天。这一时期,"天地"合称之例也大量涌现,如"天地之性"②"能文则得天地"③"大者天地"④等,天地并称,"天"当然是指与大地相对应的上天。"苍天",以及"天地"并称的流行,表明物质之天的义涵在春秋社会盛行起来。此外,人们对自然之天的认识也丰富了,自然之天常常出现在文献中、人们的语汇中。《唐风·绸缪》云"绸缪束薪,三星在天",《豳风·鸱鸮》谓"天之未阴雨",⑤星辰在天,天有其雨,都是指自然之天。而关于命运之天,上节已论述,春秋智者意识到人事之外尚有不可把握的力量,将之称其为天命、天意,此乃命运之天。

综之,天之义项,由西周至春秋时期,有其变化过程。冯友兰先生所说的"天有五义","五义"在春秋时期达到齐备、完善。

二、天的神力

前编曾经指出,天在西周时期的主要功能是授予大命,但在赐降周人"大命"之后,天便高高在上,隐居起来,不再发挥神力,尤其不与人们的日常生活发生关联。入春秋以来,天之神力显著的变化是天很少赐予大命,但是天却成为人们福、禄、寿的一种来源,天开始接地气了。天的主要神性,可胪列如下:

(一)"天赐之福"

天赐福禄之说,不见于西周时期彝铭。这一观念的产生,盖在两周之际。春秋早期曾伯霏簠盖铭文谓:

> 余择其吉金黄铝,余用自作旅簠,以征以行,用盛稻梁,用孝用享于我皇祖文考,天赐之福,曾伯霏叚不黄耇,万年眉寿无疆。(见下图)⑥

---

① 孔颖达:《毛诗正义》,阮元校刻:《十三经注疏》,第 330、365、456 页。
② 《左传》襄公十四年,孔颖达:《春秋左传正义》,阮元校刻:《十三经注疏》,第 1958 页。
③ 上海师范大学古籍整理组校点:《国语·周语上》,第 96 页。
④ 上海师范大学古籍整理组校点:《国语·晋语五》,第 397 页。
⑤ 孔颖达:《毛诗正义》,阮元校刻:《十三经注疏》,第 364、395 页。
⑥ 《集成》4631。

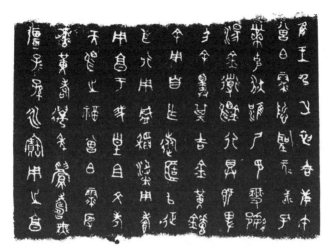

曾伯棨簠盖铭文

器主自谓作器以享孝于祖考，天赐予其福，器主永葆不老，长寿万年，眉寿无疆。铭文中，清晰地显示上天是福的源泉。春秋时期宋国右师延敦铭文谓：

> 唯赢赢畾畾，扬天恻，骏恭天常，作粢飬器，天其作市（福），于朕身永永有庆。①

宋国执政之卿称"右师"。铭文中的赢，义为长，盛。畾，即温字，段玉裁云："凡云温和、温柔、温暖者，皆当作此字。温行而畾废矣。"②恻，即则，春秋晚期竞孙旗号鬲"子孙是恻"之"恻"即读为则，义指法则；铭文中的"天则""天常"表示天所代表的一种道义。市，通于"福"。铭文意思是说，宋国右师长久、和顺地弘扬天道，大顺天意，铸作装粢盛的祭器。天将赐福，于己身长久有嘉庆。两例铭文中，皆称天赐福、天作福，将皇天视为福

---

① 徐俊英：《南阳博物馆藏一件春秋铜敦》，《文物》1991 年第 5 期。按，铭文里的粢，指供祭祀的黍稷。飬，《说文》训谓"馈也。从食，非声。陈、楚之间相谒而食麦饭曰飬"（许慎：《说文解字》，第 107 页）。铭文"粢飬"，意犹《左传》鲁桓公六年随侯说自己恭敬于祭礼"粢盛丰备"，杜预注谓："黍稷曰粢，在器曰盛。"（孔颖达：《春秋左传正义》，阮元校刻：《十三经注疏》，第 1750 页）粢盛指盛于祭器中的用于祭祀的黍稷。

② 段玉裁：《说文解字注》，第 213 页。

佑的来源。

天赐福佑是春秋时期盛行的观念，常常见于人们的求祷祝福声中。《诗经·小雅·桑扈》是为君子颂德求佑的诗歌，诗谓"君子乐胥，受天之祜"，①胥，语助词。诗中的君子可能是周王朝的执政者，他也称受到天的护佑。《鲁颂·閟宫》是鲁国人祭祀祖先的庙歌，诗篇称"天锡公纯嘏"，②纯，大；嘏，福。意谓上天将大福赐与鲁僖公。天赐予大福，获得天的护佑，就会万事遂顺。《诗经·小雅·天保》是为君主祝福的诗，③诗篇称贵族得天保佑，一切皆大吉大利：

> 天保定尔，亦孔之固。俾尔单厚，何福不除。俾尔多益，以莫不庶。
>
> 天保定尔，俾尔戬穀。罄无不宜，受天百禄。降尔遐福，维日不足。
>
> 天保定尔，以莫不兴。如山如阜，如冈如陵，如川之方至，以莫不
> 增。……
>
> 如月之恒，如日之升，如南山之寿，不骞不崩。如松柏之茂，无不
> 尔或承。

这首诗大意是说：天保佑安定你，十分稳固。使你福祉丰厚，一切福祉没有不赐予你的。④ 使你每物益多，故物无不众多。天保佑你平安，使你福禄尽有。⑤ 所赐予你的没有一样不好，承受了天的百禄。天降长远之福

---

① 孔颖达：《毛诗正义》，阮元校刻：《十三经注疏》，第 480 页。

② 孔颖达：《毛诗正义》，阮元校刻：《十三经注疏》，第 617 页。

③ 《诗序》谓"天保，下报上也。君能下下以成其政，臣能归美以报其上焉"（孔颖达：《毛诗正义》，阮元校刻：《十三经注疏》，第 412 页）；高亨先生则以为是为贵族祝福之诗（《诗经今注》，第 225 页）。

④ "俾尔单厚，何福不除"句，毛传"单，信也。或曰单，厚也。除，开也"，郑笺"单，尽也。天使女尽厚天下之民，何福而不开，皆开出以予之"（孔颖达：《毛诗正义》，阮元校刻：《十三经注疏》，第 412 页）。马瑞辰云"单者，亶之假借。《尔雅》邢疏引某氏注云：《诗》曰'俾尔亶厚'。《潜夫论》引《诗》亦作'俾尔亶厚'。盖本三家诗。《说文》'亶，多穀也'，亶之本义为多穀，引申之为信厚……'单厚'即指下'福'言，言予福之厚。笺云'天使女尽厚天下之民'，失之"（《毛诗传笺通释》，第 509—510 页）。

⑤ "俾尔戬穀"句，毛传"戬，福。穀，禄。罄，尽"（孔颖达：《毛诗正义》，阮元校刻：《十三经注疏》，第 412 页）。

与你，①每日享乐，受用不尽。天保佑你平安，诸事无不兴盛发达。如山峰如高岭，如山冈如丘陵，如河流纵横，无不增福加禄。如月亮之圆，如旭日东升，如南山长寿，永不亏损崩坍。如松柏茂盛，无不受之享用。诗人宣称，福与禄，皆赖上天所赐。全诗用高山大川、日月松柏等来形容天赐福禄之丰厚无疆。因为诗中有九个"如"字，后人称为"九如"诗。论者或指责此诗谄媚君主，②殊不知这是那个时代对于天所赐之福的高度颂美。诗人以丰富的语言，展现了人们对于天的真诚赞颂，是春秋时期社会观念的真实反映。③

　　天赐以大福之外，还降下厚禄，上天也是禄的来源。时人称"三代之令王，皆数百年保天之禄"，④这里所说的天禄，本是西周人所说的天命，春秋时人将之改为天禄，侧重指三代之王所享有的禄位，这是一种世俗化了的说法。《诗经·大雅·既醉》谓"天被尔禄"，⑤被，覆盖。意谓厚禄由天所降。

　　人们还常常将福禄连称，祈求上天降以百福千禄。《诗经·大雅·假乐》歌咏道"假乐君子，显显令德。宜民宜人，受禄于天。保右命之，自天申之。干禄百福，子孙千亿……受福无疆，四方之纲"，⑥诗篇说大禄来自上天，福祉也源于上天，皇天降以千禄百福。不但有福禄，人们也认为"吉利"由天而来，⑦云"自天祐之，吉无不利"，⑧ 以为有了天的保佑，吉利

---

　　①　遐，郑笺"远也"（孔颖达：《毛诗正义》，阮元校刻：《十三经注疏》，第412页）。马瑞辰以为与"暇"声近而义同，即"大"意（《毛诗传笺通释》，第511页）。

　　②　清儒方玉润说此诗"略无规讽意，不已近于谀乎"（《诗经原始》下册，北京：中华书局，1986年，第338页），又如陈子展先生说此诗是"肉麻""可厌"的"丑恶作品"（《诗三百解题》，上海：复旦大学出版社，2001年，第622页）。此类说法皆忽视了历史背景。

　　③　人们将天赐之福称作"天福"，进一步明确了天与"福"的关系。《左传》襄公二十六年记载《商颂》有之曰'不僭不滥，不敢怠皇，命于下国，封建厥福'。此汤所以获天福也"，成汤受天命建立殷商，在春秋时人的观念中，这是天降之福（孔颖达：《春秋左传正义》，阮元校刻：《十三经注疏》，第1991页）。

　　④　《左传》成公八年，孔颖达：《春秋左传正义》，阮元校刻：《十三经注疏》，第1905页。

　　⑤　孔颖达：《毛诗正义》，阮元校刻：《十三经注疏》，第537页。

　　⑥　孔颖达：《毛诗正义》，阮元校刻：《十三经注疏》，第540—541页。

　　⑦　事实上，西周时人多以为"吉"由祖先而来，如西周中期师器父鼎"师器父作尊鼎……用祈眉寿、黄耇、吉康"（《集成》2727），师奁父鼎"（师奁父）用追孝于剌仲……用匄眉寿、黄耇、吉康"（《集成》2813）。

　　⑧　《易经》大有上九。

无比。

总之，福与禄、吉与利，拜天所赐。西周时期，皇天主掌降赐大命，与人们生活相关的福禄、吉利并非上天主理的内容。春秋时期，天的神性部分地转移至人间，在人们悬悬而望的丰福厚禄、大吉大利方面发挥神性，寄托承载着人间的美好愿景。

（二）"天假之年"

不但福祉、丰禄由天而来，寿考也由上天护佑。这是天之神性在春秋时期另一项显著的变化。西周时期，绝大多数情况下，人们认为祖先赐与子孙眉寿、黄耇、弥生、万年，生者的年寿由先祖保佑，彼时尚无皇天护佑寿考的观念。春秋时期，人们开始将生命与上天联系起来。

在人们的脑海中，寿考由上天所赐。《诗经·小雅·天保》诗中即有天赐"南山之寿"的诗句，此即今语"寿比南山"的来源，显示出天与年寿的密切关联。《诗经·小雅·信南山》是祭祀祖先的乐歌，诗篇描述"曾孙"向先祖献以酒食，"先祖是皇，报以介福，万寿无疆"，先祖赐以福、寿，同时诗篇也说"曾孙寿考，受天之祜"，[①]意谓生者的年寿，受天护佑。《鲁颂·閟宫》篇又说"天锡公纯嘏，眉寿保鲁"，上天不但赐予鲁僖公洪福，也赐予长寿。

春秋时期还出现了"天假之年"的说法，表明时人具有了生死寿夭由上天主宰的观念。当时之人谓晋公子重耳"天假之年，而除其害"，[②]假，给予也。"天假之年"即天赐之年，年寿由上天掌控。而当上天不再护佑之时，人之年寿即行将终结。《左传》昭公元年记载，晋平公有疾，求医于秦。秦君使著名的医和诊断，医和讲了一番晋侯好近女室、不知节度、惑以丧志的道理，并谓"天命不佑"。[③] 在医和看来，生死寿夭在于天命，上天不再护佑晋君，晋侯的气数就将完结。《左传》还记载周大夫刘康公预言晋卿赵同将有灾咎的故事：晋侯派遣赵同入周，向周天子献狄俘，赵同

---

① 孔颖达：《毛诗正义》，阮元校刻：《十三经注疏》，第471页。
② 《左传》僖公二十八年，孔颖达：《春秋左传正义》，阮元校刻：《十三经注疏》，第1824页。
③ 孔颖达：《春秋左传正义》，阮元校刻：《十三经注疏》，第2024页。

不把天子放在眼中,态度倨傲。刘康公曰:"不及十年,原叔必有大咎,天夺之魄矣。"①依照此说,人之"魄"是人之生命的根本性物质,失"魄"则失去生命,而人之"魄",全由上天掌握。

总之,春秋时期,天赐予长寿,生死寿夭也由上天掌管。相较于西周时期,天施展神力的范围扩大了。

(三) 天的创生功能

西周人观念中的"天",主要功能是赐予大命,此外,与大命相关的民众、疆土等皆为天所赐。西周后期,周人有了"天生烝民"的观念,以为民众为天所生。这一观念的出现,意味着在一定程度上,人们将天视为造物之神,但是,却没有进一步发展出天是万物之主的思想。春秋时期,天生万物、天创万物的意识发展起来,人们将天与地并提,天地共同创生、共同化育的观念十分盛行,天地从此成为万物的来源,进一步确立了在中国古代信仰体系中的尊崇地位。

春秋时人谓"以效天之生殖长育",②可见天有生殖、化育的神力。时人明确提出"物"由天出、"材"由天生的观念。《左传》襄公二十七年载郑子罕谓:"天生五材,民并用之。"所谓的五材,杜预注云"金木水火土"。③意谓天演生出各种物材,以供民众使用。天是材、物的来源。《左传》昭公元年又谓"天有六气,降生五味,发为五色,徵为五声",④"气"也是自然界的基本元素,而气由天所生,追溯之,则天为万物之本。

春秋社会,更为盛行的观念是人们将天地并连,认为天地和谐从而化生万物。众所周知,西周时期,鲜见天地并称的说法,甚至西周金文中不见"地"字。⑤春秋时期,天地相对、天地相协从而万物生长、众生繁育的观念蔚为兴起,当时人称之为"地平天成"。平,成,皆有和义,指天地和

---

① 孔颖达:《春秋左传正义》,阮元校刻:《十三经注疏》,第 1888 页。
② 《左传》昭公二十五年,孔颖达:《春秋左传正义》,阮元校刻:《十三经注疏》,第 2108 页。
③ 孔颖达:《春秋左传正义》,阮元校刻:《十三经注疏》,第 1997 页。
④ 孔颖达:《春秋左传正义》,阮元校刻:《十三经注疏》,第 2025 页。
⑤ 郭沫若说:"金文中天若皇天等字样多见,均视为至上神,与天为配之地若后土等字样则绝未有见……地与天为配,视为万汇之父与母然者,当是后起之事。"(《金文丛考·金文所无考》,北京:人民出版社,1954 年,第 32—33 页)

煦、上下相谐的一种大安状态。《国语·周语上》记载，西周后期周大夫芮良夫评周厉王任用荣夷公行"专利"，谓："夫利，百物之所生也，天地之所载也……天地百物，皆将取焉，胡可专也？"韦注云："天地成百物，民皆将取用之，何可专其利也。"①可见天地生成百物，天地孕育万物的观念很可能在西周末年即已形成。

天地相合而生万物的观念在政治思想当中亦发挥有重要影响。万物由天地孕育，民众亦不例外。西周末期即已有"天生烝民"的意识，春秋时期，这一思想进一步发展。《国语·楚语上》记载"民，天之生也。知天，必知民矣"，②强调民为天所生，知民对于知天具有重要意义。③ 春秋中期的周卿刘康公说："吾闻之，民受天地之中以生，所谓命也。"④刘康公认为，民是天地化合的产物，民性十分重要。《左传》文公十三年记载邾文公卜迁之事，也说明了春秋时人认为民由天所生，故此而有重民的观念。其谓：

> 邾文公卜迁于绎。史曰："利于民而不利于君。"邾子曰："苟利于民，孤之利也。天生民而树之君，以利之也。民既利矣，孤必与焉。"左右曰："命可长也，君何弗为？"邾子曰："命在养民。死之短长，时也。民苟利矣，迁也，吉莫如之！"遂迁于绎。五月，邾文公卒。君子曰："知命。"⑤

邾文公宁肯放弃长命的机会也要做有利于民的事，他认为，天孕生民众并为其树立君主，目的是让民众得其利益。显然，其提高民众地位的意识是十分突出的。此外，晋大夫师旷的说法也十分重要：

> 天生民而立之君，使司牧之，勿使失性。有君而为之贰，使师

① 上海师范大学古籍整理组校点：《国语·周语上》，第13页。
② 上海师范大学古籍整理组校点：《国语·楚语上》，第550页。
③ 《左传》襄公三十一年引《尚书·大誓》语"民之所欲，天必从之"，此为典型的提高民众地位之语。
④ 《左传》成公十三年，孔颖达：《春秋左传正义》，阮元校刻：《十三经注疏》，第1911页。
⑤ 孔颖达：《春秋左传正义》，阮元校刻：《十三经注疏》，第1852页。

保之，勿使过度。是故天子有公，诸侯有卿，卿置侧室，大夫有贰宗，士有朋友，庶人工商皂隶牧圉，皆有亲昵。以相辅佐也。……天之爱民甚矣。岂其使一人肆于民上，以从其淫，而弃天地之性，必不然矣。①

师旷认为天降生民众并为其设置君主，目的在于使君主来管理民众，不使其失却本性。天设立了君主，还为君主设有辅佐，让辅佐来教诲保护他，以免君主的行为不当。因此天子有公来辅佐，诸侯有卿来辅佐，卿则设置侧室，大夫则建立贰宗，士拥有朋友，庶人、工、商、皂、隶、牧、圉等人，都有亲昵之人，天的这些安排是使他们相互辅助，共济天成。师旷特别提及，天爱民的程度达到极致，天不容忍一人在民之上而肆意妄为，以违背天地之性。师旷对于民之重要性的论述开创了新的篇章。②

无论是邾文公抑或师旷，他们认为民由天所生，故民之地位极其重要。然而，另一方面，师旷所说"天生民而立之君，使司牧之"本身又含有浓厚的为君权张目的意味。在他的说法中，天虽生民，但民可"失性"，只有为之立君，使君管理民众，众人才可保"性"，因而，君主先天性地具有高明性、尊贵性，其地位超越于民众。同样是师旷，他在评述卫人出其君时，将君主的地位提升至"民之主"的地步。《左传》襄公十四年记述晋公与师旷的对话：

晋侯曰："卫人出其君，不亦甚乎？"对曰："或者其君实甚。良君将赏善而刑淫，养民如子，盖之如天，容之如地；民奉其君，爱之如父母，仰之如日月，敬之如神明，畏之如雷霆，其可出乎？夫君，神之主

① 《左传》襄公十四年，孔颖达：《春秋左传正义》，阮元校刻：《十三经注疏》，第1958页。
② 古希腊哲学家亚里士多德曾有类似的说法。他认为"世上有统治和被统治的区分，这不仅事属必需，实际上也是有利益的；有些人在诞生时就注定将是被统治者，另外一些人则注定将是统治者"（亚里士多德著，吴寿彭译：《政治学》，北京：商务印书馆，1981年，第13页）。这个理论只强调人生如此的事实，但却经不起为何会如此的追问。邾文公和师旷的"天生民而树之君"的理论将人世的这种安排都归之于天，在逻辑上，"天"已经是终极依据，人们不会再追问"天"何以如此的问题。当然，师旷之说，另有用意，即为新兴的卿族代言。详见尤锐：《展望永恒帝国——战国时代的中国政治思想》，第33页。

也,民之望也。若困民之主,匮神乏祀,百姓绝望,社稷无主,将安用之? 弗去何为?"①

在这里,师旷论述了理想情境下的君、民关系,以他所说,君为父母,民为其子;君如同天地包容民众;君高高在上,民众仰望君主、敬畏君主。君,为神之主,民之榜样。在他看来,民虽为天所生,但君亦为天所立,君主统御民众为天所订立之制,因而君主凌驾于民众之上具有了来自天意方面的绝对合法性。显而易见,师旷将君主的地位大幅度提升,他为君权张目的企图十分明显。师旷的观念在春秋社会较为普遍,《国语·晋语五》记载宋人弑昭公,晋国赵宣子劝晋灵公伐宋,谓"大者天地,其次君臣,所以为明训也。今宋人弑其君,是反天地而逆民则也,天必诛焉",②赵宣子认为,君之地位仅次于天,宋人弑君,即是违反天地之则,他对于君权的肯定与师旷有异曲同工之处。③ 对于天意的赞颂,对于君权的尊崇,促成了传统社会重要价值观念"天地君亲师"的形成。

概言之,春秋社会确有提升民众地位的说法,但是,为君权张目、强化君主权力的观念在社会中始终十分盛行。春秋时期天生民、天立君的说法,固然提高了民众的地位,但抬高君主的地位、为君权呐喊是这一观念的本质。

(四) 天有意志而施赏罚

天可降福、赐禄、护佑寿考、创生万物,但在春秋时期人们的心目中,上天最突出的功能,仍是赏善罚恶,天是人世间是非善恶的最高裁决者。

周人建国,开创出"天命靡常""天辅明德"的观念,天成为有人格意志的神灵,具有理性和判断力,代表着正义和崇高。春秋时期,这一传统并未泯灭,人们仍将最高的仲裁寄托于天之上。文献中,可见人们呼天、吁

---

① 孔颖达:《春秋左传正义》,阮元校刻:《十三经注疏》,第 1958 页。
② 上海师范大学古籍整理组校点:《国语·晋语五》,第 397 页。
③ 此外,人们虽提高天地的地位,但对于善人、圣人也有很高的评价。如晋三郤害伯宗,谮而杀之,祸及栾弗忌,韩献子即说:"郤氏其不免乎! 善人,天地之纪也,而骤绝之,不亡何待?"以为善人是天地之间的纲领。

天,祈求上天明察一切。如卫侯梦见被冤杀的浑良夫,见他"被发北面而噪","叫天无辜",①浑良夫向天倾诉无辜,求天明察。春秋中期鲁国哀姜哭诉襄仲杀嫡立庶,云:"天乎,仲为不道! 杀适立庶。"②哀姜向天哭诉,求天主持公正。春秋中期,晋臣栾盈作乱之时,范鞅驾车遇拦路的栾乐,说道:"死,将讼女于天!"③他喝令栾乐闪开让路,如自己死,则会在死后告状于天。由这几例看,天是正义的化身,天拥有裁决、判决的最高权力。

在春秋人看来,天对于不良国君和恶人的处理,多采取有计划、有步骤的方式进行。在这些行动中,天犹如一位有大智慧、大功力的圣者,他对于恶人不慌不忙地进行处置,待其恶贯满盈、时机成熟时,将其一举拿下,或者将其国祚一举褫夺。春秋前期,史嚚为虢公占梦,谓上帝派蓐收之神为使臣通知虢公,说晋军将要袭击虢国,并谓蓐收"天之刑神也,天事官成",④所谓"天事官成",意指天之意旨要由天所派的神灵("官")来完成,劝说虢公奉天令行事。虢公不听史嚚建议反而将他囚禁起来,还使国人贺梦。虢大夫舟之侨评价虢公此举,谓"是天夺之鉴而益其疾也。民疾其态,天又诳之",⑤意谓上天先派蓐收告警于虢,虢公不听,这是剥夺虢公"自鉴"(自我反省)的能力。虢公让民众"贺梦",这是天再使其狂妄之态益盛,导致虢公更加昏聩。天不仅不制止虢公的恶行,反而更加迷惑他,一步一步地让他堕入深渊,最终万劫不复。可以看出,天处置不顺从天意的虢公,是有手段、有步骤的,一切尽在上天的掌握中。春秋后期,晋大夫叔向论楚克蔡事,谓:蔡侯无道,"天将假手于楚以毙之"。⑥ 又论楚灵王暴虐,叔向预言其必有咎,一时之得势,终不会长久。叔向说:

---

① 《左传》哀公十七年,孔颖达:《春秋左传正义》,阮元校刻:《十三经注疏》,第2179 页。

② 《左传》文公十八年,孔颖达:《春秋左传正义》,阮元校刻:《十三经注疏》,第1861 页。

③ 《左传》襄公二十三年,孔颖达:《春秋左传正义》,阮元校刻:《十三经注疏》,第1976 页。

④ 上海师范大学古籍整理组校点:《国语·晋语二》,第 295 页。

⑤ 上海师范大学古籍整理组校点:《国语·晋语二》,第 296 页。按,《左传》僖公二年载此事,记晋大夫卜偃说了这番话,其辞与《晋语》所载大同而小异。

⑥ 《左传》昭公十一年,孔颖达:《春秋左传正义》,阮元校刻:《十三经注疏》,第2060 页。

> 楚小位下，而亟暴于二王，能无咎乎？天之假助不善，非祚之也，厚其凶恶而降之罚也。且譬之如，天其有五材，而将用之，力尽而敝之，是以无拯，不可没振。①

这段话的意思是，楚国国小位又低下，但其国君却很暴虐，能不带来祸灾吗？表面上看，天在帮助不善之人，其实这并不是要赐福于他，而只是假借这种手段让坏人罪无可赦，然后再降罚于他，就如天生有五材，下民使用之，五材之力用尽，也就被抛弃。所以说天降之罚是无可挽回的，被降罚者不可能重新崛起。所谓"厚其凶恶而降之罚"，就是有大智慧的"天"所使用的手段。春秋早期的郑庄公曾言"多行不义必自毙"，②到了叔向的时候，就是"多行不义天必毙之"，天之权威有了更大的提升。

春秋后期，子产分析蔡、楚形势，谓："蔡小而不顺，楚大而不德。天将弃蔡以壅楚，盈而罚之。"意谓蔡国弱小却不恭顺，楚国强大却无德行。上天将厌弃蔡国以之来壅塞楚国，这是让楚国"满招损"，然后再对其进行惩罚。春秋后期，鲁国大夫公叔文子论阳虎非礼之事，谓"天将多阳虎之罪以毙之"，③意即天先放纵阳虎，增加他的罪行，然后再将他一网打尽。天对于恶人，先褫夺其明鉴之力，再增益其恶行疾病，待其恶贯满盈时，便将其彻底覆灭。再如，齐国乱臣庆封，败逃至鲁，又至吴，聚族而居，积聚巨富，鲁大夫子服惠伯说这是天的安排，"天殆富淫人"，鲁大夫穆子说："淫人富谓之殃，天其殃之也，其将聚而歼旃。"④庆封这样的恶人，天要翦除他，就先让他富而淫，再聚而歼之，使他的富有只是歼灭他的缘由和前奏。

---

① 《左传》昭公十一年，孔颖达：《春秋左传正义》，阮元校刻：《十三经注疏》，第2060页。

② 《左传》隐公元年，孔颖达：《春秋左传正义》，阮元校刻：《十三经注疏》，第1716页。

③ 以上三条材料，前两条见《左传》昭公十一年，另一条见《左传》定公六年（孔颖达：《春秋左传正义》，阮元校刻：《十三经注疏》，第2060、2140页）。

④ 《左传》襄公二十八年，孔颖达：《春秋左传正义》，阮元校刻：《十三经注疏》，第2001页。按，春秋后期晋大夫司马侯评论骄纵的楚王云"楚王方侈，天或者欲逞其心，以厚其毒而降之罚"（《左传》昭公四年，孔颖达：《春秋左传正义》，阮元校刻：《十三经注疏》，第2033页），亦是天处罚恶人的例证。

依照这些说法,社会中的此类大事都是天精心安排、缜密布局的结果。对于恶人,上天洞察秋毫,它精于谋划,并且很有耐心,一步步诱敌深入,待时机成熟时才予以坚决铲除。伪古文《尚书·泰誓》所谓"商罪贯盈,天命诛之",①所言与上述叔向、子产所论是一致的。"天"如此用心,又这般明察一切,天的人格色彩极其鲜明,这是西周时期肃穆庄严的"天"所未曾有的特点。

天在春秋时期,不但惩恶劝善,而且还惩前毖后,对有罪者予以警示。例如,春秋中期晋楚鄢陵之战,楚国大败,周卿单襄公认为这是"天有恶于楚也,故儆之以晋"②,是天假晋之手来教训一下楚国,是对于楚的警告。春秋后期天又安排吴国打败楚人。吴军大举攻入楚国的时候,吴国力求拉拢陈国助其攻楚,逢滑劝陈怀公拒吴从楚,谓"天其或者正训楚也",③谓楚国的暂时失败,是天以之教训楚,并不是不再佑楚。"天"的这种惩前毖后的做法,彰显了"天"的正义色彩。春秋后期,有人建议楚国举行禳灾的禜祭,将灾祸移于令尹和司马等大臣身上,楚昭王说"不榖不有大过,天其夭诸?有罪受罚,又焉移之?"意思是说我有大过,天让我夭亡,正是罪有应得,又怎么可以移走呢?孔子赞扬楚昭王认可天罚之事,说他"知大道",遵循"天常"。④ 此后,天不仅没有降祸于楚昭王,而且让其善终。可见,"天"洞察一切,赏善惩恶。

天主宰人世间的吉凶祸福,本是天命观念的题中应有之义,⑤但在春秋时期,却增加了人们对于天意的诸种解释,这样一来,人们就能够用己意来诠释天意,使人自身成为上天在人间的代言人,天的权威性质呈现出

---

① 孔颖达:《尚书正义》,阮元校刻:《十三经注疏》,第181页。
② 上海师范大学古籍整理组校点:《国语·周语中》,第85页。
③ 《左传》哀公元年,孔颖达:《春秋左传正义》,阮元校刻:《十三经注疏》,第2155页。
④ 《左传》哀公六年,孔颖达:《春秋左传正义》,阮元校刻:《十三经注疏》,第2161—2162页。
⑤ 天降祸于下界,在卜辞中多有记载,如"帝令乍(作)我咎""帝祟我年"(《合集》6746、10124正)等,西周时期也多有这种观念,《尚书·大诰》谓"弗吊,天降割于我家"("天动怒,降害于我家"),《诗经·小雅·节南山》"昊天不惠,降此大戾"("苍天不恩惠,降下大祸患")等,皆为其例。

复杂化的面貌。例如郑庄公，他率军讨伐许国大胜，说道：

> 天祸许国。鬼神实不逞于许君，而假手于我寡人。寡人唯是一二父兄，不能共亿，其敢以许自为功乎？①

郑庄公不说自己讨伐许国，不云是自己的功劳，而是强调这是天"假手于我寡人"所实施的对于许国的惩罚。如此，郑庄公之手就成了"天"之手，或者说是"天"用了郑庄公之手来行己志。春秋前期晋楚城濮之战前，晋文公梦见楚王将其摔倒，爬在他的身上咀嚼其脑。这本是凶险之象，晋大夫子犯却解释说："吉！我得天，楚伏其罪，吾且柔之矣。"②将摔得仰面朝天解释为"得天"，将己脑被食视为以柔克刚，将失败说成是胜利的前兆，可见天意之吉凶祸福，存在于人的解说之中。春秋时人决策行事时，多称此是天赐良机，如春秋前期，晋伏击远袭郑国的秦军时，晋大夫原轸所持的最主要的理由，就是"天奉我也。奉不可失，敌不可纵。纵敌患生，违天不祥"，③是说天赐良机，机会不可失去，敌人不可放纵，违背天意就会招致不祥，原轸据此强调一定要伏击秦军。表面看来这种言辞是对于天命的遵奉，而实际上却是将己意变为天命。此种解说中，多不说明为什么这是"天命"，而只是强调这就是"天命"。细看起来，这种解释简直就是强词夺理。但在个人精神兴起的春秋时代，新兴的贵族们自信心十足，他们毫不犹豫地将己意加于"天"之上。

（五）天赐年景

殷商时期，帝因其掌管风雨雷电而与农业生产关系密切，入周以后，天却在农业方面并无太大作为，只是在《诗经·大雅·云汉》诗中得见人们在大旱之时向上天祈雨，间接显示出上天影响丰歉。春秋时期，虽然人们向皇天祈祷丰年的场景并不多见，但文献仍然显示出天保佑丰年的

---

① 《左传》隐公十一年，孔颖达：《春秋左传正义》，阮元校刻：《十三经注疏》，第1736页。

② 《左传》僖公二十八年，孔颖达：《春秋左传正义》，阮元校刻：《十三经注疏》，第1825页。

③ 《左传》僖公三十三年，孔颖达：《春秋左传正义》，阮元校刻：《十三经注疏》，第1833页。

线索。

《诗经·商颂·烈祖》是春秋时期宋国君主祭祀祖先时的乐歌,诗谓:

> 自天降康,丰年穰穰。[1]

穰穰,禾谷盛多貌。是说上天降下安康,使得禾谷丰收。上天是农业的守卫神。《左传》庄公十一年记载,宋国大水,庄公遣使吊焉,使曰"天作淫雨,害于粢盛,若之何不吊"。[2] 这里尽管没有明确说明大水为天所致,但仍然以为天对于丰稔有所影响。大致说来,自然灾害、五谷丰歉,皆在上天的管辖范围中。

总体而言,春秋时期,天的神性显示出明显的变化,即天由高高在上、只关注降大命而逐渐与凡间的地气挂钩,开始承载人世美好的愿望,赐降福祉、丰禄、寿考与地上的人们。这一项神力,是西周时期的上天所不具备的,是春秋时期出现的新因素。不知是否可称为天的世俗化?

当然,需要指出的是,虽然人们将国家的兴盛败灭、个人的安危吉凶,其终极缘由统统归之于天,但天的神力仍然并不突出。除了笼统的降福、赐寿而外,并没有表现出具体的支配自然力的活动。并且,即便天可降大福、厚禄,天也只是具有此类功能的神灵之一,在这一方面,祖先同样展现其神力。[3]天的神性在这一方面的表现,再次使人联想到伊利亚德的"融合与替代"理论。伊利亚德在讨论原始的天神信仰时,指出其发展路径是各地的至上天神都让位给了其他宗教形式,更为活跃的、与日常相关的神灵替代了天的重要性。[4] 勘诸春秋时期的情形,很难说有其他神灵替代了天的重要性,但可以肯定,在日常方面,尽管天已经与人们的生活发生

---

① 孔颖达:《毛诗正义》,阮元校刻:《十三经注疏》,第 621 页。

② 孔颖达:《春秋左传正义》,阮元校刻:《十三经注疏》,第 1770 页。

③ 如在《天保》诗中,诗人云"禴祠烝尝,于公先王。君曰卜尔,万寿无疆。神之吊矣,诒尔多福",禴祠烝尝分别是四时之祭;公先王,指祖先;吊,此吊应为淑字,金文"吊"即为"淑",善之意;诒,通贻,赠,予也。是说神惠善此贵族,赐予他多福。在这里,赐福者有天、先祖,其神性皆为降福。郑笺"公,先公,谓后稷至诸盩"(孔颖达:《毛诗正义》,阮元校刻:《十三经注疏》,第 412 页)。高亨先生说"作者称此贵族为公,可见他是公侯。公先王,即公的先王"(《诗经今注》,第 227 页)。

④ 伊利亚德:《神圣的存在:比较宗教的范型》,第 47 页。

了关联，但天并无太多建树，天不能称为日常生活之神灵。

三、天廷与天神

对于天上的状况，春秋时人多有想象，与西周时期相比，春秋时人所构想的天上的神灵似乎增多了。

西周时人以为天是先王所至之地。西周金文记载先王去世后"在帝左右"，《尚书·召诰》记载周公之语"天既遐终大邦殷之命，兹殷多先哲王在天"，[1]在周公看来，众多贤明的殷先王也在天上，天是先王所赴之地。《诗经·大雅·下武》篇谓"下武维周，世有哲王。三后在天，王配于京"，意谓三位祖先升至天，[2]而时王治于都邑。总之，天廷是周人先王陟降之所。至于贵族祖先是否也在天上，周人意识当中或许默认，但是从未明说。

春秋时人的观念中，往升于天的人群扩大了，不但周先王在上，诸侯国君、贵族死后也可往至于天。《逸周书·祭公》篇记载祭公大病不瘳，弥留之际告周穆王以懿德，祭公谓：

> 天子，谋父疾维不瘳，朕身尚在兹，朕魂在于天，昭王之所，勖宅天命。[3]

---

① 孔颖达：《尚书正义》，阮元校刻：《十三经注疏》，第212页。

② "三后"，毛传以为是公亶父、王季、文王，"王"为武王(孔颖达：《毛诗正义》，阮元校刻：《十三经注疏》，第525页)；高亨先生则以为"三后"指王季、文王、武王(《诗经今注》，第396页)。以毛传为是。

③ 黄怀信、张懋镕、田旭东：《逸周书汇校集注》，第988页。需要说明的是，关于《祭公》篇的写成时代。清庄述祖撰《尚书记》七篇，将《祭公》等列为《尚书》，蒋善国先生也说"《祭公解》……十篇可以与《尚书·大诰》诸篇有同等的价值"(《尚书综述》，第440页)，李学勤先生也将《祭公》篇与出土文献对比，论其为西周文字，见《祭公谋父及其德论》，《古文献论丛》，上海：上海远东出版社，1996年，第100页；《释郭店简祭公之顾命》，《文物》1998年第7期；《师询簋与〈祭公〉》，《古文字研究》第二十二辑，北京：中华书局，2000年。虽然不少学者论证了《祭公》篇是可靠的西周文献，但不可否认，《祭公》篇中夹杂有春秋以来若干观念，如祭公所说"魂"之观念，在西周可靠的文献中未见"魂"之载。又如《祭公》篇记载祭公之语"天子，自三公上下，辟于文武，文武之子孙，大开封方于下土，天之所锡，武王时疆土，丕维周之基，丕维后稷之受命，是永宅之，维我后嗣，旁建宗子，丕维周之始并"，其中，"下土"的概念，"后稷受命"的说法，并非西周时人所有，因而，《祭公》篇虽可追溯至西周史迹，但其中若干观念却并非西周时期所可具有。

祭公所说,清楚地表明高级贵族去世后也上升到天上。尤可注意的是,人们以为往升至天的是魂。"魂"更清晰地表达了死后的情况,以与生时相区别。但实际上所谓的"魂"与生前状况并无二致,在天廷上,"魂"仍然追随旧主。祭公所说还透露出,在天廷之上,先王自有其所,换言之,天上应当有划分的不同区域,各个区域中保留有每个先王的"朝廷",先王统领各自的臣属,处于天上的一隅之中。①

诸侯国君、各国贵族皆可升至天廷。《左传》成公十年记载,晋景公将卒,其"小臣有晨梦负公以登天",是说晋景公去世之前,其侍从"预见"景公之卒,其象为"登天",可见天是诸侯去世后所至之处。春秋中期,晋臣栾盈作乱之时,范鞅遇栾盈之族栾乐,范鞅说:"死,将讼女于天!"②是说若己死,则将栾乐告上皇天。在范鞅看来,贵族死后也上升至天。不但先王在天,诸侯、贵族去世后也上升于天,天廷中的人群增多了。

在天之上,有天之使臣,即"天使"。成公五年,晋国赵同、赵括放逐赵婴齐于齐国,赵婴齐有梦,梦到天使,天使告诉他祭祀天使,遂可以免祸。赵婴齐并不知道这位天使具体是何方神明,向士贞伯问询。贞伯也不知道,只是讲了一番"神福仁而祸淫"的道理。③ "天使",顾名思义就是天的使者,具有一定的天的神力,掌控人间祸福,其具体职司人们还不甚清楚,不过它应当归上天调遣,属于天之臣。在人们的观念中,上天还有其他臣属。《国语·晋语二》记载:

> 虢公梦在庙。有神,人面、白毛、虎爪,执钺立于西阿,④公惧而走。神曰:"无走!帝命曰:'使晋袭于尔门。'"公拜稽首。觉,召史嚚

① 此句亦见于清华简《祭公之顾命》篇,作"朕魂在朕辟昭王之所"(李学勤主编:《清华大学藏战国竹简》(壹),第174页)。《逸周书·太子晋》中有"吾后三年上宾于帝所"之说,太子晋声称死后上宾于天。说明高级贵族可至帝所。

② 《左传》襄公二十三年,孔颖达:《春秋左传正义》,阮元校刻:《十三经注疏》,第1976页。

③ 孔颖达:《春秋左传正义》,阮元校刻:《十三经注疏》,第1901页。

④ 西阿,韦昭注"西荣也"(上海师范大学古籍整理组校点:《国语·晋语二》,第296页)。《周礼·考工记》"匠人""殷人……四阿重屋",郑注"四阿,若今四注屋"(贾公彦:《周礼注疏》,阮元校刻:《十三经注疏》,第928页),《士冠礼》《乡饮酒礼》皆云"东荣",郑注"荣,屋翼也"(贾公彦:《仪礼注疏》,阮元校刻:《十三经注疏》,第948页)。

占之,对曰:"如君之言,则蓐收也,天之刑神也,天事官成。"……六年,虢乃亡。①

这条材料透露,天上有专门管理刑罚的神灵,这位神灵受帝的差遣,管理人间事务。他出现在虢公梦中,实际是将对昏聩的虢公施以惩罚的征象。六年之后,惩罚应验,虢国灭亡。这位上天的刑神已有自己的名字叫蓐收。他的外表半人半兽,是典型的想象中神灵的特征。蓐收立于西,手执钺,具有权威的形象,可谓文献中所见较早的天官。

事实上,天神蓐收的情况颇为复杂,他时而为人名,时而为官职,是春秋战国时期颇为知名的神灵。《左传》昭公二十九年记载"社稷五祀,是尊是奉。木正曰句芒,火正曰祝融,金正曰蓐收,水正曰玄冥,土正曰后土",在这里,金正之官曰蓐收,是人名,负责管理五行当中的金。《左传》又记载,"少皞氏有四叔,曰重、曰该、曰修、曰熙,实能金、木及水。使重为句芒,该为蓐收,修及熙为玄冥,世不失职",②是说少皞有四兄弟,其二弟该任蓐收,显然,在这里蓐收为职官名。在《礼记·月令》中,蓐收又与时令中的秋季相配,进入另一系统当中,孔颖达注《月令》谓"蓐收者,言秋时万物摧辱而收敛"。③ 蓐收还见于《山海经》,"西山经"记载"又西二百九十里,曰泑山,神蓐收居之……是山也,西望日之所入,其气员,神红光之所司也",《山海经·海外西经》"西方蓐收,左耳有蛇,乘两龙"。④ 在《山海经》中,蓐收是神灵,其有特定的居处,与西方相配。《白虎通·五行》又将蓐收神性具体化,谓"蓐收者,缩也",徐元诰引《白虎通》注解《国语》云"蓐收为肃杀之义,因以名神"。⑤ 总括之,神灵蓐收为少皞之弟,掌理金,象征西方,为秋季之神,在《月令》中完全被收纳于五行系统之内。但就《国

---

① "天事官成"句,韦昭注"官成,祸福各以官象成也"。徐元诰引吴曾祺说"谓天事各以类成也"。徐元诰则认为"成"为"戒"字之误。《管子·宙合》篇"不官于物",尹注"官,主也"。"天事官成,谓天事主威也,所以风虢公也"(徐元诰:《国语集解》,第283页)。按,将"成"字作为"戒"的误字,虽然不为臆说,但仍当以"成"字为是。指天之事要由下官来完成。
② 孔颖达:《春秋左传正义》,阮元校刻:《十三经注疏》,第2123、2124页。
③ 孔颖达:《礼记正义》,阮元校刻:《十三经注疏》,第1372页。
④ 郝懿行:《山海经笺疏》,第4736、4905页。
⑤ 徐元诰:《国语集解》,第283页。

语》所载看，天作为最高神灵，有其下属，蓐收即其重要的臣属。

上引《左传》中记载的句芒，亦是帝臣。《墨子·明鬼下》讲述郑穆公之事，与虢公故事有类似之处："昔者郑穆公，当昼日中处乎庙，有神入门而左，鸟身，素服三绝，面状正方。郑穆公见之，乃恐惧，奔。神曰：'无奔，帝享女明德，使予锡女寿十年有九，使若国家蕃昌，子孙茂，毋失。'郑穆公再拜稽首，曰：'敢问神名？'曰：'予为句芒。'"①这一故事堪称虢公故事的反向版本，郑穆公的结局与虢公截然相反，上帝派遣神灵为他增寿。不过，两个故事中又有共同因素，郑穆公故事中的句芒亦为帝臣，而且句芒样貌同样奇特，人面鸟身，绝非常人。

天上的神，除蓐收、句芒之外，还有其他，"上天子"或即其中之一。"上天子"之称最早见于春秋晚期齐国洹子孟姜壶，铭文谓：

> 齐侯拜嘉命，于上天子用璧、玉佩一笥，于大无司誓、于大司命用璧、两壶、八鼎，于南宫子用璧二、佩玉二笥、鼓钟一肆。②

洹子孟姜壶铭文内容十分费解。其中的"上天子"之释，郭沫若先生曾说"'上天子''大无司誓''大司命''南宫子'均系神名。上天子者，上帝之异称。此因'天子'已失去'天之子'之本义，单用之如帝如皇也。大无司誓，无当是巫，与《诅楚文》之'大神巫咸'殆是一事"，③以为"上天子"与"上帝"同义，郭老之释多为学界所采纳。然而，近年来随着包山楚简、望山楚简、新蔡楚简等"卜筮祭祷"类竹简面世，学者们对"上天子"之义提出了新的解说。卜筮祭祷中多有"二天子"之称，且"二天子"常常与"司命"等并列，其情形与洹子孟姜壶铭相似。因而，有学者提出洹子孟姜壶铭文中"上天子"亦当为"二天子"。④ "上天子"是否即"二天子"？需要辨析。以

---

① 吴毓江：《墨子校注》，第337—338页。
② 《集成》9730。
③ 郭沫若：《两周金文辞大系图录考释》下册，第213页。
④ 李学勤先生说，"上天子"，"有学者以为上帝。不过齐侯于礼不能祭祀上帝，即使祭祀，所用祀品也不应如此微薄。1987年出土的湖北荆门包山楚简，在其卜筮祭祷部分所祀神名有'二天子'，与司命、司祸等并列，且以佩玉等为祀品，足与壶铭参照"。见《齐侯壶的年代与史事》，原载《中华文史论丛》2006年第2期，又收入《文物中的古文明》，北京：商务印书馆，2008年，第246页。

下先列出卜筮祭祷简中相关内容，以方便讨论。

包山楚简中的相关记载为：

> 赛祷太佩玉一环，后土、司命、司祸各一少环，大水佩玉一环，二天子各一少环。峗山一珏。……太、后土、司命、司祸、大水、二天子、峗山既皆城。（包山213—215）
>
> 赛祷行一白犬，归冠缡于二天子。（包山219）
>
> 举祷太一牂，后土、司命各一牂，举祷大水一膚，二天子各一牂，佭山一羚。（包山237）
>
> 举祷太一膚，后土、司命各一牂；举祷大水一膚，二天子各一牂，圣山一羚。（包山243）①

包山简中，与二天子相并列的神灵有太、后土、司命、司祸、大水、峗山，其中的"司命"见于洹子孟姜壶铭文，而其余几种则不见。简文中，"二天子"的排列有其固定"位次"，即在"大水"之后、"峗山"之前。新蔡楚简记曰：

> ……归佩玉于二天子，各二璧……（甲一：4）
>
> ……祈福于太，一骍牡、一熊牡；司戳、司折☐（甲一：7）
>
> ……归佩玉于二天子，各二☐（甲三：81、182－1）
>
> ☐举祷于二天子各两牂，缨之以牪玉。（甲三：166、162）
>
> 公北、地主各一青牲；司命、司祸各一鹿……（乙一：15）
>
> 先之一璧；举祷于二天子各牂☐（乙二：38、46、39、40）
>
> ……祈福于司祸、司裪、司骶各一牂。（乙三：5）
>
> ☐三楚先、地主、二天子、郬山……（乙四：26）
>
> ☐二天子，屯（零：335）②

新蔡简残缺严重，但仍可看出"二天子"是墓主人生前祷请颇为频繁的神灵。新蔡简中其他常见神灵还有司命、司祸、司折等。从乙四：26简看，"二天子"的位置是在"地主"之后、"郬山"之前。望山楚简中，相关记

---

① 湖北省荆沙铁路考古队：《包山楚简》，北京：文物出版社，1991年。简帛文字尽量用通行字写出。

② 河南省文物考古研究所编著：《新蔡葛陵楚墓》，郑州：大象出版社，2003年。

载有：

　　……遫祷太佩玉一环，后土、司命各一少环，大水佩玉一环。（54）

　　太一牂，后土、司命各一羘，大水一环。举祷于二王☐（55）①

望山简中，后土、司命更为常见，简55出现"二王"，但不见"二天子"之称，这里的"二王"应当是与"二天子"同类性质的神灵。

　　比较卜筮祭祷简与洹子孟姜壶铭文，可见两类记载中均有司命、司折（新蔡简），似乎可推断铭文中的"上天子"即竹简中的"二天子"。但是，二者仍有不同之处：

　　一，简文中"二天子"为两位神灵，而铭文中"上天子"则似乎指一位神灵。简文中多次可见"祷于二天子各……"的说法，很明显，"二天子"为两个神灵，但"上天子"在铭文中更像是指一个神灵。

　　二，春秋金文中"二"与"上"的写法有明显区别，"上天子"不能释为"二天子"。春秋金文中"二"多写为""（上鄀公敄人簠盖），上横、下横长短相近，而"上"则作""（秦公镈），上横短而下横长，与"二"字区别明显。战国竹简文字中，"上"字写法与"二"区别更为明显，上作""，或增加饰笔。包山简中"二天子"写为""（213），而"上"字写作""

（273）。洹子孟姜壶中"上天子"写为""，"天子"之前一字明显是"上"而非

"二"。壶铭中亦有"二"字，作""（二佩玉），与"上"字写法有异。因此，"上天子"不宜改释为"二天子"。

　　三，简文的二天子，似乎是人化而为神灵。包山、新蔡简中皆写作"二天子"，但望山简中作"二王"，推测"二天子"即是与"二王"相类的神灵，当为人王去世后化为神灵。并且，由"二天子"常常与"大水""郏山"或

---

　　①　湖北省文物考古研究所：《江陵望山沙冢楚墓》，北京：文物出版社，1996年。

"峄山"等无名小神相并列看,推测"二天子"很可能神格也不高,或许也是地方小神。而铭文中的"上天子"既有"上",则表示在上之神灵,应属天神系统。

综上,洹子孟姜壶铭中的神灵仍应释为"上天子",为天上之神。铭文中"上天子"与"司誓""司命""南宫子"等神灵并列,可说神格也非高等,其所职司或与生死年寿有关,[①]这也许是齐侯在有丧之后祭祀此类神灵的原因。

要之,春秋时期,人们对于天上的想象,较之殷商、西周时期,又有变化。殷商时期,商人卜辞中有"帝臣"之说,知在帝廷之上,有帝之臣属。西周时期,人们认为逝去的先王,甚至过世的诸侯国君、卿大夫贵族也都往升于天,但他们并不是天的臣属。在天帝与祖先之间,不存在明确的君臣关系。春秋时期,有关上天方面的记载也不多见,但这一时期的人们对天上的景况作了新的设想。春秋时人所想象的天廷,增添了新成员,而且天廷中还设官分职,其中为人们所知道的有刑神蓐收,专管刑罚;有上天子,可能负责生命年寿。但是,天廷中的职官设置仍然散乱,蓐收与上天子虽然都在天上,但两者之间没有相互照应。可以说,春秋时人观念中的天官系统远未成熟。

四、祭天与告天

西周时期,周天子遇有大事,举行祭天、告天之礼。春秋社会,王室衰落,文献中鲜见祭天活动。少之又少的祭天,主要见于诸侯举行。

春秋晚期徐王义楚觯铭文谓:

> 徐王义楚择余吉金,自作祭觯,用享于皇天,及我文考,永保台身。(见下页图)[②]

铭文意谓徐王义楚选取上好之铜,铸造祭祀所用之觯,用以享祭浩大光明的上天,以及有文德的父亲,永远地保佑我身。徐国为淮上小国。器主徐

---

① 晏昌贵:《楚简所见诸司神考》,《江汉论坛》2006 年第 9 期。
② 《集成》6513。

王义楚见于文献记载，即仪楚，《左传》昭公六年云"徐仪楚聘于楚，楚子执之，逃归。惧其叛也，使薳洩伐徐"。① 徐处于楚的侵略之下，徐王仪楚为楚所拘，后来在吴国的帮助下，大败楚人于乾谿。② 仪楚自谓作祭器，以献享于皇天及父考，祈求上天、父考的保护。由铭文看，小国君主宣称祭天，但不知是否有实际之举。

在祭天之外，又有告天等活动。春秋时期诸侯遇有大事如会盟等，要向天祭告。春秋后期，宋景公欲联合左师对付权臣桓魋，誓言"所难子者，上有天，下有先君"。③ 他指天为誓，表示"天"可以为彼此的约定作证，意犹后世所说的"人在做，天在看""头上三尺有神灵"。知下界人世间的誓约，天也是要关注过问的。《左传》成公十三年记载，秦背令狐之盟、舍晋而与楚会盟时，即告于天："昭告昊天上帝、秦三公、楚三王曰：'余虽与晋出

徐王义楚觯铭文拓本

入，余唯利是视。'"知秦楚盟会时，有告天之举。孔颖达疏曾质疑曰："晋与诸国结盟，皆不告昊天上帝，何由秦楚独敢告之？"以为"此辞多诬，未必是实"。④ 但竹添光鸿指出"越王之誓，有'昊天后土'，崔庆之盟，曰'有如上帝'，何必疑之"。⑤ 孔颖达之疑，确有其理，即春秋时期少有昭告皇天上帝的活动。但竹添光鸿所说，亦为春秋事实，即偶有诸侯举行祭祀上

① 孔颖达：《春秋左传正义》，阮元校刻：《十三经注疏》，第 2045 页。
② 杨伯峻先生以为仪楚聘楚时尚为太子，后为王（《春秋左传注》，第 1279 页）。
③ 《左传》哀公十四年，孔颖达：《春秋左传正义》，阮元校刻：《十三经注疏》，第 2174 页。
④ 孔颖达：《春秋左传正义》，阮元校刻：《十三经注疏》，第 1912 页。
⑤ 竹添光鸿：《左氏会笺》，第 1064 页。

天、昭告上天的活动。由盟会时昭告皇天上帝，可知遇大事时春秋时人认为需要由皇天监临于上，象征盟会、承诺的庄严性。

这一时期，人们也祭祀天上的神灵，前引洹子孟姜壶谓"于上天子用璧、玉佩一笥"，祭祀天神"上天子"时献以玉器，表明人们时有需要在天神灵的护佑。

总体而言，春秋时期，祭天方面的活动并不多见，似乎折射出上天在人们的生活中并未占据主导地位。

本 章 小 结

两周之际的社会变迁导致信仰领域产生了剧烈的波折与变动，特别是西周末期王权的衰落造成与王权相依傍的天命观念受到质疑，旧有的天、人秩序面临危机。当西周时期所建造的有序的结构倾斜之后，人们不得不在新的时期重新修复社会秩序、思想观念。

纵观春秋时期的社会思潮，可见天的崇高性受到质疑，但其尊贵地位并未陨落。社会中的诸多因素促成了周人传统天帝思想、天命观念在春秋社会不绝如线的事实。这些因素是：

一，王权在象征意义上仍是最高权威。王室尽管衰落，但王权在观念上仍具有至高无上性。因此，与王权紧紧捆绑在一起的天命观念、天帝思想也依然具有崇高性。

二，人们在观念上廓清了上天并非西周以来乱政的根源，从而使得"天"在西周晚期经历了跌宕起伏之后，其崇高性得以稳固，天的象征意义得以继续延展。

三，传统的天命论仍旧为春秋人们所津津乐道。两周之际，尽管"诟天""责天"之作铺天盖地，但社会中人仍在西周传统天命论的思想轨道中作进一步的阐发，总结出"皇天无亲，惟德是辅""天辅明德"的高超思想。传统的天命论在春秋社会仍有余音回响。

四，传统之礼发展的结果之一，即是与宗教信仰进一步相结合，为确立皇天上帝的至尊地位奠定了制度基础。礼制在春秋社会进一步发展,①促进了等级观念渗透入信仰领域,皇天上帝与最高统治者之间结合得更为紧密,从而明确了神灵系统的等级层次,明确了不同等级的神灵对应不同的社会阶层,确定了天子祭祀上帝而其他阶层不得染指的制度,这对于稳固皇天上帝在信仰系统中的至高地位,起到巨大作用。

几种因素的综合作用,使得传统的天帝思想、天命观念在春秋社会延续。②

传统的天命观念在春秋社会传布,但又有显著变化的一面。就其大端来说,表现为如下几项:

一,承当天命者出现了明显变化。天命、天的使用者由周天子降至诸侯、贵族阶层。西周时期,唯有周天子才能膺受天命,神圣的天命是周人的立国依据。而在春秋时期,各路诸侯、卿大夫纷纷宣扬身当大命,表明天命已经不专属一家一姓,不独周天子所独有,姬姓以外的族属亦可获取天命,诸侯同样可以拥有大命。在这个意义上,可说天命的神圣性打了折扣。

二,诸侯所具有的天命并非由周王室转移而来,而是各有各的天命。

---

① 　晁福林先生指出"春秋时期,传统的礼不断被更新和扬弃,社会人们对礼的重视和娴熟,较之以往,有过之而无不及","春秋时期的礼崩乐坏指的是诸侯和卿大夫的僭越……然而,这并不意味着贵族们已视礼仪如敝屣而不屑一顾,恰恰相反,在迅速变动的形势下贵族为了稳固自己的根基和图谋发展,往往更重视礼仪"(《春秋时期礼的发展与社会观念的变迁》,《北京师范大学学报》1994 年第 5 期)。

② 　当然,其他因素对传统天命观念在春秋社会继续延续也发挥有作用。如余敦康先生强调了传统宗教神学中所包含的秩序原则与价值理想在春秋时期仍具有无可替代的意义,传统的王官之学对于西周以来的天命思想的坚持是使其不坠的主要原因。他说"(西周末年,王之大臣)对传统的宗教神学仍然是执着的,并没有失去虔诚的信仰。这固然是由于他们长期所受的教育以及传承王官之学的职责所规定,出于一种职业的习惯,更主要的是因为这种由长期的历史发展所形成的宗教神学,其中所蕴含的秩序原则和价值理想,作为一种文化的认同,无可替代。由于这种宗教神学的根本精神是制约王权,规范王权的运作,在王权变得无法无天,拒绝接受神学制约的情况下,是可以非常顺利地转变成为批判王权的思想武器",余先生还强调"在他们的心目中,传统的天命神学所蕴含的秩序原则和价值理想仍然是神圣不可动摇的,只是由于现实的王权即将灭亡,不能作为这种神学的承载主体,于是一方面迫于无奈,去探寻新的承载主体的可能性"(余敦康:《夏商周三代宗教——中国哲学思想发生的源头》,姜广辉主编:《中国哲学》第二十四辑《经学今诠三编》,沈阳:辽宁教育出版社,2002 年,第 104、106 页)。

春秋霸主及诸侯所拥有的天命，与周王室的天命皆是源自皇天之赐。承认周王室为天下共主，与宣示自己拥有天命，两者可以并行不悖。春秋社会，没有一人敢于宣言其所有的大命由周天子转化而来。从这一方面说，王权的至上性仍然不容小视。

三，天命的含义发生了变化。西周时人发明天命观念，意在强调周人取得政权，合于天意，其统治具有绝对的正当性。春秋诸侯宣扬的天命不再具有往昔周天子统御四境、君临天下的意义，其所说天命不再是普天之下国祚转换的依据，而是变换为得天之佑的意思。天依旧是权力的最高来源，天命仍然是裁决的最终根据，只是已成为诸侯国立国的依据、诸侯国君权力的最高来源。天命开始与诸侯君主的权力结合在一起，成为诸侯国强化统治的重要依据。各诸侯国国君称受天命，其意不在于挑战王权，而是获得上天认可、得天之佑助。

综之，春秋时期，天命观念发生了重大变化。天命不再像西周时期那样固定于一，专属周天子所有，不可移易。诸侯国君，有为之人亦可承天而有命，膺天之佑助。天命所归，可以变动不居。

就天命思想的核心内容——德、人事与天命的关系来说，在春秋时期，也发生了微妙的变化，呈现出复杂的状态：有人坚持西周传统，认为德是天命的根据；有人又将人事与天命的关系推至极点，以为上天可以予人以大警示，从而为灾异学说开其端；又有人肯定命定之天的作用；有人则意识到天命并不专辅明德，人事与天命之间并无必然联系；有人则强调天所代表的不以人之意志为转移的客观实在性。总之，社会人们对人事与天命之间关系的理解可谓五花八门，人们对于天与天命有着不同的理解，反映了春秋时期天命观念的复杂面貌。同时，需要看到，传统的天命观虽并非社会主流，但它不绝如缕，依然存留。传统天命论所推崇的天命无常、惟德是辅的政治理想，在春秋时期继续传播，它启迪了战国时期的德政观念，也成为此后大一统王朝思想意识的直接来源之一。

春秋时期，天所蕴含的义项也发生有变化。春秋时人所说的天，大量是指神明之天。但是，物质之天、自然之天、运命之天的概念也充分发展起来。冯友兰先生所说的"五义"之天，五种义项在春秋时期真正完善起来。

说到天的神性，虽然昊天上帝主要在政治领域发挥功能，与民众的日常关系不大。然而，单纯从宗教信仰方面说，春秋时期天的信仰并非"乏善可陈"，而是出现了一些新的因素：

一，在春秋时人的观念中，不但先王在天上，诸侯国君、高等贵族死去之后皆可升天。更多的人群与天有了关联。

二，天上的神灵增多，天廷中设官分职。"天官"系统逐渐在发展。《左传》《国语》中所记载的掌管刑罚的"蓐收"、洹子孟姜壶铭文中的"上天子"都是不见于西周文献记载而出现于春秋时期的天上的神灵。"天官"的队伍开始"壮大"。

三，天所具有的创生功能大幅度提高，特别是春秋时人将天地"合璧"，天地成为化生万物的源泉。春秋时期人总结出"天地之大德曰生""万物本乎天"等的说法，天地造物主的观念走向盛行。直到春秋末年，在思想家老子那里，"天"才受到根本冲击。老子提出了超乎"天"的作为事物本体的"道"之观念。认为只有"道"才是"先天地生"的最初存在。他说：

> 有物混成，先天地生。寂兮寥兮，独立不改，周行而不殆，可以为天下母。吾不知其名，字之曰道，强为之名曰大。大曰逝，逝曰远，远曰反。故道大，天大，地大，王亦大。域中有四大，而王居其一焉。人法地，地法天，天法道，道法自然。①

老子所说"天法道"，是前所未有的理念，是可以动摇传统的"天"观念基础的精论，但此一观念只是思想家那里的理论精华，还未普遍为人们所接受。

---

① 《老子》第 25 章（高明：《帛书老子校注》，北京：中华书局，1996 年，第 348—353 页）。按，帛书《老子》此章文字与传世本略有差别，但主旨意蕴皆同，证明传世本此章可信。

第五章　帝　与　帝　命

春秋社会，天的信仰发生了显著变化，与天密切相关的"帝"，也出现了变化。

第一节　帝　之　命

西周时期，人们常将上帝等同于上天，特别是在说到授予"大命"时，天命就是帝命。只是在皇天与上帝之间，周人更加青睐皇天，天命出现的次数远远多于帝命。春秋时期，天命观念已然变化，在这种情况下，人们是否还论及帝命，帝命是否仍然在春秋时期的政治生活中发挥作用？

与天命类似，伴随着王权的削弱，上帝受到人们的质疑与斥责。《诗经·小雅·菀柳》云"上帝甚蹈，无自暱焉……上帝甚蹈，无自瘵焉"，指责上帝十分无常，不当接近之，上帝十分乖戾，不当亲近之。[①]《大雅·板》篇也指斥上帝，谓"上帝板板，下民卒瘅"，直斥上帝荒诞，导致下民劳累痛苦。[②]

---

① 毛传"蹈，动"，"瘵，病也"，郑笺"蹈，读曰悼，上帝乎者，愬之也……其使我心中悼病，是以不从而近之……瘵，接也"(孔颖达:《毛诗正义》，阮元校刻:《十三经注疏》，第492页)。马瑞辰指出《韩诗外传》引诗下章作"上帝甚慆"，并谓"动者，言其喜怒变动无常"，"《说文》'掉，摇也'，'摇，动也'，悼与掉亦音近而义同。若笺训为悼病，则失之矣"。"瘵"字，马瑞辰云"瘵与际古通用"，有接义(《毛诗传笺通释》，第771、772页)。

② 传统上认为上帝指周王，但从表面上看，此诗是对上帝的嘲讽。毛传"板板，反也;瘅，病也"(孔颖达:《毛诗正义》，阮元校刻:《十三经注疏》，第548页)。马瑞辰以为"板"与"版"通，《尔雅》"版版，僻也"(《毛诗传笺通释》，第924页)，指乖僻。

《大雅·荡》篇喟叹"荡荡上帝，下民之辟。疾威上帝，其命多辟"，斥责上帝放散废坏，带来灾祸，其教多邪僻。① 此类诗作多见，兹不备举。总之，西周晚期以来，上帝亦未能逃脱人们责问、责难的命运。

不过，对于上帝的指斥并不意味着人们全然抛弃了上帝。事实上，尽管春秋时人罕言天命、鲜论帝命，但却可以看到，在追溯历史，讲述文武故事，总结三代历史经验时，帝命、天命是人们绕不开的话题。特别是有关殷周政权的更迭，帝命、天命更是时现其中，供周人反复咏诵。《诗经·鲁颂·闷宫》是歌颂鲁僖公的诗篇，篇中追美祖先，回忆上帝护佑武王克殷：

> 后稷之孙，实维大王，居岐之阳，实始翦商。至于文武，缵大王之绪，致天之届，于牧之野。"无贰无虞，上帝临女！"②

意谓后稷的子孙，那位大王，他居住在岐山的南面，开始翦伐殷商。到了文王、武王，继续大王的事业，行天的殛罚，在牧野这个地方。武王对兵士们说不要有贰心，不要欺骗，上帝监临在上。诗篇中的"届"，郑笺"極(极)"，马瑞辰指出"届""極(极)""殛"相通，诛伐之义。③ 诗篇通过颂扬文、武王继承大王事业，至受命，致太平，从而将周人受天命、受帝令的故事传诵久远。

值得注意的是，东周时期流行的一批书类文献中，帝授大命、周革殷命，是人们反复回味的主题。这一特征集中体现于《逸周书》，其中追溯殷

---

① 荡荡，郑笺"法度废坏之貌"。王先谦指出"鲁诗"作"澄"，《释训》"荡荡，僻也"(《诗三家义集疏》，第922页)。"下民之辟"的"辟"，指君；"疾威上帝"句，毛传"疾，病人矣；威，罪人矣"；"其命多辟"句，郑笺"其政教又多邪僻，不由旧章"(孔颖达：《毛诗正义》，阮元校刻：《十三经注疏》，第552页)。

② 关于"无贰无虞"句，毛传"虞，误也"，郑笺"虞，度也……(武王伐纣，)其时之民皆乐武王之如是，故戒之云无有二心也，无复计度也，天视护女，至则克胜"(孔颖达：《毛诗正义》，阮元校刻：《十三经注疏》，第615页)，依照郑玄之意，"无贰无虞"为民众戒武王之词。马瑞辰已指出其非，"虞与误古同音通用……《广雅·释诂》'虞，欺也'，误亦欺，故《吕氏春秋》高注云'欺，误也'。无贰、无虞皆无欺误之义。此诗'无贰无虞，上帝临女'，与《大明》诗'上帝临女，无贰尔心'，皆武王誓众，戒其欺忒之词。《笺》以为民戒武王之词，误矣"(《毛诗传笺通释》，第1141页)。

③ 《毛诗正义》，《十三经注疏》，第615页。马瑞辰释曰："届之训極(极)，古兼二义：一为极致之极，《诗》'靡有夷届''不知所届'是也；一为诛极之极，此《诗》'致天之届'是也"(《毛诗传笺通释》，第1140页)。

周旧事、讲述汤武革命内容,散见于多篇之中,①如《酆保》②《皇门》《祭公》等。《商誓》是其中典型的一篇,是篇记载武王率众讨伐商纣,武王战前诰众庶,谓"嗟,尔众! 予言非敢顾天命,予来致上帝之威命明罚",武王称自己完全听从上帝之命,讨伐商纣。接着,武王回忆周之始祖后稷以及商先王时的状况,指出后稷以及商先王皆为明哲之王,他们的共同点在于恭顺上帝,武王说"在昔后稷,惟上帝之言,克播百谷,登禹之绩。凡在天下之庶民,罔不维后稷之元谷用蒸享。在商先哲王,明祀上帝",③后稷顺从上帝之旨,播种百谷,惠及天下百姓,而商先哲王,也恭敬祭祀上帝。在武王看来,崇敬上帝是周人繁庶、商王保有四方的根本原因。但是,武王话锋一转,指出商纣违拗上帝、背弃天命,上帝遂命令文王伐商,而他自己不忘皇天上帝之令,将要致天之罚。他说:

> 今在商纣,昏忧(扰)天下,弗显上帝,昏虐百姓,奉(弃)天之命,上帝弗显。乃命朕文考曰:殪商之多罪纣。肆予小子发弗敢忘天命,朕考胥翕稷政,肆上帝曰:必伐之。予惟甲子,克致天之大罚,□帝之来,革纣之□,予亦无敢违天命。……予既殪纣承天命,予亦来休命。……上帝曰:必伐之。今予惟明告尔,予其往追□纣,遂趑集之于上帝。④

---

① 《逸周书》各篇的编成年代,并不相同。个别篇章来源于西周时期,但多数篇目则为春秋、战国时人所撰。而其撰著者,则应当与史官有关。

② 是篇记载九州之诸侯咸往朝于周,武王告周公旦曰:"呜呼! 诸侯咸格来庆,辛苦役商,吾何保守? 何用行?"武王向周公询问保守胜利果实的方法,周公历数商之无道,"商为无道,弃德刑范,欺侮群臣,辛苦百姓,忍辱诸侯,莫大之纲,福其亡,亡人惟庸",继而周公建议武王,谓"王其祀,德纯礼明,允无二,卑位柔色,金声以合之",武王听从周公建议,乃命三公、九卿、百姓之人"恭敬齐洁,咸格而祀于上帝,商馈始于王"(黄怀信、张懋镕、田旭东:《逸周书汇校集注》,第207—209页),周公建议的重点在于恭敬上帝且常守帝之大命。

③ 黄怀信、张懋镕、田旭东:《逸周书汇校集注》,第480、481页。

④ 《逸周书·商誓》,黄怀信、张懋镕、田旭东:《逸周书汇校集注》,第482—486页。按,这段话里的"奉",丁宗洛改为"弃",甚是。"肆予小子发弗敢忘天命,朕考胥翕稷政"句,亦可读为"肆予小子发弗敢忘:天命朕考胥翕稷政"。胥,陈逢衡曰"相也",盖是。又,经文的"达",有版本亦作"遂",当是。卢文弨云"'趑'与'臻'同",唐大沛曰"《玉篇》:'臻,聚也,众也。'盖聚集之义"(上引诸家说均见黄怀信、张懋镕、田旭东:《逸周书汇校集注》,第482—486页)。按,这段话里的"趑"字似不必释为"臻"(卢、唐两家说这个字同"臻",盖误读这个字所从的"奏"为"秦"所致)。"趑"字,从走从奏,或当读若"奏",《说文》(转下页)

意谓如今商纣王昏庸，扰乱天下，不彰明上帝，昏聩虐待百姓，背弃天命。上帝命令我的父亲说：殄杀恶贯满盈的纣。小子发不敢忘记天命。我的父考治国合乎后稷之政，所以上帝说：必讨伐商纣。我在甲子这天完成了天之惩罚，实现了上帝的意志，革除纣的政权，我不敢违失天命。我既殄杀纣，并承继了天命，得到上天的休美之命。上帝曾告诉我，必定要讨伐商纣。如今我明告你们，我要列举纣的罪恶，并将这些报告给上帝。武王所说商人"弃天之命""弗显上帝""致天之大罚"，与西周时人所惯用的逻辑相同，一如《尚书》诸篇所云。《商誓》篇中，武王还反复陈说商先王成汤之时，敬祀上帝、怀保小民，但商纣弃成汤之法，因而上帝命周革商代殷。对于上帝是否尊敬，成为周革殷命的关键原因。武王说：

> 百姓，我闻古商先誓王成汤，克辟上帝，保生商民，克用三德，疑商民弗怀，用辟厥辟。今纣弃成汤之典，肆上帝命我小国曰：革商国。①

武王再次重申上帝命周往征商国。周人历来坚称自己是"小邦周"，《商誓》篇中，"小邦周"变成了"我小国"，小国周一举灭掉庞大的商王朝，由于依靠上帝大命之故。周武王宣称大命在周，说道：

> 霍！② 予天命维既。咸汝克承天休于我有周，斯小国于有命不易。昔我盟津，帝休辨商，其有何国？③

武王说天命已经注定归属周邦，你们都能够从周邦获得天赐之休美吉祥。周邦虽然是小国，但所承受的天命不会改易。过去在孟津，上帝已经决定休美于周而惩罚于商，商怎么还能保有其国呢？在武王之辞中，"帝"可以

（接上页）云"奏，进也"，段玉裁释之谓"竦手也，进之意"（《说文解字注》，第498页），经文"遂趱集之于上帝"，意即就汇集纣之恶行报告给上帝。

　　① 《逸周书·商誓》，黄怀信、张懋镕、田旭东：《逸周书汇校集注》，第490页。

　　② 卢文弨云"《说文》'霍，飞声也'。雨而双飞者，其声霍然。……徐锴曰：'其声霍勿，疾也。'然则此亦当乃命不予常之意"；陈逢衡云"'霍予天命'当是一旦奄有天下之意"（见黄怀信、张懋镕、田旭东：《逸周书汇校集注》，第491页）。按，这段经文里，将霍连后句读，似不妥。疑当读为叹词"嚯"表示自信、自得式的惊奇，让人关注其下面的话。

　　③ 《逸周书·商誓》，黄怀信、张懋镕、田旭东：《逸周书汇校集注》，第491页。

说是天命的决定者。《商誓》篇反反复复申述商人弃德，周人恭行帝命、膺受大命的道理，其论与传统的天命观念如出一辙。《商誓》篇的写成年代，可能较早，①然而，从其用语如"登禹之绩"②"三德"③等看，最终编订应当是春秋战国时期。《商誓》全篇讲述商周故事，帝命、天命是作者重复咏颂的主题，可知周革商命、周人受大命是人们最为深刻的历史记忆。

时人不仅追忆周人先祖受帝令，也讲述商人受大命的故事，以为上帝赐予商汤天命。《诗经·商颂·玄鸟》谓"天命玄鸟，降而生商，宅殷土芒芒。古帝命武汤，正域彼四方，方命厥后，奄有九有。商之先后，受命不殆"，意谓上帝命令成汤，征伐四方，大有天下，遍任首领，乃有九州。商之先君受天命，而其行之不懈怠。④《玄鸟》所说与《大雅·皇矣》"上帝耆之……乃眷西顾……帝谓文王"极其相似，⑤人格化色彩浓厚的上帝谆谆引导殷人，护佑其广有九州，获赐天命。《长发》篇是商人史诗，诗篇亦颂扬上帝保佑殷人建国：

> 濬哲维商，长发其祥……幅陨既长，有娀方将，帝立子生商……帝命不违，至于汤齐。汤降不迟，圣敬日跻。昭假迟迟，上帝是祗，帝命式于九围。

---

① 郭沫若先生认为《逸周书》中可信的周初文字"仅有三二篇，《世俘解》即其一，最为可信。《克殷解》及《商誓解》次之"（《古代用牲之最高纪录》，《郭沫若全集·历史编》第一卷，北京：人民出版社，1982年，第299页）；蒋善国先生也认为《商誓》的写成年代在周初，"《商誓》在事实和体裁方面，与《尚书·牧誓》相同……《商誓解》作在伐殷以后，《牧誓》作在伐殷之前"（《尚书综述》，第442页）。

② 关于"登禹之绩"，春秋中期秦公簋称颂祖考"受天命，鼏宅禹迹"（《集成》4315），春秋晚期叔夷镈颂扬成汤"溥受天命……咸有九州，处禹之堵"（《集成》285）。有关禹，目前可见最早出现于西周中期豳公盨铭文中，但将先王、先圣比拟为有禹之功绩，则应是在春秋时期。

③ "三德""六德"等应属于"以数为纪"，这是春秋战国时期较为典型的现象。有关"以数为纪"的详细分析，见赵伯雄：《先秦文献中的"以数为纪"》，《文献》1999年第4期。赵先生同时指出"'以数为纪'的表达方法虽然早已出现，但其广泛流行，却是春秋战国以后的事情。比较可信的春秋以前的文献中，较少使用这种方法"。

④ 毛传"正，长；域，有也"，郑笺"古帝，天也。天帝命有威武之德者成汤，使之长有邦域，为政于天下。方命其君，谓遍告诸侯也。汤有是德，故覆有九州，为之王也。……后，君也。商之先君受天命，而行之不解殆者，在高宗之孙子，言高宗与汤之功法度明也"（孔颖达：《毛诗正义》，阮元校刻：《十三经注疏》，第623页）。

⑤ 孔颖达：《毛诗正义》，阮元校刻：《十三经注疏》，第519、521页。

意指明哲之商，①幅员辽阔，其母家有娀氏广大，上帝立契而有商国。商之先君不违帝命，至于成汤，其揆一也。成汤当受帝命，其有德行，上帝爱敬之，天又命之使用事于天下。②《玄鸟》与《长发》皆赞颂上帝赐予商人大命，护卫成汤立国。"商颂"诗篇应主要写成于西周晚期之后、春秋时期，③是人们追溯历史之作。在周人讲述天命的背景之下，商汤立国也是上帝赐予的结果——亦为春秋时期颇为流行的观念。

　　总体言之，天命、帝命并不是春秋社会的主流观念，但是帝命、天命仍有其影响力，在论说殷周建国、政权代易时，帝命、天命是其中不可或缺的内容。

　　春秋时人讲述帝命，增加有新鲜因素。在增添征象、祥瑞等素材（见"春秋时期天命"节）之外，春秋时人将与命运相关的时运、机遇等内容也掺入其中，强调"天命""帝命"中所包含的时机、机运的重要性。这是人们在政治运作、现实实践中深刻体悟到机会、运命对社会历史、人之命运所产生的关键影响之后，总结出的重要经验。《逸周书·酆谋》篇借讲述周武王与周公旦谋略抵御殷商之事，表达了对于"时"的重视：

---

① 毛传"濬，深"（孔颖达：《毛诗正义》，阮元校刻：《十三经注疏》，第626页）。马瑞辰引《说文》《广雅》等指出"濬"即"睿"，宣哲、明哲之谓（《毛诗传笺通释》，第1171—1172页）。

② 此句之释，毛传"至汤与天心齐。不违，言疾也；跻，升也；九围，九州也"，郑笺"天之所以命契之事，世行之，其德浸大至于汤而当天心。降，下；假，暇；祇，敬；式，用也。汤之下士尊贤甚疾，其圣敬之德日进，然而以其德聪明，宽暇天下之人迟迟然，然谵于己而缓于人，天命是故爱敬之也。天于是又命之使用事于天下，言王之也"（孔颖达：《毛诗正义》，阮元校刻：《十三经注疏》，第626页）。"汤降不迟"句，马瑞辰谓"汤降二字倒文，承上'至于汤齐'言之，谓由先王以降及汤也"。"迟"字，马瑞辰以为读如"礼义陵迟"之"迟"，或作"陵夷"，章怀注《后汉书·汤衍传》"陵迟，言颓替也"，此句义为"汤不下夷而德又加进"。关于"昭假迟迟"句，朱熹曰"迟迟，久也。……昭假于天，久而不息"（《诗集传》，北京：中华书局，1958年，第245、246页）。马瑞辰辨析"昭假"与"奏假"，谓两者义近而殊，"盖言其精诚之上达曰奏假，言其精诚之显达曰昭假"，并引戴震之说"精诚表见日昭，贯通所至曰假"（《毛诗传笺通释》，第1174页）。"九围"，即九域，围、域一声之转。

③ 《商颂》的写成时代，主要有商代与春秋时期两种说法。《史记·宋世家》记载"襄公之时，修行仁义，欲为盟主，其大夫正考父美之，故追道契、汤、高宗，殷所以兴，作《商颂》"，以为是作于宋襄公之时。司马迁之说存在诸多问题，但诗篇不可能作于商代。王国维云"《商颂》盖宗周中叶宋人所作以祀其先王"（《说商颂下》，《观堂集林》卷二，第117页），以为写成于西周中叶。本文以为是西周晚期至春秋时代的作品，详细论述俟诸他文。

帝命不谞，应时作谋。不敏，殆哉！①

"天命不慆"见于《左传》，杜预注"慆，疑也"，②本意指上天始终如一，不二三其命。此处是说上帝眷顾我周，无有疑贰，我等当应时而起，以速图商，不可错失机遇，失时则违天命而事不成。③ 显而易见，这里的帝命与传统的帝命并不相同，它根本不涉及上帝授予周人大命，而是突出"时"的观念，着眼于应时而动、把握转瞬即逝的机会，凸显机遇、时运的关键作用。《国语·越语下》亦记载范蠡语：

蠡闻之："上帝不考，时反是守。"强索者不祥。得时不成，反受其殃。④

考，韦昭注"成也。言天未成越，当守天时，天时反，乃可以动"，王念孙指出"韦注文义不明"，云"考，当读为巧。反，犹变也。言上帝不尚机巧，惟当守时变也。《汉书·司马迁传》'圣人不巧，时变是守'，颜师古注曰'无机巧之心，但顺时也'是也。古字考与巧通，故《金縢》'予仁若考'，《史记·鲁周公世家》作'旦巧'"，⑤以为此句意指上帝不推崇投机取巧，应当守时而变。王念孙说甚有理致，但是，"考"确有"成"义，如《尚书·洪范》"五曰考终命"，孔安国注"考"即"成"，⑥韦注并无误。特别是考虑到《国语》中所记范蠡之语，皆强调因时而动，如"时不至，不可强生；事不究，不可强成"，因此，此处仍应以韦注为是。意谓"我听说'上帝尚未成就越国，惟当守时待变'，若不顾时机未至而勉强争取就会不吉祥；若遇到时机成熟而消极不争，则反遭祸害"。范蠡所说"上帝不考，时反是守"，当为春秋

---

① 《逸周书·酆谋》，黄怀信、张懋镕、田旭东：《逸周书汇校集注》，第318页。
② 《左传》昭公二十七年子家子曰"天命不慆久矣"（孔颖达：《春秋左传正义》，阮元校刻：《十三经注疏》，第2117页），竹添光鸿云"谞、滔、慆三字皆通。慆，慢也。天命不慆，谓不二三其命"（《左氏会笺》，第2068页）。
③ 潘振云、陈逢衡、唐大沛等皆指出这里的帝命为天命，见《逸周书汇校集注》，第318页。按，此篇为春秋战国时人的述古之作，其反映的思想可以视为春秋时人的观念。
④ 上海师范大学古籍整理组校点：《国语·越语下》，第648页。
⑤ 王引之：《经义述闻》，第1284页。
⑥ 孔颖达：《尚书正义》，阮元校刻：《十三经注疏》，第193页。

习语,范蠡引之以突显帝命的重要性。① 这一习语将天命、帝命理解为天所授予的机遇、机运,其含义与西周传统的天命、帝命观,区别显著。春秋时期帝命观所包含的新因素,与这一时段人们对于时运的重视这一新的社会观念相融合,导引出天(帝)命论发展的新途径。

要之,上帝授命,并不是春秋时期的主流观念,但是上帝授予大命的说法依然存焉。春秋时期人们论述帝命,主要有二条线索:一是追忆文武故事或者三代变革旧事,在这一线索中,人们所论帝命是西周传统天命论的延续,帝命意指天帝授予有德者大命,意味政权转换;二是将时运、时机与天命、帝命结合起来,将天命论、帝命论转化为对于天帝所赐予时机的把握,在这一线索之下,天命、帝命的意义发生了转化,它不再强调文、武王替天行道、革除殷命,而是侧重把握天帝所赐机会、时机对于社会发展、个人命运的重要意义。这是在春秋时人主体性增强、积极图谋个人发展大背景之下出现的新因素。

第二节　帝的神力与祭祀上帝

从殷商到春秋,漫长的时代当中,帝的神力经历了变化。殷商时期,帝主宰大自然的风云雷雨、气象变化;帝掌握年成的丰歉,帝可入于城邑宫室,降灾降害;战争时,帝可保佑战争;帝能降祸福于人间,掌握殷王的福祸、命运;帝发号施令,指挥人间的一切。② 进入西周以来,帝的功能发生了急剧变化。帝不再是殷商时期的全能神灵,它的主要功能被改造为降德、降命,成为周王的保护神。春秋时期,社会结构变动,帝不再福佑周王一家,诸侯国君、高等贵族也与上帝建立了广泛的交通渠道,上帝护佑的人群范围延伸扩展。然而,虽然上帝掌管的人众增加,但与西周时期类似,上帝的作用并不突出,它依旧不具有独一无二的神力,上帝仍然不是

---

① 汪远孙指出范蠡所引之语,司马贞《史记索隐》中已说明为出于《鬼谷子》。盖古本有是语,故范蠡亦述所闻也(徐元诰:《国语集解》,第580页)。

② 参考胡厚宣:《殷卜辞中的上帝和王帝》(下)。

人们日常中所依赖的主要神灵。

一、上帝的神力

　　春秋时期，帝降予大命的神力急剧衰退，但是，帝仍然在选立诸侯国君、建立诸侯国祚，监察众生方面施展神性。

　　春秋前期，重耳流亡至齐国，齐姜劝重耳勿怀安，曰：

> 《诗》云："上帝临女，无贰尔心。"……子去晋难而极于此……天未丧晋……有晋国者，非子而谁？子其勉之！上帝临子，贰必有咎。①

齐姜所引之诗，为《大雅·大明》篇。② 原诗的背景是在牧之野，殷周决战，武王战前誓师，劝勉周人上帝临察在上，众人不当疑虑。齐姜引述此诗，意在告诫重耳，天不欲丧晋，将来拥有晋国者，除了重耳，别无他者，重耳要勉励奋进！齐姜极力讲述了天予不取则必有咎的道理，反复申说上帝降临，重耳为帝所选、为帝所重的事实。姜女的一套说辞，无非是为重耳的政权获得天命、帝命方面的支持，创造出政权帝授的故事。

　　《诗经·大明》"上帝临女，无贰尔心"句，在春秋时期为人所熟知，它强调上帝至高无上，明察世事，人在帝之下，当敬奉帝命，戒慎恐惧。春秋中期，晋卿范宣子向小国征币过重，子产写信给他，其中说道："《诗》云：'乐只君子，邦家之基。'有令德也夫！'上帝临女，无贰尔心。'有令名也夫！"③子产强调，卿大夫为国家之基，范宣子当警惕自身所为，因为上帝监临在上，明察秋毫，而范宣子却违拗上帝之意，加重小国负担，身负恶名与恶德。子产举出"上帝"来告诫范宣子，亦即后世俗语"人在做，天在看"，言外之意是上帝浩大，人终究无可脱逃。

---

　　① 上海师范大学古籍整理组校点：《国语·晋语四》，第341页。
　　② 关于"上帝临女"句的训释，郑笺谓戒武王使无贰心。清儒马瑞辰说"上帝临女"之"女"，"指所誓之众，非指武王"（《毛诗传笺通释》，第809页）。胡承珙亦认为"《传》义为优"（《毛诗后笺》，第1235页）。此句在《鲁颂·閟宫》中作"无贰无虞，上帝临女"。
　　③ 《左传》襄公二十四年，孔颖达：《春秋左传正义》，阮元校刻：《十三经注疏》，第1979页。

战国时期，"上帝临女，无贰尔心"句依然常为人所用，以突出上帝监临在上、人不敢贰其心的意蕴。战国时人曾谓：

> 古之事君者，必先服能然后任，必反情然后受。主虽过与，臣不徒取。《大雅》曰"上帝临汝，无贰尔心"，以言忠臣之行也。①

意思是说，臣事奉君主，必须先具备足够的能力然后再获取任命，必须能够反思然后再接受君主的赏赐。君主虽然过分地任命或赏赐，臣下也不敢无功受禄。《大雅》诗句说"上帝临察于你，不要贰心怀疑"，说的是忠臣的言行。在这里，臣之忠体现为不贰其心，而无贰心的一个缘由则是上帝照临，上帝无所不知，无所不察，在上帝之下，人无所遁，必然始终如一、表里如一。

"上帝临女，无贰尔心"，到了战国时期成为社会上人们进行精神修炼的依据。郭店楚简《五行》篇谓：

> 目而知之谓之进之；喻而知之谓之进之；譬而知之谓之进之；几而知之，天也。"上帝临汝，毋贰尔心"，此之谓也。②

意指通过眼睛观察而得到知识可称作"进之"，经过比喻类比而得到认识可称作"进之"，经过旁敲侧击获得认识可称作"进之"，但通过洞察精微而得到的认识，则是天所赋予的工夫。"上帝临汝，毋贰尔心"，说的就是这个道理。此处的重点是强调精神专注于一，则有所成。"上帝临汝"句早已脱离了其原本意义，蜕变为利用高高在上的帝，突出"毋贰尔心"的绝对性。春秋战国时期，"上帝临女（汝）"频繁为人所引，可见上帝的神力为人们所认可。

上帝的神力还体现于它是最高仲裁者。春秋时人在一定程度上延续了西周传统，认为上帝依然代表正义，是道德理性的化身。《国语·吴语》

---

① 《吕氏春秋·务本》，陈奇猷：《吕氏春秋新校释》，第 720 页。按，高诱注这段话谓"喻君命臣齐一，专心输力，不敢惑忠臣之行"（第 726 页），说亦可通，但较迂曲。清儒马瑞辰谓《务本》篇引此诗句是"证臣之忠于其君"（《毛诗传笺通释》，第 809 页），其说是。

② 荆门市博物馆：《郭店楚墓竹简》"五行"，北京：文物出版社，1998 年，第 151 页。关于这段话的释解，参阅了庞朴：《帛书〈五行篇〉校注》，《中华文史论丛》第十二辑，上海：上海古籍出版社，1979 年，第 67—68 页。

记载吴王夫差说"昔吾先王体德圣明，达于上帝"，①夫差颂扬阖闾间有懿德，在伍子胥的协助下，建功立业，令名听闻于上帝。吴王之语表明上帝具有道德理性，上帝佐助有德之君。《国语·越语下》记载范蠡曰"淫佚之事，上帝之禁也"，②上帝严禁淫佚之事，可见上帝是社会道德规范的制定者、下民执行情况的监督者和裁判者。

春秋时期，上帝在监查方面的神性十分突出。在一些重大政治活动特别是盟会中，人们认为借助上帝的权威，可以对盟约等起到监督、约束作用。《左传》成公十三年记载，秦楚结盟，盟辞谓"昭告昊天上帝、秦三公、楚三王"，③秦、楚两方面都向皇天上帝、秦楚两国的祖先告以盟会之事，祈求上帝、祖先监临，对盟誓双方起到制约作用。在秦、楚两大国的决策者看来，既然两国皆无力让对方臣服，那么，可以折冲樽俎的权威非皇天上帝莫属。

上帝的神力还体现于它是贵族的护佑者，助其雪耻复仇。《左传》成公十年记载，赵氏祖先化为厉鬼，出现在晋景公梦中，扬言将请求上帝，为其被害子孙报仇。在这个故事中，上帝保护、帮助赵氏后人。再如《左传》僖公十年所记，太子申生请求上帝，以秦败晋，以此惩罚无礼的夷吾（晋惠公）。在这一则故事中，上帝护卫太子申生，帮助他惩恶除害。上帝演变为高级贵族的守护神。上帝不再是周天子的专属品，也成为高级贵族的保护神，贵族及其家族均在帝的护翼之下。

此外，上帝在被除无子、帮助生育方面，也体现神力。春秋时人的观

---

① 上海师范大学古籍整理组校点：《国语·吴语》，第601页。

② 上海师范大学古籍整理组校点：《国语·越语下》，第643页。

③ 《左传》成公十三年杜预注"三公：穆、康、共。三王：成、穆、庄"。对于所昭告的皇天上帝，孔颖达疏"礼，诸侯不得祭天，其盟不主天神。郑玄'觐礼'注云：巡守之盟，其神主日；诸侯之盟，其神主山川。襄十一年亳城北之盟，其载书云'司慎司盟、名山名川'，注云'二司天神唯告，天之别神，不告昊天上帝'，此秦楚为盟，告天帝者，春秋之时不能如礼，且此辞多诬，未必是实。晋与诸国结盟，皆不告昊天上帝，何由秦楚独敢告？盖欲示楚人恨秦之深，言其所告处重耳"（孔颖达：《春秋左传正义》，阮元校刻：《十三经注疏》，第1912页）。但是，学者辨析"然越王之誓，有昊天后土，崔庆之盟，曰有如上帝，何必疑之？"（竹添光鸿：《左氏会笺》，第1064页）。分析两说，孔疏泥滞于古礼，《会笺》说则符合时代发展后社会观念的变迁。

念中,神异的、神秘的事件往往与帝相联。《诗经·大雅·生民》篇记述了周人女始祖姜嫄"克禋克祀,以弗无子,履帝武敏歆",遂生后稷的故事。周人创造出姜嫄生育故事,自然是为增强后稷诞生的神异性和后稷作为周始祖的神圣性。春秋之时,上帝护佑后稷诞生之事广为传诵,后稷的神圣性进一步增强,鲁人作歌曰:

> 赫赫姜嫄,其德不回,上帝是依,无灾无害……是生后稷。降之百福……奄有下国,俾民稼穑……奄有下土,缵禹之绪。①

此诗据说为鲁僖公祭祀先祖之作。诗篇赞颂上帝帮助姜嫄,在后稷孕育和降生过程中,无灾无害。上帝护佑后稷,降福于他,赐予后稷百谷、②大有天下,继续禹之伟业。后稷所取得的丰功伟业,全部得到上帝的佑助。鲁国人歌颂上帝佑助后稷,意在强调自后稷至鲁僖公,鲁国承继了周人正统,鲁国国运昌盛。总之,在后稷的孕生过程中,上帝大展其神力。上帝不单佑助后稷诞生,在晋人始祖叔虞的降生中,也有上帝的因素。《左传》昭公元年记载:

> 当武王邑姜,方震大叔,梦帝谓己:"余命而子曰虞,将与之唐,属诸参而蕃育其子孙。"及生有文在其手,曰虞,遂以命之。及成王灭唐而封大叔焉。

是说当武王之妻邑姜怀孕大叔(即唐叔虞)的时候,梦见上帝对自己说"我命令你的儿子名叫虞",并且将唐地赐予他、参星划属于他,还预言叔虞之子孙将繁盛于唐地。叔虞出生后,他的掌纹正有虞字之形,所以便以"虞"为名,周成王时灭唐国而封叔虞于此。③ 在邑姜之梦中,上帝大显其神,

---

① 《诗经·鲁颂·阙宫》"上帝是依"句之释,毛传"依其子孙也",郑笺"依,依其身也",并释此诗为"赫赫乎显著姜嫄也,其德贞正不回邪,天用是冯依而降精气,其任之,又无灾害,不坼不副,终人道,十月而生子,不迟晚"(孔颖达:《毛诗正义》,阮元校刻:《十三经注疏》,第614页)。

② 高亨先生指出"降之百福"句,依照下文,"百福当作百谷,传写之误"(《诗经今注》,第520页)。

③ 杜预注"怀胎为震"(孔颖达:《春秋左传正义》,阮元校刻:《十三经注疏》,第2023页)。震、娠古字通。

不仅为叔虞命名，还预言晋国将盛。帝之显现，无疑是为了增加晋人始祖的神秘性、神奇性，为晋国鼓吹、造势。春秋文献中，屡次记载上帝参与生育，将周之始祖、晋人始祖的诞生，看作上帝化育、启发的结果，这一方面反映了人们以为上帝具有某种神力，另一方面则开启了后代帝王神化出生的先河。

要之，春秋时期帝不再授予大命，上帝赐予"大令"的神力仅仅保存在文、武王故事的传诵中。在春秋时人的观念中，上帝的神性主要体现为：帝保护诸侯国国祚，选立君主；帝具有道德理性，是正义的象征，可作为最高仲裁者；此外，上帝成为诸侯国君、高级贵族的护佑者，帮助他们弭灾去祸、复仇除害。总体而言，帝的功能较为宽泛，没有特异性，不具备主宰自然、人类一切命运的能力。应当说，上帝最为突出的神性，仍然存在于它与君权的关系之中，在政治文化中具有象征意义。

二、帝廷当中的至上神

殷商卜辞显示，商人并没有明确的帝高于祖先、帝是至上神的观念。西周时期，周人具有了周先王在帝廷的构想，甚至有先王在帝左右的说法，似乎上帝的地位提升了，拥有了至上神的身份。春秋时期，天、帝、人秩序发生变化，帝之神格是否也发生变化了呢？这要从春秋时期帝廷的状况讲起。

春秋时期的帝廷，突出的特点是规模扩大，神灵增多，不但周先王在帝廷陟降，各诸侯国君主之祖先也往至帝所。这一点，与春秋时期的"天廷"状况类似。特别需要注意的是，尽管春秋时人指斥上帝、咒骂上帝，但在帝廷当中，上帝却拥有至尊地位，其神格明确高于祖先。

春秋中期秦公簋铭文记载：

> 丕显朕皇祖，受天命，鼏宅禹蹟（迹），十又二公，在帝之坯。①

---

① 《集成》4315。此外，1978 年陕西宝鸡太公庙村发现的秦公镈、秦公钟铭文与秦公簋铭文相似"秦公曰：我先祖受天命，赏宅受国，烈烈昭文公、静公、宪公，不象于上，昭合皇天"，与秦公簋铭文对照，知"不象于上"即"在帝之坯"。如此，西周金文中颂扬祖先"其严在上"，也说明其祖先往至帝所。

铭文中的"幂",见于春秋中期国差蟾"齐邦幂静安宁"、①春秋晚期文公之母弟钟"余文公之母弟,余幂静",②读为宓,安之义。③"蹟",郭沫若先生指出即《诗经·大雅·文王有声》之"维禹之绩"。④"蹟"也可释为"绩",指安定效法大禹之功绩。"坏",杨树达先生从声韵方面读为覆,以为在天之覆。⑤ 其实,"在帝之坏"之意当与春秋晚期叔夷镈"有严在帝所"类似,指秦之祖先往至帝廷。铭文意谓伟大显赫的先祖,承受天命,安定禹之功绩;先祖十又二公,在帝之廷。人所周知,西周时期贵族声称祖先"其严在上",隐含有祖先去世之后在帝所的意义,但并未直接宣称祖先往升于帝廷。春秋时期,天子威风扫地,社会秩序处于重建过程中,相应地,帝廷中的秩序也发生变化,由秦公簋看,诸侯君主的祖先也堂而皇之地登廷入室了。帝廷中,不唯周王先祖在焉。

事实上,非但诸侯的先祖"荣登"帝廷,权贵阶层的先祖亦在帝之左右,听命于帝。《左传》成公十年记载了晋景公的恶梦,其中透露了贵族祖先在帝廷的状况:

> 晋侯梦大厉,被发及地,搏膺而踊曰:"杀余孙不义。余得请于帝矣。"坏大门及寝门而入。公惧,入于室,又坏户。公觉,召桑田巫,巫言如梦。公曰:"何如?"曰:"不食新矣。"⑥

这个故事的背景是成公八年(前 583 年),晋景公杀赵同、赵括。景公梦中的厉鬼,⑦为赵氏祖先,他扬言将请求上帝,为赵氏死者报仇。显然,赵氏

---

① 《集成》10361。

② 陈佩芬:《夏商周青铜器研究》东周篇,第 261 页。

③ 郭沫若先生说"幂与宓通,静也"(《两周金文辞大系图录考释》下册,第 248 页);李零:《春秋秦器试探——新出秦公钟、镈铭与过去著录秦公钟、簋铭的对读》。

④ 郭沫若:《秦公簋韵读》,《殷周青铜器铭文研究》,《郭沫若全集考古编》第四卷,北京:科学出版社,2002 年,第 151—152 页。

⑤ 杨树达:《秦公簋跋》,见《积微居金文说》,第 67 页。

⑥ 《史记·赵世家》则记载"晋景公疾,卜之,大业之后不遂者为祟"(《史记》,第 1784页),"大业之后"亦指赵氏祖先。

⑦ 杜预注:"厉,鬼也,赵氏之先祖也。八年晋侯杀赵同、赵括,故怒。"(孔颖达:《春秋左传正义》,阮元校刻:《十三经注疏》,第 1906 页)竹添光鸿笺:"《独断》天子为群姓立七祀,五曰泰厉;诸侯为国立五祀,五曰公厉;大夫以下立三祀,曰族厉。言凶恶之鬼,(转下页)

祖先死后往去上帝之所，其地位在帝之下，复仇诸事需请示上帝，借助上帝的权柄才可能惩罚晋景公。这个故事明确显示，贵族祖先死后也去到帝之所，帝廷的规模延伸了。《逸周书·太子晋》记载周灵王太子晋语于师旷曰"吾后三年上宾于帝所"，"上宾"，即登遐，升天之同义语。意谓三年之后，太子晋将死，死后"宾于帝所"。[①] 太子晋的身份是王子，在死后也登遐至上帝处，表明高级贵族可至帝所。

周之先王、诸侯先祖、贵族祖先济济于帝廷，而上帝则高高在上，超越于人神之上。《左传》僖公十年（前 650 年），晋国内乱，太子申生死，夷吾即位为君，即晋惠公。申生之师狐突前往曲沃，途中遇太子，太子使登车，而告之曰：

> 夷吾无礼，余得请于帝矣，将以晋畀秦，秦将祀余。……帝许我罚有罪矣。[②]

《左传》所记狐突遇申生事，实际梦耳。[③] 在这个梦中，申生指责惠公无礼，[④]欲向上帝请求，以秦灭晋，并由秦祀申生。狐突告以"神不歆非类"的道理，但是申生仍然祈灵于帝，获得帝的许可与祐助，将假秦人之手惩罚有罪的夷吾，晋师将在韩之战中败北。这一记载与前引晋景公之梦类似，上帝的地位远高于在帝廷的人神，人神举事需要求助上帝的神力。可以说，帝廷之中，上帝位于众祖先神灵、人神之上，地位最尊。

值得注意的是，上述记载中，人们所想象出的帝廷以及上帝与祖先的关系，皆出自诸侯、高级贵族。这一阶层所想象的帝廷，有其特点，即在帝

（接上页）特立祀以安之。昭七年'鬼有所归乃不为厉'，襄十七年'尔父为厉'，是厉为恶鬼。"（《左氏会笺》，第 1039 页）杨伯峻注："恶鬼曰厉鬼，昭七年传'其何厉鬼也'可证。亦省称厉，襄十七年传'尔父为厉'可证。古人又以为绝后之鬼常为厉，故《礼记》'祭法'有'泰厉''公厉'，郑注谓古代帝王绝后者为泰厉，诸侯绝后者为公厉。昭七年传亦云'鬼有所归，乃不为厉'。"（《春秋左传注》，第 849 页）

① 此处之"宾于帝"与商卜辞先公"宾于帝"格式相类，详细辨析见西周帝章。

② 孔颖达：《春秋左传正义》，阮元校刻：《十三经注疏》，第 1801—1802 页。

③ 杜预注此段为"忽如梦而相见"（孔颖达：《春秋左传正义》，阮元校刻：《十三经注疏》，第 1801 页）。竹添光鸿谓"是梦耳，而传记之如实遇太子，乃文之至幻者也。至十五年战韩，传云'妖梦是践'，正为此篇点睛"（《左氏会笺》，第 450 页）。

④ 杨伯峻先生注曰"疑指惠公烝于贾君"（《春秋左传注》，第 334 页）。

廷中仅有上帝与贵族祖先,却没有周先王的位置。换言之,贵族祖先可直接与上帝交通,无须以周王为中介。然而,如若考察王室观念中的帝廷,则可见与贵族所设想的帝廷秩序迥异:上帝之廷中,帝是最高神灵,在上帝之下的是周先王,先王之后才轮到贵族,周先王高踞于贵族祖先之上。上帝、先王、贵族构成了帝廷中的上下尊卑等级,一如在人间一般。春秋后期,卫襄公卒,卫卿齐恶告丧于周,且请命。周景王使卿士郕简公如卫吊丧,追命襄公曰:

> 叔父陟恪,在我先王之左右,以佐事上帝。①

卫为武王弟康叔之后,故景王称卫侯为叔父。恪,当为格,陟格,与陟降同义,②指往升于上。按照郕简公所转述的周景王之意,卫襄公死后上升于天,在周先王左右,服侍先王,以辅佐上帝。在周王的头脑中,帝廷中的座次依序是上帝—先王—诸侯,贵族敬事周王,周王敬奉上帝,等级森严、尊卑有序。王室对于帝廷的构想,亦可在《逸周书·祭公》篇中获得佐证。③《祭公》篇记述祭公大病不瘳,弥留之际告周穆王以懿德,并谓:

> 天子,谋父疾维不瘳,朕身尚在兹,朕魂在于天昭王之所,勖宅天命。④

瘳,病愈;勖,勉力之义。此句亦见于清华简《祭公之顾命》篇,作"朕魂在朕辟昭王之所"。⑤ 意谓祭公死后,其魂(灵)上升至天,围绕在昭王左右,

---

① 《左传》昭公七年(孔颖达:《春秋左传正义》,阮元校刻:《十三经注疏》,第2050页)。

② 竹添光鸿云"恪,读为格。《尔雅》曰'格,陟、登、升也',是格与陟同义,陟格谓魂升于天也。既言陟而又言格者,古人自有复语耳。格与恪古字通"(《左氏会笺》,第1760页)。

③ 关于《祭公》篇的写成时代,上章已有辨析。

④ 黄怀信、张懋镕、田旭东:《逸周书汇校集注》,第988页。关于此句之释,诸家不尽相同。孔晁云"言虽魂在天,犹明王之所勉君天下之士也";潘振云"虽魂已在天,犹明晓王之所勉,安宅天命也";朱右曾曰"魂在先王左右,言必死也。勉王安保天命"(以上转引自黄怀信、张懋镕、田旭东:《逸周书汇校集注》,第989页)。此句意谓祭公死后魂在昭王之所(但在上之魂仍关注穆王),努力安宅天命。按,《逸周书·祭公》篇"朕魂在于天昭王之所",原来在"天"字后多断开,清儒卢文弨说这九字"当连作一句注",今清华简《祭公之顾命》第三简,此正作一句读,在"所"字后方有断句符号,足证卢文弨说之精确。

⑤ 李学勤主编:《清华大学藏战国竹简》(壹),上海:中西书局,2010年,第174页。

敬事旧主。祭公所说清晰地表明，在帝廷之中，卿大夫、高等贵族位列先王之下。周景王、祭公所代表的王室，其所想象的帝廷秩序与前引诸侯、卿大夫头脑中的帝廷状况不尽相同，表明各个集团在观念上有所分化。

此外，有关上帝与祖先的关系，《逸周书·度邑》中的相关记载也值得重视。①《度邑》记载武王之语：

予有不显，朕卑皇祖不得高位于上帝……下不宾在高祖……②

武王之语，涉及皇祖与上帝。是说武王担心自己无所建功，不能荣宗耀祖而使先祖上升到上帝之处。③ 依照武王之说，先王能够"宾于"帝处，有其前提条件，即子孙荣耀祖先。此外，武王之语也透露出，上帝之尊高于先王，具有更为优越的地位。

综之，由春秋时期的帝廷观察，上帝与祖先神灵之间的尊卑等级关系已然明确：上帝超越祖先神灵，位居最高等级，在帝廷之中，确立了至上神的地位。

需要指出的是，帝廷之中，在上帝与祖先神灵这一系统之外，还存在另一系统。在这个系统中，上帝仍然是至上神，在上帝之下，有专职的上

---

① 关于《度邑》篇的成书时代，可谓众说纷纭。张大业、唐大沛、朱右曾等清儒认为《度邑》与《尚书》关系密切，或本为《尚书》篇目，其写成时代早（见黄怀信、张懋镕、田旭东：《逸周书汇校集注》第 1305、1319、1323 页）。当代学者蒋善国先生也认为《度邑》等篇可以与《尚书·大诰》诸篇提出同等的价值，而在事实和体裁方面，与《尚书·洛诰》相同（《尚书综述》，第 442 页）。但也有学者针对此篇提出了若干问题，如崔述指出此篇"其意浅而晦，其词烦而涩，与《尚书》大不类"（崔述著、顾颉刚编订：《崔东壁遗书·丰镐考信录》，上海：上海古籍出版社，2013 年，第 197 页）；刘起釪先生认为，《度邑》可确认为西周文献，但文字在传写过程中受到东周的影响（《尚书学史》，北京：中华书局，1989 年，第 95—96 页）。但是，需要指出《度邑》篇有自题篇名的情形，其谓"名兹曰《度邑》"句，自题其名，当为后人所作。《逸周书·大聚》篇中有"命之曰《大聚》"，文例与《度邑》篇相同。此外，《大明武》《小明武》《柔武》《周月》《本典》篇都有自题篇题的情况，而《大明武》等明显非西周作品。《度邑》篇，其史实或为周初史实，但其写成年代，应在西周末年或春秋时期。

② 黄怀信、张懋镕、田旭东：《逸周书汇校集注》，第 507—508 页。

③ 朱右曾云"卑，读为俾。盖后稷以来积累以基天命，今大统虽集，未致太平，未作礼乐，无以光显祖业于天下，是使皇祖不得享配天之祭也"，将"卑皇祖不得高位于上帝"解释为以先祖配祭上帝；庄述祖云"不宾在高祖者，即所谓不得高位于上帝也"；陈逢衡云"高祖，太王以上也。古谓前王大行为上宾于天，言在帝左右也，不宾则弗克追配矣"（转引自黄怀信、张懋镕、田旭东：《逸周书汇校集注》，第 476、478 页）。

帝臣属。《国语·晋语二》记载：

> 虢公梦在庙，有神，人面、白毛、虎爪，执钺立于西阿，公惧而走。
> 神曰："无走！帝①命曰：使晋袭于尔门。"公拜稽首。觉，召史嚚占
> 之，对曰："如君之言，则蓐收也，天之刑神也。"②

虢国君主梦中出现了神灵，是布帝命于人间的帝臣，其状"人面、白毛、虎
爪"、手执兵钺，具有威严、可怖的特点。据史官说，他是天上的神，为蓐
收，③专司刑罚。这条记载透露，春秋人所想象的帝廷中，帝之臣不仅有
专名，而且有专职，可知帝廷当中的分工开始细密了。此外，由蓐收的故
事可见，帝廷中还存在另一套神灵系统。这个系统中的神灵与祖先神明
显不同：祖先神灵是去世后上升至帝廷，他们的主要功能是服务于在下
的子孙。祖先神灵地位虽然在上帝之下，但并不为上帝承担具体职司，祖
先只是笼统地"佐事"上帝，没有明确的职责。而在另一套系统中，神灵如
蓐收似乎天生在帝廷，担任上帝臣下，执行上帝之命，专司特定职守。蓐
收的这一特点，与卜辞所记上帝拥有"帝臣"如风师、雨师等有若干类似之
处。虽然文献中所载帝臣极其罕见，但可以推测，人们所构想的帝廷组成
正趋于丰富。

　　综之，春秋人们所想象的帝廷，主要的特点是：一，帝廷的规模扩大
了。不但周先王在帝廷，诸侯的祖先、高等贵族的祖先去世后也获得登堂
入室的权力。这不能不说是春秋社会变迁的结果：诸侯、卿大夫势力的
上升，造成在帝廷当中，去世后的诸侯、卿大夫也获得了与周天子同处一
廷的机会。二，上帝凌驾于所有神灵之上，至上神的地位十分突出。上
帝的地位并没有因为西周晚期以来人们对于天帝的责难而下降，反而明
确成为最高神灵，确立了至上神的地位。春秋时期人们的观念中，上帝地
位明显高于祖先神灵，上帝是至上神。这是与西周社会不同之处。有意
思的是，尽管上帝确立了超越于祖先神灵的地位，但周王室群体与贵族群

---

① 韦昭注"帝，天也"（上海师范大学古籍整理组校点：《国语·晋语二》，第 296 页）。
② 上海师范大学古籍整理组校点：《国语·晋语二》，第 295 页。
③ 关于蓐收，见"春秋时期的天与天命"章。

体所设想的帝廷的上下等级关系却不尽相同。在王室群体的设想中，帝廷中的等级秩序由上帝、先王、诸侯、卿大夫构成，即便在帝廷中，诸侯仍然在先王左右，起到辅助之效。而在诸侯、卿大夫所想象的帝廷中，去世的祖先直接与上帝交通，无需先王作为前导、中介。在他们的观念中，甚至可以没有先王的位置。三，帝廷中有帝臣，存在职官系统。《国语·晋语二》中所记载的蓐收故事，说明上帝设官分职，帝廷中的帝臣有具体职责。不过，从蓐收故事中，却看不出祖先神灵与帝臣之间的关系。这似乎说明祖先神灵、上帝臣属虽同在帝廷，但各据一席之地，彼此互不统属，互无关联。在帝廷中存在着不同的神灵系统。

三、祭祀上帝

上帝是最为重要的神灵，然而有关上帝祭祀的记载却并不多见。人所共知，商末以及西周金文如二祀邛其卣、天亡簋等，透露出商末、西周时人祭帝的一些信息，但祭祀上帝的情况十分少见。同样，春秋时期也鲜有祭帝之载。

春秋时人追溯上古历史，以为祭祀上帝，古已有之。《国语·周语上》说“古者，先王既有天下，又崇立上帝、明神而敬事之”。韦昭注：“立，立其祀。”①意谓古代先王立国，则尊祀上帝。这里明确指出，祭祀上帝的是王，而非普通民众。《国语·周语中》记载周襄王之语：“昔我先王之有天下也，规方千里以为甸服，以供上帝山川百神之祀，以备百姓兆民之用，以待不庭不虞之患。”②意谓文、武王初定天下之际，即已规划甸服，以其职贡供于王，以祭祀上帝、山川神灵等。按照这一说法，西周时期祭祀上帝为常祀，由此或许可以推测，周王在春秋时期仍然举行祭帝活动，只是由于其为常祀，史官少记而已。

事实上，周天子祭祀上帝，各诸侯国有义务交纳贡赋以促成之。春秋晚期晋、吴黄池之会，吴人陈兵于晋君驻地，逼迫晋侯与之会盟，吴王夫差

---

① 上海师范大学古籍整理组校点：《国语·周语上》，第 37 页。
② 上海师范大学古籍整理组校点：《国语·周语中》，第 54 页。

力陈会盟之由,谓"天子有命,周室卑约,贡献莫入,上帝鬼神而不可以告",①而夫差会盟之举,正在于重振王室,抚恤姬姓兄弟之国。依照夫差所说,春秋晚期,王室衰微,各诸侯国失其贡献之职,导致天子无以告祭上帝、先祖。由此说来,王室的上帝之祭仍在进行,只是多数之时处于无以为继的状态。

春秋社会,举行祭祀上帝活动的,在周王室之外,仅鲁国有资格而已。据后儒之说,鲁人得祀上帝,由于鲁为周公正统之故。② 鲁君祭祀上帝,见诸文献。《左传》哀公十三年(前482年),吴与各国盟,子服景伯语于吴人曰"鲁将以十月上辛,有事于上帝、先王",③指鲁君将祭祀上帝与先王。需要注意的是,子服景伯之说尽管将上帝与先王并列,但并无以周始祖后稷配享上帝的信息。《诗经·鲁颂·閟宫》则记述了鲁君祭祀上帝的细节,有助了解鲁人祭祀上帝的情形。诗篇歌咏道:

> 周公之孙,庄公之子,龙旂承祀,六辔耳耳,春秋匪解,享祀不忒。
> 皇皇后帝,皇祖后稷,享以骍牺,是飨是宜,降福既多。

"周公之孙,庄公之子"指鲁僖公,春秋前中期鲁国的有为君主。"龙旂承祀",郑笺"交龙为旂,承祀谓视祭事也";"六辔",指用六缰绳的一车四马;"骍",毛传"赤牺纯也";"耳耳",毛传"至盛也";④"享以骍牺"句,郑笺"(后稷)其牲用赤牛,纯色,与天子同也。天亦飨之,宜之多子之福"。⑤

---

① 上海师范大学古籍整理组校点:《国语·吴语》,第611页。

② 如《春秋繁露·郊祀》云"周公傅成王,成王遂及圣,功莫大于此。周公圣人也,有祭于天道,故成王令鲁郊也",董仲舒以为郊祭即是祭天之举。郑玄说"成王以周公功大,命鲁郊祭天,亦配之以君祖后稷"(孔颖达:《毛诗正义》,阮元校刻:《十三经注疏》,第615页)。

③ 孔颖达:《春秋左传正义》,阮元校刻:《十三经注疏》,第2172页。前人曾就此处为先公抑或先王,有所辨析。王引之《经义述闻》引王念孙说,以为此处"先王"当作"先公"(《经义述闻》,第474页);杨伯峻先生则说"鲁固无祭先王之礼,然景伯纯作谎言,云祭'先王',则吴之祖亦受祭,可以恐吴。《家语·辩物篇》亦作'先王',足知非误字"(《春秋左传注》,第1678页);竹添光鸿亦有所辨,谓此语是"景伯特权辞以给吴耳"(《左氏会笺》,第2358页)。

④ 马瑞辰谓:"耳耳即尔尔之假借。《说文》:'尔,丽尔,犹靡丽也。'单言尔亦为盛,《采薇》诗'彼尔维何',传'尔,华盛貌'是也。"(《毛诗传笺通释》,第1142页)

⑤ 孔颖达:《毛诗正义》,阮元校刻:《十三经注疏》,第615页。

意谓鲁僖公祭祀，用绘有龙纹之旂，①并有四马之盛。僖公不废四时之祭，祭祀上帝与后稷，献以纯赤色的牺牲，让上帝与后稷以飨以歆。②《閟宫》诗显示，鲁君祭祀上帝，盛大隆重，以龙旂为饰，车马滚滚，盛况空前。祭祀时，向上帝献以纯色牺牲，上帝是以降福无限。诗篇透露鲁君祭祀上帝，与祭祀周始祖后稷，所献祭品相同，鲁人对于后稷之祀，非常重视。然而，尽管鲁人以上帝与始祖并重，诗篇并未显示鲁人以后稷或先王配享上帝。

在春秋时人的心目中，上帝神力广大，发生自然灾害时，国君往往报告上帝并行祭祀。不单是鲁国君主，其他诸侯国君亦向上帝昭告，乞灵于帝。例如，春秋前期，晋国之望梁山崩坏，绛人之对策为："山有朽壤而崩，将若何？夫国主山川，故川涸山崩，君为之降服、出次、乘缦、不举，策于上帝，国三日哭，以礼焉。"所谓"策于上帝"，韦昭注曰"以简策之文告天也"。③ 依照绛人所说，山朽而崩，君主当降服缟素，出次于郊；车乘无文，不举乐，哀悼之，告于上帝。这里策告上帝的，是晋侯，而非限于天子、鲁侯。遇有重大政治活动，人们亦昭告皇天上帝。如秦、楚结盟，盟辞即"昭告昊天上帝、秦三公、楚三王"，④结盟中昭告昊天上帝，以及秦、楚两国重要先祖，以祈约质、督导之效，可见上帝很有权威。

上引两例，告祭上帝者，早已超出了周天子、鲁国国君的范围，表明周礼之制在若干时刻仅为虚文。诸侯国君们向上帝汇报、祈祷，此种情形正如天命一般，早已波及至诸侯群体，不再由天子独揽。上帝与更多的人群

---

① 孔颖达疏曰："《明堂位》云：'鲁君孟春乘大辂，载弧韣，旂十有二旒。'"（孔颖达：《毛诗正义》，阮元校刻：《十三经注疏》，第616页）马瑞辰曰："《郊特牲》曰：'旂十有二旒，龙章而设日月，以象天也。天垂象，圣人则之，郊所以明天道也。'是祭天之旂实兼有龙与日月。"（《毛诗传笺通释》，第1142页）

② 关于"宜"，马瑞辰谓："宜本祭社之名，《尔雅·释天》'起大事，动大众，必先有事乎社而后出，谓之宜'，孙炎注'宜，求见福佑也'是也。凡神歆其祀通谓之宜，《鸤鸠》诗'公尸来燕来宜'及此诗'是飨是宜'是也。"（《毛诗传笺通释》，第1144页）

③ 《国语·晋语五》韦昭注："缦，车无文。不举，不举乐。策于上帝，以简策之文告天也。《周礼》：'四镇五岳崩，命去乐。'"（上海师范大学古籍整理组校点：《国语》，第406页）

④ 《左传》成公十三年杜预注"三公：穆、康、共。三王：成、穆、庄"（孔颖达：《春秋左传正义》，阮元校刻：《十三经注疏》，第1912页）。

产生了关联。

上帝虽贵为至上神,但春秋文献中祭祀上帝的记载并不多见。而且,上帝在许多重要时刻都若隐若现,并不体现其最高神灵的非凡能力。例如,春秋时期常有盟会,盟誓中须以祸福相要,而质诸神灵。由盟誓中所涉神灵看,上帝有时是最重要的神灵。春秋中期,齐崔杼作乱,盟国人于大宫(齐国始祖太公之庙),晏婴被迫与盟,一般盟辞为"所不与崔庆者",而晏子则仰天叹,改盟辞为"婴所不唯忠于君,利社稷者是与,有如上帝",①意谓若不忠君、有利于社稷,则上帝明鉴而降临灾祸。此处临盟之神为上帝,可知上帝具有明察、裁决的神力。但检诸其他文献,却可见盟誓中所起誓之神灵,并非仅有上帝。春秋前期,晋公子重耳与子犯流亡他国,在黄河之滨,子犯还玉璧于重耳,请求自此亡去,重耳发誓说"所不与舅氏同心者,有如白水",②向黄河起誓,请求监察。春秋中期,秦康公对晋士会起誓曰:"所不归尔帑者,有如河!"此处监临的神灵,亦是大河。③两例誓词皆以河为起誓对象,或许是由于临于河、近地利之便的缘故,但也说明选择起誓神灵有一定的随机性,不必选择至上神灵。在帝、自然神之外,祖先亦可为誓言的对象。春秋末年,宋景公欲联合左师向巢谋桓

---

① 《左传》襄公二十五年(孔颖达:《春秋左传正义》,阮元校刻:《十三经注疏》,第1983、1984页)。按,关于誓词中"所……有如……"之释,杨伯峻先生说"所,假设连词,若也,誓词中用之尤多。'有如'亦誓词中常用语",《左传》僖公二十四年记有晋公子重耳之誓词,曰"所不与舅氏同心者,有如白水",意谓"河神鉴之,《晋世家》译作'河伯视之',是也"(《春秋左传注》,第413页)。

② "有如白水"句,杜预注"言与舅氏同心之明,如此白水也。犹《诗》言'谓予不信,有如曒日'"(孔颖达:《春秋左传正义》,阮元校刻:《十三经注疏》,第1816页)。竹添光鸿辨杜注之非,谓"如,若也,指定之辞","凡誓词多用所不有如字,诸言有如日、有如河、有如上帝、有如先君之类,皆质诸其神之语,谓其神临之,必降之罚也。有如白水,亦要质河神使司其约耳",依其意,"白水"指代黄河,"河水浊故名黄河,今曰白水者,重耳欲取明白之义,故曰白水耳"(《左氏会笺》,第540页)。此事见载于《国语·晋语四》,记重耳投其璧于河,以自誓其信,重耳起誓的对象是河,可证竹添氏所说。

③ 《左传》文公十三年(孔颖达:《春秋左传正义》,阮元校刻:《十三经注疏》,第1852页)。按,以河为誓的例子,还见于春秋中期晋国范宣子向濒死的荀偃发誓之语,谓"主苟终,所不嗣事于齐者,有如河"(《左传》襄公十九年);春秋后期鲁昭公在外发誓不见季孙,他说"己所能见夫人者,有如河"(《左传》昭公三十一年)。以河为誓,盖为春秋时期所常见,故而《左传》有较多的记载。

雠，与向巢盟誓曰"所难子者，上有天，下有先君"，①意谓若使向巢遭遇祸难，则有天、先君责罚景公。这里要质的神灵是"天"和"先君"，先君的地位与"天"几乎比肩。对于这一类盟辞，竹添光鸿指出此类誓言，"言若背所盟誓，其神罚之如所质也。此未必质诸先君，然已为盟誓之套语"。②其意是说，誓辞中以神灵为约质对象，虽然神灵未必显灵，但已成为一套习惯。由盟辞可见，神灵介入人们的社会活动，在若干场合发挥作用，增强庄严感、神圣感。在这类活动中，上帝可以参与其中，但帝并不是唯一的神灵，祖先神灵、自然神灵，很可能更有影响力。

总体而言，春秋时期，上帝最高神灵的地位已然确立。然而，在具体实践中，上帝并不是最为活跃的神灵。按照礼制，仅有周天子与鲁侯有祭祀上帝的特权，但是在事实上，诸侯们皆可昭告上帝，向上帝祈祷，这种情况，与上帝不唯护佑周王室，亦扩展而保护诸侯、贵族，是相一致的。

第三节　帝　与　人　王

在讨论商代帝之信仰时，胡厚宣先生曾经指出商人将人间之王称为帝，③但常玉芝先生却认为，王帝是对卜辞的误读，殷商时期不存在称王为帝的情况。④ 西周时期，周人有天子的观念，但未将周王称为帝。春秋一代，则出现了将人王与上帝之间关系扣紧的趋向。

春秋前期，鲁国发生了祭祀中的"逆祀"现象，即文公即位后，将后逝

---

① 《左传》哀公十四年，孔颖达：《春秋左传正义》，阮元校刻：《十三经注疏》，第2174页。

② 竹添光鸿：《左氏会笺》，第2185页。

③ 如胡厚宣先生说"全能的上帝，天上的至上神，始终是为人王服务的……只有人王才能配天，才能和上帝接近。因而上帝叫帝，人王也可以叫帝"，他指出商王对已死的生父称"王帝"[《殷卜辞中的上帝和王帝》(下)]。

④ 常玉芝先生对胡厚宣先生所引用的三条记载"王帝"的卜辞进行分析，指出存在误读，三条卜辞中的"王"与"帝"都不能连读成"王帝"，三条残辞中的"帝"仍然都是指天神上帝，不是指人帝(《由商代的"帝"看所谓"黄帝"》，《文史哲》2008年第6期)。常先生的辨析可信。

的僖公之牌位移于先逝的闵公之前（具体论述见"祖先崇拜的发展与演变"一章），"君子"以为失礼，评论道：

> 礼无不顺。祀，国之大事也，而逆之，可谓礼乎？子虽齐圣，不先父食久矣。故禹不先鲧，汤不先契，文武不先不窋。宋祖帝乙，郑祖厉王，犹上祖也。是以《鲁颂》曰："春秋匪解，享祀不忒。皇皇后帝，皇祖后稷。"君子曰"礼"，谓其后稷亲而先帝也。①

"君子"的这段话，反映了当时社会中一部分人对于祖先祭祀之礼的理解，其重点是倡导"子虽齐圣，不先父食"，意谓即便子明圣，②但祭祀时仍依照父先子后的顺序。这一点，对于了解春秋时期的祖先祭祀很有意义。而尤可注意者，是君子说鲁国祭祀时，遵照"后稷亲，而先帝也"的祭祀顺序。即是说，鲁君在祭祀时，先祭祀帝，其次祭祀后稷。再联系到"子虽齐圣，不先父食"的说法，以及君子所开列的祭祀顺序：鲧—禹、契—汤、不窋—文武，这一序列中的人物，皆为父、子或祖先、后人的血亲关系，可以推定君子所说的帝与后稷也是父子关系。这一论述表明，至迟在《左传》写成的年代里，人们明确提出上帝与后稷（或者周人、鲁人）存在血缘关系，将人王与上帝建立起了血亲关联。

《诗经·大雅·生民》记载了周人女始祖姜嫄"履帝武敏歆"，遂生后稷的故事，诗中还记述"上帝不宁，不康禋祀，居然生子"，将上帝作为后稷诞生的背景。③ 但是，《生民》之诗只说姜嫄踩帝之脚印，并没有直接将后稷当作上帝之子。《鲁颂·闷宫》篇进一步歌咏后稷之降生，谓"赫赫姜嫄，其德不回，上帝是依，无灾无害"，但也仅谓姜嫄依靠上帝之佑，生育后稷平安顺利，未将上帝当作后稷之父。两首诗篇当中，上帝与后稷的关系

---

① 《左传》文公二年，孔颖达：《春秋左传正义》，阮元校刻《十三经注疏》，第1839页。

② 杜预曰："齐，肃也。臣继君，犹子继父。"竹添光鸿谓："齐，犹明也。《祭统》曰：'齐者，精明之至也。'《白虎通》曰：'齐者，言己之意念专一精明也。'是齐有精明之义，故古人每以齐明并言。"（《左氏会笺》，第688页）

③ 关于《生民》诗中的"帝"，毛传谓"帝，高辛氏之帝也"，郑笺曰"帝，上帝也"。毛传将帝释为人，而郑笺则释为神灵。孔颖达疏从毛亨所说，谓"言后稷之母配高辛氏帝，谓为帝喾之妃与喾相配而生此后稷，以后稷为喾之子也"（孔颖达：《毛诗正义》，阮元校刻《十三经注疏》，第528页）。事实上，诗篇中的"帝"应从郑玄说为上帝。

比较隐晦。可是，在《左传》文公二年的君子之语中，上帝与后稷的关系变为父与子或者祖先与后人，具有直接的血缘联系，这一观念与《生民》《闷宫》所述已显示出不小的差异。

还应当注意到的是，《左传》中之"君子"为了证明后稷与上帝的关系，引用了《鲁颂》之"皇皇后帝，皇祖后稷"诗。君子所引诗为《鲁颂·闷宫》篇，关于此诗，前节已有引用，这里不烦再次征引：

> 周公之孙，庄公之子……春秋匪解，享祀不忒。皇皇后帝，皇祖后稷，享以骍牺，是飨是宜，降福既多。周公皇祖，亦其福女。

诗篇歌咏了僖公勤于祭祀。其中"皇皇后帝，皇祖后稷"句，郑笺："皇皇后帝，谓天也。成王以周公功大，命鲁郊祭天，亦配之以君祖后稷。"[1]历来注释家皆从郑玄之说，以后稷配天为释。然而，诵读诗篇，则可见诗旨为赞颂鲁僖公不懈于祭祀，他祭祀帝，[2]又祭祀后稷，帝与后稷并重。但是，其祭祀对象不仅仅是帝与后稷，还有鲁之先祖周公（"周公皇祖，亦其福女"，意谓鲁之先祖周公亦福佑僖公）。因此，诗篇固然将帝与后稷并列，但并未透露出以后稷配帝的观念。后稷配飨天帝，是郑玄根据礼书等记载而进行的衍生之释。同时，"皇皇后帝，皇祖后稷"，也并未体现出君子所说的帝与后稷为父子关系的意识。可以说，《左传》文公二年君子之语纯属"断章取义"，强行将《闷宫》中的"后帝""后稷"当作父子而论。然而，从另一方面看，既有君子断章取义之释，表明春秋时人已开始具有将帝与后稷视若父子的意识，[3]并且这一意识自此之后广为流传，以至于在战国

---

[1] 孔颖达：《毛诗正义》，阮元校刻《十三经注疏》，第 615 页。

[2] 《闷宫》中的"后帝"，多见于春秋战国时期文献，但含义不尽相同。诗篇中的"后帝"，指上帝。而"后帝"亦可指人帝，如《左传》昭公元年记高辛氏二子相征讨，"后帝不臧"，以之为不善，遂迁居二子。这里的后帝，据杜预注为尧。多数情况下，"后帝"指上帝。《墨子》记汤之誓"敢用玄牡，告于上天后"，《论语·尧曰》篇则作"敢用玄牡，敢昭告于皇皇后帝：有罪不敢赦。帝臣不蔽，简在帝心"，"皇皇后帝"指上帝。《尧曰》篇所说亦见于《古文尚书·汤诰》篇。这里的帝臣，指帝之臣，天下贤人皆为帝之臣，帝之地位进一步提高。"后帝"亦见于《楚辞》，指天帝。

[3] 这里需要简单分析《左传》文公二年"君子"语出现的时代。"君子"断章取义《鲁颂·闷宫》诗句，众所周知，《闷宫》篇为歌颂鲁僖公诗，诗中提到鲁僖公（前 659—前 627 年在位）派兵伐淮夷，取得胜利（此事不见于《左传》），当作于僖公之时。而《左传》的（转下页）

时代,以后稷配享上帝的观念根深蒂固。

与此同时,春秋社会中出现了将帝作为人王之代称的观念。春秋时期人们有"今之王,古之帝"的说法,将帝看作人王的代名词。这一说法出自《左传》僖公二十五年。是时晋秦争霸,周王室发生了襄王与王子带之争事件。周襄王出奔,秦穆公欲纳王,但是狐偃建议晋文公勤王。卜偃占卜,以"遇黄帝战于阪泉之兆"为说,以为襄王与王子带犹如黄帝与炎帝之战,襄王将胜。卜偃还讲了一番道理,大意是周德虽衰,其命未改,今之周王,自当帝兆。他说:

> 周礼未改。今之王,古之帝也。①

意谓周之典章制度并未变化,周称王犹古之称帝,今之所谓王,即古之所谓帝。按照狐偃所说,古代之王即称为帝,帝与王画等号。帝不再单纯作为天上神灵之称,同时也用为人王之称。春秋时期"帝"所增加的这方面的含义,为后世人君称为"帝"设定了基础。

与此相应的是,传说中的英雄也被称为帝,出现了黄帝、帝鸿氏、炎帝、帝舜等等,帝成为人王的一种尊贵之称,在春秋时期大量涌现,《左传》文公十八年"昔帝鸿氏有不才子……天下之民谓之浑敦";②《左传》襄公四年"《虞人之箴》曰'芒芒禹迹,画为九州,经启九道……在帝夷羿,冒于原兽,忘其国恤,而思其麀牡'",③意谓掌管山林田猎的虞人所献箴辞中称羿为帝;《左传》昭公二十九年记载有畜龙的帝舜,"为火师"的炎帝,一大批古帝出现了。随后,又有五帝之称,帝由一而为五,帝的系统变得极为复杂。

本 章 小 结

春秋时期的上帝信仰发生了微妙变化。

(接上页)作者引用此诗,表明诗歌已传诵开来,推断应为春秋中期以降之事。
　① 孔颖达:《春秋左传正义》,阮元校刻:《十三经注疏》,第1820页。
　② 孔颖达:《春秋左传正义》,阮元校刻:《十三经注疏》,第1862页。
　③ 孔颖达:《春秋左传正义》,阮元校刻:《十三经注疏》,第1933页。

首先是帝命观念的变化。上帝授予大命的观念在春秋社会仍然可见。有关帝命的讲述，大致有三条线索：

一，依靠文武故事、三代递嬗故事讲述天命。这是西周传统的天命论在春秋社会的延续。

二，人们在文、武王受大命的故事中增添征象、祥瑞等内容，加深了周人受大命的神秘性。此举也开启了后世的谶纬之学。以征兆、祥瑞言说天命，这是春秋时期出现的新因素。

三，将时运、时机与天命、帝命结合起来，将天命论、帝命论转化为对于天帝所赐予时机的把握，在这一线索之下，天命、帝命的意义发生了转化，它不再强调文、武王替天行道、革除殷命的天（帝）命基本含义，而是强调把握天帝所赐予的机会、时机对于社会发展、个人命运的重要意义。

帝命观念在春秋时期的境况，与天命观念在春秋时期的发展变化，有其一致性。

春秋时期人们所设想的以上帝为中心的万神殿的情况也有变化。我们知道，商人并没有祖先为帝臣的观念，其帝是至上神的观念也不明确。西周时期，周人构想了先王在帝廷的情形，暗示了上帝的地位高于祖先神。春秋时期，上帝超越祖先神灵，位居神灵世界的最高等级，确立了至上神的地位。

上帝至上神地位的确立，与春秋社会王权的衰落之间似乎存在着悖论。因为有不少学者认为，至上神的出现总是对应着人间最高权力的确立。考之春秋时期，王室的确风光不再，但上帝的至上神地位却得以稳固，表明至上神并不必然总是与最高政权的产生联系在一起，神权与王权的关系很值得进一步思考。

春秋社会帝至上神地位的确立，与以下因素有关：其一，新兴政治势力对于皇天上帝的信仰仍然热衷，他们借助于皇天上帝树立自己的权威。其二，春秋时期以礼制规范社会秩序的需求始终存在。在信仰领域内，人们也将神灵纳入于秩序的轨道中，对应于不同的社会层级，神灵秩序凛然，而皇天上帝高踞于最顶端。

春秋时期，人们所想象的帝廷的内容也较之西周时期丰富不少：首先,帝廷的规模扩大了。周先王与诸侯的祖先、高等贵族的祖先去世后皆升入帝廷。其次,帝廷内部存在复杂的"人际关系"。周王室群体与贵族群体所设想的帝廷的上下等级关系不尽相同。在王室群体的构想中,诸侯、卿大夫仍应负有生前侍奉周王的职责。然而在贵族们的头脑中,去世的祖先直接与上帝交通,辅佐上帝,略去了先王这一层级。再次,帝廷中存在职官系统,上帝设官分职。虽然春秋时期帝臣仅见蓐收,但存在逐渐扩充的趋势。有意思的是,在帝廷的祖先神灵与上帝的职官系统并无交集。因此,春秋时期的万神殿中,凌驾众神之上的是帝,但在帝之下,却是互不统属、无相交集、难分高下的一班众神。

春秋时期上帝护佑的人群范围扩大,但上帝的神力仍然没有展现出特异性,在宽泛的意义上,它是贵族群体的保护神。在上帝的神力方面,上帝降与大命的功能在春秋时期已经大为衰落,上帝较少地参与到日常之中,只是在选立君主、祓除无子方面,偶尔发挥神力。与此相应,祭祀上帝的内容也较为少见,尽管在礼制的规定下,祭祀上帝当为天子常祀,然而王室衰弱,周礼的规定很可能沦为一纸空文了。

春秋时期,王室与鲁君祭祀上帝,特别是鲁国的上帝祭祀,由于和后稷联系在一起,变得十分复杂。虽然由《閟宫》等文献看,鲁君祭祀上帝、祭祀后稷,但没有证据显示鲁君以后稷配祀上帝,或是将后稷当作上帝之子。

总之,平王东迁以降,周王朝犹如日薄西山而权威渐消,显现出下世的光景,但是,周王朝所赖以生存的"天命"和"上帝"并没有随之消沉,反而在新的社会形势与政治格局中获得新的机遇。一种传统的理念,其生命力往往比拼命鼓吹它的王朝要顽强。这种习见的古史现象,在春秋战国时代有着充分的表现。

第六章　祖先崇拜的发展与演变

　　有关春秋时期的祖先崇拜,学者曾由宗法入手,探讨了春秋时期祖先崇拜的特点,①裨益于了解家族组织、血缘观念的变化。但总体而论,学界有关这一问题的研究,相对较少,或许是由于资料细碎且分散之故。事实上,仍有不少材料可资利用。传世文献如《左传》《国语》记载有比较丰富的祖先崇拜内容,春秋金文尽管着重于"论撰其先祖之有德善、功烈、勋劳、庆赏、声名",②充斥着溢美之辞,甚至固定为套语。然而,那些看似一成不变的套话,在时代的变迁中,在观念的转化中,还是显现出微妙的变化。透过这些细微的差异,正可观察到春秋时期祖先崇拜的特点。

　　春秋时期的祖先崇拜,展现出多彩的内容:祖先神的地位相较于西周时期有所下降,与之相应,现实中生者的个体价值获得认可。然而,个体价值虽然提升,但祖先却是生者炫耀身世的资本,是子孙价值的重要组成部分。春秋时期显而易见的情况是,列国的国君常常宣称自己是上古帝王之后,贵族们时时宣扬自身为某位烈祖之胤。祖先成为子孙显示贵胄身份的最佳标识;祖先崇拜虽然呈现衰落趋势,但那些在家族发展史中贡献卓越的祖先却备受推崇,这与春秋时期人们崇拜英烈的总体环境相契合。

　　春秋社会是总结、归纳三代文化,酝酿、创造新文化的时代。在这一时代中,祖先祭祀备受思想家关注,他们在承绪传统文化又着眼于社会现

---

　　①　晁福林:《试论春秋时期的祖先崇拜》,《陕西师大学报》1995 年第 2 期。
　　②　《礼记·祭统》,孔颖达:《礼记正义》,阮元校刻:《十三经注疏》,第 1606 页。

实这一背景之下,予祖先祭祀以观念上的提炼,生发出新的思想结晶,其"事死如事生""慎终追远"的意识,对传统文化产生深刻影响。同时,思想家将祭祀英雄祖先升华至"国之祭典"的高度,使得英雄祖先不限于一姓一宗,而成为溥天之下的英雄,再扩展而为华夏族的共同祖先。自此而后,崇拜共同的英雄祖先的观念深入人心,天下一家的观念孕育而出。

第一节　春秋时期祭祀祖先的范围

祭祀祖先的范围,近祖抑或远祖,直系或者旁系,在一定程度上,反映了生者与祖先的关系,以及人们对血缘家族的认知等,是祖先崇拜研究中的基本问题。前章已述,西周早期,周人以祭祀直系近祖为主。但自中期以降,周人所祭祖先不再限于近亲。其所以然,是由于家族自身发展、繁衍,祖先数目积累增多之故。春秋时期,随着周人世系的延展,各个家族祖先的数量进一步增多。在这种情况下,有必要对于春秋时期人们祭祀祖先的范围进行梳理,以了解这一时期祖先崇拜发展变化的情况。

一、合祭以及祭祀远祖

春秋时期,直系近祖在人们的心目中占据重要位置,这一点可从金文中略窥一二。如春秋早期郘公救人钟"追□□□皇祖哀公、皇考晨公",[1]铭文残缺,但根据金文通例,其追享孝对象为祖父哀公、父考晨公。郘公平侯鼎则谓"追孝于厥皇祖晨公,于厥皇考犀盂公",[2]追孝对象是祖父晨公、父考犀盂公。两例铭文对比可知,钟铭中的皇考晨公就是鼎铭中的皇祖,而鼎铭中的"皇考犀盂公"就是乐钟的器主郘公救人,其家族世系是哀公—晨公—犀盂公(郘公救人)—郘公平侯,两个器主郘公救人、郘公平侯均只追溯祖、父,可知祖父、父考在生者心目中,地位更加崇高。此外,人们为父考母姓作器,表明直系近祖在生者心目中具有重要地位。如山东

----

① 《集成》59。
② 《集成》2771。

曲阜出土的春秋早期鲁仲齐鼎"作皇考齍鼎"，①同一地点所出鲁伯念盨"作其皇考皇母旅盨簋"，②山东枣庄小邾国墓地所出滕侯蘇盨"作厥文考滕仲旅簋"，③尌仲簠盖"作朕皇考桓仲齍彝尊簠，用享用孝"，春秋晚期莒侯少子簋记载为皇妣"剗君中妃"④作祭器。上述诸器皆是为父母所作。生者为考妣作器固然不能说明祭祀时所祭对象仅限于父考母妣，但在一定程度上表明直系近祖对于生者具有更重要的意义。不过整体来说，春秋时期为考妣作器的数量较之西周时期急剧减少。

春秋时人注重直系近祖，但在祭祀中，远祖也常常是他们的祭祀对象。这首先可以从春秋青铜铭文中得见。与西周中期以来的铭文体例相似，春秋金文中也罕见具体祭祀活动如肜、禘等的记载，但泛称祭祀的词语如"用享用孝""追享孝"等时有可见。考查此类语辞的用法，有助于了解时人祭祀祖先的范围。春秋铭文中，"享孝"的对象，少数为具体的祖父、父考，但多数情况下，"享孝"的对象，并没有明确所指，而是泛称祖、考，如都公諴鼎谓"追享孝于皇祖考"，春秋中期縊书缶"以祭我皇祖"，春秋晚期仆儿钟"以追孝先祖"，⑤甚六钟"以享于我先祖"，⑥齐鲍氏钟"用享以孝于台皇祖文考"，⑦王子午鼎"用享以孝于我皇祖文考"，⑧与兵壶"用享用孝于我皇祖文考"，⑨祁公孙班镈"为其龢钟，用饎于其皇祖"，邵黛钟"我以享孝，乐我先祖"，⑩等等。上述铭文中所称的祖考，并无具体之名，而是泛称。其中的"祖"，也不局限于祖父一世，而是众多祖先的合称。这种情况的祭祀，应当就是合祭，即不分近祖与远祖，所有祖先皆在

① 《集成》2639。
② 《集成》4458。
③ 《铭图》5620。
④ 分别见《集成》4124、4152。
⑤ 分别见《集成》2753、10008、183。
⑥ 《铭图续》1027。
⑦ 《集成》142。
⑧ 河南省文物研究所、河南省丹江库区考古发掘队、淅川县博物馆：《淅川下寺春秋楚墓》，第124页。
⑨ 王人聪：《郑大子之孙与兵壶考释》。
⑩ 分别见《集成》140、225。

祭祀范围内。值得指出的是，上引青铜器所出地不一，有出自中原的鲁、齐、郑国，有出自江汉的曾国、楚国，覆盖范围广泛，可说祭祀多位祖先是春秋时期较为普遍的做法。

春秋时期不分远近泛祭祖先的情况也见诸文献记载。《左传》宣公十二年晋楚邲之战，楚人大败晋师，楚庄王谓"其为先君宫，告成事而已"，[1]此处的先君，应是多位祖先。[2]《诗经·小雅·天保》曰：

> 吉蠲为饎，是用孝享。禴祠烝尝，于公先王。

意谓美善、洁净的酒食，用以祭祀献享。夏季的禴祭、春季的祠祭、秋季的尝祭、冬季的烝祭，皆用以献祭"公先王"。所谓"公先王"，郑笺云："公，先公，谓后稷至诸盩。"[3]关于周人世系，《史记·周本纪》列出的先公、先王有后稷、不窋、鞠、公刘、庆节、皇仆、差弗、毁隃、公非、高圉、亚圉、公叔祖类（诸盩）、[4]公亶父、季历、昌（文王）。依照《世本》和皇甫谧之说，诸盩称"太公"，则诸盩以前的周先祖是为先公，而公亶父为太王，其下周祖皆以"王"称，则公亶父至文王是为先王。《天保》诗中的"公先王"应当是先公、先王的省称，包括了周王的众多先祖。

再看《小雅·楚茨》的记载。此篇是贵族祭祀祖先的乐歌，诗谓"祝祭于祊，祀事孔明。先祖是皇，神保是飨"，诗篇描绘主司祭礼的"祝"在宗庙门内主持祭祀，[5]祭祖之礼完备，祖先神灵降临，享受祭祀。[6] 前来接受

---

① 孔颖达：《春秋左传正义》，阮元校刻：《十三经注疏》，第1883页。

② 文中的"先君宫"，杜注"祀先君"，孔疏则引用《礼记·曾子问》"古者师行，必以迁庙主行，载于齐车"，认为是载迁庙之主而行，战胜后作宫室祭祀迁庙主（孔颖达：《春秋左传正义》，阮元校刻：《十三经注疏》，第5883页）。刘文淇根据礼家所言诸侯五庙，推测楚庄王祭祀的对象是武王、文王、堵敖、成王、穆王（《春秋左氏传旧注疏证》，北京：科学出版社，1959年，第717页）。本文以为《左传》中未见庄王载牌位以行，因此他祭祀的对象更有可能是多位楚先王。

③ 孔颖达：《毛诗正义》，阮元校刻：《十三经注疏》，第412页。

④ 关于"公叔祖类"，《史记·周本纪》索隐云"《世本》云：'太公组绀诸盩。'《三代世表》称'叔类'，凡四名。皇甫谧云'公祖一名组绀诸盩，字叔类，号曰太公'也"（《史记》，第114页）。

⑤ 祊，《说文》："祊，门内祭，先祖所以彷徨。"（《说文解字》，第8页）《礼记·郊特牲》："索祭祝于祊。不知神之所在，于彼乎？于此乎？"（孔颖达：《礼记正义》，阮元校刻：《十三经注疏》，第1457页）

⑥ 《楚茨》所言"神保"，毛传"保，安也"，郑笺"其鬼神又安而享其祭祀"（转下页）

祭品的祖先,诗篇称"先祖是皇",当指全部祖先。《国语·鲁语上》记载曹刿谏鲁庄公如齐观社,说先王之礼为"天子祀上帝……诸侯祀先王、先公",①这个说法表明,在鲁国所行的常祀中,先王、先公皆在祭祀行列,祭祀包含全体祖先。《国语·楚语下》描述祭祀之时,"国于是乎烝尝,家于是乎尝祀,百姓夫妇择其令辰,奉其牺牲,敬其粢盛……帅其子姓,从其时享,虔其宗祝,道其顺辞,以昭祀其先祖",②家族长率领众子、同姓,由宗、祝主持,赞颂追忆、明祀祖先。此处的"祀其先祖",也应指列祖列宗。③此外,《左传》僖公三十三年有"烝、尝、禘于庙"的记载,杨伯峻先生说:"遇烝、尝及禘祭,则于庙中合群祖共祭之。"④这种合祭先祖的礼仪,礼书上称为"祫祭"。《公羊传》释文公二年"作僖公主"谓:"大事者何? 大祫也。大祫者何? 合祭也。其合祭奈何? 毁庙之主,陈于大祖,未毁庙之主,皆升,合食于大祖。"⑤祫祭之名在甲金文字中尚未见到,很可能源自战国礼学家,是礼家对于先秦时期合祭祖先之事所用的简称。⑥ 总之,春秋时期贵族们举行常祀,所祭对象可以包括所有祖先。

　　春秋时人在常祀中遍祭祖先,而不拘泥于近祖与远祖的区别。事实上,在某些时刻,远祖得到生者特殊的重视。《诗经·鲁颂·闳宫》记述了鲁君僖公举行祭祀的盛况,诗篇云:

(接上页)(孔颖达:《毛诗正义》,阮元校刻:《十三经注疏》,第468页)。朱熹说:"神保,盖尸之嘉号,《楚辞》所谓'灵保'。"(《诗集传》,第153页)马瑞辰谓"保者,守也,依也。神之所依为神保,与'先祖'对举,当以神保连读。神保为神之嘉称,犹《楚词》或言灵,或言灵保,灵保亦灵也。诗既言先祖,又言神保者,亲之为先祖,尊之则为神保"(《毛诗传笺通释》,第703页)。林义光曰"后章云'鼓钟送尸,神保聿归',神保当即尸也。保者附也……尸为神之所附所倚,故称神保"(《诗经通解》,第260页)。
　① 上海师范大学古籍整理组点校:《国语·鲁语上》,第153页。
　② 上海师范大学古籍整理组点校:《国语·楚语下》,第567页。
　③ 常祀,是周代依固定的先后次序四时轮流对于神灵的祭祀。相关专家的研究,详见刘源:《商周祭祖礼研究》,第47页。
　④ 杨伯峻:《春秋左传注》,第506页。
　⑤ 徐彦:《春秋公羊传注疏》,阮元校刻:《十三经注疏》,第2267页。按,这种合祭先祖的祫祭,后来的礼学家或又称为"禘祫",将祭天、祭始祖、合祭先祖等皆混而为一,纠葛难辨,关于这种祭祖礼制的具体内容,所释多有歧异。事实上,将祭天与祭祖相混合的做法,不见于西周彝铭,应出自东周时人观念。
　⑥ 有关禘、祫、郊等具体祭礼的研究,本书暂不涉及,俟诸他文。

> 周公之孙，庄公之子。龙旂承祀，六辔耳耳。春秋匪解，享祀不
> 忒，皇皇后帝，皇祖后稷。享以骍牺，是飨是宜，降福既多。周公皇
> 祖，亦其福女。①

诗谓鲁僖公是周公之孙、鲁庄公之子，他乘着画有交龙旗帜装饰的车，手握华丽的八条马缰绳，前往祭祖，一年四时都不懈怠，祭祀时礼仪完备不出差错。光明的神灵上帝，光辉的先祖后稷，在祭典上都享用纯赤色的牺牲。飨祭宜祭，②先祖神灵降下福祉，先祖周公也赐降大福。诗中所言，鲁僖公祭祀周人始祖后稷，也祭祀鲁人始祖周公，可见远祖在鲁国祭祀中具有重要意义。《礼记·明堂位》亦谓"季夏六月，以禘礼祀周公于大庙，牲用白牡"，意指鲁国国君以禘礼祭祀始祖周公。③ 鲁人还以禘礼祭祀其他先祖，《左传》昭公十五年记载，此年鲁人"有事于武宫"，"将禘于武公"，④武公，伯禽之玄孙，鲁侯敖（约前825—前816年），距离昭公已十世，是典型的远祖。不唯鲁国，其他诸侯国祭祀祖先，远祖亦是重要祭祀对象。《左传》文公二年记载君子语"宋祖帝乙，郑祖厉王"，⑤帝乙，宋始封君微子之父；厉王，郑始封君桓公之父。宋人、郑人祭祀，不但祭祀微子、郑桓公，且更要向前推进一辈到始封君的父亲，足见当时人对于远祖的重视。

中原诸侯国之外，江汉的楚等国也祭祀远祖。《左传》僖公二十六年记述了楚灭夔之事，其导火索就是夔不祭祀楚之远祖祝融、鬻熊。夔为楚之别封，依礼当祭楚人远祖，但夔对于不祀楚人先祖的做法自有道理，说："我先王熊挚有疾，鬼神弗赦，而自窜于夔，吾是以失楚，又何祀焉？"⑥意谓其先王熊挚患疾时，未获得楚人祖先护佑，因此不再祭祀楚人先祖。夔

---

① 孔颖达：《毛诗正义》，阮元校刻：《十三经注疏》，第615页。

② "宜"为祭祀之名。马瑞辰谓"'宜'本祭社之名，《尔雅·释天》'起大事，动大众，必先有事乎社而后出，谓之宜'，孙炎注'宜，求见福佑也'是也。凡神歆其祀通谓之宜"（《毛诗传笺通释》，第1144页）。

③ 孔颖达：《礼记正义》，阮元校刻：《十三经注疏》，第1489页。

④ 孔颖达：《春秋左传正义》，阮元校刻：《十三经注疏》，第2077页。

⑤ 孔颖达：《春秋左传正义》，阮元校刻：《十三经注疏》，第1839页。

⑥ 孔颖达：《春秋左传正义》，阮元校刻：《十三经注疏》，第1821—1822页。

子对于祭祀祖先,采取了相当实用的态度,祖先福佑则祭,不佑则弃。但楚仍以夔不祀楚先为由,帅师灭夔。可见,在楚人心目中,远祖必当受祭,夔因此而被灭国,虽然有强楚扩张这一根本原因,但对于远祖之不恭,则是当时社会舆论所认可的灭亡之由。

事实上,春秋时期,人们不但祭祀远祖,也往往乐于将世系追踪至始祖、远祖。春秋晚期邾公钅它钟称器主为"陆融之孙",①将祖先追溯至传说中的始祖陆融。叔夷钟则称"夷典其先旧,及其高祖,赫赫成汤",②叔夷为殷商后裔而侍奉于齐君者,在铭文中,他赞颂先祖成汤。同样,宋公固(宋共公)为女作媵鼎、盙,称自己为"有殷天乙汤孙",③即成汤之孙。铭文内追忆远祖与祭仪中祭祀远祖,两者是契合的。

综之,祭祀远祖为春秋时期各诸侯国常态,远祖是祭祀对象中的重要组成部分。

二、春秋时期的"选祭"

"选祭"的说法来源于学者在研究殷商祖先祭祀时,注意到商人存在选择若干祖先予以祭祀,而非采取常见的周祭的方法遍祀祖先的现象,学者将这种选择祖先、"有意而为之"的祭祀称为选祭。④ 这里借用"选祭"概念,来说明春秋时人祭祀祖先时,也存在着超越于远祖与近祖的界限,特意选择某些祖先或某个祖先而祭的情况。选择性地祭祀祖先,突出地体现了春秋时期生者对祖先的态度及时人的价值观念。

选祭祖先,主要出现于春秋时人有事而祷之时。遇事而求佑于祖先,春秋时人或祷远祖,或祷近亲,并无近与远的严格区分。人们常常选取那些有特殊功能,或与祈请事件有某种关联的祖先而祭祷,春秋时人的这种

---

① 《集成》102。

② 《集成》285。

③ 李学勤:《枣庄徐楼村宋公鼎与费国》,《史学月刊》2012年第1期。

④ 陈梦家先生在总结商人的祖先祭祀时,将其区分为周祭与选祭。他说:"殷代祭祀复杂,但我们可提出有关的两类:一类是'周祭',用三种主要祭祀(彡、羽、劦)轮流地依先祖先妣的日干遍祀一周,三种祭祀遍祀一周谓之'一祀'。一类是'选祭',在一次合祭中选祭若干祖先,多是直系或五世以内的先祖(包括旁系)。……选祭则自武丁以至殷亡,继续施行。"(《殷虚卜辞综述》,第373页)

做法，与他们逐渐增强的实用态度有关。在这种情形下，祖先以功能、贡献分类，打破了以远、近相分的系统，跨越了近亲与远祖的纠葛。一个比较典型的例子是春秋后期鲁国祭祷炀公之事，《左传》定公元年记载：

> 昭公出故，季平子祷于炀公。九月，立炀宫。①

这个故事讲述的是鲁昭公出奔而居于乾侯时，执掌鲁国大权的季孙氏欲废昭公之子公衍而立昭公之弟，即此后的鲁定公。季平子因此向鲁炀公祈祷，在此事成功并且昭公客死异乡之后，季氏为炀公重新立庙。季平子所祷之炀公，为鲁伯禽之庶子，即鲁侯熙，其时距离鲁定公已历五百年之久。鲁国先公众多，季氏独祷五百年前的炀公，实是因为鲁炀公以弟之身份而继兄位，与定公以昭公弟身份继位的情形相同，定公效炀公嗣位故事而已。② 值得注意的是，季氏"立炀宫"，③表明根据礼制，鲁炀公庙早已废毁，周人并不以立远祖之庙为常例。④ 杜预注即谓"（炀公）其庙已毁，季氏祷之，而立其宫，书以讥之"。⑤ 季平子别出心裁向鲁炀公祷告，又立其宫，完全是由于在鲁炀公与鲁定公之间找到了共同点。就这件事情可以说，春秋时人相信，做出相类事件的先祖护佑将做此类事件的生者，"同果必同因"。具有这样的观念基础，春秋时人求祷祖先，就不必以远近为限，而可以根据现实需求选择先祖。换言之，在祭祀中掌握主动权的，是现实中的生者。

　　选择特定的先祖予以祈请，还见于周敬王欲城成周而请晋人援助之

---

① 孔颖达：《春秋左传正义》，阮元校刻：《十三经注疏》，第 2132 页。

② 《史记·鲁世家》"鲁公伯禽卒，子考公酋立。考公四年卒，立弟熙，是谓炀公"（《史记》，第 1525 页）。

③ 关于季氏立炀宫、祷于炀公，杜预注曰"平子逐君，惧而请祷于炀公。昭公死于外，自以为获福，故立其宫"（孔颖达：《春秋左传正义》，阮元校刻：《十三经注疏》，第 2132 页）；万孝恭曰"季孙舍昭公之适嗣而立定公，恐人议己，于是立炀宫。其意若曰'鲁一生一及，乃国之旧制，非吾之私意也'"（见吴静安：《春秋左氏传旧注疏证续》，第 1699—1700 页）；竹添光鸿谓"盖昭公既出，季氏欲废昭公子，以定公为君，故私祷之。今定公以弟即位，乃立宫以赛之"（《左氏会笺》，第 2126 页）。

④ 杨伯峻先生有详细论述，见《春秋左传注》，第 1527 页。事实上，兄终弟及在鲁国还有厉公与献公、真公与武公、闵公与僖公，季氏独选炀宫，或许是由于他是鲁国第一位以弟之身份继承兄之位者。

⑤ 孔颖达：《春秋左传正义》，阮元校刻：《十三经注疏》，第 2131 页。

事。彼时周王想要重修成周,但他并不直接说我欲城成周,而说"今我欲徼福假灵于成王,修成周之城",①敬王修成周,而特别祈灵于成王,是由于周初成王合诸侯城成周之故。事前祈祷于曾经做相同事情的先祖即可能取得成功,这是春秋时人的一种特殊观念。

时人在祭祀祖先方面,采取通融而实用的态度,人们更倾向于选取那些生前功勋卓著的先祖进行祈祷。典型的事例是卫太子蒯聩祷战之事,《左传》哀公二年记载,蒯聩随晋赵鞅伐范氏、中行氏。大战在即,他祷告说:

> 曾孙蒯聩敢昭告皇祖文王、烈祖康叔、文祖襄公:郑胜乱从,晋午在难,不能治乱,使鞅讨之。蒯聩不敢自佚,备持矛焉。敢告无绝筋,无折骨,无面伤,以集大事,无作三祖羞,大命不敢请,佩玉不敢爱。②

在这里,蒯聩祷于三位先祖。其所祷文王为周之先王,康叔为卫之始封君,襄公为蒯聩祖父,三位先祖世次不相衔接,且文王、康叔世代久远。蒯聩祈祷于文王、康叔,一则由于康叔为卫立国君主,而文王为康叔之父;二则在于文王、康叔生时有开创周邦、卫国之功,死后也当神力超群。可堪注意的是,这一祷辞亦见于《国语·晋语九》。《国语》与《左传》所记大致相同,但存在微妙差异:《国语》中所祷对象增加了"昭考灵公",③即蒯聩之父卫灵公。死生关头,祈请父考护佑,入情入理,但此事却不见载于《左传》。关于《左传》中不见蒯聩祷于父考卫灵公,有学者指出"大子提出三祖,隐见统绪归已,夫人有疾痛,未尝不呼父母也,而聩但言祖者,以父灵不佑也。《国语》又增昭考灵公,不知此时未葬无谥,不可信",④以为此时灵公已死但未葬,《国语》却记其谥号,为不可信。但是,检诸文献,可知蒯

---

① 昭公三十二年,孔颖达:《春秋左传正义》,阮元校刻:《十三经注疏》,第 2127 页。徼,求;假,借;灵,福也。

② 孔颖达:《春秋左传正义》,阮元校刻:《十三经注疏》,第 2157 页。

③ 《国语·晋语九》:"卫庄公祷,曰:'曾孙蒯聩以谆赵鞅之故,敢昭告于皇祖文王、烈祖康叔、文祖襄公、昭考灵公,夷请无筋无骨,无面伤,无败用,无陨惧,死不敢请。'"(上海师范大学古籍整理组点校:《国语·晋语九》,第 495 页)

④ 竹添光鸿:《左氏会笺》,第 2276 页。

聩不祷于其父可能别有曲折：其父卫灵公德行有污、治国无能，且父子之间有激烈冲突。据《左传》哀公二年记载，蒯聩之父卫灵公卒后，蒯聩之子辄继立为卫君，蒯聩出逃投靠赵鞅。蒯聩出奔，实是由于与其父因南子已生嫌隙。①《左传》定公十四年记载，卫灵公为夫人南子召见宋国美男宋朝，适逢太子蒯聩献盂于齐，过宋野，遭宋野人羞辱，蒯聩耻之，遂召太子家臣戏阳速朝见南子，伺机行刺。不料家臣临阵胆怯，刺杀未遂，蒯聩被迫出逃，卫君"尽逐其党"。② 卫灵公由于淫乱而与太子生隙，蒯聩无奈出奔，在战争关头，是否还愿意祷请其父？诚然在紧急时刻、重大关头向近亲父考祈祷乃人之常情，而《左传》所载，更符合围绕蒯聩发生的一系列事件之后的状况。无论如何，卫太子祷战之事，显示出春秋时人在遇事需要祈灵于祖先时，那些能力超乎其类的先祖更受青睐，人们对他们膜拜，予他们以殊荣，而不再讲究近亲、远祖的平衡。

春秋时人以实用主义的态度对待神灵，选择神灵而进行祭祷，此类事例并不少见。在其中，不乏祷请旁系之例。宣公十二年（前597年），楚人围郑，郑文公"肉袒牵羊以逆"，谦卑地向楚求和，他祈求楚庄王"惠顾前好，徼福于厉、宣、桓、武"。③ 郑文公所求福的四位先祖，桓公为郑国始封君；厉王为桓公之父，可称为郑之所自出；武公为郑国第二代国君；而宣王的身份比较特殊，他是郑桓公母兄，郑国受封即在宣王时，但宣王并非郑人直系先祖。宣王之所以出现在"徼福"的行列，完全是由于他在郑立国中作用关键之故。可见重要的旁系祖先同样为后人所铭记。

非但祷请旁系先祖，春秋时期甚至出现了选异族之先祖而祭祀的事例。鲁僖公三十一年（前629年），狄围卫，卫被迫迁于帝丘。帝丘曾为夏相所居之地，而相为夏后帝启之孙，帝中康之子。卫成公迁入帝丘后，梦到卫始封君康叔对他说"夏相抢夺了卫人对我的祭祀"，于是，卫成公命卫人祭祀并非卫人祖先的夏相以保证康叔享有足够的血食。卫大夫宁武子反对成公的做法，他说：

---

① 孔颖达：《春秋左传正义》，阮元校刻：《十三经注疏》，第2155、2156页。
② 孔颖达：《春秋左传正义》，阮元校刻：《十三经注疏》，第2151页。
③ 孔颖达：《春秋左传正义》，阮元校刻：《十三经注疏》，第1878页。

> 鬼神非其族类，不歆其祀。杞、鄫何事？相之不享于此久矣，非
> 卫之罪也，不可以间成王、周公之命祀，请改祀命。①

这是一段非常有名的言论。宁武子坚持鬼神不吃非同族所献祭品的说法，认为夏相自有姒姓后裔杞国、鄫国来祭祀，不需要姬姓的卫国去谄媚。过去论者多注意到春秋时人祭祀同族先祖这一基本观念，但有两点却被忽视了：

其一，宁武子说周人应遵从成王、周公的"命祀"，祭祀那些周王室颁布的各诸侯国当祭之神灵。也就是说，周代社会有王室指导各诸侯国祭祀之礼，称为"命祀"。《国语·鲁语上》也记有此类记载：鲁国发生饥荒，臧文仲以鬯圭与玉磬如齐告籴，他说："天灾流行，戾于弊邑，饥馑荐降，民赢几卒，大惧殄周公、太公之命祀，职贡业事之不共而获戾。不腆先君之币器，敢告滞积，以纾执事，以救弊邑，使能共职。岂唯寡君与二三臣实受君赐，其周公、太公及百辟神祇实永飨而赖之！"韦昭注"贾、唐二君云：周公为太宰，太公为太师，皆掌命诸侯之国所当祀也"，②意谓周公、太公曾经制定有关各诸侯国所当祭祀神灵的规则。成王、周公或是太公是否真正管理诸侯国所祭神灵，以及其详如何，不得而知，但宁武子所说至少表明周王室曾经对各国祭祀有一定程度的管理，并且入春秋以来这种说法

---

① 孔颖达：《春秋左传正义》，阮元校刻：《十三经注疏》，第1832页。

② 上海师范大学古籍整理组点校：《国语·鲁语上》，第158页。按，殄，原作"乏"。韦昭注"'乏'，公序本作'殄'"，其说是。按，关于"命祀"，可以略加讨论。《左传》昭公八年记载，晋国史赵追忆陈国历史，说："舜重之以明德，寘德于遂，遂世守之。及胡公不淫，故周赐之姓，使祀虞帝。""寘德于遂"句，杜预注"舜后。盖殷之兴，存舜之后而封遂"（孔颖达：《春秋左传正义》，阮元校刻：《十三经注疏》，第2053页），意谓舜之族发展良好，至舜时更加兴盛，此后舜之后人在遂地发展。及西周建立，赐舜之后人胡公不淫以姓，并命其祀虞。按照这一记载，西周初年确有对诸侯国所祀神灵予以管理之事。鲁僖公五年，虞君被晋俘而国灭，虞公也被作为媵臣而押送至秦国，但晋还是"修虞祀"，汉儒服虔解释说"虞所祭祀，命祀也"（《史记·晋世家》，第1647页）。国灭而祀不废，这是周代通行的理念。之所以如此，是因为其"祀"是周王朝的"命祀"，其权威性可见一斑。"命祀"的实质当是周王朝对于各诸侯国祭祖原则的认可与保护。至于楚昭王所言"三代命祀，祭不越望"（《左传》哀公六年，孔颖达：《春秋左传正义》，阮元校刻：《十三经注疏》，第2162页），汉儒王符所谓"鬼神有尊卑，天地山川、社稷五祀、百辟卿士有功于民者，天子诸侯所命祀也"（汪继培：《潜夫论笺校正》，北京：中华书局，1985年，第306页），皆为将"命祀"范围的扩而大之的说法，并非"命祀"的初谊。

犹存,仍具有一定的约束力。①

其二,康叔托梦卫成公的真实性值得怀疑。古人有托梦言事之习,现实愿望需通过梦境预言再传递回现实以曲折达成,实为扬梦以悦众之举。卫成公梦夏相夺康叔之享,发生在卫避狄难而迁入帝丘之后,而帝丘本为夏裔所居之地。卫成公迁入后是否自感不安,希冀不但有自己祖先神灵的保佑,也希冀有当地神灵福佑,以获长居此地之效? 若如此,则卫成公之梦就有可能是故意制造舆论,为祭祀取媚夏相做铺垫。就宁武子所说来看,春秋时期各国所祭神灵不得轻易更改,但卫成公在来到帝丘之后,违背周礼而改祀与卫毫无血缘联系的本地祖神夏相,应当说与其现实目的有直接的关联。此类事例中,人们具有非常功利而灵活的态度,神灵只是达成子孙愿望的工具,真正的主体核心是人世间的生者。

《吕氏春秋·诚廉》篇借伯夷、叔齐批评周武王以富贵利诱殷商旧臣盟誓而祭的做法,论述了古今祭祀的区别,谓“昔者神农氏之有天下也,时祀尽敬而不祈福。其于人也,忠信尽治而无求焉”,②今之人则是“割牲而盟以为信”,“杀伐以要利”。③ 伯夷、叔齐所说的“尽敬”与“祈福”二者关系密切,但侧重点有所不同。“尽敬”重在心之诚以及意之衷,“祈福”则重己福之厚以及私利之大。西周早期的祭祖,“祈福”尚未居主要位置,而此后则是“求福”渐成主流。若说春秋时期多有为“实用”而祭祖的现象,并不为过,春秋时期的“选祭”,即为一证。

三、春秋时期的“逆祀”

为满足生者愿望而随生者之意选取祖先进行祭祀,是春秋时期习见的做法。即便是持守周礼的鲁国,也概莫能外。鲁文公时,鲁国发生了“大逆不道”的“逆祀”事件,在当时社会引起人们的争论,也在后世留下了

---

① 杨伯峻先生说“盖诸侯国所当祀者,由周王室命之;卫国之所当祀者,为成王、周公所命,今祀相,在命祀之外者,故云犯成王、周公之命祀也”(杨伯峻:《春秋左传注》,第487页)。

② 陈奇猷:《吕氏春秋新校释》,第640页。

③ 陈奇猷:《吕氏春秋新校释》,第641页。

不小的影响。

"逆祀"之称，来源于商人祭祀法。卜辞所见殷商时人祭祀先王的顺序有"顺祭"和"逆祭"两种类型。所谓"顺祭"，即按照先王的世次和即位顺序依次祭祀先王，而"逆祀"则是从后世祖先开始向前祭祀先王。甲骨卜辞中所见的祭祀，绝大部分是顺祀，尤其是周祭，是严格按照先王世系和即位的顺序逐个致祭的。而商人的逆祀则主要出现在岁祭、祈年之祭等祭祀中。如逆祀屡见于第二期岁祭卜辞：

> 丁卯卜行贞，王宾父丁岁宰眔祖丁岁宰，亡尤。
>
> ［贞，王宾］父丁岁宰眔大丁彳岁五宰，亡尤。
>
> 丁酉卜［尹］贞，王宾父丁岁二宰眔报丁岁……①

上述三例祭祀即由武丁而至祖丁、大丁或报丁，都是由后而前的逆向祭祀。② 甲骨卜辞显示，"逆祀"虽不频繁，但并非不正常的祭祀方法。

"逆祀"为商人所认可，相较于殷人的认同，周人行逆祭则引起一场风波。公元前625年，鲁文公继位的第二年，《春秋》经记载：

> 丁丑，作僖公主……八月，丁卯，大事于大庙，跻僖公。

杜预注："大事，禘也；跻，升也。僖公，闵公庶兄，继闵而立，庙坐宜次闵下，今升在闵上，故书而讥之。"③意谓鲁人作僖公牌位，祭祀于大庙，将僖公牌位升于此前去世的闵公牌位之上。此事在《左传》中有更为详细的记载：

> 秋八月丁卯，大事于大庙，跻僖公，逆祀也。于是夏父弗忌为宗
> 伯，尊僖公，且明见曰："吾见新鬼大，故鬼小。先大后小，顺也。跻圣

---

① 以上三例依次见《合集》第 23030、22770、22701 片。

② 关于商代的逆祀，参考并引自裘锡圭：《甲骨卜辞中所见的逆祀》，收入《裘锡圭学术文集》甲骨文卷，第 270—273 页。

③ 孔颖达：《春秋左传正义》，阮元校刻：《十三经注疏》，第 1837—1838 页。学者指出"大庙"即周公之庙（见竹添光鸿《左氏会笺》，第 678 页；又见杨伯峻《春秋左传注》，第 518 页）。

贤，明也。明、顺，礼也。"①

此处作僖公主、于大庙举行祭祀、跻僖公者，是鲁僖公之子文公。他特意将大庙中的僖公享祀之位升于之前去世的闵公之上。此事在时人看来，是为"逆祀"。按照杜预注解，闵公与僖公为兄弟，僖公为兄，闵公为弟。然而有关闵公与僖公的关系，诸家有不同的说法。② 无论孰为兄、孰为弟，事实是僖公入继闵公，在闵公之后登上君位，因此依照当时礼制，闵公牌位固当在上。鲁文公升僖公之位于闵公之前，与周礼不合，与常制不符，故被称为"逆祀"。但当时担任宗伯、负责掌礼的夏父弗忌为迎合文公，硬是编造出一套"鬼话"说辞。他先是声称"明见"③"新鬼大，故鬼小。先大后小，顺也"。所谓的"新鬼大，故鬼小"，时常为学者所引，用以说明死后世界的状况，以为在死后世界，亡灵会随时间的流逝而逐渐缩小、消亡，新近去世者的灵魂大（新鬼大），久远去世者的灵魂小（故鬼小）。④ 事实上，这种说法是可疑的。关于"新鬼大"与"故鬼小"，古人早有说法："新鬼，僖公，既为兄，死时年又长。故鬼，闵公，死时年少。"⑤ 即新近去世的僖公去世时年长，此即"新鬼大"；而之前死去的闵公去世时年轻，此为"故鬼小"。夏父弗忌是以死者去世时的年纪定义所谓的大、小，而无关乎灵

---

① 孔颖达：《春秋左传正义》，阮元校刻：《十三经注疏》，第 1839 页。此事亦见于《国语·鲁语上》，所记有不同，现引要如下："夏父弗忌为宗，烝将跻僖公。宗有司曰：'非昭穆也。'曰：'我为宗伯，明者为昭，其次为穆，何常之有！'有司曰：'夫宗庙之有昭穆也，以次世之长幼，而等胄之亲疏也。夫祀，昭孝也。各致齐敬于其皇祖，昭孝之至也。故工史书世，宗祝书昭穆，犹恐其踰也。今将先明而后祖，自玄王以及主癸莫若汤，自稷以及王季莫若文武，商周之烝也，未尝跻汤与文武，为不踰也。鲁未若商周而改其常，无乃不可乎？'弗听，随跻之。"韦昭注："明，言僖有明德，当为昭；闵次之，当为穆也。"（上海师范大学古籍整理组点校：《国语·鲁语上》，第 173—175 页）

② 关于闵公、僖公孰为兄，孰为弟，文献有不同说法。《史记·鲁世家》记闵公为兄，《汉书·五行志》以为僖公是兄，杜预注取《汉书》说法，谓"僖公，闵公庶兄"，以僖公为兄（孔颖达：《春秋左传正义》，阮元校刻：《十三经注疏》，第 1838 页）。杨伯峻先生说："无论谁为兄谁为弟，僖公入继闵公，依当时礼制，闵公固当在上。"（《春秋左传注》，第 523 页）

③ 关于"明见"，竹添光鸿说："明见，明白见之也。既尊僖公，且为明见其状而言之也。昭十五年梓慎曰：'吾见赤黑之祲。'见字同义。凡人所不能见，故以为明见，明字系见。宗伯掌鬼神之事，故以此言欺众耳。"（《左氏会笺》，第 688 页）

④ 此说见余英时著，侯旭东等译：《东汉生死观》，第 142 页。

⑤ 孔颖达：《春秋左传正义》，阮元校刻：《十三经注疏》，第 1839 页。

魂的消逝。进而,他又称僖公为圣贤,以为升圣贤的僖公于闵公之前合于礼制。然而,周礼中并无祭祀时将有为之君牌位升前的规定。夏父弗忌强词夺理,以"鬼话"巧为之说、改变祭祀顺序,显示所祭祖先之序实际上为生人意志所操控、生者可以弃常礼于不顾而将个人意愿置于礼制之上的事实。这位任"宗伯"的夏父弗忌还曾说:"我为宗伯,明者为昭,其次为穆,何常之有!"①是说所谓的昭穆之秩任由礼官掌握,并无常规,彻底否定了周礼的规范性,更加清楚地反映了在文公的支持下,夏父弗忌肆意妄为,将生者的意志超越于礼制之上的做法。

然而,从另一方面看,夏父弗忌亦有若干合理性。譬如,他所说僖公为"圣贤",以僖公为明君,亦非信口胡言,而是有若干事实依据。从文献记载看,僖公在位三十三年,鲁人甚重僖公,②《诗经·鲁颂》中《泮水》《閟宫》等诸篇均为赞颂鲁僖公征伐淮夷、淮夷来服的诗篇。《泮水》颂扬鲁僖公"穆穆鲁侯,敬明其德,敬慎威仪,维民之则,允文允武,昭假烈祖。靡有不孝,自求伊祜。明明鲁侯,克明其德。既作泮宫,淮夷攸服。矫矫虎臣,在泮献馘。淑问如皋陶,在泮献囚",③称颂圣明的鲁侯率领矫健勇武的将士打败淮夷,在泮水河岸献俘庆功。《閟宫》则赞颂僖公威名赫赫,声震淮夷、南夷:"淮夷来同,莫不率从,鲁侯之功……淮夷蛮貊,及彼南夷,莫不率从。莫敢不诺,鲁侯是若。"④从《鲁颂》诗篇看,僖公是鲁国的有为之主。夏父弗忌试图从僖公圣贤方面找到突破口来升迁僖公牌位,说明打着圣贤的旗号就有可能突破常规,获得人们的认可。夏父弗忌"跻僖公",与春秋时期祭祀中特重有卓著贡献之祖先固非一回事,但可以看作是在春秋社会的大背景下,以圣贤的名义对传统礼制的挑战。

当然,鲁文公以及夏父弗忌的行为受到礼制维护者的强烈批评。《左传》所称的"君子",对于此事进行评论,以之为失礼,谓:

①　上海师范大学古籍整理组点校:《国语·鲁语上》,第173—174页。
②　但需要注意,《国语·鲁语上》记展禽之语,却否认了僖公之明。展禽谓"僖又未有明焉",韦昭注"未有明德也"(上海师范大学古籍整理组点校:《国语》,第175页)。
③　孔颖达:《毛诗正义》,阮元校刻:《十三经注疏》,第611页。
④　孔颖达:《毛诗正义》,阮元校刻:《十三经注疏》,第617页。

礼无不顺。祀，国之大事也，而逆之，可谓礼乎？子虽齐圣，不先
父食久矣。故禹不先鲧，汤不先契，文武不先不窋。宋祖帝乙，郑祖
厉王，犹上祖也。是以《鲁颂》曰："……皇皇后帝，皇祖后稷。"君子曰
"礼"，谓其后稷亲而先帝也。《诗》曰："问我诸姑，遂及伯姊。"君子曰
"礼"，谓其姊亲而先姑也。①

君子所引《鲁颂》诗，出自歌颂僖公的《閟宫》篇，是说鲁人祭祀，即便祭祀
始祖后稷，也要在祭祀上帝之后（在"君子"看来，上帝为后稷之父），正如
商人祭祀，商之创立者成汤在商之先祖契之后；周人祭祀，国之开创者文
王、武王在先祖不窋之后。功勋卓著的祖先不超越于其先祖而列之前。
君子引诗，出自《邶风·泉水》，是说女子远嫁回到家中省亲，向家人问候，
先问候父之姊妹，再问候自己的姊妹，遵守长幼之序。君子所说，有可能
反映了春秋时期人们祭祀时面临的一项困惑：在多位祖先当中，圣明的
儿子与一般的先祖之间如何取舍，孰重孰轻？依照君子所说，即便圣明之
子在祭祀时也不能跃居其父之前，即便亲缘关系更近，祭祀时晚辈也不能
居于长者之前。这是礼制的规定，既维护祭祀秩序，也维护社会秩序。君
子所说，在《国语》中变为有司之言，谓：

夫宗庙之有昭穆也，以次世之长幼，而等胄之亲疏也。夫祀，昭
孝也。各致齐敬于其皇祖，昭孝之至也。故工史书世，宗祝书昭穆，
犹恐其逾也。今将先明而后祖，自玄王以及主癸莫若汤，自稷以及王
季莫若文武，商周之烝也，未尝跻汤与文武，为不逾也。鲁未若商周

---

① 孔颖达：《春秋左传正义》，阮元校刻：《十三经注疏》，第 1839 页。《春秋公羊传》
记载此事谓"跻者何？升也。何言乎升僖公？讥。何讥尔？逆祀也。其逆祀奈何？先祢而
后祖也"（徐彦：《春秋公羊传注疏》，阮元校刻：《十三经注疏》，第 2267 页）。《公羊传》以祫
祭即合祭祖先来解释"跻僖公"的背景，有一定的道理。所谓的"祢"与"祖"，从文公的角度
言，指僖公与闵公。《公羊传》的作者以"讥讽"之态来看待违反礼制的"跻僖公"事件。《穀
梁传》则谓"大事于大庙，跻僖公。……跻，升也。先亲而后祖也，逆祀也。逆祀，则是无昭
穆。无昭穆，则是无祖也。无祖，则无天也，故曰文无天。无天者，是无天而行也。君子
不以亲亲害尊尊，此《春秋》之义也"（杨士勋：《春秋穀梁传注疏》，阮元校刻《十三经注疏》，
北京：中华书局，1980 年，第 2405 页）。《穀梁传》是以"亲亲"妨害"尊尊"来理解"跻僖公"
事件。总之，公羊、穀梁两家对此事皆持斥责之态。

而改其常，无乃不可乎？①

宗有司批驳了夏父弗忌"跻圣贤"为"明"的说法。有司认为祭祀当依照长幼亲疏之序，商周时期祭祀从无以功烈卓越的成汤、文王、武王超越始祖的做法，以所谓的贤圣为借口升等牌位，是对礼制的破坏。《国语》的作者还借助鲁国卿大夫展禽之言，对"跻僖公"事予以进一步的否定。展禽曰：

> 夏父弗忌必有殃。夫宗有司之言顺矣，僖又未有明焉。犯顺不祥，以逆训民亦不祥，易神之班亦不祥，不明而跻之亦不祥。犯鬼道二，犯人道二，能无殃乎？②

展禽所说与此前"君子"、宗有司之辞略有不同，展禽固然强调变化祖先神灵之次是违礼之举，但他似乎对"明而跻之"持有保留态度。推测其意，真正贤圣的祖先，在祭祀中存在将之升前的可能性，只是他否定了僖公为"明"的说法。总之，"君子""有司"、展禽都认为祖先之次不可随意变化。"君子"与"有司"还强调，在"齐圣之子"与一般的祖先之间，仍然依照传统礼制的规定，齐圣之子位居父祖之下，近亲位列尊长之下。然而，在社会现实中，人们看到的是负责掌礼的夏父弗忌信口雌黄，看到的是鲁文公因与僖公有父子关系，便在祭祀祖先时按照祭祀者的意图行事。这种置礼制于不顾的做法，展现出社会变革时代所具有的多面性。

"跻僖公"事件至此并未结束。《春秋》定公八年（前502年）记载，距离文公上升僖公牌位一百二十余年后，鲁国季寤等欲因阳虎去除三桓，行事之前，举行的祭祀典礼上"从祀先公"。③ 杜预注："从，顺也。先公，闵公、僖公也。将正二公之位次，所顺非一，亲尽故通言先公也。"孔颖达疏曰："今升闵在僖上，依其先后，是顺也。庙主失次，唯此二公，故知从祀先

---

① 韦昭注"以僖为明而升之，是先祢而后祖也"（上海师范大学古籍整理组点校：《国语·鲁语上》，第175页）。玄王，即商人始祖契；主癸，成汤之父，卜辞称为"示癸"。

② "犯鬼道二"，韦昭注"易神之班、跻不明也"；"犯人道二"，韦昭注"犯顺、以逆训民也"（上海师范大学古籍整理组点校：《国语》，第176页）。

③ 《公羊传》定公八年记载："从祀先公。从祀者何？顺祀也。文公逆祀，去者三人。定公顺祀，叛者五人。"（徐彦：《春秋公羊传注疏》，阮元校刻：《十三经注疏》，第2340页）

公，唯闵、僖耳。"①皆认为是将闵公牌位复原，位在僖公之上。季寤此举是对文公二年"跻僖公"事件的回应。对此，《左传》记曰：

> 顺祀先公而祈焉。辛卯，禘于僖公。

在举事之前，季寤等"顺祀先公而祈焉"。杜预注谓"将作大事，欲以顺祀取媚。……不于太庙者，顺祀之义，当退僖公，惧于僖神，故于僖庙行顺祀"。② 季寤之流为季氏、叔孙氏族人，皆出自桓公。将起事之际，并未祷于季氏、叔孙氏近祖，而祈灵于鲁之先公，并且特正闵公、僖公之位次，又因退僖公位而担心僖公作祟，还特意在僖公庙为僖公举行禘祭。③ 按照杜预之说，季寤等所做纯属讨好、诌媚祖先之举，以期获得祖先佑助。

　　要之，鲁国的"逆祀"以及季寤等"从祀先公"事件，反映出春秋时期若干人群在祭祀祖先的数量、范围方面，无视礼制的规定，有任意、随意选择之举。祖先虽是所祈求的对象，但主宰祭祷的却是现实中的生者。

---

　　① 孔颖达：《春秋左传正义》，阮元校刻：《十三经注疏》，第 2141 页。关于杜预所说的"所顺非一"，竹添光鸿曾以昭穆之制为释（《左氏会笺》，第 2193 页）。有关昭穆制度，本文暂不涉及。此外，关于"从祀先公"之先公，历来皆认为是指闵公、僖公。北宋儒者胡安国从冯山之说，认为是指"昭公至是，始得从祀于太庙"。李庐陵赞同其说，谓"从祀之说，三传及诸家皆以为正闵、僖之位，而胡氏独取冯山之说。盖阳虎之意，止欲暴明季氏之恶，故始以昭公之主从祀太庙，以说于国人耳。《春秋》每书宫庙，必举其谥，此不书闵、僖，直书先公，故以为昭公无疑也"（转引自吴静安：《春秋左氏传旧注疏证续》，第 1803 页）。可备一说。但从传文"顺祀先公而祈焉"，以及"辛卯，禘于僖公"看，应以旧说为是，是季氏正闵、僖之序。
　　② 孔颖达疏"禘者，审定昭穆之祭也。今为顺祀而禘于僖公，则是并取先公之主，尽入僖庙而以昭穆祭之，是为周禘礼也。计禘礼当于太庙，今就僖庙为禘者，顺祀之义，退僖升闵，惧于僖公之神，故于僖庙行禘礼，使先公之神遍取知。礼，祭尊可以及卑，后世之主宜上徙太庙而食，今徙上世之主下入僖庙祀之，当时所为非正礼也"（孔颖达：《春秋左传正义》，阮元校刻：《十三经注疏》，第 2143 页），进一步指出季寤等所为非礼。
　　③ 关于"禘于僖公"在何处举行，一般有两解：一说禘为合祭先公之礼，宜于太庙举行，但此于僖公庙举行，由于正闵公、僖公位次，退僖公而升闵公，"惧于僖神"（杜预注。孔颖达：《春秋左传正义》，阮元校刻：《十三经注疏》，第 2143 页），故于僖庙举行；一说禘祭仍在太庙举行，此处为禘祭僖公，为僖公也（详见杨伯峻《春秋左传注》，第 1568 页）。竹添光鸿认为："是大禘也，大禘必于大庙。今为僖公禘于大庙，以审定昭穆之位，故曰于僖公……非于僖庙行之也。辛卯禘于僖公，即十月顺祀，非二事。"（《左氏会笺》，第 2202 页）以为是在太庙。

四、余论

春秋时人重视近祖，也追祀远祖；既祭祀所有祖先，又突出成就卓越的先祖。春秋时人祭祀祖先的范围并不完全固定，而是有其灵活性，这一灵活性，主要是由生者所具有的实用主义态度所致。

需要补充的是，春秋社会是总结、归纳三代文化，酝酿、创造新文化的时代，在这一时代中，祖先祭祀也纳诸思想者的视野，他们在上承传统文化又着眼于社会现实这一背景之下，予祖先祭祀以提炼与升华，生发出新的思想结晶，对传统文化产生深刻影响。其荦荦大端者，可举如下两项：

一，"慎终追远"观念的产生。孔门弟子曾参云"慎终追远，民德归厚矣"，[①]这是关于祖先崇拜的精要论述。关于"追远"之义，清儒刘宝楠引《荀子·礼论》"故有天下者事十世，有一国者事五世，有五乘之地者事三世，有三乘之地者事二世"之说，以为"追远""不止以父母言矣"。[②] 简言之，"追远"即是追思、追祭远祖。远祖易于为人遗忘，而缅怀、祭祀远祖，正体现出生者对于远祖的情深谊长，以及"报本反始"的深情厚谊，是为德之厚者。"慎终追远"，是华夏传统文化中的重要思想结晶，是华夏文化注重深沉、厚重之德的典型体现，而这一观念的产生，与春秋社会强调祭祀远祖这一习俗密不可分。

二，英雄的共同华夏祖先的观念。春秋时人祭祀祖先，时有选择祖先而祭的情况，其所选祭的祖先，常常是有斐然成就者，透露出浓厚的英雄崇拜因素。实际上，在祭祀中予卓绝群伦的祖先以特殊的重视，是自殷商以来的传统。学者指出，商人在祭祀祖先时，既祭祀直系先王，也祭祀旁系先王，但对直系先王的重视程度超过旁系先王，而在直系先王中，祭祀所受"待遇"也并不相同，有的祖先如大乙、大甲、祖辛等受祭次数多、祭

---

① 《论语·学而》，邢昺：《论语注疏》，阮元校刻：《十三经注疏》，第 2458 页。有儒者将之理解为重视父祖辈之丧礼和祭礼，如朱熹谓："慎终者，丧尽其礼。追远者，祭尽其诚。民德归厚，谓下民化之，其德亦归于厚。"（《论语集注》，《四书章句集注》，北京：中华书局，1983 年，第 50 页）朱熹之说固然不错，但并不全面。

② 刘宝楠：《论语正义》，北京：中华书局，1990 年，第 24 页。关于"追远"之义，有多种说法，刘宝楠之说于义为长。

祀隆重,而有的先王则不受重视。那些在祭祀中受到极度尊重的祖先,皆是在商族历史上做出重大贡献的先公、先王。[①] 入周以来,周人对于建功立业的祖先讴歌赞颂,文王、武王即其显例。西周金文中,也可窥见周人对于功勋卓著,特别是曾经协助文、武王克商受命的先祖殊为尊崇。应当说,崇拜英雄祖先,是殷商以来的一贯传统。然而,只有在春秋时期,这一传统才升华至礼制的高度,凝结为思想精粹。《国语·鲁语上》记载展禽之言:

> 夫圣王之制祀也,法施于民则祀之,以死勤事则祀之,以劳定国则祀之,能御大灾则祀之,能扞大患则祀之……故有虞氏禘黄帝而祖颛顼,郊尧而宗舜;夏后氏禘黄帝而祖颛顼,郊鲧而宗禹;商人禘舜而祖契,郊冥而宗汤;周人禘喾而郊稷,祖文王而宗武王;幕,能帅颛顼者也,有虞氏报焉;杼,能帅禹者也,夏后氏报焉;上甲微,能帅契者也,商人报焉;高圉、大王,能帅稷者也,周人报焉。凡禘、郊、祖、宗、报,此五者,国之典祀也。[②]

按照展禽所说,有功于族众的先祖都受到特别的重视。他们的功业有"法施于民""以死勤事""以劳定国""能御大灾""能扞大患"等五项,皆为鸿业大烈,[③]后人以禘、郊、祖、宗、报等五种常祭法以报恩、铭记。[④] 这是中国古代较早地、清晰地阐明了英雄的祖先理应获得国家祭祀的论述,它将祭

---

① 常玉芝:《商代宗教祭祀》,第344—345页。

② 上海师范大学古籍整理组点校:《国语·鲁语上》,第166—167页。类似记载见于《礼记·祭法》:"夫圣王之制祭祀也,法施于民则祀之,以死勤事则祀之,以劳定国则祀之,能御大灾则祀之,能捍大患则祀之。是故厉山氏之有天下也,其子曰农,能殖百谷;夏之衰也,周弃继之,故祀以为稷;共工氏之霸九州也,其子曰后土,能平九州,故祀以为社。帝喾能序星辰以著众,尧能赏均刑法以义终,舜勤众事而野死,鲧鄣鸿水而殛死,禹能修鲧之功;黄帝正名百物,以明民共财,颛顼能修之;契为司徒而民成,冥勤其官而水死,汤以宽治民而除其虐;文王以文治,武王以武功,去民之灾,此皆有功烈于民者也。及夫日月星辰,民所瞻仰也;山林川谷丘陵,民所取财用也,非此族也,不在祀典。"同样强调祖先因有功烈而受到祭祀,为民众做出贡献的英雄会受到人们的拥戴(孔颖达:《礼记正义》,阮元校刻:《十三经注疏》,第1590页)。

③ 其中称"幕"者较罕见,韦昭说他是"舜后虞思也,为夏诸侯"(上海师范大学古籍整理组点校:《国语·鲁语上》,第169页)。

④ 徐元诰云"禘、郊、祖、宗、报,皆非宗庙之祭"(《国语集解》,第161页)。

祀英雄祖先提升至"国之祀典"的高度,使得英雄祖先不限于一姓一宗,而成为溥天之下的英雄,扩展为全部华夏族的共同祖先。自此而后,崇拜英雄祖先的观念深入人心,天下一家的观念遂孕育而出。[①]

第二节　祖先崇拜的演变

春秋时期,祖先地位依然崇高,然而,相形之下,生者地位的提升更加引人瞩目。春秋时期的青铜铭文最为直接、生动地体现了这一变化。

一、从作器者的自我称谓看祖先崇拜的变化

青铜器皿用于享祀祖先,但春秋时期青铜铭文却显示,铭文中的祖先往往成为烘托子孙的背景、映衬生者的配角,子孙借助祖先的功名,成为有身份、有地位的个体。

西周金文中,作器者称颂祖先,主要是颂扬先祖功烈,器主并不刻意突出家世出身。与这一风格不同,春秋时人不再着力追忆祖先功德,而是将先祖功勋一笔带过,开门见山地叙述家世背景。器主径称自己为某人之子、某人之孙,以此炫耀雄厚家底、凸显高贵出身,借门第身世以自命不凡。祖考沦为衬托子孙生而高贵的配景。

作者者所称"某之子"之"某",往往是具有高级身份、地位的贵族。以"某之子"相称的春秋铭文十分多见。如1995年河南登封告成东周墓出土的两件春秋早期郑国器,铭文分别为"郑罶叔之子宝登作鼎""郑伯公子子耳作盂鼎"。[②] 两件器物同出一墓,但一件称郑罶叔之子,一件称郑伯公子。"郑伯公子子耳"的称名方式较为独特,一般的辞例为"某伯(公)之子",或"国名+公子",但此处为"某伯+公子",称名形式不见于其他铭

---

①　《礼记·礼运》曰"故圣人耐以天下为一家,以中国为一人",郑玄注"耐,古能字"(孔颖达:《礼记正义》,阮元校刻:《十三经注疏》,第1422页)。圣人团结天下为一家,团结中国为一人,这是儒家高超的理想。

②　郑州市文物考古研究所、登封市文物局:《河南登封告成东周墓地三号墓》,《文物》2006年第4期。

辞。这里的"公子"应指诸侯之子,郑伯是郑国君主之称,唯不能确定是哪一位国君。因此,子耳为郑国国君之子。郑噩叔身份难以确指,从两件器物同出一墓葬来看,郑噩叔定为郑国高等贵族无疑。两器主特尊其父,是为了彰显自己高贵的出身。① 器铭称"某之子"者,在南方青铜器中常见。如春秋中期吴国者减钟谓"攻吴王皮然之子者减",攻吴即句吴,皮然的身份,诸家说法不一。② 无论如何,作器者者减打出吴王皮然的旗号,突出自己为吴王之子,自我显示的意图十分明显。又如春秋晚期徐王之子段戈铭作"徐王之子段之元用戈",③作器者亦借徐王之名突出了自身的高贵身份。④ 此类青铜铭文在吴、越、徐诸国器物中多见,兹不具引。⑤ 与"某之子"相对应,青铜铭文中还有"某之女"之称,十分引人瞩目。湖北随州文峰塔 M33 所出媵盘,器主为女性,铭文称:

> 唯曾八月,吉日唯亥,余郑君之元女,余周███,媵择其吉

---

① 称"某之子"的还见于 2005 年河南洛阳东周墓出土的春秋中期叔左鼎,其铭曰"隹王五月□□,唯己考仲之子叔左……",作器者及其父之身份,俱不可考,但就墓葬情况看,作器者为高等贵族,他抬出其父的招牌,也是为了炫耀身份(洛阳市文物工作队:《洛阳体育场路东周墓(M8830)发掘简报》,《文物》2011 年第 8 期)。

② 各家意见,可参看董楚平:《吴越徐舒金文集释》,杭州:浙江古籍出版社,1992 年,第 37—39 页。

③ 《集成》11282。

④ 称"徐王子""徐王孙"的青铜器还有徐王子旃钟(《集成》182)、徐王义楚之元子赗剑(《集成》11668)、出土于山西侯马的庚儿鼎"徐王之子庚儿"(《集成》2715)、沇儿镈"徐王庚之淑子沇儿"(《集成》203)、徐王之子戈(《集成》11282)、徐王之孙钟"徐王之孙□凡乍"(孔令远、陈永清:《江苏邳州市九女墩三号墩的发掘》,《考古》2002 年第 5 期)、宜桐盂"徐王季糧之孙宜桐"(《集成》10320)等。铭文中的"徐王",除徐王义楚(见于《左传》昭公六年"徐仪楚聘于楚,楚子执之,逃归。惧其叛也,使薳泄伐徐。吴人救之")等个别记有名号外,其余无法确知是哪一世徐王。徐属淮夷,春秋时期力量大为削弱,但徐之子孙嗜好以"徐王之孙""徐王之子"作为铭文修饰语,足见这一风气的盛行。关于徐国历史,参见李瑾:《徐楚关系与徐王义楚元子剑》,《江汉考古》1986 年第 3 期;孔令远:《徐国青铜器群综合研究》,《考古学报》2011 年第 4 期。

⑤ 学者已经指出,南方青铜器的一个特点是,器主往往在自己的名字前冠以先世的名号,有的还记有其他的血缘关系。见张振林:《关于两件吴越宝剑铭文的释读问题》,《中国语文研究》第 7 期,1985 年;李学勤:《春秋南方青铜器铭文的一个特点》,《吴越地区青铜器研究论文集》,香港:两木出版社,1997 年。

　　金，自作浣盘，永保用之。①

　　铭文显示，器主是女性，她自报家门为"邔君之元女"。邔，有学者指出为《左传》僖公二十七年所记楚将子玉治兵之蔿地。② 蔿，杜预注："楚邑也。"③只是不详其具体所在。邔是楚封君，器主是封君长女，嫁入曾国。④ 她以"邔君之元女"相称，推其所出，以显其贵。

　　除了夸耀父考以抬高生者身份外，作器者也借用祖父的大旗，以炫夸自身地位的优越。春秋时期称"某之孙"的青铜器十分多见。其中的"某之孙"，有些并非三世孙，而是裔孙。作器者略过父考近祖，专用远祖声名，其借助祖先抬高自身地位的意图十分明显。如春秋中期宋趞亥鼎说"宋庄公之孙趞亥自作会鼎"，⑤器主自言为宋庄公之孙，庄公在位年代为公元前710—前692年，执政时曾迫使郑国立子突为君，⑥可谓强君。但专家却指出趞亥与庄公并不是祖孙三世。⑦ 开列出先祖之名，足见器主需要宋庄公这个招牌以提升自我价值。追溯远祖的做法，在春秋战国铭文中并不鲜见，如春秋时期宋公栾簠、战国早期陈逆簠等。宋公栾簠铭谓：

　　　　有殷天乙唐孙宋公栾作……簠。⑧

---

　　① 湖北省文物考古研究所、随州市博物馆：《湖北随州市文峰塔东周墓地》，《考古》2014年第7期。

　　② 赵平安：《媵盘及其"邔君"考》，《中国史研究》2016年第3期。

　　③ 孔颖达：《春秋左传正义》，阮元校刻：《十三经注疏》，第1822页。

　　④ "周"字后一字，整理者释为"侄"，有学者释为"室"，并将随后两字释为"伲傅"，以为"伲"可读为介，辅相之义；傅，《说文》"辅也"，中山王𤭥鼎有"傅姆"之称，即辅佐、保育贵族的"师"。若是，则女器主生前身份十分特别，曾为周王室之"傅姆"。参见袁金平、王丽：《新出曾国金文考释二题》，《出土文献》第六辑，上海：中西书局，2015年，第20—24页。但是，"某＋之子（孙），某＋职官"的格式在春秋金文中殊为少见，略微相似的是淅川下寺春秋墓所出㝬钟铭文，"余吕王之孙，楚成王之盟仆"（河南省文物研究所、河南省丹江库区考古发掘队、淅川县博物馆：《淅川下寺春秋楚墓》，285页），但与媵盘称"周室伲傅"仍不相同。㝬确在楚地，为楚效力，但媵盘的器主在曾，如何为周室之"师"？

　　⑤ 《集成》2588。

　　⑥ 《史记·宋世家》，《史记》，第1624页。

　　⑦ 专家指出，如果是祖孙三世，则趞亥的时代应在春秋早期，但此器形制却为春秋中期。见马承源主编：《商周青铜器铭文选》四，第505页。

　　⑧ 《铭图》5904。

宋公栾即宋景公,天乙唐即大乙汤。铭文中,宋景公称自己为商王成汤之孙,显然并非三世裔孙。宋景公时值春秋后期,宋国虽不能称霸,但宋景公却是一位有成之君,①他宣称自己为成汤孙,似乎是借先祖来表明自己成就事业的雄心。又如战国早期陈逆簠称:"少子陈逆曰:'余陈桓子之裔孙,余寅事齐侯,懂恤宗家。'"②器主陈逆,其事迹见于《左传》哀公十一年(前 484 年)、十四年(前 481 年),系田氏宗族。③ 陈桓子即田桓子无宇,活动于鲁襄公时期与昭公初期(前 6 世纪),④《左传》称"及陈之初亡也,陈桓子始大于齐",⑤系田氏家族重要首领。陈逆为陈桓子裔孙,且可能为小宗,却祭出陈桓子的旗号,其目的就是显示高贵的身份。

总之,以"某之孙"自称的青铜铭文在春秋时期颇为流行,诸多诸侯国所出彝铭中皆可见"某之孙"的自我称谓法。如春秋早期复封壶"齐太王孙封",⑥晚期封子楚簠"封子楚,郑武公之孙,楚王之士",⑦河南淅川下寺 M2 出土的"楚叔之孙佣"、⑧M8 出土的"楚叔之孙以邓",⑨河南南阳

---

① 宋景公,《史记·宋世家》作"头曼",其在位时,"曹倍宋……宋伐曹……遂灭曹有之",取得各诸侯国争战中的小胜。楚惠王灭陈时,宋景公担忧祸将临宋,其臣下告之可移祸,"曰:'可移于相。'景公曰:'相,吾之股肱。'曰:'可移于民。'景公曰:'君者待民。'曰:'可移于岁。'景公曰:'岁饥民困,吾谁为君!'"(《史记》,第 1630—1631 页)由《史记》中的记载看,宋景公可谓明君。
② 《集成》4629。
③ 杜预注"陈逆,陈氏宗也"(孔颖达:《春秋左传正义》,阮元校刻:《十三经注疏》,第 2173 页)。
④ 《史记·田世家》记"文子卒,生桓子无宇。田桓子无宇有力,事齐庄公,甚有宠"(《史记》,第 1881 页),《左传》记陈无宇自襄公六年(前 567 年)至昭公八年(前 534 年)。
⑤ 《左传》庄公二十三年,孔颖达:《春秋左传正义》,阮元校刻:《十三经注疏》,第 1776 页。
⑥ 《铭图》12447。
⑦ 中国国家博物馆、中国书法家协会编:《中国国家博物馆典藏甲骨金文集粹》,合肥:安徽美术出版社,2015 年,第 305 页。器主称"郑武公之孙……剌之元子",与郑庄公之孙鼎铭"余郑臧公之孙,余刺之㾪子㿶"有关联,学者已有研究。
⑧ 河南省文物研究所、河南省丹江库区考古发掘队、淅川县博物馆:《淅川下寺春秋楚墓》,第 112 页。
⑨ 河南省文物研究所、河南省丹江库区考古发掘队、淅川县博物馆:《淅川下寺春秋楚墓》,第 8 页。

出土的"应侯之孙"，①河南上蔡出土的"陈洹公之孙有儿"，②"郤审之孙莒太史申"，③等等，涵盖齐、楚、应、陈、莒等国，可见风气之盛。

在"某之子""某之孙"外，以"某之子＋某之孙"并称的铭文格式亦在春秋时期风行一时。例如，1988 年出土于湖北襄阳团山春秋晚期墓葬的郑庄公之孙鼎，其铭谓"余郑臧（庄）公之孙，余刺之疢子虡"。疢，学者指出即"文"字，意同《尚书·立政》之"文子文孙"，指有文之子。④自称为"文子"，本身即有自我肯定、褒扬之意。作器者为刺之子、郑庄公之孙，属郑国贵族。但就墓葬情况来看，此墓仅为中型墓葬，⑤并不能称得上高等贵族，或许，作器者并不是郑庄公嫡出之孙，但他仍将自己的出身追溯至郑庄公，可见这一身世对他所具有的重要意义。同类铭文还见于春秋中期齐国鎛，其铭为：

> 齐辟鲍叔之孙、齐仲之子鎛，作子仲姜宝鎛，用祈侯氏永命，万年鎛保其身，用享用孝于皇祖圣叔……鲍叔有成劳于齐邦，侯氏易之邑二百又九十又九邑……侯氏从告之曰："世万至于台孙子，勿或渝改。"⑥

作器者鎛之父为齐仲，祖父为鲍叔，即齐桓公时重臣鲍叔牙。铭文中，器主追溯了鲍叔牙的卓越功绩，以及齐桓公对于鲍叔牙的赏赐，他记述齐桓公郑重地宣告，赏赐鲍叔牙城邑，万世子孙将享受封赐而任何人不得更改。作器者追溯祖先，记录桓公之语，可见其身资之高、家底之厚。2015年入藏国家博物馆的伯有父剑铭文也透露出珍贵的历史信息：

> 唯东王之孙，子浮君之子，伯有父渼（择）其吉金，自作佩钜，用狄（逖）伐四方，用刜（刐、别）牛羊，用御于□王之。⑦

---

① 《铭图》2351。
② 《铭图》5166。
③ 《集成》2732。
④ 黄锡全、李祖才：《郑臧公之孙鼎铭考释》，《考古》1991 年第 9 期。
⑤ 襄樊市博物馆：《湖北襄阳团山东周墓》，《考古》1991 年第 9 期。
⑥ 《集成》271。
⑦ 田率：《伯有父剑考释》，北京大学出土文献研究所编：《青铜器与金文》第二辑，上海：上海古籍出版社，2018 年。作者认为东王为周敬王。

器主伯有父称自己为东王之孙、子浮君之子。子浮君不见于文献记载，而东王，首见于青铜器铭文，弥足珍贵。关于其身份，学者认为是春秋晚期的周敬王（前 520—前 476 年），可备一说。① 这位东王之孙，其志在于挞伐四方，显而易见，先祖的荫庇为其信心的源泉。"某之孙，某之子"的称呼方式也见于春秋女性。河南淅川下寺楚墓 M7 所出东姬匜谓：

> 宣王之孙，雍子之子东姬，自作会匜。②

女器主自称出身于西周宣王，其父为雍子。春秋金文常见"荣子""黄子"之称，依其例，"雍子"应为封国之君。③ 宣王时代为西周末期，此墓葬为春秋中期，西周王室出身的背景为嫁入楚地的器主增添了色彩。借父祖地位而炫耀自身，见于中原地区青铜器铭文，也流行于吴越以及江淮地区，如其六钟、④仆儿钟、⑤次尸祭缶，⑥等等，可知此风之盛。

---

① "东王"之称见于典籍。《左传》昭公二十三年记载："八月丁酉，南宫极震。苌弘谓刘文公曰：'君其勉之！先君之力可济也。周之亡也，其三川震。今西王之大臣亦震，天弃之矣！东王必大克。'"杜预注云："子朝在王城，故谓西王。敬王居狄泉，在王城之东，故曰东王。"（孔颖达：《春秋左传正义》，阮元校刻：《十三经注疏》，第 2102 页）就此而言，春秋人称敬王为东王，以铭文中的"东王"为敬王，确有理据。但问题在于"敬王"为谥称，敬王之孙不称谥而称"东王"，显示出敬王在位时有王子朝与其"分庭抗礼"，此事非荣耀先祖之事。此外，青铜器铭文中，称"某之孙"诸例中，多以"国族＋王"为称，此处称"东王"，与其他辞例不同。因此，"东王"是否"敬王"，还值得进一步考虑。
② 河南省文物研究所、河南省丹江库区考古发掘队、淅川县博物馆：《淅川下寺春秋楚墓》，第 36 页。
③ 器主为东姬，是嫁入楚的姬姓贵族。西周金文见雍伯之称，《左传》僖公二十四年"郜、雍、曹、滕……文之昭也"。但此铭文中的雍子当为宣王之后，并非出于"文之昭"的雍国。如此，宣王之后有可能也封于"雍"，只是此"雍"非文王之昭的"雍"。
④ 铭文谓："徐王之孙，寻楚欶之子甚六，择厥吉金，作铸鎙钟，以享于我先祖。"（江苏省丹徒考古队：《江苏丹徒北山顶春秋墓发掘报告》，《东南文化》1988 年第 4 期）
⑤ 铭文谓"曾孙仆儿，余达斯于之孙，余兹悆之元子。曰：乌呼敬哉，余义楚之良臣，而逐之慈父，余瞒遴儿……以铸鎙钟，以追孝先祖，乐我父兄"（《集成》183）。
⑥ 商志醰：《次口缶铭文考释及相关问题》，《文物》1989 年第 12 期。这类格式在春秋战国时期的青铜铭文，特别是楚系铭文中更为常见。学者指出"不妨设想，这些器主虽多有社会地位，甚至为诸侯、卿大夫，可是他们在姬、姜等华夏大姓之外，从而特别感到有申述世系的必要"（见李学勤：《春秋南方青铜器铭文的一个特点》，《吴越地区青铜器研究论文集》）。但这类器铭也见于中原地区青铜器铭文中。

更有甚者，有些作器者为了表现自己不凡的出身，甚至追溯"非常"之先祖，以见其贵。如出土于江苏六合的春秋末期臧孙钟铭文称：

> 攻敔仲终岁之外孙、坪之子臧孙，择厥吉金，自作龢钟。①

器主臧孙为吴国贵族，其父为坪，外祖父为仲终岁（或称为仲岁）。前已述之，自报家谱，常见于春秋战国时期青铜铭文，但是如此器主一般，报出外祖父之名的，实属罕见。关于臧孙外祖父的身份，学者们尚有不同意见，或以为是《左传》定公六年所记吴国太子终累，②或以为是吴王余祭（文献中又写为句余），③无论如何，外祖父有着高等的身份，其外孙也有着高贵的血统。出土于江苏六合程桥东周 3 号墓春秋晚期的罗儿匜，④铭文也极具特色：

> 罗儿曰余吴王之甥，学卯公□塦之子。择厥吉金，自作盥匜。⑤

器主之父"学卯公□塦"，身份未可考。毋庸置疑的是，器主为吴王之甥。按照学者分析，器铭显示出罗、吴联姻的信息，⑥而此器作于国亡之后，罗国王室流亡吴国之时。器主当是罗国王室迎娶吴王姊妹之后裔。器主以吴王之甥相标榜，正是要借吴王的身份提振自己的地位。春秋晚期徐王

---

① 江苏省文物管理委员会、南京博物院：《江苏六合程桥东周墓》，《考古》1965 年第 3 期。

② 刘兴：《吴臧孙钟铭考》，《东南文化》1990 年第 4 期；董楚平：《吴越徐舒金文集释》，第 83 页。

③ 曹锦炎：《程桥新出铜器考释及相关问题》，《东南文化》1991 年第 1 期。

④ 南京市博物馆、六合县文教局：《江苏六合程桥东周三号墓》，《东南文化》1991 年第 1 期。

⑤ 铭文释读各家不同，本文释文取自刘雨、卢岩编：《近出殷周金文集录》，北京：中华书局，2002 年，第 1018 页。其他考释以及铭中人物关系的分析，可参考：南京市博物馆、六合县文教局：《江苏六合程桥东周三号墓》；曹锦炎：《程桥新出铜器考释及相关问题》；徐伯鸿：《程桥三号春秋墓出土盘匜簠铭文释证》，《东南文化》1991 年第 1 期；董楚平：《吴越徐舒金文集释》，第 42 页。

⑥ 关于器主的国属，董楚平先生认为是罗国（《吴越徐舒金文集释》，第 42 页），而何琳仪先生认为"儿"字用于人名后缀，多出现于徐器中，且《左传》昭公四年有"徐子，吴出也"之说，因此，罗儿匜当为徐器，徐吴联姻（见《程桥三号墓盘匜铭文新考》，《东南文化》2001 年第 3 期）。但是，"儿"作为人名后缀，也出现于徐国以外的青铜器铭文中，如唐子仲濒儿盘等，即为唐国器（详细考证见黄旭初、黄凤春：《湖北郧县新出唐国铜器铭文考释》，《江汉考古》2003 年第 1 期）。因此，这里从董先生说，定罗儿匜为罗国器。

旨後之孙钟铭说：

> 余徐王旨後之孙，足利次留之元子，而乍鎃夫呇之贵甥。①

这件青铜器是在绍兴出土的徐国器。春秋晚期，徐国夹处吴、楚之间，无所适从，公元前 512 年，徐为吴所灭，王室成员逃亡别国。② 这件青铜钟当是迁徙至越国的徐国王室后裔所做。器主称其祖父为徐王旨後、其父为足利次留，他们的具体身份已不可考。尤为独特的是，他称自己为"鎃夫呇之贵甥"，鎃夫呇的身份亦不可考，猜测当有更高的社会背景。③ 在这里，作器者不但抬出祖、父，又搬出母家舅父，④其借先祖增加自身砝码的意愿是不言而喻的。⑤

　　春秋时人自报家门、自抬身价的做法，事实上在西周时期即隐约见其端绪。西周穆王时期班簋铭文记载，周王令毛伯班"更虢城公服"，继承虢公之职位。在征东国之后，毛公"告厥事于上"，他拜稽首曰：

> 乌呼！丕杯乱皇公，受京宗懿釐，毓文王、王姒圣孙，登于大服，广成厥功。文王孙亡弗怀型，亡克竞厥烈。⑥

班赞扬伟大的父考，受周宗室之福，为文王之孙，升于重要职位，大成其功

---

①　铭文隶定参考曹锦炎：《自铎铭文考释》，《文物》2004 年第 2 期；赵平安：《绍兴塔山甬钟的自名名称及相关问题》，《中国历史文物》2004 年第 5 期。

②　《左传》昭公三十年记载"冬十有二月，吴灭徐，徐子章羽奔楚"（孔颖达：《春秋左传正义》，阮元校刻：《十三经注疏》，第 2125 页）。

③　关于器主称自己为"某之甥"，曹锦炎先生曾指出此器器主或为吴国之甥，但徐国后来为吴所灭，另外吴又被越所灭，因此器主煞费苦心地以"某之甥"来曲折地表达（《自铎铭文考释》）。

④　以"某之甥"相称的，亦见于传世文献，《诗经·大雅·韩奕》以"汾王之甥，蹶父之子"称韩姞，《诗经·卫风·硕人》以"齐侯之子，卫侯之妻，东宫之妹，邢侯之姨"称庄姜（孔颖达：《毛诗正义》，阮元校刻：《十三经注疏》，第 572、322 页）。

⑤　陈英杰先生指出，"器主曰"这种开篇追述祖先之德的铭文西周中晚期多见，开启了春秋时期铭文自报家门、炫耀门庭的先河。但西周与春秋的不同在于，西周时期只叙述有功德的先人，重在表白自己家族对上司的功劳和贡献，以确立自己家族世袭地位的合法性和重要性，而春秋时期是借助先祖提升自己（《西周金文作器用途铭辞研究》，第 833 页）。

⑥　《集成》4341。

业。① 毛班作为文王之孙，思慕效法皇公，文王后人莫能比其光烈。铭文中，毛伯班赞颂父考，特意指出父考的血统出自文王正宗，其意在于显示毛伯班这一支有光荣的出身。西周之时，已有人借先祖威名抬升自己的门庭，但总体而言并不多见。春秋时期，此风逐渐盛行。诸侯国国君，身份已经十分尊贵，但仍要突出其显赫的身世。《诗经·大雅·閟宫》是歌颂鲁僖公的诗篇，诗篇称鲁僖公为"周公之孙，庄公之子"，②僖公之父为庄公，但周公为其远祖，显然也是借周公显示出鲁僖公正统的地位。《诗经·召南·何彼襛矣》记载春秋早期，王室之女嫁与齐侯之子，谓"何彼襛矣，华如桃李。平王之孙，齐侯之子"，称王姬为"平王之孙"，凸现其身份高贵。③

此外，春秋社会中还可见将祖先追溯至传说人物的情况，如邾公钰钟、郳公镈父镈称"陆融之孙"、④"有融之子孙"⑤等，这一现象体现了春秋社会的另一种风气，待后文详细介绍。

总之，就春秋时期作器者自我称谓来看，人们往往拈出血缘谱系中最著名的先祖以炫夸豪门背景，以突显尊贵地位。炫耀家世以重己威，实为东周时期一种普遍的社会风习，上至王室中人，下到普通贵族，无不如此。西周金文不乏夸大祖先功业者，但其主要目的为赞颂祖先，而春秋铭文多不记先祖伟业，父祖只用来凸显作器者的光荣背景。这在一定程度上表明人们的自我意识增强，相应地，意味着祖先地位的下降。

---

① 弌，扬；皇公，当指班的父亲；京，大；懿，美善；釐，《说文》"家福也"。朱骏声谓"福者禧字之训，古多假借釐为禧"（《说文通训定声》，第189页）。
② 孔颖达：《毛诗正义》，阮元校刻：《十三经注疏》，第615页。
③ 关于"平王之孙"具体所指，前人有不同说法。毛传"平，正也。武王女，文王孙，适齐侯之子"（孔颖达：《毛诗正义》，阮元校刻：《十三经注疏》，第293页）。朱熹引或说，谓其为周平王宜臼之孙女，齐侯为襄公诸儿（《诗集传》，第13页）。皆以为是王室之女，嫁人齐国。马瑞辰指出"平王之孙，齐侯之子"应指一人，他说"《诗》中凡叠句言为某之某者，皆指一人言，未有分指两人者"。以为此诗为齐侯嫁女，"平王之孙"指外孙。但此释的问题在于，若为齐侯嫁女诗，则不当置于《召南》。马瑞辰又指出"平王"指正王，"齐侯"指齐一之侯（《毛诗传笺通释》，第101页）。
④ 《集成》102。
⑤ 《铭图》15815。

二、从作器者的自我描绘看祖先崇拜的演变

青铜铭文中虽多颂扬祖先之辞，但亦不乏对生者的描绘。从生者的自我描绘中，亦可见西周至春秋战国时期，生者自我认知的变化，从而由一个侧面了解祖先崇拜的演变。

（一）西周铭文中作器者的自我描绘

西周青铜铭文中，有不少对生者进行描绘的内容，其主要格式是先颂扬祖考，后称效法祖先，接着是对生者本人的描绘。如西周中期师望鼎记：

> 大师小子师望曰：不显皇考宄公，穆穆克明厥心，哲厥德，用辟于先王，辱纯亡愍。望肇帅型皇考，虔夙夜出入王命，不敢不遂不义。①

大师小子师望，是指大师的属官小子师望。他赞颂父考宄公明其心，知其德，有厚足而无忧。接着，师望自誓学习父考，虔敬地日夜出纳王命，无不顺遂。又如西周晚期梁其钟铭文：

> 梁其曰：丕显皇祖考，穆穆翼翼，克哲厥德，农臣先王，辱纯亡愍，梁其肇帅型皇祖考，秉明德，虔夙夕，辟天子。②

梁其赞颂伟大的祖考庄严恭敬，明其德，勉力事王，有厚福而无忧。梁其学习伟大的祖考，持明德，昼夜虔敬，侍奉天子。由以上两例可知，西周青铜铭文中，器主自我肯定的内容主要包括誓称以祖考为典范、秉持德行，以及宣称鼎力辅佐上司。铭文的主要内容是赞颂祖先，虽不乏作器者的自我描述，但并不是主体。

值得注意的是，西周青铜铭文中对祖先的描摹、对生者的描绘，用辞大同小异，充斥着程式化的语词。那么，这些固定的模式是怎样形成的？那些语辞是否有其来源？揆诸西周青铜铭文，可以说，王的教导、王的指

---

① 《集成》2812。
② 《集成》187。

引对于铭文中模式化用语的形成有重要影响,特别是周王的劝勉之辞对作器者描摹祖先、描绘自我有直接的作用,即周王的观念影响了周贵族的观念,周王的思想意识主导了周代贵族的人格设计。试举大盂鼎为例说明,铭文谓:

> (王若曰)今余唯令汝盂召荣,敬雍德经,敏朝夕入谏,享奔走,畏天威。王曰:而,命汝盂,型乃嗣祖南公。王曰:盂,乃召夹死(尸)司戎,敏谏罚讼,夙夕绍我一人烝四方……王曰:盂,若敬乃正,勿废朕命。①

王命令盂辅佐荣氏恭敬地协和"德"与法则,②敏捷而不懈怠地进献直言,勤奋事王,畏惧上天,协理兵戎,审慎处理惩罚和争讼,③日夜辅助王统治天下。④ 总结王勉励盂之辞,主要是希望盂尽力服侍其主荣氏,叮嘱盂以其祖先为榜样,告诫盂要倾力辅助周王。大盂鼎铭文中,"敬雍德经""敏朝夕入谏""享奔走""勿废朕命"等为西周青铜铭文中的套语,不难发现,这些用语在称颂祖先的铭辞中,在作器者的自誓之言中,皆以略微转换的形式表述出来,与王之辞在形式上有承继一致之貌。再如西周晚期逨鼎铭文,记载了周王褒奖逨辅佐长父击戎,铭文说:

> 余令汝奠长父休,汝克奠于厥师,汝唯克型乃先祖考……汝光长父以追博戎,乃即宕伐于弓谷……汝敏于戎功,弗逆朕新命。⑤

意谓王命长父搏戎,而逨受命辅佐长父,王夸奖逨辅佐长父击退戎人有功,赞许他"敏于戎功",另一方面,又勉励他向先祖学习。王夸奖逨,主要是逨事王有功,特别是在武事方面有贡献。在周人的观念中,建立武功是世代引以为傲之事,"敏于戎功"也成为青铜器铭文中的习用语,常常出现

---

① 《集成》2837。

② "今余唯令汝盂召荣"句之"召",读为昭,郑玄注《周礼·天官·大宰》"以八柄诏王驭群臣"曰"诏,告也、助也"(贾公彦:《周礼注疏》,阮元校刻:《十三经注疏》,第646页)。

③ "敏谏罚讼"之"谏",假借为婡,《说文》"婡,谨也"(许慎:《说文解字》,第262页)。

④ "夙夕绍我一人烝四方"之"烝",《尔雅·释诂》"君也"(邢昺:《尔雅注疏》,阮元校刻:《十三经注疏》,第2568页),烝四方即君临四方。

⑤ 《铭图》2501。

在作器者自我盛赞之辞当中。例如西周晚期虢季子白盘谓"丕显子白,壮武于戎功,经维四方,搏伐猃狁",器主自诩"壮武于戎功",与逨盘中周王勉励逨之辞如出一辙。① "壮武于戎功"不但为西周时人所热衷,也为春秋时人所推崇。如春秋早期楚大师登钟铭文"楚大师登辥慎,慎淑、函恭,武于戎功",②春秋晚期嘉宾钟"余武于戎功",③叔夷钟记载齐国国君赞美叔夷"汝肇敏于戎功",④王孙诰钟记载器主自称"(余)武于戎功",⑤1977年出土于浙江绍兴的吴配儿钩鑃谓"吴王□□余□犬子配儿,曰:余孰壮于戎功且武",⑥各位器主皆以"武于戎功"为荣,表明"武于戎功"是周人普遍崇尚的品质。"敏于戎功"最初很可能与搏伐戎人的战争有关,西周中期以来特别是宣王时期,铭文时有戎大出的记录,如臣谏簋、菁簋等。但此后"武于戎功"变为勇武、英武的代名词,上引春秋楚大师登钟、王孙诰钟,其铭文未透露有战争背景,故器主未必参与军事立有战功,但皆称自己"武于戎功",知其含义已有变化。但无论如何,"敏于戎功"是西周春秋时人共同认可的品质。

虽然无法确认"敏于戎功"首先由王所倡导,再由贵族普遍接受,但由青铜铭文可以确认,在王册命之辞、劝勉之辞中,若干内容与周人状摹祖先、自我刻画的内容相契合。这不能不说,周人用于描绘祖先、自身的套语,与王之用辞相关,周王的教诲、导引凝固为周人描画祖先、自我的模式化用语。周王的观念意识通过一系列手段有效地嵌刻入贵族的思想意识中,成为周人自我塑造的依据,也成为理想情境下周贵族行事的准则和圭臬。

---

① 《集成》10173。还可以举出的例证是,高级贵族在行赏赐时,其辞也可能受到周王的影响。例如西周晚期不娶簋记载不娶受伯氏之命追戎于西,大获全胜,献捷于伯氏,伯氏行赏赐,"伯氏曰:不娶,汝小子,汝肇敏于戎功"(《集成》4329),其辞与逨鼎所述相同,因此,王的册命之辞、王的观念对周人有深刻的影响。

② 周亚:《楚大师登编钟及相关问题的认识》,《上海博物馆集刊》第11期,2008年。

③ 《集成》51。

④ 《集成》273。

⑤ 河南省文物研究所、河南省丹江库区考古发掘队、淅川县博物馆:《淅川下寺春秋楚墓》,第143页。

⑥ 《集成》426。

（二）春秋铭文中作器者的自我描绘

西周时人对自我的描述并非青铜铭文中的主要内容，至春秋时期，彝铭中多见作器者对自身的描绘，其用辞风格较之西周时期也发生了明显的变化。贵族尽力突出自身的地位，那些昔日用于赞颂祖先的词汇如今转化为作器者的自我褒扬之辞。这一现象，表明现实中生者地位大幅度提升。

入春秋以来，天子式微，诸侯成为春秋社会的核心。这一点在春秋铭文中有充分的反映：诸侯们信心充沛，跃跃欲试，其"舍我其谁"的自我价值肯定非西周时人所可以想象。例如前引春秋早期秦公钟记载，他夸奖自己虔诚地祭祀，以承受多福，其心明，励精图治，勤于国政，汇聚贤士（鳌龢胤士，咸畜左右），承受明德，国家安和。[1] 据学者研究，铭文中的秦公为秦武公。《秦本纪》记载，秦武公在位二十年（前 697—前 678 年）。在他的时代，齐桓已然称霸，齐、晋并为强国，而秦尚为避居西陲之弱国，但是武公在开拓西土方面，小有成就，"武公元年，伐彭戏氏，至于华山下，居平阳封宫……十年，伐邽、冀戎，初县之。十一年，初县杜、郑。灭小虢"，[2]称得上是有为之君。武公虽以小子谦称，但铭文展现了他的雄心，他的自足、自得溢诸铭文。近年发布的晋公盘铭文、传世晋公盆[3]铭文与秦公钟所说有异曲同工之处。铭文中，晋侯表彰自己持德有常，安和万邦，众邦无不顺服。他也宣称自己收罗才俊人士，安定国家，[4]恭敬事君。铭文中晋公的身份，有晋定公午、[5]晋平公彪、[6]晋文公重耳[7]等说。无论

---

① 铭文释义参考李零：《春秋秦器试探——新出秦公钟、镈铭与过去著录秦公钟、簋铭的对读》；吴镇烽：《新出秦公钟铭考释与有关问题》，《考古与文物》1980 年第 1 期。

② 《史记》，第 182 页。

③ 晋公盘见《铭图续》952，晋公盆见《集成》10342。

④ "余咸畜胤士，作冯左右"句，胤，一般释为俊；左右，辅佐之意；冯，学者多释为"凭（凭）"，有学者读为"朋"，意谓国君友其贤臣（谢文明：《晋公蠤铭文补释》，《出土文献与古文字研究》第五辑，上海：上海古籍出版社，2013 年，第 237 页注 6）。

⑤ 关于铭文中的晋公，唐兰（《晋公𥂴考释》，《唐兰先生金文论集》，第 15—16 页）、郭沫若（《两周金文辞大系图录考释》下册，第 231 页）、杨树达（《积微居金文说》，第 113 页）、马承源先生（《商周青铜器铭文选》四，第 587 页）以为是晋定公午。

⑥ 于省吾（《双剑誃吉金文选》，第 225—227 页）、李学勤先生（《晋公蠤的几个问题》，《出土文献研究》第一辑）以为是晋平公彪。

⑦ 吴镇烽先生以为是晋文公。盘铭中有"我烈考宪公"之语（传世晋公盆 （转下页）

是哪位晋公,皆可由铭文想见其志得意满之态。其实,秦公钟与晋公盘铭,并非完全忽略先祖。秦公钟称颂先祖"受天命",并追忆了文公、静公、宪公三位先祖的显赫功绩。晋公盘铭文则盛赞先祖唐公"膺受大命","左右武王",颂扬烈考宪公骁勇英武,开疆拓土。夸美祖先,可视为西周传统的延续。但是,在祖先之后,两位诸侯不吝笔墨,自我赞颂、夸饰,个体的地位得以凸出,显示出与西周时期迥异的风格。此外,秦公与晋公不约而同地声称自己汇聚贤能、任人以贤,这是春秋时代出现的新因素。两人又宣称先祖受命,晋公甚至称"敢帅型先王",以周王为典范,此皆为王权式微、诸侯坐大之后的新现象,标志着春秋时期脱离了王权束缚,各级贵族特别是诸侯层级的人们有了新的自由,其自我意识膨胀了。

秦、晋等大国君主的自我认知提升,而若干小国诸侯,也不甘落后,在自我夸耀方面,毫不逊色。春秋早期曾子斿鼎铭文称:

> 曾子斿……惠于剌曲,酉屖下保,臧敔集[功],百民是奠,孔喔□□,事四国,用孝用享,民俱俾缭。①

曾子斿即出土于湖北京山的曾侯仲子鼎、曾仲斿父壶铭文中的曾侯仲子斿父,②曾国国君。彼时曾国势力相对较强,③曾侯称自己惠于民众,恭敬谨慎以获下安。④臧敔,亦见于王孙诰钟"肃哲臧敔",臧,《说文》"善

(接上页)中此处不清),吴先生认为"宪公"即晋献公,其子有晋惠公、晋怀公、晋文公,而铭中晋公最有可能为文公(《晋公盘与晋公盆铭文对读》,复旦大学出土文献与古文字研究中心网,2014 年 6 月 22 日)。

　　①　《集成》2757。
　　②　湖北省博物馆:《湖北京山发现曾国铜器》,《文物》1972 年第 2 期。
　　③　同属春秋早期器的曾伯霥簠铭文称"曾伯霥……克狄淮夷,抑燮繁汤"(《集成》4632),铭文内容与晋姜鼎所记"征繁汤"为同时,记录的是晋曾联军伐淮夷、占领繁阳之事。可见当时的曾国有一定的势力。
　　④　"惠于剌曲,酉屖下保":马承源先生释"惠"为顺,"剌曲""酉屖"为曾国先祖名。但考虑到"惠"作为动词,在铭文中其后所接多为"邦"(见逨鼎、毛公鼎)、民(见大克鼎)、天令(见录伯簋)、盟祀(见沇儿钟)、德政(见王孙遗者钟、王孙诰钟),以及馈赠之物品(见五年琱生尊、琱生尊)等。其后虽也接有祖考,例如默钟"用康惠朕皇文烈祖考",但"惠"字之后并不直接加祖考名。因此,铭文中的"剌曲"当不为先祖名。剌,通列,中山王𰯼鼎(《集成》2840)"剌城数十","剌"通"列"。曲,孙诒让《周礼正义》"地官乡师""则帅民徒而至"曰"曲者,部之小别"(《周礼正义》,北京:中华书局,1987 年,第 820 页)。王皙注《孙子(转下页)

也"，敔，《说文》"禁也。一曰乐器……形如木虎"，①《广雅·释乐》等皆谓此乐器"状象伏虎"。② 关于此乐器之用，高诱注《吕氏春秋·仲夏》"饬钟磬柷敔"句谓"木虎，脊上有鉏铻，以杖捃之以止乐"。③ 敔本为乐器，但因停奏时"以杖捃之"，引申为有御意，王念孙疏证《广雅·释乐》曰"敔之言御也"，④因此"敔"有强力蕴含其中。"臧敔集功"，当是形容器主美善、强力，汇集卓越功勋。⑤ 曾侯又称民众安定，⑥事于四方，⑦民皆敬仰。⑧ 总之，曾侯㳇父赞许自己治国有方，国家安定，百姓爱戴。他的自我标榜不亚于秦、晋等大国诸侯。

　　同为曾国的春秋晚期曾侯與编钟铭文中也记载了器主自诩功伐的铭辞。曾侯與编钟 2009 年发现于随州文峰塔 M1 墓，A 组编钟铭文字数 169 个，是难得的春秋时期长篇铭文。学者们根据 A 组铭文中所称的先祖"南公"，B 组编钟铭文中所说的"余稷之玄孙"对曾之族属以及其他问

（接上页）兵法·计》"法者，曲制、官道、主用也"谓"曲者，卒伍之属"（杨丙安：《十一家注孙子校理》，北京：中华书局，1999 年，第 8 页）。"刺曲"猜测指众多民众。酓屖，王子午鼎、王孙遗者钟有"酓龏龏屖"（《集成》2811、261），楚大师登钟有"慎淑函龏"（《铭图》15511）。屖，可通为迟，《说文》"迟，徐行也"，指舒缓之貌（许慎：《说文解字》，第 40 页）。"下保"，学者以为与师询簋"临保厥周雺四方"意近（《商周青铜器铭文选》四，第 447 页）。窃以为"下"相对于"上"而言，指天下之国家，"保"有安意，此句或指恭敬谨慎，以获在下曾国之安。

① 许慎：《说文解字》，第 66 页。
② 王念孙：《广雅疏证》，第 278 页。
③ 陈奇猷：《吕氏春秋新校释》，第 249 页。
④ 王念孙：《广雅疏证》，第 111 页。
⑤ 关于王孙诰钟铭之"臧敔"，伍士谦先生说"王孙遗钟作'肃哲圣武'"，引吴大澂《说文古籀补》语"(敔)禁也，古敔敔经典通作捍御，敔与圉通，又通禦"，指出《诗蒸民》'不畏强禦'，强禦连言，亦强壮之意，故肃哲臧敔，即肃哲善强之意，与肃哲圣武同"（伍士谦：《王子午鼎、王孙诰钟铭文考释》，《古文字研究》第九辑，北京：中华书局，1984 年，第 284 页）。
⑥ 百民，马承源先生释为"人民"，并谓"因是小侯国，故不能言百姓而言百民"（《商周青铜器铭文选》四，第 446—447 页）。其实，小侯国也可称百姓如徐国器沇儿钟即谓"龢会百姓"，徐非大国，但也称"百姓"。
⑦ "孔㤇□□，事于四国"："孔㤇□□"，其义不明；四国，义同"四方"，也同于"王家"。彝铭中"事于"常常表示职事于，如毛公鼎"出入事于外"，作册矢令簋"用尊事于皇宗"，此处指事于四方，是曾侯自夸之辞。
⑧ 马承源先生说"民俱是卿"之"卿"，通作嚮、向。敬仰向往之意。《汉书·贾捐之传》'吏民敬乡'"（《商周青铜器铭文选》四，第 447 页）。

题展开了热烈探讨。① 从器主对自我的描述角度看,曾侯與编钟铭文不
失为典型体现春秋时期社会风貌、价值观念的珍贵材料。铭文先追溯了
先祖协助周文武王"挞殷""抚定天下",然后受王命——"营宅汭土,君此
淮夷"的伟绩,接着,铭文自我伐功称:

> 周室之既卑,吾用燮謞(就)楚。吴恃有众庶,行乱,西征,南伐,
> 乃加于楚。荆邦既臡,而天命将误。有严曾侯,爰爰厥胜,亲搏武功。
> 楚命是静,复定楚王,曾侯之灵。穆穆曾侯,臧武畏忌,恭寅斋盟,伐
> 武之表,怀燮四方。余申固楚成,改复曾疆。②

铭文所记为春秋晚期史事。其中吴西南伐楚,楚邦既危,曾侯搏吴,复定
楚王一段,当即传世文献所记"吴师入郢之役,楚王避险于随"之事。《左
传》定公四年(前506年),吴楚柏举之战爆发。吴王阖闾之弟夫槩王不待
王命,率先击伐楚国子常之属,大败楚师。吴乘胜追击,再败楚师,五战而
及楚都郢。楚昭王自纪南城西逃,在郧公斗辛与其弟巢的护卫下,"奔
随"。吴人追击至随,楚王在随君之宫北,吴人在其南,形势异常危急。吴
人诱劝随君"周之子孙在汉川者,楚实尽之。天诱其衷,致罚于楚,而君又
窜之。周室何罪?君若顾报周室,施及寡人,以奖天衷,君之惠也。汉阳
之田,君实有之"。楚昭王兄公子结长相似昭王,欲以假换真,助昭王逃
脱。但随人占卜不吉,于是随君辞吴,曰:"以随之辟小,而密迩于楚,楚实
存之。世有盟誓,至于今未改。若难而弃之,何以事君?执事之患不唯一
人,若鸠楚竟,敢不听命?"随态度强硬,吴人乃退。③ 曾侯與编钟铭文所
说与此事相关。在协助楚昭王摆脱吴人追击方面,曾侯确有大功。于是
铭文中,曾侯與俨然春秋霸主的姿态,于周室既卑之时称有天命。他自称

---

① 湖北省文物考古研究所、随州市博物馆:《随州文峰塔M1(曾侯與墓)、M2发掘简
报》;《"随州文峰塔曾侯與墓"专家座谈会纪要》,《江汉考古》2014年第4期。
② 湖北省文物考古研究所、随州市博物馆:《随州文峰塔M1(曾侯與墓)、M2发掘简
报》。铭文之释还参考了董珊:《随州文峰塔M1出土三种曾侯與编钟铭文考释》,复旦大学
出土文献与古文字研究中心网站,2014年10月4日。
③ 孔颖达:《春秋左传正义》,阮元校刻:《十三经注疏》,第2136、2137页。

协和楚国，①而吴人作乱，加凌于楚，在楚国社稷将倾、大命将覆之际，严敬的曾侯，威严通智，②搏敌立功，稳定楚国，昭王得安，全靠一己之力，支撑危乱局面。在叙述了他对于楚国的巨大贡献之后，他又赞美自我：庄敬美好，英武谨慎，恭敬盟祀，戎武威仪，③怀和四方。稳固了与楚之同盟，恢复了曾之疆土。在铭文中，曾侯伐旌之功，大书特书其事迹，甚至俨然有替天行道之势。曾侯之君能够有如此气势，足以说明王室衰落后，风气遽变，诸侯阶层完全以天下之主自居，其自我意识的提升跃然而上。

在王纲解纽的形势下，现实中个体的空间相对扩大，自我认同、自我肯定的风气弥漫于春秋社会，在贵族阶层中，尤为明显。春秋晚期晋邵黛钟铭文谓：

> 邵黛曰：余異（翼）公之孙，邵伯之子，余頡岡（顽）事君，余兽虬武……余不敢为骄，我以享孝，乐我先祖。④

器主称做钟的目的是"以享孝，乐先祖"，并且他特意标榜自己"不敢为骄"，这在青铜铭文中是比较特别的。但其实他却很为自己骄傲。铭文首先宣称"余翼公之孙，邵伯之子"，翼公就是晋公，⑤邵即吕，春秋时晋邑，后为吕甥之采邑，吕以邑为氏，又称为魏氏，即分晋的三家之一魏氏。⑥

---

① "譎"，此字有学者读为"就"，依从之意（李天虹：《曾侯膑（與）编钟铭文补说》）；有学者以为"骄"之意（凡国栋：《曾侯與编钟铭文柬释》）；有学者读为"寮"，寮友之意（王恩田：《曾侯與编钟释读订补》，复旦大学出土文献与古文字研究中心网站，2015 年 1 月 17 日）。此字字意难晓，暂不释。

② "龔龔厥胜"：龔，众家所释不一，请参凡国栋《曾侯與编钟铭文柬释》、董珊《随州文峰塔 M1 出土三种曾侯與编钟铭文考释》、王恩田《曾侯與编钟释读订补》。

③ "伐武之表"：表，《玉篇》"威仪也"。似乎是说曾侯有武功、有威仪。

④ 《集成》225。

⑤ 《左传》隐公五年"曲沃庄伯以郑人、邢人伐翼，王使尹氏、武氏助之。翼侯奔随"（孔颖达：《春秋左传正义》，阮元校刻：《十三经注疏》，第 1727 页）。《水经注》引郑氏《诗谱》，翼与绛是一地两名。《史记》"索隐"亦云"翼本晋都，自孝侯以下，一号翼侯"。详细论述见杨伯峻《春秋左传注》，第 44 页。

⑥ 王国维释为"毕公之孙"。关于邵字，他说"余谓邵即《春秋左氏传》晋'吕甥'之吕也。吕甥一名瑕吕饴甥，一云阴饴甥，瑕、吕、阴皆晋邑。吕甥既亡，地为魏氏所有，此邵伯、邵黛，皆魏氏也。《史记·魏世家》'晋文公命魏武子治于魏，生悼子。悼子徙于霍，生魏绛'……魏于汉为河内郡河北县，霍于后汉为河东永安县。刘昭《续汉书·郡国志》（转下页）

自报家门后，铭文又吹嘘自己勤奋事君，[1]勇敢孔武。[2]器主为春秋晚期晋国贵族，是晋侯之臣属，他的自信、自我肯定充分显示于铭文之中。出土于河南淅川下寺楚墓的春秋晚期䵷钟铭文则谓：

> 余吕王之孙，楚成王之盟仆，男子之艺，余不㥁，在天之下，余臣儿难得。[3]

器主䵷称自己为吕王之孙。吕本为姜姓国，周宣王时南迁于河南南阳，与申、息为邻。《左传》哀公十七年记载"彭仲爽，申俘也，文王以为令尹，实县申、息"，杜预注"楚文王灭申、息以为县"。[4]楚文王在位时间为公元前689至前675年，此时，与吕命运攸关的申、息已为楚所灭。而《左传》成公七年记载楚围宋还师，子重请取申、吕以为赏田，申公巫臣说"不可，此申、吕所以邑也，是以为赋，以御北方"，[5]楚围宋见于宣公十四年、十五年（前595、594年），按照巫臣所说，当时申、吕土地全为公家所有，是为兵赋

（接上页）永安县下注引《博物记》曰'有吕乡，吕甥邑也'……悼子徙霍，或治于吕，故遂以吕为氏。魏锜称吕锜，锜子魏相亦称吕相，亦称吕宣子，皆其证也。余谓吕锜即悼子……锜于鄢陵之役射楚王中目，退而战死，尤与悼之谥合也。魏氏出于毕公，此器云'毕公之孙，邵伯之子'，其为吕锜后人所作，彰彰明矣"（《邵钟跋》，《观堂集林》卷十八，北京：中华书局，1984年，第891—893页）。刘雨先生释黧为"黛"，以为邵黧即魏绛，黛为黑色，绛为赤色，两者一名一字（《邵黧编钟的重新研究》，《古文字研究》第十二辑，北京：中华书局，1985年）。汤余惠先生则认为吕黧乃吕锜另一子吕相，他说"黧从启声，与相字义近。启、相均有前导、开导之义，可能是一名一字"（汤余惠：《邵钟铭文补释》，《古文字研究》第二十辑，北京：中华书局，2000年）。《左传》成公十三年、十六年记载有吕锜及其子吕相，杜预注称为魏锜、魏相，可见吕亦魏氏。

[1]　"颉颃事君"句，"颉颃"指鸟奋飞而直颈貌，在这里应表示器主勤奋事奉君主。马承源先生说"颉颃""形况人臣奔走之劳"（《商周青铜器铭文选》四，第592页），亦通。

[2]　"余兽𠬝武"：𠬝，《说文》"持也"。持武，马承源先生说即文献中的执勇、持勇，《史记·仲尼弟子列传》"孔子曰：恭以敬，可以执勇"，指有勇敢之气。兽，学者或谓通狩，指狩猎，意谓狩猎时能服勇武之人。但从上下文意来说，作器者此前说自己"颉颃事君"，这里忽然转入狩猎时勇武过人，语义不大连贯。兽，金文中常借为"酋"，酋有雄、豪之义，颜师古注《汉书·宣帝纪》"既酋"引应劭曰"酋，雄也"（班固：《汉书》，北京：中华书局，1964年，第4229页）。因此，"兽""武"皆是形容黧雄豪、勇猛之辞。

[3]　河南省文物研究所、河南省丹江库区考古发掘队、淅川县博物馆：《淅川下寺春秋楚墓》，第259、260页。

[4]　孔颖达：《春秋左传正义》，阮元校刻：《十三经注疏》，第2179页。

[5]　孔颖达：《春秋左传正义》，阮元校刻：《十三经注疏》，第1903页。

所自出。可见，吕于此时早已为楚所灭。黻钟铭文显示，器当作于楚成王时（前672—前628年），是时，吕或已为楚所灭，或虽未灭国但已沦为楚之附庸。尽管形势并不有利，但黻首先自报家世，说明自己的高贵出身。只是他所说的"吕王之孙"，很可能只是裔孙而未必为三世孙。同时，他又不忘记说明自己与楚的特殊关系，称自己为"楚成王之盟仆"。关于盟仆之释，学者尚有不同意见，①总之是表明器主与楚成王有密切的关系，以进一步抬高自己的身价。黻称自己为男子学习之榜样，②毫无差错。③铭文到了这里，黻还未自足，而是进一步鼓吹自己，把对自己的夸耀推入到另一个高点，他说"在天之下，余臣儿难得"，意谓全天之下，他是难得之人才。敢于如此夸口，春秋战国时期的铭文罕有其匹。

战国时期延续了春秋时期人们对个体价值的肯定。战国有铭青铜器较少，但仍然可见贵族自我表彰的痕迹。战国早期齐国陈曼簠铭说：

> 齐陈曼不敢逐康，肇堇（勤）经德。④

不敢逐康，意谓不敢追求苟安。肇，敏；勤，劳。经德，见于文献与彝铭，如《尚书·酒诰》"在昔殷先哲王，迪畏天，显小民，经德秉哲"，⑤战国时期者

---

① 有学者以为"吕王之孙，楚成王之盟仆，男子之艺"为作器者的谦称，指"吕王之孙，楚成王之降臣'男子'的后裔"（李零：《再论淅川下寺楚墓——读〈淅川下寺楚墓〉》,《文物》1996年第1期）；有学者解释为"掌管盟誓的职官……大概跟《周礼》的'司盟'相当……黻在楚国为楚成王担任'盟仆'之职"（李家浩：《黻钟铭文考释》,《北大中文研究》第一辑，北京：北京大学出版社，1998年）；有学者释盟仆为"明仆"，意谓"得力之臣仆"（冯胜君：《黻钟铭文解释》,《吉林大学古籍整理研究所建所十五周年论文集》，长春：吉林大学出版社，1998年）；有学者则指出"仆"为职官名，"盟仆大概是指诸侯盟誓时某种职位不低的职官"（参陈双新：《黻钟铭文补议》,《古文字研究》第二十四辑，北京：中华书局，2002年）。

② "男子之艺"句，艺，李家浩先生读为臬，法则之义（《黻钟铭文考释》）。

③ "不忒"，古人常用语。《诗经·鲁颂·閟宫》"春秋匪解，享祀不忒"（孔颖达：《毛诗正义》，阮元校刻：《十三经注疏》，第615页）；《礼记·大学》引用诗《鳲鸠》"其仪不忒，正是四国"，谓"其为父子兄弟足法，而后民法之也。此谓治国在齐其家"（孔颖达：《礼记正义》，阮元校刻：《十三经注疏》，第1674页），是说君子其仪无差误，而成为父兄子弟效法的对象。铭文中，黻既称自己为"男子之艺"，又说自己"余不忒"，其意一也，都是说自己无差错，可成为别人效法的对象。

④ 《集成》4595。"逐"字之释从吴振武先生说，见《陈曼瑚"逐"字新证》,《吉林大学古籍整理研究所建所十五周年论文集》，第46—47页。

⑤ 孔颖达：《尚书正义》，阮元校刻：《十三经注疏》，第206—207页。

减钟"王曰：者减，汝亦虔秉丕经德"。① 经，常也，"肇勤经德"指敏于行德。两例铭文皆自诩勤于德行。战国时期青铜铭文总体数量少，但结合战国金文与其他材料，仍可见个体价值的提升。

　　总之，从青铜作器者对自我的描绘看，春秋时期，从诸侯王到贵族，普遍地存在自我夸耀的风气，可以用"炫耀自诩"来概括这一时期人们的心态。这类铭文中有不少内容脱离事实，矫饰虚夸。不过，从另一方面看，与西周时期人崇拜、夸饰祖先的情况相比，春秋时人对自身的夸耀，意味着对自我（而不是先祖）价值的注重，其自我意识的提高一目了然。

　　此外，由春秋时人的自夸之辞中，确可体会到春秋时期产生的一些新因素。如秦公器和晋公器皆记载器主自诩善用贤人，"贤"的观念的兴起以及诸侯任用贤能，是春秋时期的新气象，也体现着社会发展的新趋向。又如，春秋时人在自我描述时，往往自称"（余）淑于威仪"，王子午鼎、王孙诰钟、沇儿镈铭文皆如是说，器主赞许自身拥有威仪。在西周人的观念中，拥有威仪的是祖考，生者之威仪，是效法祖考而来，如西周中期虢叔旅钟谓"旅敢肇帅型皇考威仪，祗御于天子"，②西周晚期叔向父禹簋谓"余小子嗣朕皇考，肇帅型先文祖，恭明德，秉威仪"。③ 但是在春秋时期人们的心目中，贵族自有威仪，无须祖先传递，不再需要祖考作为中介。④ 这种情况表明祖先功能减弱，生者地位提升。世风之变在春秋时人的浑然不觉中渐趋完成。

三、从"喜侃前文人"到"以乐其身"：祖先崇拜的演化

　　在周代青铜彝铭里，说明作器目的常常是不可或缺的内容。其所云制器目的，祭祀先祖最为重要。西周铜器特别是钟镈铭文中常常有"某作钟，用喜侃前文人"的说法，非常典型地反映了周人彝铭的这一特点。入

---

① 《集成》121。
② 《集成》238。
③ 《集成》4242。
④ 春秋时期贵族注重自身威仪，且"威仪"不但强调内在精神，也侧重外在服饰、仪容。由这一方面，亦可窥见世风的变化。

东周以来,周人的这一风尚发生了不小的变化,作器目的出现了由祖先向生者现实生活的转变,从一个侧面反映了两周时期祖先崇拜的变迁。

西周时期,"某作钟,用喜侃前文人"的用法颇为盛行。喜,《说文》"乐也";①喜、侃为同义连用,"喜侃前文人"即喜乐先祖,是说作钟的目的是起到娱神之效,表达的是对于祖先的崇敬。春秋时期,亦有不少青铜器是为祭祀祖先所作,但在考察青铜器作器目的,特别是与西周"喜侃前文人"相对应部分铭文时,则见春秋时人们的关注点转向生者,透露出更多现实因素。

需要说明的是,西周时人作器并非单纯享祀祖考,同样有为现实考虑的要素。学者曾统计,在青铜器"宴飨"类铭辞中,西周早期宴飨对象有"王出入事人""友""宾",以及"多兄""百婚媾""孙子""寮人""妇子"等;中期宴飨对象主要有"朋友""王出入使人"以及"宗子雩百姓""好宾""百姓"等;晚期主要是朋友、宾、"大正、王宾、诸友""皇君""辟君"。② 其中"王出入事人""宾""寮人""大正"③等皆是服务于西周官僚系统之人,很可能构

① 许慎:《说文解字》,第101页。侃,有直义,故《说文》训为"刚直也"(许慎:《说文解字》,第239页),但同时又有和乐义。朱骏声举南北朝时期的儒者皇侃《论语义疏》以"和乐也"释《论语·先进》"冉有、子贡侃侃如也"的"侃侃"之义,另举何晏《论语集解》引孔氏说释《论语·乡党》"与下大夫言侃侃如也"谓"侃侃"义为"和乐之",并谓侃字"假借为'衎'"(朱骏声:《说文通训定声》,第739页)。

② 陈英杰:《西周金文作器用途铭辞研究》,第323—325页。按,此书通过大量彝铭资料的统计,总结西周早、中、晚变化特点谓:"早期宴飨王出入使人,晚期则直接宴飨辟王、卿士、师尹……'宾'在早期、晚期都有较多用例……'朋友'则一直都是受到重视的一个群体。"

③ 西周时期作器目的铭辞中包含较为特殊对象的有如下几例:2009年出土于甘肃合水县何家畔村的西周晚期伯硕父鼎铭"伯硕父作尊鼎,用道用行,用孝用享于卿事、辟王、庶弟、元兄"(《铭图》2438)。西周晚期善夫克盨"(克)用作旅盨,唯用献于师尹、朋友、婚遘,克其用朝夕享于皇祖考"(《集成》4465.1A),克作盨用以享孝父祖,但他又说"献于师尹、朋友、婚遘",即向师尹等致飨,并将其列于祖考之前,师与尹皆为官职,当指作器者之僚友。西周晚期伯公父簠"伯太师小子伯公父作簠……用盛穧稻糯粱,我用绍卿士、辟王,用绍诸老诸兄,用祈眉寿"(《集成》4628)。西周晚期季良父壶"……用享孝于兄弟、婚遘、诸老,用祈匃眉寿"(《集成》9713)。西周晚期弭仲簠"弭仲作宝瑚……用飨大正,歆王宾"(《集成》4627),大正,古文尚书《囧命》"今予命汝作大正",孔疏"正,长也"(孔颖达:《尚书正义》,阮元校刻:《十三经注疏》,第246—247页);郭璞注《尔雅·释诂》"正,长也"谓"皆官长",当指王臣,与"王宾"意同(邢昺:《尔雅注疏》,阮元校刻:《十三经注疏》,第2576页)。西周晚期叔多父盘"叔多父作朕皇考季氏宝盘……能多父眉寿巧事,利于辟王、卿事、师尹、(转下页)

成了作器者进退周旋从政圈的主体,透露出作器贵族为现实生活思虑的因素。

　　春秋时期,青铜器铭文中所反映的现实内容增多,与作器贵族政治生活有关的群体受到关注,除西周时期常见的朋友、宾(嘉宾)外,大夫、诸士、正卿、诸侯等较为频繁地出现于作器目的铭辞中,说明春秋贵族对现实生活倾注更多的关注。特别是"以乐大夫"①"以喜诸士""用乐嘉宾"类作器目的铭辞的增多,暗示出春秋社会政治结构发生变化,大夫、嘉宾、庶士等成为诸侯国君安定邦国的重要因素。兹以春秋晚期邾公牼钟、邾公华钟、邾公钰钟铭文为例予以说明:

　　　　(邾公牼)自作龢钟,曰:余毕恭威忌,铸以龢钟二堵,以乐其身,以宴大夫,以喜诸士。

　　　　邾公华择厥吉金……用铸厥龢钟,以作其皇祖皇考。曰:余翼恭威忌淑穆,不坠于厥身,铸其龢钟,以恤其祭祀盟祀,以乐大夫,以宴士庶子。慎为之名,元器其旧,哉公眉寿,邾邦是保。其万年无疆,子子孙孙永保用享。(见下页图)

　　　　邾公钰乍厥龢钟,用敬恤盟祀,祈年眉寿,用乐我嘉宾,及我正卿,扬君灵,君以万年。②

这三件器铭里的"邾公"都是春秋中期作为鲁国附庸的邾国君主,邾公牼即《春秋》襄公十七年所载的"邾子牼",史称邾宣公。孔颖达说他成公十八年至襄公十七年在位(前573—前556年),计十八年。③ 邾公华即《左

(接上页)朋友、兄弟、诸子婚媾"(《铭图》14533),铭文中,王、卿事、师尹显然是器主所事奉对象以及友僚,兄弟当是指同族兄弟,诸子是器主之亲子,而朋友,在这里介于亲族关系与僚属关系之间,从上下文意看,这里的朋友更像是僚属[朱凤瀚先生以为这里的朋友是指"亲兄弟以外的族兄弟,亦即从父及从祖兄弟等",见《商周家族形态研究》(增订本),第237页]。因此,作器目的注重上级以及僚属的情况,在西周时期即已出现,只是尚不如春秋战国时期那样突出。

　　①　"大夫"在西周金文中极其少见,目前仅见于大夫始鼎(《集成》2792)。按,陈梦家将作器者释为"大矢始",但"大夫"是否为官职名,并不明确。

　　②　分别见《集成》149、245、102。

　　③　"邾子牼"及孔说,见孔颖达:《春秋左传正义》,阮元校刻:《十三经注疏》,第1963页。《春秋》襄公十七年记载"春,王二月,邾子牼卒",杜预注"宣公也",孔颖达疏"牼以成十八年即位"。

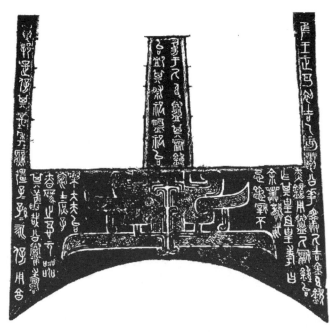

邾公华钟铭文拓本

传》昭公元年所载的"邾子华"，为邾公牼之子，孔颖达云其于鲁襄公十八年继位，《春秋》记载他于鲁昭公元年去世，史称邾悼公（前555—前541年）。① 邾公钰即邾桓公（前485—前473年），原为邾隐公太子，称大子革。邾隐公后被吴囚禁，太子革被奉为邾君。邾隐公逃奔鲁国，后又奔齐，谋划返邾重新执政。② 上述三例钟铭，邾公华钟称铸器目的是为"皇

---

① "邾子华"及孔疏，见孔颖达《春秋左传正义》，阮元校刻《十三经注疏》，第2019页。邾公华见于传世文献，《春秋》昭公元年"六月丁巳，邾子华卒"，孔疏"华以襄公十八年即位，十九年盟于祝柯，二十年澶渊，二十五年于重丘，皆邾、鲁俱在，是三同盟"。

② 邾公钰若为邾桓公（前485—前473年在位）（《商周青铜器铭文选》四，第526页），则见于《左传》（孔颖达：《春秋左传正义》，阮元校刻：《十三经注疏》，第2164页）。但郭沫若先生以为是邾定公且（前614年—前574年在位），《穀梁传》"十有二月丁巳朔，日有食之。邾子且卒"（徐彦：《春秋穀梁传注疏》，阮元校刻：《十三经注疏》，第2422页），《左传》文公十四年"邾人辞曰：齐出貜且长"，杜注"貜且，定公"。邾定公，邾文公之嫡长子，初即位时，其弟捷菑与之争位（孔颖达：《春秋左传正义》，阮元校刻：《十三经注疏》，第1853页）。

祖皇考"，且祭祀恭敬慎重；①邾公钰钟则称作器"用敬恤盟祀"，为祭祀之用；邾公牼钟则完全没有享献的内容。但是，三器皆提到作器具有现实功用。邾公牼钟谓作钟以喜乐自身，以宴饮大夫，以与诸士酒食。② "以乐其身"之说，仅见于此钟，十分独特。作钟为自我欢娱，而非西周传统的"喜侃前文人"，其间的落差足以说明春秋时人自我认知所达到的新高度。邾公华钟说"以乐大夫，以宴士庶子"，嘏辞又称"邾邦是保"，其关注的中心显然为现实中的邾国。邾公钰钟则在嘏辞中有谓"用乐我嘉宾，及我正卿，扬君灵，君以万年"，意谓钟以欢乐嘉宾、卿大夫，以称扬君子之善，③祈祷君子万年。诸如此类，皆为现实贵族政治生活的映照。

上引三例铭文中，两例涉及"大夫"，一例列有"正卿"，两例与"士"有关（诸士和士庶子）。知大夫与士在作器者心目中占据有重要地位。铭文中的正卿，身份当与大夫同，指卿大夫。士庶子，见于文献，《礼记·燕义》"席，小卿次上卿，大夫次小卿，士庶子以次就位于下"，④知士庶子位列大夫之下。《周礼·夏官·司马》谓"大会同，则帅士庶子"，⑤郑玄注"士庶子，卿大夫士之子弟"，士庶子是地位低于大夫的一种贵族身份。士与大夫，对于器主而言，十分重要。而三器器主，邾国国君邾公牼（邾宣公）、邾公华（邾悼公华）、邾公钰（邾桓公），三人俱见于文献记载。《左传》显示，邾宣公、悼公时期邾虽受制于齐、鲁、吴各大国，但邾国内部局面尚属平稳。而邾桓公即位时，则不但有外患（鲁国），且有与邾隐公两君对峙的危

---

① "以恤其祭祀盟祀"句，恤，慎也。王引之按《尚书·舜典》"钦哉钦哉，惟刑之恤哉"曰"恤，慎也"（《经义述闻》，第161页），"恤"与敬义近。盟，陈初生先生指出，甲骨中，盟字皆从"囧"，"皿"声，不从血（《金文常用字典》，第697页）。盟为祭神之义。

② "以喜诸士"句，喜，酒食。《诗经·豳风·七月》"田畯至喜"，郑笺"喜读为饎。饎，酒食也"（孔颖达：《毛诗正义》，阮元校刻：《十三经注疏》，第389页）。

③ "扬君灵"句，灵，《广雅·释诂》"善也"（王念孙：《广雅疏证》，第9页）；君，金文中的君或用为国君，可为首领之称，如叠盨"卑复虐逐厥君厥师"（《集成》4469），也可用如王臣之意，如班簋"王令毛公以邦冢君"（《集成》4341）。此处之"君"应为邾公之臣，指代铭文中的"嘉宾""正卿"。

④ 孔颖达：《礼记正义》，阮元校刻：《十三经注疏》，第1690页。

⑤ 从传世文献看，中央、地方皆有士庶子，如《周礼·夏官·司马》云"都司马掌都之士庶子及其众庶……"（贾公彦：《周礼注疏》，阮元校刻：《十三经注疏》，第865页），此处即为都之士庶子。

险局面。《左传》哀公七年记载：公元前488年，鲁季康子经过谋划，"伐邾，及范门，犹闻钟声"，①范门，邾郭门，意谓鲁人已近王宫，而闻宫内钟乐之声，邾人竟不御寇，还在敲钟宴享。邾大夫谏于邾隐公，不听。邾大夫请告于吴，以求援助，邾隐公不许，说"鲁击柝闻于邾，吴二千里，不三月不至，何及于我？且国内岂不足？"②意谓鲁相距邾国太近，而吴国地处遥远，远水不救近火。其结果，邾国遭受浩劫，鲁师入邾，邾隐公被掳，献于鲁之亳社，邾几亡国。邾大夫请救于吴。鲁哀公八年（前487年），齐侯又派使者入吴请师，以伐鲁。鲁人释放邾隐公归国。但是隐公不思悔改，仍无道，吴人又讨伐邾，囚隐公于楼台，"使诸大夫奉大子革以为政"，杜预注"革，邾大子桓公也"。③ 在吴人的辅佐下，革登上邾国国君的位置，邾隐公奔鲁。从鲁哀公八年（前487年）至鲁哀公二十二年（前473年），革为邾君，在位十四年。其时，邾国情况更加紧迫：南方越国势力坐大，打败吴国。④ 逃亡的邾隐公奔越，获越国支持，返回邾，桓公被迫奔越。桓公为政期间，其父邾隐公就觊觎王位，两人的斗争无休无止，国政并非太平。由铭文遥想作器者的境况，可说无论是对于当时局面相对平稳的邾宣公、悼公，还是为君坎坷的邾桓公，大夫、士庶子正是他们的治国基础，执政的支柱，是他们应对外患内忧的可靠之材，所以在铭文中皆称作钟以宴乐大夫、士庶子，将大夫、士置于十分重要的地位。

诸侯国君注重大夫，作器以乐群臣的情况在战国时期青铜器中仍然可见。战国早期越王者旨於赐钟谓：

> 越王者旨於赐择厥吉金，自作龢钟。我以乐考、帝祖、夫（大夫）、宾客，日日以鼓之，夙暮不忒，顺余子孙，万世无疆，用之勿丧。⑤

---

① 孔颖达：《春秋左传正义》，阮元校刻：《十三经注疏》，第2163页。
② 孔颖达：《春秋左传正义》，阮元校刻：《十三经注疏》，第2163页。
③ 孔颖达：《春秋左传正义》，阮元校刻：《十三经注疏》，第2164页。
④ 《左传》哀公二十二年"邾隐公自齐奔越，曰'吴为无道，执父立子'，越人归之，大子革奔越"（孔颖达：《春秋左传正义》，阮元校刻：《十三经注疏》，第2181页）。
⑤ 《集成》144。关于者旨於赐，郭沫若先生认为是勾践五世孙翳之子诸咎（《两周金文辞大系图录考释·补录》，第1—2页），容庚先生将其隶定为者旨於赐，并以为此越王与越王钟、越王矛为一人（《鸟书三考》，《燕京学报》第23期，1938年）。

器主者旨於睗，学者以为是勾践之子鼫与，①《史记·越世家》记载"句践卒，子王鼫与立"，索隐"《纪年》云'於粤子句践卒，是菼执。次鹿郢立，六年卒'。乐资云'越语谓鹿郢为鼫与也'"。《越绝书》"越绝外传记地传"记"句践子与夷，时霸"。若器主果为勾践子鼫与，则其为王之时，越国国力正盛。铭文中，他表示作钟用于"乐考、帝祖"，为享孝祖考之用，但同时，他也说以乐"夫（大夫）、宾客"。"宾客"不见于西周时期青铜铭文，是春秋战国时期金文用语，②而宾客所指，主要是君主之臣下。《诗经·小雅·吉日》"以御宾客，且以酌醴"，这是最早见于文献的关于宾客的记载。郑笺"宾客谓诸侯也"，孔疏"知宾客谓诸侯者，天子之所宾客者，唯诸侯耳，故《周礼》'六服之内，其君为大宾，其臣为大客'"，③按照郑玄所说，《吉日》诗中的宾客是指天子之臣——诸侯。《礼记·王制》云"七教：父子、兄弟、夫妇、君臣、长幼、朋友、宾客"，孙希旦曰"宾客即朋友之类，然同志者乃谓之朋友，而宾客则所该者广，故分宾客于朋友而为二"，④揆度孙希旦之意，宾客与朋友义近，但从亲疏远近方面说，又疏于朋友。就宽泛意义而言，宾客是主人的臣属，其中若干很可能与主人有血缘关系。

以上所引诸器皆为诸侯国君所有，可见臣属在诸侯国君执政中的关键作用，也可见春秋时期作器目的铭文折射出更多的现实内容。春秋时期金文中，不但大夫、嘉宾显得格外重要，诸贤、庶士等也出现于作器目的铭文中，显示出春秋社会对"贤"的注重以及士群体的发展。春秋晚期徐王子旃钟谓"徐王子旃择其吉金，自作龢钟，以敬盟祀，以乐嘉宾、朋友、诸贤、兼以父兄、庶士"。⑤器主为徐王之子，社会身份较高，他铸钟用于祭祀，也用于欢乐嘉宾、朋友、诸位贤能，以及父兄、各位官员（"庶士"）。"诸

---

① 见马承源：《越王剑、永康元年群神禽兽镜（上海博物馆藏）》，《文物》1962 年第 12 期；陈梦家：《蔡器三记》，《考古》1963 年第 7 期；林沄：《越王者旨於睗考》，《考古》1963 年第 8 期；董楚平：《吴越徐舒金文集释》，第 164—167 页。

② "宾客"还见于筥大史申鼎"都申之孙筥太史申，作其竈鼎十……以御宾客"（《集成》2732），徐王糧鼎"徐王糧用其良金，铸其饙鼎……用飨宾客"（《集成》2675），曾伯陭壶"曾伯陭……用自作醴壶，用飨宾客，为德无瑕"（《集成》9712）。

③ 孔颖达：《毛诗正义》，阮元校刻：《十三经注疏》，第 430 页。

④ 孙希旦：《礼记集解》，第 398 页。

⑤ 《集成》182。

贤"的概念虽仅见于此器,但却从彝铭记载的角度揭示了春秋时期以"贤"为标识的社会集团的兴起。同为徐国器的沇儿钟谓"徐王庚之淑子沇儿……自作鉌钟……鉌会百生(姓),淑于威仪,惠于盟祀,余以宴以喜,以乐嘉宾,及我父兄、庶士",①将庶士与父兄并列,表明对官员的注重。"庶士"之称亦不见于西周铭文,表明士的群体在春秋政治舞台上发挥影响,趋于活跃。② 众所周知,春秋时期贵族养士者已不在少数,如《左传》文公十四年记载齐桓公夫人密姬之子公子商人"骤施于国,而多聚士,尽其家,贷于公有司以继之",杜注:"骤,数也。家财尽,从公及国之有司富者贷",③杨伯峻注"'公有司'为一词,谓掌公室之财物者"。④《史记·齐世家》谓"昭公之弟商人以桓公死争立而不得,阴交贤士,附爱百姓,百姓说",⑤公子商人为争立齐国国君,不惜散尽家资,又贷于富者,可想而知,他刻意招揽的宾客处于优越的地位。《左传》襄公二十一年记,晋国栾、范家族素有隙,"怀子(栾盈)好施,士多归之",⑥栾氏为聚集力量,常常以惠予人,因而士人多依附于他。《左传》哀公十六年记载,楚太子建为郑人所杀,其子胜"好复言,而求死士",⑦太子建之子胜(即后来的白公胜)出言必践,招来"死士",伺机复仇。从《左传》记载看,春秋社会,贵族阶层兴起

---

① 《集成》203。相似的还有春秋晚期子璋钟"群孙斨子璋,璋择其吉金,自作鉌钟,用宴以喜,用乐父兄、诸士"(《集成》113)。关于子璋钟的国别,郭沫若先生曾说"本铭字体与许子簠相似,而文辞复类许子钟,疑斨即许子妆若鼺"(《两周金文辞大系图录考释》下册,第179页)。

② 庶士,见于传统文献。《尚书·泰誓上》"我友邦冢君越我御事庶士,明听誓",孔疏"国君以外卿大夫及士诸掌事者"(孔颖达:《尚书正义》,阮元校刻:《十三经注疏》,第180页),《诗经·鲁颂·閟宫》"鲁侯燕喜,令妻寿母。宜大夫庶士"(孔颖达:《毛诗正义》,阮元校刻:《十三经注疏》,第617页),《礼记·丧大记》"始卒,主人啼,兄弟哭,妇人哭踊。既正尸,子坐于东方,卿大夫父兄子姓立于东方;有司、庶士哭于堂下,北面"(孔颖达:《礼记正义》,阮元校刻:《十三经注疏》,第1572页),《礼记·祭法》"诸侯立五庙……大夫立三庙……官师一庙,庶士、庶人无庙",郑玄注"庶士,府史之属"(孔颖达:《礼记正义》,阮元校刻:《十三经注疏》,第1589页)。结合青铜铭文与传世文献看,"庶士"与铭文中的"诸士"义近,其地位在大夫以下,指众多的臣下。

③ 孔颖达:《春秋左传正义》,阮元校刻:《十三经注疏》,第1853页。

④ 杨伯峻:《春秋左传注》,第603页。

⑤ 《史记》,第1495页。

⑥ 孔颖达:《春秋左传正义》,阮元校刻:《十三经注疏》,第1971页。

⑦ 孔颖达:《春秋左传正义》,阮元校刻:《十三经注疏》,第2178页。

了招士之风,而士人待遇优渥,成为贵族们的左膀右臂。至战国时期,养客之风更盛。战国四公子都以养士闻名,《史记·孟尝君列传》称孟尝君"舍业"厚待宾客,"食客数千人",孟尝君落而复起,皆得士人之助。《魏公子列传》称魏公子"食客三千人",《春申君列传》称"春申君客三千余人",宾客是贵族们所依赖的群体,贵族们往往竭资舍业以奉宾客,如孟尝君派人前往薛地收息时说"宾客不知文不肖,幸临文者三千余人,邑人不足以奉宾客,故出息钱于薛"。① 总之,士作为一个新兴的群体,在春秋战国时期十分活跃,成为诸侯、贵族们的座上客。

　　在嘉宾、大夫之外,"朋友"也常常出现于春秋作器目的铭文当中,表明"朋友"也有重要作用。春秋晚期许子盨自钟谓"(许子盨自)自作铃钟……用宴以饎,用乐嘉宾、大夫,及我朋友",②在这里,朋友与大夫、嘉宾并列。春秋晚期嘉宾钟谓"余武于戎功,灵闻,用乐嘉宾、父兄、大夫、朋友"。③ 朋友与嘉宾、父兄、大夫、朋友连言。在辨析西周时期"朋友"之义时,朱凤瀚先生曾说朋友是指"亲兄弟以外的族兄弟,亦即从父及从祖兄弟等"。同时,他亦指出"在少数西周晚期文献中,'朋友'似有作为不强调同族关系而与后世朋友含义相近的用法"。④ 春秋时期,青铜铭文中之"朋友"并不强调同族血缘关系,而与僚友为同义。⑤ 上引许子盨自钟、嘉宾钟的"朋友"皆指作器者的僚属。其实,西周青铜铭文中若干"朋友",亦当指作器主人之友僚。如西周中期卫鼎"乃用逺王出入事人,罙多朋友",⑥"王出入事人"即"奔走王命"之人,与之并言的"朋友"也当是为王效力之人。西周中期伯绅簋"伯绅作宝簋……其用飤正,御史、朋友、尹

---

① 《史记》,第 2360 页。

② 《集成》153。

③ 《集成》51。

④ 朱凤瀚:《商周家族形态研究》(增订本),第 297 页,第 307 页注 7。

⑤ 如上述嘉宾钟"父兄"与"朋友"并列,可知朋友不包括于兄弟辈之中。更为显明的例子是春秋晚期文公之母弟钟"用宴乐诸父兄弟,余不敢困穷,恭好朋友"(陈佩芬:《夏商周青铜器研究》东周篇上,上海:上海古籍出版社,2004 年,第 261 页),铭文中既有"诸父兄弟",又有"朋友",显然朋友不是指从父兄弟。

⑥ 《集成》2733。

人"，①此处的正、御史、尹人，皆为职官之称，与之并连的"朋友"也当为作器者之僚友。② 总之，春秋时期器主作器以乐"朋友"，同样体现出作器之贵族对于现世生活的关注。

诸侯、贵族为政中的僚属固然重要，而对于那些身为僚属的人来说，其上司则至关重要，效忠、欢娱上司是为政生活中的核心内容。河南淅川下寺出土的王孙诰钟铭文突出地体现了这一点：

> 王孙诰择其吉金，自作龢钟……有严穆穆，敬事楚王……柬柬龢钟，用宴以喜，以乐楚王、诸侯、嘉宾及我父兄、诸士。③

王孙诰，其人史书无载，从称"王孙"看，应出自某位楚王，为楚贵族。铭文中，王孙诰自言"敬事楚王"（同为淅川下寺的 M1.20 出土的钟铭谓"敬事天王"），表白敬事楚王的忠心。可以想见，楚王是王孙诰政治活动中的主宰，对于他的重要性不言而喻。西周金文中，亦可见周贵族自诩勉力事天子、上司之辞，如逨钟谓"逨御于厥辟，不敢惰，虔夙夕敬厥死事天子……畯臣天子"，意谓逨昼夜勤勉敬奉天子，祈求永为天子之臣。王孙诰钟则不止于此，不但敬奉君主，又进一步谓"乐楚王、诸侯、嘉宾及我父兄、诸士"，作钟以喜乐君主为其旨。

综之，春秋作器目的铭文中，明显减少了西周时期极其盛行的"喜侃前文人"格式，比较多地出现了王、诸侯、嘉宾、诸士、诸贤等现实为政因素，可以体会到对于国君、贵族而言，自我势力的发展较之依靠先祖的荫庇更为重要，而招徕贤士、宾客，获得他们的佐助，是其关键。作器目的铭文中现实世界因素既增强，相比之下，对神灵世界中祖先的依赖则处于下降状态。

---

① 《铭图》5100。

② 事实上，西周金文中之"友"即有僚友之意，如南公柳鼎、大鼎、师𩵦鼎（分别见于《集成》2805、《集成》2806、《集成》2817）等中之"友"皆为臣僚之称。"友"的这一用法见于文献：《诗经·大雅·既醉》"其告维何，笾豆静嘉。朋友攸摄，摄以威仪"，郑笺云"朋友谓群臣同志好者也"（孔颖达：《毛诗正义》，阮元校刻：《十三经注疏》，第 536 页）。陈初生先生解释"友"谓："同志为友；臣僚；对兄弟、同辈亲爱友好曰友"（《金文常用字典》，第 332 页）。

③ 河南省文物研究所、河南省丹江库区考古发掘队、淅川县博物馆：《淅川下寺春秋楚墓》，第 170 页。

第三节　祖先崇拜依然盛行

对比西周和春秋时期金文中作器者的自我称谓、自我描绘以及作器目的之变化,可见春秋时期生者地位上升的大致状况。然而,从另一方面说,尽管春秋时人常常数典忘祖,但在现实利益面前,辉煌的先祖与显赫的家世,始终是贵族地位、身份、财富的重要来源,这一点,是人们所不敢遗忘的。此外,在精神文化层面上,祖先是生命的源泉,这一观念在春秋时期得到强化,礼学家对此申论甚多,在社会中酝酿出尊崇祖先的氛围。因此,祖先崇拜依然盛行,祖先在生者的信仰领域中仍占有重要地位。

一、礼与敬：祖先神灵与生者的关系

春秋时期虽被称为"礼崩乐坏",但事实上,礼制虽被僭越,礼在春秋社会中却获得了进一步的发展。具体到祖先崇拜来说,则可见与祖先崇拜有关的仪节、规则早已融入礼制的系统中,祖先崇拜与礼制密不可分。①

礼制用于约束、规范祭祀中的行为、仪节,保证了祖先始终具有尊崇的地位。此外,春秋时人具有浓厚的"敬"的观念,为生硬的祭祀礼制注入真实的情感、诚挚的追忆,以人心之情,化除礼制秩序之僵硬,使得硬性的礼制具有了温情的一面。西周时期,周人对待祖先即是崇敬有加,春秋时人对先祖的恭敬、爱戴与西周时期一脉相承。例如,《礼记·曾子问》记载"昔者齐桓公亟举兵,作伪主以行,及反,藏诸祖庙",②齐桓公因为征战频繁,顾不上礼仪,就造了一个假神主排位以代替真神主随军而行,返回之后就将假神主藏入宗庙。无论桓公所为是否合于礼,但其初衷当是信奉

---

① 晁福林:《试论春秋时期的祖先崇拜》。
② 郑玄注"伪犹假也。举兵,以迁庙主行,无则主命。为假主,非也";孔颖达疏曰"亟,数也。……作假主以行,而反藏于祖庙,故有二主也"(孔颖达:《礼记正义》,阮元校刻:《十三经注疏》,第1392—1393页)。

祖先在战时予以保护，并且载"伪主"合于礼。《左传》成公十六年记载晋楚鄢陵之战前，楚共王登巢车，以望晋军，见晋人"张幕"，即帐幕张开，知晋军"虔卜于先君也"。前已述之，古代行军，往往将先代君王之主位载于车上同行，晋人所为，乃是在先君主位前诚心卜问，①求祖考之护佑。在获胜之后，也要向先祖汇报。《左传》宣公十二年记载晋楚邲之战，晋师败绩，楚庄王谓"其为先君宫，告成事而已"，杜预注"祀先君，告战胜"。战后，楚人"祀于河，作先君宫，告成事而还"。② 在战争之外，其他一切要事，均要向祖先祭告。《左传》僖公三十年记载卫成公获释于晋国，经过一番内乱，终于得立，他"入，祀先君"，祭告祖先返回卫国且为卫君，祈请祖先降临护佑。③ 又如，《左传》定公八年记载鲁国阳虎欲去三桓，"顺祀先公而祈焉……禘于僖公"，禘为合祭先公之礼，杜预注"将作大事，欲以顺祀取媚"，从杜注看，阳虎祭祀鲁国每位先公以取宠，欲借祖先之力完成逐去三桓之事。④ 祖先的影响力不可谓不大。倘若在当祭祖时而不祭，则被人们斥为无礼。《左传》隐公八年记载郑公子忽迎娶陈国妇妫，返国后，"先配而后祖"，陈国大夫鍼子批评道："是不为夫妇，诬其祖矣，非礼也，何以能育？"杨伯峻先生释曰"配，指同床共寝；祖，指返国时告祭祖庙"，⑤公子忽先婚配而后祭祖，违背婚娶之礼，是欺诬其祖先，时人预言其子孙无法蕃育为善于郑。由上举几例可见，春秋时人祭祀祖先，表达对于祖先的敬爱。

　　春秋时人虽然尚未总结出"事死如事生"的观念，⑥但不乏以"事生"

---

　　① 孔颖达：《春秋左传正义》，阮元校刻：《十三经注疏》，第 1918 页。所载主位，孙诒让《周礼·小宗伯》"正义"释为国君高祖之父与祖之主（《周礼正义》，第 1449 页）。

　　② 孔颖达：《春秋左传正义》，阮元校刻：《十三经注疏》，第 1883 页。杨伯峻先生注"作楚武诸王之庙"（《春秋左传注》，第 746 页）。

　　③ 孔颖达：《春秋左传正义》，阮元校刻：《十三经注疏》，第 1830 页。

　　④ 孔颖达：《春秋左传正义》，阮元校刻：《十三经注疏》，第 2143 页。此处的顺祀因《春秋左传》文公二年"秋八月丁卯，大事于大庙，跻僖公，逆祀也"而言，杨伯峻先生注："跻僖公者，享祀之位升僖公于闵公之上也。闵公与僖公为兄弟，《鲁世家》谓闵为兄，僖为弟，《汉书·五行志》则谓僖是闵之庶兄。无论谁为兄谁为弟，僖公入继闵公，依当时礼制，闵公固当在上。"（《春秋左传注》，第 523 页）而阳虎"顺祀先公"，即正闵公与僖公之位。

　　⑤ 杨伯峻：《春秋左传注》，第 59 页。

　　⑥ 语出《礼记·中庸》"敬其所尊，爱其所亲。事死如事生，事亡如事存，孝（转下页）

的恭敬之心来对待彼岸世界先祖的做法。生者担心祖先在另一个世界受饥挨饿，因此常常向祖先献以祭品，对待祖先如同生时一般。《左传》僖公三十一年记载，"卫成公梦康叔曰：'相夺予享。'公命祀相"。康叔为卫之始祖，相为夏王启之孙，中康之子，按照礼制，卫人不当祭祀与其毫无血缘关系的夏相。但是，卫成公梦到康叔说夏相夺走其献享，使得卫成公十分担心。为确保夏相有所享而不必夺康叔食，卫成公违礼下令祭祀相。宁武子最终否定了卫成公的说法，他说"鬼神非其族类，不歆其祀。杞、鄫何事？相之不享于此久矣，非卫之罪也，不可以间成王、周公之命祀，请改祀命"。① 杞、鄫为夏代之后，宜祀夏相，今夏相不得祀，非卫之过错，而不当违犯成王、周公所命之祀。卫成公的故事说明，献享祖先以使他们饱食无忧对于生者而言十分重要。梦见祖先而行祭祀、献享祖先，此一做法源远流长，战国时期，犹可得见。岳麓书院藏秦简《占梦书》记载"［梦见］□□，大父欲食……［梦］见马者，父欲食"，②梦中出现某一物（简文缺字），表示祖父希望飨食；③梦中出现马，亦表示父亲希望飨食。简文所说梦境与其结果之间，毫无关联，但将梦中之境况与祖先之饮食结合起来，可见人们挂记另一世界祖先之深切。

生者敬爱父祖、献享祖先，是为大事。祖先是否肯食所献、福佑子孙，对于生者来说，更加重要。《左传》襄公二十年记载，卫国宁惠子疾，召其子悼子，曰："吾得罪于君，悔而无及也。名藏在诸侯之策，曰'孙林父、宁殖出其君'。君入，则掩之。若能掩之，则吾子也。若不能，犹有鬼神，吾有馁而已，不来食矣。悼子许诺，惠子遂卒。"④宁惠子曾经出其君，当时史官书其事。宁惠子卒时，要求其子掩其恶名，如若不能，则以不来受祭威胁其子。此一事件关系重大，悼子不敢怠慢。当卫献公使卫大夫为己

（接上页）之至也"（孔颖达：《礼记正义》，阮元校刻：《十三经注疏》，第1629页），《荀子·礼论》亦谓"事死如事生，事亡如事存，状乎无形影，然后成文"（王先谦：《荀子集解》，北京：中华书局，1988年，第378页）。

① 孔颖达：《春秋左传正义》，阮元校刻：《十三经注疏》，第1832页。

② 朱汉民、陈松长主编：《岳麓书院藏秦简》（壹），上海：上海辞书出版社，2010年，第44页。

③ 大父，指祖父，频繁出现于战国、秦汉简帛文献中。

④ 孔颖达：《春秋左传正义》，阮元校刻：《十三经注疏》，第1970页。

谋复君位时，子鲜、蘧伯玉、右宰穀等人辞，悼子却说"吾受命于先人，不可以贰"，[1]以不辜负先考之命为借口，最终帮助卫献公复位。这个故事表明生者是否顺从祖先、祖先是否接受祭祀而后福佑子孙是时人心目中的大事。《左传》昭公十一年记载，昭公母去世，昭公却没有悲痛之情。晋国参加葬礼的使臣返回后将这一情况告诉了晋国史赵，史赵预言鲁昭公不会有好的结果，要寄食于郊外，其根据便是"不思亲，祖不归"，意即鲁昭公不思念、崇敬其亲，祖先就不会受享，不会佑助生者。[2] 因此，尊崇、顺从祖先，使祖先受祭并延续对家族的保护，对于当时社会中人来说事关重大。

子孙对于祖考之敬，来源于内心对于父祖的真挚情怀、绵永笃旧之情。生者对于祖先的挚爱，常见于典籍之载。《诗经·邶风·凯风》谓"凯风自南，吹彼棘心。棘心夭夭，母氏劬劳。凯风自南，吹彼棘薪。母氏圣善，我无令人……有子七人，母氏劳苦。睍睆黄鸟，载好其音。有子七人，莫慰母心"。此诗以长养万物的南风（即凯风）比喻宽仁之母氏，以多刺而难长的棘比喻七子。[3] 诗歌赞颂了母亲的勤苦，表达了孝子不能事母而使其至于劳苦的自责。对于父母的感怀，是祖先崇拜基本的感情基础。

生者敬爱父母的内容，在春秋青铜铭文中，亦可得见。这类铭文十分珍贵，值得重视。1988 年湖北襄樊团山东周墓 M1 所出春秋后期郑庄公之孙鼎铭谓：

> 余郑臧（庄）公之孙，余刺之疚子卢，作铸鼎彝。以为父母，其逜于下都。曰：呜呼，哀哉！刺叔、刺夫人万世用之。

同墓出土有铜尊缶，铭文谓：

---

① 当然，宁悼子助卫献公复位，还有其他原因，《左传》襄公二十六年记载，卫献公许诺，若返国，"政由宁氏（指悼子），祭则寡人"（孔颖达：《春秋左传正义》，阮元校刻：《十三经注疏》，第 1988 页）。但至少其父所嘱，可为冠冕堂皇之理由。

② 孔颖达：《春秋左传正义》，阮元校刻：《十三经注疏》，第 2060 页。

③ 《诗序》云"《凯风》，美孝子也。卫之淫风流行，虽有七子之母，犹不能安其室。故美七子能尽其孝道，以慰其母心而成其志尔"。毛传："夭夭，盛貌；劬劳，病苦也；棘薪，其成就者……睍睆，好貌。"（孔颖达：《毛诗正义》，阮元校刻：《十三经注疏》，第 301—302 页）

余郑臧(庄)公之孙,余剌之子,择铸鬵彝,以为父母。其正仲月己亥,升剌之尊器,为之若缶,其献下都,曰:呜呼,哀哉! 剌□□□永□用享。①

综合鼎铭与缶铭,知作器者为郑庄公之孙(未必为三世孙),他为父母剌叔及剌夫人作器,将祭器献于"下都",即地下之都,逝者所在之地,以供逝去的父母在另一个世界享用。②"呜呼,哀哉"是器主表达对于逝去父母的哀痛,其与《礼记·问丧》"亡矣! 丧矣! 不可复见已矣"③之哀如出一辙,他对于父母的敬爱,对于失去父母的悲恸溢诸言辞。战国时期的中山豭蚉圆壶也表达了对于父考的虔敬,以及祭祀父考时的悲伤:

胤嗣豭蚉,敢名扬告:昔者先王慈爱百每,笃胄亡(无)疆……呜呼! 先王之德弗可复得。潸潸流涕,不敢宁处,敬命新地,雨(零)祠先王。④

铭文中的"胤嗣",为继承王位者,此处指器主,即中山王厝之子豭蚉。据学者研究,铭文可能是器主祭祀父考时的祭文。他说先王慈爱百姓,子孙繁昌。⑤ 他歌颂先王之功,并慨叹先王不可复得。他自称泪流不断,不敢安宁,敬慎祭祀。⑥ 器主的哀伤、追念,虽越千年而犹能令人感知其哀之深切、其情之深厚。周人彝铭中,多为凝固性的套语,鲜见个体情感的流露,郑庄公之孙器铭、中山王厝子豭蚉壶铭则较典型地透露出自我情绪,弥足珍贵。

要之,春秋时期礼制与祖先崇拜紧密结合,突出了祭祀祖先的重要性。而人们对祖先的敬与爱,构成了祖先崇拜深厚的心理基础。

---

① 襄樊市博物馆:《湖北襄阳团山东周墓》,《考古》1991 年第 9 期。
② 黄锡全、李祖才:《郑臧公之孙鼎铭文考释》。
③ 孔颖达:《礼记正义》,阮元校刻:《十三经注疏》,第 1656 页。
④ 《集成》9734。本铭释文多取汤余惠先生之释,见《战国铭文选》,长春:吉林大学出版社,1993 年,第 37—42 页。
⑤ 铭文中的"百每",读为百民,犹言百姓;笃胄,汤余惠先生读为"竹胄",即"畜胄",意犹春秋栾书缶铭文之言"畜孙"(《战国铭文选》,第 39 页)。
⑥ "襘祠",即零祀,《礼记·月令》"仲夏之月……乃命百县零祀百辟乡士有益于民者,以祈谷实"(孔颖达:《礼记正义》,阮元校刻:《十三经注疏》,第 1369 页)。

二、祖先的神性与春秋时人所设想的"彼岸"世界

春秋时期人们对祖先怀有敬爱之情，在一定程度上与人们所想象的祖先逝去之后的状态有关。本节先分析春秋时人观念中的死后世界，再考察祖先在另一个世界中的神性。

（一）"彼岸"的世界：祖先其"严在上"与在"下土"

在春秋时人的心目中，祖先拥有强大的神力。他们想象的祖先在天上，但同时，人们又产生了祖先在下地的观念。无论天上或地下，祖先都是子孙的护佑者。

西周金文显示，王之祖先升于天，在"帝"左右。但贵族祖先是否亦在天上、在上帝左右，铭文中并无明确说明，唯西周金文习语"祖先其严在上"透露出先祖亦当在上的消息（见西周章"帝臣与帝廷"节）。春秋时期不同，文献材料清晰显示，贵族祖先去世之后同样往升于天，或在先王之侧，或在上帝左右。

春秋中期秦公簋、①晋公盆②等铭文均显示春秋诸侯国国君以为先祖去世后往至于天，在帝之所。传世文献更加清晰地反映出人们以为贵族去世后陟降于天的观念。如《左传》昭公七年记载，卫襄公卒，周景王遣使者如卫吊丧，追命襄公说："叔父陟恪，在我先王之左右，以佐事上帝，余敢忘高圉、亚圉？"③陟恪，即金文中的"陟降""登假"，意谓升天；高圉、亚圉，周之先祖，但少见于文献记载，④因此很可能是周人后来追溯先祖世系时所"发掘出"的周人先祖。在这里，周景王之语意在说明周王即便是先祖如高圉、亚圉，也不忘怀，更何况卫襄公出自康叔，为文

---

① 《集成》4315。

② 《集成》10342。

③ 孔颖达：《春秋左传正义》，阮元校刻：《十三经注疏》，第 2050 页。

④ 《史记·周本纪》记载"高圉卒，子亚圉立"，关于高圉、亚圉，杜预注："二圉周之先也，为殷诸侯，亦受殷王追命者也。"竹添光鸿曰"高圉是公刘玄孙之孙，高圉生亚圉，是太王亶父之祖也，二圉远祖，其族姓犹不敢忘，况卫为文王之后乎？《竹书》祖乙十五年，命邠侯高圉，盘庚十九年，命邠侯亚圉，此非追命也。二圉之受追命，杜以意言耳"（《左氏会笺》，第 1760 页）。据此，则两人分别是公亶父之高祖与祖父。但周代金文完全不见高圉、亚圉，文献中也无其突出贡献之记载。

王之后？周景王所说，表明诸侯层级的贵族同周王一样，去世后在天上。不但诸侯之祖在天上，贵族阶层的祖先也在帝之左右。《左传》成公十年记载，晋景公诛灭赵氏，之后，"晋侯梦大厉……曰：'杀余孙，不义。余得请于帝矣！'"晋景公所梦之"大厉"，为赵氏祖先，他说"余得请于帝矣"，表明他也陟降于帝廷，有能力请命于帝。① 当然，《左传》所记很可能是赵氏执掌晋国政治、势力坐大后编造出的神化祖先的故事，但却透露出贵族祖先死后也陟降于天，为帝之臣属，甚至可以影响上帝神力的观念。

然而，值得注意的是，春秋时人虽有帝廷的观念，虽然以为祖先在天上，但各类文献中却少有祖先在上的说法。这一点，与西周晚期形成对比。众所周知，西周后期金文中常有祖先"其严在上"之套语，但是进入春秋以来，铭文中却全然不见祖先"严在上"的说法。由西周晚期入春秋不过百年时段，"严在上"的套语完全消失，其间的原因值得探求。窃以为，春秋铭文中不见祖先"其严在上"之说，很可能与春秋时期人们已经具有"下地"的概念有关。

文献表明，春秋时人不但认为祖先可以升天，而且以为祖先也去往地下。前引春秋晚期郑庄公之孙鼎、缶铭文记载：

> 余郑臧（庄）公之孙……作铸鬻彝。以为父母，其遷于下都。
> 余剌之子，择铸鬻彝，以为父母……为之若缶，其献下都。

铭文中有"其遷于下都""其献下都"之说。同为郑人所作器、1966 年出于河南洛阳的春秋晚期哀成叔鼎铭文则有"下土"之称，谓：

> 正月庚午，嘉曰：余郑邦之产，少去母父，作铸飤器黄镬。君既安尃，亦弗其遜获，嘉是惟哀成叔。哀成叔之鼎，永用禋祀。死（尸）于下土，以事康公，勿或能曰。（见下页图）②

① 孔颖达：《春秋左传正义》，阮元校刻：《十三经注疏》，第 1906 页。
② 洛阳博物馆：《洛阳哀成叔墓清理简报》，《文物》1981 年第 7 期。

哀成叔鼎铭文拓本

铭文体例，殊为特别，其中的"嘉""哀成叔""康公"的身份，学者所释不一。① 根据铭文通例，"曰"之前的"嘉"与自称"余郑邦之产"者应为同一人，即作器者，属于"器主曰"开篇类铭辞。其作器对象为哀成叔，哀成叔应是嘉之生父。而康公，则是哀成叔生前所效力的君上。铭文中"下土"的含义，学者们意见不同：有学者以为"尸于下土"意谓"在土底下腐朽"；②有学者以"主"解释"尸于下土"之"尸"字，将此句理解为"主祭山川之神，就是指郑国山川之祀"；③有学者以为"下土"与"天下"同义，指康公分封的国土或采邑，④如《诗经·小雅·小明》"明明上天，照临下土"、《诗经·小雅·小旻》"旻天疾威，敷于下土"，"上天"与"下土"形成对应；⑤有学者则

---

① 张政烺先生以为"嘉"是美称，哀成叔是器主而非作铭者，实际的作铭者是哀成叔的家人（《哀成叔鼎释文》，《古文字研究》第五辑，北京：中华书局，1981 年）；赵振华先生认为哀成叔为郑康公后裔，年少的哀成叔在韩灭郑后，逃至周王朝（《哀成叔鼎的铭文与年代》，《文物》1981 年第 7 期）；彭裕商：《嘉鼎铭文考释》（《考古与文物丛刊》第二号《古文字论集》，1983 年；蔡运章先生以为"嘉"即公子嘉，作器者，是康公的家臣，为哀成叔作器殉葬，而哀成叔则可能是康公之子，康公应为周朝的刘康公（《哀成叔鼎铭考释》，《中原文物》1985 年第 4 期）；马承源先生以为"嘉"即"哀成叔"，系一名一字，"君"指郑国末代君主郑康公（《商周青铜器铭文选》四，第 500 页）；李学勤先生则认为器主为嘉，哀成叔为其父，"君"指哀成叔之君康公，哀成叔为其家臣，铭文意谓"嘉的父亲于其君安葬服除之后逝世，也不再护助嘉了……嘉祝愿其父哀成叔如在世时那样，主管康公的家政"，以为"下土"即是后世之冥界，而康公是周朝的刘康公（《郑人金文两种对读》，《通向文明之路》，北京：商务印书馆，2010 年，第 167 页）；李义海先生以为哀成叔是器主，是作器者的上级，作器者将器主视为君父，器铭中的"君"也指哀成叔（《哀成叔鼎铭文续考》，《漳州师范学院学报》2003 年第 4 期）；彭裕商：《再论嘉鼎的年代》，《纪念徐中舒先生诞辰 110 周年国际学术研讨会论文集》，成都：巴蜀书社，2010 年，第 199—201 页。
② 赵振华：《哀成叔鼎的铭文与年代》。
③ 马承源：《商周青铜器铭文选》四，第 500 页。
④ 蔡云章：《哀成叔鼎铭考释》。
⑤ 详细辨析见陈志向：《下土和下都》，《辞书研究》2012 年第 4 期。

指出指兆域或地下宫室,并谓"哀成叔生事康公,死后也还可以主管康公冥府的事,故言尸于下土。其或殉葬而死,亦未可知";①有学者明确指出"下都",是春秋时人对死后世界的称呼。② 从其文例看,铭文中"康公"之称,应与"哀成叔"同例,为谥称,而彝铭又称"以事康公",则应是在彼岸世界中的侍奉,故而,"下土"是死后地下世界的称谓。铭文记录了作器者嘉自述出身郑国,少时父母即逝,现在为逝去的父母作祭祀之器。君(哀成叔)既能安定和惠,亦勿废坠度法。③ 哀成叔嘉善,哀成叔之鼎永远用于诚敬清洁的祭祀。哀成叔在下土主司康公之事,没有懈怠。④

综合郑庄公之孙器与哀成叔鼎铭文,可说"下土""下都"均应指地下,即死后世界。郑庄公之孙器铭文意谓器主父母逝去在地下,器主作器以献于考妣,供逝者在地下使用。而哀成叔鼎则表明,在地下世界中,保有人间秩序,君上臣下关系依然存在。

此外,1994 年出土于山东海阳春秋晚期墓葬的耶盂谓"耶所献为下寝盂",⑤铭文中的"下寝盂",有学者以为是为死者在冥界准备的器物。

由上述铭文,知春秋时人已有祖先往入于下(地)的观念。其实,春秋时人不仅有"下都""下土"的概念,也有了黄泉观念,这些概念的出现都表明春秋时人认为人死去之后进入地下世界。《左传》隐公元年记载,郑庄公与其母姜氏由于庄公之弟公叔段产生嫌隙,遂诅咒其母说"不及黄泉,无相见也"。杨伯峻先生说"黄泉"指"地下之泉。此二句犹言不死不相见"。此后,庄公后悔发此毒咒,颖考叔建议他"掘地及泉,隧而相见",在地道中与其母姜氏见面。⑥ 这个故事说明,黄泉在地下,是人死后所到之

---

① 张政烺先生说:"尸于下土,按金文惯例理解就是执掌天下,或主宰人间,这和哀成叔的身份极不相称,何况这时哀成叔已死,早离开了人间啊。因此推测这里的下土,是另外一个含义,乃指兆域即地下宫室而言。"(《哀成叔鼎释文》)

② 李学勤:《郑人金文的两种对读》。

③ 此从马承源先生之释(《商周青铜器铭文选》四,第 500 页)。

④ "勿或能剀"义同伯康鼎"夙夜无剀",亦即中山王厝鼎"夙夜不懈"之义。

⑤ 马良民、林仙庭:《海阳嘴子前春秋墓试析》,《考古》1996 年第 9 期;王恩田:《跋陈乐君歗甗与耶盂——兼论齐桓公伐楚》,《中原文物》1998 年第 1 期。

⑥ 杨伯峻:《春秋左传注》,第 14—15 页。

处。《管子·君臣·小匡》亦云"应公之赐，杀之黄泉，死且不朽"，①黄泉是赴死之所。春秋战国时人所说黄泉，仅仅是地下世界，是死后之所在，但并未赋予黄泉其他特别含义，并非如金文中所说的"下都""下土"那样，仍存在人间的等级秩序，黄泉只是宽泛意义上的死后世界的代称，还只是一个相对模糊的概念。学者曾说"中国人对于来世的想象直到汉代才得到充分的发展"。②

关于死后世界的天上与地下，已见于战国时期的文献中。③《楚辞·招魂》描写"上天"与"幽都"之情状：

> 魂兮归来，君无上天些，虎豹九关，啄害下人些……魂兮归来！君无下此幽都些。土伯九约，其角觺觺些。敦脄血拇，逐人驱驱些。参目虎首，其身若牛些。此皆甘人，归来！恐自遗灾些。④

《楚辞·招魂》中灵魂被劝告"无上天"和"无下此幽都"，是由于"上天"虎豹拦路，吞噬下界之人；而"幽都"亦是恐怖之地，那里有大腹便便的土伯来管理，他和手下的恶鬼，头上长有锐利觺觺的角，背上有隆起的厚肉，还有染满鲜血的手指，追逐人时飞快驱驱，像老虎一样的头颅上有三只眼，身体庞大像野牛一般，他们都以人肉食。因此，生者呼唤其回来，若不然就自取毁灭。《招魂》中的"上天"与"幽都"，是"第一次在同一首诗里遇到了天堂和地狱"，⑤表明《楚辞》写成的年代，人死之后可上天、可入地的观念已经十分明晰。可以补充的是，在春秋时期，人们事实上已经有了人死之后或在天上或入地下的观念。

春秋时期社会中产生死者进入天上、地下的观念，或许与当时魂灵、

---

① 《管子·小匡》，黎翔凤：《管子校注》，第 391 页。
② 余英时：《东汉生死观》，第 143 页。
③ 《礼记·丧大记》记载招复之礼（所谓的"复"，即《礼记·檀弓下》所说"望返诸幽，求诸鬼神之道也"，类似于招魂），云"（复者）升自东荣，中屋履危，面北三号"，孔颖达疏"三号，号呼之声三遍也。必三者，一号于上，冀神在天而来也；一号于下，冀神在地而来也；一号于中，冀神在天地之间而来也"（孔颖达：《礼记正义》，阮元校刻：《十三经注疏》，第 1572 页)，如此，则先祖之灵魂在上天、地下、空气中，无所不在。
④ 《楚辞·招魂》，洪兴祖：《楚辞补注》，第 201—202 页。
⑤ 余英时：《东汉生死观》，第 143 页。

魂魄、气概念的逐渐兴起有关。人去世之后而有"灵"的观念很可能在西周时期即已出现,西周早期后段否叔尊谓:

> 否叔献彝,疾不已,为母宗彝则备,用遣母霝(灵)。①(见右图)

其中"用遣母灵"句,辞赅意简,殊为难解,诸家所释不一:张光裕先生以为"否叔母亲疾不已……母有善终,因以为遣",以为"灵"是指伴随否之母一起遣送的随葬品,是一套宗庙祭器;②陈英杰先生以为是灵魂,指为母制作宗彝,用来遣送母亲作祟的魂灵;③冯时先生读"霝"为精,以为是亡母之魂魄。④ 细读铭文,可知铭文中的"灵",是对人去世后状况的一种称

否叔彝铭文拓本

谓,它虽然未必与灵魂、魂魄同义,但与之义近。否叔器显示,西周早期阶段,人们即对死后的状况有所探测、解释,惜乎仅此一件,不能对西周时人的死后观念予以进一步的辨析。⑤

　　春秋时期,有关魂魄、魂灵的探讨逐渐丰富起来。《左传》昭公七年说"人生始化曰魄,既生魄,阳曰魂",⑥人虽然逝去,但气、神尚存。魂魄的观念在战国时期的典籍《楚辞》《礼记》等有进一步的论述。《礼记·礼运》篇记载了孔子阐述敬鬼神之事,谓"及其死也,升屋而号,告曰:'皋,某

---

① 张光裕:《西周遣器新识——否叔尊铭之启示》。
② 张光裕:《西周遣器新识——否叔尊铭之启示》。
③ 陈英杰:《西周金文作器用途铭辞研究》,第220页。
④ 冯时先生以为铭文表达出的是否自作宗彝而用为遣事,反映的是古代的遣奠之礼。《礼记·祭义》有"恻怛之心,痛疾之意"句,其中"痛疾在心","悲哀痛疾之至"与否器中"疾不已"相合,而"送形而往,迎精而反"则即铭文"用遣母精"之意(《我方鼎铭文与西周丧奠礼》,《考古学报》2013年第2期)。
⑤ 春秋时期的皇毃鼎谓"昊猷公子皇择其吉金,自作飤䍃,千岁之外,我是以遣"(《铭图续》192),与否叔卣"以遣母霝"有类似之处,但并未涉及死后世界的问题。
⑥ 杜预注"魄,形也;阳,神气也",孔颖达疏"其初,人之生也始变化为形,形之灵者名之曰魄也。既生魄矣,魄内自有阳气,气之神者名之曰魂也。魂魄,神灵之名"(孔颖达:《春秋左传正义》,阮元校刻:《十三经注疏》,第2050页)。《说文》"魄,阴神也","魂,阳气也"(许慎:《说文解字》,第188页)。

复。'然后饭腥而苴孰，故天望而地藏也。体魄则降，知气在上"，意谓人死之后，升屋而号呼，招魂复魄，望其回归。然后荐以稻米，以熟肉遗尸。体魄在下，人之气上升于天。①《礼记·郊特牲》区分出魂与魄："魂气归于天，形魄归于地。故祭，求诸阴阳之义也。"将魂与抽象之气相联，将魄与具体之形相系，以为人死之后，魂气与形魄分离，前者升天，后者归地。②《礼记·祭义》又记录孔子之语"气也者，神之盛也；魂也者，鬼之盛也；合鬼与神，教之至也。众生必死，死必归土，此之谓鬼。骨肉毙于下，阴为野土。其气发于上，为昭明"，③此处孔子以骨肉与气体的分离来概括人去世之后的状况，对于灵魂与肉体具有十分明确的区分。④《礼记·问丧》则谓葬礼之后，"送形而往，迎精而反"，是说送走的是父祖之形体，而迎回的是父祖之精神。精神日日夜夜与子孙相伴，故对于祖先的敬爱须臾不可离。总之，春秋战国时期，社会中的人们已经具有了人死之后魂魄相分、灵肉各有所归，以及精神不灭的观念。灵魂不灭、气魄永存的意识，对于祖先崇拜起到至关重要的推进作用，俾使崇拜祖先进一步伦理化，祖先不仅仅是保护子孙、施予福禄的神灵，而且是子孙敬爱、尊崇的对象，生者在现实世界中长尽其事死如生之爱。

综上所述，在观念领域内，祖先不但在天上，同时春秋时人也产生了祖先在地下的意识。这样，由西周至春秋，可说人们对死后世界的想象经历了由祖先在上到祖先在上但祖先亦可在下的变化。春秋时人鲜称祖先

---

① 孔颖达疏曰："北面告天曰皋……令其反复魄，复魄不复，然后浴尸而行含礼。于含之时，饭用生稻之米，故云'饭腥'，用上古未有火化之法。'苴孰'者，至欲葬设遣奠之时，而用苞裹孰肉，以遣送尸法，中古修火化之利也……天望，谓始死望天而招魂；地藏，谓葬地以藏尸也……所以地藏者，由体魄则降故也，故以天望招之于天，由知气在上故也。"（孔颖达：《礼记正义》，阮元校刻：《十三经注疏》，第1415—1416页）

② 孔颖达：《礼记正义》，阮元校刻：《十三经注疏》，第1457页。

③ 郑玄注"气谓嘘吸出入者也，耳目之聪明为魄，合鬼神而祭之，圣人之教致之也"（孔颖达：《礼记正义》，阮元校刻：《十三经注疏》，第1595页）。高诱注解《淮南子》"天气为魂，地气为魄"云"魂，人阳神也；魄，人阴神也"（刘文典：《淮南鸿烈集解》，北京：中华书局，1989年，第520页）。孙希旦注解谓"阴犹掩也。昭明，谓其光景之著见也……骨肉之掩于下者，魄之降而为鬼。气之发扬于上者，魂之升而为神也"（《礼记集解》，第1219—1220页）。皆是阐述魂与魄的区别。

④ 《礼记·檀弓上》有相似的记载，是篇记录季札说"骨肉归复于土，命也。若魂气，则无不之也"（孔颖达：《礼记正义》，阮元校刻：《十三经注疏》，第1314页）。

在上,或与时人已有祖先在地下的意识有关。

春秋时人有"魂魄""精""灵"的概念,父祖往逝,其魂灵犹存,父祖灵魂不朽,生者对于祖先的思念有其可寄托之处,因此对他们的敬爱无日无之。"魂魄""魂灵"观念的明晰,加重了春秋时期祖先崇拜伦理化的色彩。

(二) 祖先的神力与功能

祖先在上,富于神力。春秋文献显示,祖先神的功能主要集中于护佑子孙生命,赐予生者长寿,与西周时期祖先神的功能基本一致。不过,在许多方面,祖先的神力又显示出一些新的因素、微妙的变化。现择其大者,疏述之如次:

一,祖先降福子孙。由西周金文可知,祖先最重要的神力即赐予子孙大福。春秋时期,祖先神的这一功能依旧强大,春秋早期宗妇郜嬰鼎谓"王子剌公之宗妇郜嬰为宗彝鬶彝,永保用,以降大福,保辥郜国",[1]此器是为宗室所作,器主宗妇郜嬰祈求祖先降大福,安保郜国。山东曲阜鲁国故城望父台所出春秋早期鲁伯盨谓"鲁伯念用公彝,其肈作其皇考皇母旅盨簋,念夙兴用追孝,用祈多福",[2]器主称自己公正、恭敬,他为父母作器,求取无尽之福。同为春秋早期的冶仲考父壶谓"冶仲考父自作壶,用祀用饗,多福滂滂,用祈眉寿,万年无疆"。[3]滂滂,多貌,器主祈祷祖先赐福无尽。显然,祖先仍有降福之神力。但是,毋庸置疑的是,这一时期降福类铭文较之西周时期大为减少,西周金文中常见的"用祷福""用匄鲁福""用匄永福""用匄百福"等不见于春秋时期铭文,表明在人们的心目中祖先降福的功能有所削弱。

不唯如此,西周时期特别是中期以来金文嘏辞中常见的"媚禄""纯鲁""福禄""毙屯亡敃""纯佑""通禄"等皆不见于春秋铭文嘏辞,说明祖先的神力、功能悄然发生了变化。

二,祖先保护子孙生命、延长子孙寿命。春秋时期,祖先恩赐子孙长

---

① 《集成》2683。

② 《集成》4458。

③ 《集成》9708。

命、保佑子孙延年的功能十分强大，这是祖先神性最为突出之处。西周时期，人们求祷祖先降以万年、眉寿。春秋时期，人们的观念愈加全面，不但从正面祈请祖先降赐长命万年，更进一步从反面求祷先祖护佑难老、不死。

公典盘铭文拓片

祈祷祖先佑助长生无期、眉寿难老、长寿不死的铭辞贯穿春秋一代。春秋早期夆叔盘谓"眉寿万年……寿老无期"，①复封壶谓"复封及仲子作为宝壶，用享用孝于其皇祖、皇妣、皇考、皇母，用祈眉寿久岁难老，其万年无疆"。② 春秋中期器归父盘谓"为忌沬盘，以祈眉寿，灵命难老"。③ 山东长清仙人台所出公典盘谓：

> 寺（邿）子姜首及寺（邿），公典为其盥盘，用祈眉寿难老，室家是保，它它熙熙，男女无期，于终有卒。子子孙孙永保用之，不（丕）用勿出。（见左图）④

铭文的大意谓器主之夫为她铸造盥盘，以祈长寿不老，保卫家室，夫妻永生无期。黼镈谓"黼作子仲姜宝镈，用祈侯氏永命，万年黼保其身，用享用孝于皇祖圣叔、皇妣圣姜……用祈寿老毋死，保吾兄弟，用求考命、弥生，肃肃义政，保吾子姓"，⑤此器是黼为子仲姜所作，用于祭祀先祖，并向先祖祈祷不死、长命、尽其年寿。春秋晚期叔夷钟谓"夷用作铸其宝钟，用享于其皇祖、皇妣、皇母、皇考，用祈眉寿，灵命难老"，⑥叔夷作器祭祀先祖，祈请祖先保佑长生不老。

上引铭文中，"难老""毋死""无期"等习见于春秋金文，但在西周铭文

①　《集成》10163。
②　《铭图》12447。
③　《集成》10151。
④　山东大学历史文化学院考古系：《长清仙人台五号墓发掘简报》，《文物》1998 年第 9 期。
⑤　《集成》271。
⑥　《集成》277。

中十分罕见。"难老"最早见于西周晚期事季良父壶,铭谓"事季良父作敃姒尊壶,用盛旨酒,用享孝于兄弟、婚媾、诸老,用祈匃眉寿,其万年令终难老"。① 翻检西周金文,"难老"仅此一例。但至春秋时期"难老"逐渐增多,特别是齐地青铜铭文中,喜用"难老"表达对于长生的渴求,如上举公典盘、归父盘等。"难老"亦见于传世文献,《诗经·鲁颂·泮水》"既饮旨酒,永锡难老",郑笺"已饮美酒而长赐其难使老。难使老者,最寿考也",②即"难老"是寿考的最高境地,是"长生"进一步的延展。"毋死"则是春秋时期的新词汇,目前仅见于鎛镈及鲍子鼎铭文("鲍子作媵仲匋姒……仲匋姒及子思,其寿君毋死"③),但在文献中可见"不死"之说,其义相当。《左传》昭公二十年记载齐景公与晏婴饮酒,乐,齐景公不由感慨:"古而无死,其乐若何?"晏婴对曰:"古而无死,则古之乐也,君得何焉?"④齐景公向往不死之境界,在他的想象中,上古确有不死之事。"难老"的流行与"不死"的出现,表明春秋时期人对于长生有了新的认识,人们不但渴望长命万年,更加希冀生命无休无止,绵延至于无穷无际。至于战国时期文献中记载炼丹之士向荆王献不死之药,齐威王、宣王、燕昭王醉心于方术,使人人海求不死之药的记载,更说明战国时期人们对于长生的渴望和追求,以及对于现世生活的无尽留恋。

有意思的是,西周金文中表示长寿的常见词汇"黄耇""灵终"则罕见于春秋铭文。"黄耇"为形容人老肤色之辞,为寿老之征,⑤其性质与"眉寿"相仿。"灵终"则是善终之义。与"万年无疆""难老"相比,眉寿、黄耇

① 《集成》9713。
② 孔颖达:《毛诗正义》,阮元校刻:《十三经注疏》,第 611 页。
③ 《铭图》2404。
④ 孔颖达:《春秋左传正义》,阮元校刻:《十三经注疏》,第 2094 页。
⑤ "黄耇"亦见于传世文献。《诗经·小雅·南山有台》"遐不黄耇",毛传"黄,黄发也;耇,老"(孔颖达:《毛诗正义》,阮元校刻《十三经注疏》,第 419 页)。《仪礼·士冠礼》"黄耇无疆",郑玄注"黄,黄发也;耇,冻梨。皆寿征也"(贾公彦:《仪礼注疏》,阮元校刻:《十三经注疏》,第 957 页)。《释名》"释长幼"曰"九十曰鲐背,或曰黄耇,鬓发变黄也;耇,垢也,皮色骊顇恒如有垢者也"(刘熙:《释名》,北京:中华书局,1985 年,第 42 页)。《说文》"耇,老人面冻黎若垢"(许慎:《说文解字》,第 173 页)。《尔雅·释诂上》谓"耇老,寿也",邢昺疏引孙炎曰"耇,面如冻梨,色似浮垢,老人寿征也"(邢昺:《尔雅注疏》,阮元校刻:《十三经注疏》,第 2569 页)。

是较为曲折地表示长寿之辞，"善终"所表达的则不如"寿老无期"等尽意。春秋金文中仅仅保留了西周时期常见的眉寿，而少用意义较为委婉的黄耇、灵终，表明春秋以后人们对永生不死的追求多么地直接。

在春秋时人的心目中，祖先神灵既赐予寿宁又保佑福禄，长寿与厚福，常常并列为子孙向祖先祈祷的内容。《诗经·小雅·楚茨》是贵族祭祀祖先的乐歌，诗篇说："祝祭于祊，祀事孔明。先祖是皇，神保是飨……神保是格，报以介福，万寿攸酢……神嗜饮食，使君寿考。孔惠孔时，维其尽之。子子孙孙，勿替引之！"祭祀中，祖先神回来享受子孙的献祭，①祖先神既嗜饮食，赐予生者寿考。祭祀甚顺其时，②无所不尽。生者向祖先"以介景福"，求取大福，而祖先神则"报以介福""万寿无疆""万寿攸酢"，③果然赐降百福、万福、厚福与寿考。诗篇中，寿宁与丰福，是子孙祈祷的主要内容。《诗经·小雅·信南山》也是贵族祭祀祖先的乐歌，诗篇谓"曾孙之穑，以为酒食。畀我尸宾，寿考万年。中田有庐，疆场有瓜。是剥是菹，献之皇祖。曾孙寿考，受天之祜。祭以清酒，从以骍牡，享于祖考……祀事孔明，先祖是皇。报以介福。万寿无疆"，④与《楚茨》相类，生者祭祀祖先，祖先降以长生、景福。上引诗篇皆描写春秋时期的常祀场面，知春秋时人常祀之时，向祖先祈求无尽的寿考与无穷的厚福。

值得指出的是，在保护子孙长生不老之外，祖先还有保护夫妻同心永结之神力。春秋金文中，屡见"男女无期"之谓，或谓其意指夫妻好合无终无期，或谓指多子多孙绵延不息，⑤其义尚需辨析。"男女无期"主要见于

---

① 关于"先祖是皇"句，皇，毛传"大也"，郑笺"皇，暀也。先祖以孝子祀礼甚明之故，精气归暀之"（孔颖达：《毛诗正义》，阮元校刻：《十三经注疏》，第468页）。马瑞辰曰："《说文》'繄，门内祭，先祖所彷徨'，即暀也。《释训》：'暀暀、皇皇，美也。'《说文》：'暀，光美也。'暀本义为美，又借为归往之往。《小尔雅》：'徨，往也。'《信南山》'先祖是皇'，笺：'皇之言往也。'《泮水》'烝烝皇皇'，笺：'皇皇当作暀暀，暀暀犹往往也。'《少仪》注：'皇皇读为往往之往。'"（《毛诗传笺通释》，第702页）依其义，"先祖是皇"意谓先祖是来。

② "孔惠孔时"，朱熹释为祭祀甚顺甚时（《诗集传》，第154页）。

③ 酢，报也。"万寿攸酢"意为报以万寿。

④ 孔颖达：《毛诗正义》，阮元校刻：《十三经注疏》，第471页。

⑤ 于省吾先生释相关语为"无碁"，即"无算"，"无算极言其男女之多"（《泽螺居诗经新证》，第171页）。相关辨析见吴镇烽：《鲍子鼎铭文考释》，《中国历史文物》2009年第2期；张俊成：《鲍子鼎铭文补释及年代问题》，《华夏考古》2017年第2期。

以下几例：

> 鲍子作媵仲匋姒，其获皇男子，勿或（有）柬已，它它熙熙，男女无期，仲匋姒及子思，其寿君毋死，保而兄弟，子子孙孙永保用。（春秋晚期鲍子鼎）①

> 齐侯作媵宽圌孟姜善鼎，用祈眉寿，万年无疆，它它熙熙，男女无期，子子孙孙永保用之。（春秋晚期齐侯敦）②

> 庆叔作媵子孟姜盥匜，其眉寿万年，永保其身，沱沱熙熙，男女无期，子子孙孙，永保用之。（春秋晚期庆叔匜）③

三例铭文中，"男女无期"之后全部接续"子子孙孙永保用"，易于造成"男女无期"义指子孙无尽的印象，但事实上，"子子孙孙永保"亦指时间上的无穷无尽，与子孙繁多并无关联。并且，细读铭文，可见"男女无期"总是与"毋死""万年无疆""眉寿万年"类表生命不止的用语搭配，两者应属于同类铭辞。此外，三例器物的制作目的皆是为女子作媵器，特别是鲍子鼎铭，直言仲匋姒，配以伟岸的男子，作器者祝愿他们"勿有柬已"，即无有止境。同理，"男女无期"亦是作器者的祝福，祈愿他们百年好合，天荒地老。因此，"男女无期"在一定程度上，也寓意长生不老，只是它特别地用于夫妻之间，包含着天长地久、永结同心的意味。

总之，祖先施与生者可延之寿与无极之福，这是祖先神最为重要的功能。

三，当子孙遭受不虞之测时，祖先保护子孙的生命。在一般性的日常生活中，祖先是生者的保护神，赐赉长寿与厚福，而在子孙遭遇灾祸、危险、不测时，祖先护佑子孙免受伤害，保佑子孙的生命。《诗经·大雅·瞻卬》是诗人刺周幽王乱政亡国的诗篇，作者在诗篇中哀叹天之降灾，谓"无忝皇祖，式救尔后"，忝，《说文》"辱也"；④式，丁声树先生指出《诗经》中

---

① 《铭图》2404。
② 《集成》4645。
③ 《集成》10280。
④ 孔颖达：《毛诗正义》，阮元校刻：《十三经注疏》，第577—579页。许慎：《说文解字》，第223页。

"式"每与"无"对言，是劝令之辞，"殆若今之言'应'言'当'"。[1] 指天降之灾，先祖应救子孙后代于水火之中。在战争中，祖先更须担负捍卫子孙的生命、身体发肤不受伤害的职责。《左传》哀公二年记卫太子蒯聩随晋赵鞅伐范氏、中行氏，其祷辞谓："曾孙蒯聩敢昭告皇祖文王、烈祖康叔、文祖襄公：郑胜乱从，晋午在难，不能治乱，使鞅讨之。蒯聩不敢自佚，备持矛焉。敢告无绝筋，无折骨，无面伤，以集大事，无作三祖羞，大命不敢请，佩玉不敢爱。"曾孙，蒯聩自谓。其所祷告的三祖先是：皇祖文王为周之先王，烈祖康叔为卫之始封君，文祖襄公是蒯聩之祖父；大命谓死生之命。[2] 战前蒯聩祈祷三祖先保佑他身体无所损伤，足见时人深信，在面临危险不测之时，祖先会加以护佑。《左传》成公二年记载，齐晋鞌之战前夕，晋司马韩厥梦见其父子舆谓己曰"旦辟左右"。[3] 古代军制，元帅立于兵车之中，在鼓之下。韩厥为司马，应在车左，主射。韩厥听从其父在梦中告诫，在开战时避开车之左右而使代御车者立于中央执辔，结果车之左右皆遇射身亡，韩厥却不仅幸免于难，而且勇擒齐之将佐，这一切皆是祖先托梦、保佑的结果。昭公二十一年（前521年），宋国内乱，公子城临战祈祷："平公之灵，尚辅相余！"[4]他所求祷的，是其父宋平公。

战前向祖先祈祷以保护性命，是春秋时人常见的做法。晋楚鄢陵之战前，晋人"张幕"，即帐幕张开，"虔卜于先君也"，[5]即是在先君主牌位前诚心卜问，求祖考护佑生命。获胜之后，也要向先祖汇报，答谢祖先庇护之恩。《左传》宣公十二年记载晋楚邲之战，楚人大败晋师，楚庄王谓"其为先君宫，告成事而已"，战后，楚人"祀于河，作先君宫，告成事而还"，向

---

　　① 丁声树：《诗经"式"字说》，《历史语言研究所集刊》第六本第四分，1936年。
　　② 孔颖达疏"谓己之身命，不敢私请苟以求生"（孔颖达：《春秋左传正义》，阮元校刻：《十三经注疏》，第2157页）。
　　③ 《左传》成公二年，孔颖达：《春秋左传正义》，阮元校刻：《十三经注疏》，第1894页。按，"且辟左右"的"且"字，石经宋本作"旦"，顾炎武说作"旦"为是，阮元从之。钱大昕说作"旦"，义为清晨。（同上书，见1899页）。鞌之战前，齐顷公有"余姑翦灭此而朝食"的话，是"旦"时开战之证，所以从钱说义为长。
　　④ 孔颖达：《春秋左传正义》，阮元校刻：《十三经注疏》，第2098页。
　　⑤ 《左传》成公十六年，孔颖达：《春秋左传正义》，阮元校刻：《十三经注疏》，第1918页。

祖先报捷,感谢祖先冥冥中的保佑。

当子孙遭遇疾病之时,祖先要特别守护子孙。《尚书·金縢》篇周公为武王祷请祖先事,已广为人知。春秋时期,情况略微有所变化。一方面可见人们仍然相信祖先可助生者摆脱疾患,在子孙遭遇不测时,会向祖先祈祷。另一方面,祖先的神力似乎有所下降,因为在春秋文献中数见向祖先神灵祷告而无效的记载。例如,春秋前期,"夔子不祀祝融与鬻熊,楚人让之,对曰:'我先王熊挚有疾,鬼神弗赦,而自窜于夔。吾是以失楚,又何祀焉?'"①夔为楚之别封,祝融与鬻熊为楚之始祖,依古礼,夔宜祭祀楚之先祖。但是,夔子自述其放弃祭祀祝融、鬻熊的理由是,其先王熊挚患疾,曾祈祷于先祖鬼神,而其疾不愈(鬼神弗赦),未获先祖护佑,故不祀。无论夔子借口如何,②可见生者患疾仍保留有祷请祖先的习俗,但祖先并未达到生者所愿。又如,春秋后期,齐侯染虐疾,不愈,齐大夫以为"吾事鬼神丰,于先君有加矣。今君疾病……是祝、史之罪也",③齐景公病情加重之时,齐大夫认为祭祀祖先粢盛丰备,但景公病情恶化,虽然大夫们将之归咎于祝、史之罪,但在事实上则意味着祖先并未如子孙所期待的那样施加护佑。再如,《国语·晋语八》记载,晋平公有疾,晋卿韩宣子有言"寡君之疾久矣,上下神祇无不遍谕,而无除",④君主有疾,晋人告于上下神祇,其中也当包括祖先神灵,但平公并不因为祭告神灵而病瘳。上引三例,皆是生者患病而向包括祖先在内的神灵行祭祷,但遗憾的是,祖先并没有显示出应有的神力。生者尊崇祖先,祖先赐予子孙福祜,这是生者与祖先的

---

① 《左传》僖公二十六年,孔颖达:《春秋左传正义》,阮元校刻:《十三经注疏》,第1821—1822页。

② 其实,夔不祀楚之祝融、鬻熊,别有原因。《史记·楚世家》索隐引谯周《古史考》云:"熊渠卒,子熊翔立;卒,长子挚有疾,少子熊延立。"正义引《乐纬》宋均注云:"熊渠嫡嗣曰熊挚,有恶疾,不得为后,别居于夔,为楚附庸,后王命曰夔子也。"《国语·郑语》"芈姓夔、越,不足命也",韦昭注:"熊绎六世孙熊挚,有恶疾,楚人废之,立其弟曰熊延,挚自弃于夔。其子孙有功,王命为夔子。"由上述记载看,熊挚窜于夔,为未得立之故(详见杨伯峻:《春秋左传注》,第441页)。但无论如何,从《左传》的记述中,可以看出子孙有疾,而向先祖祈祷,当未达成所愿时,会有改祀。

③ 《左传》昭公二十年,孔颖达:《春秋左传正义》,阮元校刻:《十三经注疏》,第2092页。

④ 上海师范大学古籍整理组点校:《国语·晋语八》,第478页。

基本关系。但是倘若祖先神灵不能发挥其功能，也会为子孙所厌弃，这是生者与祖先关系中非常现实的一面。

不过，纵观春秋之世，人们遇到疾病时仍常向先祖祈求禳灾，祖先在拯救子孙生命方面仍然发挥有重要的作用。救苦救难，是为先祖之责。

四，祖先护佑家族繁衍生息、人丁兴旺。西周时期，祖先即拥有呵护家族子孙满堂、绵延不绝的神力。西周晚期金文中就有祈祷百子千孙、家族繁盛的用语。如梁其鼎谓"其百子千孙，其万年无疆"，①㝬生盨谓"㝬生眔大妊，其百男、百女、千孙，其万年眉寿"，②期盼祖先恩赐儿女成群、多子多孙。春秋时期，人们仍然向往子孙满堂、膝下承欢。叔夷钟云"汝考寿万年，永保其身，俾百斯男"，③祈祷祖先保佑家族枝繁叶茂，瓜瓞绵绵。

春秋时人深切地以为，子孙将得到祖先的护佑。《左传》宣公三年记载郑文公之贱妾燕姞梦到天使送她兰花，自称是伯鯈，为南燕之祖，④云兰香甲于一国，人佩兰而爱之，并指导她以兰为其子命名。既而郑文公见燕姞，燕姞与之兰而文公幸之，遂生子，以兰名之，此即之后的郑穆公。由这一故事可见，郑穆公之出生、继立为君主，早已在其祖先的护佑之下。相反，郑公子忽由于不敬先祖之举，时人以为子孙难以繁盛。《左传》隐公八年记载公子忽迎娶陈国妇妫，返国后，"先配而后祖"，杨伯峻先生释曰"配，指同床共寝；祖，指返国时告祭祖庙"，⑤公子忽忽略了敬祖之道，陈国大夫鍼子批评道："是不为夫妇，诬其祖矣，非礼也，何以能育？"指出公子忽先婚配而后祭祖，违背婚娶之礼，是欺诬其祖先，没有祖先的荫庇，子孙何以蕃育？

五，祖先帮助子孙复仇，达成生者所愿。《左传》成公十年记载，晋景公诛赵同、赵括，族灭之。两年之后，"晋侯梦大厉，被发及地，搏膺而踊，曰：'杀余孙，不义。余得请于帝矣！'"晋侯所梦的"大厉"，即恶鬼，古人认

---

① 《集成》2768。
② 《集成》4459。
③ 《集成》285。
④ 杨伯峻先生注曰"伯鯈为南燕之祖"，并引李贻德之语曰"黄帝之子得姓者十二，姞其一也。伯鯈当是受姞姓者"（《春秋左传注》，第673页）。
⑤ 杨伯峻：《春秋左传注》，第59页。

为绝后之鬼常为厉。① 晋景公梦中出现的"大厉",是赵氏祖先,他宣称将以晋公迫害赵氏之恶行上告于帝,请上帝主持公道。② 由这个故事看,祖先始终担负有庇护子孙之责,即便他的神性不够强大,也要借用帝之神力替子孙报仇雪恨。这个故事在《史记·赵世家》中也有记叙,谓"晋景公疾,卜之,大业之后不遂者为祟。景公问韩厥,厥知赵孤在,乃曰:'大业之后在晋绝祀者,其赵氏乎? ……今吾君独灭赵宗,国人哀之,故见龟策。唯君图之。'……于是景公乃与韩厥谋立赵孤儿",③ 大业之后即指赵氏。《赵世家》所记与《左传》有异,其中并没有涉及上帝,而且有意思的是,它所说景公之病,是由赵氏之祖先为祟而致。因此,祖先并不需要借助上帝而是直接发挥神力,帮助赵氏孤儿得立。在西汉的这一版本中,祖先具有了更强大的力量。

祖先甚至可以协助子孙嗣位。《左传》定公元年记载,鲁昭公出,季平子意欲废太子公衍而立昭公弟(即此后之定公),于是,"季平子祷于炀公。九月,立炀宫"。炀公系伯禽庶子,伯禽嫡子考公酋去世后,炀公以庶子身份继位。季平子于昭公出奔之际祷炀公,是由于炀公是以庶弟的身份继承兄位者。季平子欲效炀公嗣位故事,而立昭公弟,因此在炀宫进行祈祷。定公即位后,季氏又别立炀宫,一方面是报答鲁炀公护佑之恩,另一方面则表明兄终弟及,鲁有先例,非己私意。④ 这则故事说明特定的先祖在协助子孙嗣位方面亦有特殊的神性。⑤

---

① 《礼记·祭法》谓"王为群姓立七祀,曰司命……曰泰厉……诸侯为国立五祀,曰司命……曰公厉……大夫立三祀,曰族厉,曰门,曰行",孔疏曰"泰厉者,谓古帝王无后者也。此鬼无所依归,好为民作祸,故祀之也。公厉,谓古诸侯无后者,诸侯称公,其鬼为厉,故曰公厉。族厉,谓古大夫无后者鬼也"(孔颖达:《礼记正义》,阮元校刻:《十三经注疏》,第1590页)。《左传》昭公七年亦有"鬼有所归,乃不为厉也"(孔颖达:《春秋左传正义》,阮元校刻:《十三经注疏》,第2050页)的说法。

② "请于帝"为春秋时期常用语,如《左传》僖公十年述晋太子申生死,夷吾即位,申生之傅狐突梦申生曰"夷吾无礼,余得请于帝矣。将以晋畀秦,秦将祀余",后,又告狐突"帝许我罚有罪矣,敝于韩",即罚夷吾(孔颖达:《春秋左传正义》,阮元校刻:《十三经注疏》,第1801—1802页)。"请于帝"即以祖先之影响力上达于帝,由帝惩罚为恶者。

③ 《史记》,第1784页。

④ 详见杨伯峻:《春秋左传注》,第1527页。

⑤ 《左传》僖公三十年记载卫成公获释于晋国,经过一番内乱,终于得立,"入,祀先君"(孔颖达:《春秋左传正义》,阮元校刻:《十三经注疏》,第1830页)。这一方面是感谢先祖的护佑,登上君位,另一方面是祭告先祖,祈请祖先进一步降临护佑。

事实上，遇有大事，春秋人习惯于祭祀告祷先祖，求取庇护。前引鲁国阳虎欲去三桓，而举行合祭先公之礼，即为一例。祖先的影响力由此可见一斑。

然而，需要指出的是，在一些关键时刻，人们不总是向祖先祈祷，其他神灵在人们心目中具有更强烈的神性。晋国平公患疾，人们祈祷的对象是山川。据《左传》记载，子产聘问晋国之时，晋平公疾，韩宣子迎客，向子产询问：平公患疾已愈三月，群臣并走境内山川之神，皆行祭祀，不料平公病情加重。平公夜梦黄熊，是何种厉鬼作祟？子产讲了一番尧殛鲧于羽山，其神化为黄熊，三代皆祀之的典故，并提示晋国为盟主，或许当接续三代君王之职，祭祀于鲧。① 在这个记载中，人们不祷先祖而祈求于晋国山川，是由于人们相信，不但是祖先神，山川之神也具有起死回生的神力，且其神性可能高于先祖。又如，鲁隐公祷于钟巫的故事。据载，隐公未即位时，鲁国与郑人战，隐公被俘。郑人将之囚禁于大夫尹氏之家，隐公为逃脱，贿赂尹氏，并且"祷于其主钟巫"。② 钟巫，是尹氏家所祭之神，隐公处境困难，居然向尹氏家之神灵祈祷，这真是"事急乱求神"。有意思的是，钟巫"显灵"，隐公成功逃脱，回到了鲁国。隐公迷信钟巫的神力，"遂与尹氏归而立其主"，即在鲁国都城立钟巫之神主。上述两例故事均为生者面临危殆，他们首先祈祷的并不是祖先，可见，祖先神灵虽然悉心的、全方位的护佑子孙，但在一些时刻，其他神灵的神力超越于祖先之上。

---

① 《左传》昭公七年，孔颖达：《春秋左传正义》，阮元校刻：《十三经注疏》，第 2049 页。按，《国语·晋语八》所记此事，略有不同。是篇谓"郑简公使公孙成子来聘，平公有疾，韩宣子赞授客馆。客问君疾，对曰：'寡君之疾久矣，上下神祇无不遍谕，而无除。今梦黄熊入于寝门，不知人杀乎，抑厉鬼邪？'子产曰：'以君之明，子为大政，其何厉之有？侨闻之，昔者鲧违帝命，殛之于羽山，化为黄熊，以入于羽渊，实为夏郊，三代举之。夫鬼神之所及，非其族类，则绍其同位，是故天子祀上帝，公侯祀百辟，自卿以下不过其族。今周室少卑，晋实继之，其或者未举夏郊邪？'宣子以告，祀夏郊，董伯为尸，五日，公见子产，赐之莒鼎"（上海师范大学古籍整理组点校：《国语·晋语八》，第 478 页）。其所谓"上下神祇无不遍谕"，与《左传》所云"并走群望"不同，盖传闻异辞。揆史载之意，即令是遍谕"上下神祇"，也还是没有突出先祖之地位。

② 《左传》隐公十一年，孔颖达：《春秋左传正义》，阮元校刻：《十三经注疏》，第 1731 页。

（三）祖先对现实世界的干预和影响

祖先虽已逝去,但祖先对于现实世界的干预和影响,却不可低估。春秋时期,人们颂扬祖先有善政、懿德、嘉言、皇猷、美事等等,此类德行,不仅成为子孙自信、自诩的资源,而且演化为子孙行为、行事的准则,形成了祖先之法、祖先之教。另外,祖先生前之意愿、遗志,甚至想象中的祖先愿望,都能够成为影响现实的重要因素。祖先在现实社会中发挥有深刻作用。

祖先之教至高无上,不容违拗。正因为如此,祖先之教往往为生者所用,成为达成子孙自我意愿的借口。此类事件在春秋社会屡见不鲜。生者常常以祖先托梦的形式,假祖先之名,清除现实中的障碍,攫取一己之私利。

春秋后期,卫襄公之嬖妾生孟絷,"孔成子梦康叔谓己:'立元,余使羁之孙圉与史苟相之。'"①孔成子,即孔烝鉏,卫卿;康叔,卫之始祖;元,孟絷之弟,即后来的卫灵公;羁,孔成子之子;史苟,卫卿史朝之子。这个故事的背景是卫君襄公去世,需要新立卫君。孔成子梦到始祖康叔命令自己立元为卫君,而孔成子之曾孙圉与史苟将辅佐元。无独有偶,史苟之父史朝也做了类似的梦,"史朝亦梦康叔谓己:'余将命而子苟与孔烝鉏之曾孙圉相元。'"史朝见到成子时告之所梦,②两人的梦相互呼应、一拍即合。梦之真假固然不可知,但以卫之始祖康叔的名义制造舆论,显然具有一定的效力,元最终得立,是为灵公。在废立君主这样的大事中,生者可假托梦中祖先之意,借祖先之名成事,足见祖先权威犹在。③ 又如,春秋前期,

---

① 《左传》昭公七年,孔颖达:《春秋左传正义》,阮元校刻:《十三经注疏》,第 2051 页。

② 竹添光鸿笺"先记成子梦,而史朝先以告,史之职宜然。成子国卿也,闻而后语,得大臣之礼"(《左氏会笺》,第 1765 页)。

③ 由文献记载看,在立新君方面,春秋时人不仅仅借助祖先神,其他神灵在此类问题中也有发言权。《左传》昭公十三年,"(楚)共王无冢适,有宠子五人,无适立焉。乃大有事于群望,而祈曰:'请神择于五人者,使主社稷。'乃遍以璧见于群望,曰:'当璧而拜者,神所立也,谁敢违之?'既,乃与巴姬密埋璧于大室之庭,使五人齐,而长入拜。康王跨之,灵王肘加焉,子干、子晳皆远之。平王弱,抱而入,再拜,皆厌纽"(孔颖达:《春秋左传正义》,阮元校刻:《十三经注疏》,第 2070 页)。说的是楚共王时,难以在五个儿子中选立,因此,乃以请群望即遍祭境内名山大川的形式在祖庙(大室)当中以神的名义来选取继位者。

晋献公欲去太子申生,献公夫人丽姬设计陷害申生,而对他说"君梦齐姜,必速祭之"①。齐姜为申生母,丽姬告诉申生晋献公梦齐姜,申生当速祭其母,太子因此"祭于曲沃"。② 祭祀中,丽姬从中作梗,结果造成太子申生自杀。此一事件中,丽姬假托献公之梦,迫使太子祭祀,最终达到了迫害申生的目的。③ 两个故事中所出现的梦境,无一例外事实上都是做梦之人假托梦境,但他们却借助祖先的威灵,祭出祖先的大旗,扫清了现实中的阻力,实现了自我愿望。

相似的事情发生在郑国。春秋后期,郑伯有被杀,国内有人呼喊伯有之鬼现身,众人惊恐,国内混乱。子产铸刑书后,又有人梦伯有着甲而行,宣称在壬子日将杀驷带,在明年的壬寅日将杀公孙段。驷带,郑贵族,曾伐伯有,而公孙段,为驷带之党。果然,及壬子日,驷带卒,国人益惧。后,公孙段卒。梦境全部应验了,国人愈惊。在这种情势下,子产立公孙洩及良止以抚之,恐慌乃止。子产解释其所以立公孙洩、良止的理由,谓:"鬼有所归,乃不为厉,吾为之归也。"杜预注"立以为大夫,使有宗庙也"。④ 在这个故事中,《左传》虽并未交代梦者的身份,但不难想象,此梦应是伯有家人为制造舆情而编造的,其目的就是迫使郑国执政安抚伯有家族。有意思的是,子产所立两子,公孙洩为子孔之子,良止为伯有之子。子产立良止以安抚伯有之灵,为理所应当。但子孔之鬼并未为厉,为什么子产仍立公孙洩?《左传》记载了大叔和子产的对话:

---

① 《左传》僖公四年,孔颖达:《春秋左传正义》,阮元校刻:《十三经注疏》,第1793页。

② 曲沃为献公祖庙所在,齐姜死后祔于祖姑,故其庙在曲沃。《国语·晋语二》记载"骊姬以君命命申生曰:'今夕君梦齐姜,必速祠而归福。'申生许诺,乃祭于曲沃"(上海师范大学古籍整理组点校:《国语·晋语二》,第289页)。齐姜,申生母;福,胙肉也。《国语》所记与《左传》近似。而《榖梁传》则添加若干细节,曰"丽姬又曰:'吾夜梦夫人趋而来,曰,吾苦饥。世子之宫已成,则何为不使祠也?'"具体论析参见杨伯峻《春秋左传注》,第296页。

③ 相似的故事还有,春秋后期晋卿荀吴帅师灭陆浑,战前,宣子"梦文公携荀吴而授之陆浑",战后,"使穆子帅师,献俘于文宫"。宣子为晋卿,穆子即荀吴。宣子因梦晋文公助荀吴,而使荀吴帅军。战争中晋人果真获胜,献俘于晋文公之庙,以应梦也。见《左传》昭公十七年,孔颖达:《春秋左传正义》,阮元校刻:《十三经注疏》,第2084页。

④ 《左传》昭公七年,孔颖达:《春秋左传正义》,阮元校刻:《十三经注疏》,第2050页。

　　大叔曰:"公孙洩何为?"子产曰:"说也。为身无义而图说,从政有所反之,以取媚也。不媚,不信。不信,民不从也。"

襄公十九年,郑人杀公孙洩之父子孔("子孔为政也专,国人患之")。子产意谓伯有无义,原本不当为其立后,但现在由于国人屡言梦见伯有,造成恐慌,子产不得已立其子,但同时又立公孙洩,意在使民众知晓子产所为在于以义继绝,①而绝非害怕梦中的伯有之鬼。此处固然可见子产解嘲之谋、应变之策,但仍然可见,梦中的祖先的的确确可在现实中发挥影响,否则,不会在郑国造成民众惊恐的局面,智者如子产也不会媚于不义之鬼而取悦民众。

　　借祖先之名,可以影响现实社会、实现生者所愿。同时,祖先的威灵,也可以成为恒久、信义的象征。以祖先的名义,常常成为生者的一套有效说辞,形成法则与规矩。

　　春秋时期的盟誓中,盟之双方常常以祖先为誓求取长久之信。于古人而言,盟会时神灵降临,盟誓者当取信于神,而祖先因其崇高威望成为信任的象征。侯马盟书之辞"吾君其明亟殂之",意谓背犯盟誓者,则我不显祖先之灵殛视之。② 春秋前期,卫国有乱,晋人帮助卫侯返国,卫大夫宁武子与卫人盟,其辞曰"自今日以往,既盟之后,行者无保其力,居者无惧其罪。有渝此盟,以相及也。明神③先君,是纠是殛"。杜注"纠,绳治之也;殛,诛也",④意谓违反誓言者,祖先将予以最严厉的惩罚。春秋中期,秦背晋盟而与楚盟,辞谓"昭告昊天上帝、秦三公、楚三王曰:'余虽与

---

　　①　关于公孙洩之立,杜预注"子孔不为厉,问何为复立洩。伯有无义,以妖鬼故立之,恐惑民,并立洩,使若自以大义存诛绝之后者,以解说民心也"(孔颖达:《春秋左传正义》,阮元校刻:《十三经注疏》,第 2050 页)。杨伯峻先生注"伯有、子孔皆身为不义,而伯有为鬼而求得欢。子产从政……应依当时之礼义而行。子孔、伯有为恶而被杀,宜无祀,今若仅立伯有子,是反当时礼义而行,同时立子孔之子,盖以取爱于国人"(《春秋左传注》,第1292 页)。

　　②　陈梦家:《东周盟誓与出土载书》,《考古》1966 年第 5 期。

　　③　此处之明神当指祖先神,不过有时明神也包括其他神灵,如《左传》襄公十一年所记盟辞"司慎、司盟,名山、名川,群神、群祀,先王、先公,七姓、十二国之祖,明神殛之",此处之明神即应包括自司慎至十二国之祖的所有神灵。

　　④　《左传》僖公二十八年,孔颖达:《春秋左传正义》,阮元校刻:《十三经注疏》,第1826 页。

晋出入，余唯利是视。'"①秦三公指穆公、康公、共公，秦时王为桓公，三公是其前之三世之公。楚三王指成王、穆王、庄王，楚时王为共王，成、穆、庄为其前三世之王。在昭告之时，有皇天上帝，而后是时王之三世祖。天与上帝以及先祖，因其崇高而不可欺，可为盟誓之见证。又如，春秋中期，晋、宋、鲁、齐等伐郑，郑人惧，求和，与各国盟，载书曰："凡我同盟，毋蕴年，毋壅利……同好恶，奖王室。或间兹命，司慎、司盟，名山、名川，群神、群祀，先王、先公，七姓、十二国之祖，明神殛之，俾失其民，坠命亡氏，踣其国家。"②司慎、司盟，为天神；③群神、群祀，杨伯峻先生注"群神，各种天神；群祀，天神之外在于祀典者"；④先王、先公，杜预注"先王，诸侯之大祖，宋祖帝乙、郑祖厉王之比也；先公，始封君"；而所谓"七姓、十二国之祖"，杨伯峻先生注曰"晋、鲁、卫、曹、滕，姬姓；邾、小邾，曹姓；宋，子姓；齐，姜姓；莒，己姓；杞，姒姓；薛，任姓。十二国，此时郑尚未与盟，故不数之"。⑤ 在众多诸侯国参与的盟会中，要特别以各诸侯国之祖为誓，祖先成为盟会中的质证，祖先之威望由此可见。⑥

先祖之威望，不但于盟会中可见，在婚姻以及其他邦交活动中，人们也常常借祖先之名行事。人们时时会说"徼某先君之福"，以此表明对对方的尊敬和诚意。人们以祖先的名义，可以将双方的关系追溯得更远，也在现实中拉得更近、结得更牢。春秋前期，秦康公使者至鲁聘问，在行相

---

① 《左传》成公十三年，孔颖达：《春秋左传正义》，阮元校刻：《十三经注疏》，第1912页。

② 《左传》襄公十一年，孔颖达：《春秋左传正义》，阮元校刻：《十三经注疏》，第1950页。

③ 《仪礼·觐礼》疏曰"司慎，司不敬者；司盟，司察盟者"（贾公彦：《仪礼注疏》，阮元校刻：《十三经注疏》，第1092页）。竹添光鸿笺"司慎、司盟俱在山川之上，知是天神，《周礼·大宗伯》所谓司中、司命之类"（《左氏会笺》，第1254页）。

④ 杨伯峻：《春秋左传注》，第990页。

⑤ 盟会之国实有十三，但此处说"十二国"，各家所释不同。杜预注"实十三国，言十二，误也"，竹添光鸿笺"先王，周之先王，谓大王、王季、文王；先公，晋之先公，谓唐叔以下群公也。此不数宋、郑及诸国之先祖，单举晋也，故下文云七姓十二国，除晋而数之也"（《左氏会笺》，第1254页）。

⑥ 值得注意的是，结合此处盟语以及《仪礼》所说，春秋时期已有专门负责盟会之神，而大山、大川与祖先，并不是最重要的神灵，只起到辅助作用。

应礼节后,秦使者说"寡君愿徼福于周公、鲁公以事君",①徼,要也,求也;鲁公,伯禽,其意是说秦人愿事鲁君并蒙先君周公、伯禽之福。秦使者的说辞,将自身置于谦卑的地位,表达了邦交中应有的诚挚。春秋时期的聘问,本身即带有修先君之好的意图,故宾主之辞称先君,意在表明两国友谊源远流长。春秋后期,晋侯将伐齐,派使臣到鲁征集军队支援。使臣说:"昔臧文仲以楚师伐齐,取谷,宣叔以晋师伐齐,取汶阳,寡君欲徼福于周公,愿乞灵于臧氏。"②"灵"亦福,晋人谓愿求福于周公,因此请鲁出师,而臧氏在鲁、齐交战的历史中世胜齐人,因此晋使者称欲以求福于臧氏。由此看来,经过祈请,他国之先祖亦可降福于本国。

此类套语还常见于聘问、请事之辞中,如春秋后期晏婴入晋请嫁齐女于晋平公,谓"君若不忘先君之好,惠顾齐国,辱收寡人,徼福于大公、丁公",大公,齐始祖姜尚;丁公,吕伋,齐之先祖。晏婴意谓愿求齐国之福于二公,使照临镇抚齐国。而晋人答之以"寡君之愿也……其自唐叔以下实宠嘉之",③宠,光耀之意。唐叔虞为晋之祖,故晋人答以自唐叔以下皆自以为有光耀而嘉尚之,④自谦晋齐结亲早已得到祖先的嘉善和护佑。《左传》宣公十二年楚人围郑,克之。郑襄公卑辞以求服,谓"孤不天,不能事君,使君怀怒以及敝邑……若惠顾前好,徼福于厉、宣、桓、武,不泯其社稷……君之惠也,孤之愿也",郑之始封君桓公为周厉王之子,郑之所自出

---

① 《左传》文公十二年,孔颖达:《春秋左传正义》,阮元校刻:《十三经注疏》,第1951页。

② 《左传》哀公二十四年,孔颖达:《春秋左传正义》,阮元校刻:《十三经注疏》,第2181页。

③ 《左传》昭公三年,孔颖达:《春秋左传正义》,阮元校刻:《十三经注疏》,第2030页。

④ 再如,《左传》昭公三十二年,周敬王遣使入晋,请城成周,敬王曰"天降祸于周……伯父若肆大惠,复二文之业,弛周室之忧,徼文、武之福,以固盟主,宣昭令名,则余一人有大愿矣。昔成王合诸侯,城成周,以为东都,崇文德焉。今我欲徼福假灵于成王,修成周之城",杜预注:"肆,展放也。二文,谓文侯仇、文公重耳也。弛犹解也"(孔颖达:《春秋左传正义》,阮元校刻:《十三经注疏》,第2127页);意谓晋人若帮助城成周,则周先王将酬晋人之功而福佑之。又如,《左传》成公十六年,晋人执鲁卿季文子,且欲去仲孙蔑,鲁大夫子叔声伯请季孙于晋,曰"若去蔑与行父(季孙),是大弃鲁国……若犹不弃,而惠徼周公之福,使寡君得事晋君"(孔颖达:《春秋左传正义》,阮元校刻:《十三经注疏》,第1920页)。在这里,鲁人称求福于周公,而使晋人释季文子。

为厉王，但郑桓公之被封在宣王时，则宣王为郑之所自封。① 郑武公为郑桓公之子，桓、武为郑始封之贤君。郑襄公意谓求福于郑先祖，使其社稷不绝，另一方面，郑襄公也打出先祖的旗号，期望获楚君之免。

生者所"徼福"的先君，不但可以是本国先君，也可以根据具体情况、几国先祖并提。如《左传》成公十三年，晋侯使吕相绝秦，其辞谓"昔逮我献公及穆公相好……（我）君亦悔祸之延，而欲徼福于先君献、穆"，②献、穆指晋献公、秦穆公，时两公"戮力同心"，有盟誓，且结以婚姻，为同好。吕相意在通过回顾献公、穆公之好，求福于两君，恢复两国旧好。吕相所说，借先祖套近乎的意图非常明显。再如，《国语·鲁语上》记载鲁国发生饥荒，臧文仲以鬯圭与玉如齐告籴，他说："天灾流行，戾于弊邑，饥馑荐降，民羸几卒，大惧殄周公、太公之命祀，职贡业事之不共而获戾。不腆先君之币器，敢告滞积，以纾执事；以救敝邑，使能共职。岂唯寡君与二三臣实受君赐，其周公、太公及百辟神祇实永飨而赖之！"③他说鲁有天灾，饥馑流行，恐惧"殄周公、太公之命祀"，若齐予之籴，则周公、太公及其他神灵可永飨而有祭祀。以此为由，使得齐人"归其玉而予之籴"，知先王之法确有威慑力。总之，在外交辞令中，先王、先祖是外交套语中的重要内容，后人往往称"徼福"于先祖，借助祖先之灵，完成所愿。

总之，逝去的祖先在现实世界中仍有强大的影响力，祖先之名常常为子孙所用，帮助子孙在各种场合完成所愿。

祖先既为崇高的象征，因此生者当不辱先祖。西周金文显示，周人已萌生出荣耀祖先的观念。春秋时期人继承了这一观念，并进一步发展出不使祖先受辱、捍卫祖先荣誉的思想。春秋中期，郑人伐陈，子产献捷于晋。晋人向子产询问陈国之罪，子产对曰："昔虞阏父为周陶正，以服事我

---

① 杜预注"周厉王、宣王，郑之所自出也。郑桓公、武公，始封之贤君也。愿楚要福于此四君，使社稷不灭"（孔颖达：《春秋左传正义》，阮元校刻：《十三经注疏》，第1920页）。竹添光鸿笺曰："徼福者，为我求福也。郑桓公友者，厉王之子，宣王之弟也。宣王二十二年桓公封于旧郑，子武公东徙新郑，杜以宣为郑所自出，稍未检。当云厉王，郑之所自出，宣王，郑之所自封也"（《左氏会笺》，第880页）。

② 孔颖达：《春秋左传正义》，阮元校刻：《十三经注疏》，第1911页。

③ 上海师范大学古籍整理组点校：《国语·鲁语上》，第158页。

先王。我先王赖其利器用也，与其神明之后也，庸以元女大姬配胡公，而封诸陈，以备三恪。则我周之自出，至于今是赖……今陈忘周之大德，蔑我大惠……以凭陵我敝邑……当陈隧者，井堙木刊。敝邑大惧不竟，而耻大姬。"①子产首先追溯了陈之起源，谓陈源于有虞氏阏父之子胡公，他曾娶周武王之长女大姬为妻，因此陈虽非姬姓，但为周的姻亲国。但是此前一年，陈哀侯不顾陈与姬姓的姻亲关系，会楚伐郑，陈军所过之地，塞井拔树，造成了巨大灾祸。郑人忧虑郑国受此侵侮，使在上的大姬受辱，因此起兵伐陈。子产所说，显然是借口，但他所打出的旗号却是先祖受辱，可见时人以为，祖先与生者之间有精神、荣誉的传递，不辱于祖先、不使祖先受辱，是生者责无旁贷的使命。

春秋时人认为，行事要合于礼节，以避免先祖受辱。春秋前期，楚斗椒聘问鲁国，行礼不敬，鲁叔仲惠伯评价说"是必灭若敖氏之宗。傲其先君，神弗福也"，②斗椒之先祖为若敖，无礼而有辱先祖，是以先祖不再福佑。在春秋时人看来，子孙需以荣耀祖先为务。春秋后期，晋范武子（士会）以贤闻于各国，其具体表现是："夫子之家事治，言于晋国无隐情，其祝史陈信于鬼神无愧辞。"③士会为大夫，大夫之家亦有祝史，鬼神指祖先。信，诚也，指士会家事国事皆能，无愧于祖先，能使祖先荣耀。更进一步，子孙与祖先休戚与共、荣辱相生。春秋前期，宋国的华耦至鲁聘盟，鲁公与之宴，华耦辞让，谓："君之先臣督得罪于宋殇公，名在诸侯之策。臣承其祀，其敢辱君？"④督指华督，华耦之曾祖父，曾经杀宋君与夷，有弑君之恶行。当鲁文公接见华耦并与他宴会时，华耦自认罪人之子孙，不敢屈辱鲁君与之共宴会。可见当时人的观念里，祖先与子孙一脉相承，一荣俱荣，一辱俱辱。

---

① 《左传》襄公二十五年，孔颖达：《春秋左传正义》，阮元校刻：《十三经注疏》，第1985页。
② 《左传》文公九年，孔颖达：《春秋左传正义》，阮元校刻：《十三经注疏》，第1847页。按，若敖生斗伯比，斗伯比生令尹子文、司马子良，越椒是子良之子。
③ 《左传》襄公二十七年，孔颖达：《春秋左传正义》，阮元校刻：《十三经注疏》，第1996页。
④ 《左传》文公十五年，孔颖达：《春秋左传正义》，阮元校刻：《十三经注疏》，第1854页。

同时，祖先还是德之化身，为生者所景仰。前文已述，西周时期，周人以祖先为典范，效法祖先以成德。春秋战国时期，虽然在成德的途径中，周人开始注重内在德行之培养，但先王、先祖仍然是德的化身，先王、先祖之教已经成为当时社会传统、社会文化的一部分，转化为人们的行事准则。《左传》昭公四年记载晋平公以晋可恃地势之险、齐楚多难无可与晋匹敌而沾沾自喜，晋大夫司马侯则指出恃险、虞邻国之难不可取，他说"先王务修德音以享神人"，意即先王之德行神人皆知，先王之德已是生者的标尺。春秋前期，周定王使周卿单襄公假道于陈，单襄公归，以陈将亡告王，他分别以先王之教、周之制、周之秩官语、先王之令比对陈之所为，并谓："昔先王之教，懋帅其德也，犹恐殒越。若废其教而弃其制，蔑其官而犯其令，将何以守国？"①意谓先王之教，当勉力追循，而陈侯废弃先王之法，将无所持守而亡国。先王之教成为衡量时人行为的标准。春秋前期鲁庄公欲迎娶齐之哀姜，他修缮桓公庙，丹柱刻椽以美之，匠师庆劝谏说："臣闻圣王公之先封者，遗后人之法，使无陷于恶。其为后世昭前之令闻也，使长监于世，故能摄固不解以久。今先君俭而君侈，令德替矣。"②按照匠师庆所说，圣王先公之先封者如汤、武、周公、太公等以其身为后人垂范，其法应当为后人所遵守，知在许多时刻周人仍以先公、先王为典范。再如，春秋前期，齐孝公伐鲁，鲁卿臧文仲派使臣以说辞拒齐师，谓齐人虽兵临城下，但鲁人不恐，其中的缘由是："昔者成王命我先君周公及齐先君太公曰：'女股肱周室，以夹辅先王……世世子孙无相害也。'君今来讨弊邑之罪……岂其贪壤地，而弃先王之命？"③鲁之使者以齐国弃先王之命责齐，劝说齐侯放弃伐鲁，先王之命对后人的约束力依然有效。

三、创造祖先与神化祖先：华夏共同祖先意识的萌生

研究表明，战国秦汉之时，黄帝最终成为华夏各族共同的祖先，标志

---

① 《国语·周语中》，上海师范大学古籍整理组点校：《国语》，第75页。
② 《国语·鲁语上》，上海师范大学古籍整理组点校：《国语》，第155页。
③ 《国语·鲁语上》，上海师范大学古籍整理组点校：《国语》，第160页。

着族群融合在意识领域基本完成。① 这是统一多民族国家在形成过程中的关键步骤，意义重大。

不过，仍有一些问题需要考察。揆诸常理，古代各族均有自己的祖先，其先祖在事实上并不是黄帝。那么，如何从原初的各有其祖转化为共享祖先、形成共同祖先的意识？换言之，古代民族从各有各的祖先到共同认可黄帝为其祖先，并不是一个水到渠成的自然发展模式，其间势必经过许多因素的酝酿、积累、铺垫、推动，最终促成了共同祖先意识在战国秦汉时期的形成。如此，这些因素就特别值得深入开掘，从而助益于从更细致的层面了解古代民族融合的历史进程。这样看来，战国秦汉之先的春秋时期就格外需要关注。春秋时期不仅是诸夏与其他各族融合的重要时期，也是在思想观念方面助力共同祖先意识形成的枢纽时代。春秋时期实在是一个值得瞩目的历史时段。遗憾的是，这方面的研究成果还比较少见。今不揣固陋，试析如下。

黄帝成为各族共同的祖先，其间的原因十分复杂。② 从思想意识方面说，春秋时期流行的两种意识甚为关键，推动了人们在心理上接受共同祖先，使得共同祖先的出现顺理成章：一，崇拜共同的英雄祖先。崇拜英雄祖先并非春秋时期的新生事物，殷商西周时期即有推尊本族英雄祖先的风尚。春秋时期的特别之处在于，商周以来崇拜本族英雄祖先的强烈意识在春秋战国时期扩展为对所有英雄祖先的崇敬。这一意识的广泛形成，为黄帝成为各族共同的英雄祖先铺设了根基。二，创造祖先与神化祖先。春秋时期是人们热衷于创造祖先以及神化祖先的时代。创造看似真实但实际虚幻的祖先，这个祖先与他所代表的族群之间并不存在真实

---

① 近年来，学者对华夏族的融合进行了富于意义的研究，分析了华夏认同与"英雄祖先"之间的关联，特别考察了在"英雄祖先"的心理情境中，以"黄帝"为起始的"英雄祖先历史"如何诞生的这一重要问题，详见王明珂：《英雄祖先与弟兄民族——根基历史的文本与情境》，北京：中华书局，2009年，第14页。

② 有学者认为黄帝是周人的祖先，周人建国后，采用分封等制度吸收夏商旧族及附近的蛮夷戎狄参加民族融合，使诸夏与各族融合为一个整体，这个新形成的民族共同体在追求自己共同祖先的时候，便把周人祖先黄帝奉为最重要的祖先（沈长云：《作为中华民族共同祖先的黄帝》，《信阳师范学院学报》2019年第4期）。

的血缘关系。但正是由于虚拟祖先所含有的虚空性，使得这一祖先可以和诸多族群发生关联，也变成其他族属的祖先。如此，几个不同的族群因为拥有一个"共同的祖先"而被聚合为一个大的族群，再进一步在这个大的族群之上构造出他们与黄帝之间的关联，以此类推，于是，最终所有族群都拥有了共同的祖先——黄帝。

（一）英雄祖先

毫无疑问，"英雄祖先"意识的形成孕育了英雄的祖先"黄帝"的出现。

崇拜英雄祖先，系三代传统。前文已述，殷商卜辞显示，商人十分尊崇在商族历史上做出过重大贡献的先公、先王，给予这些英雄祖先特殊的祭祀。① 西周金文、传世文献表明，周人特重建立鸿勋大业的文王、武王，有周一代，文王、武王始终是周人的典范。只是在殷周传统中，殷人、周人各承其先、各祀其祖，各自崇拜自家祖先，尚未突破族群血缘的阻隔、创造出公认的英雄祖先。②

商人、周人注重英雄祖先的意识之于春秋战国时人以深刻的影响，春秋战国时期，古老族群之间的壁垒有所消融，人们倡导尊崇所有的英雄祖先，"非其祖而祭之，谄也"的古训淡漠了。最为典型的事例即是鲁国展禽论祭祀，他说：

> 夫圣王之制祀也，法施于民则祀之，以死勤事则祀之，以劳定国则祀之，能御大灾则祀之，能扞大患则祀之……故有虞氏禘黄帝而祖颛顼，郊尧而宗舜；夏后氏禘黄帝而祖颛顼，郊鲧而宗禹；商人禘舜而祖契，郊冥而宗汤；周人禘喾而郊稷，祖文王而宗武王；幕，能帅颛顼者也，有虞氏报焉；杼，能帅禹者也，夏后氏报焉；上甲微，能帅契者也，商人报焉；高圉、大王，能帅稷者也，周人报焉。凡禘、郊、祖、宗、报，此五者，国之典祀也。③

依展禽之论，祭祀英雄祖先是古代圣王之制。为民众做出贡献的英豪理

---

① 常玉芝：《商代宗教祭祀》，第 344 页。

② 殷人的情况有特殊之处，根据卜辞，殷人祭祀他族之祖，见晁福林：《论殷代神权》。

③ 《国语·鲁语上》，上海师范大学古籍整理组点校：《国语》，第 166—167 页。

应受到人们的拥戴,为公众赴汤蹈火的勇士自然受到人们的感怀,后人以不同的祭法报答英雄的恩德,将其功勋铭刻在心。这个论述清晰地阐明了英雄的祖先理当天经地义获得国家祭祀的论点,并将祭祀英雄祖先推升至"国之祀典"的高度,使得英雄祖先不限于一姓一族,而成为溥天之下的英雄,扩展为各个族群的共同英雄祖先,受到全天下人的崇拜。由这一观念的倡导,尧、舜、禹、契、文王、武王,由夏至周的一系列有为先王,其为华夏圣王的观念深入人心。清华简《四告》篇也记述周公祭祷皋陶,"拜手稽首,者鲁天尹皋繇配享兹馨香,䁩朕血盟,有之二元父羊、父豕、朱鹿,非讨余有周旦",周公祭祷皋陶,即是突破血缘祭祀的象征。①

此外,春秋时人还具有三代一脉相承的观念,前朝先君、先王被后代祭祀也成为常制。夏、商、周并非同族,但是,春秋时期,人们具有西周延续殷商、商人承接虞夏的意识。在这一意识的基础之上,祭祀上代先王也成为国家惯例。子产曾讲述尧殛鲧于羽山,其神化为黄熊,三代皆祀之的典故,谓:

> 昔尧殛鲧于羽山,其神化为黄熊,以入于羽渊,实为夏郊,三代祀之。②

按照子产所说,尧诛杀鲧,鲧死后化为黄熊,进入羽山流水所汇之渊,鲧为夏之先祖,夏人以郊祀祭之。然而,不但夏人祭祀鲧,三代之王皆行祭祀。子产甚至明确指出,晋国已为诸侯盟主,在事实上承接了王室之职,在祭祀方面也当接续周王,祭祀夏鲧。在子产的意识中,夏、商、周三族族姓不同的壁垒并非问题的根本,化入羽渊的夏鲧是否获得祭祀,才是他论述的核心内容。由子产所论可见,一定程度上,族姓的不同所导致的各祭其祖的局面可以被祭祀共同认可的神灵所打破。人们(至少是在统治者的层面上)对族姓之隔并不过分强调,对英雄祖先的崇拜超越了血缘的限制。

这一观念在战国时期得到加强。战国礼学家规划,凡有益于民者皆受到崇敬,列入祭祀典礼,以其英灵护佑民众。《礼记·月令》谓:

---

① 见黄德宽主编:《清华大学藏战国竹简》(拾),第 110 页。《四告》整体言辞不古,应是春秋战国时期的仿古之作。

② 《左传》昭公七年,孔颖达:《春秋左传正义》,阮元校刻:《十三经注疏》,第 2049 页。按《国语·晋语八》所记此事,略有不同,但也认为晋君应祭祀鲧。

> （仲夏之月）命有司，为民祈祀山川百源，大雩帝，用盛乐。乃命
> 百县，雩祀百辟卿士有益于民者，以祈谷实。①

所谓"百辟卿士有益于民者"，高诱注谓"前世百君卿士功施于民者"，是历史上曾为民众勇于奉献的英雄。"百县，畿内之百县大夫也"。② 意谓仲夏旱季，有司为民众祈祷祭祀山川源泉，举行雩祭求雨。地方官吏祭祀前代有功于民的英雄，祈祷他们继续守护民众的福祉。在礼学家的规划中，凡是功施于民者，无论其出身、族姓，皆应受到人们的纪念，英雄已经转化为共同的英雄祖先了。尤可注意的是，《月令》所说，为基层祀典，即在地方行政的祭祀中，前世英雄赫赫在列，表明崇拜共同的英雄祖先的观念植根在基层社会。这一观念源远流长、影响深刻，直至东汉时期，儒家学者王符仍谓"鬼神有尊卑，天地山川、社稷五祀、百辟卿士有功于民者，天子诸侯所命祀也"，③在王符看来，那些为民献身捐躯的英烈与日月同辉，与山川同在，与社稷同重，崇拜尊祀他们是国家祭祀的重要部分。尊崇英雄祖先的观念深入人心。

（二）创造、神化祖先

人们崇拜英雄祖先，甚至创造出英雄祖先，这是春秋时期的显著特点。而被创造的英雄祖先，又带有鲜明的神化色彩。神化了的祖先，是比英雄祖先更神奇的祖先，是英雄祖先的进一步发展。

前文已述，春秋时期青铜铭文中常常有自述家世的内容，作器者常常自称为"某之孙"，其中的"某之孙"之"某"，非必为三世祖，往往是高祖，即是说，子孙热衷于将出身追溯至远祖或始祖，以光耀其身。近年出土的曾侯舆钟堪为典范，曾侯舆宣称"余稷之玄孙"，自称为稷之玄孙。此处之稷，不少学者认为是周之始祖后稷。曾侯舆将家世溯源至周之始祖，其借助先祖荣耀身世的意图十分明显。正是在追本探源式的追忆祖先的风潮中，若干族群创造出了自己无与伦比的具有神性特征的祖先。

---

① 郑玄注"百辟卿士，古者上公，若句龙、后稷之类也"（孔颖达：《礼记正义》，阮元校刻：《十三经注疏》，第1369页）。此句亦见于《吕氏春秋·仲夏纪·五月纪》。
② 陈奇猷：《吕氏春秋新校释》，第249页。
③ 汪继培：《潜夫论笺校正》，第306页。

《诗经·大雅·生民》所记周人始祖后稷的诞生故事为人们耳熟能详,诗篇歌咏后稷之母姜嫄履上帝之迹而孕育后稷,怀胎十月,后稷降生,无灾无害,诗歌更是描写了姜嫄以为后稷不祥,将之抛弃但后稷奇迹般存活的故事:

> 诞置之隘巷,牛羊腓字之;诞置之平林,会伐平林;诞置之寒冰,鸟覆翼之。鸟乃去矣,后稷呱矣。实覃实訏,厥声载路。①

姜嫄无论将后稷抛至狭窄的巷路,还是人迹少至的树林,甚或寒冷的冰面,后稷均能化险为夷,奇迹般地生存下来。周人始祖的神性无以复加。显而易见,后稷诞生故事为周人所创造,②借助后稷奇异的诞生神话,周人宣扬祖先的神圣性,夸饰姬周的非凡性,强调周人为帝之贵胄的特质。

不唯周人始祖具有神性,商人后裔也创造出神奇的祖先。《诗经·商颂·玄鸟》歌咏道:

> 天命玄鸟,降而生商。

商的始祖契,孕育于天所命的黑色之鸟,商契的出生,是上天的旨意。关于《商颂》写成的时代,诸家有分歧,本文认为以春秋为宜。契神话样的诞生故事在稍后的时代中有更详细的记述:

> 㑅(契)之母,有㳫(娀)氏之女……也,观于伊而得之□□也。游于央(瑶)台之上,有□(燕)监(衔)卵而错诸其前,取而□(吞)之……钦,是㑅(契)也。③

契之母有娀氏女吞燕卵而有孕,契的出生神奇无比。类似的记载还见于楚辞,《天问》:"简狄在台,喾何宜? 玄鸟致贻,女何喜(嘉)?"在这个记述

---

① 孔颖达:《毛诗正义》,阮元校刻:《十三经注疏》,第 530 页。

② 张光直:《商周神话之分类》,《中国青铜时代》,北京:三联书店,1983 年,第 251—287 页。

③ 《子羔》第 10—12 简,此处依照马承源先生的释文,见《上海博物馆藏战国楚竹书》(二),上海,上海古籍出版社,2002 年。学者们对此节的编连与释读存在不同意见,见陈剑:《上博简〈子羔〉〈从政〉篇的竹简拼合与编连问题小议》,《文物》2003 年第 5 期。

中，又增添了帝喾的因素，似乎是帝喾派遣使者玄鸟下至人间，契的出生为帝喾之意使然。姬周族创造出自己的女先祖姜嫄，人们也为殷商发明出女始祖简狄。姜嫄与简狄，看似真实但却是创造出的祖先，这一点不证自明。

　　引人瞩目的是，在商、周之外，其他族群也创造出了自己的神奇先祖，这一现象值得研究。春秋晚期邾公钝钟铭文谓：

　　　　陆融之孙邾公钝，乍厥龢钟，用敬恤盟祀。①

器主邾公钝，即邾桓公革，他称自己为陆融之孙，追溯世系至远祖陆融。新近面世的春秋晚期郳公镀父镈也将先祖追踪至"有融"，谓：

　　　　余有融之子孙，郳公镀父，惕懃（勤）大命，保朕邦家。②

器主为小邾国国君镀父，铭文中写作郳公，他自称有融之后。小邾国，又称郳（倪），《春秋左传》特别是《春秋》经在庄公之时多写为"郳"，在僖公之后，多称小邾，偶尔亦称郳。③　小邾世传为曹姓，④这一点得到青铜铭文的证明。2002年山东枣庄东江小邾国墓地所出西周晚期邾友父鬲铭文：

　　　　邾友父媵其子胙（胙）𤔲（曹）宝鬲。

墓主邾友父很可能为小邾国始封君友，⑤他为女儿作媵器，铭文称其女为"胙曹"，显然是夫国名＋母国姓的称名方式。⑥

　　史籍所载，小邾出于邾。孔颖达引《世本》及宋衷注等疏《春秋》庄公

---

　　①　《集成》102。

　　②　《铭图》15815。

　　③　《春秋》襄公九年记"冬，公会晋侯。宋公……薛伯、杞伯、小邾子……伐郑"，同年《左传》写为"诸侯伐郑……门于北门，杞人、郳人"，两相对照，知郳又称小邾（孔颖达：《春秋左传正义》，阮元校刻：《十三经注疏》，第1940、1942页）。

　　④　文献中亦记载邾为曹姓，按照《世本·五帝谱》记载"曹姓者，邾是也"。秦嘉谟等：《世本八种》，北京：中华书局，2008年，第5页。

　　⑤　曾毅公说，转引自李学勤：《小邾国墓及其青铜器研究》，《东岳论丛》2007年第2期。

　　⑥　1966年出土于山东滕州的杞伯每刃鼎铭谓"杞伯每刃作邾曹宝鼎"（《集成》2642），应是杞国国君为嫁入杞国的称"邾曹"的女子作器，从女子称谓看，应是母国名＋母国姓格式。

五年"郳犁来来朝",云"郳之上世出于邾国。《世本》云'邾颜居邾,肥徙郳',宋仲子注云'邾颜别封小子肥于郳,为小邾子'。则颜是邾君,肥始封郳",①依《世本》所说,颜之子肥徙于郳,自立门庭,被称为小邾。小邾既出于邾,则与邾为同姓,且当有共同的族源。两例铭文中,邾公钟称先祖为陆融,而郳公镈称"有融",知"陆融"即"有融",实质性的内容是"融","陆"与"有"并无实际意义,或仅起音节作用。

邾人的陆融、小邾的有融,不禁使人联想到楚人的远祖祝融。

祝融是楚先祖中十分重要的一位,祝融之称频繁地出现于楚人文献中。战国出土的几种卜筮祭祷简,如包山简、望山简、新蔡简中均有"三楚先"即楚之三位祖先的说法,"老童、祝融、鬻熊",祝融赫然在列。不过,问题是,楚人的远祖"祝融",与前举邾公钟、郳公镈铭文中的"陆融""有融",是否为同一人? 学者们曾借助传世文献如《大戴礼记·帝系》《史记·楚世家》《国语·郑语》②《世本》等争论过陆融、陆终与祝融是否为同一人的问题。③ 讨论十分有益,但关键的问题是学者们所称引的《帝系》等材料,无论是其来源还是写成的年代,尚存在较多争议。仅依靠传世文献讨论祝融、陆融,的确难以遽断。新近面世的安徽大学藏战国竹简也记录有楚人远古历史,其中的相关内容可证"祝融"就是"陆融",也就是"有融"。

安徽大学竹简虽然尚未完全公布,但就学者介绍看,有不少内容涉及

①　另,孔疏并引杜预《春秋世族谱》云"小邾,邾侠之后也。夷父颜有功于周,其子友别封为附庸,居郳。会孙犁来,始见《春秋》,附从齐桓以尊周室,命为小邾子。穆公之孙惠公以下,《春秋》后六世而楚灭之"(孔颖达:《春秋左传正义》,阮元校刻:《十三经注疏》,第1764 页)。

②　《国语·郑语》记载祝融八姓,即己姓、董姓、彭姓、秃姓、妘姓、曹姓、斟姓、芈姓。其中的曹姓,包括邹、莒,而邹,即是邾。结合上引邾友父器铭中的"乍曹"之称,可说《郑语》之载可信,有其理据。

③　王国维以为"陆融"即"陆终",见《邾公钟跋》,《观堂集林》卷十八,第 894 页;郭沫若认为祝融、陆融为两人,见《金文所无考》,收入《金文丛考》,《郭沫若全集·考古编》第五卷,第 110—112 页;李家浩:《包山竹简所记楚先祖名及其相关的问题》,《文史》第四十二辑,1997 年;李零先生认为"陆终"非"祝融",他依据长沙子弹库帛书、包山楚简,指出"邾公钜钟与陆终之终相当的是陆轅……两者不但第一个字完全不同,而且第二个字也不能肯定就是同一个字",见《楚国族源、世系的文字学证明》,《文物》1991 年第 3 期。

"祝融"。简文中，祝融称为"融"。例如：

> 融乃使人下请季连，求之弗得。见人在穴中，问之不言，以火爨其穴，乃惧，告曰："酓（熊）。"（使人告融，）融曰："是穴之熊也。"乃遂名之曰穴熊，是为荆王。①

在这个记载中，讲述了融与季连、穴熊的关系。毫无疑问，简文中的"融"就是"祝融"，如同"后稷"又称"稷"一般。《国语·郑语》记载"祝融八姓"，亦有前称"祝融"，后称"融"之例。"祝融"称为"融"，表明融、陆融、有融、祝融，均为一人的不同称呼法，核心的部分是"融"，有、祝、陆皆为前缀（祝、陆皆幽部字，音近可通）。

那么，楚人以祝融为先祖的意识产生于何时？安徽大学竹简的年代，整理者大致定其为战国时期，未能进一步推定较为细致的年代。卜筮祭祷简中，新蔡竹简年代最早，为战国早期，足见在新蔡简写成的年代，"祝融"已稳固地成为楚人心目中的重要远祖。事实上，按照文献所说，楚人在春秋中早期即已对祝融行祭祀，以"祝融"为先祖。《左传》僖公二十六年记载楚人灭其别封夔，借口即是"夔子不祀祝融与鬻熊"，在这个记载中，楚人祭祀远祖祝融。② 可以推测，至迟在春秋中期，楚人已经视祝融为先祖了。其时代，约略与邾、小邾人以祝融为祖先的年代相同。

那么，祝融是真实的先祖还是创造出的祖先？本文认为，祝融如同姜嫄、简狄一般，是后人创造出的先祖。

关于祝融，相关文献中还有"祝融八姓"的说法（详细论述见下文），即在邾、楚之外，祝融还是其他几姓的祖先。有关祝融与八姓的关系，学者们探讨颇多。不少学者指出其中的苏为己姓、邬为妘姓等已为金文材料所证实，故而，祝融八姓传说虽有神话色彩，但在一定程度上反映了历史事实。进一步，学者以为祝融八姓，本为八个互有血缘关系的氏族，经过长期的历史发展，分散到各地，遂形成了一系列大国小国。在这个说法

---

① 黄德宽：《安徽大学藏战国竹简概述》，《文物》2017 年第 9 期。
② 王和先生在前人研究的基础上指出，《左传》写成的年代上限为郑亡（前 375 年），并据《左传》中最早的不验预言"秦之不复东征"，认为在公元前 360 年秦孝公法变前，《左传》已经成书（《〈左传〉的成书年代与编纂过程》，《中国史研究》2003 年第 4 期）。

中,祝融与八姓的关系是,先有共同的祖先祝融,由他衍生出八支族姓,再形成不同的国族。祝融是实有其人的真实存在的祖先。

这一说法值得斟酌。固然若干古姓如姜、妘、己、斟、姚在先秦时期早已存在,但目前可信的早期材料中,并无先秦古族始祖们的任何只言片语。在有文字可考的商、周两族中,商人对于世系的记忆远远优于周人。卜辞显示,商人对于祖先世系有高超的记载。即便如此,卜辞中也未见传说中的始祖"契"的任何记载。并且,卜辞中也有所谓的"六示"问题,即卜辞中成汤之前上甲、报乙、报丙、报丁、示壬、示癸六世祖先之名,由于排列整齐而使其真实性饱受质疑。王国维先生即指出"疑商人以日为名号,乃成汤以后之事,其先世诸公生卒之日,至汤有天下后定祀典名号时已不可知,乃即用十日之次序以追名之,故先公之次乃适与十日之次同,否则不应如此巧合也"。① 董作宾先生说"我疑心这是武丁时代重修祀典时所定……至于成汤以前,先世忌日,似已不甚可考,武丁乃以十干之首尾名此六世。……观于甲乙丙丁壬癸的命名次第,并列十干首尾,可知如此命名,实有整齐划一之意。不然,无论此六世先公生日死日,皆不能够如此巧合"。② 两位先生均谓六世庙号为后人所追记。于省吾先生虽然认为示壬、示癸的庙号,为典册所载,但也认为"六世中上甲和三报的庙号,乃后人所追定"。③本诸上述,先祖世系记载优良的殷人尚无始祖契的记载,并且还存在着世次缺载的情况,足征铭记上古渺远祖先之名何其困难。

相较于殷人,周人对于周族谱系的记忆堪称失败。西周金文中完全不见文王之前任何周先祖的踪迹,不但没有始祖后稷的蛛丝马迹,连文王之父、武王和周公旦的祖父公亶父也杳无踪影。可靠的传世文献中周人自矢丕扬文武耿光大烈、嗣守文武政教大训,但罕见称颂文王之前的先祖。公认的西周文献《尚书》周初八诰中,周公多次追忆文王、武王,也向文、武王行祭祀(《洛诰》"予不敢宿,则禋于文王、武王","王在新邑,烝祭

---

① 王国维:《殷卜辞中所见先公先王续考》,《观堂集林》卷九,第 440 页。
② 董作宾:《甲骨文断代研究例》。
③ 于省吾:《甲骨文字释林》"释自上甲六示的庙号以及我国成文历史的开始",北京:中华书局,1979 年,第 193—194 页。

岁，文王骍牛一，武王骍牛一"①），但却丝毫没有涉及祖父及其以上的先祖。只是在八诰之外的"周书"《金縢》《无逸》两篇中，稍有提及。《金縢》篇中，周公为武王祷疾，乃告太王、王季、文王，祈祷三位祖考助佑武王逢凶化吉。《无逸》篇中，周公劝勉成王以三位殷先王（中宗、高宗、祖甲）为楷模，他也顺便说到自家先祖，谓"惟我周太王、王季，克自抑畏。文王卑服，即康功田功"，赞扬周公的曾祖父太王（公亶父）、祖父（王季）谦抑敬畏，父考垦辟、农耕，亲力亲为。但十分奇怪的是，在周公的总结之语中，他又说殷三位先王及周文王，"兹四人迪哲"，②只称颂殷人的三位先王和周文王四人明智导引，却将太王、王季排除在外。周公何以先前列出公亶父、王季，而关键总结时却又闭口不谈这两位祖父，令人费解。总而言之，《周书》之中，有关公亶父、王季的记载仅有《金縢》《无逸》二例，且《无逸》相关记载前后不一致。

与之形成鲜明对比的是，"八诰"之中，周公屡次提及殷先王。如周公说"殷多先哲王在天"，③意谓众多殷先哲王精爽在天。周公告诫封于卫的康叔"往敷求于殷先哲王，用保乂民……别求闻由古先哲王，用康保民"，④教导康叔遍求殷先君明王用以安治人民之法，别求闻于古先哲王用以安保民众之道。周公又赞颂昔日的殷先哲王"畏天显小民，经德秉哲"，称誉他们上畏天明，下畏民难保，行善德而秉持明理。周公甚至如数家珍地说"自成汤咸至于帝乙"，⑤赋事恭敬，不敢逸乐。"自成汤至于帝乙，罔不明德恤祀"，⑥成汤至帝乙的殷先王，无不勉德慎祀。"成汤……以至于帝乙，罔不明德慎罚，亦克用勤"，⑦殷先王赏罚分明，勤勉执政。在"周书"《无逸》篇中，周公劝勉成王向殷中宗、殷高宗、⑧祖甲学习，效仿

① 孔颖达：《尚书正义》，阮元校刻：《十三经注疏》，第216、218页。
② 孔颖达：《尚书正义》，阮元校刻：《十三经注疏》，第223页。
③ 《尚书·召诰》，孔颖达：《尚书正义》，阮元校刻：《十三经注疏》，第212页。
④ 《尚书·康诰》，孔颖达：《尚书正义》，阮元校刻：《十三经注疏》，第203页。
⑤ 《尚书·酒诰》，孔颖达：《尚书正义》，阮元校刻：《十三经注疏》，第207页。
⑥ 《尚书·多士》，孔颖达：《尚书正义》，阮元校刻：《十三经注疏》，第220页。
⑦ 《尚书·多方》，孔颖达：《尚书正义》，阮元校刻：《十三经注疏》，第228页。
⑧ 殷高宗指武丁，殷中宗有两说，郑玄以为是太戊，《竹书纪年》以为是祖乙。详见周秉钧：《尚书易解》，长沙：岳麓书社，1984年，第234页。

他们"严恭寅畏""不敢荒宁"、知小人之艰、惠保庶民,长久在位。在《君奭》篇中,周公语召公"我闻在昔成汤既受命,时则有若伊尹……在太甲,时则有若保衡。在太戊,时则有若伊陟、臣扈……在祖乙,时则有若巫贤。在武丁,时则有若甘盘",①周公不仅对于成汤、太甲、太戊、祖乙、武丁这样的殷贤哲王了如指掌,即便是对他们的贤臣也能够娓娓道来。可是,周公却绝口不提自家远祖,这岂不是咄咄怪事?

对于古代久远祖先记录于晚期文献中的现象,人们习惯给出的解释是,远祖存在于远古,他们的后人口耳相传,至文字记录的历史时期,将这些祖先记录下来。但这一解释用诸周公之例则苍白无力。周公对于殷先王耳熟能详,显然他十分熟悉上古典故,他是最有资格担负口耳相传任务的周人,最有条件熟悉周族自身历史的政治家,但是,为什么他对于殷人先王、贤臣了如指掌,反而对于周人先祖三缄其口? 是周公有意为之、选择性遗忘? 当然不是。合理的解释是周人世系缺载,圣贤如周公也无法道出其详。

这样,依照殷人"六示"之例,可说周之远祖极有可能是周之子孙在后世"修订增补"的结果,以弥缝世次所缺。事实上,郭沫若先生对周人世系特别是后稷传说早有所论,其说值得重视,他说"大凡周初的文字在追颂祖德的时候只说到太王而止……但一到后来便不同了,《吕刑》里面钻出了后稷来,《大雅》的《生民之什》里面,更有了姜嫄生后稷的传说,又有所谓公刘传说。这些传说,据我看来,都是由成康时代或以后的人所编造出来的……后稷的传说自然是由'帝俊生后稷'的传说敷衍而来……同在《大雅》中,《生民之什》和《文王之什》的时代是完全不同,但在诗的体裁上却几乎是完全相同的。这是表示着《诗经》全体经过后代的纂诗者(不必是孔子)的一道通盘的润色,以纂者的个性把全书整齐化了"。②郭先生所说信而有征。

故此,周人始祖稷是后人"创造"的结果。以此类推,祝融等在春秋战国时期文献中陡然广泛出现的各族始祖,也当是春秋战国时人们创造的祖先。

---

① 孔颖达:《尚书正义》,阮元校刻:《十三经注疏》,第223页。
② 郭沫若:《先秦天道观之进展》,《青铜时代》,第23页。

陈侯因斉敦铭文拓本

春秋战国人们创造祖先，最显明之例是战国时期田齐威王声称其先祖为黄帝。陈侯因斉敦铭文记：

> 陈侯因斉曰：皇考孝武桓公恭戠（戴），大谟克成。其惟因齐，扬皇考，绍緟高祖黄啻（帝），屎（迩）嗣桓文。朝问诸侯。①（见左图）

陈侯因斉即田齐威王，为田齐桓公午之子，文献中称为"因齐"或"婴齐"。此敦是齐威王为其父作器，徐中舒先生考证约作于前375年。因斉宣称自己发扬父考之功烈，继承高祖黄帝之伟绩，承接齐桓文德，俾使诸侯来朝。黄帝是春秋战国时期流行起来的上古英雄，②目前在青铜铭文中仅此一见。

关于陈侯称黄帝为高祖，学术界看法不一。有学者指出"黄帝之为有虞氏祖，为陈侯因斉祖，皆碻凿有据；则凡《帝系》《国语》所载古帝王世系，亦必渊源有自，绝非晚周诸子，邹衍之徒所得凭空虚构"，③以为黄帝应当是陈人远祖；有学者则认为黄帝之传说见于记载之可考者，当以陈侯因斉所载

---

① 《集成》4649。

② 黄帝见于《国语·晋语四》"黄帝以姬水成"（上海师范大学古籍整理组点校：《国语·晋语四》，第356页），《左传》"昔者黄帝氏以云纪"（孔颖达：《春秋左传正义》，阮元校刻：《十三经注疏》，第2080页）。《史记·五帝本纪》记载"黄帝者，少典之子，姓公孙，名曰轩辕。生而神灵，弱而能言，幼而徇齐，长而敦敏，成而聪明。轩辕之时……诸侯相侵伐，暴虐百姓……轩辕乃习用干戈，以征不享……而蚩尤最为暴，莫能伐。炎帝欲侵陵诸侯，诸侯咸归轩辕。轩辕乃修德振兵……以与炎帝战于阪泉之野。三战，然后得其志。蚩尤作乱，不用帝命。于是黄帝乃征师诸侯，与蚩尤战于涿鹿之野，遂禽杀蚩尤。而诸侯咸尊轩辕为天子，代神农氏，是为黄帝。天下有不顺者，黄帝从而征之，平者去之，披山通道，未尝宁居"（《史记》，第1—3页）。

③ 丁山：《由陈侯因斉敦铭黄帝论五帝》，《历史语言研究所集刊》第三本第四分（1933年）；王晖：《出土文字资料与五帝新证》，《考古学报》2007年第1期。

为最早，①否定黄帝为真实的陈人祖先。本文认为，陈侯称黄帝为高祖，创造祖先的做法十分显明：尽管《左传》昭公二十二年有谓"陈，颛顼之族"，陈出自颛顼，而《帝系》记载颛顼亦出自黄帝，仿佛陈确与黄帝有关。然而，《左传》同一段记载中，又透露陈之先祖"胡公不淫"，至周之时，"周赐之姓，使祀虞帝"，即是说，陈人之姓为周人所赐，与黄帝没有关联。②况且，若根据《国语·晋语》，所谓黄帝二十五子中，根本就没有妫姓之陈，③黄帝又如何成为齐威王高祖？④　显然，黄帝为陈人祖先的说法不可凭信，黄帝是陈人创造出的祖先。⑤

综上，春秋时期，创造祖先的风潮方兴未艾。邾公钘钟、郳公戥父镈是目前所见可靠的材料中最早的创造祖先之例。邾公钟、郳公镈作于春秋晚期，而祖先为"融"这一观念的由来很可能非仅当时所有。以邾公钟、郳公镈的时代为基点，将创造祖先风潮的出现上推至两周之际，应当大致是不误的。

在创造祖先之外，春秋战国时人也神化祖先。事实上，创造祖先与神化祖先是一事的两面。人们创造出的祖先，往往就是神化的祖先。商、周两族女始祖简狄、姜嫄如此，邾、小邾、楚人所公认的祖先祝融也不例外。

有关祝融的起源，学者曾据《甲骨文合集》14395 中记有四方、土与蚩

---

① 徐中舒：《陈侯四器考释》，《徐中舒历史论文选辑》上册，第 405—444 页。童书业先生则从古帝人王化的角度，论证了黄帝的人王化盖始自战国中叶，黄帝是人们将神灵转化为人王的结果（《春秋左传研究》，上海：上海人民出版社，1980 年，第 3 页）。

② 《左传》昭公八年、《国语·鲁语》（"昔武王克商，肃慎氏贡楛矢石砮……以分大姬，配虞胡公而封诸陈"）记载陈为舜后，但《大戴礼记》"帝系"记载舜为黄帝之后。其"层累"记载的痕迹十分明显。

③ 《国语·晋语四》云"黄帝之子二十五人，其同姓者二人而已，唯青阳与夷鼓皆为己姓……其同生而异姓者，四母之子别为十二姓。凡黄帝之子，二十五宗，其得姓者十四人为十二姓。姬、酉、祁、己、滕、箴、任、荀、僖、姞、儇、依是也。唯青阳与苍林氏同于黄帝，故皆为姬姓"（上海师范大学古籍整理组点校：《国语·晋语四》，第 356 页）。

④ 本文认为，无论是《左传》所记陈属颛顼之族，还是黄帝为姬姓的说法，均不足信。颛顼、黄帝，皆为晚出之帝，古史系统中之年代，愈是晚出者，转愈高而愈远，颛顼、黄帝，即当此例。

⑤ 齐威王以黄帝为其先祖，可能与他山东霸主的地位有关。

合祭的内容,以为殷商时期即已有祭祀祝融的做法。① 若果真如此,则祝融是在殷商时期即已出现的神灵。不过,陈梦家先生在分析殷人对先公所行不同祭祀时,即已指出仅有寮祭的"土""蚩"为与年、雨有关的先公高祖,②并非神灵。因此,尚无足够的证据表明祝融作为神灵在殷商时期即已出现。商代晚期金文中,有以"融"或"融册"为氏族名号的家族,写作"𤑒",从蚩、从火、从鬲,目前所见计有十四件,其中的十一件皆系 1986年山东青州苏埠屯商代墓出土,③知以"融"为徽号的氏族生活于今山东青州一带。但"融"族是否与祝融有关,并无证据。写成于春秋战国时代的文献中,祝融作为神灵的记载大量出现,如《国语·周语上》记载"夏之兴也,融降于崇",将祝融作为夏王朝兴盛的祥瑞,《山海经》④中也记载有祝融不同的世系,等等。

祝融的神性,充分显示于神奇的"胁生"故事中。《大戴礼记·帝系》谓:

> 陆终氏娶于鬼方氏,鬼方氏之妹,谓之女隤氏,产六子,孕而不粥,三年,启其左胁,六人出焉。其一曰樊,是为昆吾;其二曰惠连,是为参胡;其三曰籛,是为彭祖;其四曰莱言,是为云郐人;其五曰安,是为曹姓;其六曰季连,是为芈姓。⑤

这里产六子的陆终,在安徽大学战国竹简中则是祝融。据整理者介绍,安徽大学简记述的故事与《帝系》《楚世家》⑥所记有所不同:

---

① 沈建华:《由出土文献看祝融传说之起源》,《东南文化》1998 年第 2 期。

② 陈梦家:《殷虚卜辞综述》,第 353—355 页。

③ 山东省文物考古研究所、青州市博物馆:《青州市苏埠屯商代墓发掘报告》,《海岱考古》1989 年刊。

④ 见于《山海经·海内经》《大荒西经》,但两篇中对于祝融世系的记载并不相同,一为源自炎帝,一为源自黄帝。《国语·郑语》记载祝融为"火正",是职官,而非人名。在《吕氏春秋》以及《礼记·月令》中,祝融为孟夏之神。此外,《左传》昭公十七年又谓"郑,祝融之墟也",以郑地为祝融生活之处。

⑤ 《大戴礼记·帝系》,王聘珍:《大戴礼记解诂》,北京:中华书局,1983 年,第 127—128 页。

⑥ 《史记·楚世家》中相关说法与《帝系》有类似之处,但在具体世系方面有差异,谓"楚之先祖,出自帝颛顼高阳。高阳生称,称生卷章,卷章生重黎……帝喾命曰祝融。共工氏作乱,帝喾使重黎诛之而不尽,帝乃以庚寅日诛重黎,而以其弟吴回为重黎,后复居火正为祝融。吴回生陆终。陆终生子六人,坼剖而产焉……五曰曹姓;六曰季连,芈姓,(转下页)

一是老童为颛项所生，不是称所生。老童所生有四子，即"重及黎、吴及韦(回)"。简文两个"及"这么用，显然是要防止将四子误为两人。

二是黎氏即祝融，而不是重或吴、回。

三是无陆终其人，生六子者就是祝融黎，文献陆终当是祝融之误。

尤可注意的是第三点，是祝融生六子，而非陆终。[①] 学者曾就祝融与陆终是否为一人，展开辨析。今由安大简看，很可能是同一故事的不同版本。楚先祖世系，纷繁复杂，非本文主旨。但由文献记载可见，祝融是神化的祖先。

事实上，与祝融类似的"胁生"故事在古代中国并不少见，它增加了祖先诞生的神异性。据记载，楚人另一位重要先祖季连也是胁生所出。清华简《楚居》篇谓：

> 穴酓遅(迟)遾(徙)于京宗，爰得妣戬(列)，逆流哉(载)水，厥疝(状)瞀(聂)耳，乃妻之，生侸雪(叔)、丽季。丽不从行，渭(溃)自髀(胁)出，妣宾于天。[②]

《楚居》记载楚之先祖季连为穴酓之子(而非《帝系》中的陆终)，穴酓徙居于京宗，遇妣列，遂妻之，而生侸叔、丽季(即季连)。季连出生时，妣列难产，季连从胁而出，导致妣列死去。季连的胁生神话，与陆终(安大简写为祝融)六子的诞生故事有异曲同工之处，应为同一主题施于不同人物的结果。

综合上述，春秋时期，人们创造祖先、神化祖先的做法令人瞩目。创造祖先与神化祖先往往合二而一，创造的祖先，皆是具有神性的先祖，特别是具有奇异诞生故事的祖先。而具有神性的祖先，也全部出自后人的

(接上页)楚其后也"(《史记》，第 1689—1690 页)。坼，《说文》"裂也"；剖，《说文》"判也"，即分裂(许慎：《说文解字》，第 289、第 91 页)。"坼剖而产"指腹裂而产子，也即"胁生"，是充满神话色彩的降生故事，祝融是神化的祖先。

① 整理者还指出"根据简文记载，原来老童出自颛项，是楚人始祖，老童生祝融，祝融生季连，季连就是穴熊，是楚人的直系祖先"(黄德宽：《安徽大学藏战国竹简概述》)。

② 李学勤主编：《清华大学藏战国竹简》(壹)，上海：中西书局，2010 年，第 181 页。

创造。创造祖先、神化祖先，其根本意图在于追溯出超级英雄的祖先，以荣耀后代，从而具有了高于其他族群的优越性。

（三）共同的祖先意识与"天下一家"——兼说祝融八姓

春秋战国时期，创造祖先、神化祖先的步伐明显加快，也是在这个过程中，人为地整合族群的趋势愈加明显。

可是，问题在于，不同的族群为什么会在主观意识上追认共同的祖先？是哪些因素将这些不同的族群整合成为具有共同祖先的"兄弟"族属？[①] 当然，认同共同祖先的过程极其复杂，现有的材料并不足以回答上述问题。以下仅以祝融八姓为例，就观察到的现象做一些论述。

祝融八姓之说，出自《国语·郑语》。当西周末年，郑始封君桓公为周幽王司徒时，预感周室将乱，遂向史伯问询"逃死之地"。史伯云"夫国大而有德者近兴"，预言楚、晋、秦、齐将在周衰落之后兴起，对答中语及祝融八姓，谓：

> 祝融亦能昭显天地之光明……其后八姓于周未有侯伯。佐制物于前代者，昆吾为夏伯矣，大彭、豕韦为商伯矣。当周未有。己姓昆吾、苏、顾、温、董；董姓鬷夷、豢龙，则夏灭之矣。彭姓彭祖、豕韦、诸稽，则商灭之矣。秃姓舟人，则周灭之矣。妘姓邬、郐、路、偪阳，曹姓邹、莒，皆为采卫，或在王室，或在夷、狄，莫之数也。而又无令闻，必不兴矣。斟姓无后。融之兴者，其在芈姓乎？芈姓夔越不足命也。蛮芈蛮矣，唯荆实有昭德，若周衰，其必兴矣。[②]

依照《国语》之说，己姓、董姓、彭姓、秃姓、妘姓、曹姓、斟姓、芈姓，皆出自祝融。[③] 祝融集团中的八姓及其分支，不少见之于两周金文、传世文献，

---

① 费孝通先生曾经揭示，由具"文化共性"的民族转变为具"主观认同"的民族，有一个历史发展过程（费孝通：《中华民族多元一体格局》，北京：中央民族学院出版社，1989年，第132—165页）。

② 上海师范大学古籍整理组点校：《国语·郑语》，第511页。

③ 上海师范大学古籍整理组点校：《国语·郑语》之记载，已有舛误，如其中的斟姓，很可能指斟寻氏、斟灌氏，本为氏而非姓。

由此可大致了解他们的地理位置、地缘关系、相互交往，从而为了解何以他们拥有共同的祖先提供一些线索。①

1. 己姓

己姓昆吾，②见诸《诗经·商颂·长发》《墨子·耕柱》《吕氏春秋·君守》，据说为夏时诸侯国。《长发》篇称商汤伐夏时，"韦顾既伐，昆吾夏桀"，③昆吾灭亡于夏商之际。《左传》昭公十二年记载楚灵王云"昔我皇祖伯父昆吾，旧许是宅"，昆吾所宅于的"旧许"，杜预注"许之旧国，郑新邑"，④杨伯峻先生注"在今许昌市东三十六里"。⑤《左传》哀公十七年称卫侯梦见人登"昆吾之观"，披发北面而噪曰"登此昆吾之虚，绵绵生之瓜"，孔颖达疏曰"东郡濮阳县是也"。⑥关于"旧许"与卫地昆吾之虚，韦昭注《国语·郑语》认为是由于昆吾有所迁徙，初封时居卫，后迁居"旧许"。"昆吾……封于昆吾，昆吾卫是也。其后夏衰，昆吾为夏伯，迁于旧许"。⑦但不少学者认为河南许昌是昆吾原居地，濮阳是迁徙后的处所。⑧考古学家曾认为河南新郑孟家沟、密县曲梁一带是昆吾之居。要之，昆吾之地与今河南中部许昌、西北部的濮阳有关。具体位置，难以遽断。

---

① 李学勤先生曾经考察了己姓昆吾、顾、苏，彭姓之秃，妘姓之郐等所在的地理位置、迁移分封的过程，推论了祝融八姓的发祥之地（《谈祝融八姓》，《江汉论坛》1980 年第 2 期）。

② 韦昭注解《国语·郑语》谓苏、顾、温、董，"皆昆吾之后别封者"（上海师范大学古籍整理组点校：《国语·郑语》，第 513 页）。韦昭很可能以昆吾曾为夏伯，出现时间早，其余几姓出现相对较晚而以为皆出自昆吾。其说是否可信，存疑。此外，《今本竹书纪年》记载帝芬三十三年，"封昆吾氏子于有苏"（王国维：《今本竹书纪年疏证》，《王国维遗书》第七册，上海：上海书店出版社影印，1983 年，第 11 页）。

③ 孔颖达：《毛诗正义》，阮元校刻：《十三经注疏》，第 627 页。

④ 杜预注解襄公十一年"诸侯伐郑……东侵旧许"（孔颖达：《春秋左传正义》，阮元校刻：《十三经注疏》，第 1950 页）。

⑤ 杨伯峻：《春秋左传注》，第 989 页。

⑥ 孔颖达疏鲁僖公三十一年"卫迁于帝丘"句（孔颖达：《春秋左传正义》，阮元校刻：《十三经注疏》，第 1832 页）。

⑦ 上海师范大学古籍整理组点校：《国语·郑语》，第 512—513 页。

⑧ 王国维：《今本竹书纪年疏证》，第 12 页；徐少华：《论己姓、彭姓诸族的流变和分布》，《江汉考古》1996 年第 2 期。

己姓之顾，见于《商颂·长发》："韦顾既伐，昆吾夏桀。"①顾亦亡于夏商之际。或许是早亡之故，顾罕见于史籍。顾之地望，宋人郑樵《通志·氏族略》谓"顾氏，己姓，伯爵，夏商之诸侯，今濮州范县城东南二十八里有故顾城，是其地也，子孙以国为氏"。②郑樵是以范县之顾城推断顾之地望，不知是否可信。濮州范县，地在今河南范县与山东梁山县之间，距离昆吾以东约二百里。③

己姓之苏、温。苏见之于两周青铜器，如1988年出土于陕西延长县的西周中期后段苏黰壶，④西周晚期苏公簋谓"苏公作王改宁簋"，⑤应是苏君为嫁与王室的女子所作器，苏与王室联姻。西周晚期苏卫改鼎，⑥由称名方式看，是苏国女子嫁到卫国者自作器。西周晚期苏公盘谓"苏公作晋改盘"，⑦是苏国君主为嫁入晋地的苏国女子作器，知苏与晋亦有联姻关系。春秋早期苏冶妊鼎谓"苏冶(脂)妊作虢鱼母媵"，⑧苏冶妊是妊姓女子嫁入苏国者，她为嫁至虢国的名鱼之女作媵器，苏、虢联姻。苏、虢联姻还见于1956—1957年出土于河南三门峡虢国墓葬中的苏貉豆"苏貉作小用"，⑨器主来自苏地，但器物出自虢国墓葬，表明器主是嫁入虢国的苏地人。同期出土的还有叔作苏子鼎，⑩是为嫁入虢国的苏地女子作器。苏与虢、卫、晋等有姻亲关系，表明苏地距离三国不会过远。

苏是立国于西周初年的国家。《尚书·立政》记载周公命司寇苏公"式敬尔由狱，以长我王国"，⑪周公勉励苏公恭敬用狱。《左传》成公十一年云"昔周克商，使诸侯抚封，苏忿生以温为司寇"，一般认为苏忿生即《立

① 孔颖达：《毛诗正义》，阮元校刻：《十三经注疏》，第627页。
② 郑樵：《通志》，北京：中华书局，1987年，第453页。
③ 徐少华：《论己姓、彭姓诸族的流变和分布》。
④ 《铭图》12343。
⑤ 《集成》3739。
⑥ 《铭图》1870。
⑦ 《铭图》14404。
⑧ 《集成》2526。
⑨ 《集成》4659。
⑩ 《集成》1926。
⑪ 孔颖达：《尚书正义》，阮元校刻：《十三经注疏》，第232页。

政》篇中的苏公,则苏于西周早期受封于温而立国。① 苏由于国小且处于中心位置,时时卷入争端。《左传》隐公三年(前720年),周、郑交恶,郑人师师取"温之麦",知温近于王畿地区。《左传》隐公十一年记载"王取邬、刘、芴、邘之田于郑,而与郑人苏忿生之田温、原、绨、樊、隰郕、攒茅、向、盟、州、陉、隤、怀",②苏忿生之十二邑,学者以为在今温县、济源、武陟、修武、孟津、沁阳、获嘉一带,③距离卫、晋两国较近。苏国在春秋早期即已国灭,《左传》僖公十年(前650年)记载"狄灭温,苏子无信也。苏子叛王即狄,又不能于狄,狄人伐之,王不救,故灭。苏子奔卫"。④ 苏在狄与周室之间鼠首两端,最终灭亡。此后,苏管理权归于王室。僖公二十五年记载,周襄王嘉奖晋文公,将原属苏国的温、阳樊、原、攒矛之田赐予他,晋文公使狐氏、阳氏处之,土地所有权转入晋国。成公十一年,晋郤至与周争郹田,郤至称"温,吾故也",不知何时温地又成为郤至采邑。⑤ 苏虽国灭,但仍然见载于史籍。庄公十九年,周王室子颓之乱时,苏君即追随王子颓,失败后奔卫。⑥《春秋》经记载,周顷王即位之年(前617年),鲁文公与苏子盟于女栗。⑦《左传》宣公三年,郑、苏联姻,郑文公娶于苏。⑧ 春秋晚期金文中仍有苏

① 顾栋高曰"春秋初,苏氏已绝封。隐十一年王与郑人苏忿生之田十二,温居一焉。不知何时地复归王。苏氏续封而仍居温。僖十年为狄所灭。二十五年王以其地赐晋,至文十年,女栗之盟复见苏子。杜注'盖王复之',或云自是迁于河南"(《春秋大事表》"春秋列国爵姓及存灭表卷五""温"下注。《春秋大事表》,北京:中华书局,1993年,第583、584页)。郭沫若先生认为"温盖苏之支庶,苏公入仕王室盖别有所封,其故邑为子孙所保有而亦有苏名,犹邬之大、小邬,若之上、下郕也。故温虽灭,而苏国犹存"。他还以西周时期史颂簋铭文"王在宗周,令史颂苏友里君百生……"推断苏距离成周洛阳必不远(《两周金文辞大系图录考释》下册,第242页)。

② 孔颖达:《春秋左传正义》,阮元校刻:《十三经注疏》,第1737页。

③ 杨伯峻先生根据沈钦韩《春秋左传地名补注》推出温、原、绨、樊等地位置,详见《春秋左传注》,第77页。

④ 《左传》僖公十年,孔颖达:《春秋左传正义》,阮元校刻:《十三经注疏》,第1801页。

⑤ 事又见《左传》僖公二十五年、成公十一年,孔颖达:《春秋左传正义》,阮元校刻:《十三经注疏》,第1820—1821页、1909页。《国语·晋语》所记略有异。

⑥ 《左传》庄公十九年,孔颖达:《春秋左传正义》,阮元校刻:《十三经注疏》,第1773页。

⑦ 《春秋》文公十年,孔颖达:《春秋左传正义》,阮元校刻:《十三经注疏》,第1848页。

⑧ "(郑文公)又娶于苏,生子瑕",孔颖达:《春秋左传正义》,阮元校刻:《十三经注疏》,第1869页。

的踪影，如苏公之孙宽儿鼎。结合出土文献、传世文献，可见苏时与王室有关联，出于地缘方面的原因，苏与东周王室、卫、郑、晋联系较为密切，既有纠葛，又有婚姻。

己姓之董。《左传》昭公二十九年记其来源，云此年龙见于绛郊，蔡墨追溯了龙的来历，云"古者畜龙，故国有豢龙氏，有御龙氏……昔有飂叔安有裔子，曰董父，实甚好龙，能求其耆欲以饮食之，龙多归之。乃扰畜龙以服事帝舜，帝赐之姓曰董，氏曰豢龙，封诸鬷川，鬷夷氏其后也"，[1]依照蔡墨之说，董之后人为鬷夷。豢龙的董父渺远不可追，但董地见于文献，不知是否与董姓有关。《左传》文公六年，"晋蒐于夷，舍二军。使狐射姑将中军，赵盾佐之，阳处父至自温，改蒐于董"。董，杜预注"河东汾阴县有董亭"，地在今山西万荣县荣河镇东。[2] 传世文献中董姓见于晋国，如良史董狐（《左传》宣公二年）、卿大夫董叔（《左传》襄公十八年）、董安于（《左传》定公十三年）。推测董氏居于晋地。

己姓之鬷，为董姓分支。按照《国语·郑语》之说，董姓鬷夷、豢龙，夏时即已覆灭。可是，鬷之人依旧可见。《左传》记载齐灵公有来自鲁国的嫔妃鬷生姬，为太子光之母（襄公十九年）；齐国又有鬷蔑，为崔杼所杀（襄公二十五年）；鲁国季氏有司马鬷戾（昭公二十五年），皆当为鬷之后裔。文献中还有三鬷之说，《尚书·汤誓》"夏师败绩，汤遂从之，遂伐三鬷"，孔安国传"三鬷，国名，桀走保之，今定陶也"。[3]《史记·殷本纪》正义引《括地志》谓"曹州济阴即古定陶也，东有三鬷亭是也"。夏桀是否逃至三鬷，难以确知，但定陶有三鬷亭，此地与鬷氏有关，当为可信。三鬷亭所在地，学者以为在今山东定陶以北不远。大致说来，己姓之鬷多分布在齐鲁山东之地，定陶可能为其中心。

己姓中人，效力于王室，身在高位，在西周青铜器中可见。西周中期县改簋铭文记载"伯犀父休于县改，曰：戚，乃任县伯室"，[4]铭文意谓伯犀

---

① 孔颖达：《春秋左传正义》，阮元校刻：《十三经注疏》，第 2122—2123 页。
② 杨伯峻先生又指出郦道元《水经注》"涑水"注以为是宣公十二年的董泽，在今闻喜县东（《春秋左传注》，第 544 页）。
③ 孔颖达：《尚书正义》，阮元校刻：《十三经注疏》，第 161 页。
④ 《集成》4269。

父赏赐县改,并告诉她为县伯之妻。伯犀父当为县改之父,由县改的称名方式,知伯犀父系己姓。伯犀父又见于竞卣,器铭谓"伯犀父以成师即东,命伐南夷",[①]还见于御史竞簋,器铭作"伯犀父蔑御史竞曆,赏金"。[②] 伯犀父帅师南伐,必是出自王命,知己姓的伯犀父在王室中身居要职,只是不知他具体出身哪一个己姓之国。

综上,目前可考的己姓昆吾、苏、顾、温、董,董姓豢夷、鬷龙,其中昆吾、顾,在夏商之际灭于商;董姓豢夷、鬷龙,夏时已亡;苏在春秋时期亡于狄。上述己姓小国,多数地处河南中部、山东一带,少数在山西南部。

2. 彭姓

彭姓之彭祖,依照《国语·郑语》之说,商时灭国。彭之地望,韦昭注说"封于大彭,谓之彭祖,彭城是也",[③]即今江苏徐州。可备一说。

彭姓之豕韦、诸稽,史迹渺远,其地不可考。

3. 秃姓

秃姓之舟,《国语·郑语》记载郑桓公"东寄帑与贿,虢、郐受之,十邑皆有寄地",十邑即东虢、郐、邬、蔽、补、舟、依、柔、历、华,舟可能即舟人故地。韦昭注"后桓公之子武公,竟取十邑之地而居之,今河南新郑是也",[④]舟地应在新郑界内。另,虢国著名的大夫舟之侨,或出自舟之族。

4. 妘姓

"妘"在西周金文中写作"娟"。

妘姓之郐,见于西周金文。西周早期员卣"员从史旟伐会(郐),员先入邑,员俘金,用作旅彝"。[⑤] 员卣一般认为是昭王时器,[⑥]器主随从史旟征伐郐。史旟见于雪鼎"唯王伐东夷,祭公令雪眔史旟曰:以师氏眔有司、后国霎伐(貊)",[⑦]旟又见于1972年陕西眉县杨家村所出旟鼎"王姜

---

① 《集成》5425。
② 《集成》4134。
③ 上海师范大学古籍整理组点校:《国语·郑语》,第513页。
④ 上海师范大学古籍整理组点校:《国语·郑语》,第524页。
⑤ 《集成》5387。
⑥ 唐兰:《西周青铜器铭文分代史征》,第221页;马承源:《商周青铜器铭文选》三,第78页。
⑦ 《集成》2365。

易旟田三田于待劚"，①史旟与旟当为一人，事于王室，听令于祭公、王姜。员卣当中所记载的史旟伐邶，亦当出于王之令，说明西周早期，周王曾经遣将讨伐邶国。邶国青铜器还有西周晚期"会（邶）姒作媵鬲"，②邶姒为嫁与邶国的姒姓女子。1972 年出土于陕西扶风法门镇的西周晚期会妘鼎谓"会（邶）妘作宝鼎"。③ 此器出于王畿地区，很可能是嫁于王畿的邶国女子所作。若此，邶与王室或者王畿地区大族存在联姻关系。

邶见诸史籍。《国语·郑语》记载周室将倾之际，郑桓公问史伯逃死之地，史伯对曰"其济、洛、河、颍之间乎，是其子男之国，虢、邶为大，虢叔恃势，邶仲恃险，是皆有骄侈怠慢之心，而加之以贪冒。君若以周难之故，寄孥与贿焉，不敢不许"。④ 西周晚期，济洛河颍之间的邶国，其君骄奢贪婪，但邶国地形险峻，可以据险而守，彼时的邶国，应有一定的实力。《诗经》"国风"中有"邶风"，吴季札北上观乐时，史书记载"自邶以下，无讥焉"，⑤对于邶风、曹风等，不加臧否。《左传》僖公三十三年记载，郑文公夫人将出奔在外而被杀的公子瑕"敛而葬之邶城之下"，知此时的邶已沦为郑地。⑥

邶国之亡，文献记载不一。《国语·周语》谓"邶由叔妘"，意谓亡于女子叔妘。《公羊传》记载稍详，曰"古者郑国处于留，先郑伯有善于邶公者，通乎夫人，以取其国而迁郑焉"，⑦此郑伯为郑武公。如此，春秋初年，邶亡于郑。但是古本《竹书纪年》云"晋文侯二年，周宣王多父伐邶，克之。乃居郑父之丘，名之曰郑，是曰桓公"，⑧若此，邶亡于西周末年，前 779

---

① 《集成》2704。

② 《集成》536。

③ 《集成》2516。罗西章先生曾指出，会妘鼎应与1933 年出土于扶风康家沟窖藏的函皇父诸器为同一窖藏之物。据此，他认为珂妘即会妘，是邶国女子嫁入周人（罗西章、罗红侠：《邶妘鼎与上康村挖宝惨案》，《周原寻宝记》，西安：三秦出版社，2005 年）。

④ 上海师范大学古籍整理组点校：《国语·郑语》，第 507 页。

⑤ 《左传》襄公二十九年，孔颖达：《春秋左传正义》，阮元校刻：《十三经注疏》，第 2007 页。

⑥ 孔颖达：《春秋左传正义》，阮元校刻：《十三经注疏》，第 1834 页。

⑦ 《公羊传》桓公十一年，徐彦：《春秋公羊传注疏》，阮元校刻：《十三经注疏》，第 2220 页。

⑧ 方诗铭、王修龄：《古本竹书纪年辑证》，上海：上海古籍出版社，1981 年，第 66 页。

年。《史记·十二诸侯年表》定灭郐时间为晋文侯十二年，即前 769 年，初入春秋之际。① 不知孰是。

郐国地望，韦昭注《国语·郑语》曰"今新郑也"。②《史记·楚世家》正义引《括地志》云"故郐城在郑州新郑县东北二十二里"。③ 邹衡先生说"周代的郐国遗址已经在曲梁东南约 10 余里处发现，但未知是否有夏文化遗址"。④ 也有不少学者认为是在河南密县。⑤

总之，郐地近郑国，应在河南新郑或密县一带。

妘姓之邬，亦见载于史籍。《左传》隐公十一年记载周桓王夺取郑国邬、刘、芳、邘之田，知春秋初年，邬已国灭，并入郑国。⑥《左传》庄公二十年记载，王子颓之乱，郑伯调停，并不成功，遂奉惠王归郑。秋天，周王及郑伯入于邬，然后又入成周，取其宝器而还。⑦《左传》昭公二十四年，王室又发生内乱，"王子朝入于邬"，由成周逃奔至邬。⑧ 根据上述记载，邬地与成周相距不远。邬之地望，杜预注"在河南缑氏县西南，有邬聚"，⑨即今河南偃师县西南。

妘姓之偪阳。《左传》襄公十年记载"晋荀偃、士匄请伐偪阳"，杜预注"今彭城傅阳县"，⑩在今山东峄县南五十里。晋人灭偪阳之后，将其地转与宋国。⑪

妘姓之路，史籍缺载，难以考定。

5. 曹姓

曹姓之莒。莒的情况较为复杂。关于莒国之姓，主要有三种说法：

---

① 关于郐之亡，可参马世之：《郐国史迹初探》，《史学月刊》1984 年第 5 期。
② 上海师范大学古籍整理组点校：《国语·郑语》，第 513 页。
③ 《史记》，第 1691 页。
④ 邹衡：《夏商周考古学论文集》，北京：文物出版社，1980 年，第 223 页。
⑤ 李学勤：《谈祝融八姓》。
⑥ 孔颖达：《春秋左传正义》，阮元校刻：《十三经注疏》，第 1737 页。
⑦ 孔颖达：《春秋左传正义》，阮元校刻：《十三经注疏》，第 1774 页。
⑧ 孔颖达：《春秋左传正义》，阮元校刻：《十三经注疏》，第 2105 页。
⑨ 孔颖达：《春秋左传正义》，阮元校刻：《十三经注疏》，第 1737 页。
⑩ 孔颖达：《春秋左传正义》，阮元校刻：《十三经注疏》，第 1946 页。
⑪ 文中关于邬、偪阳的地理位置，可参李学勤：《谈祝融八姓》；何光岳：《妘子国考》，《湘潭大学学报》1982 年第 2 期。

一，曹姓。《国语·郑语》记载莒为曹姓。二，己姓。韦昭注《国语·郑语》谓"莒，己姓，东夷之国也"。① 孔颖达疏《左传》隐公二年"莒人入向"句时，亦持此说。他引用《世本》谓"莒，己姓"。② 三，嬴姓。班固《汉书·地理志》云"盈姓……少昊后"。③ 孔颖达疏"莒人入向"句云"莒，嬴姓，少昊之后。周武王封兹与于莒"，④也以为莒可能是嬴姓。莒之姓尚未得到可靠材料的证实，暂存疑。

曹姓邾、小邾位于今山东邹城、枣庄一带，其南境有宋、滕、薛、楚等国。清人雷学淇认为邾国的疆域"传言鲁赋八百乘，邾赋六百乘，二国尝相为难。其地东有翼、偃、离姑，在今费县；西有訾娄、虫类，在今之济宁。北界于鲁，南界荆楚。绝长补短，地方百数十里"，⑤以为在鲁与荆楚之间。

值得注意的是，《国语·郑语》虽然记载八姓及其诸多支族，显得脉络清晰、头头是道，然而，事实上这些支姓并不完备，两周金文中即透露出《郑语》所遗漏的若干族群。

妘姓之周（琱），未见载于《国语》，但见于西周铭文。西周中期周棘生簋、盘铭文分别谓：

> 周棘生作楉（楷）妘媵媵簋，其孙孙子子永宝用。🔲（见下页图）
> 周棘生作楉（楷）妘媵盘。□金用［逄］邦，其孙孙子子永宝用🔲。⑥

两例铭文与"妘"姓有关。簋铭云器主为楉（楷）妘媵作媵簋，盘铭则是为楉（楷）妘作媵簋，知"媵"为女子之名。楉（楷）妘，应是妘姓女子嫁入楷。器主"周棘生"，陈梦家先生认为是器主"嫁女于楷所作的媵器，故知周是娟姓之国"。陈先生注意到铭末族徽、妘姓之周，由此联系函皇父器以及

---

① 上海师范大学古籍整理组点校：《国语·郑语》，第508页。
② 孔颖达：《春秋左传正义》，阮元校刻：《十三经注疏》，第1718页。
③ 《汉书·地理志》城阳国"莒"下班固自注（《汉书》，第1635页）。
④ 孔颖达：《春秋左传正义》，阮元校刻：《十三经注疏》，第1718页。
⑤ 雷学淇：《介庵经说》卷七，北京：商务印书馆，1936年，第220页。
⑥ 《集成》3915、10120。

琱生簋、周娄壶等其他周器，以为此"周"是别于姬周之周。[①] 此后，不少学者均指出有妘姓之周的存在。[②]

周棘生簋铭文拓本

1933 年出土于陕西扶风法门镇的函皇父诸器也表明琱（周）为妘姓。函皇父器包括函皇父为琱妘所作鼎 4 件，簋 4 件，壶 2 件，盘 1 件，共计 11 件。函皇父鼎铭文为"函皇父作琱妘尊兔鼎"，函皇父匜铭文则称"函皇父作周妘也"，[③]知琱即周。由琱妘的称名方式，知琱（周）为妘姓。这一点，前辈学者早已指出，陈梦家先生说"金文之琱氏是妘姓……'琱妘'乃是妘姓的琱氏而嫁于函皇父者，函皇父诸器皆为妻室所作，故不称媵器"。[④]

有关此周（琱）的历史及其地望，学者推测妘姓之周（琱）商时即已存在，其为居住在周原的古族，从商代晚期到西周晚期，妘姓之周始终存在。[⑤]

妘姓当中，《郑语》缺载的还有辅。[⑥] 两周晚期辅伯痖父鼎铭文谓"辅伯痖父作丰孟妘媵鼎"，是器主为女儿做媵器，故辅亦为妘姓。辅氏家族器尚有西周中期后段的师毚簋，以及出土于长安兆元坡的辅师毚簋，两器分别记载器主在琱生、荣伯之右下，接受王的册命，由此推测辅氏居于王畿地区。2005 年河南南阳万家园墓出土有西周晚期"辅伯作兵戈"，[⑦]学者指出此墓距离 1981 年发现的南申仲禹父墓不远，应属申国墓葬，而辅

---

　①　陈梦家：《西周铜器断代》，北京：中华书局，2004 年，第 340 页。

　②　唐兰：《陕西省博物馆、陕西省文物管理委员会藏青铜器图释》，唐兰叙言，北京：文物出版社，1960 年；李学勤：《菁簋铭文考释》《故宫博物院院刊》2001 年第 1 期。关于周棘生，有学者根据"某生"是某氏之甥、"生（甥）"前之字为该甥之母舅家氏名的规则，判断"周棘生"其母家族氏是"棘"，"棘生"即棘氏的外甥，其父的族氏为周（董珊：《试论殷墟卜辞之"周"为金文中的妘姓之琱》，《中国国家博物馆馆刊》2013 年第 7 期）。

　③　分别见《集成》2548、10225。

　④　陈梦家：《西周铜器断代》，第 252 页。

　⑤　董珊：《试论殷墟卜辞之"周"为金文中的妘姓之琱》。

　⑥　吴其昌：《金文世族谱》第十三篇。

　⑦　南阳市文物考古研究所：《河南南阳市万家园 M202 发掘简报》，《中原文物》2007 年第 5 期。

伯戈埋葬于此应属馈赠之器。① 如此，辅为宗周地区之族。

另有 2011 年湖北随州叶家山西周墓地 M3 中出土有亚妘鼎、亚坛簋各一件，铭文为"亚嬬（妘）作宝彝"，同墓还出土有曾侯谏鼎一件。根据发掘报告，曾侯谏器主要出现于 M28、M65、M2，但 M3 中也有一件。根据发掘报告，M3 为中型墓，围绕在 M28 等大型墓周围。② 其中的亚妘鼎与曾侯谏有关，但相对疏远。亚妘鼎器主的具体身份难以考定，但可知在西周早期，妘姓出现在曾地一带。

综上，由西周金文可见，妘姓当中，尚有周/琱、辅的存在，他们均居于王畿，为华夏核心区。

己姓之番、蓼也未见载于祝融八姓集团。番并不鲜见，西周晚期王鬲铭文谓"王作番改薦鬲"，③此器应是王为夫人作器，可知番为己姓。④ 西周晚期番匊生壶"番匊生铸媵鼎，用媵厥元子孟改乖"，⑤器主为番氏，母家姓为匊，他为其女作媵器，"孟改乖"之称表明番为改姓。此外，由春秋早期伯盘"番叔之孙伯用媵季梦妃"、1979 年出土于河南淅川下寺春秋楚墓的上鄀公簋"上鄀公择其吉金铸叔芈、番改媵簋"，⑥也可知番属己姓。考古发掘的番器，出于河南信阳（番昶伯者君鼎、番伯酓匜、番叔壶）、河南潢川（番君伯龣盘）、湖北当阳（番仲戈）。番为楚所剪灭。

蓼也是己姓。1963 年出土于山东肥城小王庄的娶上父鬲，铭文作"娶（睒）士父作蓼改（己）尊鬲"，⑦是否说明存在己姓之蓼，值得进一步研究。蓼见诸文献，《左传》桓公十一年记载，郧人联合随、绞、州、蓼，准备伐楚，结果大败于楚，楚人"克州、蓼，服随、唐，大启群蛮"，⑧蓼被楚人兼并。

---

① 徐少华：《南阳新出"辅伯作兵戈"的年代和族属》，《考古》2009 年第 8 期。

② 湖北省文物考古研究所、随州市博物馆：《湖北随州市叶家山西周墓地》，《考古》2012 年第 7 期。

③ 《集成》645。

④ 韩巍也指出此点（《西周金文世族研究》，北京大学博士论文，2007 年，第 211 页）。

⑤ 《集成》9705。

⑥ 河南省文物研究所、河南省丹江库区考古发掘队、淅川县博物馆：《淅川下寺春秋楚墓》，第 9 页。

⑦ 《集成》715。

⑧ 《左传》哀公十七年。

蓼之地望,据学者考证,应为河南南阳一带,与楚是近邻。①

　　通过上述分析,可以对祝融八姓所分布的地理位置有大致的了解。八姓所在国主要分布在河南、山东一带,少数在山西南部。值得注意的是,八姓当中的苏、温、周(邘)以及舟之故地,位于华夏核心区域。其余诸国(不包括楚)虽不在中心位置,但可称为在中心区域第一层次的外环,距离中原中心虽不密迩,但也绝非隔远。有意思的是,这些国家与楚国的距离,也处在不近不远的范围内,多数国家不与楚国直接接壤,但也相距不远。如此,可以说,绝大多数祝融集团中的小国,在地域方面有共同性,可以视为在一个地域范围内的不同国族。或许可以猜测,地域因素是造成这些国族拥有共同祖先的一个原因。与之形成对比的是,与楚国近在咫尺的淮上小国如徐、黄等,反而不在这一集团中。春秋时期,楚与华夏争夺淮上方国的斗争十分激烈,但这些方国却不属于祝融集团。②

　　在地域因素之外,还可以观察到的是,这一集团中的邾、小邾、楚,在春秋时期,被时人以蛮夷视之。《左传》昭公二十三年记春秋末期鲁国大夫叔孙婼之语"邾又夷也",③认为邾有夷风。《左传》僖公二十一年,邾灭风姓的须句,须句虽非姬周,但"以服事诸夏",归顺于姬周。邾人的举动,被时人视为"蛮夷猾夏,周祸也",猾,即滑,乱也。④ 昭公十三年,晋公会诸侯,邾、莒以遭鲁国侵伐而诉于晋,晋公在盟会中拒绝会见鲁公,鲁大夫即批评道"君信蛮夷之诉,以绝兄弟之国",⑤意谓晋侯听信蛮夷谗言,断绝同姓之国的情谊。显而易见,在当时的华夷观念中,邾并不在华夏之例。无独有偶,楚人在一定程度上也有别于诸夏,而与蛮夷联系紧密。《左传》成公七年记"蛮夷属于楚者,吴尽取之",⑥可见楚为群蛮之首。襄

---

① 田成方:《嬰士父鬲、蓼子邨盏与己姓蓼国》,《华夏考古》2015年第3期。
② 如《左传》僖公十五年记载,楚人伐徐,以"徐即诸夏故也",鲁与其他诸侯与楚战,以救徐。
③ 孔颖达:《春秋左传正义》,阮元校刻:《十三经注疏》,第2101页。
④ 杜预注"邾虽曹姓之国,迫近戎夷,杂用夷礼,故极言之。猾夏乱诸夏"(孔颖达:《春秋左传正义》,阮元校刻:《十三经注疏》,第1811页)。
⑤ 孔颖达:《春秋左传正义》,阮元校刻:《十三经注疏》,第2172页。
⑥ 孔颖达:《春秋左传正义》,阮元校刻:《十三经注疏》,第1905页。

公十三年记"赫赫楚国……抚有蛮夷，奄征南海，以属诸夏"，①更彰显楚国大有蛮夷、广有"南海"之势。此语亦见诸《国语·楚语上》，作"赫赫楚国，而君临之，抚征南海，训及诸夏"，韦昭注"南海，群蛮也。训，教也……教及诸夏，谓主盟会，班号令也"，②意谓楚南有蛮夷，而北抗诸夏，不与中原同。因之，尽管楚人族源尚不清楚，但在春秋时期未跻身华夏行列，则是事实。这样，可以看到，邾、小邾、楚，这些并非诸夏成员的族群，拥有别于诸夏的身份，从而也拥有了相似性，为身份认同，并进一步拥有共同的祖先提供了前提。易言之，区别于诸夏，可能是这些国族拥有相同身份、认可共同祖先的一个因素。

本诸上述，可以进一步推测，在族群融合过程中，相近的地缘关系、相似的身份背景，对于整合邻近族群、推动共同祖先意识的形成，具有不可忽视的作用。

当然，必须注意到，在可靠的文献中，推崇祝融八姓、宣扬祝融八姓最为有力的是楚国。《国语·郑语》所论祝融八姓，其根本目的在于为楚张目，其谓"祝融亦能昭显天地之光明……其后八姓于周未有侯伯……或在王室，或在夷、狄，莫之数也。而又无令闻，必不兴矣……融之兴者，其在芈姓乎？芈姓夔越不足命也。蛮芈蛮矣，唯荆实有昭德，若周衰，其必兴矣"，③显而易见，此番言论是为楚人造势，其最终的落脚点在于彰显八姓之中，尽管楚为蛮夷，但有光明之行，定会继周而起。这番论述的基本用意是为诸夏集团之外的芈姓之楚，挑战姬周王室作舆论方面的准备。④而祝融，是"能昭显天地之光明"者，有了如此神通广大的祖先，楚人可以无所不能了。《左传》昭公十二年记载楚灵王的言论与此如出一辙。这一年（前530年），灵王冬猎于州来（今安徽凤台县），⑤驻扎于颍水入淮处。

———————

① 孔颖达：《春秋左传正义》，阮元校刻：《十三经注疏》，第1955页。
② 上海师范大学古籍整理组点校：《国语·楚语上》，第531页。
③ 上海师范大学古籍整理组点校：《国语·郑语》，第511页。
④ 春秋时期楚国为霸主，即便周之正宗也须朝见楚王。《礼记·檀弓下》记载鲁襄公朝于荆，赶上康王卒，楚人竟不顾礼仪强行使襄公为死去的康王穿衣。楚人之行，实有侮辱性质，知春秋时期楚国强悍而威慑诸夏。
⑤ 孔颖达：《春秋左传正义》，阮元校刻：《十三经注疏》，第2063页。

楚灵王此行的目的,是包围徐国以震慑其同盟吴国。楚灵王回忆了先王熊绎与姜太公之子吕伋、卫康叔之子王孙牟、叔虞之子燮父、周公之子伯禽并事康王,随后齐、晋、卫、鲁皆分得珍宝之器,但熊绎一无所得之事。灵王探问:"今吾使人于周,求鼎以为分,王其与我乎?"显示出楚人之志在于问鼎。灵王进一步追问:"昔我皇祖伯父昆吾,旧许是宅,今郑人贪赖其田而不我与。我若求之,其与我乎?"①昆吾与楚共有远祖祝融,因之灵王称昆吾为皇祖伯父。楚王意谓昆吾旧地为郑国所占,楚人理所应当向郑国索要自家伯父之旧地。依照楚灵王的逻辑,苏、温、邬等兄弟之国,为晋、郑等所吞并,是否也尽当归还楚国?《郑语》《左传》所记,为楚扩张而寻找口实的用意十分明显。准此,是否可以推测,在推动祝融为八姓祖先过程中,楚国发挥了重要作用,楚人为着自身北上的意图,将诸夏之外第一环的小国整合在一个共同的祖先名号之下,于是,从南到东,楚人具有了一个以祝融为号召的"共同体",为其北上问鼎、称霸中原,奠定了舆论基础?

然而,即便如此推论,在认同共有祖先的问题上,仍然有诸多不明朗的因素。仍以祝融集团为例,这个集团中的多数国族虽然处在相邻的地域,但是,其间并无过多来往。八姓之中的绝大多数国家在春秋时期已经国灭,早已融入至华夏核心国家之中。如邬入郑,苏、温入晋等等,尚存的仅有邾、小邾与楚。由文献观察,邾、小邾和楚国并无任何邦交往来的记录。《春秋左传》记载,霸主迭兴之际,邾、小邾与中原诸国交往甚多,特别是与鲁国,关系极其密切。在这个过程中,邾也曾依附齐国,遭到鲁国的不满(鲁因此"无岁不与邾为难")。② 邾在遭受鲁国攻击时,曾向东南方向的吴国求助。③ 春秋时期,邾还与晋国、④宋国有过接触,⑤但未见与楚联

① 孔颖达:《春秋左传正义》,阮元校刻:《十三经注疏》,第 2063、2064 页。
② 顾栋高:《春秋大事表》卷三十六"鲁邾莒交兵表",第 2107—2119 页。
③ 《左传》哀公七年,邾国的茅夷鸿"以束帛乘韦,自请救于吴"(孔颖达:《春秋左传正义》,阮元校刻:《十三经注疏》,第 2163 页)。
④ 《左传》昭公二十三年,邾、鲁矛盾,"邾人诉于晋",见孔颖达:《春秋左传正义》,阮元校刻:《十三经注疏》,第 2101 页。
⑤ 据《左传》记载,自隐公五年"宋人取邾田"至哀公四年"宋人执小邾子",邾国与宋国多有接触。分别见孔颖达:《春秋左传正义》,阮元校刻:《十三经注疏》,第 1728、2158 页。

络。终春秋一世，邾、鲁关系是邾国面对的重点、难点问题，鲁国昭公时期，邾国君主曾向晋国哭诉："鲁朝夕伐我，几亡矣。"①邾最终亡于鲁。但是，文献中并没有邾、小邾与楚往来的记载，很难说他们是睦邻，当然，也不是决然的敌对关系。这样的一种非友非敌的关系，为什么会拥有共同的祖先？

此外，祝融的来源，②祝融如何成为八姓的祖先，一系列的问题，仍然无从知晓。

但是，由祝融之例可以得见的是，春秋时期，共同祖先的酝酿方兴未艾。邾与小邾并称祝融为其先祖，芈姓之楚也刻意宣扬远祖祝融。更加令人称奇的是，这一共同的祖先意识并非军事征服的后果，也不是强大的力量迫使其服从的结局，更不是社会制度约束的结果，而是自觉自愿地接受，并且有着高度的认可与尊崇。由祝融之例，还可以看到，由于共同祖先的因素，使得生活在不同地域、不同国别的人们能够超越地区阻隔、族姓界限，不期而辗转系联起来，无形中建立起"血缘"方面的关联。这一关联没有边界，不形成对抗，或由近及远，或引远而入近，并且由于"血缘"的纽带而泯灭了彼此。于是，那些徘徊在诸夏外围的族群，无论国力强弱，无论风俗之同异，无论文化背景之差别，都成了兄弟之国，成为共同祖先的传人。

在这之后的下一步，则是为诸夏集团与诸夏外围的诸族群创造出共同的祖先，合天下于一家。在这个过程中，人们推出的重要祖先是帝喾与颛顼。根据《大戴礼记·帝系》及《国语·鲁语上》之记载，祝融八姓之祖祝融出自颛顼，夏亦出自颛顼，而周、商出于帝喾。③ 于是，非华夏核心的祝融与华夏中心区域的夏有了共同祖先。在此一层级之上，诸姓的共同祖先，颛顼与帝喾，也出自同一祖先，即黄帝，所有的族属都变为一家了。这样的一种创造自身祖先，再创造共同起源祖先的过程，正是春秋战国时

---

① 杨伯峻：《春秋左传注》，第 1357 页。

② "祝融"在传世文献中频繁出现，记载十分复杂。关于"祝融"为人名抑或职官名，本文暂不讨论，相关论述可见钟传永：《荆楚古史系统研究——以"三楚先"为中心》，北京师范大学硕士学位论文，2019 年，第 24 页。

③ 在《帝系》之外，《国语·鲁语上》亦谓"夏后氏禘黄帝而祖颛顼……商人禘喾而祖契……周人禘喾而郊稷"，夏出自颛顼，而商、周出自帝喾（上海师范大学古籍整理组点校：《国语·鲁语上》，第 166 页）。

期各族大融合所经历的实际步骤。

许倬云先生在探讨春秋时期的社会观念时,曾指出:

> 春秋时期绝大多数公室都源于古老的王朝,而且绝大多数贵族都是公室的同宗,贵族们只要维持他们祖先神的地位,就可以证明他们优越的地位是应该的……这些先周列国的国君常宣称自己是上古帝王之后。这些历史上有过的或是传说中的帝王,即使对历史学家来说也仅仅只有一个名字。而比名字和传说更重要的是各种不同部落声称的与古代神化人物之关系。因为与神化人物的关系可以赋予统治者及其宗族成员以权力——"命""德"和超凡魅力(the charisma),这些权力使他们的统治变得合法和不可避免。①

他所讲的贵族的"优越"感,源自贵族祖先所具有的非凡地位。春秋时人喜好自述家世,以提升自身地位。对于统治者来说,神化祖先使在上位者的统治权力具有合理化的象征意义。不过,纵览春秋时期历史,可说追溯远祖、神化祖先的意义不仅在于宣扬一家一国的政治合法性,更体现于在追溯远祖、创造祖先、神化祖先的过程中,族群相互融合、邦国相互关联、华夏共同的祖先应运而生。

综上所述,春秋战国时期,祖先降生神话大量涌现,一时间,各族的先祖都具有了神异性。正是在崇拜英雄祖先、追溯始祖、神化祖先的社会整体氛围中,人们创造出共同的祖先,不同的邦国、族群跨越了地域限制,具有了"血缘"上的关联,距离天下一家的时代不远了。

本 章 小 结

春秋时期,祖先崇拜的情况较之西周时期呈现出复杂的局面。一方面由于人自身价值的提升,生者对自我,对现实世界倾注更多的关怀,不

---

① 许倬云:《中国古代社会史论——春秋战国时期的社会流动》,邹水杰译,桂林:广西师范大学出版社,2006年,第17页。

再显示出对于祖先时时刻刻的依赖、寄望。在这个意义上，可说祖先的地位有下降的趋势。但另一方面，春秋时人祭祀祖先、告祷祖先，祖先的地位仍然神圣。尤为要者，人们进一步提炼出敬、爱、孝等观念，使得祖先崇拜不仅仅停留在祭祀的层面上，而是转化为深刻的伦理观念，其"祭神如神在""慎终追远"的思想，对于传统文化影响深远。

春秋时人所想象的祖先神力，较之西周时期，有微妙的变化：一，祖先依旧赐降大福，但是西周金文中习见的"用祷福""用匄永福"等嘏辞在这一时期大幅度减少，表明祖先在这方面的神力有所降低。二，祖先保护子孙生命、赐予寿考的神性依旧强大。春秋时期，人们不但如西周人一般，从正面祈祷祖先降下无疆之寿，还从反面祷求祖先保佑不死、难老。"难老"的流行与"不死"的出现，表明春秋时人对于生命有了新的认识，人们不但期盼长命万年，更加希冀生命无休无止，绵延至于无穷无际。对于永生的渴望在春秋时期达到了新的境地。

春秋时人对于祖先所在世界的认知，与西周时期有所不同。春秋时人以为，不但诸侯祖先往升于天，贵族先祖也在天上，立于帝廷。这一观念的变化，与春秋以来最高权力的不断下降有关。

值得注意的是，春秋时人也产生了祖先在下地的观念。春秋金文中的"下都""下土"即祖先往去之所，"下都""下土"与"黄泉""幽都"相类，是人们对死后世界的想象。更进一步，春秋时人有"精神""魂魄"的观念，以为父祖去世，"精神"仍在。在这一观念之下，祖先崇拜进一步伦理化，祖先之灵、祖先的精神成为子孙可发扬光大之处，由是而进一步生发出不辱祖考、荣耀祖先的强烈意识。

春秋时人赓续商周以来的文化传统，崇拜英雄祖先。比之商周社会更进一步的是，春秋时人将崇拜自家英雄祖先扩展为对所有英雄祖先的崇敬，使得英雄祖先不限于一姓一族，而成为溥天之下的英雄，扩展为各个族群的共同英雄祖先。此外，春秋时期，出现了神化祖先的思潮。神化祖先与崇拜英雄祖先，具有共通的心理特征，神化祖先可以视作英雄化祖先、美化祖先的进一步发展。崇拜英雄祖先，创造神化祖先，为华夏族共同始祖的创造提供了社会思想基础。天下几近乎一家。

本 编 小 结

春秋时期的信仰领域当中,天与天命观念的变动最为剧烈。

在政治领域内,"敬天""尊天"的西周传统在两周之际遭遇了广泛、深刻的动摇,天命是否在周也变得模棱两可、含混不清。胆大包天的诸侯,视获取昔日高远无比的天命、天下如探囊取物。《左传》昭公十三年记载,楚灵王占卜,希冀得天下,并叫嚣如若"不余畀","余必自取之",仿佛获取天命、征服天下已唾手可得。在思想领域内,疑天思潮逐步兴起,春秋智者不断阐发"天道远,人道迩"的人文主义思想,似乎神秘的天命即将被否定。

但是,春秋时期,天帝的至尊地位并未跌落。支撑皇天上帝至高无上地位的因素众多,其中礼制的作用尤其值得关注。东周日衰,礼文却日密,礼构成了贵族阶级一切的生活方式。礼制与宗教信仰在春秋时期深刻地结合,为确立皇天上帝的至尊地位设定了制度基础。在礼制的约束下,皇天上帝与最高统治者之间的关联更为牢固,天子祭祀天帝而其他阶层不得染指的观念进一步深化,礼制成为维护皇天上帝至高地位的坚固屏障。

春秋时期,诸侯宣称膺受大命,原来高高在上唯有天子才能独享的天和天子以下的阶级发生了关联,这是春秋时期天命观念的重大变化。不过,春秋诸侯所谓的受命,其意并非在觊觎王权取代周天子,更多的时候,它指获得天命的护佑以延续国运,这与西周时期天命特指受天之命而改朝换代已经有了根本的不同。

尽管各路诸侯不怯于宣称膺上天之眷命，但终春秋一世，并未见任何一位霸主敢于宣称其大命由周天子接续而来。种种情况表明，天威犹在。

春秋时期的祖先崇拜，幻化出令人瞩目的因素。追溯远祖、创造祖先、崇拜英雄祖先成为时代的风尚，在这一大背景之下，整合族姓的步伐紧凑而且有效。经过一番整合，不同的族姓、不同的族属、不同的文化系统，不期而辗转互相联锁起来，无形中融合为一个可大可久的具有了"血缘"关联的族群，中华民族共同的英雄祖先应运而生。由于"血缘"上的涵化能量，彼此泯灭、疆界消融，天下演化为一家。

春秋时期，天、帝、祖先在信仰领域内，各有影响。但是，三者的相互关系，还需要进一步说明。从一方面说，人们有抬高祖先神的趋向，特别是君主之先祖，可与天、帝并列，如《诗经·大雅·云汉》"后稷不克，上帝不临"、《周颂·思文》"思文后稷，克配天地"、《鲁颂·闳宫》"皇皇后帝，皇祖后稷"，周人始祖后稷与上帝相并列。将先祖与天、帝同侪，是对祖先地位的提升。当然，提升祖先的地位，其目的在于神化、圣化现实中的最高权力。从另一方面说，祖先地位在帝之下。《左传》昭公七年所记最为典型。这一年，周景王遣使吊唁卫襄公，谓"叔父陟恪，在我先王左右，以佐事上帝"，诸侯去世后，往升于天，但他仍如生前一般，在先王左右，侍奉先王，而先王则敬侍上帝。这里十分明确的是，祖先无论是周王抑或诸侯、贵族，其地位皆在上帝之下。可以说，尽管祖先时时与天、帝同列，但究其根本，其地位在天、帝之下。这一做法保证了天帝最尊，政权的合法性仍有其最高来源。

第三编

大一统背景之下的
战国信仰

战国时代,王室崩溃,七国争雄,社会失序。在剧烈的动荡中,统一之势却日渐形成。从政治方面说,专制君主已然出现;文化方面,诸子所鼓吹的政治理想"天下一统""君主至上"已充分酝酿。而在宗教信仰领域,一系列的因素也与未来的大一统产生了关联。

在思想家的观念中,宗教信仰是行将到来的大一统国家建设中不可或缺的内容,是辅佐王权安邦定国的关键环节。《周礼·春官·宗伯》开宗明义指出"大宗伯"之职为"掌建邦之天神、人鬼、地示之礼,以佐王建保邦国",①将天神、人鬼、地示安置妥当,达到"神人以和"②之效,则国泰民安。墨家学派也指出"是故古之仁人有天下者,必反大国之说,一天下之和,总四海之内,焉率天下之百姓,以农臣事上帝、山川、鬼神",③墨家学派认为勉力献享上帝、山川、鬼神,是"有天下者"所必当为之事。庄子及其后学亦云"配神明,醇天地,育万物,和天下",④倡导以祭祀神明而达到化育万物、天下雍和的高超境界。思想家所说,已经将信仰领域事项跃升至国家建设层面予以立论。

在未来大一统国家中,君主具有绝对权威,而象征着君权的天、帝,理所应当地成为新的社会秩序、人伦规范、价值观念的最高来源。《尚书·皋陶谟》谓"天工人其代之",⑤亦即天之事由人君代而行之,人君的作为,

①　《周礼·春官·宗伯》,贾公彦:《周礼注疏》,阮元校刻:《十三经注疏》,第757页。

②　《尚书·尧典》,孔颖达:《尚书正义》,阮元校刻:《十三经注疏》,第131页。按,关于统治者安和鬼神之事,西周后期有远见卓识的周卿芮良夫已有深刻认识,他说:"夫王人者,将导利而布之上下者也,使神、人、百物无得其极,犹日怵惕,惧怨之来也。"(《国语·周语上》。上海师范大学古籍整理组点校:《国语》,第12页)芮良夫认为神、人、百物,皆当得到妥善的安置(韦注"得其极"之极,为"中也"),此为王者之职。

③　《墨子·非攻》下。墨子所论"反大国之说",并非反对大国之说。孙诒让谓"反,当作'交',二字形近。……此谓与大国交相悦"(孙诒让:《墨子间诂》,北京:中华书局,2001年,第141页)。

④　《庄子·天下》,郭庆藩:《庄子集释》,北京:中华书局,2012年,第1067页。

⑤　《皋陶谟》所论述的观念,历来为后代所重。此篇的写作时代,顾颉刚先生提出战国时代说,刘起釪先生以为是春秋时人的述古之作。《皋陶谟》篇的重点内容是(转下页)

"无非天事"，①宣扬君权天授。《皋陶谟》又谓"天叙有典，敕我五典五惇哉；天秩有礼，自我五礼有庸哉"，"天命有德，五服五章哉；天讨有罪，五刑五用哉"，②国家运行中至为关键的典章、礼制、刑法，皆源自天，上天为政治秩序、统治权力提供了最权威的理据。人们又说"取法于天"，天的重要意义在新的政治形式——大一统社会中获得了认可。

在即将到来的统一王朝中，天子君临天下，而祭祀皇天上帝由天子大权独揽。对此，礼学家早有规划，"天子祭天地"，③将王权与上天牢固地捆绑在一起，天帝的象征意义殊为突出。

与"天"紧密相连的"天下"观念在战国时期成为诸子思想的核心。④"一天下"⑤是为时代的理想。"王者欲一乎天下"，"王天下"，"天下恶乎定""定于一"，⑥"一匡天下"⑦等观念成为战国历史发展最强大的思想动力。⑧

（接上页）"九德"，以数为纪的归纳方式在战国时期常见。本书倾向于战国说。本段所引《尚书·皋陶谟》，均见于孔颖达：《尚书正义》，阮元校刻：《十三经注疏》，第 139 页。

① "天工"意即天之事，此取蔡沈之说（蔡沈：《书集传》，第 30 页）。另有谓指"天官"者，恐非确解。

② 此段话大意是说，天所规定的伦常地位，自有惇厚的五种典章可据；天所制定的典礼，自有五种必用的礼仪；天降嘉命于有德之人，自用五种服色来荣宠他；天要讨罚有罪之人，自有五种刑罚处置他。

③ 《礼记·王制》，孔颖达：《礼记正义》，阮元校刻：《十三经注疏》，第 1336 页。按，《礼记·礼运》亦有相似的说法，足见唯天子可以祭天这一礼制影响之巨。

④ 传统的天命观念在诸子思想中并未占据很重要的位置，但天人关系的探讨，是诸子讨论的主要内容。诸子的天命的观念与传统周人的天命观念差别显著。传统的天命观注重天与政权之间的关系，而诸子多探讨天灌注下来的个体的"运"与"命"。在诸子那里，传统的天所具有的人格意义、道德属性明显削弱。

⑤ 《公羊传》："《春秋》内其国而外诸夏，内诸夏而外夷狄，王者欲一乎天下，曷为以外内之辞言之？"（《公羊传》成公十五年，徐彦：《春秋公羊传注疏》，阮元校刻：《十三经注疏》，第 2297 页）公羊家主张包括华夷在内的天下大一统，这是"一天下"观念的著名的论述。在此之前，墨子曾有"一天下之和"（《墨子·非攻下》）之论，荀子有"调一天下"（《荀子·儒效》）、"天下一"（《荀子·仲尼》《正论》）、"一天下"（《荀子·王制》《王霸》）之说。就连不大关注社会政治的庄子也曾提到"功大名显而天下一"（《庄子·天道》）、"通天下一气"（《庄子·知北游》）。要之，战国后期的思想界已经有了"一天下"的舆论，《公羊传》的作者既取传统之观念，又结合汉代社会实际，提出了自家的"大一统"理论。

⑥ 《孟子·梁惠王上》，孙奭：《孟子注疏》，阮元校刻：《十三经注疏》，第 2670 页。

⑦ 《管子·小匡》，黎翔凤：《管子校注》，第 425 页。按，管子所说"一匡天下"系指天下诸侯听于盟会，与后世"一天下"观念尚有区别，但在将天下视为一体的理念上则是一致的。

⑧ 先秦诸子中，大致而言，孔子以为天是能够赏善罚恶的人格神，这一点，（转下页）

在迈向大一统国家的进程中,传统的祖先崇拜生发出新的因素:战国时人进一步创造出华夏共同的始祖,为未来的社会奠定了共同的心理基础,铺垫了共同的思想意识。战国时人继承殷周以来崇拜英雄祖先的传统,有关黄帝、炎帝等共同英雄祖先的观念根深蒂固,天下俨然即为一家。时人谓"故圣人耐(能)以天下为一家",①"治天下之国若治一家,使天下之民若使一夫"。② 自此之后,"天下一家""四海之内皆兄弟"成为传统中国的理想与信念。

战国时期的宗教信仰,奠定了古代宗教系统的一些基本特色,可堪注意者有如下几点:

一,中国人向所崇拜的神灵,以天神、地示、人鬼三大类别进行划分的系统已经形成。墨家学派较早地将神灵予以归类,墨子谓"古今之为鬼,非他也,有天鬼神,亦有山水鬼神者,亦有人死而为鬼者",③将鬼神归纳为天鬼、山水鬼(自然神灵)与人鬼。④ 这一划分系统到了《周礼》的时

(接上页)与传统的天命观有相似之处。但他认为天之外,还有人无法把握的命。天和命在孔子这里成为两个概念。墨家学派站在小生产者的立场上,认为孔子关于"命"的思想导致人们放弃努力,他否定了"命"的存在,但肯定了"天志",认为天不仅授命,而且还有警戒和惩罚,例如墨子说"天之为政于天子者也。故天子者,天下之穷贵也,天下之穷富也,故于富且贵者,当天意而不可不顺"(《墨子·天志上》,孙诒让:《墨子间诂》,第192页);"天子为善,天能赏之;天子为暴,天能罚之"(《天志中》,孙诒让:《墨子间诂》,第196页)。"天"的人格意义和主宰地位获得加强。孟子观念中的天具有道德性,且他将天内在化。而在老子那里,"道"是万物的本源,天则法"道"。天在多数情况下,相当于自然界,不具有人格意义。老子所说的"命",既有规律的意义,也有命运的含义。庄子所说的天也不具有人格意义,而他所说的命,则具有主宰作用,如《庄子·德充符》说"死生、存亡、穷达、贫富、贤与不肖、毁誉、饥渴、寒暑,是事之变,命之行也"(郭庆藩:《庄子集释》,第212页),人的一切都是由命支配。荀子则否认了天的人格性以及老子、庄子所认为的精神性的本原——道。他所说的天,基本上是自然之天。荀子著名的论断"制天命而用之",放弃了"天命"的神圣性和绝对权威,重新解释了天、人、自然的关系。关于诸子的天论,参见任继愈主编:《儒教问题争论集》,北京:宗教文化出版社,2000年;刘太恒:《荀子天论篇探析——兼论先秦时期的天人之辨》,《郑州大学学报》1986年第5期。

①　《礼记·礼运》,孔颖达:《礼记正义》,阮元校刻:《十三经注疏》,第1422页。

②　《墨子·尚同下》,孙诒让:《墨子间诂》,第96页。

③　《墨子·明鬼下》,孙诒让:《墨子间诂》,第249页。按,《明鬼》所言"古今之为鬼",原作"古之今之为鬼",孙诒让认为衍一"今"字。

④　《非攻下》又说"古之仁人有天下者……以农臣事上帝、山川、鬼神"(孙诒让:《墨子间诂》,第141页),将祭祀上帝、山川、人鬼作为仁君之要务。《礼记·月令》有类似的说法,是书记载季冬之时,天子"乃毕山川之祀,及帝之大臣、天之神祇"(孔颖达:(转下页)

代,有更为清晰的阐述,即是《春官》所云天神、人鬼、地示系统。① 这一分类,意味着信仰领域中神灵体系的基本面貌获得固定,这也是佛教传入中国之前,中国人传统信仰体系的基本架构。

二,以人文理性论说宗教祭祀的意识愈益强烈。战国时期的礼学家赋予祭祀以超出宗教信仰范围的意义,使之蕴含有一种广义的文化秩序,涉及价值观念、政治制度、社会组织、道德规范各个方面。《祭统》谓:"夫祭有十伦焉:见事鬼神之道焉,见君臣之义焉,见父子之伦焉,见贵贱之等焉,见亲疏之杀焉,见爵赏之施焉,见夫妇之别焉,见政事之均焉,见长幼之序焉,见上下之际焉,此之谓十伦。"②在《祭统》的论述中,宗教祭祀与人文观念、神道与人道,相互涵化,难分彼此。

综括言之,战国时期,一方面是时事的不宁,另一方面则是大一统局势的日渐明朗。在政治秩序重建的过程中,传统的宗教信仰天、帝以及祖先崇拜皆产生出新的因素,在文化整合、精神凝聚方面,发挥作用。

(接上页)《礼记正义》,阮元校刻:《十三经注疏》,第 1384 页)。关于"帝之大臣",陈澔曰"谓五帝之佐,句芒、祝融之属也"(陈澔:《礼记集说》,第 139 页);另,《吕氏春秋·季冬纪》有相同记载,见陈奇猷:《吕氏春秋新校释》,第 622 页。

① 《周礼·家宗人》亦说"凡以神仕者,掌三辰之法,以犹鬼、神、示之居,辨其名物。以冬日至,致天神、人鬼;以夏日至,致地示物鬽,以禬国之凶荒、民之札丧"(贾公彦:《周礼注疏》,阮元校刻:《十三经注疏》,第 827 页)。

② 《礼记·祭统》,孔颖达:《礼记正义》,阮元校刻:《十三经注疏》,第 1604—1605页。按,余敦康先生认为"这种宗教祭祀的行为蕴含着一种广义的文化秩序"(《春秋思想史论——哲学突破的历史进程》,收入《宗教·哲学·伦理》,北京,中国社会科学出版社,2005年,第 91 页)。

第七章 "天"与"天命"的沉浮

　　战国时期,政治体制的变化,导致西周以来的传统社会失去重心,王权进一步崩坏。与王权休戚相关的天与天命观念,难以避免下落的命运。在思想界,诸子热衷于鼓吹君权,相形之下,却罕言天与天命。不得不说,天与天命处于思想的边缘。更加不利的是,战国晚期以来,五德终始说作为另外一种阐释政权正当性的理论,方兴未艾,对于天命论,在客观上形成挑战之势。天与天命观念,似乎即将倾跌入深谷。

　　学术界有关战国时期天命思想的探讨,几乎阙如。其中缘由,一则由于战国时期史料相对较少,难以探知天命思想在战国社会的发展变化情况;二则由于在熠熠生辉的诸子思想面前、在各种新论的激荡之下,传统的天命观念不免显得淡然无光。在当时的社会舆论和思潮中,天命观念并未占据主导地位。在这种情况下,为什么还要探讨战国时期的天命?考察这一观念又有何种必要性?

　　的确,传统的天命论在光芒四射的诸子思想的映衬下,黯然失色。然而,如若缕析古代中国的历史发展,又不得不说战国时期是传统天命观念发展变化的关键时期。这一方面是由于战国社会,传统观念与新思新论交相荡漾,新思想与新观念固然掀起惊涛骇浪,但传统的余波并未退去。传统与新思共同构成了战国意识领域的复杂局面,如若不了解传统观念的曲折变化,就无法领略战国时期思想的整体状况。另一方面,传统的天命论对于此后大一统王朝的意识形态具有无可置疑的影响力。人所共知,汉代大一统王朝,"天子由天所命"已成为政治实践中固若金汤的观念，①祭天仪式也正式成为中央集权国家的盛大典礼，天与天命具有不容置疑的崇高性。② 即便是接受了五德终始说的秦始皇，也并未放弃传统的天命观。秦人以五德终始说表明秦乃"承运"而兴，运用天命显示君权奉天而来，如此，秦始皇才成为真正奉天承运的帝王。③秦汉时期的这一景象，不禁使人想到，大一统国家的天命思想并非"无根之谈"，而是有其自身的发展线索。由战国到秦汉，天命观念事实上存在着连续的发展脉络，只是由于并非诸子论辩的主题、社会思潮的主流而被人们忽略了。换言之，秦汉时期的天命观念、君权理论，探本溯源，自然可以追溯至西周时期。然而，年代与之相接的战国时代更加有可能对秦汉王朝产生直接、切近的影响，战国思想遗产同样构成了秦汉政治文化的重要来源。由此之故，重新梳理天命观念在战国时期的演变，揭示战国时期思想的多重面貌，有其必要性。

第一节　战国时期的王权

天命与王权如影随形，论说天命，不得不说到王权。

战国时期的周王室，④残破羸弱，而战国雄主，莫不有"莅中国而抚四夷"、⑤"从天下之志"⑥。人们概说战国大势"上无天子"，⑦"宗周将

---

① 如董仲舒所谓"天子受命于天，天下受命于天子"（《春秋繁露·为人者天》，苏舆：《春秋繁露义证》，北京：中华书局，1992 年，第 319 页），"受命之君，天意之所予也，故号为天子"（《春秋繁露·深察名号》，苏舆：《春秋繁露义证》，286 页），董仲舒强调君权的神性，宣扬君权由上天授予，这种说法深为汉代统治者所赞赏，这在汉代社会舆论中占据主导地位，无人对此提出挑战和非议。

② 天命观念在短祚的秦王朝的情况略显复杂，这里暂不涉及，容当别论。

③ 邢义田：《天下一家：皇帝、官僚与社会》，北京：中华书局，2011 年，第 5 页。

④ 本文以《史记·六国年表》之始年公元前 476 年（周元王元年）为战国之始。

⑤ 《孟子·梁惠王上》，孙奭：《孟子注疏》，阮元校刻：《十三经注疏》，第 2671 页。

⑥ 《战国策·齐策五》，诸祖耿：《战国策集注汇考》，南京，江苏古籍出版社，1985 年，第 639 页。按，宋儒鲍彪释"从天下"之意，谓"使天下从"（《战国策》，第 444 页）。

⑦ 刘向编：《战国策》"叙录"（《战国策》，第 1196 页）。

灭",①是不争的事实。不过,时人对于王权的认识却又是复杂的:毕竟三代以来的政治文化,早已孕育出"天无二日,民无二王"②的深厚观念。因此,即便是在王室将倾之际,仍可见到三晋、秦等几个大国与王室保持联系,不时呈现着恭敬之态。这固然是由于霸主们借王的名义提升自身地位,但同时也表明人们需要一种象征,需要依傍于这种象征。这便是传统的力量。

战国时期,王的象征意义并非完全泯灭,在传统观念里周天子依然是天下共主。③ 时人称"周,天下之宗室也",视"劫天子"为"恶名",④说明尽管周王朝已经成了只拥有弹丸之地的小国,但依然是人们印象中的天下之正宗。战国初年,魏文侯一鸣惊人,率先称侯,天下莫之能伉。可是一代枭雄如魏文侯,照旧向天子朝觐。《吕氏春秋·下贤》篇称颂魏文侯"文侯可谓好礼士矣。好礼士故南胜荆于连隄;东胜齐于长城,虏齐侯,献诸天子,天子赏文侯以上闻",⑤魏文侯开创文功武业,战胜强齐,然后依照周礼向天子献捷,由此可见周王地位的尊贵。

---

① 《孔丛子·记问》篇述孔子见获麟而叹,并述孔子语曰:"今周宗将灭,天下无主,孰为来哉。"《抗志》篇记载周威烈王时期有人曾对子思说:"吾念周室将灭,泣涕不可禁也。"(王钧林、周海生:《孔丛子》,北京:中华书局,2009 年,第 71、137 页)可见当时的人对于周王室将要灭亡,已有预估。关于《孔丛子》一书,前人虽疑其伪,但并无确证。其实它是汉魏间孔子家学的珍贵文献,具有重要参考价值。

② 《孟子·万章上》(孙奭:《孟子注疏》,阮元校刻:《十三经注疏》,第 2735 页)。

③ 关于战国时期的王权,尤锐教授曾有过深刻论述,他指出,一方面由于现存文献中鲜有周王室的活动记载,容易使人得出战国时期周王朝已经完全被边缘化的印象,但另一方面,包括秦骃祷病玉版在内的出土文献以及《史记》《战国策》中散见的记载表明,"周王在战国时期依然保持着象征上的至高地位,仍处于礼制金字塔的顶端","周王在礼制上的荣光甚至到王朝灭亡之后依然没有消褪"(尤锐:《展望永恒帝国:战国时代的中国政治思想》,第 27 页)。

④ 《战国策·秦策一》"司马错与张仪争论于秦惠王前"章(《战国策》,第 117 页)。

⑤ 《吕氏春秋·下贤》(陈奇猷:《吕氏春秋新校释》,第 887 页)。这段话中的"上闻"原作"上卿",清儒毕沅据别本和晋灼注《汉书》谓"上闻"之意为"名通于天子",改"上卿"为"上闻",陈奇猷、杨宽等先生皆以毕说为是。杨先生说见其所著《战国史料编年辑证》(上海:上海人民出版社,2001 年,第 190 页)。此外,需要指出的是,到了魏文侯之孙魏惠王时,魏国势力已达顶峰,尽管如此,他却还是率领诸侯朝觐周天子。《战国策·齐策五》载苏秦语谓魏惠王曾经"拥土千里,带甲三十六万,其强而拔邯郸,西围定阳,又从十二诸侯朝天子以西谋秦"。关于魏惠王会诸侯朝天子事,专家定为周显王二十五年(前 344 年),详见郭人民:《战国策校注系年》,郑州:中州古籍出版社,1988 年,第 253 页。

战国时期依然有周天子号令诸侯之事。古本《竹书纪年》记载"晋烈公十二年（前 404 年），王命韩景子、赵烈子、翟员伐齐，入长城"。① 《史记·周本纪》和《六国年表》皆载周威烈王二十三年（前 403 年）"命韩、魏、赵为诸侯"，②周王将韩、魏、赵三家升格为诸侯，是因为此三家于去年曾受王命伐齐，攻入齐长城，"迫使齐侯会同三晋之君前往朝见周威烈王而所得之结果"。③ 三家攻齐，其实质是假天子之名以济其私，但仍然需要天子的号令，可知天子的威名不容小觑。

事实上，尽管周王朝在战国时期屡弱衰败，但对于社会政治、社会观念依然有深刻的影响，这可以从䣄羌钟铭文内得到直观的了解。䣄羌钟铭文亦记载了前 404 年三晋受王命而伐齐之事，铭文谓：

> 唯廿又再祀，䣄羌作戎，厥辟韩宗敢，率征秦迮齐，入长城，先会于平阴，武侄持力，䛨夺楚京，赏于韩宗，令于晋公，昭于天子，用明则之于铭，武文咸烈，永世毋忘。④

铭文意思是说周威烈王二十又二年，䣄羌起兵，⑤他的君主韩景子虔，⑥

---

① 方诗铭、王修龄：《古本竹书纪年辑证》，第 94 页。

② 《史记·周本纪》。第 158、709 页。前人早已指出魏伐齐事见诸《竹书纪年》，苏时学曰："此事不见史书，今以《竹书纪年》及《淮南子》考之，则在三家未为侯之时也。凡自古僭窃之臣，其始犹未敢专擅，而必假天子之命以济其私焉。《纪年》于威烈王十六、十七年皆有三晋与齐战争，而十八年特书'王命韩景子、赵烈子及我师伐齐，入长垣'，长垣即长城也，至二十三年始书'王命晋卿魏氏、韩氏、赵氏为诸侯'，则虏诸侯献天子事，亦必在此数年，而记注者脱略耳。《淮南子》曰：'三国伐齐，围平陆……'据《淮南子》所言，正虏齐侯之实事也。注言三国为韩、魏、赵，则与《纪年》同……盖三家所以命为侯者，以胜齐之功业，即此书所谓赏以上闻者也。"（《交山笔话》，转引自陈奇猷：《吕氏春秋新校释》，第 900 页）陈奇猷先生赞同苏说，谓："苏说有理。因魏文侯系受王命而伐齐，故虏齐侯而献诸天子，于事理正合。此事之初，即后《不广》'齐攻廪丘，赵使孔青救之'事。此时齐当齐宣公，则魏所虏者为齐宣公也。"（《吕氏春秋新校释》，第 900 页）

③ 杨宽：《战国史料编年辑证》，第 194 页。

④ 《集成》157。

⑤ 䣄羌钟铭文之释，诸家不一。其中的"戎"字，有学者释为"戎"，以为"作戎"为兴师、起兵之义（温廷敬：《䣄羌钟铭释》，《中山大学史学专刊》一卷一期《丛考》，1935 年，第 196 页。转引自孙稚雏：《䣄羌钟铭文汇释》，《古文字研究》第十九辑，北京：中华书局，1992 年；赵平安：《䣄羌钟铭及其长城考》，《金文释读与文明探索》，上海：上海古籍出版社，2011 年，第 58 页），今从之。

⑥ 铭文中的"韩宗敢"，不少学者认为是韩景子虔。但"敢"字之释，意见不 （转下页）

征伐秦国、迮迫齐国，入长城以为先锋，会师于平阴。① 𩵦羌勇武有力，②袭击攻夺楚京。③ 他受赏于韩景子虔，受晋君赐命，而为天子所知。④ 器主𩵦羌，他是韩国君主的臣下，但在立功受赏之后，刻意在铭文中写入"昭于天子"之语，足知在他心目中，上闻于天子是引以为豪之事，代表了最高荣誉。

战国时期，不仅魏文侯朝于天子，其他诸侯也朝见参拜周天子。清华简《系年》记载前 407 年晋国三帅韩虔、赵籍、魏击征伐齐国获胜后，向周王献俘，并率诸侯朝见周天子于东都洛阳：

> 韩虔、赵籍、魏击率师与越公殹（翳）伐齐……晋魏文侯斯从晋师，晋师大败齐师，齐师北，晋师逐之，入至汧水……齐与晋成，齐侯

（接上页）一。陈梦家先生以为是"献"字之省（《西周年代考六国年表》，北京：中华书局，2007 年，第 125 页）；温廷敬先生读为"徹"，谓"徹率即通率，犹言统帅也"（《𩵦羌钟铭释》）；马承源先生指出"宗"表示"宗族之子，宗族一员的意思"（《商周青铜器铭文选》四，第 590 页）。诸家之论，可参孙稚雏：《𩵦羌钟铭文汇释》；汤余惠：《战国铭文选》，第 10 页。

① 《水经注·汶水》引《竹书纪年》谓"晋烈公十二年，王命韩景子、赵烈子、翟员伐齐，入长城"（陈桥驿：《水经注校证》，北京：中华书局，2007 年，第 629 页），《史记·韩世家》"景侯虔元年，伐郑，取雍丘……六年，与赵、魏俱得列为诸侯"（《史记》，第 1867 页），可与铭文相印证。

② "武侄寺力"句，侄，郭沫若先生读为"搚"（《两周金文辞大系图录考释》下册，第 238 页）；于省吾先生认为"武侄"犹言"武鸷"，"言恃其武勇之力也"（《双剑誃吉金文选》，第 106 页）；马承源先生说"侄，坚刚。《广雅·释诂一》侄，'坚刚'。《玉篇·革部》'鞏，坚也'"，并指出"寺力"读为"持力"，义为得，指勇武刚强而得功（马承源：《商周青铜器铭文选》四，第 590 页）。

③ "富"，刘节先生说"即'矗'之繁文，《说文》'矗，疾言也'"（《𩵦氏编钟考》，《国立北平图书馆馆刊》第五卷第六号，1931 年，第 41 页。转引自孙稚雏：《𩵦羌钟铭文汇释》；唐兰先生进一步指出"富敓犹袭夺……富袭声同，故可假用"（《唐兰先生金文论集》，第 4 页）。"富"字数次出现于清华简《系年》篇，如简 46"我既得郑之门管也，来富（袭）之。秦师将东富（袭）郑"，对比简文，钟铭"富"当读为"袭"（详见董珊：《清华简〈系年〉与𩵦羌钟对读》，《简帛文献考释论丛》，上海：上海古籍出版社，2014 年，第 96 页；张树国：《𩵦羌钟铭与楚竹书〈系年〉所记战国初年史实考论》，《中华文史论丛》2016 年第 2 期）。关于"楚京"之所指，尚不能确认。

④ 此处译文参考徐中舒先生之释（《𩵦氏编钟考释》，《徐中舒历史论文选辑》上册，第 205 页）。关于𩵦羌钟所记事之年代，有学者据《水经注》引《竹书纪年》早已指出是周威烈王二十二年（前 404 年）（温廷敬：《𩵦羌钟考释》），即晋烈公十二年。据陈梦家《六国年表》，此年是赵烈侯五年，韩景侯五年，魏文侯四十二年。但是，铭文中的征秦之事尚无文献记载可证。

盟于晋军。晋三子之大夫入齐，盟陈和与陈淏于潨门之外……晋公献齐俘馘于周王，遂以齐侯贷、鲁侯显、宋公田、卫侯虔、郑伯骀朝周王于周。①

简文记载韩、赵、魏三家讨伐田齐，魏文侯率领三晋之师，②大败齐军。韩虔、赵籍、魏击之大夫与田陈盟。晋烈公向周王献捷，又胁迫齐侯与鲁侯等一同朝见周威烈王。清华简所记较之《史记》、古本《竹书纪年》，多出了鲁、宋、卫、郑四国，增加了三晋联合诸侯觐见周王的数目。足见天子在名义上是最高权力所在。

众诸侯朝见天子，不仅仅发生在战国初年，战国中期亦时有所见。战国中期周显王（前368—前321年在位）时代，周王室分裂为西周与东周（前368年），王室残破日甚一日。即便此时，魏国梁惠王仍率众诸侯朝拜天子。《战国策·秦策四》记载魏君在征伐邯郸后，"退为逢泽之遇，乘夏车，称夏王，朝为（于）天子，天下皆从"。③ 公元前354年，魏伐邯郸，后举行逢泽之会，④乘中夏之车，称大王，但亦朝拜天子（周显王），天下皆从。此外，魏国君主领衔众诸侯在孟津朝见周王，史载，"梁君伐楚胜齐，制赵、韩之兵，驱十二诸侯以朝天子于孟津"，⑤梁惠王时，魏伐楚胜齐，抑制韩、赵，率领赵、宋、卫、邹、鲁、陈、蔡等诸侯至孟津朝见周显王。梁惠王能够率领众多诸侯朝见周天子，这不仅是由于魏国强盛，而且也是由于各国诸

---

① 清华简《系年》第119—125简。李学勤主编：《清华大学藏战国竹简》（贰），第192页。

② 简文整理者指出，此时魏斯已称魏文侯。简文中的"从"，率领之义，见《清华大学藏战国竹简》（贰），第193页。

③ 《战国策·秦策四》"或为六国说秦王"章（刘向编：《战国策》，第259页）。按，此章所言"乘夏车"，"夏"有大义。又，本章的"朝为天子"，王念孙谓："'为'与'于'同，为、于二字古同声而通用"，"谓魏惠王朝于天子，而天下皆从也。"（《读书杂志》一"朝为天子"条，北京：中国书店，1985年，第72页）。

④ 关于逢泽之会的时间以及主盟者，史载多歧，后世说法亦不一，大致应在前350年至前341年之间。晁福林先生《逢泽之会考》（《文史》第五十辑，北京：中华书局，2000年）认为逢泽之会由秦孝公主盟，其时间在周显王二七年（亦即秦孝公二十年，前342年）。

⑤ 《战国策·秦策五》"谓秦王"章，刘向编：《战国策》，第266页。按，关于梁惠王"伐楚胜齐"事，前人或有疑之者，于鬯曾指出此事不见载于典籍，很可能是将卫鞅献计魏王之语（《战国策·齐策五》）当作了已然之事实（何建章：《战国策注释》，北京：中华书局，1990年，第263页）。然，以当时形势论，梁惠王时期称雄宇内，伐楚胜齐，皆有可能。《秦策》所载虽系术士之语，但未必皆为子虚。

侯皆尊奉周天子之故。

战国中期以后,秦国国力日渐强盛,霸主之态逐渐显现,周王室也不得不降贵纡尊,不断向秦人示好,《史记·周本纪》记载"显王五年,贺秦献公,献公称伯。九年,致文武胙于秦孝公。二十五年,秦会诸侯于周。二十六年,周致伯于秦孝公。三十三年,贺秦惠王。三十五年,致文武胙于秦惠王。四十四年,秦惠王称王"。① 依此记载,周王室简直沦为秦人的附庸,不但亦步亦趋,还要强作欢颜,周王地位的倾跌令人唏嘘。然而,从另一方面,却可见西秦与周王室保持有微妙关系。周显王时期,正值秦孝公在位,孝公励精图治,此时魏、齐两国相继称王,并立为东、西两帝,周显王二十七年,曾致伯秦孝公。秦人对王室之举心领神会,予以丰厚的回报。秦孝公效法逢泽之会,派遣太子驷"率戎狄九十二国朝周显王"。② 戎狄来服,是王泽远被的象征。秦孝公不仅深谙三代传统,并且予显王以天子最高荣耀。第二年,诸侯咸贺孝公。诸侯之举,固然说明孝公势力超群,但同时也说明获得王室的认可,仍是诸侯的至高荣誉。此后,秦国与周王室保持良好往来:秦惠文王元年,天子致贺;惠文王四年,齐、魏徐州相王时,天子复致文武胙。固然周王室有借助秦人势力抗衡齐、魏的意图,但不能否定秦人亦有假王室威名以提升自身名望的需求。

文献记载,著名术士张仪游说秦惠王,劝说惠王出兵攻韩,然后兵至洛阳,张仪说此举可"以临二周之郊,诛周主之罪,侵楚、魏之地。周自知不救,九鼎宝器必出。据九鼎,按图籍,挟天子以令天下,天下莫敢不听,此王业也"。张仪意欲秦国大军出动,兵临周天子城下,逼迫周天子献九鼎、图籍,以表示归顺。虽然尚未取周而代之,但却是玩周王于掌股间,成为秦王号令天下的工具。张仪此论遭到秦国名将司马错针锋相对的驳斥。司马错说:

> 今攻韩劫天子,劫天子,恶名也,而未必利也,又有不义之名,而

---

① 《史记》,第160页。
② 《后汉书·西羌传》,《后汉书》,北京:中华书局,1965年,第2876页。

> 攻天下之所不欲，危！臣请谒其故：周，天下之宗室也；齐，韩、周之
> 与国也。周自知失九鼎，韩自知亡三川，则必将二国并力合谋，以因
> 于齐、赵，而求解乎楚、魏。以鼎与楚，以地与魏，王不能禁。此臣所
> 谓"危"。①

司马错立论的关键依据是周天子为"天下之宗室"，为天下所拥戴，齐、韩、
赵、楚、魏等国皆不会赞同秦国兵临于周，所以秦国攻周，实为冒天下之大
不韪的危殆之举。秦惠王最终没有听从张仪之谏劝，显然是审时度势，将
周王室之声名考虑在内的。

王室的影响力不仅仅及于诸侯君主这一层面，对于社会上层而言，天
子的举动仍备受瞩目。收藏于陕西师范大学的战国晚期秦国宗邑瓦书即
反映出秦人对于天子的尊崇：

> 四年，周天子使卿大夫辰来致文武之酢（胙），冬十壹月辛酉，大
> 良造庶长游出命曰：取杜在酆邱到潏水，以为右庶长歇宗邑。乃为
> 瓦书。卑司御不更顝封之，曰：子子孙孙以为宗邑。②

瓦书记载了秦封右庶长宗邑及划定封界一事，其内容大致是说，周天子派
卿大夫名辰者来到秦国送周王祭文王、武王的胙肉，以示荣宠。这年的冬
十一月辛酉这天，大良造庶长名游者发布命令说：将杜地从酆邱到潏水
这块地方赏赐给右庶长名歇者作为他的宗邑。于是歇作了这篇瓦书，记
载此事，并命令担任司御不更的名顝者将瓦书封存，以告诉子孙：世代以
此地为宗邑。瓦书中的"大良造""庶长"的关系等等，是学者们讨论的热
点问题，③此不赘言。值得注意的是，瓦书不仅有纪年，而且同时采用以
事纪年的方法，记载此事发生在"四年，周天子使卿大夫辰来致文武之酢

---

① 《战国策·秦策一》"司马错与张仪争论于秦惠王前"章，刘向编：《战国策》，第
117、118 页。

② 陈直：《秦陶券与秦陵文物》，《西北大学学报》1957 年第 1 期；郭子直：《战国秦封
宗邑瓦书铭文新释》，《古文字研究》第十四辑，中华书局，1986 年。

③ 相关研究见：尚志儒：《秦封宗邑瓦书的几个问题》，《文博》1986 年第 6 期；袁仲
一：《秦惠王前四年赐宗邑瓦书》，《秦代陶文》，西安：三秦出版社，1987 年；李学勤：《秦
四年瓦书》，收入《学术文化随笔》，北京：中国青年出版社，1999 年；黄盛璋：《秦（转下页）

(胙)"这一具有纪念意义的年份。学者已指出,是年为秦惠文王前元四年(前334年),即齐魏徐州相王之后。瓦书中所说的天子致胙,当即《史记·苏秦传》所记载的"周天子致文武之胙于秦惠王"。[①] 前文已述,周王室为了在风雨飘摇中寻找靠山,故而以致伯、赐胙等手段拉拢秦人。天子向秦侯致胙,是不得已而降尊纡贵。但对于秦人来说,其思考的角度略有不同。众所共知,以事纪年,其事必定是有代表性的,有纪念意义的,可以作为标识的重大事件。秦人选取天子致胙标明年份,正显示出在秦人的观念中,王之赏赐是头等大事,是至上的荣誉,为秦人所沾沾自喜、津津乐道。

考察战国社会,可见天子微弱之时,仍然有诸侯朝见,表明周天子在传统道义上尚有权威。[②] 周烈王驾崩之时,诸侯皆吊。战国诸侯尚知遵守周礼,天子崩而吊焉,可见天子的象征意义并未泯灭。甚至更进一步,周室也仍以最高权力自居,并未由于客观上天子地位的低落而矮人三分。文献记载,烈王去世后,诸侯咸吊,齐国动作迟缓,落在了诸侯之后。不料周室大发其火,专程派人前去齐国讣告,指责齐国君主威王,斥曰"天崩地坼,天子下席,东藩之臣田婴齐后至,则斮之",[③]意谓发生了天崩地裂般的大事,新任天子周显王为父守丧,居于草席之上,而齐国威王居然不及时吊唁,当斮杀之! 周室之举实在出人意料,试想当时周室早已没落,哪里来的勇气使其口气仍然不小,敢于呵斥恫吓战国霸主齐威王? 可以想象,王室所具有的自认为凌驾于诸侯之上的优越感仍然存在。当然,齐威王并不示弱,他还以颜色、当面辱骂了王室,造成"卒为天下笑"的局面。齐威王在周烈王生时朝见,在周烈王去世之后怒叱周室,未能善始善终。战国策士曾对此有所解释,云"彼天子固然,其无足怪",是说周天

(接上页)封宗邑瓦书及其相关问题考辨》,《考古与文物》1991年第3期;王晖:《最早的封邑文物凭证》,《中国文物报》1991年9月1日(01);刘杰:《秦封宗邑瓦书铭文研究述补》,《湖南科技大学学报》(社会科学版)2013年第4期。

① 《史记·苏秦传》,《史记》,第2250页。

② 史载齐国威王在"周贫且微,诸侯莫朝"、王室陷入困顿之时,"率天下诸侯而朝周",拜见周威王,此事被术士称为"仁义"之举(《战国策·赵策三》"秦围赵之邯郸"章,刘向编:《战国策》,第705页)。

③ 《战国策·赵策三》"秦围赵之邯郸"章,刘向编:《战国策》,第705页。

子早已衰微，但却仍然摆出天子的架子，苛求诸侯，其一贯如此，不足为怪。按照策士所说，周天子即便在其不堪一击之时，依然自居高贵、对诸侯颐指气使，可知西周王室历三百余年所积累的威风，并不会顷刻荡然无存。王室内囊羞涩，但外面的架子未倒，在世人心目中的崇高地位还在。①

即便到战国晚期，秦一统天下的前夕，仍然可以听到"朝天子"的声音。秦国客卿名造者，曾建议秦国重臣穰侯攻打齐国广陶，说道：此举可以"长小国，率以朝天子，天下必听，五伯之事也"。② 意思是说若能成功，则穰侯便可为小国之长，可以率领这些国家朝见天子，建立春秋五霸那样的功业。客卿名造者的建议是劝穰侯步三晋韩赵魏之尘，得周天子任命而位列于诸侯。此事当秦昭王十九年（前288年），距离秦的统一已经不远了。

还需要指出的是，人们对于王室的没落，事实上是怀有复杂心情的。

---

① 齐威王爆粗口，结果导致为天下人所耻笑。这表明"天下人"并不赞同齐威王对于周天子使臣的粗野无礼。此外，战国时代，周王在社会观念里依然是最高权力的象征，因此尊周室、崇天子，也成为战国霸主惯用手法。可举几例以说明：周赧王八年（前307年），齐湣王欲为纵长，担心秦楚联合，因此拉拢楚国合纵，致书楚怀王谓："寡人患楚之不察于尊名也。今秦惠王死，武王立，张仪走魏……而楚事秦……则楚为郡县矣。王何不与寡人并力收韩、魏、燕、赵，与为从而尊周室，以案兵息民，令于天下？"（《史记·楚世家》，《史记》，第1725页）齐湣王明明是怀有私心，害怕秦、楚联合于己不利，于是拉拢楚人。但他偏偏要说齐楚为合纵而"尊周室"，着意打出周天子的旗号，堂而皇之地抬高自己的地位。齐国将攻打宋国，苏代向燕王献策，"今王若欲因过（祸）而为福，转败而为功，则莫若招（遥）伯（霸）齐而尊之，使明（盟）周室而焚（焚）秦符"（《战国纵横家书》第二十"谓燕王"章，北京：文物出版社，1976年，第85页。并见《战国策·燕策一》"齐伐宋宋急"章，刘向编：《战国策》，第1068页；《史记·苏秦列传》，《史记》，第2270页），意思是说燕王如果因祸得福、转败为胜，就先要联络称伯（霸）的齐国而尊崇它，使它盟于周王朝，使天下诸侯皆焚毁秦国的符节，与秦断绝关系。所谓"明（盟）周室"，意即归于周王朝的麾下。

② 《战国策·秦策三》"秦客卿造谓穰侯"章，刘向编：《战国策》，第171页。按，朝觐周天子是春秋战国时期列国诸侯之大事，春秋前期，齐桓公不仅敬奉周天子，而且对于到首戴这个地方参加诸侯盟会的王世子亦尊崇有加，《穀梁传》揆其用意，说齐桓公"控大国、扶小国、统诸侯不能以朝天子，亦不敢致天王。尊王世子于首戴，乃所以尊天王之命也"（《春秋穀梁传》僖公五年。杨士勋：《春秋穀梁传注疏》，阮元校刻：《十三经注疏》，第2394页）。汉儒总结东周诸侯"朝天子"之事，谓："霸者，伯也，行方伯之职，会诸侯，朝天子，不失人臣之义，故圣人与之。"（《白虎通》卷二《号》，陈立：《白虎通疏证》，北京：中华书局，1994年，第62页）

秦骃祷病玉版铭文透露出这方面的信息。玉版记载主人身患疾病,遂向诸多神灵祈祷禳疾。他说:

> 周世既没,典瀍(法)薜(散)亡,惴惴小子,欲事天地、四亟(极)、三光、山川、神示(祇)、五祀、先祖,而不得厥方。①

玉版的主人名"骃"者,为秦国高级贵族。② 铭文中,秦骃首先向神灵诉说疾病缠身,遭遇痛苦,忧愁无间。接着他表白自己欲祭祀天地、四极、三光、山川、神祇、五祀、先祖各类神灵而不得方的苦痛心情。在祷辞中,他无不遗憾地说,由于周室衰落,典法散亡,使其欲意祭祀而不得要领。由祷辞看,周室的散亡,不仅是周家姬姓的衰亡,也代表着典章、制度、规则的消逝。玉版的主人并未对周室地位的低落拍手称快,反而表达出无尽的惆怅和深深的寂寥,说明周王室以及其所代表的文物仍然获得人们的认可。根据史书记载,人们普遍认为秦国自惠王末年以来已有以武力扫灭六国而称王的野心,并不将周室放在眼里,随时准备灭周而代之。但由秦骃祷病玉版铭文看,并非如此简单,玉版主人所发出的感慨,真是五味杂陈。

待周室覆灭之时,人们也并非额手相庆,而是认为周室所代表的秩序、制度散失,导致天下混乱,由此得出"乱莫大于无天子"的结论。秦昭王五十二年(前255年)秦人攻取西周,庄襄王元年(前250年)夺取东周,尽有两周之地,周室绝灭。③ 然而,天子的观念根深蒂固,对于周王室的

---

① 铭文释文综合了下述几位专家的考释写定,李零:《秦骃祷病玉版的研究》,原载北京大学中国传统文化研究中心编:《国学研究》第6卷,北京:北京大学出版社1999年,后收入《中国方术续考》,北京:东方出版社,2000年;李学勤《秦玉牍索隐》,《故宫博物院院刊》2000年第2期;李家浩《秦骃玉版铭文研究》,北京大学中国古文献研究中心编:《北京大学中国古文献研究中心集刊》二,北京:燕山出版社,2001年;曾宪通、杨泽生、肖毅:《秦骃玉版文字初探》,《考古与文物》2001年第1期。各家之说或有不同,这里不一一列出。为简省计,有些字径用今字写出。

② 关于名"骃"者的身份,李零先生认为是秦惠文王、秦武王的后裔(《秦骃祷病玉版的研究》);曾宪通、杨泽生、肖毅诸先生认为是秦庄襄王(《秦骃玉版文字初探》);李家浩(《秦骃玉版铭文研究》)、周凤五(《〈秦惠文王祷祠华山玉版〉新探》,《历史语言研究所集刊》第72本第1分,2001年)等先生则认为是秦惠文王。

③ 《史记·周本纪》,《史记》,第169页。

覆灭,当时即有人指出:

> 今周室既灭,而天子已绝。乱莫大于无天子,无天子则强者胜弱,众者暴寡,以兵相残,不得休息,今之世当之矣。①

在人们的心目中,天下大乱,是由于周天子不存而缺失了对诸侯的约束,所以才会出现以强凌弱、以众暴寡的危局。"贫而微"的周王朝在这个时候固然没有任何能力来从军事上、经济上威慑凌弱暴寡的诸侯,但是,它毕竟是天下人所敬奉的"宗室",在观念上和道义上具有制衡的力量。经过有周八百年的浸染、涤荡,天子的观念深入人心。

综合上述,战国一代,王室气息奄奄,即将覆灭。然而,社会中尊王的观念却坚不可摧。直至有周灭亡,天子始终是最高政治权力的象征。这种种情况,犹若落日,虽然日薄西山,但依然光照天下而为世人所见。

第二节　天命观的演变

战国时期的政治运作中,罕见天命的踪影。

战国一世,各路诸侯竞相角逐、雄峙一方,兼并、称雄,灭国、称帝,展现出纷扰的历史画卷,但其中鲜有天命的因素。或许是兼并战争的步伐过于紧凑,诸侯们无暇思考政权的合法性问题,抑或许是文献失载之故,目前可见的情形是,战国君主鲜称天命。相比于春秋时期的诸侯甚至卿大夫豪迈地宣称先祖或自身膺受大命、拥有天赐之权,战国时期的雄主对于天命的兴趣似乎锐减,宣称身当大命的君主凤毛麟角。

在屈指可数的称颂天命的诸侯中,中山王厝令人瞩目。中山王厝鼎记载厝自述:

> 吾先考成王早弃群臣,寡人幼童,未通智,唯傅姆是从,天降休命

---

① 《吕氏春秋·谨听》,陈奇猷:《吕氏春秋新校释》,第710页。按,《吕氏春秋·观世》亦载有相类之语。

于朕邦,有厥忠臣贾,克顺克卑,亡不率仁,敬顺天德,以佐佑寡人。①

中山王厝鼎铭文拓本(部分)

铭文意谓厝的父考成王早已辞世,他自己年幼无知,依赖傅姆教导养育。上天降下休美之命于中山,有忠臣贾,遂顺谦卑,率行仁道,敬奉天德,辅佐王厝。中山王鼎作于王厝十四年,作器时间当在公元前 314 年诸侯讨伐燕国之后不久,时为战国中期。② 中山国为鲜虞所建,本身具有浓厚的戎狄色彩,考古发掘中所见帐幕、行炉等均显示出北方民族的特色,但从青铜铭文看,其天的观念、仁敬的观念,与诸夏观念毫无二致。中山国强盛之时,位列中等强国之列,但中山王厝时,曾为魏、赵两国所并,复国之后仍然处于强国夹迫之中,是以其所言"天降休命于朕邦",可谓含义复杂。首先,厝宣扬的"天降休命",蕴含有中山国得天之佑、将有复兴的意味。他所说的"天命",与春秋时期秦、晋等诸侯宣扬的"天命"观一致,是

---

① 《集成》2840。
② 铭文记载有燕王哙行禅让以及"邦亡身死"的内容,据此可以推定作器年代当在前 314 年之后。

将本国的休咎祸福与天命联系起来，意谓邦家得到皇天的护佑。甚至更进一步，"天降休命"系厝之愿望，他期盼上天赐予休美之命，挽救中山于危难之中。上天所降与厝之休命，与西周文武所膺受大命已然不同，它并不强调政权变革、王朝代易、君临天下，而更多倾向于福祉昌延、国祚永存。其次，厝宣称的天降之命，有更为具体的指向。揆诸上下文，天之休命，具体化为忠臣贾的存在，贾尽力辅佐王厝，此乃天所赐予中山之休美。相比于秦公、晋君将天赐大命视为受封立国的依据，王厝所讲的天命，其意义更为狭小。不得不说，厝所言之天命，距离周初人开创的天命观念，差异显著。但是，仍需看到，王厝论述天、天命，有承继西周传统的因素。铭文中有"天德"之说，表明在厝的心目中，"天"具有大德，依然是正义的象征。这一因素，直承西周传统而来。

战国时期，燕王哙也曾宣扬"受命于天"。燕王哙（？—前314年）之时，正值燕国衰颓之际。术士苏代到燕国游说，在听毕苏代的建议后，燕王哙意气振作，说"吾终以子受命于天矣"，[①]认为获得苏代的协助，便可"受命于天"。燕王哙的受命论，值得分析。当时的燕国迫于大国压力，岌岌可危，燕王听从苏代之谏后，即有复兴之志，喊出"受命于天"的豪言。显而易见，燕王哙受命，不是促成政权交替，不是为燕立国寻找依据，甚至为自身君位寻求上天支持的意义也比较淡薄。他所讲的天命，就是获天之惠助，以燕伐齐，报其积怨，助力燕国重新崛起。在燕王哙看来，上天在政权复兴、国家振兴中，具有重要意义。

要之，战国诸侯少言天命。在称天命的政治家那里，天命主要意味着获得上天的护佑，帮助国君在兼并斗争中立于不败之地，提振国力，永延国祚。他们所说的天命，与西周时期的天命观相比，仅仅在获取上天眷顾方面有一致性。至于追寻王权的最高依据、革命的合法性，则不是他们关注的重点。

在政治家之外，战国诸子思想是值得关注的内容。遗憾的是，学者已经指出，天命并非诸子思想的核心议题。诚然，就战国整体而言，天命称

---

① 《战国策·燕策一》"苏秦死其弟苏代欲继之"章，刘向编：《战国策》，第1058页。

不上核心思想、焦点意识。可是,如若不仅仅聚焦于战国君王、诸子显学,而将目光投向更宽泛意义的文化、思想领域,却可见天命观念自有其发展理路。

　　文献显示,战国时期思想家重树天与天命的权威,不仅认为天赋君权,同时,也将国之大纲大法归之于上天所降,将国之纲领系之于皇天所命,强调国家制度、典章皆来源于上天,具有不可挑战的权威性。这是战国时期天命观念的重要创新。西周时期,王权来源于天命,周革殷的正当性来源于天命,但西周时人并未发明出周之制度来源于天命的说法。战国时人则强调典章制度同样源自上天,这一思想的出现或许与对未来大一统国家的期许有关。写成于春秋战国之际的《尚书·皋陶谟》谓:

> 天叙有典,敕我五典五惇哉;天秩有礼,自我五礼有庸哉……天命有德,五服五章哉;天讨有罪,五刑五用哉。①

意谓天设定了五种典章,使人性归于惇厚;天制定了常礼,使五礼皆有其用。天赐命于有德之人,用五种服色彰显他们;天讨罚有罪之人,设立五刑予以讨罚。《皋陶谟》强调典章、礼制、刑罚皆为天命所定,具有无上的权威,人们必须严格遵守。写成于战国时期的《洪范》谓:

> 天乃锡禹洪范九畴,彝伦攸叙。
> 帝乃震怒,不畀洪范九畴。②

所谓"洪范""彝伦",指国家大纲大法。国之纲纪乃由天帝所赐,具有神圣性、必然性。《洪范》所说,无疑是为政治秩序、统治权力寻找来自最高等级的依据。经过《洪范》作者等一批思想家的阐释,天与天命重新被赋予新的价值与意义。

　　在国家制度之外,战国思想家重申只有天子,才可受命于天。编成于战国晚期的《礼记·表记》载孔门后学述孔子语,曰:

---

① 《尚书·皋陶谟》,孔颖达:《尚书正义》,阮元校刻:《十三经注疏》,第 139 页。
② 孔颖达:《尚书正义》,阮元校刻:《十三经注疏》,第 187 页。按,关于《洪范》篇的写成时代,学术界有较大争议,本文认为《洪范》为战国时期写定的述古作品。

唯天子受命于天。①

天子受命于天，具有无可比拟的神圣性，这本是西周时期天命论中的根本因素。但在王权式微的时代，天命不为天子所独有，诸侯卿大夫亦可称天命。《礼记》重申"唯天子受命于天"，与其说是回归于西周传统，不如说是儒家力矫时弊的发声，以及为中央集权的君主制度的至高无上性进行舆论准备。

当然，儒家"唯天子受命于天"的发声以及《尚书·洪范》《皋陶谟》所言，并非战国思想的巅峰之论，在喧嚣的战国时代甚至可以说微不足道。但是，必须注意，它们的影响却源远流长。《礼记》所说的"唯天子受命于天"，在汉代大儒董仲舒那里产生强烈回响，董仲舒说"唯天子受命于天，天下受命于天子"，②这一观念为大一统国家所采纳，成为大一统王朝强化王权至上的思想武器。而《皋陶谟》中"天聪明，自我民聪明；天明畏，自我民明畏"的观念是中国古代民本思想的核心内容，《皋陶谟》所强调的天命降于有德之人的思想为后人所熟悉。后儒甚至借孔子之口发出"《皋陶谟》可以观治"的感叹，③充分肯定《皋陶谟》所强调的以制度、秩序、法令俾使天下治的观念。《洪范》篇则是围绕荡荡王道而论述，宣扬修齐治平的政治哲学。《洪范》篇的主旨思想"皇建其有极""天子作民父母，以为天下王"等，为历代统治者所青睐，成为古代王朝的政治法则。众所周知，"皇建其有极"之语，后世简化为"皇建有极"，为古代王朝奉为圭臬。唐朝德宗赐臣下的《君臣箴》中就有"皇建有极，骏命不易"之语。④ 清儒阮元盛赞乾隆帝，即谓"皇建有极，敛福以锡庶民"。⑤ 而故宫太和殿匾额所题就是"皇建有极"四字。后来又简化为"建极"，再加上"绥猷"，成为"建极绥猷"，意谓立天赐之道，抚天下万民。

---

① 《礼记·表记》，孔颖达：《礼记正义》，阮元校刻：《十三经注疏》，第1643页。
② 《春秋繁露·为人者天》，苏舆：《春秋繁露义证》第319页。
③ 《尚书大传·略说》，陈寿祺辑校：《尚书大传》，中华书局，1985年，第132页。
④ 王溥：《唐会要》卷七十三，上海：上海古籍出版社，1991年，第1560页。
⑤ 阮元颂扬乾隆命令民间举办"千叟宴"。见《皇上八旬万寿宗经征寿说》，阮元：《揅经室集》二集，北京：中华书局，1993年，第347页。

要之,《礼》《书》所宣扬的王权、制度来源于天命的思想,并非战国时期的主流思想,但其意义绵长、影响久远,在大一统国家的意识形态中获得回应。

当然,必须要提到《周易》所论述的"革命"观。其谓:"汤武革命,顺乎天而应乎人,革之时大矣哉!"①这一论断肯定了武力夺取政权的合理性,而这一合理性,不仅仅在于事实上的武力革命的成功,更在于有天命与人事作为基础,天与人,构成权力的基石,代表着合法与正当。不难看出,这一观念脱胎于周初人所创立的"天命靡常"与"敬天保民"思想,它将两者有机地结合起来,既肯定改朝换代的历史客观性,又强调顺乎天意、合乎民心在政权转换过程中的重要意义,较之周初人创造的特指周革殷命的天命论,具有更广泛的实践意义。应当说,这是自周人发明天命观念之后,传统思想文化脉络当中发展出的更进一步的用以解释政权转换的理论。象辞的这一论断,在后世被简化为"顺天应人"。古代王朝鼎革之时,"顺天应人"都成为传统政治中最为重要的说解政权更迭的强有力根据,历代新建立的王朝,无不以"顺天应人"来为新王朝树立不可动摇之基,这也就是"皇建其极"的另一种诠释。

西周时人讲述天命,"替天行道"也是其中重要的内容,其实质仍是为周革殷命寻找最高的法理依据。《尚书·多士》记周公告多士之辞曰"昔朕来自奄,予大降尔四国民命。我乃明致天罚……予亦致天之罚于尔躬",②《多方》谓"惟尔多方探天之威,我则致天之罚,离逖尔土",③是说周公明行上天之罚,是上天命令周公惩罚四国之民,将之迁移。自此之后,打着代天行事旗帜以相号召的论述更加常见,《尚书·汤誓》记载成汤讨伐夏桀时,曰"非台小子敢行称乱,有夏多罪,天命殛之",④上天要诛杀多罪之有夏,成汤仅是服从上天之命,代天行事。依照成汤所说,上天惩恶扬善,是正义与德行的象征,而政权由夏转移至殷,完全是上天的意志。

① 《周易·革卦·象传》,孔颖达:《周易正义》,阮元校刻:《十三经注疏》,第60页。
② 《尚书·多士》,孔颖达:《尚书正义》,阮元校刻:《十三经注疏》,第220—221页。
③ 《尚书·多方》,孔颖达:《尚书正义》,阮元校刻:《十三经注疏》,第230页。
④ 《尚书·汤誓》,孔颖达:《尚书正义》,阮元校刻:《十三经注疏》,第160页。

在这一基础之上，战国时期出现"汤武革命，顺乎天而应乎人"之论乃是顺理成章的事情。

还需要说到，在新因素之外，传统的天命观念并未停止传播。春秋时人借助讲述三代故事阐述天命观念，这一做法在战国时期继续进行。战国时人撰写的《尚书·甘誓》记述了大禹传位于子启，夏之同姓有扈氏不服而反抗，夏后启举兵讨伐，他在甘之地发布誓词，谓："有扈氏威侮五行，怠弃三正。天用剿绝其命，今予惟恭行天之罚。"①天命仍然是征伐暴虐，维护政权的最合理依据。

此外，《诗》《书》在战国时期的传布，在客观上起到传播西周天命观念之效。上博简《诗论》记录孔子与弟子论诗，其间孔子极度赞美文王，热烈颂扬文王受命，谓：

> 寺（诗）也，文王受命矣……又（有）命自天，命此文王，城（诚）命之也，信矣！孔子曰：此命也夫。文王，唯谷（裕）也得虖（乎）此命也……《文王》吾美之……《文王》曰"文王在上，于昭于天"，吾美之。②

孔子感慨，《大雅》诗的主旨在于文王受命，讲述的是天降大命于文王。③《诗论》写成于战国时代，知孔子授诗于弟子，文王承天命是孔门反复歌咏的内容。

儒家学派孟子，特别尊重儒家经典《诗》《书》。《孟子·离娄上》曾引用《诗经·大雅·文王》"商之孙子，其丽不亿。上帝既命，侯于周服。侯服于周，天命靡常"，④虽然孟子主旨在于说明只有行仁道方可无敌于天下，但在孟子看来，"天命靡常"正是行仁道而无敌于天下的前提条件。"上帝之命""天命靡常"正是西周天命论的核心内容。墨子学派喜引《诗》

---

① "威侮五行"，王引之指出"威"即"烕"之讹字，"烕"同"蔑"，轻慢之义（《经义述闻》，第176—177页）。《尚书·甘誓》，孔颖达：《尚书正义》，阮元校刻：《十三经注疏》，第155页。

② 马承源主编：《上海博物馆藏战国楚竹书》（一），上海：上海古籍出版社，2001年。

③ 关于《诗论》中孔子论天命，参晁福林：《上博简〈诗论〉研究》，北京：商务印书馆，2013年，第901页。

④ 《孟子·离娄上》，孙奭：《孟子注疏》，阮元校刻：《十三经注疏》，第2719页。

《书》以为己用,《墨子·兼爱下》篇引用古文尚书《禹誓》"禹曰:'济济有众,咸听朕言,非惟小子,敢行称乱,蠢兹有苗,用天之罚,若予既率尔群对(封)诸群(君),以征有苗。'"墨子认为禹"用天之罚"战胜有苗,是其兼相爱的结果。禹能够兼爱,所以天降大命。《天志中》篇引用《诗经·大雅·皇矣》"帝谓文王,予怀明德,不大声以色,不长夏以革,不识不知,顺帝之则",以阐明君主顺天之意、尊奉上天的重要性。《天志中》篇还引用《泰誓》曰:"纣越厥夷居,不肯事上帝,弃厥先神祇不祀,乃曰吾有命,无廖(膠)僄(其)务。天亦纵弃纣而不葆。察天以纵弃纣而不葆者,反天之意也。故夫憎人贼人,反天之意,得天之罚者,既可得而知也。"墨子以此说明天的奖善罚恶之志。《非命中》篇引用《仲虺之诰》曰:"我闻于夏人,矫天命,布命于下,帝伐之恶,龚(用)丧阙师。"墨子以此说明夏人军败丧师的原因是其矫诬天命,因而为天所憎恶。《非命下》篇再次引用《泰誓》之言,谓:

> 《太誓》之言也,于《去(太子)发》曰:"恶(於)乎君子! 天有显德,其行甚章,为鉴不远,在彼殷王。谓人有命,谓敬不可行,谓祭无益,谓暴无伤。上帝不常,九有以亡,上帝不顺,祝降其丧。惟我有周,受之大帝(商)。"[1]

《太子发》当为《泰誓》三篇之一,其所记载的这首诗,可谓是隐于《书》中之诗。它是一首中规中矩的四言诗,韵脚齐整,铿锵上口,诗意无晦,句句不虚,可为《雅》诗上品。墨子引用《泰誓》是在说明天命之不可抗拒。[2] 总

---

[1] 除儒家之外的战国诸子,以墨子引《书》最多,据陈梦家先生统计有 30 条之多(陈梦家:《尚书通论》(增订本),北京:中华书局,1985 年,第 22—25 页)。本段所引用《墨子》中《兼爱》《天志》《非命》等篇内容,依次见孙诒让:《墨子间诂》,第 121、205、206、207、272、281—282 页。

[2] 在墨家之外,儒家荀子也引《诗》以说明天命的问题。《荀子·非十二子》曾引《诗》"匪上帝不时,殷不用旧;虽无老成人,尚有典刑;曾是莫听,大命以倾"(《荀子·非十二子》,梁启雄:《荀子简释》,北京:中华书局,1983 年,第 66 页)。"匪上帝不时"的"时"字,郑笺以为"非其生不得其时",孔疏以为是"非为上帝生之使不得其时"(《诗·大雅·荡》,孔颖达:《毛诗正义》,阮元校刻:《十三经注疏》,第 554 页),虽然意可通,但不若清儒马瑞辰所云"非上帝不善"(《毛诗传笺通释》,第 944 页)。荀子引《诗》主旨是说殷不用"老成人"所以遭到覆灭的下场,"匪上帝不时",并非上帝不善所致。荀子对于"天命"虽无贬义,但(转下页)

之,《诗》《书》在战国时期的流传,便利于传统天命论的播散。

综合上述,尽管战国政治家、思想家罕言天命,但天命观念并未坠落。一些思想家重提天命的权威,将王权、政治制度系之于天命,天子、国家典章,都具有了来自上天所赋予的权威性,大一统国家中君权至上、国家制度具有崇高性的一套观念隐约可见。这是在新的时代,人们赋予天命论的新内容。虽然这些观念并非战国时期的主流思潮,但在秦汉大一统社会,思想观念转化为政治制度下的意识形态,具有了巨大的实践意义。

附论：诸子天论

诸子少言天命,但诸子有关天、天命的思想值得缕析,以进一步了解诸子思想与传统天、天命论的异同。

1. 天具有神圣性

对于战国时期的多数思想家来说,天与天命虽然不是他们理论当中的核心内容,但天仍然具有崇高性。

诸子中最信服上天最礼敬于天的,当推墨子。《墨子》书中有《天志》三篇,集中讲述了墨家学派的天论。墨家学派笃信天是有意志的神灵,是道德之天,体现着最高理性,具有绝对权威。墨子主张天下之人,包括君主在内,都应当效法于天。墨子说"天之重且贵于天子",①上天具有高于天子的绝对权威,因此,最高统治者当以效法于天、从事于义为最高使命,"率天下之百姓以从事于义,则我乃为天之所欲也。我为天之所欲,天亦为我所欲。然则我何欲何恶? 我欲福禄而恶祸祟。若我不为天之所欲,而为天之所不欲,然则我率天下之百姓以从事于祸祟中也",②在墨派看来,天代表人间的最高法则,顺从天之义,则可获得天之福佑,天人之间存

(接上页)其敬奉的程度却有所削减。在荀子看来,上天犹如旁观者,并不干预人世之事,所以他才有"天行有常,不为尧存,不为桀亡"(《荀子·天论》,梁启雄:《荀子简释》,第 220 页)之论。

① 《墨子·天志下》,孙诒让:《墨子间诂》,第 210 页。

② 《墨子·天志上》,孙诒让:《墨子间诂》,第 193 页。

在着必然的互动关系。

墨子的天命学说具有鲜明的特点,其与传统的天命论既相一致,又迥然有别。《墨子·非攻下》云:

> 遝(逮)至乎夏王桀,天有辖(诰)命……天乃命汤于镳宫,用受夏之大命,"夏德大乱,予既卒其命于天矣,往而诛之,必使汝堪之。"汤焉(乃也)敢奉率其众,是以乡有夏之境,帝乃使阴(降)暴毁有夏之城。少少,有神来告曰:"夏德大乱,往攻之,予必使汝大堪之。予既受命于天,天命融隆(降)火,于夏之城间西北之隅。"汤奉桀众以克有[夏],属诸侯于薄(亳),荐章天命,通于四方,而天下诸侯莫敢不宾服。则此汤之所以诛桀也。遝(逮)至乎商王纣,天不序其德,祀用失时……赤鸟衔圭,降周之岐社,曰:"天命周文王伐殷有国。"泰颠来宾,河出绿图,地出乘黄。武王践功,梦见三神曰:"予既沉渍殷纣于酒德矣,往攻之,予必使汝大堪(戡)之"。武王乃攻狂夫,反商之周,天赐武王黄鸟之旗。王既已克殷,成帝之来(赉),分主诸神,祀纣先王,通维四夷,而天下莫不宾。①

墨子所述古史,处处称颂天命的灵光和伟大。墨子说,汤伐夏桀,便是"天"命他"受夏之大命"的结果。天不仅授命于汤,而且还派神灵告诉汤伐夏的有利时机和地点,汤获胜之后随即"荐章天命,通于四方"(尽力彰显天命之伟大,通告天下四方的邦国)。商纣之时,天命赤鸟衔圭到周之岐山神社传达"天命周文王伐殷"。天不仅派贤人泰颠助周,而且派"三神"转告伐纣之机,还赐予周武王以"黄鸟之旗"。周武王完成了上帝所赐之命,使天下宾服。按照墨子所说,三代因革乃是天助贤主的结果。

在讲述天命故事之外,墨子也倡导"天罚"的观念。他说"(桀)上诟天侮鬼,下殃傲天下之万民……天乃使汤至明罚焉","(商纣)上诟天侮鬼,下殃傲天下之万民,播弃黎老,贼诛孩子,楚毒无罪,刳剔孕妇,庶旧鳏寡,

---

① 《墨子·非攻下》,孙诒让:《墨子间诂》,第147—153页。按,此段若干文字之释,如释"遝"为"逮""辖"为"诰""隆"为"降"等,皆见孙诒让书。

号咷无告也。故于此乎，天乃使武王至明罚焉"。①夏桀和商纣的覆灭，都
是其恶贯满盈、天降"明罚"的结果。

可以看到，墨子讲述天命，有其特点。墨子刻意彰显天命的伟大，他
宣扬天命与政权的转移无可分离，认为王朝的代易来自上天的许可，这是
他对西周传统天命论的继承。其次，墨子着意凸显天的绝对权威。天象
征正义，是最高仲裁者，皇天必定使桀纣一类罪恶累累者彻底覆灭。这一
思路与西周时人所以为的天假周人之手惩戒暴虐商王如出一辙。此外，
墨子将天命与三代历史紧扣起来，不仅认为姬周代替殷商为天命使然，也
认定殷革夏命，以及夏王朝的建立是在上天的主导下完成，这与战国社会
人们在传统的天命论基础上讲述三代历史沿革的思路一致。与传统天命
论相异的是，墨子将天命与神怪结合起来。墨子讲述天命时，常常将"天"
与"鬼"相并列，有时甚至将天称为"天鬼"，②表明在他的观念中，神鬼具有
非凡的地位，神鬼是墨子思想中的重要组成因素。墨子说成汤之时，上天派
遣神灵告之伐夏的有利时机和地点；文王之时，天命赤鸟衔圭飞往周之岐山
神社传达天意；武王即位，上天托梦三神灵命武王伐殷，并赐予周武王以"黄
鸟之旗"。不仅如此，墨子还在天命论中加入征兆的因素，以河出绿图、地出
乘黄等一系列祥瑞的出现论证天命的到来。神怪、祥瑞与天命相结合，增强
了天命的神秘性。这一说解方式，或许与春秋以来社会中兴起的思潮有关，
但与传统的天命论，判然有别。墨家学派强烈主张在上位者祭天，云"上有
以絜为酒醴粢盛，以祭祀天鬼"，上古圣王"率天下之万民以尚尊天事鬼，爱
利万民，是故天鬼赏之，立为天子，以为民父母，万民从而誉之曰'圣王'，至
今不已"。③上天对于圣王的福佑显而易见。

在儒家孔子的心目中，天也具有神圣性。孔子说"知天命""畏天命"，
孔子所说的天命是指高踞于上的具有意志的天的旨意。④ 他把天推向信
仰的顶端，谓"获罪于天，无所祷也"，天在孔子的心目中是至上神灵。孔

① 《墨子·明鬼下》，孙诒让：《墨子间诂》，第 244、246—247 页。
② 如《尚贤中》等，不备举。
③ 《墨子·尚贤中》，孙诒让：《墨子间诂》，第 60 页。
④ 冯友兰先生指出"孔子所说之天，亦皆主宰之天也"（《中国哲学史》，第 55 页）。

子不敢如后来的庄子那样自诩为和"天子"一样的"天之子",但亦有"天生德于予"和"斯文"在吾的豪情。《论语》中记载孔子谈天之语并不很多,①大致而言,孔子对于天和天命的态度可用敬而远之来概括。

儒家孟子亦持敬天的态度。他说"畏天之威,于时保之(畏惧天之权威,以此保佑它)"。他又有所谓的"乐天""畏天"之说,②"乐天"就是乐于行天之道,而"畏天",就是畏服天之道。③总之,在孟子的观念中,天之道体现着至高大道。

荀子"天命观"集中于他撰写的《天论》中。由《天论》可见,荀子为适应战国后期的社会演进,对于传统的天命观进行了深刻的扬弃。荀子肯定天有一定的神性,他认为有高尚德操之人,天必佑之,"虽有大过(祸),天其不遂乎"。④他还将天之神力说成是"天职""天功""天情""天养""天政",⑤等等。荀子认为"人之命在天",⑥所以他主张"敬天"而不要"怨天",他说"怨天者无志""怨天者无识",⑦上天是决定着社会与个人的一种最高存在。

对于道家庄子来说,天生发万物,具有神圣性。天所发出美妙的声音,称为"天籁";天所制定的规律,称为"天理";天所给予的刑罚,称为"天刑";虚无恬恢的品行,称为"天德";人和物的自然寿命,称为"天年"。⑧

---

① 《论语》中涉及天者,计18次。

② "以大事小者,乐天者也;以小事大者,畏天者也。乐天者保天下,畏天者保其国"(《孟子·梁惠王下》,孙奭:《孟子注疏》,阮元校刻:《十三经注疏》,第2675页)。

③ 孟子将人世的德操比附于天,如谓:"诚者,天之道也。"(《孟子·离娄上》,孙奭:《孟子注疏》,阮元校刻:《十三经注疏》,第2721页)即为一例。

④ 《荀子·修身》,梁启雄:《荀子简释》,第22页。

⑤ 《荀子·天论》,梁启雄:《荀子简释》,第221—223页。

⑥ 《荀子·强国》,梁启雄:《荀子简释》,第208页。

⑦ "敬天"之说,见诸《荀子·不苟》篇,不可"怨天"之说见《荀子·天论》《荣辱》《法行》等篇,分别见梁启雄:《荀子简释》,第27、221、37—38、399页。

⑧ "天籁"之说见于《庄子·齐物论》(郭庆藩:《庄子集释》,第45页);"天理"之说,见《庄子·养生主》和《天运》两篇(郭庆藩:《庄子集释》,第119、502页)。按,庄子所言"天理"指自然法则,认为"循天之理,故无天灾"(《庄子·刻意》,郭庆藩:《庄子集释》,第539页),庄子所言"天理"与宋儒所言与"人欲"水火不容者并不相同;"天刑"说见《庄子·德充符》篇(郭庆藩:《庄子集释》,第205页);"天德"说见《庄子·刻意》篇(郭庆藩:《庄子集释》,第539页);"天年"说见《庄子·山木》篇(郭庆藩:《庄子集释》,第667页)。

万物源自上天,上天具有决定一切的性质。庄子在大体上认为天既是自然之天,但又不否定天的神性。

2. 天与君权

战国诸子论辩君权,无一例外,皆将之与上天联系起来。

墨家学派认为,天崇高无比,而天在人间有其代理人,这就是天子。他说"天之为政于天子者也",①即天治政于天子,天通过天子而治政。从天子的角度说,就是天子代天行政。天下之人皆当顺从天意,墨子说"必为天之所欲,而去天之所恶",②这样,顺从天意即是敬服君主。

孟子在讨论君权时,亦以天作为王权的背景。孟子认为,既使是无敌于天下的王者,也只是"天吏",③即天的使臣,上天具有无上的尊荣。他将君主之所得皆归于天赐,称为"天位""天职""天禄"。④ 孟子引逸《书》之语"天降下民,作之君,作之师",⑤来说明帝王乃天所设置,帝王须为天下之民尽责,民众当无条件服从。这在事实上是在阐明王权来源于天命,具有无可置疑的权威性。

庄子学派对于天与帝王、天与民众的看法并不完全一致。一方面,庄子学派强调天下之人皆为天之子,天子与庶民同等:

> 我内直而外曲,成而上比。内直者,与天为徒。与天为徒者,知天子之与己皆天之所子,而独以己言蕲乎而人善之,蕲乎而人不善之邪?⑥

意谓内心刚直就与天同类。既与天同类,则与天子同为天之子,皆为天所畜养,同样具有作为人的高贵性。庄子在《人间世》篇中借颜回之口

---

① 本段所引墨子语,依次见《墨子·尚同下》《天志上》(孙诒让:《墨子间诂》第95、193、194页)。

② 《墨子·天志下》,孙诒让:《墨子间诂》,第209页。

③ 《孟子·公孙丑上》,孙奭:《孟子注疏》,阮元校刻:《十三经注疏》,第2690页。

④ 《孟子·万章下》,孙奭:《孟子注疏》,阮元校刻:《十三经注疏》,第2742页。

⑤ 《孟子·梁惠王下》,孙奭:《孟子注疏》,阮元校刻:《十三经注疏》,第2675页。

⑥ 《庄子·人间世》,郭庆藩:《庄子集释》,第143页。

讲出这番话,庄子和颜回一样皆为穷困的士人,颜回有穷困之乐,①而庄子则有穷困之傲。平民既然和天子一样,皆为天之子,那么还有什么必要自卑呢? 在这里,庄子用一种看起来不合常规的逻辑挑战惯有的社会秩序和普遍性的认识。这是一位哲人看破尘世后的强大自信和睥睨一切的勇气。在庄子看来高不可攀的天,就是可见可及的自然,同样高不可攀的天子,只不过和自己一样也是"天之子"而已。这是庄子的气象。

但是,另一方面,也可见庄子学派为天子张目。其谓:"夫帝王之德,以天地为宗……莫神于天,莫富于地,莫大于帝王。故曰:帝王之德配天地。此乘天地,驰万物,而用人群之道也。"②帝王的德行以天地为宗主,最高的神灵莫过于天,最富有万物的莫过于地,人世间最尊贵的莫过于帝王,所以说帝王应当德配天地。帝王乘天地之势,驰驱万物,役使人群。帝王的权威,天地之中,莫可比肩。

法家学派热衷于现实政治理论的探讨,和儒、墨、道诸家相比,法家是言说"天"最少的学派。

然而,为畅己说,法家学派也不得不举"天道"作为自己理论的依据。韩非子说:"天有大命,人有大命……谨修所事,待命于天。毋失其要,乃为圣人。圣人之道,去智与巧……因天之道。"③大意是说,天降大命于君主,人得生命于天,皆当谨慎从事,等待天的命令。君主不可失去中央大权这一要点,才能成为圣人,圣人的治国之道必须遵循天道。④ 他主张治国的君主,亦即圣人,应当"事天",⑤这样就可以虚怀若谷,静虚而知道

---

① 孔子曾经赞扬过颜回,说:"贤哉,回也! 一箪食,一瓢饮,在陋巷。人不堪其忧,回也不改其乐。贤哉,回也!"(《论语·雍也》,邢昺:《论语注疏》,阮元校刻:《十三经注疏》,第 2478 页)

② 《庄子·天道》,郭庆藩:《庄子集释》,第 465 页。

③ 《韩非子·扬权》,陈奇猷:《韩非子新校注》,上海:上海古籍出版社,2000 年,第 137—145 页。

④ 关于《扬权》篇的"天有大命",旧注多以"昼夜四时"为释(见陈奇猷:《韩非子新校注》,第 138 页注二),疑非是。韩非子强调"事在四方,要在中央。圣人执要,四方来效",此篇文字主旨是为君权造势,天赋君权,君循天道为其主题,此"大命"当理解为天所赋予的治理天下之命令。

⑤ 《韩非子·解老》,陈奇猷:《韩非子新校注》,第 396 页。

理。"天道"在韩非子看来，即天为君主所指明的治国之途，所以君主谨慎修为，天必有所命、必降大任。君主若能遵循天道，就会"澹然闲静，因天命，持大体"，从而"牧天下"。①

3. 天与人

传统的天命观在战国时期发展变化，十分突出的一点是"天命"不再只是君主的神圣光环，不再只是王朝、国家政权赖以存在的终极法理依据，而是与一般的人有了直接的联系，从而提升了民众的价值。这一方面的内容，在诸子思想中有比较明确的显示。但是各家所论，又有不同。

墨家肯定了民为天所生，倡导重视民之价值。墨子说：天对于天下之人，"兼而爱之，兼而利之……今天下无小大国，皆天之邑也。人无幼长贵贱，皆天之臣也"。又说"夫取天之人，以攻天之邑，此刺杀天民，剥振神之位，倾覆社稷，攘杀其牺牲，则此上不中天之利矣"。② 在墨子学派看来，天下之国，天下之人，皆属于天所有，皆为天所生，因此，从起源方面是平等的。

孟子继承了传统天命观中注重民情、民事的因素，强调民心对于天命的巨大影响。他推许《尚书·泰誓》之语"天视自我民视，天听自我民听"，③认为民众是能够影响和左右天命的因素。同时，孟子认为民众在天的面前是平等的，都是"天生之民"，④这与墨家、道家庄子的相关思想有一致性。民众皆为天所生，"非天之降才尔殊也"，⑤并非天降的才性不同，只不过有先知先觉与后知后觉的区别而已。在此基础上，孟子进一步认为人皆可以承受天所赋予的成为帝王将相的"大任"，他说：

> 舜发于畎亩之中，傅说举于版筑之间，胶鬲举于鱼盐之中，管夷
> 吾举于士，孙叔敖举于海，百里奚举于市。故天将降大任于是人也，

---

① 《韩非子·大体》，陈奇猷：《韩非子新校注》，第 555 页。
② 见《墨子·法仪》篇和《非攻下》篇，孙诒让：《墨子间诂》，第 22、142、143 页。
③ 《孟子·万章上》，孙奭：《孟子注疏》，阮元校刻：《十三经注疏》，第 2737 页。
④ 《孟子·万章上》，孙奭：《孟子注疏》，阮元校刻：《十三经注疏》，第 2738 页。按，孟子言"天之生民"，原话是："天之生此民也，使先知觉后知，使先觉觉后觉也。予，天民之先觉者也。"他将"天生之民"（在《万章下》篇中又称为"天之生斯民"）简称之为"天民"。
⑤ 《孟子·告子上》，孙奭：《孟子注疏》，阮元校刻：《十三经注疏》，第 2749 页。

必先苦其心志,劳其筋骨,饿其体肤,空乏其身,行拂乱其所为,所以动心忍性,曾益其所不能。①

孟子所举出的舜、傅说等帝王将相,皆出身寒苦,经历过艰苦的磨练,天授予他们"大任",这也就意味着在孟子看来,人人可得天命。天命可由畎亩、版筑、鱼盐之市中人所得,这与天命皆为君王所有的观念,截然相异。

儒家荀子虽未强调天所赋予人的平等之性,但他强调在天之下的人的能动性:

> 天行有常,不为尧存,不为桀亡。应之以治则吉,应之以乱则凶。强本而节用,则天不能贫;养备而动时,则天不能病;修道而不贰,则天不能祸。故水旱不能使之饥,寒暑不能使之疾,祆怪不能使之凶。本荒而用侈,则天不能使之富;养略而动罕,则天不能使之全;倍道而妄行,则天不能使之吉。……治乱,天邪?曰:日月星辰瑞历,是禹桀之所同也,禹以治,桀以乱;治乱非天也。……天不为人之恶寒也辍冬,地不为人之恶辽远也辍广。②

这段话主旨在于强调人的主观能动性。天是客观的存在,只有人可以通过努力而使社会安定、民众富庶,天是不会施加影响的。从另一角度看,人的意志也不会影响天的自然运行,也就是说天意不为人的意志而转移。③

---

① 《孟子·告子下》,孙奭:《孟子注疏》,阮元校刻:《十三经注疏》,第 2762 页。

② 《荀子·天论》,梁启雄:《荀子简释》,第 220—221、225 页。按,荀子还曾说天赋予人的品格也是一样的,谓:"天非私曾骞孝己而外众人也,然而曾骞孝己独厚于孝之实,而全于孝之名者,何也? 以綦于礼义故也。"(《荀子·性恶》,梁启雄:《荀子简释》,第 333 页)然而,荀子又谓:"皇天隆(降)物,以示下民,或厚或薄,常不齐均。桀纣以乱,汤武以贤。"(《荀子·赋》)表面看来是讲天降于人者厚薄不均,实际意思则是"天帝下降智识,用这种智来启示人民,但人们接受智有厚多的有薄少的,常常是不齐均等的"(梁启雄先生说,见《荀子简释》,第 356 页)。

③ 指出天的自然存在和自然运行,对于认识天的自然属性是一个创造。可是应当指出的是,公正无私本为人类社会的美德,荀子用以识天,虽有其积极意义,然天理、人理本当有别,合而为一,并不完全妥当。在抉发天的自然属性方面,孟子曾有著名的论断,他说:"天之高也,星辰之远也,苟求其故,千岁之日至,可坐而致也。"(《孟子·离娄下》,孙奭:《孟子注疏》,阮元校刻:《十三经注疏》,第 2730 页)。

和传统儒家所谓"性自命出,命自天降"的说法不同,荀子虽然不否定人有天生的自然属性,[①]但他更强调人之性是后天实践影响所形成的,即"非天性也,积靡使然也"。[②] 总之,荀子从另一角度看到了人之能动性的伟大,他赞赏人的独立性、主动性,由此产生了天人互不感应之说,更是具有进步意义的理念。秦汉以降影响至巨的天人感应之论,较之荀子所达到的思想境界可谓云泥。

儒家孟子曾发出"性善,故人皆可为尧舜"的观念,倡导在修身的路途中,人与人没有差别。庄子学派亦认为人人皆可受命于天,但最终是否可得正果,还在于修行。他说"受命于天,唯尧舜独也正,在万物之首",[③]庄子学派认为人人受命于天,但只有尧舜得了天命的正传,成为天下人的首领。庄子学派潜在的意义是,天命非为天子所独有,人人可得天命,其前提在于具有尧舜一般的德行。这是对于传统天命观的根本性改造,是战国时期天命观的新的演进。

天地化育万物,而在万物之中,民最为尊贵。战国时期,天生民的说法十分突出。一部分思想家肯定了民为天所生,而其价值应得到重视。但是,在天所生之芸芸众生中,王的地位高高在上。荀子一方面说"天生烝民",[④]一方面说"天地生君子,君子理天地。君子者,天地之参也,万物之总也,民之父母也",[⑤]《吕氏春秋·先识览》亦谓"天生民而令有别,有别,人之义也……君臣上下之所以立也",[⑥]这里所说的天生民,其根本用意是说明君臣之义具有天然合理性。在这些思想家的观念里,固然突出了天地的创造性,但是,为天地所生的君子反而具有与天地同样的地位,

---

① 荀子言"欲不待可得,所受乎天也……性者,天之就也"(《荀子·正名》。梁启雄:《荀子简释》,第321—322页),又说"凡性者,天之就也,不可学,不可事"(《荀子·性恶》。梁启雄:《荀子简释》,第328页),所指的就是人的自然属性。

② "性自命出,命自天降",见郭店楚简《性自命出》第2—3简,荆门市博物馆:《郭店楚墓竹简》,第179页。这两句话实与《中庸》"天命谓之性"表达了相同的意思。这是儒家的重要理念。荀子的后天出性之说,是人性论思想的一个重要进展。

③ 《庄子·德充符》,郭庆藩:《庄子集释》,第193页。此处之"正",当如唐代成玄英释《庄子·骈拇》"天下之至正",谓"天下至道正理"(郭庆藩:《庄子集释》,第317页)。

④ 《荀子·荣辱》,梁启雄:《荀子简释》,第38页。

⑤ 《荀子·王制》,梁启雄:《荀子简释》,第109页。

⑥ 陈奇猷:《吕氏春秋新校释》,第956页。

总揽万物、为民之父母,君之地位获得了无以复加的提升。

4. 天命与时运

春秋时人已经有"天生烝民"的说法。[①] 战国时期,诸子当中也有不少思想家倡导民众皆为天之子,并无根本性的差别。[②] 然而,既然人命皆为天授,为何芸芸众生的人生结果并不相同? 特别是传统天命论中有天辅明德的内容,可是现实中为什么却是有德之人未必成其事? 在某个时刻,在应当降命之时天却并不作为? 这是现实中人们屡屡遭遇的境况。战国时期,人们意识到,在天辅明德之外,还有人所不能逮之处,还存在力所不能及的因素,在无奈之下,人们将那些看不见的因素归之于天,而那些因素所产生的结果,则归之于"命"。这是战国时期"天命"论常常涉及的内容。

孟子固然认为"人皆可为尧舜",但也看到了人无法把握之处,他认为这就是天所决定的,孟子说"君子创业垂统,为可继也。若夫成功,则天也"。[③] 孟子认为君子开创大业建立统绪,目的是让后世可以继承发扬。至于是否能够成功,那就看天是否相助了。那些不可预料之事,亦是天意使然。[④] 孟子将一切无法解释的事情都推向"天命"之不可知。他说:"莫之为而为者,天也;莫之致而至者,命也。"[⑤]天与命都是无可掌握的因素。

---

① 《诗经·大雅·荡》,孔颖达:《毛诗正义》,阮元校刻:《十三经注疏》,第552页。

② 战国时期,人们也多有自己是天生之民的一份子的意识。孟子说:"《诗》曰:'天生烝民,有物有则。民之秉夷,好是懿德。'孔子曰:'为此诗者,其知道乎! 故有物必有则,民之秉夷也,故好是懿德。'"(《孟子·告子上》,孙奭:《孟子注疏》,阮元校刻:《十三经注疏》,第2749页)。孟子意谓,天生众民,天有化生功能,又创造法则。民若秉持伦常,就会有美德存于己身。孟子又引孔子之语说明人行天道,必有美德。荀子在其所撰《荣辱》篇里也讲到"天生烝民",说天的目的就是让天子、诸侯、士大夫、官人百吏、庶人等各阶层的人都安居其位,就连庶人也能够"暖衣饱食、长生久视,以免于刑戮"(《荀子·荣辱》,梁启雄:《荀子简释》,第38页)。各阶层的人都在天命的安排下于一定的位置中生活。

③ 《孟子·梁惠王下》,孙奭:《孟子注疏》,阮元校刻:《十三经注疏》,第2681页。

④ 《孟子·梁惠王下》篇载鲁平公本来要往见孟子,听了臧氏之子的谗言而不果行。孟子评说此事,道:"行或使之,止或尼(阻止意)之。行止,非人所能也。吾之不遇鲁侯,天也。臧氏之子焉能使予不遇哉?"清儒焦循指出"孟子之意,以为鲁侯欲行,天使之矣。及其欲止,天令嬖人止之耳。行止天意,非人所能为也"(《孟子正义》,第2682页)。

⑤ 《孟子·万章上》,孙奭:《孟子注疏》,阮元校刻:《十三经注疏》,第2738页。

庄子说："死生，命也，其有夜旦之常，天也。人之有所不得与，皆物之情也。"①他认为死生与夜旦的交替，皆由天命而不可避免，人是不能参与决定的，这都是万物的实情。庄子所理解的天命，已非君国天下之大计，而只是人生与自然之变，是运命而非传统所谓的"天命"。

人所不能把握的天命，体现于方方面面。术士苏厉曾谓周君曰：

> 败韩、魏……皆白起。是攻用兵，又有天命也。②

这里所说的天命，是在战争的背景下，其与道法家所说的"澹然闲静，因天命，持大体"③相近，皆是强调时机和运命。韩非学派又谓"明君之所以立功成名者"有四项要素，第一项即天时，得天时"不务而自生"，无需人为即可成功，不得天时，"虽十尧不能冬生一穗"，终究有无可违抗之力。④

与上述思想家强调天的命定性不同，荀子则站在把握时运的角度对于冥冥中控制人生的"天命"做出积极的对应。他说："大天而思之，孰与物畜而制之！从天而颂之，孰与制天命而用之！望时而待之，孰与应时而使之！"⑤荀子以为，与其尊天之伟大而冥想它，莫如将天看作自然之物来驱使它；与其顺从天道而颂扬它，不如掌握天命而利用它；与其茫然望时等待，何如应时制宜使用它！荀子并不迷信天命强大的命定性，而是主张把握时运以应对那难以捉摸的命运。

综上，战国时期的天命的含义随着时代的发展而有所变化。从总体情况看，战国诸子多数仍然承认天的至上性，并借助上天来论证天德、天秩的重要性。

此外，众多思想家意识到，在天之下的民众是平等的，皆为天之子，皆受天之命而来。在这个基础之上，有的思想家宣扬人人可以为尧舜。而有的思想家则指出，最终造成人之结果的不同，主要在于后天的修习，强调修养的重要性。

---

① 《庄子·大宗师》，郭庆藩：《庄子集释》，第241页。
② 《战国策·西周策》"苏厉谓周君"章，刘向编：《战国策》，第55—56页。
③ 《韩非子·大体》，陈奇猷：《韩非子新校注》，第555页。
④ 《韩非子·功名》，陈奇猷：《韩非子新校注》，第551页。
⑤ 《荀子·天论》，梁启雄：《荀子简释》，第229页。

再次,有不少思想家借助天的神圣性为君主张目,为恢复王权的至上性而努力。

此外,还可见战国时期天命论与传统天命观的不同。传统天命论关注的是国之存亡、政权轮替。而孔子以降的思想家,不再只是简单地颂扬天命,而是从新的角度诠释天命。天命不再对应于邦国大命、天子大令,而是转向天所赋予的个人之命了。战国时期,许多情况下,"天命"用如"时运"之意,其内涵具有命运方面的因素。这是天命论在战国时期的一个显著转折。

第三节 天的神圣性与祭天礼典

在战国思想家的意识中,上天具有神圣性。思想家提出"取法于天""法象于天",①"万物本乎天",②以天作为最高最大的道的来源,天的神圣性不言而喻。在思想家之外,战国礼学家③的思想也值得重视。

----

① "取法于天"见于墨子之论,他说:"古圣王以审以尚贤使能为政,而取法于天。……又率天下之万民以尚尊天事鬼,爱利万民,是故天鬼赏之,立为天子,以为民父母,万民从而誉之曰'圣王',至今不已。"(《墨子·尚贤上》,孙诒让:《墨子间诂》,第60页)《礼记·郊特牲》篇亦谓"地载万物。天垂象,取财于地,取法于天,是以尊天而亲地也"(孔颖达:《礼记正义》,阮元校刻:《十三经注疏》,第1449页)。"法象于天"之说源于《礼记·三年问》篇"上取象于天,下取法于地,中取则于人",清儒孙希旦解释此意谓"此法象于天地也"(《礼记集解》,第1376页)。董仲舒《春秋繁露》有《官制象天》篇,言古代官制皆象"天数",清儒苏舆解释说"古者制度始创,率取法象于天,故无虚设之数"(《春秋繁露义证》,第218页)。按,以上天为人世间制度伦理之样板,这种理念自先秦至秦汉,一直为君主所首肯,并流行于世。

② 《礼记·郊特牲》,孔颖达:《礼记正义》,阮元校刻:《十三经注疏》,第1453页。

③ 战国时期的礼学家,并无一个固定的范围,大略说来,撰写编定及释解"三礼"的儒家当为其主体。而"三礼"有许多内容是西周初年周公"制礼作乐"以来的政治实践的总结。作为经国之大典的礼书不仅是制度的宝库,而且是思想观念的渊薮。"三礼"之作,固然有战国时人为行将到来的新王朝准备的政治蓝图因素,有些是计划中事,而不可完全视为实有,但却不是向壁虚拟。相关研究见顾颉刚:《"周公制礼"的传说和"周官"一书的出现》,《文史》第六辑,北京:中华书局,1979年。依顾先生所论,《周礼》一书可能成于战国时期的齐国(及别国)的法家。《仪礼》一书古称《礼经》,记载了西周时期各种礼的细则和细节,据《礼记·杂记下》篇记载,鲁哀公曾经派人到孔子那里学习《士丧礼》,而《士丧礼》(转下页)

礼学家多居于各国庙堂之上，为君主出谋划策以应急需的同时，他们融铸古今制度，为即将到来的新时代提供制度层面、秩序层面的鉴戒和设计。礼学家的规划在秦汉国家的政治实践中部分地转化为现实，深刻地影响了大一统王朝的观念意识、制度运行。因而，深入考察战国礼学家的思想，裨益于了解大一统国家的政治体制、意识形态的形成。

一、神圣的皇天与祭天之礼：礼学家的规划

在祭天尊天的制度设计中，礼学家功莫大焉。与战国诸子相比，礼学家并不注重探寻"天"的自然属性、追寻"天"的本质，也不着意宣扬人人皆为天之子，倡导民主、民本。他们将"天"视为绝对的至高无上的神灵，紧紧地将王权与之系联起来，为重树天子的权威、确立皇天的至尊地位，进行了方方面面的筹划。礼学家的规划，并不是为现实计。在纷扰的战国时代，鲜见祭天的信息，战火纷飞的环境恐怕也不允许君主们周旋有秩、进退有序，展示威仪，但这并不妨碍礼学家们设想出一套套咸秩无斁的礼典仪节。可以说，礼学家的设计，不是为某一个君主，不是为某一侯国，也不是为他们所处的时代，而是为那超越于诸侯、邦国之上的天下之国所铺排。在这一方面，他们又与诸子高度一致。①

战国礼学家认为，宗教祭祀在未来大一统国家建设中，具有举足轻重的作用。悬此理想，他们设想出一套细密的祭祀系统，尤其对于天子所主持的国家祭祀，事无巨细，论述详备。礼学家"尽心极虑以建其制"，在他们的脑海中，天子祭祀上天、君临天下而四方咸秩、国运昌盛

（接上页）见于《仪礼》，可以推测，孔子实有《仪礼》之书。从此书内容分析，沈文倬先生认为"由礼物、礼仪构成的各种礼典早已存于殷和西周时代，而'礼书'则撰作于春秋之后"（《略论礼典的实行和"仪礼"书本的撰作（上）》，《文史》第十五辑，北京：中华书局，1982 年）。《礼记》一书撰作时代比《仪礼》要晚，书中虽然也载有一些周礼的典要和细节，但主要内容则是战国时期学者对于各种礼仪内涵的诠释和发挥，战国诸子也参与了这项工作，例如儒学大师荀子，专门撰有《礼论》等篇以为论说。要之，战国时期的礼学家和诸子间并无鸿沟，关注于礼学乃是许多学派发展的一个趋势。

① 诸子的思想亦是为大一统国家、君权而服务。详细参考尤锐：《展望永恒帝国：战国时代的中国政治思想》相关章节。

的图景已然形成。①

礼学家的规划中,君权独大,天帝至尊,唯有天子对应上天,掌握着祭祀天帝的特权。《礼记·曲礼下》谓:

> 天子祭天地,祭四方,祭山川,祭五祀,岁遍;诸侯方祀,祭山川,祭五祀,岁遍;大夫祭五祀,岁遍;士祭其先……天子以牺牛,诸侯以肥牛,大夫以索牛,士以羊豕。②

按照《曲礼》的严格规定,天子祭祀天地、四方、山川,以及"五祀"(户、灶、中霤、门、行五神),每年遍祭一次。诸侯祭其所处之方的神灵、③山川、五祀,大夫祭五祀,士人只祭祖先。不同等级之人所祭神灵神格、范围由高至低依次减少,独天子祭祀至高神灵天帝。祭祀之时,所献祭品也显示出等差。天子用毛色纯一的牛作为祭品,诸侯用喂养的肥牛,大夫用临时挑选的牲牛,士人则用羊和猪。天子献与天帝的祭品最为尊贵。显而易见,在礼学家设定的秩序中,天子与天帝处于绝对的顶端。

《礼记·王制》亦有类似论述,曰:

> 天子祭天地,诸侯祭社稷,大夫祭五祀。天子祭天下名山大川,五岳视三公,四渎视诸侯,诸侯祭名山大川之在其地者。④

天子祭祀天地,诸侯祭祀社稷,大夫祭祀五祀。天子还祭祀天下的名山大川,诸侯只能祭祀在自己封地内的山川河流。天子矗立于礼制的顶端,诸

---

① 事实上,诸子中,墨家学派主张祭祀天,并认为祭祀天是上古时期王的义务。《墨子·尚同中》"故古者圣王,明天鬼之所欲,而避天鬼之所憎,以求兴天下之利,除天下之害。是以率天下之万民,斋戒沐浴,洁为酒醴粢盛,以祭祀天鬼"(孙诒让:《墨子间诂》,第 82 页),在墨家看来,祭天有兴利除害之效,又可消灾去疾。墨家强调三代圣王皆祭天,《天志上》谓"三代圣王禹、汤、文、武,欲以天之为政于天子,明说天下之百姓,故莫不犓牛羊,豢犬彘,洁为粢盛酒醴,以祭祀上帝鬼神,而求祈福于天"(孙诒让:《墨子间诂》,第 194 页),三代圣王皆祭祀天以求祈福之效,而天亦能佑助圣王。对于墨家学派来说,鬼神有着重于人的地位,谓"古圣王治天下也,故必先鬼神而后人者"(《明鬼下》,孙诒让:《墨子间诂》,第 237 页)。
② 《礼记·曲礼下》,孔颖达:《礼记正义》,阮元校刻:《十三经注疏》,第 1268 页。
③ 陈澔《礼记集说》引吕大临言"诸侯有国,国必有方,祭其所居之方而已"注"祭其国所在之方"(《礼记集说》,第 35 页)。
④ 《礼记·王制》,孔颖达:《礼记正义》,阮元校刻:《十三经注疏》,第 1336 页。

侯无法比肩。

唯天子所行的祭天之礼超越于一切祭祀之上，具有绝对的优先地位。《礼记·王制》曾讲过，即便父母之祭也须让位于祭天大典：

> 丧，三年不祭，唯祭天地社稷，为越绋而行事。①

父母去世，系最可哀痛之事。天子遇有大凶之丧事，三年内不举行作为吉礼的祭典，以示孝子哀伤之心。但是，天地社稷之祀却不能因为三年之丧停止，祭天之礼必须超越执绋行丧之上而如期举行。② 毫无疑问，祭祀天地社稷的重要性在祭祀父母之上，在一切祭祀中最为重要。天子是为天之子而不仅是父母之子，天下之祭较之一己之祭更加重要。《王制》的这一思想对后儒影响深远。汉儒董仲舒继承了这一观念，他论述祭祖与祭天的区别，云：

> 《春秋》之义，国有大丧者，止宗庙之祭，而不止郊祭。不敢以父母之丧，废事天地之礼也。父母之丧，至哀痛悲苦也，尚不敢废郊也，孰足以废郊者？ 故其在《礼》亦曰，"丧者不祭，惟祭天为越丧而行事"。夫古之畏敬天而重天郊，如此甚也。③

董仲舒说，依照《春秋》大义，国家有大丧事，要停止宗庙祭祖的祭祀，但不能停止郊天之祭。④ 既然不敢以父母之丧影响事天地之礼，其他还有什么可以影响到郊祭之事呢？ 对于天子而言，祭天是所有祭祀中的重中之重。直至清儒秦蕙田，仍然强调祭天所具有的无上的象征意义。云：

> 礼莫重于祭，祭莫大于天。天为百神之君，天子为百姓之主，故惟天子岁一祭天。《周礼》"冬日至，祀昊天上帝于圜丘"，冬至取阳

---

① 《礼记·王制》，孔颖达：《礼记正义》，阮元校刻：《十三经注疏》，第 1334 页。

② 《礼记·祭义》篇还说"郊之祭也，丧者不敢哭，凶服者不敢入国门，敬之至也"（孔颖达：《礼记正义》，阮元校刻：《十三经注疏》，第 1594 页），亦阐明了郊祭超乎寻常的重要。

③ 董仲舒：《春秋繁露·郊祭》，苏舆：《春秋繁露义证》，第 404 页。

④ 关于礼学家所说的郊祭，不见载于较早的文献（西周铭文中是否为郊祭，尚需进一步考证）。《左传》中的郊祭，祭祀对象皆为祖先。而至战国时期编成的礼书中，郊祭成为郊天礼。此后由于郑玄、王肃两家解经不同，导致后代对郊祭究竟是圜丘之祭还是南郊之祭，辩论不已。有关郊祭的详细论述，俟诸他文。

生。南郊取阳位,圜丘取象天,燔柴取达气,其玉币、牲牢、尊俎、乐舞、车旗之属,各以象类。虽一名一物之微,莫不有精意存于其间。故曰"郊,所以明天道",又曰:"明乎其义,治国其如示诸掌乎。"①

秦蕙田认为祭天礼典上的"一名一物"皆有精义存焉,而所有的祭祀中,祭天事关重大。天与天子则超乎百姓、百神之上,地位至尊。从战国礼学家到清儒,其旨皆在强调,作为超越于众生之上、万邦之上的天,非一家一姓、一己之私的神灵所可比拟,而与天对应的人间之君,享有世间至尊地位。

祭天为天子的特权,战国思想家、礼学家围绕着天子独揽祭天之权,进行了一系列论述,其根本目的是突出天的至上性,宣扬天子的独尊地位。荀子说:

> 郊止乎天子,而社止于诸侯,道(禅)及士大夫。所以别尊者事尊,卑者事卑,宜大者巨,宜小者小也。②

荀子指出,祭天之祭——郊祭,只有天子可行,社、禅之祭则依次由诸侯、士大夫举行。其彰显天与天子独尊地位的用意十分明显。荀子的思想为汉儒董仲舒所发扬,他说:

> 天者,百神之君也,王者之所最尊也,以最尊天之故,故易始岁更纪,即以其初郊。郊必以正月上辛者,言以所最尊,首一岁之事。每更纪者以郊,郊祭首之,先贵之义,尊天之道也。③

董仲舒指出郊祭就是尊天之道的具体体现,只有世上最尊贵的君王有资格祭祀百神之君——上天。天与天子至高无上的观念,在大一统国家的意识形态中,得到贯彻。

在充分阐述天子独掌祭天大权的前提下,礼学家对于祭天环节也尽

---

① 秦蕙田:《五礼通考》卷一"圜丘祀天"条,方向东、王锷点校,北京:中华书局,2020年,第123页。

② 《荀子·礼论》,梁启雄:《荀子简释》,第256页。按,这段话里的"道"字,梁先生引刘师培说,以为是"禅"之古文,禅指除却丧服时之祭。

③ 《春秋繁露·郊义》,苏舆:《春秋繁露义证》,第402—403页。

心筹划。不但天子适四方,需要燔柴告天,[①]而且常祀之祭,也要精心准备。郊祭之外,夏、冬两季,天子为祈祷国泰民安,需举行祭天等一系列祭祀。届时,天子诏令天下,全民行动,不遗余力。《礼记·月令》谓:

> 是月也(按,季夏之月),命四监大合百县之秩刍,以养牺牲,令民无不咸出其力,以共皇天上帝、名山大川、四方之神,以祠宗庙社稷之灵,以为民祈福。

季夏之时,天子即大令四监收集畿内百县所应缴纳的饲料,用以喂养供祭祀用的牲畜。民众同心协力,供应祭祀皇天上帝、名山大川、四方之神所用,来祭祀宗庙社稷,求祷风调雨顺,万民咸安。季冬之月,天子也需祭天:

> 乃命太史,次诸侯之列,赋之牺牲,以共皇天上帝社稷之享……凡在天下九州之民者,无不咸献其力,以供皇天上帝,社稷寝庙,山林名川之祀。[②]

天子命令太史,依照诸侯国的大小,收取祭祀用牲的数量,供应皇天上帝和社稷之神。天下九州的民众,倾巢而出,全力以赴,以供奉祭祀用品。天子祭祀天帝、社稷,为国之大事,需举全国之力,倾尽奉献。

举行国家祭祀,是大规模的系统工程,必须综合协调、全方位管理。[③]但无论怎样复杂,细节如何繁缛,其突出天帝的地位,则贯穿其中。例如,天子献天的祭品当最为高级,《礼记·曲礼下》谓:

---

① 《礼记·郊特牲》云"天子适四方,先柴"(孔颖达:《礼记正义》,阮元校刻:《十三经注疏》,第 1450 页)。

② 此两处所引《礼记·月令》内容,见孔颖达:《礼记正义》,阮元校刻:《十三经注疏》,第 1371、1384 页。按,《吕氏春秋》所言与《月令》的说法大致相同,不另举。

③ 祭天并非只是天子个人到祭坛上行礼,而是一个系统工程,要动员方方面面的人员参与。例如,每年三月间,天子要让后妃参与采桑养蚕之事,目的是为提供天子郊祭服装做准备,此即《周礼·天官·内宰》所言"中春,诏后帅外内命妇始蚕于北郊,以为祭服"(贾公彦:《周礼注疏》,阮元校刻:《十三经注疏》,第 685 页)。所言"外内命妇",即天子嫔妃和卿大夫之妻,让这些嫔妃和贵族妇女们也通过此事而受到教育,增强敬天之观念。天子十分重视此事,严令"命妇"们认真参与,"无有敢堕"(《吕氏春秋·季春纪》。陈奇猷:《吕氏春秋新校释》,第 124 页)。

> 天子祭天地……天子以牺牛，诸侯以肥牛，大夫以索牛，士以羊豕。①

祭祀之时，所献祭品显示出等差。天子祭天献以毛色纯一的牛，诸侯祭山川献以喂养的肥牛，大夫祭五祀用临时挑选的牲牛，士人祭先祖用羊和猪即可。② 天子献与天帝的祭品规格最高。《周礼·春官·肆师》也说："立大祀，用玉帛牲牷；立次祀，用牲币；立小祀，用牲。"大祀，指天地；次祀，谓日月星辰。③ 祭祀天地，称为"大祀"，天子献以玉帛牲牷之类最隆重的祭品。而"次祀""小祀"，虽然典礼肃穆庄重，但祭品等而下之。

不但所献牺牲，天子祭天之祭服、礼玉、礼乐等，无不是规格最高、等级最上，时时处处体现着皇天的尊贵。《周礼》中可见天子设官分职，执掌祭祀中的每一环节。《周礼·春官》部分设置有"天府""司服"等管理祭祀中的各项环节，④有秩无紊。如"司服"掌管王行吉礼或凶礼时的不同礼服，辨别衣服的名称和种类，以及所适用的礼事。具体而言，王之吉服，在祭祀不同神灵时着装不同，而祭祀昊天上帝时，服装规格最高：

> 祀昊天上帝，则服大裘而冕；祀五帝，亦如之。享先王，则衮冕；享先公、飨、射，则鷩冕；祀四望山川，则毳冕；祭社稷五祀，则希冕；祭群小祀，则玄冕。⑤

天子在祭祀昊天上帝与五帝时，着相同礼服，这是最高标准的礼服。据礼家所说王祭天服十二章之衮，祭先王则服九章之衮。⑥ 祭天之服，当属

---

① 《礼记·曲礼下》，孔颖达：《礼记正义》，阮元校刻：《十三经注疏》，第1268页。

② 《礼记·王制》有类似说法。

③ 《周礼》记载肆师之职，谓"掌立国祀之礼，以佐大宗伯"，然后有大祀、次祀等祭祀的不同。郑司农云"大祀，天地；次祀，日月星辰；小祀，司命已下"；郑玄云"大祀，又有宗庙；次祀，又有社稷五祀五岳；小祀，又有司中、风师、雨师、山川百物"（贾公彦：《周礼注疏》，阮元校刻：《十三经注疏》，第768页）。

④ 《周礼·春官》载"天府"之职，其职守内容之一就是"若祭天之司民、司禄而献民数、谷数，则受而藏之"（《周礼注疏》，阮元校刻：《十三经注疏》，第776页）。

⑤ 《周礼·春官·司服》，孔颖达：《周礼注疏》，阮元校刻：《十三经注疏》，第781页。

⑥ 清儒金榜所说，转引自杨天宇：《周礼译注》，上海：上海古籍出版社，2004年，第314页。

"衮冕"中最为繁饰而隆重的。

关于郊祭祀天时的装束，礼学家们的设计是：

> 祭之日，王被衮以象天。戴冕璪十有二旒，则天数也。乘素车，贵其质也。旂十有二旒，龙章而设日月，以象天也。天垂象，圣人则之。郊，所以明天道也。……万物本乎天，人本乎祖，此所以配上帝也。郊之祭也，大报本反始也。①

祭天礼当日，天子的服饰、所乘车等等，皆有深意在焉。王所穿衮服象天，因为衮服上绘有日月星辰之象，②天子头戴有十二条玉璪的冕旒，以此来符合天数。③ 天子乘坐不加装饰的车，以彰显天子类乎天之纯朴品格。车上的旂有十二条飘带，旂上画着龙和日月，象征天上日月和风。上天垂示着各种天象，圣人皆效法于它。郊祭的礼典，就是为了彰明天道。万物的本源在天，人的本源在先祖，所以祭天时要以始祖配祭。郊祭，就是最隆重地报答上天并追思先祖之祭。天子所着服饰显示他发自内心的对于

---

① 《礼记·郊特牲》，孔颖达：《礼记正义》，阮元校刻：《十三经注疏》，第 1453 页。

② 关于祭天时王穿衮服，郑玄说："此鲁礼也。周礼：王祀昊天上帝则服大裘而冕。"（《礼记·郊特牲》。孔颖达：《礼记正义》，阮元校刻：《十三经注疏》，第 1453 页）

③ 先秦时人所理解的"天数"除了以其为"天道"之外，还有许多其他解释。春秋后期鲁卿子服景伯谓："制礼上物，不过十二，以为天之大数也。"（《左传》哀公七年，孔颖达：《春秋左传正义》，阮元校刻：《十三经注疏》，第 2162 页）《易·系辞上》篇则谓"天数五"，又言"天数二十有五"（孔颖达：《周易正义》，阮元校刻：《十三经注疏》，第 80 页），盖以天数为自然形成之数。春秋末年范蠡有"天节不远，五年复返"之说，韦昭注谓"五年再闰，天数一终"（上海师范大学古籍整理组点校：《国语·越语下》，第 656 页）。至汉儒则有更多的说法，董仲舒说"天之大数毕于十旬"，又说王者设一百二十官，是"备天数以事"（《春秋繁露·官制象天》，苏舆：《春秋繁露义证》，第 215 页），则以一百二十为天数。他还著《人副天数》一篇，讲人体之数皆类乎天，例如，"成人之身，故小节三百六十六，副日数也；大节十二分，副月数也；内有五脏，副五行数也；外有四肢，副四时数也"（苏舆：《春秋繁露义证》，第 356—357 页），皆随意附会，为无稽之谈。要之，《礼记·郊特牲》篇此处所言"天数"，当从《左传》所说。至于为何以十二为"天数"，可以有几个推测，一，杜预注《左传》哀公七年所言"天有十二次，故制礼象之"（孔颖达：《春秋左传正义》，阮元校刻：《十三经注疏》，第 2162 页）；二，有可能是以十二月为据，董仲舒说"天之大数毕于十旬"，依此理则可解为"天之大数毕于十二月"，《管子·度地》"凡一年之中十二月"（黎翔凤：《管子校注》，第 1068 页），是为其证；三，一天之中有十二个时段，称为十二辰，屈原《天问》"天何所沓，十二焉分"，即是此意，《国语·楚语》下有"十二辰"之说，韦注谓"十二辰，子至亥"（上海师范大学古籍整理组点校：《国语》，第 566 页）。然而，究竟如何，尚待论证。

上天的敬重,此正如元代礼学家所说:"先王祀天,有文以示外心之勤,有质以示内心之敬。……内服大裘以因其自然,外被龙衮戴冕璪,以致其文饰。不以内心废外心,不以自然废文饰。然后事天之礼尽矣。"①

天子祭天时,玉是礼神的必备品。《山海经》谓"瑾瑜之玉为良,坚粟(栗)精密,润浊有而光。五色发作,以和柔刚。天地鬼神,是食是飨;君子服之,以御不祥",②意谓瑾瑜之玉最为精良,它坚实细密,浑厚而有光泽,散发出五彩之光,既柔和又刚强,天地鬼神都喜欢享用它,君子服之可以防御邪恶。由《山海经》所说,可知从很早之时,人们即重视瑞玉,以玉祭祀天地鬼神。关于瑞玉的使用,特别是关涉到祭天的方面,礼学家也有具体而微的说法:

> 以玉作六瑞。……以玉作六器,以礼天地四方:以苍璧礼天,以黄琮礼地,以青圭礼东方,以赤璋礼南方,以白琥礼西方,以玄璜礼北方。皆有牲币,各放其器之色。
>
> 四圭有邸,以祀天、旅上帝。两圭有邸,以祀地、旅四望。裸圭有瓒,以肆先王,以裸宾客。圭璧,以祀日月星辰。璋邸射,以祀山川,以造赠宾客。土圭,以致四时日月。③

不同的典瑞献以不同的神灵。其中以祀天及旅祭上帝所用的"四圭有邸",最为高档。据说它是将一大型赤色玉璧的上下左右侧各凿刻出四个玉圭,玉圭底部皆与玉璧相连属,故称"有邸(根本也)",其意盖象征着天和四方。地的规格低于天,因此只用"两圭有邸"的瑞玉为祭。天极高极大,笼罩四方,所以采用"四圭有邸"之型制象征其义。

祭祀时,乐声缭绕,舞曲回响,起到神人皆娱之效。与祭祀充分体现等级的精神一致,礼学家也已设计出不同的乐舞对应不同的神灵。谓:

> 奏黄钟,歌大吕,舞云门,以祀天神。乃奏大蔟,歌应钟,舞咸池,

---

① 马端临:《文献通考》卷六十八《郊社考》一引长乐陈氏说,北京:中华书局,1986年,第612页。

② 《山海经·西山经》,郝懿行:《山海经笺疏》,第17页。

③ 《周礼·大宗伯》,贾公彦:《周礼注疏》,阮元校刻:《十三经注疏》,第761—762页。《周礼·宗伯·典瑞》,同上书,第777页。

> 以祭地示。乃奏姑洗，歌南吕，舞大磬，以祀四望。乃奏蕤宾，歌函
> 钟，舞大夏，以祭山川。乃奏夷则，歌小吕，舞大濩，以享先妣。乃奏
> 无射，歌夹钟，舞大武，以享先祖。①

在礼典上要用黄钟的调式演奏钟磬等乐器，用大吕的调式唱祭神的歌曲，跳起据说是黄帝时代传下来的"云门"之舞来娱神，这些皆是为祭祀天神进行的安排。② 黄钟在古乐十二律之中，③是阳律之首，声调最为响亮。其下的大蔟、姑洗、蕤宾、夷则、无射等则依序次之。"应钟"是十二律里面阴律之末，为阴律之最盛者，因此用来作为祭地神的器乐调式。周代存有六代乐舞，"咸池"是尧时者，"大武"是武王时者。④ 而"云门"则相传是黄帝时乐舞，祭天舞云门既是对于天之尊重，亦是对于黄帝的推崇。⑤ 要之，祭神礼典上所歌所舞，皆以祭于天神者规格最高。

可以想象，在黄钟大吕的乐声中，头戴冕旒，身穿彩绘着日月飞龙的衮服，捧持着径长九寸的苍璧，天子好似神人一般。他是天神的代表，又是人世的君主，是天命的传达和执行者。祭天礼既是对于天神的礼敬，同时也是对于"天子（即王）"的神化。礼敬天神，是向全天下宣示天命已经归属，增强人们对于王朝的信心。神化"天子（即王）"则是晓谕天下，王就

---

① 《周礼·春官·大司乐》，贾公彦：《周礼注疏》，阮元校刻：《十三经注疏》第788—789页。

② 这一段记载表明，钟磬演奏大蔟调式的器乐，唱出应钟调式的歌曲，跳起"咸池"之舞，来祭地神。演奏"姑洗"调式的器乐，唱出"南吕"调式的歌曲，跳起"大磬"之舞，来祭祀四望。演奏"蕤宾"调式的器乐，唱出"函钟"调式的歌曲，来祭祀山川。演奏"夷则"调式的器乐，唱出"小吕"调式的歌曲，跳起"大濩"之舞，来祭祀姜嫄。演奏"无射"调式的器乐，唱出"夹钟"调式的歌曲，来享祭祖先。

③ 古乐十二律，阳律六：黄钟、大蔟、姑洗、蕤宾、夷则、亡（无）射；阴律六：大吕、夹钟、仲吕、林钟、南吕、应钟。见《国语·周语》下，上海师范大学古籍整理组点校：《国语》，第132页。

④ 春秋时期王子颓用六代乐舞，韦昭说："六代之乐，谓黄帝曰云门，尧曰咸池，舜曰箫韶，禹曰大夏，殷曰大濩，周曰大武也。"（《国语·周语上》，上海师范大学古籍整理组点校：《国语》，第29页）周代祭典上的乐舞，就是所谓的"六代"乐，《周礼·地官》载"保氏"有教"国子"以"六乐"的职守，郑玄注谓："六乐，云门、大咸、大韶、大夏、大濩、大武也。"（贾公彦：《周礼注疏》，阮元校刻：《十三经注疏》，第731页）

⑤ 《周礼·春官·大宗伯》"以禋祀祀昊天上帝"，郑注："昊天上帝，乐以云门。"贾公彦：《周礼注疏》，阮元校刻：《十三经注疏》，第757页。

是"天之子",有资格衔天命以治天下。这是祭天礼典的深刻意义。

祭天典礼的重大意义为士人所知晓,对于习礼的士人而言,祭天是最重要的实践:

> 诵《诗》三百,不足以一献;一献之礼,不足以大飨;大飨之礼,不足以大旅;大旅具矣,不足以飨帝。①

诵习《诗》三百篇所学到的内容,不如在"一献"的祭礼上学到的多。② 逐级来说,飨帝之祭最为高级,"行礼者必至于可以飨帝,然后为内尽忠信之本,而外极义理之文"。③ 飨帝之祭礼是最值得学习之所在,体现着习礼的最高意义,寄托着士人习礼的最高理想。④

需要指出的是,以上战国礼学家对于天子祭天等一系列制度的设计,一定有西周旧制的诸多因素,但可以肯定,补苴、整理、完善,使之高度地系统化、制度化,则出自战国礼学家之手。经过礼学家的设计,天子祭祀天帝焕发出新的意义,天与天命再次展示出神圣与威严。

天命固然与政权的建立有密切关系,但在王朝完成递嬗之后,天命的作用在于肯定新王朝、新时代、新天下的新的政治秩序。理想当中的图景是:

---

① 《礼记·礼器》,孔颖达:《礼记正义》,阮元校刻:《十三经注疏》,第 1442 页。

② 唐儒孔颖达释"诵《诗》三百,不足以一献者",谓"假令学诵此《诗》,虽至三百篇之多,若不学礼,此诵《诗》之人,不足堪为一献之祭。言一献祭群小祀,不学礼则不能行也"(孔颖达:《礼记正义》,阮元校刻:《十三经注疏》,第 1442 页)。按,"小祀"指对于末等神灵的祭祀。《周礼·春官·肆师》的职守谓:"立大祀,用玉帛牲牷;立次祀,用牲币;立小祀,用牲。"注引郑司农说:"大祀,天地。次祀,日月星辰。小祀,司命已下。"郑玄补充说:"小祀又有司中、风师、雨师、山川百物。"(贾公彦:《周礼注疏》,阮元校刻:《十三经注疏》,第 768 页)。

③ 孙希旦:《礼记集解》,第 668 页。关于献、飨、旅,孙希旦云:"诵《诗》三百,可以言矣,而未尝学礼,故不足以一献。一献礼轻,故未足以大飨。此大飨,谓祫祭先王也。大旅者,因事祭天之名,其礼稍杀于正祭。《大宗伯》'国有故,则旅上帝及四望',有故,谓凶灾也。有故而祷于上帝及四望,皆曰旅,而上帝之旅为大旅也。飨帝,谓祀天之正礼也。大飨、大旅皆大祭,然分有远近,则诚之所感有难易;大旅、飨帝皆祀天,而礼有隆杀,则敬之所致有浅深。"

④ 司马谈之卒即显示出祭天典礼对于习礼士人的重要意义。公元前 110 年,汉武帝登封泰山,"而太史公留滞周南,不得与从事,故发愤且卒"。司马谈弥留之际对司马迁说:"今天子接千岁之统,封泰山,而余不得从行,是命也夫! 命也夫!"(《史记·太史公自序》,《史记》,第 3295 页)

> （天子）因天事天；因地事地；因名山，升中于天；因吉土，以飨帝
> 于郊。升中于天，而凤凰降，龟龙假。飨帝于郊，而风雨节，寒暑时。
> 是故圣人南面而立，而天下大治。天道至教，圣人至德。……礼交动
> 乎上，乐交应乎下，和之至也。①

天子祭天要适应天之高远而到高处祭祀，适应地较低就在平地上祭地。
适应名山之高而到山巅燔柴祭祀以便烟气升达中天，使天帝有闻。烟
气升达中天则凤凰降临，龟龙来到。在国都之郊祭天，则风雨应节气而
降，寒暑顺四时而交替。于是，圣人南面立于朝廷，天下就能够大治。
天道是对人的最高的教诲，圣人尊天道而拥有最高德行。典礼在堂上
交替进行，乐队相应地在堂下演奏，这就是最和谐的境界。在这理想的
图景中，天子祭天而奉行天道，集圣德于一身，天地氤氲而和谐运行，天
下大治！

　　总之，战国社会，周天子名存实亡，国家祭祀无从谈起。但礼学家们
突破现实的混沌在观念的层面上描绘，他们重塑皇天与天子的权威，在礼
制的金字塔中，将天帝与天子立于最尖端，具有无上的神圣性。天与天子
的权威，在大一统社会到来之前，已经规划完毕。②

二、天的神力

　　战国时人观念中的天的神力，有了明显变化。这一时期天神的称谓
十分盛行，天所具有的创造性神力空前提升。与此同时，天、地、人相齐、
相协、相合的观念方兴未已，构成中国传统文化中的重要内容。

---

　　① 《礼记·礼器》，孔颖达：《礼记正义》，阮元校刻：《十三经注疏》，第 1440—
1441 页。
　　② 对于战国时期的礼学家的贡献，尤锐先生指出"礼学家对天子处于明确宣布的等
级秩序顶端的强调，并非新的发明，它呼应了西周礼制体系。但是在战国现实的语境下，其
重要性不容忽视……它宣扬一种真正的全部天下的礼制和政治金字塔结构，将诸侯置于天
子之下……在这种语境中，重新引入古代对个人用度的礼制规范，在战国纷乱的政治环境
下，成为寻求政治秩序的强有力武器。实际上，帝国的建立者们恰当地整合了战国礼学家
们的思想，构建了帝国的礼制体系，而该体系成为帝国社会等级体系的坚固基础"（《展望永
恒帝国：战国时代的中国政治思想》，第 43 页）。

天神之称流行于战国时期。①《周礼》说道:"大宗伯之职,掌建邦之天神、人鬼、地示之礼",②《礼记·郊特牲》云"所以别事天神与人鬼",在神灵世界里,"天神"毫无疑义居于首位。③ 清华简《系年》第一章谓"昔周武王监观商王之不恭上帝,禋祀不寅,乃作帝忱(籍),以登祀上帝天神",④此处的天神即指天。

天神的范围较广,有时亦泛指天上众神,《周礼·春官》记载"大司乐"之职"乃奏黄钟,歌大吕,舞云门,以祀天神",有关天神,郑玄注"天神,谓五帝及日月星辰也",⑤按照郑玄所说,天神包括天上众多神灵。

在战国时人的观念中,天所具有的创世性十分突出,天是万物之主。孟子云"天之生物也,使之一本",⑥意即天生万物,皆出一源。《礼记》亦说"万物本乎天",⑦认为万物皆由天所创生。"万物本乎天"之说是自西周以来,传统文化中对于天的创造性的最高级别的表达。

与此同时,天地结合、天地并列、天地化育万物的观念大量涌现。这在《易传》中有突出体现。如谓:

> 大哉乾元,万物资始,乃统天。
>
> 至哉坤元,万物资生,乃顺承天。

---

① "天神"之称肇端于春秋中期,至战国而流行于世。太子晋谏周灵王语曾提到"民神"与"天神"(《国语·周语下》,上海师范大学古籍整理组点校:《国语》,第 107 页),《礼记·郊特牲》则提到"天神"与"人鬼",此外,《韩非子·外储说左上》"秦昭王令工施钩梯而上华山,以松柏之心为博,箭长八尺,棋长八寸,而勒之曰'昭王尝与天神博于此矣'"(陈奇猷:《韩非子新校注》,第 689 页)。

② 《周礼·春官·大宗伯》,贾公彦:《周礼注疏》,阮元校刻:《十三经注疏》,第 757 页。

③ 周代祭典所用的牺牲,有"帝牛"和"稷牛"的区别,"帝牛"又称为"特牲",最为尊贵,要在打扫干净的牛栏里饲养三个月,而"稷牛"为祭后稷所用之牛,不必特殊饲养。《礼记·郊特牲》说:"帝牛不吉,以为稷牛。帝牛必在涤三月,稷牛唯具。所以别事天神与人鬼也。"(孔颖达:《礼记正义》,阮元校刻:《十三经注疏》,第 1453 页)祭天典礼前,占卜选用的"帝牛",如果不吉,则可以选"稷牛"顶替,但不可选用其他的牛("稷牛唯具"),"帝牛"和"稷牛"的不同,显示了事奉天神与人鬼的区别。天神地位之尊,在此小事上也有很清楚的体现。

④ 李学勤主编:《清华大学藏战国竹简》(贰),第 136 页。

⑤ 贾公彦:《周礼注疏》,阮元校刻:《十三经注疏》,第 788 页。

⑥ 《孟子·滕文公上》,孙奭:《孟子注疏》,阮元校刻:《十三经注疏》,第 2707 页。

⑦ 《礼记·郊特牲》,孔颖达:《礼记正义》,阮元校刻:《十三经注疏》,第 1453 页。

> 天地养万物。
>
> 天地不交而万物不兴。
>
> 天地感而万物化生。
>
> 天地纲缊，万物化醇。
>
> 有天地，然后万物生焉……有天地然后有万物。①

《周易》首卦和次卦，分别赞美天、地之德，认为万物赖天地而始生，万物赖天地而生长（"资始"），这一切皆统属于天（"乃统天"），就连养育万物的"地"也统属于天（"乃顺承天"）。犹如男女结合而生育子孙一样，天地交合才有万物"化生"。天地化生万物是战国时期流行的社会观念之一，荀子说："天地者，生之始也。……天地生君子，君子理天地。君子者，天地之参也，万物之总也，民之父母也。"②"无天地，恶生？""天地合而万物生。"③《礼记·哀公问》谓"天地不合，万物不生"。需要指出的是，地虽然和天并列，但却总是顺承于天的，天实居于主导地位。

更进一步，战国时人将天、地、人看作宇宙间最为重要的三项因素，有关天、地、人相并列的说法甚多。《韩非子·解老》谓"聪明睿智，天也；动静思虑，人也。人也者，乘于天明以视，寄于天聪以听，托于天智以思虑"，④《中庸》谓"唯天下至诚，为能尽其性；能尽其性，则能尽人之性；能尽人之性，则能尽物之性；能尽物之性，则可以赞天地之化育；可以赞天地之化育，则可以与天地参矣"，⑤《吕氏春秋·情欲》谓"人与天地也同"，⑥《孝经》云"天地之性，人为贵"。⑦

在创造万物之外，天依旧没有特别的功能。在十分宽泛的意义上，人们认为天是美好的来源，天降福禄、寿考于人间。

---

① 依次见《周易》之《乾卦》《坤卦》《归妹卦》《咸卦》《系辞下》《序卦》（孔颖达：《周易正义》，阮元校刻：《十三经注疏》，北京：中华书局，1980 年，第 14、18、40、64、46、88、95 页）。
② 《荀子·王制》，梁启雄：《荀子简释》，第 109 页。
③ 《荀子·礼论》，梁启雄：《荀子简释》，第 267 页。
④ 陈奇猷：《韩非子新校注》，第 394 页。
⑤ 孔颖达：《礼记正义》，阮元校刻：《十三经注疏》，第 1632 页。
⑥ 陈奇猷：《吕氏春秋新校释》，第 87 页。
⑦ 邢昺：《孝经注疏》，阮元校刻：《十三经注疏》，第 2553 页。

这一时期,承天之休、受天之庆、承天之祜、承天之庆①等成为人们日常生活中的用语,显示着天的神力。《仪礼·少牢馈食礼》记载祭祀之时,由尸祝祭祀者:

> 皇尸命工祝,承致多福无疆,于女孝孙。来女孝孙,使女受禄于天,宜稼于田,眉寿万年,勿替引之。②

意谓皇尸命祝官向祭祀人(孝孙)传达祝辞,祝孝孙多福无疆,上天赐予厚禄,田地适于耕稼,长寿万年,福禄永存不废。人们笃信福庆皆天所赐,国家如此,个人亦是如此。

天在保佑农业丰收方面,亦有神力,这应当是人们祭天的重要原因之一。《礼记》谓:

> 是月也(孟冬),大饮、烝。天子乃祈来年于天宗。大割祠于公社及门闾,腊先祖五祀。③

孟冬之月,天子、诸侯、群臣饮酒于太学,以正齿位(此为"大饮"),又行烝祭。天子向天神日月星辰祈求来年丰收,以牺牲祭祀国社后土之神,以及城门和闾里,并用腊祭祭祀祖先和五祀之神。所谓"天宗",是对天的尊称。④

---

① 例如,士人举行冠礼之时,依次加缁布冠、皮弁和爵弁,每次加冠,皆有祝福之辞,其中说到"受天之庆(享受天赐福庆)""承天之休(承受天赐休美)""承天之祜(承受天赐之福)""承天之庆(承受天赐福庆)"(《仪礼·士冠礼》。贾公彦:《仪礼注疏》,阮元校刻:《十三经注疏》,第957页)。人们将和美的景象也归因于承天之佑。如《礼记·礼运》说"陈其牺牲,备其鼎俎,列其琴瑟、管磬、钟鼓,修其祝嘏,以降上神,与其先祖,以正君臣,以笃父子,以睦兄弟,以齐上下,夫妇有所。是谓承天之祜"(孙颖达:《礼记正义》,阮元校刻:《十三经注疏》,第1416页)。

② 《仪礼·少牢馈食礼》,贾公彦:《仪礼注疏》,阮元校刻:《十三经注疏》,第1202页。

③ 《礼记·月令》,孔颖达:《礼记正义》,阮元校刻:《十三经注疏》,第1381—1382页。

④ "宗"通假为"尊"之例甚多,如《尚书·尧典》"禋于六宗",孔安国传"宗,尊也"(孔颖达:《尚书正义》,阮元校刻:《十三经注疏》,第126页),《诗经·大雅·思齐》"惠于宗公",孔疏"宗,尊也,宗而为公"(孔颖达:《毛诗正义》,阮元校刻:《十三经注疏》第516页)。"天宗",意即天尊,尊而为天也。其具体所指,郑玄说:"天宗,谓日月星辰也。"(孔颖达:《礼记正义》,阮元校刻:《十三经注疏》,第1382页)《逸周书·世俘》"告天宗上帝",顾颉刚先生说:"'天宗'为泛称,凡天神皆可蒙此名。"(《"逸周书·世俘篇"校注、写定与评论》,《文史》第二辑)可备一说。

战国时期，天有不少臣属，天之神力，一部分交由天神代理。如《周礼》记载"天府"之职为"若祭天之司民、司禄而献民数、谷数，则受而藏之"，[1]这里的司民、司禄，是上天的臣属，他们管理民众与掌管福禄，可见，天的神力分散了。

战国时人认为上天具有福佑和惩恶的神力。墨家学派说"爱人利人者，天必福之；恶人贼人者，天必祸之"，[2]宣扬上天扬善抑恶的功能。秦惠文王时期的《诅楚文》就曾说楚怀王"不畏皇天上帝及大沈厥湫之光列威神……求蔑废皇天上帝及不显大神厥湫之卹祠"，意即不敬畏皇天上帝和称为"大沈厥湫"的大神，蔑废皇天上帝和大神的祭祀。在秦惠王看来，楚怀王不敬畏皇天上帝、大神，罪不可赦。因此秦国要"应（膺）受皇天上帝及大沈厥湫之幾灵德赐，克剂楚师"，[3]秦接受皇天上帝和大神的恩赐，捣毁楚军。显然，皇天上帝是秦人钳制楚怀王之邪恶并打败他的最重要的依靠。

战国时期，一方面是对信仰系统的整理，使之条理化、制度化，在这样的一个过程中，上天至尊的地位十分稳固。但也需要看到战国时期的另一种状况，即众多神灵涌现，甚至有所谓的"杂祀"。各种各样的神灵遍布人们的生活世界，人们更多地向其他神灵祈祷，如《礼记·月令》记载仲冬之时，"天子命有司祈祀四海、大川、名源、渊泽、井泉"，[4]在这里大至四海，小至井泉，皆为有司祭祀祈祷的对象，可见神灵数量之众。自春秋以降，各诸侯国自身文化皆有发展，具有地域性质的神灵也大量出现，特别是从楚简中看，楚地即具有地域性质的神灵，地方性神灵的出现反映了信仰的多元化，从中也可见战国时期精神飞扬、思想活跃的一个侧面。在这一背景下，天的神性愈发平淡。

总之，战国时期天的神力依然宽泛，天可以降福禄、惩恶扬善，但没有特别突出的神力。而天在广泛的意义上所具有的创生万物的观念,在战国时期得到了进一步的提升。

三、天之臣属

战国时期,人们对天神的想象增多,天神有其都邑,有其独特样貌,有其臣属等等,较之春秋时期天廷中的状况,内容丰富不少。

《山海经》是充满神异色彩的古代典籍,[1]其中不少记载与天神有关。《山海经》中,天帝是最高神灵,不但主宰天廷,而且在地上亦有其都,有天帝之属臣负责管理。《西山经》记载"西南四百里,曰昆仑之丘,是实惟帝之下都,神陆吾司之。其神状虎身而九尾,人面而虎爪;是神也,司天之九部及帝之囿时",[2]依其所说,神陆吾是天帝之臣,其状人面虎身,在人兽之间,掌管天之九部及帝之园囿。天帝设官分职,管理范围下延至地上世界,还在昆仑设立下都,实现了对于天上地下的全方位管理。

按照《山海经》的记述,天之臣属数量颇多,人们对于天神的样子也有状摹,总体来看是非人非兽、亦人亦兽,具有"神"的非凡特征。《山海经》记载,著名的西王母也是天神,负责处理上天事务。《西山经》谓"西三百五十里,曰玉山,是西王母所居也。西王母其状如人,豹尾虎齿而善啸,蓬发戴胜,是司天之厉及五残",郭璞注"主知灾厉五刑残杀之气也",[3]西王

---

[1] 关于《山海经》的成书时代,当代学者多以为其成书于战国时期。袁珂先生指出是书编成于战国初年与汉初之间,其中《大荒经》以下5篇为最早,成书于战国初年至战国中期,《五藏山经》《海外经》成于战国中期至晚期,《海内经》4篇成于汉代初年(《山海经写作的时地及篇目考》,《中华文史论丛》第七辑,上海:上海古籍出版社,1978年)。另,有关《山海经》成书时代的学术史梳理,可参看茅盾:《神话研究》,天津:百花文艺出版社,1981年,第147—151页。近年的研究成果,可参阅晁福林:《"山海经图"与〈山海经〉成书问题补释》,《晋阳学刊》2016年第2期。

[2] 《山海经·西山经》,袁珂:《山海经校注》(增订本),成都:巴蜀书社,1992年,第59页。另,关于《山海经》中的帝,袁珂先生说:"帝,天帝。《山海经》中凡言帝,均指天帝,而天帝非一:除《中次七经》'姑媱之山,帝女死焉,其名曰女尸'之'帝'指炎帝、《中次十二经》'洞庭之山,帝之二女居之'之'帝'指尧而外,其余疑均指黄帝。此处之'帝',以二八神既在黄帝神鸟毕方西,附近又有生赤水上与黄帝神话有密切关系之三珠树,亦应是黄帝。"(《山海经校注》(增订本),第229页)事实上,此处的帝应以天帝为是。

[3] 郝懿行则认为"厉及五残皆星名也",见范祥雍补校:《山海经笺疏补校》,上海:上海古籍出版社影印,2013年,第68页。

母专司刑罚及灾害，是天之臣属。《山海经·西山经》还说"有天神焉，其状如牛，而八足二首马尾，其音如勃皇，见则其邑有兵"，①这个天神，兼具牛、马之貌，音声洪亮，不同于凡人。颇不寻常的是，人们并未赋予这个天神以崇高性，反而认为他可带来灾祸，其出现之时即是有兵燹之时。此外，《大荒北经》记载"黄帝乃下天女曰魃"，②天不但有臣，且有天女，此天女魃即是天上之神，她所带来的是旱灾。《海外西经》中所载曾与帝争斗的形天，也是天神。"形天与帝至此争神，帝断其首，葬之常羊之山，乃以乳为目，以脐为口，操干戚以舞"。③ 胆大包天的形天敢于与帝抗争，但不幸为帝所镇压。综合上述记载看，《山海经》中的天神不仅仅是天，而是包括天上的神，他们的身份，多是天帝的臣属。这类的天神亦人亦神，开启了此后民间社会天神形象的肇端。

天帝之臣属亦见载于其他文献。《礼记·月令》中说，天子祭祀天神是在季冬之月，这时候"征鸟厉疾。乃毕山川之祀，及帝之大臣，天之神祇"，④是说季冬时节，鹰隼之鸟飞行猛厉而迅疾，天子于是遍祭山川之神，以及帝之大臣、天上的众神。清晰地表明天帝皆有臣属。

天的手下各有其职，在《周礼》中计有司民、司禄、司命、司中等等，他们的神性需要辨析。⑤

司民，见于《周礼·春官》"天府"，"若祭天之司民、司禄而献民数、谷数，则受而藏之"，⑥既云"祭天之司民"，则司民是天神。《周礼·秋官·

①　《山海经·西山经》，袁珂：《山海经校注》（增订本），第53页。
②　《山海经·大荒北经》，袁珂：《山海经校注》（增订本），第490页。
③　袁珂先生辨析"形天"与"形夭"（王念孙引陶潜《读山海经诗》中作"邢夭"），并以为形天为炎帝之臣，见《山海经校注》（增订本），第258—260页。此处之帝，袁珂先生所说，当为黄帝，但形天与帝争夺神，帝即便是黄帝，也非人帝，而是神话化了的天神。
④　《礼记·月令》，孔颖达：《礼记正义》，阮元校刻：《十三经注疏》，第1384页；《吕氏春秋·季冬纪》，陈奇猷：《吕氏春秋新校释》，第622页。
⑤　关于战国时代的"杂祀"，明儒董说撰《七国考》曾辟专卷罗列秦、楚、赵等国的"杂祀"，就拿秦国来说，杂祀有"西畤""鄜畤"等八种祭畤的杂祀，此外还有"陈宝祠""怒特祠""狗御蛊""腊祠""蜀水三祀""久湫""巫咸""亚驰"等祀（缪文远：《七国考订补》，上海：上海古籍出版社，1987年，第530—552页）。"小祀"之称首见于《周礼·春官·肆师》，依周礼又称为"小祭祀""群小祀"，所祭之神，包括"林泽百物"及"风师雨师"等（见《周礼·小司徒》孔疏，阮元校刻：《十三经注疏》，第712页）。
⑥　《周礼·春官·天府》，贾公彦：《周礼注疏》，阮元校刻：《十三经注疏》，第776页。

司寇》记小司寇之职"孟冬祀司民,献民数于王",由上下文看,"司民"显系神灵,其职责似乎为掌管民数。《周礼·秋官·司寇》中确有"司民"职官,谓"司民掌登万民之数,自生齿以上,皆书于版。辨其国中,与其都鄙,及其郊野,异其男女,岁登下其死生。及三年大比,以万民之数诏司寇,司寇及孟冬祀司民之日,献其数于王",司民之职为掌管民数,书于版,然后上报司寇,再由司寇在孟冬祭祀司民之时,上呈于王。这条记载表明人间有掌管民数的"司民"之官,神灵世界中又有与之对应的神灵,地下与天上相应相合。关于司民,郑玄注曰"轩辕角也",[①]以为是天上的星辰。然而,孙诒让指出无论是贾公彦疏中所引《武陵太守星传》,还是《开元占经·石氏中官占》引石氏之语,"轩辕"中只有大民、小民,未见司民之说。[②] 揆诸《周礼》所记,应当说"司民"既是礼学家设计出的职官,又是天上的神灵,至于是否为星辰,未为可知。

司禄,见于上引《周礼·春官》"天府",是天上之神。然而,《周礼·地官·司徒》又谓"司禄中士四人,下士八人",司禄是职官司徒所辖下属。司禄也见于楚卜筮祭祷简,如新蔡楚简甲三∶4 记"赛祷司命、司禄▢",[③]指竹简主人报赛司命、司禄神灵。关于司禄的属性,郑众以为是文昌第六星。[④] 孙诒让引《开元占经·石氏中官占》所引《黄帝占》云"文昌六星,六府之宫也……第四星为司命,主赏功进贤。第五星为司中,主司过诘咎。第六星为司禄,佐理宝",以为司禄是保佑财宝之星辰。但他又引金鹗说"司民、司禄犹司中、司命,皆天神,非星也",以及《艺文类聚》"符命部"引《随巢子》禹伐三苗,"有大神,人面鸟身,降而福之,司禄益富而国家实,司民益年而民不夭",认为司禄为天神。[⑤] 综合《周礼》"春官""地

---

① 贾公彦:《周礼注疏》,阮元校刻:《十三经注疏》,第 776 页。

② 孙诒让:《周礼正义》,第 1571 页。

③ 河南省文物考古研究所编著:《新蔡葛陵楚墓》。

④ 贾公彦:《周礼注疏》,阮元校刻:《十三经注疏》,第 776 页。

⑤ 孙诒让:《周礼正义》,第 1572 页。但孙诒让在注《周礼·春官·大宗伯》"司中、司命"时又引星占书,纬书云"司禄,主兵"(《周礼正义》第 1306 页)。关于司禄,晏昌贵先生引香港中文大学文物馆藏简牍《日书》,以及陕西长安县所出陶瓶所书文字、陕西咸阳所出东汉陶瓶所绘图像,论证了司禄、司命在汉晋以后信仰世界中的神性,可参看《楚简所见诸司神考》,《江汉论坛》2006 年第 9 期。

官"的记载，可说司禄既是礼学家所设计的司徒之臣属，又是天上的神灵，主司财禄。

与司民、司禄相类似的还有司中、司命等神灵。关于司中，《周礼·春官》记载"大宗伯"之职"以禋祀祀昊天上帝，以实柴祀日、月、星、辰，以槱燎祀司中、司命、风师、雨师"。槱，积也。指积柴燔燎、烟气上升而祭祀司中、司命。准此，司中当为在上之神。关于司中具体所指，郑众曰"司中，三能三阶也"，郑玄曰"司中，文昌第五星也"，①皆将两神释为星斗。孙诒让引《北堂书钞》"设官部"、《开元占经·石氏中官占》所引《春秋元命苞》云"司中，主宗室"，又引《开元占经》所引《黄帝占》曰"司中，主司过诘咎"。② 认为司中之职是管理人间、主司过错。不同于司民、司禄，司中似乎并不是《周礼》设官分职中的职官，而是单纯的神灵，就"大宗伯"之职看，其为天上之神。由晚出纬书可知，司中为小神。

司命之神较为常见，也是广受人们重视的神灵。《庄子·至乐》云"吾使司命复生子(髑髅)形，为子骨肉肌肤"，③司命有起死回生的功能。《韩非子·喻老》则记载战国神医扁鹊见齐桓侯，判断其疾"在骨髓，司命之所属，无奈何也"，④认为齐桓侯病入膏肓，就是"司命"之神也无力回天。《管子·法法》曰"有故为其杀生，急于司命也"，⑤是说君主操生杀大权，可以立杀逆贼之人，比"司命"之神还要迅速。推其义，司命与生杀有关。本诸上述，"司命"主疾病与生杀，掌握生死大权。

文献中又可见天神司命。《周礼·春官》记载"大宗伯"之职"以禋祀祀昊天上帝，以实柴祀日、月、星、辰，以槱燎祀司中、司命"，司命与司中相

---

① 《周礼·春官·大宗伯》，孔颖达：《周礼注疏》，阮元校刻：《十三经注疏》，第757页。郑玄所本，为《史记·天官书》所载"斗魁戴匡六星，曰文昌宫。一曰上将，二曰次将，三曰贵相，四曰司命，五曰司中，六曰司禄"。

② 关于"司中"，孙诒让引《北堂书钞》"设官部"、《开元占经·石氏中官占》引《春秋元命苞》云"司命，主寿……司中，主宗室……司禄，主兵"；《开元占经》引《黄帝占》曰"司命，主赏功进贤……司中，主司过诘咎……司禄，佐理宝"(《周礼正义》第1306页)。关于战国时期楚地的司命，可参晏昌贵：《楚简所见诸司神考》。

③ 郭庆藩：《庄子集释》，第619页。

④ 陈奇猷：《韩非子新校注》，第441页。

⑤ 黎翔凤：《管子校注》，第308页。

仿,受燔燎之祭,为在上神灵。司命为天神,亦见于《楚辞》。《楚辞·大司命》"广开兮天门,纷吾乘兮玄云。令飘风兮先驱,使涷雨兮洒尘……吾与君兮齐速,导帝之兮九坑……乘龙兮辚辚,高驼兮冲天",这里的"大司命","开天门""乘玄云""令飘风",可"乘龙",可"冲天",全部都是在天际,知大司命为天神。而诗人歌咏"少司命"谓"乘回风兮载云旗……夕宿兮帝郊,君谁须兮云之际? 与女游兮九河,冲风至兮水扬波……登九天兮抚彗星",所云"乘回风""云之际""登九天",皆与上天有关,故亦为天神。① 尤可注意的是,诗篇谓"固人命兮有当,孰离合兮何为",可知司命主理生死、离合,与《庄子》《管子》《韩非子》所记相合。② 关于司命的属性,郑众曰"司中,三能三阶也;司命,文昌宫星",郑玄注谓"文昌宫第四星",③亦以为是天上之神。④西汉早期竹简"日书"中,记载"司命"为天上之星"婺女"所掌管,司命成为星辰之职守。⑤

但是,又有以司命为人间小神之论。郑玄在注解《礼记·祭法》时又说司命是人间小神,与其注解《周礼·春官》时以为司命为文昌宫星之说相抵牾。《祭法》云:

> 王为群姓立七祀,曰司命,曰中霤,曰国门,曰国行,曰泰厉,曰户,曰灶。王自为立七祀,诸侯为国立五祀,曰司命,曰中霤,曰国门,曰国行,曰公厉。⑥

---

① 洪兴祖:《楚辞补注》"大司命"引五臣曰"司命,星名,主知生死,辅天行化,诛恶扩善也",也将司命视为天神(《楚辞补注》,第68—71页)。

② 闻一多先生曾考证司命是天神玄冥。他认为司命是颛顼帝的辅佐官,居于空桑,司命即玄冥,主治冬。并通过天象的推论,认为虚宿北的司命就是天神玄冥(《司命考》,《闻一多全集》第五卷,武汉:湖北人民出版社,1993年,第6—9页)。

③ 《周礼·春官·大宗伯》,贾公彦:《周礼注疏》,阮元校刻:《十三经注疏》,第757页。

④ 司马迁在《天官书》中亦谓"斗魁戴匡六星曰文昌宫:一曰上将,二曰次将,三曰贵相,四曰司命,五曰司中,六曰司禄",以司命为星辰(《史记》,1293页)。西汉时期,司命更加流行。《史记·封禅书》记载"晋巫,祠五帝、东君、云中、司命、巫社、巫祠、族人、先炊之属;秦巫,祠社主、巫保、族累之属;荆巫,祠堂下、巫先、司命、施糜之属"(《史记》,1378—1379页)。

⑤ 湖北省文物考古研究所、随州市考古队编:《随州孔家坡汉墓简牍》,北京:文物出版社,2006年,第134页。

⑥ 孔颖达:《礼记正义》,阮元校刻:《十三经注疏》,第1590页。

《祭法》篇之旨在于说明祭祀中的等级。郑玄作注时认为其中的司命等众神，"此非大神所祈报大事者也，小神居人之间，司察小过，作谴告者尔……司命，主督察三命"。孔颖达进一步指出"司命者，宫中小神，熊氏云非天之司命，故祭于宫中"，①以为司命系居于人间居室的小神，其祭祀也在宫中举行。

那么，司命到底是何种神灵？司命最早见于春秋时期齐洹子孟姜壶：

> 齐侯拜嘉命，于上天子用璧、玉佩一笥，于大无司誓、于大司命用璧、两壶、八鼎，于南宫子用璧二、佩玉二笥、鼓钟一肆。②

铭文中的司命介于上天子与南宫子之间，难以判定其为在上之神还是人间小神。近年面世的战国卜筮祭祷简中，时时可见司命成为人们求祷的对象。卜筮祭祷简的主人无一例外生前患病，病急求医之时，频频向各路神灵告祷，而司命则是其中重要的神灵。

> 赛祷太佩玉一环，后土、司命、司祸各一少环，大水佩玉一环，二天子各一少环，峗山一珏。……太、后土、司命、司祸、大水、二天子、峗山皆既城。（包山楚简 215）③
>
> ☐吉，不死，有祟，以其故敚之，遬祷太佩玉一环，后土、司命各一少环，大水佩玉一环。（望山楚简 54）④
>
> 赛祷司命、司禄☐（新蔡楚简甲 3：4）
>
> 公北、地主各一青牺；司命、司祸各一鹿，遬祷厭之。（新蔡楚简乙一：15）
>
> 有祟见于司命、老童、祝融、穴熊。（新蔡楚简乙一：22）⑤

---

① 《礼记·祭法》，孔颖达：《礼记正义》，阮元校刻：《十三经注疏》，第 1590 页。
② 《集成》9730。
③ 湖北省荆沙铁路考古队：《包山楚简》。
④ 湖北省文物考古研究所：《江陵望山沙冢楚墓》，北京，文物出版社，1996 年。
⑤ 河南省文物考古研究所编著：《新蔡葛陵楚墓》。司命还见于天星观竹简，如"司命、司祸、地主各一吉环"（晏昌贵：《天星观卜筮祭祷简释文辑校》161，《巫鬼与淫祀——楚简所见方术宗教考》，武汉：武汉大学出版社，2010 年。），秦家嘴竹简，如"甲申之夕，赛祷宫地主一豭，赛祷行一白犬，司命……"（第 1 简），"……地主、司命、司祸各一羊，缨之（转下页）

包山卜筮祭祷简中,司命常常与司祸、太、后土、大水、二天子、峷山等神灵并列,此类神灵包括山川之神,亦包括不知来源的神灵如二天子。新蔡竹简中,司命常常与司祸、司禄等相连,也与祖先神相并列。司命究竟是天神抑或人间小神,同样难以遽断。秦简中也记有司命,天水放马滩秦简记载了名丹者死而复生的故事,其中涉及司命:

> 丹所以得复生者,吾犀武舍人,犀武论其舍人尚(掌)命者,以丹未当死,因告司命史公孙强。①

大意为名丹者之所以死而复生,是由于犀武及其舍人认为丹不当死,遂向担任司命之史的公孙强求祷。② 在这里,司命又为职官。与上引《周礼》《礼记》所载区别明显。

对于司命究属天神抑或人间之神,学者早有论辩。清儒孙希旦察觉到郑玄、孔颖达注解《周礼》与《礼记》时的不同说辞,疑惑地提出:"若司命以为文昌宫星,则《大宗伯》以槱燎祭之者不当祭于宫中;若如以为宫中小神督察三命者,则不知其于天神、地祇、人鬼何所属耶?"③郑、孔时而以司命为天神,时而以为人间小神,令人不知何所从。清儒王夫之则指出郑玄文昌宫星说为误,曰"旧说谓文昌第四星为'司命',出郑康成《周礼注》,乃谶纬家之言也……大司命统司人之生死,而少司命则司人子嗣之有无,以其所司者婴'稚',故曰'少'。'大'则统摄之辞也",④王夫之指出司命并非文昌宫星,但对于司命天神抑或地上小神,并无明确说法。近代学问家郭嵩焘则谓"《春秋元命苞》云'司命主灾咎',与《大宗伯》司命之为槱祀者自别。'司命与厉',关系民生祸福,而司命主生,厉主死,故与五祀之切近

(接上页)吉玉,北方一环"(晏昌贵:《秦家嘴"卜筮祭祷"简释文辑校》第11简,《湖北大学学报》2005年第1期)。

① 参考何双全:《天水放马滩秦简综述》,《文物》1989年第2期;孙占宇:《天水放马滩秦简集释》,兰州:甘肃文艺出版社,2013年,第269页。

② 李学勤:《放马滩简中的志怪故事》,《文物》1990年第4期。

③ 孙希旦:《礼记集解》,第1203页。

④ 王夫之:《楚辞通释》,上海:上海人民出版社,1975年,第36页。王夫之在注解《礼记》时谓"司命,主人物生养之神"(《礼记章句》,《船山全书》第四册,长沙:岳麓书社,1996年,第1097页)。

日用并为一类"。① 郭嵩焘认为有两种类型的司命，一为天神，以櫹祀祭之；一为地神，主生死。

综合以上所论，可见司命属性较为复杂。一方面司命是天上神灵，如《周礼》所说。另一方面由于司命俯察人世，掌管生死寿夭，与民众日常十分切近，与人间世关系紧密，因而也是人间小神。司命先为天上神灵，而后下凡成为人间之神，抑或过程相反，已不得而知。但由此可以得见战国时代神灵世界的一个现象，即神灵兼具天上、地下的身份。特别是有些神灵如司民、司禄，在《周礼》职官系统中，为官称，纯为世俗之属。但是在神灵世界中，也有他们的身影，成为掌管人间事务的在天上的神灵，具有了天上、地下的双重身份。前编已述，春秋时期，天上的神灵如天使、刑神蓐收，或由上天派遣下凡，或为传说中的人物，但都不是地下神灵飞升上天，而在战国时代，一些地上的职官、小神，或经过占星家的设计，或经过民众的想象，一跃到达上界成为天神，进一步开启了凡人成仙成神的道路，"绝地天通"逐渐成为过往。

要之，战国时期可见的天之臣属，数量增加，较之春秋时期的天之使臣，队伍壮大。战国时期的天神，一类是《山海经》中半人半神特征的神灵，这类神灵与春秋时期的蓐收等大致可划入一类。这类神灵充满神异性，他们的存在，印证了上天、上帝的威严、神秘。另一类是掌管人间事务的神灵，如司禄、司命之属。这类神灵往往与世俗世界有着过密的关联，其中一部分即是由世俗人物或职官化身为上天的神灵，他们兼具天上、地下的双重属性。

还需要看到的是，战国时期的神灵世界，人间小神的数量陡增，《礼记·祭法》说："山林川谷丘陵，能出云，为风雨，见怪物，皆曰神。有天下者祭百神……此五代之所不变也。"战国卜筮祭祷简、睡虎地秦简"日书"也展示出，人们生活中的方方面面都有隐藏的小神，可以随时随地向这些神灵祈祷。这表明人们不仅渴望获得上天的垂佑，更希冀有切近的神灵伴随在身旁随时显灵护佑。

---

① 郭嵩焘：《礼记质疑》，长沙：岳麓书社，1992 年，第 569 页。

第四节　"配天"和"天人感应"
观念的兴起

战国时期兴起的配天观念,事实上是在王权意识强化的背景下出现的。与此同时,天人感应观念日益浓厚,天人感应是对传统天命观念的改造。

一、配天的含义

"配天"并不是一个新鲜词汇,西周时期早已有之。[①] 不过,西周时人所谓的配天,为周天子合乎天意、天命之谓,与战国时人所说的配天,并无相合之处。

战国时人所说的配天,与祭祀有关,特指在祭祀上天之时,以王之先祖配祭皇天。《礼记·郊特牲》谓:

> 万物本乎天,人本乎祖,此所以配上帝也。郊之祭也,大报本反始也。

《郊特牲》指出郊祀祭天之时,以先祖配祭上天,这体现了报其本源反其初始的精神。[②]《礼记·中庸》进一步说"天之所覆,地之所载,日月所照,霜露所坠,凡有血气者,莫不尊亲,故曰配天",[③]将祭祖配天作为尊亲的最高形式。《礼记》中两篇皆宣扬天子以其先祖配天而祭,是最高层次的尊祖。究其实质,是对王权的神化和赞颂。

在经学家的观念中,西周时期即有以先祖配天而祭之例,周公便是天

---

① 见诸西周金文与《尚书》周初八诰。

② 孔颖达疏曰"人本于祖,物本于天,以配本故也……天为物本,祖为王本。……反始者,反其初始"(孔颖达:《礼记正义》,阮元校刻:《十三经注疏》,第 1453 页)。清儒孙希旦云"祖之所以配上帝者,以其一为物之本,一为人之本也。郊、社皆有报本反始之义,而郊之报本反始为尤大也"(《礼记集解》,第 694 页)。

③ 孔颖达:《礼记正义》,阮元校刻:《十三经注疏》,第 1634 页。

下人的榜样。《孝经》云"昔者周公郊祀后稷以配天"，以为周公举行郊祭之时，以后稷配享上天。元儒陈澔注解《礼记》时亦谓"郊祀后稷以配天"，①周人始祖后稷具有特殊的荣耀。此外，《孝经》又称"（周公）宗祀文王于明堂，以配上帝"，②意谓周公祀上帝于明堂，尊文王以配之。

不仅如此，战国礼学家发明了更加新奇的观念：以为王者之祖，本即为天帝，故在祭祀这位祖先之时，以人祖配而享之。《礼记·大传》谓：

> 礼，不王不禘。王者禘其祖之所自出，以其祖配之。③

关于《大传》所说，郑玄注云"禘，大祭也。始祖感天神灵而生，祭天则以祖配之"，④以为"祖之所自出"为感生帝。后儒虽未必认同感生帝的说法，但认同王出自天帝，如谓"所自出，谓所系之帝。禘者，帝王既立始祖之庙，犹谓未尽其追远尊先之意，故又推寻始祖所自出之帝而追祀之。以其祖配之者，谓于始祖庙祭之，以始祖配祭也"，⑤又谓"祖，始祖也。天子大禘之祭，追祭始祖所自出于始祖之庙，始祖所自出之帝居西南隅东向之位，而始祖居东北隅南向之位而配食也"，⑥皆认为周王禘祭的对象是化生其先祖的天帝，并且要以其先祖配享上帝。在这种观念之下，王之先祖，推本溯源至上帝，王则是实实在在的天之子。这一观念强化了王的神秘性、神圣性。关于这层含义，孔颖达有所揭示。他说：

> 祭天而以祖配祭者，天无形象，推人道以事之，当得人为之主。《礼记》称"万物本于天，人本于祖"，俱为其本，可以相配，是故王者皆以祖配天，是同祖于天，故为尊也。⑦

祭祀天帝而以祖先相配，是将尊祖等同于尊天，实则是提升了先祖的地

---

① 陈澔：《礼记集说》，第 205 页。
② 《孝经·圣治》，邢昺：《孝经注疏》，阮元校刻：《十三经注疏》，第 2553 页。
③ 孔颖达：《礼记正义》，阮元校刻：《十三经注疏》，第 1506 页。
④ 孔颖达：《礼记正义》，阮元校刻：《十三经注疏》，第 1506 页。
⑤ 孙希旦引用赵匡之论，见《礼记集解》，第 902 页。
⑥ 孙希旦：《礼记集解》，第 903 页。
⑦ 《诗经·大雅·生民》，孔颖达：《毛诗正义》，阮元校刻：《十三经注疏》，第 528 页。

位。而其主旨,则是为王权张本。

在礼学家之外,战国诸子亦讲"配天",但他们所讲的配天与祭天配祖无关,而是强调符合天道,符合天德。老子思想中可见配天观念。老子赞许善胜者不争,称其为"配天之极",①意即与天合德之至。道家庄子亦有"配天"之论。庄子赞美隐士,庄子借寓言中一位名啮缺者讲述了他的"配天"观。啮缺是尧之师许由的老师,尧问许由:"啮缺可以配天乎?"许由回答说:

> 殆哉圾乎天下!啮缺之为人也,聪明睿知,给数以敏,其性过人,而又乃以人受天。彼审乎禁过,而不知过之所由生。与之配天乎?彼且乘人而无天。方且本身而异形,方且尊知而火驰,方且为绪使,方且为物绞,方且四顾而物应,方且应众宜,方且与物化而未始有恒,夫何足以配天乎!虽然,有族,有祖,可以为众父,而不可以为众父父。治,乱之率也。北面之祸也,南面之贼也。②

许由说,若让啮缺配天,就近乎危害天下!啮缺聪明睿智,言辞敏捷,计数弘远,性品过人,并且还力求使人复归自然。但是,他虽能审禁世人之过患,却不知过患由何而生。因此,若与之治天下之权,他必定运心智以治人,并且无视天命自然。目前啮缺正以自身为本而使天下变形,现在正是尊崇智识而急如星火之时,正是开后世之端绪之时,正是移除障碍之物的时候,正是环顾四方而使万国响应的时候,正是适应万物之宜的时候,正是与外物一起变化而永无休止的时候,啮缺有什么可以配天的呢?虽然他有氏族、有先祖,可以做一个普通的父,但却不能成为众父之父。治,是乱之主。啮缺作为北面的臣下,其私智不仅是灾祸,而且是可能是弑杀南面君主的乱贼。从庄子的这段论述中可知,他所说的"配天"乃是得天命而为天下的君主之义。配天,即符合天道,与礼家所言的配天享祭截然有异。庄子所说的"配天",实际上与其所谓"神而不可不为者,天也""虚无

---

① 朱谦之:《老子校释》,北京:中华书局,1984年,第275页。按,经文原作"配天古之极",俞樾《古书疑义举例》五,谓是"两字义同而衍",断定"古"字为衍文。朱谦之谓"其说甚是"。

② 《庄子·天地》,郭庆藩:《庄子集释》,第416页。

恍恍，乃合天德""修胸中之诚，以应天地之情而勿撄"①的思路是一致的。庄子神思遨游天地之间，他设想的"配天"是人合于天、天人一体的境界，而礼家则恪守礼典，设计出先祖在祭天典礼上享得一龛的制度，以为王权服务。礼家的瞩目现实与庄子的逸兴遄飞，相映成趣。

总而言之，战国时期兴起的"配天"观念，其中的意义不尽相同。在礼学家的设计中，配天意味着君主祭天，以先祖配天而享。其目的在于拉近了"天"与先祖的距离，抬升了先祖的地位，为现实中的王权增加了神圣光环。而就诸子来说，他们将"配天"阐释为人与自然的交融，人顺应天（亦即自然）、追随天道，达到其德合天的高妙境地。礼学家所设计的配天，适应社会政治的需要，而诸子之论，则是探索天人关系的一个方面。

二、"天人感应"观念

天人感应说在战国时期开始兴起。天人感应学说的基本内容是：存在着有人格意志的上天，它根据人们的行为来进行裁定，如统治者政治清明，则降以祥瑞，如政治昏暗，则降以灾祸。天人感应之说在汉代十分盛行，但它滥觞于周代，到了战国时期已经粗具规模，只是较为零散而已。

从宽泛的意义上说，西周时期的天命论，也是天与人之间互感的结果，上天感受到仁王之德，从而将大命赐于他。只是在天降大命之外，上天并不显示征兆。不可否认的是，天命论中包含有上天感知人事的浓厚因素。这一因素在西周以降不断发酵，春秋时期，周卿单襄公曾举"先王之令"以言陈国之事，他所说的"先王之令"是"天道赏善而罚淫，故凡我造国，无从非彝，无即慆淫，各守尔典，以承天休"。②"天道赏善而罚淫"进一步加深了上天与人事之间的感知关系。

战国时期，不少思想家之论也涉及天人感应。墨家学派阐述天人感应较为集中，墨子说：

---

① 庄子之语见《庄子·在宥》《刻意》《徐无鬼》，郭庆藩：《庄子集释》，第398、539、827页。按，关于此句的注释，成玄英疏谓"神功不测，显晦无方，逗机无滞，合天然也"，"乃与天地合德"，合于经意。

② 《周语·周语中》，上海师范大学古籍整理组点校：《国语·周语中》，第74页。

> 天子为善，天能赏之。天子为暴，天能罚之。天子有疾病祸祟，必斋戒沐浴，洁为酒醴粢盛，以祭祀天鬼，则天能除去之。……曰："明哲维天，临君下土。"则此语天之贵且知于天子。不知亦有贵知夫天者乎？曰：天为贵，天为知而已矣。然则义果自天出矣。①

在墨家学派的观念中，理性之天成为赏善罚恶的大神，人世间伦理道德标准的义，乃由上天所掌握（"义果自天出"）。天与天子心灵相通，天最了解天子的想法与作为（"知于天子"）。墨子还说：

> 爱人利人者，天必福之。恶人贼人者，天必祸之……昔之圣王禹、汤、文、武，兼爱天下之百姓，率以尊天事鬼，其利人多，故天福之，使立为天子，天下诸侯皆宾事之。暴王桀、纣、幽、厉，兼恶天下之百姓，率以诟天侮鬼，其贼人多，故天祸之。②

墨子似乎在说天与人人皆可感应，但后面所举之例，皆为三代之君，则墨子实际认为天只与君主感应。③

儒家学派则云"国家将兴，必有祯祥；国家将亡，必有妖孽"。④ 以为国之兴亡，必受上天的掌控。荀子学派亦云"为善者天报之以福，为不善者天报之以祸"，⑤上天福善抑恶。

管子学派对天人感应也有论述，《管子·五辅》谓"天时不祥，则有水旱。地道不宜，则有饥馑。人道不顺，则有祸乱。此三者之来也，政召之"，⑥可见，天地不祥的征兆是通过水旱、饥馑等显现，而这类灾祸完全

---

① 《墨子·天志中》，孙诒让：《墨子间诂》，第198—199页。
② 《墨子·法仪》，孙诒让：《墨子间诂》，第22—23页。
③ 墨子有不少这方面的论述，如《墨子·天志上》篇载："当天意而不可不顺。顺天意者，兼相爱，交相利，必得赏。反天意者，别相恶，交相贼，必得罚。然则是谁顺天意而得赏者？谁反天意而得罚者？"子墨子言："昔三代圣王禹、汤、文、武，此顺天意而得赏也。昔三代之暴王桀、纣、幽、厉，此反天意而得罚者也。""然则禹汤文武其得赏何以也？"子墨子言曰："其事上尊天，中事鬼神，下爱人，故天意曰：'此之我所爱，兼而爱之；我所利，兼而利之。爱人者此为博焉，利人者此为厚焉。'故使贵为天子，富有天下，业万世子孙，传称其善，方施天下，至今称之，谓之圣王。"（孙诒让：《墨子间诂》，第195页）
④ 《中庸》，孔颖达：《礼记正义》，阮元校刻：《十三经注疏》，第1632页。
⑤ 《荀子·宥坐》，梁启雄：《荀子简释》，第391页。
⑥ 黎翔凤：《管子校注》，第199页。

是由于政之失误而造成。在管子学派这里，天人之间有感应，天有惩恶扬善的功能。《形势》篇还讲道"其功顺天者天助之，其功逆天者天围之。天之所助，虽小必大：天之所围，虽成必败。顺天者有其功，逆天者怀其凶，不可复振也"。① 管子学派强调顺天则天助而兴，逆天则天禁而亡，此即孟子所谓"顺天者存，逆天者亡"②的展开论述。

战国时期，可见人们将天命与灾异联系起来，企图以严厉的天谴来约束人事，这也是天人感应的一种表现。上博简《三德》篇谓：

> 敬者得之，怠者失之，是谓天常，天神之□。毋为□□，皇天将举之；毋为伪诈，上帝将憎之。谌而不谌，天乃降灾；已而不已，天乃降异。其身不没，至于孙子。阳而幽，是谓大惑；幽而阳，是谓不祥。齐齐节节，外内有辨，男女有节，是谓天礼。敬之敬之，天命孔明。如反之，必遇凶殃。③

这里天命与人事紧密相连，人事倘若有悖天命，则殃咎大降。《三德》篇所透露出的观念与战国时期诸子主张的灾异观相吻合。《吕氏春秋·先识》篇记载晋国太史见晋之乱，以其图法归周，周威公向他询问天下哪国先亡，太史回答晋先亡，缘由是晋国已现"天妖"，"日月星辰之行多以不当"。晋之亡国显露出征兆。④《吕氏春秋·应同》篇则将祥瑞和天谴阐述得十分详细，曰："凡帝王者之将兴也，天必先见祥乎下民。黄帝之时，天先见大螾大蝼。黄帝曰：'土气胜。'土气胜，故其色尚黄，其事则土。及禹之时，天先见草木秋冬不杀。禹曰：'木气胜。'木气胜，故其色尚青，其事则木。及汤之时，天先见金刃生于水。汤曰：'金气胜。'金气胜，故其色尚白，其事则金。及文王之时，天先见火，赤乌衔丹书集于周社。文王曰：'火气胜。'火气胜，故其色尚赤，其事则火。"⑤在这个记载中，天命与人事

---

① 黎翔凤：《管子校注》，第44页。按，这句话里的"围"字，王念孙说当为"违"之误字，黎翔凤引李哲明说谓"围"为"圈"的误字。"圈"有禁止之意。
② 《孟子·离娄上》，孙奭：《孟子注疏》，阮元校刻：《十三经注疏》，第2719页。
③ 马承源主编：《上海博物馆藏战国楚竹书》（五），第289—290页。
④ 陈奇猷：《吕氏春秋新校释》，第956页。
⑤ 陈奇猷：《吕氏春秋新校释》，第682—683页。

的关联被推到极致,两者的关系绝对化,开了后世灾异论的先河。

总之,战国时期的天人感应思想并未系统化、理论化,但为此后天人感应学说的发展铺垫了基础,到了汉代,则成为天命谶纬神学的一个支柱。

本 章 小 结

战国社会,大一统的局面渐趋形成。在这一时期,传统的天与天命观念,展现出两个主要的发展趋向:

一,战国诸子所代表的主流思想界,罕论天命,特别是不言周人传统的天命思想。诸子更倾向于探索天的本质和天命的意义,典型之例是将天作为"自然"予以论析的荀子。此外,诸子言天命,已由关乎国家政权的天所给予之命,转化为由上天灌注下来的个人的命运。传统天命思想中有关国家政权合法性的论述,在诸子的思想中不占一席之地。

二,战国时期的思想界,还可见一部分思想家致力于整理三代文化,推陈出新,对未来国家的大纲大法、典章制度进行论证。这个过程中,传统的天与天命思想获得彰显。这其中,典型的说法是《洪范》所谓"天锡九畴"、天赐"彝伦"之论,[①]以及《周易》"顺天应人"的思想。《洪范》强调国家大纲大法乃由天帝所赐,具有神圣性、必然性。经过《洪范》作者等一批思想家的阐释,天与天命重新被赋予新的价值与意义,在未来大一统王朝的意识形态中获得回响。

在思想家之外,战国时期礼学家的作用不容忽视。礼学家虽然没有诸子高超的思想,但礼制对于未来大一统国家建制所发挥的影响,不容忽视。战国时期是对三代文化进行大整理的重要时期,对于三代之礼的总结,在这一时代出现了重要成果,即《周礼》《仪礼》《礼记》三礼的基本编成。战国时期的知识阶层按照理想中的情境设想了未来统一国家的状况,而其中,礼制发挥有重要作用。自天子以至庶人,全部纳入了细致的

---

① 　孔颖达:《尚书正义》,阮元校刻:《十三经注疏》,第187页。

礼的轨道中,礼成为规划社会上下一体的核心内容。在这一套规划中,规范社会等级是为重中之重。而在这个等级中,天帝与社会最高权力相对应,二者紧紧地关联在一起。可以说,礼在维护等级制、君权、神权方面,具有特殊意义。① 正是由于礼制的强化作用,天、帝在国家信仰中的地位稳固起来。天帝神灵经由礼的作用,再度被政治化,在大一统国家形成的步伐中,重新发挥作用,构成了古代中国宣扬天命君权、皇权神圣的重要理论。

战国时期的天与天命观念影响深远。汉儒董仲舒曾比较周、秦敬天之事,有所涉及,谓:

> 古之圣王,文章之最重者也,前世王莫不从重,栗精奉之,以事上天,至于秦而独阙然废之,一何不率由旧章之大甚也! 天者,百神之大君也,事天不备,虽百神犹无益也。何以言其然也? 祭而地神者,《春秋》讥之,孔子曰:"获罪于天,无所祷也。"是其法也。故未见秦国致天福如周国也。诗云:"唯此文王,小心翼翼,昭事上帝,允怀多福。"多福者,非谓人也,事功也,谓天之所福也。……今秦与周俱得为天子,而所以事天者异于周。以郊为百神始,始入岁首,必以正月上辛日先享天,乃敢于地,先贵之义也。夫岁先之与岁弗行也,相去远矣。②

依董生之意,秦祚短促,不单是贾谊所谓"仁义不施",③而更是由于对于天的抛弃。董仲舒认为,礼敬上天,是周代数百年帝祚延绵之管钥,秦始皇一朝弃之,以人事而代天命,固然不属荒谬,但在周秦之际,于天下民心之固有传统而言,则是反而动之。秦始皇乃至秦二世失民心、亡帝祚,原因甚多,董生所谓秦政"获罪于天",也当列入其中。

---

① 杨宽:《战国史》,上海:上海人民出版社,1980 年,第 270 页。
② 董仲舒:《春秋繁露·郊语》,苏舆《春秋繁露义证》,第 397—399 页。
③ 贾谊:《过秦论》谓陈涉起义之后秦王朝迅速瓦解,"一夫作难而七庙堕,身死人手,为天下笑者,何也? 仁义不施而攻守之势异也"(《史记·秦始皇本纪》,《史记》,第 282 页)。

第八章　上帝与五帝

　　纵观战国时期上帝观念的变化，最巨者莫过于五帝观念的出现，帝由昔日之一帝而变为五帝。不仅如此，向为人所信服的以天命、帝命之转移来解释王朝递嬗的一套理论，也由于五德终始说的出现而不再是最为有效的说解。关于中国古代最高权力的依据（亦即合法性）的阐释在这个天崩地解的时代发生了巨大的变化。

　　然而，可堪注意的是，五德终始说固然在秦汉以降的王朝发展史中盛极一时，但其中却时时可见天命的因素，五德与天命捆绑在一起，形成了以德运言说天命的路数。至北宋时期，随着儒学的复兴，天命学说重居王朝意识形态的核心地位。① 王朝的转换、政权的交替，又回归于帝命、天命转移这一传统的解说轨道之中。由上帝天命论到五德终始说，再回归上帝天命观念，不仅是信仰意识的变迁，同样体现出价值取向的演变。

---

　　① 欧阳修曾批评五运说为"不经之说""昧者之论"，并倡导回归天命论，"自古王者之兴，必有盛德以受天命，或其功泽被于生民，或累世积渐而成王业，岂偏名于一德哉？……曰五行之运有休王，一以彼衰，一以此胜，此历官、术家之事。而谓帝王之兴必乘五运者，缪妄之说也"（《正统论》，《欧阳修全集》，李逸安点校，北京：中华书局，2001 年，第 268 页）。而在王权方面，清高宗于乾隆三十八年（1773 年）的《题大金德运图说》诗序谓"五德之运，说本无稽……自汉儒始言五德迭王，遂推三皇五帝各有所尚，后更流为谶纬，抑又惑之甚矣。夫一代之兴，皆由积德累仁，岂在五行之生剋？而服御所尚，自当以黄为正，余非所宜。元明制度尚黄，不侈陈五德之王，其义甚正。本朝因之，足破汉魏以后之陋说"（清高宗：《御制诗四集》卷十四，文渊阁四库全书本）。对于宋以后五德终始说的研究，参考刘浦江：《"五德终始"说之终结——兼论宋代以降传统政治文化的嬗变》，《中国社会科学》2006年第 2 期；刘复生：《宋朝"火运"论略——兼谈"五德转移"政治学说的终结》，《历史研究》1997 年第 3 期。

第一节　上帝的神性与祭祀上帝

上帝，其可授予大命的神性，在战国时期少为人们谈起。但上帝其他方面的神力，则引人瞩目。

一、帝命

战国时期，传统的帝命观念如同天命思想一般，并不是社会思潮中占主导地位的最高级概念，然而，传统的帝命、天命观念却通过各种渠道，保存下来、流传开去，为天命、帝命思想在西汉后期的复兴，保留了思想根基。

在战国时期的若干思想家那里，帝之命仍具有崇高的象征意义，代表着政权合法性的最高来源，也是王权最有力的保障。战国前期墨家学派的思想颇为典型。《墨子》书中惯于讲述夏殷代易以及商周变革故事，在这类故事中，帝命、天命主题反复出现。例如，《墨子》叙述成汤奉上帝之命往征夏桀：

> 夏德大乱，汤焉敢奉率其众，是以乡有夏之境，帝乃使阴暴毁有夏之城。①

在夏之德行昏乱之时，汤敢奉帝命伐夏。汤攻伐至夏之境时，上帝暗暗地派神灵毁坏夏的都城，帮助商人夺取政权。墨子又说，成汤革夏之命，主

---

① 《墨子·非攻下》，孙诒让：《墨子间诂》，第149页。按，这段话里的"焉"字，孙诒让引王引之说，谓"焉犹乃也"，又引王绍兰说"'焉'之为言'于是'也"，两说一致，皆是。这段话的"阴"，孙诒让说"疑'降'之误"，此说似未确，若果如此，则"降"后当有"命"字语意才顺畅。吴毓江引吴氏说谓"'阴暴'，神名"（《墨子校注》，1993年，第233页），虽然文意可通，但其为神名，只是揣测，并无证据。这里的"阴"字，似不必更动，用其暗深之意即可。《尚书·洪范》"惟天阴骘下民"，孔安国传"阴，默也"，疏引王肃说"阴，深也"（孔颖达：《尚书正义》，阮元校刻：《十三经注疏》，第187页）。这段话谓"天乃使阴"，当即"天乃阴使"，意即天暗暗地使神骤毁夏的都城。此篇下文云祝融毁坏夏都的"西北之隅"，可证以"阴暴"为神名说之不确。

要原因在于夏桀侮慢天帝：

> 昔者夏王桀，贵为天子，富有天下，上诟天侮鬼，下殃傲（杀）天下之万民，祥上帝伐元山帝行，故于此乎，天乃使汤至明罚焉。①

夏桀诟天侮鬼，上帝于是降命成汤伐桀，致天之罚，伸张正义。墨家学派所讲述的夏殷故事中，天帝不唯是最高的裁决者，又是大命的授予者。墨家学派的帝命观念与传统的周人天命思想一脉相承。

墨家之外，其他战国诸子则罕言帝命、天命。然而有趣的是，近年面世的抄写于战国时期的文献中，如清华大学藏战国楚竹书《系年》《祭公之顾命》《厚父》与《封许之命》等，习见追溯三代天命特别是商周时期天命变更的故事，这一现象与诸子书中鲜论天（帝）命的状况形成反差。由此似乎可说，传统的天命观念虽然并非诸子所特别重视，但它也在以另一种方式流传，并由此加深了战国时期人们对传统帝命观念的印象。

事实上，战国时期，"帝"在社会现实中的影响力，并不容小视。公元前288年前后，在其他五国相继称王之后，秦昭襄王、齐缗王，两个诸侯相约称"帝"，是为西帝与东帝，②这是战国社会的大事。中国古代历史上第一次，帝由天神转而为地上人王的至尊称呼。

总体而言，传统的帝命观念并不是战国时期思想界的主流，在战国时期的思想家中罕有所论。传统的帝命观念，如同传统的天命观念一样，主要是借助历史故事、总结三代历史经验而流传。

二、上帝的神性

上帝具有神力，这是通常的观念。西周春秋时期，那些超级神灵，如皇天、上帝，在人们的观念中，似乎神力无边，无所不能，但他们的神力却又总是模糊、宽泛，缺乏具体的实质性内容。战国时期，呈现出不同的风

---

① 《墨子·明鬼下》，孙诒让：《墨子间诂》，第244页。按，这段话里的"傲"字，孙诒让引王氏说系"杀"之误字。孙诒让说《墨子》一书"杀"字"多讹为'傲'"。此段中的"祥上帝伐元山帝行"一句，语意费解。由《墨子·非攻》篇所言"帝乃使阴暴毁有夏之城"例之，此语盖谓上帝具体帮助商汤之语，然其详已无法揣测。

② 《史记》，第212页。

貌，特别是民间社会，其上帝信仰显现出丰富的内容，帝与普通人发生关联，普通人可以向帝祈祷，而人们也赋予帝多面的性格，帝不惟有其"高大上"的一面，也有世俗性，甚至有不甚光彩的那一面。

从宽泛的角度讲，人们以为，上帝掌握人间生死疾病诸事。《晏子春秋》记载：

> 景公疥且疟，期年不已。召会谴、梁丘据、晏子而问焉，曰："寡人之病病矣，使史固与祝佗巡山川宗庙，牺牲圭璧，莫不备具，数其常多先君桓公，桓公一则寡人再。病不已，滋甚，予欲杀二子者以说于上帝，其可乎？"①

所谓的"疥"，孔颖达疏《左传》昭公二十年"齐侯疥"句，曰"疥当为痎"。痎，《说文》"二日一发疟也"。意谓齐景公久病不愈，遂使史官与祝官频繁祭祀，向上帝等众多神灵献以厚祭，祈福去疾。然而事与愿违，疾病不已，景公认为是史官、祝官祷请不力，上帝不喜之故，产生了杀死二人以取悦上帝的念头。在这个叙述中，上帝掌管人间生死疾病，凡人通过献以祭品，实现与上帝的沟通，献媚上帝。当然，晏子对于上帝是否具有如此神力不置可否，他说"上帝神，则不可欺；上帝不神，祝亦无益"，上帝"神"与"不神"，无关紧要，重点在于人事。晏子的思想与齐景公显然不同。《晏子春秋》还记载有类似故事，很可能是同一故事的不同版本：景公身体欠佳，问于晏子曰："寡人意气衰，身病甚。今吾欲具圭璋牺牲，令祝宗荐之

① 《晏子春秋·谏上》，吴则虞：《晏子春秋集释》，北京：中华书局，1962年，第42—43页。按，此事又见于《左传》昭公二十年："齐侯疥，遂痁，期而不瘳⋯⋯梁丘据与裔款言于公曰：'吾事鬼神丰，于先君有加矣。今君疾病，为诸侯忧，是祝史之罪也。⋯⋯君盍诛于祝固史嚚？⋯⋯'公说，告晏子⋯⋯对曰：'若有德之君，外内不废，上下无怨，动无违事，其祝史荐信，无愧心矣，是以鬼神用飨，国受其福，祝史与焉⋯⋯其适遇淫君，外内颇邪，上下怨疾，动作辟违，从欲厌私⋯⋯不惮鬼神，神怒民痛，无悛于心。其祝史荐信，是言罪也。其盖失数美，是矫诬也。进退无辞，则虚以求媚。是以鬼神不飨其国以祸之，祝史与焉。所以夭昏孤疾者，为暴君使也。其言僭嫚于鬼神。'"（孔颖达：《春秋左传正义》，阮元校刻：《十三经注疏》，第2092—2093页）近年面世的上博简《竞公疟》篇载有"齐竞（景）公疥且疟"（马承源主编：《上海博物馆藏战国楚竹书》（六），上海：上海古籍出版社，2007年，第162页）之事，与《晏子春秋》所载大体相同。

乎上帝宗庙,意者礼可以干福乎?"①齐景公迷信上帝与祖先,欲使祝、宗
向上帝、祖先献上圭璋牺牲,取媚上帝鬼神,如此上帝、祖先或可降福于景
公。在景公的意识中,上帝具有降福禳灾的神力。② 上帝不但消灾赐福,
而且具有助人益年不夭的神性,《礼记·文王世子》记载文王曾询问武王
的梦境,武王回答说"梦帝与我九龄",③上帝予武王以九齿,即九年生命,
知生杀之权由上帝操控。

战国时期,在普通人的信仰世界中,百姓亦可将自己的愿望祷告于
帝,祈祷上帝帮助达成所愿。睡虎地秦简《日书·求人》篇记载"戊子以有
求也,必得之。虽求颜帝,必得"。④ 意即戊子这天可以有所祈求,若祈求
就会有好的结果,若求之于上帝,必得上帝之保佑。简文"颜"字,整理者
指出可读为"告",意谓即便是帝,在戊子这样的吉日中,也可求得愿望。
在人们的印象里,"帝"平时高高在上,非一般人所可祈求,只是在某些特
殊的日子中,帝与一般民众可产生联系。

同时,人们以为上帝握有生杀予夺的大权。特别是在民间社会,人们
想象"帝"威严无比,在若干特定的时段中,帝斩杀特定的神灵,而在这个
时间段中,在凡间的人们要格外谨慎,不得冲犯上帝以殃及池鱼。《墨
子·贵义》记载墨子与日者(占视日象妖氛之巫)之事,墨子曾向北前往齐
国,遇日者,日者说:

> 帝以今日杀黑龙于北方,而先生之色黑,不可以北。⑤

日者指出上帝在今日斩杀黑龙,黑龙,在这里或许为鬼怪,则帝所为当是

---

① 《晏子春秋·内篇·问上》,吴则虞:《晏子春秋集释》,第 201 页。
② 按,晏子对此有不同的理解,史载晏婴对齐景公有言:"婴闻之,古者先君之干福
也,政必合乎民,行必顺乎神;节宫室,不敢大斩伐,以无逼山林;节饮食,无多畋渔,以无逼
川泽;祝宗用事,辞罪而不敢有所(祈)求也。是以神民俱顺,而山川纳禄。今君政反乎民,
而行悖乎神;大宫室,多斩伐,以逼山林;羡饮食,多畋渔,以逼川泽。是以民神俱怨,而山川
收禄,司过荐罪,而祝宗祈福,意者逆乎!"(《晏子春秋·内篇·问上》,吴则虞:《晏子春秋
集释》,第 201 页)晏子站在理性主义的立场,认为注重人事,方能达到神人以和的效果。
③ 孔颖达:《礼记正义》,阮元校刻:《十三经注疏》,第 1404 页。
④ 《睡虎地秦墓竹简·日书甲种》简 153 正叁(睡虎地秦墓竹简整理小组:《睡虎地
秦墓竹简》,第 206 页)。
⑤ 《墨子·贵义》,孙诒让:《墨子间诂》,第 447 页。

除害之举。黑色对应于北方，而墨子恰巧着黑色衣且面容黧黑，若前往北方，在日者的意识中，墨子无意中冲撞了上帝，属于犯忌之举。日者所说显然与五行思想有关，但无论如何"帝"是主宰者，世间之人不得冲犯，以招来祸害。"忌讳"的观念，在这一时期开始有比较明显的体现。此类记载也见于睡虎地秦简《日书》。睡虎地秦简《朔望弦晦》篇谓：

> 弦、望及五辰不可以兴乐□，五丑不可以巫，帝以杀巫减（咸）。①

意谓月的弦、望及五辰之日不可以举乐，五丑之日不可以行巫事，因为帝在五丑之日杀掉了巫咸。整理者指出巫咸或为商王太戊时之大臣，见于《尚书·君奭》；或是指巫祝之神，见于《庄子》《楚辞》《山海经》《吕氏春秋》。按，竹简的写成时代更接近战国时期，因而巫咸是巫祝之神的可能性更大。《日书》竹简记载了有关朔、望日以及五辰（戊辰、庚辰、壬辰、甲辰、丙辰）、五丑（乙丑、丁丑、己丑、辛丑、癸丑）等时日的吉凶，并谓在五个丑日不能行巫事，因为帝在这一天斩杀巫咸，巫咸是大巫之神，所以这天是巫者的忌日，作巫则与之冲突，巫法不会灵验。总之，人们以为，帝握有生杀大权，虽然不明所以，但帝在特定的时间段斩杀某种神灵。这里的帝，虽然人格神色彩十分浓厚，但显然非道德主宰，这是民间观念中的上帝。

　　人们想象，在天上的帝会从事某种事项，而地上的人们则应避免与帝做同样的工作，否则冲犯于帝后患无穷。睡虎地秦简《日书》有《啻（帝）》篇，谓一年中特定的某些时间是上帝为室之日，世人应当避开。现将《日书·啻》篇所言关于"帝"为室的内容摘录集中如下：

> 春三月，啻（帝）为室申。剽卯，杀辰，四灋（废）庚辛。（96 壹）②

---

　　①　《睡虎地秦墓竹简·日书甲种》简 27 正贰、153 正叁，睡虎地秦墓竹简整理小组：《睡虎地秦墓竹简》，第 186 页。

　　②　春三月申日，是帝为室日。春三月的卯日，为剽日；春三月的辰日，为杀日；春三月的庚辛日，为"四废日"。在帝作室日，不可轻举妄动，不能筑房、筑卧室。否则，父母有难。筑右序，长子之妇死。筑左室，中子之妇死。建外墙，孙子死。建北墙，牛羊死。按，剽日、杀日、四废日，各有相应的禁忌。相关研究见刘乐贤：《睡虎地秦简日书研究》，台北：文津出版社，1994 年，第 127—129 页；尚民杰：《睡虎地秦简〈日书〉中的"土神"与"土忌"》，《陕西历史博物馆馆刊》第七辑，西安：三秦出版社，2000 年。

夏三月，啻（帝）为室寅。剽午，杀未，四瀶（废）壬癸。（97 壹）

秋三月，啻（帝）为室巳。剽酉，杀戌，四瀶（废）甲乙。（98 壹）

冬三月，啻（帝）为室辰。剽子，杀丑。四瀶（废）丙丁。（ 99 壹）

凡为室日，不可以筑室。筑大内，大人死。筑右坿（序），长子妇死。筑左坿（序），中子妇死。筑外垣，孙子死。筑北垣，牛羊死。①

简文记载，春三月的申日，夏三月的寅日，秋三月的巳日，冬三月的辰日，是"帝为室日"，但凡遇到"帝为室日"，世人皆需避让。依简文之说，"帝"在天上筑室而在地上的人们则不能同时大兴土木，②这是由于不能冲犯尊贵的神灵。

天水放马滩秦简有相类记载：

啻以春三月为室亥，利卯，杀辰，四废庚辛。（乙 216 壹）

夏三月啻为室寅，利午，杀未，四废壬癸。（乙 217 壹）

秋三月啻为室巳，利酉，杀戌，四废甲乙。（乙 218 壹）

冬三月啻为室申，利子，杀丑，四废丙丁。（乙 219 壹）

凡四时啻为室日也，不可筑大室、内，大人死之。（乙 25）③

在放马滩简中，帝为室日分别是亥、寅、巳、申，意指帝在四季时日中为室，不可筑大室、内室。④ 对于凡人而言，建造居室当然是大事，人们想象，帝

---

① 《睡虎地秦墓竹简·日书甲种》简 96 正壹—101 正壹，睡虎地秦墓竹简整理小组：《睡虎地秦墓竹简》，第 195 页。按，整理者指出，此处的"帝"篇应是"帝为室日"的省略，是。关于简文之意，刘乐贤先生引用《后汉书·郭陈列传》所记"司隶校尉下邳赵兴，亦不恤讳忌。每入官舍，辄更缮修馆宇，移穿改筑，故犯妖禁"，指出"秦汉时期，修筑或改建房屋，禁忌甚多"。简文中的字句，他指出"'内'指内室、卧室，'大内'即大卧室。《日书甲种》'相宅篇'有'小内'，指小卧室"（《睡虎地秦简日书研究》，第 127 页）。简文中的坿，施谢捷先生指出即"圩"字，为"序"字异构，简文中的"左序""右序"即礼书中的"东序""西序"，即堂屋的东西序墙（《秦简文字考释札记》，《简帛研究》第三辑，南宁：广西教育出版社，1998 年，第 171 页）。

② 有学者认为"日书"中"帝为室日"与"地杓神以毁宫"实为一义，"室"也可理解为"宫"，帝即神，当指神而言（尚民杰：《睡虎地秦简〈日书〉中的"土神"与"土忌"》）。但是文献中未见以帝为土神的记载，且《日书》中有赤帝记载，所以帝仍然应当是天上神灵。

③ 甘肃省文物考古研究所：《天水放马滩秦简》，北京：中华书局，2009 年，第 91—92 页。释文参考了孙占宇：《天水放马滩秦简集释》，第 133 页。

④ 简文中的"利日"，在睡虎地秦简《日书》中作"剽日"。简文中的"四听日"，当即睡虎地简中的"四废日"。

亦需要建造宫室，这是将人间的生活搬到了天上，赋予帝人间生活的色彩。上帝开工动土，同样是天上的大事，地上之人绝对不能与上帝做同样的事，否则后果不堪设想。可见，世间之人对于上帝极其敬畏，帝在民间信仰中具有权威性。

睡虎地秦简《日书·行》篇还记载有赤帝临下民降殃之日，这也是一个需要特别小心的日子，人们不能妄为，但凡轻举妄动，都会招致不利的后果。简文谓：

> 凡且有大行、远行若饮食、歌乐、聚、畜生，及夫妻同衣，毋以正月上旬午，二月上旬亥，三月上旬申，四月上旬丑，五月上旬戌，六月上旬卯，七月上旬子，八月上旬巳，九月上旬寅，十月上旬未，十一月上旬辰，十二月上旬酉。凡是日赤帝（帝）恒以开临下民而降其殃，不可具为百事，皆无所利。即有为也，其殃不出岁中，小大必至……凡是有为也，必先计月中闲日，苟无直（值）赤帝临日，它日虽有不吉之名，无所大害。①

此处的"赤帝"，在孔家坡汉简《日书》中，径写作"帝"，知赤帝为在上之帝。② 依照记载，一年十二月当中的某一日是赤帝"开临下民"并降殃之日，在这一日不可为百事，否则不出一年必有大小不等的灾害降临。假若不是"赤帝临日"，就是遇到灾咎，亦无大害。简文显示，赤帝降临为凶日，它每年数度出现，因此人们担心触碰的禁忌，一年终始不可计数。简文提醒人们预备作事时，一定要先计算好时日，只要不撞上赤帝临日，其他时日都可不必过于顾忌。③ 可知帝对于人间来说威风凛凛，其震慑、恐怖之

---

① 《日书乙种》简132—137，睡虎地秦墓竹简整理小组：《睡虎地秦墓竹简》，第242页。释文参考了刘乐贤：《睡虎地秦简日书研究》，第153页。

② 帝称赤帝，当是五帝观念流行之后的观念。在五行观念中，赤帝与南方相配。孔家坡汉简记载"临日：正月上旬午，二月亥，三月申，四月丑，五月戌，六月卯，七月子，八月巳，九月寅，十月未，十一月辰，十二月酉，帝以此日开临下降殃，不可远行、饮食、歌乐、聚众、畜牲，凡百事皆凶。以有为，不出其殃小大必至。以有为而遇雨，命曰殃早至，不出三月，必有死亡之志。凡举事，苟毋值临日，它虽不吉，无大害"（湖北省文物考古研究所、随州市考古队编：《随州孔家坡汉墓简牍》，北京：文物出版社，2006年，第140页）。

③ 详见刘乐贤：《睡虎地秦简日书研究》，第155—157页。

效长存人心。

　　民间信仰中，十分有意思的是，一方面人们赋予帝以权威性，敬畏之、恐惧之。另一方面，与帝有关联的神灵在一定程度上却为百姓"妖魔化"，在上之神不再尊贵无比，而是胡作非为、任性放肆的恶人。睡虎地秦简《日书·诘咎》篇记载了各种人为鬼所扰的故事，而作祟者居然与帝有关联。其谓：

> 鬼恒从人女，与居，曰："上帝子下游。"欲去，自浴以犬矢（屎），系以苇，则死矣。①

在这里，干扰女子者称为"上帝子"。上帝之子凭借自己特殊的身份来到人间，游手好闲，不务正业，戏侮女子。但是"上帝子"毕竟不是上帝，人们能够对付他，而且攻击他的方法很简单，以犬之粪便这类秽物洗浴被侮辱的女子，②就可以达到以秽去秽的效果，并且系以苇，就能够置"上帝子"于死地。人们对待"上帝子"的态度，十分轻慢，甚至滑稽可笑，"上帝子"好像后世的"败家子"，为人所不齿。由此条简文，可以想见在民间观念中，帝不但有帝廷，有帝臣，帝亦有子，有家室，有血缘亲属关系。值得指出的是，在这里人们"恶搞"的对象是帝之子而非上帝，或许表明人们还为帝留有"情面"。

　　天上之神可降临人间，与人发生若干关联，可能是这一时期较为流行的观念。如《日书》中同一篇记载：

> 鬼恒谓人："鼠（予）我而女。"不可辞。是上神下取妻，系以苇，则死矣。弗御，五来，女子死矣。③
>
> 人若鸟兽及六畜恒行人宫，是上神相好下，乐入男女未入宫者，

---

　　① 《睡虎地秦墓竹简·日书甲种》简38背叁，睡虎地秦墓竹简整理小组：《睡虎地秦墓竹简》，第215页。

　　② 刘乐贤先生引《韩非子·内储说下》"燕人惑易，故浴狗矢"，并指出"战国时代人们认为看见了鬼之后必须用五牲之屎（即牛羊犬豕鸡屎）洗身"（《睡虎地秦简日书研究》，第246页）。

　　③ 《日书甲种》简39背叁—40背叁，睡虎地秦墓竹简整理小组：《睡虎地秦墓竹简》，第215页。

击鼓奋铎噪之，①则不来矣。②

简文所云"上神"，当即《礼记·礼运》"以降上神与其先祖"的"上神"，孔疏引皇氏、熊氏说谓"上神，谓天神也"。③ 人们认为，天上之神与地上之人相同，也有七情六欲，因此为非作歹、扰乱人间。在这些记载中，人们将帝之子、天上之神想象为贪恋女色的作恶之徒，人们可起而攻之，击打他，或敲鼓击铎、鼓噪而驱赶之。

概言之，上帝高高在上，无所不能，但帝并没有展现出特定的功能，他的神力模糊而宽泛。战国时期的出土文献展现了民间信仰世界的若干情况，在这一世界中，人们按照人间生活塑造上帝，上帝建造宫室，有妻有子。对于上帝，人们一方面心存敬畏，并由此产生了许多禁忌。另一方面，人们又将帝之子摹画为任性胡闹之徒，与帝有关的神灵、天神并非一如既往地可敬可畏，他们并非总是正义的化身，人们甚至可以攻击他。敬畏与侮慢并存，展现出民间信仰画卷中的生动内容。

三、帝臣与帝廷的变化

战国时期，人们对于与帝相关的帝臣与帝廷的想象，较之春秋时期又丰富不少。春秋时期，帝廷之中，不仅有周先王，也有周贵族，还有蓐收等负有具体职司的帝之臣属，与西周时期相比，帝臣增多了，帝廷扩大了。而战国时期的帝廷，出现了更多的帝臣，帝廷的规模愈加增大。

战国时期的文献中明确出现了"帝之大臣"的说法。《礼记·月令》记载季冬之月的祭祀：

---

① 简文中"男女未入宫者"，刘乐贤先生指出"疑指未婚男女"。学者引用夏德安先生根据张家山汉简《引书》，指出"未入宫"指未行房（陈伟主编：《秦简牍合集》壹上，武汉：武汉大学出版社，2014 年，第 461 页）。简文"击鼓奋铎噪之"，刘乐贤先生谓"铎，大铃。《路史·后记五》注引《庄子》：游岛问于雄黄曰：逐疫出魅，击鼓噪呼，何也？曰：黔首多疾，黄帝立巫咸，使之沐浴斋戒，以通九窍；鸣鼓振铎，以动其心；劳其形，趋步，以发阴阳之气；饮酒茹葱，以通五藏；击鼓噪呼，逐疫出魅，黔首不知，以为魅祟耳"（《睡虎地秦简日书研究》，第 241 页）。
② 《日书甲种》简 31 背贰—33 背贰，睡虎地秦墓竹简整理小组：《睡虎地秦墓竹简》，第 213 页。
③ 《礼记·礼运》，孔颖达：《礼记正义》，阮元校刻：《十三经注疏》，第 1416 页。

> （天子）命有司大难（傩）旁磔，出土牛，以送寒气，征鸟厉疾，乃毕
> 山川之祀，及帝之大臣，天之神祇。①

是说命令相关的官吏进行傩祭以驱除阴气，在国门旁剁碎牲体以攘除疫鬼，作土牛，用以送走寒气。这个季节征鸟变得猛厉而迅疾，于是遍祭山川之神、上帝的大臣们，以及天上的众神。是篇明确指出帝有大臣，据注释家之说，当为天上之属。②

帝臣还见于其他记载。清华简《赤鸪之集汤之屋》篇亦记载有几位帝臣。是篇主要内容是讲汤射杀赤鸪，小臣伊尹烹之为羹。成汤之妻纴亢尝羹，伊尹也饮用其余之羹，成汤大怒，伊尹逃跑。伊尹病倒于路，巫乌救之。此时，夏之君主有疾，伊尹听到了众乌与巫乌的对话，知晓了夏后患疾的原因，因此在见到夏君之后为他治病。简文记载众乌与巫乌的对话如下：

> 众乌乃讯巫乌曰："夏句（后）之疾女（如）可（何）？"巫乌乃言曰：
> "帝命二黄它（蛇）与二白兔尻（居）句（后）之寝室之栋，亓（其）下舍句
> （后）疾，是使句（后）疾，疾而不智（知）人。帝命句（后）土为二陵屯，
> 共尻（居）句（后）之床下，亓（其）上刺句（后）之体，是思（使）句（后）之
> 身疴蓳，不可及于席。"③

---

① 《礼记·月令》，孔颖达：《礼记正义》，阮元校刻：《十三经注疏》，第1383—1384页。清儒孙希旦解释此处经文云："是月阴寒至盛，故命大难（傩）。仲秋之难（傩），唯天子行之；季春之难（傩），虽及于国人，而不若是月之驱除为尤遍也。旁磔，磔牲于国门之旁，即季春之'九门磔禳'也。'出土牛'者，牛为土畜，又以土作之，土能胜水，故于旁磔之时出之于九门之外，以禳除阴气也。"孙希旦还指出："十二物相属，其说未知其始。《月令》季冬'出土牛'，或秦时已有此说与？"（《礼记集解》，第500页）

② 孙希旦以为此祭是"此于岁终总祭诸神，承孟冬之所未祭者而毕之，亦秦礼也"，但对于"帝之大臣"，孙希旦以为是先帝之臣，"谓先帝之大臣，即百辟卿士之有益于民者也。山川先于帝之大臣者，山川有岳渎，尊也。天地之神祇最在后者，孟冬已祭天宗及公社，此所祭天神乃风师、雨师、司中、司命之属，地祇乃丘陵、坟衍之属，卑于帝之大臣也"（《礼记集解》，第501页）。事实上，孙希旦之说来源于高诱注解《吕氏春秋·季冬纪》，高诱注谓"帝之大臣，功施于民，若禹、稷之属"（陈奇猷《吕氏春秋新校释》，第625页），王夫之亦承其说（《礼记章句》，《船山全书》四，第448页）。清儒朱彬则认为"帝之大臣"，为上帝之臣属，非人间先帝之臣，谓"帝之大臣，句芒之属"（《礼记训纂》，北京：中华书局，1995年，第284页）。从后文"天之神祇"看，"帝之大臣"意当从朱彬解。

③ 李学勤主编：《清华大学藏战国楚简》（叁），上海：中西书局，2012年，第167页。

简文大意是说，众鸟讯问巫鸟：夏王的疾病情况如何？巫鸟回答：上帝命令两条黄蛇和两只白兔居于夏王寝室的栋梁之上，蛇和兔就下投疾病，使夏王生病，病得连人都认不出来。上帝还派后土筑起两座土堆，都在夏王的床下，这两个土堆向上接近夏王身体，使夏王的疾病沉重，无法及于席上。从简文可以看到，夏后遇疾是由于上帝作祟。帝派二黄蛇、二白兔居于夏后之寝，使夏后昏寐。帝又遣后土为二陵阜于夏后床下，导致夏后身体有疾。简文记载伊尹见到夏君之后，与其对话，夏后问伊尹："朕疾如何？"伊尹告诉夏后："如撤屋，杀黄蛇与白兔，发地斩陵，后之疾其瘳。"果然，夏王杀掉黄蛇与白兔，掘地去陵，疾病大愈。

简文中的黄蛇、白兔甚至后土，受帝之派遣作祟于夏后，可见他们也是帝臣（从这一角度看，天下万物皆可能为帝臣）。[①] 之所以称为黄蛇、白兔，有颜色方面的象征，盖与战国时期的五行观念有关。简文中，蛇、兔皆为征象。作为征象，兔不见于早期文献，而蛇，则常见于传世文献。《诗经》载"乃寝乃兴，乃占我梦。吉梦维何？维熊维罴，维虺维蛇。大人占之：维熊维罴，男子之祥；维虺维蛇，女子之祥"，[②]在这里蛇是女子之征。而将黄蛇与帝相连，亦见于文献。《史记·封禅书》载：

> 秦文公东猎汧渭之间，卜居之而吉。文公梦黄蛇自天下属地，其

---

① 按，从这一角度看，天下万物皆是帝臣，都能够受帝命而行事。《赤鸠之集汤之屋》篇所记载的杀白兔、黄蛇等神怪动物，以及"发地斩陵"的做法，当是战国时期民间信仰中流行的做法。如睡虎地秦简《日书·诘咎》篇记载，"一室人皆毋（无）气以息，不能动作，是状神在其室，屈（掘）遝（罙）泉，有赤豕，马尾、犬首，烹而食之，美气"（36 背贰—38 背贰），意谓一室中人患疾，是神怪为害，掘地及泉，有怪异的赤豕，斩杀之，则疾愈。又如"一宅中无故而室人皆疫，或死或病，是是棘鬼在焉，正立而貍（埋），其上旱则淳，水则干。屈（掘）而去之，则止矣"（《睡虎地云梦秦简》37 背壹—39 背壹），"一宅之中无故室人皆疫，多梦未（寐）死，是是匀鬼貍（埋）焉，其上无草，如席处。屈（掘）而去之，则止矣"（《睡虎地秦墓竹简》，第212—213 页）。在几处记载中，神怪为祟，他们都藏在地下，掘土使其无藏身之地，驱赶之，则疾病痊愈。《日书》所记民间信仰特点突出，对比清华简《赤鸠之集汤之屋》篇，知在民间观念中，作祟的神怪往往藏身于室内隐秘之处，发地掘土寻找神怪、驱赶神怪，甚至斩杀怪兽，是人们御疾的重要方法。

② 《诗经·小雅·斯干》，孔颖达：《毛诗正义》，阮元校刻：《十三经注疏》，第437 页。按，蛇作为征象，还见于《左传》庄公十四年，"内蛇与外蛇斗于郑南门中"，结果"厉公入"；《左传》文公十六年"有蛇自泉宫出，入于国，如先君之数。秋八月辛未，声姜薨，毁泉台"，在这里，与《斯干》所载的情况不同，蛇是作为一种不吉之兆出现的。

口止于鄜衍。文公问史敦,敦曰:"此上帝之征,君其祠之。"①

这是一条垂天而降的黄色大蛇,蛇口直指鄜衍这个地方,于是秦文公就在此处作鄜畤祭帝。秦文公之梦纯属为获取上帝降命的支持而做的宣传,但无论如何,黄蛇是为帝所遣,听命于帝,是为帝臣。蛇之所以能够成为"帝臣",与它在人们印象中颇具灵性有关。《山海经》里多有"青蛇""黄蛇""赤蛇"等出现,一般的神人多以蛇贯耳为饰,如:

> 东海之渚中有神,人面鸟身,珥两黄蛇,践两黄蛇,名曰禺䝞。黄帝生禺䝞……禺䝞处东海,是惟海神。②

是说东海之岛的神,人面鸟身,以两条黄蛇贯耳为饰,脚下还踩着两条黄蛇。这位神名叫禺䝞,是黄帝之子,住在东海,系东海之神。可见,蛇总是与神灵联系在一起。

简文中出现的"后土",也受帝之差遣,身份亦是帝臣。"后土"之称,见于春秋战国时期的文献。《左传》僖公十五年记载,晋卿谓秦君曰"君履后土而戴皇天,皇天后土,实闻君之言",③后土系与皇天相对的地。④"后土"也是人们祭祀的对象,《左传》谓"社稷五祀,是尊是奉……土正曰后土",杜预注"土为群物主,故称后也,其祀句龙焉,在家则祀中霤,在野

---

① 《史记》,第1358页。
② 《山海经·大荒东经》,袁珂:《山海经校注》(增订本),第403页。
③ 《左传》僖公十五年,孔颖达:《春秋左传正义》,阮元校刻:《十三经注疏》,第1806页。
④ 上古时期关于"后土"的说法很多,许多是传闻异辞,在这些说法中,后土亦人亦神:1.与皇天相对的自然之地。正文已举例,此类含义还见于《左传》文公十八年载"舜臣尧,举八恺,使主后土,以揆百事,莫不时序,地平天成"(孔颖达:《春秋左传正义》,阮元校刻:《十三经注疏》,第1862页)。2.管理土地之官,即土正。《左传》昭公二十九年记载"王行之官"里有"土正"。3.共工氏之子,但同时又为社神。《左传》昭公二十九年说"共工氏有子曰句龙,为后土……后土为社"(孔颖达:《春秋左传正义》,阮元校刻:《十三经注疏》,第2124页);《礼记·祭法》记载"共工氏之霸九州也,其子曰后土,能平九州,故祀以为社"(孔颖达:《礼记正义》,阮元校刻:《十三经注疏》,第1590页);《国语·鲁语上》载春秋前期事,谓共工氏"其子曰后土,能平九土,故祀以为社"(上海师范大学古籍整理组点校:《国语》,第166页),则后土又为社神。4.黄帝之臣。《管子·五行》篇说黄帝"得后土而辩于北方"(黎翔凤:《管子校注》,第865页)。5.夸父之祖。《山海经·大荒北经》说"后土"是神人"夸父"之祖。

则为社"，①后土即土神，地祇之一。《周礼·春官·大宗伯》谓："国有大
故，则旅上帝及四望。王大封，则先告后土，乃颁祀于邦国、都家、乡
邑。"②意谓王分封诸侯，则先告祭后土，再向各诸侯国、都城、乡遂、公邑
颁布。《大祝》则谓"建邦国，先告后土，用牲币"，③是说封建诸侯国，先告
祭后土，用牲和玉帛做祭品。《礼记·檀弓上》则说"国亡大县邑……三
日，君不举。或曰：君举而哭于后土"，④国家如若丧失国土，君臣皆当有
忧，国君停止音乐，向后土哭祭。由上述记载，知皇天、后土各有其职，作
为神灵，其职司不同，但未见皇天与后土有相互统属关系。然而在清华简
《赤鸠之集汤之屋》篇中，虽未明说后土为帝臣，但揣测文意，后土地位在
帝之下，听命于帝之调遣，似乎也已纳入帝臣系统。

就《赤鸠之集汤之屋》篇所载看，战国时期人们想象的"帝廷"包括的
内容增加了，那些具有神异色彩的动物、地上的神灵纷纷听命于帝之差
遣，其身份相当于帝之臣。⑤ 当然，在此类对于帝的想象中，民间信仰因
素的渗入是十分显著的。

此外，帝还有专管兵死者之臣，其职司颇为专业化。九店楚简《告武
夷》篇记载了有关兵死者的祷辞，其中的武夷亦是帝臣。此类祷请十分特
殊之处在于是生者代死者祷。⑥ 其文曰：

敢告□绘之子武夷：尔居复山之基，不周之埜（野）。帝胃（谓）

---

① 《左传》昭公二十九年，孔颖达：《春秋左传正义》，阮元校刻：《十三经注疏》，第
2123 页。

② 贾公彦：《周礼注疏》，阮元校刻：《十三经注疏》，第 764 页。

③ 贾公彦：《周礼注疏》，阮元校刻：《十三经注疏》，第 811 页。

④ 孔颖达：《礼记正义》，阮元校刻：《十三经注疏》，第 1294 页。

⑤ 《战国策》述狐假虎威的故事谓，狐即称"天帝使我长百兽，今子食我，是逆天帝命
也"（《战国策·楚策一》"荆宣王问群臣"章，刘向编：《战国策》，第 482 页），可见战国时期人
以为狐狸可为帝臣。

⑥ 学者们对简文若干关键字的理解尚有分歧，但文意基本可疏通。关于《告武夷》篇
的性质，学者们亦有不同的意见。李家浩先生认为是巫者代患病者祈祷于武夷神，以使武
夷管束兵死者，不使其致祟病者。见《九店楚简"释文与考释"》，湖北省文物考古研究所、北
京大学中文系编：《九店楚简》，北京：中华书局，2000 年。周凤五先生认为是生者替兵死
者祷于武夷，以使兵死者享受祭祀。见《九店楚简〈告武夷〉重探》，《历史语言研究所集刊》
第七十二本第四分，2001 年。分析《告武夷》篇语意，周说更为直接。

尔无事,命尔司兵死者。含(今)日某将欲食,某敢以亓(其)妻□妻
(赘)女(汝)聂币芳粮,以量犊(赎)某于武夷之所。君昔受某之聂币、
芳粮,思某来归食故。①

这里祈祷的神灵为武夷,②"敢告"为祷辞中之习用语,表示昭请神灵。
"聂币",学者指出为丝织品薄片,冥币之属,"芳粮"为用以降神之精米。③
按照简文所说,武夷神居于复山之下,不周山附近,奉帝之命掌管兵死者。
此次祷请即生者为兵死者"某"祷,希冀掌管兵死者的武夷神同意祭祀战
争中的阵亡者,条件是"某"人之妻向神灵献以聂币、芳粮,为某人在武夷
处请求赎免。生者求祷武夷神允许兵死者享受祭祀,从而透露出人们对
阵亡者死后世界的理解:那里同样有权力超群的统治者,武夷即是专门
管理兵死者的神灵,生者欲祭兵死者,必须打通神路。阵亡者的世界,同
样存在权力阶层,武夷神并非最高首领,他受最高统治者——"帝"之差
遣。不过在现实世界人们的理解中,山高"帝"远,难以沟通,现实之人只
需疏通专司某类职责的神灵即可实现愿望。简文中的"武夷",称"□缤之
子","□缤"具体所指不甚明了,但私人身份是武夷之父,由此看来□缤与
武夷为父子兵,简文既称奉"帝"命而行事,可见他们父子同为"帝"之
臣下。

　　总之,战国文献中可见不少奔走于帝所、听命于上帝的使臣。不难看
出,帝廷中的帝臣应当各司其职,各有分工。并且可以推测,不同侯国、不
同地区、不同阶层的人群皆有自己心目中的上帝和帝臣。但遗憾的是,对
于帝廷中帝之使臣的具体数量、各种职责、分工系统,以及帝廷中的上下
等级关系,尚不能够有清晰的描画。

　　在战国时人的心目中,天、帝不但主宰天廷,而且在地上还设置其都,

---

① 　释文据李家浩先生《九店楚简"释文与考释"》写出,并参考周凤五先生说(见《九店
楚简〈告武夷〉重探》)。

② 　相关研究见饶宗颐:《说九店楚简之武夷(君)与复山》,《文物》1997 年第 6 期;夏
德安著、陈松长译:《战国时代兵死者的祷辞》,见中国社会科学院简帛研究中心编:《简帛
研究译丛》第二辑,长沙:湖南人民出版社,1998 年;李零:《读九店楚简》,《考古学报》1999
年第 2 期;周凤五:《九店楚简〈告武夷〉重探》。

③ 　周凤五:《九店楚简〈告武夷〉重探》。

或许是便于管理地上事务之故。据《山海经·西山经》，昆仑之丘即是帝之下都，有神灵称为"陆吾"的专门董理，其身份亦为帝之臣。帝及帝臣常在天上，而其高百仞的"建木"，①据《淮南子·地形》篇说是众帝上天下地的天梯，谓"建木在都广，众帝所自上下"。②

帝臣之职司，有时可十分细密，甚至有为帝掌管某地之野的臣属。《山海经·海外南经》记载"有神人二八，连臂，为帝司夜于此野。在羽民东，其为人小颊赤肩，尽十六人"，③这里有专为帝司夜的臣属，这些神人形状奇特，统共有十六人，其臂相连。④ 因为样貌奇特，异于常人，因此具有神异的功能。

在帝廷、帝都之外，帝还拥有"帝乡"。这一概念出自《庄子》，但是，"帝乡"非帝所独有，圣人亦可云游到那里。庄子说有南海之帝，有北海之帝，中央之帝为混沌，圣人身处浊世之时，可以至帝乡享有清闲。他说：

> 夫圣人……天下有道，则与物皆昌；天下无道，则修德就闲；千岁厌世，去而上仙，乘彼白云，至于帝乡。三患莫至，身常无殃，则何辱之有？⑤

在庄子学派的描绘中，帝乡是超越凡间的另一世界，逍遥而且闲适，没有灾患和荣辱，是理想的境界。但是，在儒家学派看来，帝所居之地是天，帝在天上接受人间之祭祀，洞察人间。《大戴礼记·盛德》篇谓"夫民思其德，心称其人，朝夕祝之，升闻于皇天，上帝歆焉，故永其世而丰其年"，在此之前，人们说帝在"上"，"上"所代表的是一个宽泛的概念，并没有明确

---

① 《山海经·海内经》"有木，青叶紫茎，玄华黄实，名曰建木，百仞无枝，有九欘，下有九枸，其实如麻，其叶如芒，大暤爰过，黄帝所为"[袁珂：《山海经校注》（增订本），第 509 页]。
② 《淮南子·地形训》。都广，山名；建木，据说"其状如牛，引之有皮，若缨黄蛇，叶若罗"（刘文典《淮南鸿烈集解》，北京：中华书局，1989 年，第 136 页）。
③ 《山海经·海外南经》，袁珂：《山海经校注》（增订本），第 229 页。
④ 郭璞、郝懿行已指出"在羽民东，其为人小颊赤肩，尽十六人"句，为"后人所增益语耳"，"盖校书者释经之语"。关于"为帝司夜于此野"，郭璞注"昼隐夜见"，郝懿行疏"薛综注《东京赋》云'野仲、游光，恶鬼也，兄弟八人，常在人间作怪害'，案，野仲、游光二人兄弟各八人，正得十六人，疑即此也"（《山海经笺疏》，齐鲁书社，2010 年，第 4888 页）；袁珂引《淮南子·地形训》"有神二人，连臂为帝候夜，在其西南方"为说[《山海经校注》（增订本），第 230 页]。
⑤ 《庄子·天地》，郭庆藩：《庄子集释》，第 421 页。

所指,而在《盛德》篇中,则直接将帝与天联系起来,帝居于天上的观念十分清晰。

综上所述,帝不但有帝廷,还有帝都,帝廷在天上,帝之下都设在昆仑山上。帝廷中有奔走效力的各类臣属,廷中的帝臣逐渐增多,他们各司其职,有掌管人间生死寿夭的,有负责管理兵死者的,有职司帝之下都的,有为"帝之野"效力的,但凡帝有需要,帝臣会即刻出现,为上帝效命。需要指出的是,帝之臣属看上去纷乱无章,并无明确的系统、条理,究其故,盖由于战国时期的礼学家、思想家未将思路指向神灵世界的神殿,未及对于神殿中的各路神灵做严格的排序、归类,造成万神殿中各类神灵混杂而无统绪的局面。他们留下了大量的空白,俾使民间信仰入门登廷,描绘了民间色彩的帝与帝臣。

四、祭祀上帝

战国时期,王权衰落,上帝之祭难以维系。因此,有关祭帝的设想,看似并无必要。① 然而恰是在这一时期,祭祀上帝的规划多了起来,特别是在若干礼学家、思想家那里,祭祀上帝的策划已然成型。

(一) 诸子与祭帝

在诸子当中,墨家学派尤为强调祭祀上帝。墨子云:

> 古之仁人有天下者,必反大国之说,一天下之和,总四海之内,焉率天下之百姓,以农臣事上帝山川鬼神。②

墨子提倡治理天下的君主都要像上古时期仁德之君一般,与大国交相悦,统一天下,总括四海,率领天下百姓,勉力事奉上帝和山川鬼神。墨子认

---

① 礼书中曾说鲁人犹祭上帝,不知战国时期是否照旧。《礼记·礼器》"鲁人将有事于上帝,必先有事于頖宫"(孔颖达:《礼记正义》,阮元校刻:《十三经注疏》,第1439页);《礼记·杂记下》记载鲁国大夫孟献子之语"正月日至,可以有事于上帝",在周历的正月冬至,可以郊祭上帝(孔颖达:《礼记正义》,阮元校刻:《十三经注疏》,第1567页);《礼记·明堂位》"是以鲁君,孟春乘大路,载弧韣,旂十有二旒,日月之章,祀帝于郊,配以后稷。天子之礼也"(孔颖达:《礼记正义》,阮元校刻:《十三经注疏》,第1488页)。

② 《墨子·非攻下》。按,这段话里的"反"字,孙诒让说"当作'交',二字形近。此谓与大国交相悦"。"焉"字,孙氏引戴氏说"焉犹乃也"(孙诒让:《墨子间诂》,第141页)。

为,聚天下之力以祭祀上帝,是治天下者的首要任务。墨子说道:

> 今唯无以厚葬久丧者为政,国家必贫,人民必寡,刑政必乱。若苟贫,是粢盛酒醴不净洁也;若苟寡,是事上帝鬼神者寡也;若苟乱,是祭祀不时度也。今又禁止事上帝鬼神,为政若此,上帝鬼神,始得从上抚之曰:"我有是人也,与无是人也,孰愈?"曰:"我有是人也,与无是人也,无择也。"则惟上帝鬼神降之罪厉之祸罚而弃之,则岂不亦乃其所哉![1]

墨子强调厚葬,并以为若国穷民贫,当是祭祀所献粢盛酒醴不洁净、祭祀上帝鬼神人数减少之故。上帝保佑虔敬祭祀的君主,而严厉惩罚不祭上帝的君王。在这里,墨子站在反对厚葬的立场,倡导统治者敬事上帝,并以为敬事上帝,是达到国富民强、刑政有度的必由之路。

《礼记·表记》假托孔子之言云:

> 子言之:昔三代明王,皆事天地之神明,无非卜筮之用,不敢以其私亵事上帝。是故不犯日月,不违卜筮。[2]

按照儒家的思路,圣贤明王皆祭祀上帝,并且祈求上帝之事皆出以公心,不以私事来亵渎上帝。祭祀上帝之事依礼制而行,不冲犯日期,不违背占筮的结果。在敬事上帝方面,儒家的观念与墨家相比,差异可谓几希。

(二)《月令》系统中的祭帝

祭祀上帝,在礼学家的观念中,对于国家建设意义重大。《礼记·礼运》谓"祭帝于郊,所以定天位也……礼行于郊,而百神受职焉",是说在郊祭祀上帝,用以确定天的至高无上的地位;在郊祭祀天帝,众神就都会遵循职守。《礼记·礼器》云"是故昔先王尚有德……是故因天事天;因地事地;因名山,升中于天;因吉土,以禘帝于郊。升中于天,而凤凰降、龟龙假;禘帝于郊,而风雨节、寒暑时,是故圣人南面而立,而天下大治",先王

---

[1] 《墨子·节葬下》,孙诒让:《墨子间诂》,第179、180页。
[2] 《礼记·表记》,孔颖达:《礼记正义》,阮元校刻:《十三经注疏》,第1644页。

崇尚有德之人，因天之高而祭天，因地之广而祭地，因名山而燔柴烟气
上升于天，因王之国土而祭帝于郊。郊祀上帝，则风调雨顺、寒暑有时，圣
人南面垂拱，天下大安。不但如此，郊祀上帝具有伦理意义，《礼器》曰"祀帝
于郊，敬之至也；宗庙之祭，仁之至也"，天子郊祭上帝，是表达"敬"的最高
境地！

　　祭祀上帝是天下大治的重要环节，因此，如同对于祭天的设计一样，
礼学家对于祭帝的策划，煞费苦心。

　　按照礼学家的规划，一年之中，每一季天子或者祈祷祭祀上帝，或者
为举行祭帝典礼做细致充分的准备。① 一年终始，祭帝是君王政治生活
当中的大事，这集中体现于《礼记·月令》之中。②

　　关于《月令》之论的性质，需要略加说明。《月令》体系十分繁复，如其
谓天子明堂十二室，王者随月居之以出政，并按照四时节气变换饮食、器
用等，细致精微，令人叹服，但又不免使人疑窦丛生。事实上，学者对此早

---

　　① 关于一年当中祭祀天帝的次数，礼书所记不一，孙诒让注《周礼·春官》"大宗伯"
时，总结为"《御览礼仪部》引《五经异义》云'王者一岁七祭天地。仲春后妃郊高禖，亦祭天
也。'《郊特牲》孔疏云：'皇氏云：天有六天，岁有八祭。冬至圜丘，一也。夏正郊天，二也。
五时迎气，五也，通前为七也。九月大飨，八也。雩与郊禖为祈祭，不入数。崔氏以雩为常
祭，九也。案《曲礼》疏说天岁有九祭，亦与崔同。《诗·大雅·生民》笺云：'禋祀上帝于郊
禖。'说与许同。而《月令》注则谓郊禖祠禖官，不祭天。崔氏不数郊禖，盖从《月令》注义。
但此九祭之中，圜丘祭昊天，南郊祭受命帝，迎气，大飨，大雩，皆祭五帝，虽同为祭天，礼之
隆杀亦自不同，要其用禋祀则一也"（《周礼正义》，第1298页）。按照《五经异义》天子一年
七祭天，孔颖达引皇侃说则以为九祭。孙诒让所说的祭五帝，则是从郑玄注，但是相关文献
中并不见祭五帝之载。
　　② 《礼记·月令》文字与《吕氏春秋·十二纪》几乎相同，与《大戴礼记·夏小正》也有
相似之处，但祭帝之说不见于《夏小正》。关于《月令》的成书与性质，王夫之曾指出"《月令》
一篇，旧云吕不韦所作。今《吕氏春秋》十二纪之首具有此文，而《管子》《淮南子》亦皆有之，
特其文小异，唯《吕氏春秋》与此异者不过数字，是以知其所传自吕氏出也……此篇所纪亦
略仿佛先王之政教，盖战国之时教散说殊，九家之儒与杂流之士，依傍先王之礼法杂纂而附
会之，作为此书，而不韦权力袭取，掩为己有。戴氏知其所自来，非吕氏之独造而往往与礼
相近，故采之于《记》，以备三代之遗法焉"（《礼记章句》，《船山全书》第四册，第371页），以
为吕不韦与其门客杂采各家之说编撰而成。近人容肇祖先生则以为出自齐地阴阳五行家
之手（《月令的来源考》，《燕京学报》1935年第18期）；侯外庐先生也认为其中有浓厚的阴阳
五行思想的影响（侯外庐、赵纪彬、杜国庠：《中国思想通史》第一卷，北京：人民出版社，
1957年，第645页）。无论《十二纪》抑或《月令》，出自礼学家的可能性更大，因此本书统称
"月令"系统。

有辨析，王夫之即指出"谓明堂十二室、王者随月居之以出政，立说舛异，与五经不合。而后公玉带之流创为敧侧零星非法之屋，谓之明堂，蔡邕祖而为之说，施及拓跋宏、武曌，缘饰猥媟，盖自此始，其为战国游士设立虚名以惊听睹，既无足疑"。① 依王夫之论，尽管《月令》明堂之制受到后代拓跋政权、武则天政权的认可，但其源头则是战国杂流之士，穿凿附会、法制诡异，不可凭信。而之所以有如此设计，是由于"周末小道繁兴，以私意比拟而创立之，以成一家之言，谓可俟后王之施行"，②王夫之一语中的。在大道坠落的时代背景中，各种杂说丛生，其主旨并非立足于现实社会，而是为未来王者计，等待后世君王付诸实践。

《月令》中祭帝之说，亦属于此类。它不是战国祭帝真实情况的反映，它也根本无法以战国社会祭祀上帝的模式为样本而描绘，只能采以古代礼制，辅之以想象，翻制构拟出一套系统。③ 但是作为王权在礼仪方面的象征，它的存在成为在混乱的时代中人们恢复王权、恢复天下定于一的愿望的曲折反映。

以下即对《月令》中的祭帝系统进行缕析（列表见后）。首先，在孟春之月，即春正月，天子祈谷于上帝：

> 是月也，天子乃以元日祈谷于上帝。乃择元辰，天子亲载耒耜，措之参于保介之御间，率三公九卿诸侯大夫躬耕帝藉，天子三推，三公五推，卿诸侯大夫九推。反，执爵于太寝，三公九卿诸侯大夫皆御，命曰"劳酒"。④

正月，草木新生，农家播种育秧，天子选择上旬的辛日，⑤向上帝祈祷风调

---

① 王夫之：《礼记章句》，《船山全书》第四册，第 371—372 页。
② 王夫之：《礼记章句》，《船山全书》第四册，第 376 页。
③ 尽管《礼记·明堂位》有"鲁君，孟春乘大路……祀帝于郊，配以后稷，天子之礼也"的说法，以为鲁国君主郊祭上帝，但是，《明堂位》语焉不详，难以确定鲁国国君是否在战国时期仍然举行祭帝典礼。
④ 《吕氏春秋·孟春纪》，陈奇猷：《吕氏春秋新校释》，第 2 页。《礼记·月令》所记大致相同。
⑤ 元日，郑玄注"谓上辛"（孔颖达：《礼记正义》，阮元：《十三经注疏》，第 1356 页），即一个月上旬的辛日。如正月初一是甲日，则上辛就是初八。

雨顺、五谷丰登。此后天子又选择吉日,①率领群臣,躬耕藉田,②藉田所产专供祭祀上帝之用。天子象征性地推动耒耜三下,三公、九卿及诸侯则依次增加推动次数。返回后,天子在大寝举起盛酒器,在耕作之后宴饮,以劳群臣,③这就是春季祭帝。春日祭祀上帝的藉田礼屡屡为思想家、礼学家所倡导。《吕氏春秋·上农》谓"故天子亲率诸侯耕帝藉田",《礼记·表记》则谓"天子亲耕粢盛秬鬯,以事上帝,故诸侯勤以辅事于天子",是说天子亲耕藉田,播种粮食,酿造香酒,用以祭祀上帝,而诸侯当勤奋辅佐、侍奉天子。按照礼学家之说,国家设立"甸师"之职,专门负责耕耨藉田,《周礼·天官》谓"甸师掌帅其属耕耨王藉,以时入之,以共粢盛",甸师职司耕种藉田,以供祭祀上帝之用。春华秋实,春耕是农业生产的关键环节,天子在春耕时节祷请上帝,希冀此举预兆丰年。在思想家的规划中,春季藉田的象征意义毋庸赘述。

春耕夏耘。仲夏之时,进入农业生产的另一重要环节。此时,天子命有司举行雩祭,大雩上帝,祈祷谷物生长茂盛:

> 命有司,为民祈祀山川百源,大雩帝,用盛乐。乃命百县,雩祭祀百辟卿士有益于民者,以祈谷实。④

在仲夏之月(夏五月),阳气盛而易旱,故命令有司为民众向山川百源能兴云雨者祈祷,向上帝举行雩祭,各种乐器一起演奏。⑤ 又令百县举行雩祭,祭祀曾有功于民众者,⑥祈祷谷实大丰。雩,即求雨之祭。随后,在季

---

① 元辰,按照郑玄注,以为天子在元日举行郊祭祭祀上帝,而元辰"盖郊后吉辰也"(孔颖达:《礼记正义》,阮元:《十三经注疏》,第1356页)。

② 关于"措之于参保介之御间"句,郑玄注"保介,车右也。置耒于车右与御者之间,明已劝农,非农者也。人君之车必使勇士衣甲居右而参乘,备非常也。保犹衣也,介,甲也。帝藉为天神借民力所治之田也"(孔颖达:《礼记正义》,阮元:《十三经注疏》,第1356页)。即将农具耒耜放置于天子所乘车的车右与御者之间。

③ 大寝,郑玄注"路寝,御侍也"(孔颖达:《礼记正义》,阮元:《十三经注疏》,第1356页)。

④ 陈奇猷:《吕氏春秋新校释》,第244页。

⑤ "大雩帝,用盛乐",郑玄注"雩,吁嗟求雨之祭也。……自鞉鞞至柷敔皆作曰盛乐"(孔颖达:《礼记正义》,阮元:《十三经注疏》,第1369页)。

⑥ "乃命百县,雩祭祀百辟卿士有益于民者"句,高诱注《吕氏春秋》谓"百县,畿内之百县大夫也。祀前世百君卿士功施于民者"(陈奇猷:《吕氏春秋新校释》,第249页)。

夏之月（夏六月），又要准备祭祀皇天上帝所用之祭品：

> 是月也，命四监大合百县之秩刍，以养牺牲。令民无不咸出其
> 力，以共皇天上帝、名山大川、四方之神，以祠宗庙社稷之灵，为民
> 祈福。①

命令四监大规模收集畿内百姓按照常制所应缴纳的饲草，②号召民众竭尽全力，供给祭祀皇天上帝、名山大川以及四方之神所用，以祭祀宗庙、社稷之神，为民祈福。由此看，天子对于祭祀天帝十分重视，举全天下之力共赴之。

春耕秋收。仲秋之月（秋八月），天子进一步视察为祭祀上帝所做的准备。祭祀之前，各种准备工作需完善妥当，特别是牺牲，其大小轻重都有要求，确保万无一失：

> 是月也，乃命宰、祝循行牺牲：视全具，案刍豢，瞻肥瘠，察物色；
> 必比类；量小大，视长短，皆中度。五者备当，上帝其飨。

天子命令宰和祝官巡视祭祀所献牺牲，查看牺牲之体色是否完好、纯粹，检查祭祀时所献上的牛羊犬豕所食饲料是否充足，③观察牲畜体重肥瘦，观测毛色是否符合要求。必须根据不同的祭祀需求将祭牲分类。④ 量度

---

① 陈奇猷：《吕氏春秋新校释》，第 314 页。

② 四监，郑玄注"主山林川泽之官"；百县，郑玄注"乡遂之属地，有山林川泽者也"；秩，郑玄注"常也。百县给国养牺牲之刍多少有常，民皆当出力"（孔颖达：《礼记正义》，阮元：《十三经注疏》，第 1371 页）。高诱注有所不同，谓"周制，天子畿内方千里，分为百县，县有四郡，郡有鄙……至秦始皇兼天下，初置三十六郡以监县耳。此云'百县'，说周制畿内之县也。四监，监四郡大夫也"（陈奇猷：《吕氏春秋新校释》，第 320 页）。揆诸文意，"监"似为"县"之上单位，高说更合理。

③ 所谓的宰、祝"视全具，案刍豢"，郑玄注："于鸟兽肥充之时宜省群牲也。宰、祝，太宰、大祝，主祭祀之官也。养牛羊曰刍，犬豕曰豢。视、案、察同义（孔颖达：《礼记正义》，阮元：《十三经注疏》，第 1374 页）；陈澔云"全，谓色不杂；具，谓体无损也"（《礼记集说》，第 132 页）。

④ "必比类"，孔颖达疏"已行故事曰比，品物相随曰类"（孔颖达：《礼记正义》，阮元：《十三经注疏》，第 1374 页）。陈澔云"物色或骍或黝，阳祀用骍牲，阴祀用黝牲。比类者，比附阴阳之类而用之也"（《礼记集说》，第 132 页）；孙希旦曰"比，合也。必比类者，若阳祀用骍牲，阴祀用黝牲，望祀各以其方之色牲，必各比于其类也"（《礼记集解》，第 473 页）。文中之释参考杨天宇：《礼记译注》，第 275 页。

牲体的大小、检测牺牲角之长短,一切都必须合乎标准。五个方面都达标合格,上帝才会享用。对于祭祀上帝的每一个环节可谓一丝不苟。

秋季是收割之季,经过春耕夏耘,收获终于到来,天子要报答上帝赐予丰收,因此,秋季祭祀十分隆重。在季秋(秋九月)之月,要准备的事项包括储藏藉田之所产,以为祭帝做准备。

> 乃命冢宰,农事备收,举五谷之要,藏帝藉之收于神仓,祗敬必饬。①

天子命令冢宰之官,在粮食尽收之后,把农业税收登记在册,②储存藉田粮食,以备祭祀上帝之用。③

在这个月,王举行盛大的祭帝典礼:

> 是月(季秋)也,大飨帝,尝,牺牲告备于天子。④

仲秋之月,天子举行盛大的祭祀上帝之礼,飨尝之礼,(宰、祝)向天子告备牺牲之事而后用焉。⑤

---

① 《礼记·王制》中也有相同的记载。

② "举五谷之要"句,郑玄注"定其租税之簿"(孔颖达:《礼记正义》,阮元:《十三经注疏》,第1379页)。陈澔曰"要者,租赋所入之数"(《礼记集说》,第133页)。

③ 孔颖达疏曰"天子于此月命冢宰藏此帝藉所收禾谷于此神仓之中,当须敬而复敬,必使饬正"(孔颖达:《礼记正义》,阮元:《十三经注疏》,第1379页)。

④ 陈奇猷:《吕氏春秋新校释》,第473页。

⑤ 关于"大飨帝""尝牺牲",诸家所释不一。郑玄注谓"大飨者,遍祭五帝也。《曲礼》曰'大飨,不问卜',谓此也",孔颖达疏"若祭一帝之时,则《礼器》谓之飨帝,今云大飨,故知遍祭五帝也"(孔颖达:《礼记正义》,阮元:《十三经注疏》,第1379页)。郑注与孔疏以为大飨是祭祀五帝,且引《礼器》所论为据。案,《礼器》有关飨帝的记载是"因天事天;因地事地;因名山,升中于天;因吉土,以飨帝于郊……飨帝于郊而风雨节","孔子曰:诵《诗》三百,不足以一献;一献之礼,不足以大飨;大飨之礼,不足以大旅;大旅具矣,不足以飨帝。毋轻议礼"。由《礼器》所言,"大飨"与"大旅"等指某种祭祀方式,其祭祀对象,应当不是帝。而《月令》中所说的大飨帝,与《礼器》中所说的"飨帝",含义相同,所谓的"大",起修饰作用,表明飨帝之祭规模之大、规格之高,与《礼器》中的"大飨"之祭不同。因此,郑玄、孔颖达所说的"大飨帝"表示祭五帝,为臆测之辞。元儒陈澔读此句为"大飨帝,尝,牺牲告备于天子",谓"此月大飨,报也。飨尝皆用牺牲。仲秋已视全具,至此则告备而后用焉"(《礼记集说》,第134页),认为文中的"飨、尝"皆为祭祀名;孙希旦亦认为飨、尝为祭祀,云"大飨帝,祀上帝于明堂也。尝者,宗庙之秋祭也。二祭皆于是月行之,故有司以'牺牲皆备'告于天子也",以为"大飨帝"是祭上帝于明堂,而"尝"是秋日之祭(《礼记集解》,第479页);杨天宇先生读为"大飨帝,尝牺牲",以为是用大飨礼祭祀上帝,并用牲肉向群神行尝祭礼,祭后官员向天子报告祭事已经完备(《礼记译注》,第281页)。本文同陈澔之释。

季冬之月(冬十二月),已至岁末,天子与卿大夫整饬国典,讨论时令,以为明年诸多事项进行准备。在这个时节中,天子命令举国上下,准备皇天上帝的祭祀:

> 天子乃与卿大夫饬国典,论时令,以待来岁之宜。乃命太史,次诸侯之列,赋之牺牲,以供皇天上帝社稷之飨。乃命同姓之邦,共寝庙之刍豢。令宰历卿大夫至于庶民,土田之数,而赋牺牲,以共山林名川之祀。凡在天下九州之民者,无不咸献其力,以共皇天上帝、社稷寝庙、山林名川之祀。

在整理国家典章制度后,天子命令太史,依照诸侯班次,使之贡献牺牲,①以供祭祀天帝、社稷之用。全天下的老百姓,全部都有上供,用于祭祀天帝、社稷、寝庙以及山川之神。

表十一　《礼记·月令》所载天子祭帝及诸神表

月份	主宰之帝	是月神名	天子所行与祭祀上帝有关之事	其他祭祀
孟春	大皞	句芒	天子居青阳左个,乘鸾路,驾仓龙,载青旂,衣青衣,服仓玉,食麦与羊。 天子乃以元日祈谷于上帝。乃择元辰,天子亲载耒耜……躬耕帝藉。	祀户。 立春……天子乃斋……迎春于东郊。 乃修祭典,命祀山林川泽。
仲春	大皞	句芒	天子居青阳大庙,乘鸾路,驾仓龙,载青旂,衣青衣,服仓玉,食麦与羊。	祀户。 玄鸟至。至之日,以大牢祠于高禖。 天子乃鲜(献)羔,开冰,先荐寝庙。 释菜,天子……亲往观之。②

---

① 具体情形是,祖庙之牲,由同姓诸侯供应,而由卿大夫至庶民,序次其土田多寡之数,贡献祭祀山林川泽的牺牲。陈澔注"历者,序次其多寡之数也"(《礼记集说》,第140页)。

② "释菜",为一种祭祀,祭祀学校里的先师。另,在这个月中的祭祀,"祀不用牺牲,用圭璧,更皮璧"(《礼记集解》,第429页)。

（续表）

月份	主宰之帝	是月神名	天子所行与祭祀上帝有关之事	其他祭祀
季春	大皞	句芒	天子居青阳右个，乘鸾路，驾仓龙，载青旂，衣青衣，服仓玉，食麦与羊。 （命）称。以共郊庙之服。	祀户。 天子乃荐鞠衣于先帝……荐鲔于寝庙，乃为麦祈实。 命国难（傩），九门磔攘，以毕春气。
孟夏	炎帝	祝融	天子居明堂左个，乘朱路，驾赤骝，载赤旂，衣朱衣，服赤玉，食菽与鸡。 乃收茧税……以给郊庙之服。	祀灶。 （立夏）天子……迎夏于南郊。 天子乃以彘尝麦，先荐寝庙。
仲夏	炎帝	祝融	天子居明堂太庙，乘朱路，驾赤骝，载赤旂，衣朱衣，服赤玉。 命有司为民祈祀山川百源，大雩帝，用盛乐。	祀灶。 乃命百县，雩祀百辟卿士有益于民者，以祈谷实。 天子乃以雏尝黍……先荐寝庙。
季夏	炎帝 黄帝	祝融 后土	天子居明堂右个，乘朱路，驾赤骝，载赤旂，衣朱衣，服赤玉。 命四监大合百县之秩刍，以养牺牲，令民无不咸出其力，以共皇天上帝、名山大川、四方之神，以祠宗庙、社稷之灵，以为民祈福。 命妇官染采……以给郊庙祭祀之服。 天子居大庙大室，乘大路，驾黄骝，载黄旂，衣黄衣，服黄玉，食稷与牛。	祀灶。 祀中霤。

549

（续表）

月份	主宰之帝	是月神名	天子所行与祭祀上帝有关之事	其他祭祀
孟秋	少皞	蓐收	天子居总章左个，乘戎路，驾白骆，载白旂，衣白衣，服白玉，食麻与犬。	祀门。 先立秋三日……天子乃斋。立秋之日，天子……以迎秋于西郊。 天子尝新，先荐寝庙。
仲秋	少皞	蓐收	天子居总章大庙，乘戎路，驾白骆，载白旂，衣白衣，服白玉，食麻与犬。 乃命宰、祝，循行牺牲：视全具，案刍豢，瞻肥瘠；察物色，必比类；量小大，视长短，皆中度。五者备当，上帝其飨。	祀门。 天子乃傩，以达秋气。以犬尝麻（糜），先荐寝庙。
季秋	少皞	蓐收	天子居总章右个，乘戎路，驾白骆，载白旂，衣白衣，服白玉，食麻与犬。 乃命冢宰，农事备收，举五谷之要，藏帝藉之收于神仓，祗敬必饬。 大飨帝，尝，牺牲告备于天子。	祀门。 合诸侯，制百县。为来岁受朔日……贡职之数，以远近土地所宜为度，以给郊庙之事。 （天子）命主祠祭禽于四方。 天子乃以犬尝稻，先荐寝庙。
孟冬	颛顼	玄冥	天子居玄堂左个，乘玄路，驾铁骊，载玄旂，衣黑衣，服玄玉，食黍与彘。 天子乃祈来年于天宗，大割祠于公社及门闾，腊先祖、五祀。	祀行。 先立冬三日……天子乃斋。立冬之日，天子……迎冬于北郊。
仲冬	颛顼	玄冥	天子居玄堂大庙，乘玄路，驾铁骊，载玄旂，衣黑衣，服玄玉，食黍与彘。	祀行。 天子命有司祈祀四海、大川、名源、渊泽、井泉。

（续表）

月份	主宰之帝	是月神名	天子所行与祭祀上帝有关之事	其他祭祀
季冬	颛顼	玄冥	天子居玄堂右个,乘玄路,驾铁骊,载玄旂,衣黑衣,服玄玉,食黍与彘。 乃毕山川之祀,及帝之大臣、天之神祇。 乃命四监收秩薪柴,以共郊庙及百祀之薪燎。 乃命太史,次诸侯之列,赋之牺牲,以共皇天上帝社稷之飨。乃命同姓之邦,共寝庙之刍豢。命宰历卿大夫至于庶民,土田之数,而赋牺牲,以共山林名川之祀。凡在天下九州之民者,无不咸献其力,以共皇天上帝、社稷寝庙、山林名川之祀。	祀行。 命有司大傩,旁磔,出土牛,以送寒气。 乃尝鱼,先荐寝庙。

以上即是《月令》中有关祭祀上帝的内容,颇为繁琐。但综合而言,可将其划分为两个部分:天子祭祀上帝,以及天子为祭祀上帝所做的准备。祭祀上帝的活动,发生在孟春之月(春正月),播种时节,天子"祈谷"于上帝,祈祷年谷顺成。其后,仲夏之月(夏五月),天子"大雩帝",向上帝祈求甘霖,保障五谷丰熟;此后,季秋时节(秋九月),丰收之时,"大飨帝",报谢帝之恩泽;再后,孟冬之月(冬十月),"天子乃祈来年于天宗",向皇天上帝及诸多天神祈求年年有余。[①] 而为祭祀上帝的准备工作,更是贯穿于全年始终:季夏(夏六月),"令民无不咸出其力,以共皇天上帝、名山大川、

---

① 关于"天宗",历代学者的理解甚多不同,孔颖达疏《月令》谓指日月星辰,后来的学者或有再加上寒暑者,清儒秦蕙田说:"庄周曰'天地为宗',故礼有'天宗',则亦有'地宗'矣。'天宗'者万象之宗,云汉虹霓雷电雪霜风雨氛祲之属,非必日月星辰。而'地宗'者,万类之宗也。"(《五礼通考》卷五四"吉礼",第 2347 页)清儒王鸣盛说:"天宗者,万象之宗。"(《蛾术编》卷六八"说制"六,上海:上海书店出版社,2012 年,第 1003 页)本书认为指上天。

四方之神"，全民动员，准备祭祀天帝等神灵所献物品；然后，仲秋（秋八月），"乃命宰、祝，循行牺牲"等等，为季秋的"大飨帝"做献牲方面的准备；稍后，至季秋之月（秋九月），将帝藉所获粮食，储存于神仓，以为祭祀帝之用。在这些准备工作之外，还有更细致的操作：季春（春三月）之月，准备蚕、丝等，用于祭郊、庙时的服装；孟夏（夏四月）之时，收茧税，仍然是为祭郊庙之服而做的筹备。季夏（夏六月）之月，"乃命四监收秩薪柴，以共郊庙及百祀之薪燎"，同时，"命妇官染采……以给郊庙祭祀之服"，预备薪柴，燎祭天帝；准备染色，装饰祭天帝之服。在同一个月中，号召全天下之人，齐心协力，贡献祭祀皇天上帝的物品。总之，祭帝活动贯穿年首至年终，无一季不需为相关事项操劳、运筹。

细察《月令》，可见其有关祭帝的立说有如下特点：其一，《月令》中的系统是与阴阳五行理论相配而成，但在祭帝的系统中，尚不见五行论的色彩，帝只有一帝，而不见"五帝"的说法。足见"五帝"说在《月令》的系统中并不成熟。二，《月令》中对于上帝的祭祀主要是围绕农业生产而进行，有祈谷，有祈雨，有报飨，可以想见，在设计者的观念之中，帝与农事密切相关。学者早已指出，殷商时代，帝农业神的色彩十分突出。而在《月令》系统中，帝的这一特点依旧显著。三，《月令》系统中关于祭帝的立论，主要是天子祭帝与天子为祭帝绸缪两部分。对比这两方面的内容，可见有关筹备祭帝的内容十分细致，可谓"尽心极虑以建其制"。反观祭帝，除天子藉田祈谷部分较为翔实外（也主要是藉田部分用字较多），其余部分则粗疏简略，甚至是粗枝大叶式的。予人的印象是在每一季中，上至天子下至民众都铆足尽头、做足功课，规划着、操持着，但终于大事临头时，却草草了事、戛然而止。整个过程，铺垫很多，关键的部分却没有所当有的高扬与辉煌。在一系列祭帝的设计中，人们甚至难以厘清究竟哪一季、哪一次的祭帝是最庄重肃穆、崇高无比的。准此可说，《月令》的祭帝设计存有缺陷。也可以说，《月令》的主要目的是为统治者提供治国理政时所依据的时令，而不是专为祭帝而设。这一缺陷留下的遗憾是显而易见的，它无法为此后大一统国家提供更为具体的样本。无论是秦汉还是隋唐，当君王们迫切渴望实践三王之礼特别是郊祀、封禅祭天帝大礼时,《月令》所记过于简约、粗略,无法满足君王们全方位的需要。因此,儒生们只能将之与其他经书相杂糅以制定时政礼仪,或者在经学家郊、丘之辨中勉为抉择。

总之,《月令》当中的祭帝之载,对于后世的影响不能说格外显著。① 但是,它的意义在于反映出礼学家为恢复王权、重建礼制秩序、重塑天子与天帝的威望所做的努力,是构想"大一统"政治文化的重要组成部分。

(三) 其他类型的祭帝:旅祭与类祭

常祀之外,在一些特定的时刻,天子当祭祀上帝。依照礼书记载,主要有旅祭和类祭。

国遇大灾大难,天子必祭上帝。《周礼・春官・大宗伯》云:

> 国有大故,则旅上帝及四望。②

所谓"旅",郑玄注"国有故而祭曰旅",孙诒让谓"凡言旅者,并指非常之祭而言"。③ 国家遭遇凶灾,即以非常规的旅祭来祭祀上帝和望祀四方名山大川,足见帝与国之大事息息相关。"旅上帝"之仪式,还见于《周礼・天官》中"掌次"之职:

> 王大旅上帝,则张氈案,设皇邸。④

---

① 应当说,《月令》整体对于秦汉甚至盛唐政治不乏影响。由自 20 世纪 70 年代连云港尹湾汉墓出土的东海郡《集簿》中的"以春令"内容,直至近年出土的甘肃悬泉置《四时月令五十条》以及张家山汉简《二年律令》中,均有以月系事的律令,它们当中的一些内容与《月令》有比较密切的关系,且《月令》当中的部分内容已经以具体的政策措施形式贯彻到西汉后期的政治当中。唐朝开元年间玄宗曾令李林甫根据唐代现实删定《月令》,可见《礼记・月令》在一定程度上指导了唐代的政治、礼制(杨振红:《月令与秦汉政治再探讨——兼论月令源流》,《历史研究》2004 年第 3 期)。

② 《周礼・春官・大宗伯》,孔颖达:《周礼注疏》,阮元:《十三经注疏》,第 764 页。

③ 孙诒让:《周礼正义》,第 433 页。旅的对象不限于帝,《论语・八佾》"季氏旅于泰山",何晏引马融曰"祭名也"(邢昺:《论语注疏》,阮元校刻:《十三经注疏》,第 2466 页);《尚书・禹贡》"蔡、蒙旅平",孔安国传"祭山曰旅"(孔颖达:《尚书正义》,阮元校刻:《十三经注疏》,第 150 页);《周礼・春官・龟人》"旅亦如之",贾公彦疏曰"谓祈祷天地及山川"(贾公彦:《周礼注疏》,阮元校刻:《十三经注疏》,第 805 页)。可知旅祭可施于山川。

④ 《周礼・天官・掌次》,孔颖达:《周礼注疏》,阮元:《十三经注疏》,第 676 页。按,关于"张氈"和"皇邸",郑玄注云:"张氈,案,以氈为床于幄中。郑司农云:'皇羽覆上,邸后版也。'玄谓:'后版,屏风,与染羽象凤凰羽色,以为之。'"(同上书)

王举行旅祭，相关人员在幄中为王张设铺有毛毡的床，床后设置装饰有如同凤凰羽毛的屏风。在祭祀上帝的过程中，由职司金器的"职金"向上帝供以金版，谓"旅于上帝，则共（供）其金版"，①细节设计一丝不苟。有关旅祭的具体形式，经学家一般认为是陈器而祭。旅，假借为胪，即敷字。②郑玄注《周礼·春官·大宗伯》"国有大故，则旅上帝及四望"云："陈也，陈其祭事以祈焉。礼不如祀之备也。"③郑玄以为旅祭是陈器而祈祷，并且由于国有故而祭，器之陈设不如常祀详备考究。颜师古注《汉书·郊祀志上》"旅于泰山"句谓"旅，陈也，陈礼物而祭之也"；④清儒刘宝楠亦谓"盖古者祭山之法，先废悬而后埋之，故祭山又名旅。旅，胪陈之也"。⑤诸家皆以"胪列"释"旅"，但实际上旅祭的具体形式却不得而知。

有故而祷于上帝，不止于旅祭，类祭也属于此列。关于类祭的对象、类祭的性质，尚需辨析。

类祭，最早见于《诗经·大雅·皇矣》篇，诗篇记载文王伐崇，云：

> 是类是祃，是致是附，四方以无侮。

诗中"类"的对象并不明确，毛传仅谓"于内曰类，于野曰祃"，⑥盖以为类祭为文王将出征时所行祭祀，而祃祭则是在征战之地举行。⑦郑笺与毛传略有不同，云"类也、祃也，师祭也"，认为类、祃皆为军事之祭。孔颖达调和毛、郑之说，谓"初出兵之时，于是为类祭，至所征之地，于是为祃祭"。⑧毛传、郑笺、孔疏并未明言类祭的对象。朱熹进一步发挥，释类祭

---

① 《周礼·秋官·职金》，孔颖达：《周礼注疏》，阮元：《十三经注疏》，第882页。按，关于献祭上帝的"金版"，郑玄注"铏金谓之版"，孙诒让说"金版，盖谓炼冶金为版，金当兼有金、银、铜三品"（《周礼正义》，第2862页）。

② 朱骏声：《说文通训定声》，第442页。

③ 贾公彦疏云"但祈谓祈请求福，得福乃祠赛之，祠赛则备而与正祭同，故知礼不如祀之备也"（贾公彦：《周礼注疏》，阮元校刻：《十三经注疏》，第764页）。

④ 《汉书》，第1199页。

⑤ 刘宝楠：《论语正义》，第86页。

⑥ 孔颖达：《毛诗正义》，阮元校刻：《十三经注疏》，第126页。

⑦ 清儒马瑞辰指出毛传将类、祃区分为在内、在外之祭不妥，谓"此诗'是类是祃'承上'执讯连连，攸馘安安'言之，盖与祃并祭于所征之地"（《毛诗传笺通释》，第855页）。

⑧ 孔颖达：《毛诗正义》，阮元校刻：《十三经注疏》，第522页。

为"将出师祭上帝也",①肯定类祭是上帝之祭。从《皇矣》诗背景看,"类"应是与战争有关的祭祀,但是否为祭祀上帝,不能遽断。朱熹之论应是据礼书所载而推演。

《周礼·春官·大祝》明确记载类祭的对象是上帝,云:

> 大师,宜于社,造于祖,设军社,类上帝,国将有事于四望。②

意谓若国大起军师,③则用宜祭祭于社,用造祭祭于祖,④军行之处,设立大社石主,用类祭祭于上帝。显然,此处之"类"为军事行动中的上帝之祭。

事实上,"类祭"屡见于战国文献。《礼记·王制》篇云:

> 天子将出,类乎上帝……天子将出征,类乎上帝……祃于所征之地。⑤

是说天子外出巡守,或出征,须以类祭祭祀上帝。这里明确记载"类"的对象是上帝,但是,郑玄却对"上帝"予以发挥,将"上帝"释为"五德之帝",其谓"帝,谓五德之帝,所祭于南郊者。类、宜、造皆祭名,其礼亡",认为"帝"系"五德之帝",祭祀地为南郊。但何为"五德之帝",郑玄并未阐发。孔颖达循此思路,发挥道"天子类帝是祭五德帝也。郑注《月令》祈谷于上帝为大微之帝,注此上帝为五德,五德似如太皞五人之帝,二文不同……所祭于南郊者,按五德之帝应祭四郊,此独云祭于南郊者,谓王者将行,各祭所出之帝于南郊,犹周人祭灵威仰于南郊,是五帝之中一帝,故上总云帝谓五德之帝。此据特祭所出之帝,故云祭于南郊"。⑥孔颖达指出"类乎上帝"即祭告上天,他揣测郑玄所说的"五德帝"应是五人帝,与"祈谷上帝"特指"大微之帝"并不同。综合郑注与孔疏,类祭的性质为巡守、出征之祭,但祭祀的对象却变为五德帝。

---

① 朱熹:《诗集传》,第186页。
② 贾公彦:《周礼注疏》,阮元校刻:《十三经注疏》,第811页。
③ "大师",贾公彦疏谓:"大师者,王出六军,亲行征伐,故曰大师。"意即王出征(贾公彦:《周礼注疏》,阮元校刻:《十三经注疏》,第811页)。
④ 有关"造于祖"之"造",或即"大祝"职守的"六祈"之一,是为祈祷之祭的一种。
⑤ 《礼记·王制》,孔颖达:《礼记正义》,阮元校刻:《十三经注疏》,第1332—1333页。
⑥ 孔颖达:《礼记正义》,阮元校刻:《十三经注疏》,第1332页。

《周礼·春官·肆师》所记与《王制》有相类之处，皆以类祭为王征伐、田猎时所举行祭祀，并且类祭的对象为上帝。云：

> 凡师、甸，用牲于社、宗，则为位。类造上帝，封于大神。①

在这里，明确记载但凡王出征、巡狩，皆举行类祭，祭祀上帝。但是，到了经学家的注解中，类祭的性质却发生了不小的变化。经学家认为，"类祭"并非常祭，有别于正祭，故而"类祭"是规格低于正祭的祭祀。郑玄注谓："造，犹即也。为兆以类礼即祭上帝也。类礼，依郊祀而为之者。封，谓坛也。"贾公彦疏曰："云为兆以类礼即祭于上帝者，若依国四郊，则自有寻常兆域，今战讫而祭，故须新为坛兆。"②意谓征伐、田猎之时，王用牲祭祀军社、迁主，设置祭位，③设置兆域，比仿郊祀之礼而祭上帝。显而易见，在这里郑玄将"类"释为与郊天相仿佛的禘祭，与其注《礼记·王制》全然不同。郑玄此释对于后儒影响深刻。清儒孙希旦注解上引《王制》"类乎上帝"，即循郑玄思路，并引陈氏之说谓"陈氏祥道曰：'类、造之礼，其详不可得闻，要之劣于正祭与旅也。观祀天、旅上帝，而大宗伯掌之，类、造上帝，小宗伯、肆师掌之，则礼之隆杀著矣。'愚谓凡礼之类正礼而为之者，谓之类。类乎上帝，就南郊而告天，类郊祭之正礼而为之也"，④以为"类"由肆师主持，级别较低，类祭即类似于正礼而有所减杀者，"类乎上帝"系仿照郊祭而行告帝之礼，非正祭，礼略有杀减，祭馔略少。孙诒让亦云"据《王制》注及今文《尚书》说，则类上帝即祭感生帝于南郊……类既是告祭，则其礼当依类正礼而略杀，故'小宗伯''类社稷宗庙'，注谓祷祈礼轻，依正礼而为之，此类帝亦宜与彼同。注谓'依郊祀而为之'，犹云'依正礼而为之'。依者，比放之言，明非全如正礼矣"，⑤孙诒让遵循郑玄之说，将类祭

———————————

① 贾公彦：《周礼注疏》，阮元校刻：《十三经注疏》，第769页。
② 贾公彦：《周礼注疏》，阮元校刻：《十三经注疏》，第769页。
③ 郑玄注："社，军社也；宗，迁主也。"《周礼·春官》"小宗伯"记载"若大师，则帅有司而立军社，奉主车。若军将有事，则与祭，有司将事于四望。若大甸，则帅有司而馌兽于郊，遂颁禽"（贾公彦：《周礼注疏》，阮元校刻：《十三经注疏》，第767页），可与此所记肆师之职相对照。
④ 孙希旦：《礼记集解》，第330页。
⑤ 孙诒让：《周礼正义》，第1482页。

视为较正礼而规格略轻的祭祀,将上帝释为"感生帝","上帝"的身份又发生了变化。由郑玄到孙诒让,类祭也从规格略逊的上帝之祭演变为等级稍逊的感生帝之祭。

总之,郑玄或将"类于上帝"解为祭祀"五德之帝"(《礼记·王制》),或释为略低于郊祭的上帝之祭(《周礼·春官·肆师》),两说完全不同。应当说,郑玄将类祭释为祭祀五德之帝,于理完全无据。考察《王制》,其中的"帝"并未透露出与"五德之帝"有任何关联的信息,因此,将之解为"五德之帝"纯属牵强。孙诒让将之释为"感生帝",同样为无根之谈。郑玄将"类上帝"解为依照正祭而略有减杀的祭天活动,有一定的道理,因为据《皇矣》与《周礼》之《肆师》及《大祝》,类祭发生于天子出行之时,为非常祭,在这种情况下,礼略有次降,在情理之中。但是,"类于帝"非必依仿郊祭而进行。人所周知,郊祭的情况在春秋战国较为复杂,《春秋左传》中,"郊祭"并非尽是告天之祭(有关郊祭的讨论,俟诸他文),特别是南郊祭感生帝,系五行观念兴起之后的说辞,战国时期并无祭祀感生帝的确切记载,将"类乎上帝"之"类祭"比附为郊祭,扞格难通。

考诸文献,类祭不但不是祭祀五德之帝,也不全然与征伐、战事有关。其义需要进一步辨析。

《尚书·舜典》记载舜摄位,举行祭祀,亦涉及类祭:

> 正月上日,受终于文祖……肆类于上帝,禋于六宗,望于山川,遍于群神。①

是说正月的吉日,②舜在庙中接受帝位,遂用类祭祭祀上帝,用禋祭祭祀

---

① 孔颖达:《尚书正义》,阮元校刻:《十三经注疏》,第126页。类祭上帝还见于伪古文《尚书·泰誓上》篇,此篇记载武王伐商之誓辞:"商罪贯盈,天命诛之。予弗顺天,厥罪惟钧。予小子凤夜祗惧,受命文考,类于上帝。"孔安国传云:"言我畏天之威,告文王庙,以事类告天祭社,用汝众致天罚于纣。类,师祭名。"以出征之祭释"类于上帝"(孔颖达:《尚书正义》,阮元校刻:《十三经注疏》,第181页)。

② 马融以为"上日"为朔日,王引之以为是"上旬之善日"(转引自周秉钧:《尚书易解》,第14页)。

六宗,①用望祭祭祀山川,遍祀群神。关于"肆类于上帝",孔安国传云"肆,遂也;类,谓摄位事类,遂以摄告天及五帝",认为舜摄位而举行告天之祭。值得提及的是,经学家之注"类于上帝",还有今文经学家与古文经学家之别,《五经异义》曰:"《今尚书》夏侯、欧阳说'类,祭天名也,以事类祭之。奈何? 天位在南方,就南郊祭之是也'。《古尚书》说'非时祭天谓之类。言以事类告也。'肆类于上帝,时舜告摄,非常祭。"②今文学家以为类祭是仿照南郊祭天,而古文家认为类祭是非常状态下举行的祭天仪式。③ 但无论怎样,可知这里的类祭虽是上帝之祭,但与战事无关。

需要指出的是,类祭的对象并不限于帝。《周礼·春官》记载"小宗伯"之职,云:

> 凡天地之大灾,类社稷宗庙,则为位。④

此处"类"的对象为社稷宗庙,与类祭的对象多为上帝不合。不少清儒试图调和差异,将"类"祭解为祭天与祭社两种,如马瑞辰根据高诱注《淮南子·本经训》"类其社"谓"祭社曰类,以事类祭之也",以为祭天曰类,祭社亦曰类。⑤ 关于这里的"类",郑玄注"类者,依其正礼而为之",贾公彦疏"类礼,盖杀于正祭,而重于常祷,故唯天地大灾乃行之",贾疏以为类祭社稷宗庙,亦是依放祭正礼而规格略降,但较之祷更为隆重。⑥总之,"类"的

---

① "六宗"之所指,诸家之释不同。马融云"天地四时也",贾逵云"谓日宗、月宗、星宗、岱宗、河宗、海宗也"(周秉均:《尚书易解》,第15页)。

② 转引自刘起釪:《尚书校释译论》,第121、122页。

③ 关于"类"的对象"上帝",经学家们各执一词,王肃说"上帝,天也",马融说"上帝,大一神,在紫微宫,天之最尊者",孔颖达说"祭昊天及五帝",以为类祭的对象是天及五帝。上帝是天抑或大一神,当以王肃说为是。马融以大一为天神最贵者,明显是西汉以降的观念。此段所引孔安国、王肃、马融、孔颖达等家说法,均见孔颖达:《尚书正义》,阮元校刻:《十三经注疏》,第126—127页。

④ 《周礼·春官·小宗伯》,贾公彦:《周礼注疏》,阮元校刻:《十三经注疏》,第768页。

⑤ 马瑞辰:《毛诗传笺通释》,第855页。竹添光鸿赞成其说(《毛诗会笺》,台北:大通书局影印,1975年,第1701页)。

⑥ 有关"类社稷",亦见于《淮南子·本经训》,谓"有不行王道者……乃举兵而伐之,戮其君,易其党,封其墓,类其社",高诱注"祭社曰类,以事类祭之也"。高诱依照郑玄注《周礼·肆师》,将此处之"类"释为较之正式祭社而礼有隆杀之祭。不过细绎文意,高释有不妥之处:就上下文意看,伐、戮、易、封,皆有攻击、取缔之义,"类"亦当有相似之意（转下页）

对象是社稷。

类祭的对象亦可为鬼神示,如《周礼·春官·大祝》云:

> 掌六祈以同鬼神示,一曰类,二曰造,三曰禬,四曰禜,五曰攻,六曰说。①

此处"类""造"等对象为"鬼神示",其中或可包括天帝,但显然不限于天帝。郑司农曰"类、造、禬、禜、攻、说,皆祭名也。类祭于上帝,《诗》曰'是类是祃',《尔雅》曰'是类是祃,师祭也'",以为类祭的对象是上帝。贾公彦疏"谓内外常祭之外,别有此祈祷告祭之事,其别凡六也。天地宗庙大祀唯有类造,社稷以下则六事通有之",贾公彦认为类的对象是天地祖先,不仅仅是上帝。② 孙诒让亦谓"人鬼地示并有'类','类'非徒祭上帝也",③明确指出类祭的对象并非仅有上帝。

翻检文献,甚至可见并不以"类"为非常祭,而视为常祀者。《国语·楚语下》云:"古者先王日祭、月享、时类、岁祀。"根据《楚语下》上下文意,此处的"类"应为常祀。④

综合上述,"类祭"之释颇为复杂,唐儒孔颖达、⑤清儒孙诒让都予以总结,辨之甚详。⑥ 根据前文所述,可说类祭的对象,可为上帝,可为社稷宗庙,亦可为鬼神示。然而在经学家郑玄那里,类祭的对象变而为五德之

(接上页)义,表示毁灭其社稷,若释为祭社,则与前文相扞格(刘文典:《淮南鸿烈集解》,第267页)。

① 《周礼·春官·大祝》,孔颖达:《周礼正义》,阮元校刻:《十三经注疏》,第808页。

② 有学者指出"'禬'祭的对象主要是'上帝''社稷宗庙'这些上古中国最重要的神祇"(庞慧:《"类"与"禬"祭》,《北京师范大学学报》2005年第3期)。

③ 孙诒让:《周礼正义》,第1989页。

④ 韦昭注:"告以事类曰类,日祭于祖、考,月荐于曾、高,时类及二祧,岁祭于坛墠。"(《国语》,第567—568页)韦昭所谓"日祭于祖、考,月荐于曾、高",实是据《礼记·祭法》而来("天下有王,分地建国,置都立邑设庙祧坛墠而祭之,乃为亲疏多少之数。是故王立七庙,一坛一墠,曰考庙,曰王考庙,曰皇考庙,曰显考庙,曰祖考庙,皆月祭之。远庙为祧,有二祧,享尝乃止。去祧为坛,去坛为墠。坛墠,有祷焉祭之,无祷乃止"),韦注为臆测之辞。《祭法》所说,为祭祖礼,且"祖""曾"等祭祀为"月祭之",并无《楚语下》所说的"时类""岁祀"。韦注以《祭法》释"时类""岁祭",属于牵强附会。

⑤ 孔颖达:《毛诗正义》,阮元校刻:《十三经注疏》,第522页。

⑥ 孙诒让:《周礼正义》,第1482页。

帝。其说虽有影响，但并无依据。关于类祭的性质，一方面文献记载与天子出征、巡守、田猎有关，为非常之祭，故而经学家将之释为比照郊礼而略有减杀的祭天仪式，其说有其依据。另一方面，文献又记载类祭为常祀，用于天子摄位(《舜典》)，以及四时之祭(《楚语》)。

类祭上帝之礼，尽管不可知其详，但对于后世帝王却影响深刻，特别是假禅让之名而登帝位的统治者，多数举行"登坛受禅，告类上帝"之礼。后代的"告类上帝"，即为告天之祭。

综之，礼学家设计的种种祭帝之礼，在现实衰败的王权面前，或许难以奏效。但是，礼学家对于天帝的尊崇，对于祭祀上帝的推尊，时时可见，其谓"祭帝于郊，所以定天位也"，[①]"祀帝于郊，敬之至也"。[②] 在秦汉时期的大一统国家中，礼家之说被普遍认可，成为大一统国家政治文化中不可或缺的组成部分。

第二节　战国时期的五帝观念

战国社会，信仰领域中显著的变化是五帝观念的出现。帝由昔日的一帝变为五帝，上帝至上神的地位变得模糊起来。不仅如此，五帝与五行观念相结合而产生的五德终始说，成为一种解释王朝递嬗的新学说，在战国后期影响甚盛，与传统的以天命解说政权转移的观念并存并立。秦、汉大一统王朝，五德终始说作为国家建立的理论依据，在大一统王朝的意识形态中占有重要地位。

不过，天命观念并未褪去，天仍然是王权的象征，依然被视为政权合法性的最高来源，"奉天承运"始终是最高统治阶层所彪炳的意识形态的

---

① 《礼记·礼运》，孔颖达疏"天子至尊而犹祭于郊，以行臣礼而事天也，是欲使严上之礼达于下。天高在上，故云定天位也，亦即是必本于天也"(孔颖达：《礼记正义》，阮元校刻：《十三经注疏》，第1425页)，即肯定天的至尊地位。孙希旦云"尊天，故祀之于郊。定天位，所谓祀于南郊，就阳位也"(《礼记集解》，第615页)。以孔疏所说为是。

② 所谓"吉土"，郑玄注"主者所卜而居之土也"，即君主所居之地(孔颖达：《礼记正义》，阮元校刻：《十三经注疏》，第1440页)。

主题,"天命"成为伴随古代中国二千年间不断兴替的王朝的核心政治理念。缕析战国时期五帝观念的兴起、新兴的五德终始说与传统的天命论其间的此起彼伏,有益于了解战国秦汉时代政治思想的发展变化。

一、五帝观念的兴起

战国社会,五帝观念兴起。然而,围绕五帝的一系列问题,如五帝的起源、五帝与上帝的关系、五帝的祭祀、五行学说与五帝之间的关联、五帝观念在秦汉社会的演变等等,并未有清晰的解答。以下即尝试进行考察。

(一)"五帝"所指

说到"五帝",首先需要明确"五帝"之所指。

文献所记"五帝",实际上有两种完全不同的指称:一,与三皇并列的"五帝",是指五位人帝。这一"五帝"是上古传说中的英雄首领,包括黄帝、颛顼、帝喾、尧、舜(或大皥、炎帝、黄帝、少皥、颛顼)。这一系列的"五帝"广泛见载于战国、秦汉时期的文献。① 二,天上的神灵"五帝"。关于天神"五帝"的具体所指,古代礼学家和注疏家们争论甚夥,莫衷一是。值得注意的是,表示天上神灵的五帝,先秦文献中,仅见于《周礼》《晏子春秋》(一次),而不见于其他文献。可见战国时期,以五帝指称天上神灵之说,尚未广泛流行。钱穆先生曾说:"《诗》《书》只言'天''帝',而无'五帝'。'五帝'乃战国晚起之说。"②徐旭生先生也说:"直到春秋及战国前期还没有见到五帝的说法:在《左传》《国语》《论语》《墨子》《孟子》等书中全不见有五帝的名称,就是显明的证据。"③诚为不移之论。

天神之"五帝"出现于《晏子春秋》中,谓:

① 杨宽先生认为《月令》五帝乃"东夷民族所造之说",《帝系》五帝乃"西土民族所组合之说"。他还认为,黄帝乃是"上帝"的观念在东周转化为人的许多化身之一(《中国上古史导论》,《古史辨》第七上册,上海:上海古籍出版社,1982 年,第 259 页)。徐旭生先生亦以为是东方五帝说与西方五帝说[《中国古史的传说时代》(增订本),第 205 页]。

② 钱穆:《周官著作年代考》,《两汉经学今古文平议》,北京:商务印书馆,2005 年,第 323 页。

③ 徐旭生:《中国古史的传说时代》(增订本),第 197 页。

> 楚巫微导裔款以见景公，侍坐三日，景公说之。楚巫曰："公，明神之主，帝王之君也。公即位有[十]七年矣，事未大济者，明神未至也。请致五帝，以明君德。"景公再拜稽首。楚巫曰："请巡国郊以观帝位。"至于牛山而不敢登，曰："五帝之位，在于国南，请斋而后登之。"公命百官供斋具于楚巫之所，裔款视事。晏子闻之而见于公曰："公令楚巫斋牛山乎？"公曰："然。致五帝以明寡人之德，神将降福于寡人。"①

意谓来自楚国之巫建议齐景公"致五帝"，即俗称的"请神"，襄助景公成为帝王之君、明神之主。既然是请神，就需知道五帝之所在。由记载看，"帝"在国之郊，需要先斋戒而后再请帝降临。帝在国之郊的观念，或许与这一时期郊天祭祀的观念有系联。但是这里出现的"五帝"，据说在国之南，似乎五帝并非位列不同方位的五位上帝，看上去更像是一位上帝居于国之南郊。后儒解释说，此"五帝"为"五方之帝"，或谓当是星象学家所说的五星之帝，惜乎辞简义赅，无法得其详。

如果以为《晏子春秋》所记并非向壁虚造，②则知战国时期齐国已流传有"五帝"之说。从战国时代的情况看，齐君对于"帝"号怀有热情，齐湣王即积极响应秦昭王的建议，而称"东帝"。③邹衍倡"五德终始"说，亦起于齐、梁之地。五帝说与齐地渊源颇深。

"五帝"屡见载于《周礼》，古今学者们对于五帝的争论，也主要是围绕《周礼》所记展开。以下不惮繁琐，具引《周礼》中所记录的天神五帝，以便

① 《晏子春秋·内篇·谏上》"景公欲使楚巫致五帝以明德"条，吴则虞：《晏子春秋集释》，第50—51页。关于"楚巫微导裔款以见景公"句：清儒孙星衍谓"导，引之也。姓裔名款"。王念孙认为"导"本作"道"，"道"者，由也。裔款，齐之佞臣。是说楚巫由裔款而见景公。吴则虞先生进一步论析，认为"微"是"嬱"字之讹，与"媄"通。雩祭用女巫，此楚巫色美，裔款因以进，故下文曰"公悦之"，先说其色而后信其言也。备一说。
② 关于《晏子春秋》的成书年代，聚讼纷纭。银雀山汉简《晏子春秋》出土，专家考订其抄写年代当在汉武帝元光元年（前134年）之前。如此，《晏子春秋》的成书年代定为战国中、晚期应无大误。
③ 齐湣王称东帝事，见《史记·田敬仲完世家》，谓其在位的第三十六年，"王为东帝，秦昭王为西帝"（《史记》，第1898页）。《田世家》索隐引《纪年》亦谓"齐湣王为东帝"（《史记》，第1895页）。此事又见于《韩非子·外储说下》，《吕氏春秋·首时》《过理》等文献记载。

于了解神秘的"五帝"所包含的具体内容：

> 1. (天官大宰)祀五帝,则掌百官之誓戒,与其具修,前期十日,帅
> 执事而卜日,遂戒。及执事,视涤濯,及纳亨,赞王牲事。及祀之日,
> 赞玉币爵之事。祀大神示,亦如之,享先王,亦如之。
>
> 2. (天官掌次)掌王次之法,以待张事。王大旅上帝,则张毡案,
> 设皇邸。朝日,祀五帝,则张大次、小次,设重帟、重案。合诸侯,亦
> 如之。
>
> 3. (地官大司徒)祀五帝,奉牛牲,羞其肆。享先王,亦如之。
>
> 4. (地官充人)掌系祭祀之牲牷。祀五帝,则系于牢,刍之三月。
> 享先王,亦如之。
>
> 5. (春官小宗伯)掌建国之神位,右社稷,左宗庙。兆五帝于四
> 郊,四望、四类,亦如之。
>
> 6. (春官司服)掌王之吉、凶衣服,辨其名物,与其用事。王之吉
> 服,祀昊天上帝,则服大裘而冕;祀五帝,亦如之。享先王,则衮冕;享
> 先公、飨、射,则鷩冕;祀四望山川,则毳冕;祭社稷五祀,则希冕;祭群
> 小祀,则玄冕。
>
> 7. (秋官大司寇)大祭祀,奉犬牲;若禋祀五帝,则戒之日,莅誓百
> 官,戒于百族。及纳享,前王。祭之日,亦如之。
>
> 8. (秋官小司寇)小祭祀,奉犬牲。凡禋祀五帝,实镬水,纳享,亦
> 如之。
>
> 9. (秋官士师)若祭胜国之社稷,则为之尸。王燕出入,则前驱而
> 辟。祀五帝,则沃尸,及王盥洎镬水。凡刉珥,则奉犬牲。①

以上即是《周礼》中所有涉及五帝的记载。由引文看,《周礼》并未明确说
明"五帝"究竟何指,但其中所透露的内容,对于理解五帝的性质,至关重
要。可堪注意者,有如下几点：

其一,五帝是不同于"昊天上帝"之"上帝"的神灵,即五帝与上帝不是

---

① 以上九条记载,依次见孔颖达:《周礼正义》,阮元校刻:《十三经注疏》,第649—
650、676、708、724、766、781、871、874、875页。

同一神灵。由上引可知，"昊天上帝"与"五帝"常常同时出现，如材料 2（天官掌次）、材料 6（春官司服）。在这两则材料中，既有上帝之祭，又有五帝之祀，充分表明五帝不同于上帝，五帝是在上帝之外的天神。①

其二，在《周礼》系统中，上帝与五帝不仅不是一回事，而且，上帝享有更加崇高的地位。尽管《周礼》相关记载显示五帝地位颇尊，如材料 6 表明王祭祀天帝与祭祀五帝所着祭服相同，均为"服大裘而冕"，五帝可与天帝同尊。但相关记载表明，上帝拥有更为尊贵的地位。如材料 2 透露，王旅祭上帝时次止、舍息之处，幄中设有毡床，覆于"邸"（即屏风）上之修饰有翡翠羽毛。② 而祭祀五帝时，则"张大次、小次，设重帝、重案"，为王设置大幄、小幄，幄中设置两重帝，床上铺设两重席，③但没有装饰性的翡翠羽毛。说明依照礼制，祭祀上帝的规格高于祭祀五帝，"五帝"地位不及上帝，"昊天上帝"才是最崇高的神灵。对此，清儒金鹗说"统而等之，天地宗庙为一等，日月、五帝、社稷为二等"，并谓"'朝日'在'五帝'之上，日月尊于'五帝'，明矣"，又谓"五帝之尊与日、月、岳、渎大略相准"，"五帝与四望略相等"，④亦以为天帝尊于五帝。

但是，需要注意的是，《周礼》系统赋予了五帝很高的地位。从祭祀数量方面说，《周礼》中记载的五帝之祭多于上帝祭祀。并且，由上引《周礼》看，五帝在神灵系统中身居高位。如材料 1 中，五帝与"大神示"、⑤"先

---

① 经传注解中常常混淆"帝"与"五帝"，孙诒让曾就郑玄注解《周礼》阐述了帝与五帝的区别，并解说了昊天与上帝的不同。按照孙诒让所说，上帝包括在五帝中，特指受命帝，是五帝中最为尊贵者。帝、天亦不同，天指圜丘所祭天，而帝指南郊所祭者。帝之神格卑于天（《周礼正义》，第433页）。孙诒让所说帝、天不同，甚是。帝特指受命帝、指南郊所祭者，均出于郑玄之说，不可尽信。

② 郑司农云"皇，羽覆上。邸，后版也"，郑司农注《乐师》"皇舞"云"以羽冒覆头上，衣饰翡翠之羽"，郑玄注："后版，屏风与染羽象凤皇羽色以为之"（贾公彦：《周礼注疏》，阮元校刻：《十三经注疏》，第676页）。

③ 郑玄注"次谓幄也。大幄，初往所止居也。小幄，既接祭退俟之处"，是说王在祭祀过程中，需要休息，幄即其休息之处。"重帝，复帝；重案，床重席也"（贾公彦：《周礼注疏》，阮元校刻：《十三经注疏》，第676—677页）。

④ 金鹗：《求古录礼说》卷七"禘祭考"条、卷十"祭祀差等说"条。见王先谦编：《清经解续编》第三册，上海：上海书店，1988年，第289、312页。

⑤ 郑玄注"谓天地"（贾公彦：《周礼注疏》，阮元校刻：《十三经注疏》，第650页）。按，郑玄以"天地"为释，此说可疑。贾公彦疏"祀大神谓冬至祭天于圜丘，祀大祇（转下页）

王"并列。在材料 2 中,五帝侧身于"上帝""日"之列。① 而在材料 9 中,"祭社稷"与"祀五帝"并列,表明五帝地位总体上十分高贵。祭祀五帝时,排场格外盛大:由太宰约束、告诫百官,准备祭品,清扫祭祀场所。祭祀前十日,又率领众官占卜祭祀日期,然后举行斋戒。祭祀前夕,偕众官员视察祭品等一切是否准备妥当。对于祭五帝的准备,可谓百密而无一疏。凡此种种,皆说明五帝的神格非同一般。

然而,五帝究竟是什么,到底为何方神圣?"五帝"有无具体的名称?是五种天上的神灵,是"五方帝",抑或是"五色帝"? 遗憾的是,《周礼》并未明确说明五帝缘何称"五帝"。汉代以来,经学家、注疏家围绕何为五帝,争论不休,今挈要分述如下:

其一,"五帝"是五位上帝。郑玄注解《春官·小宗伯》"兆五帝,于四郊"时,明确指出五帝的名称,谓"五帝,苍曰灵威仰,太昊食焉;赤曰赤熛怒,炎帝食焉;黄曰含枢纽,黄帝食焉;白曰白招拒,少昊食焉;黑曰汁光纪,颛顼食焉。黄帝亦于南郊"。② 郑玄所说的五帝有非常怪气的名称,代表五种颜色。他还进一步将其与五位人帝太昊、炎帝、黄帝、少昊、颛顼相配,形成五帝配五色、配五人帝的一套系统。

郑玄之说是否可信,是否符合战国时期五帝的含义? 其实,贾公彦疏《周礼·大宗伯》"以禋祀祀昊天上帝"时,已指出郑玄所说源于纬书。其云:

> 《春秋纬·运斗枢》云"大微宫有五帝座星",即《春秋纬·文耀

(接上页)谓夏至祭地于方泽"。孙诒让引吴廷华曰"五帝之外别言大神祇,则大于五帝可知,故注以天地言之"。孙诒让则根据贾公彦疏"大射仪"谓"天子祭山川、社稷,亦有前期十日帅百执事而卜日遂戒等事,则经大示亦晐四望、社稷"(《周礼正义》,第 148 页)。按,由文中五帝—大神示—先王的序列看,"大神示"是指五帝与祖先神之外的神灵,或许是孙诒让所说的四望、社稷等。

① 经文中的"朝日",郑玄说是"春分拜日于东门之外"(贾公彦:《周礼注疏》,阮元校刻:《十三经注疏》,第 676 页)。而关于五帝与"日"之地位的高下,孙诒让谓"五帝尊于日月,而经先云'朝日'后云'祀五帝'者,各随文便,无义例"(《周礼正义》,第 436 页),以为日、五帝的排列并不意味地位的高低。但由《周礼》看,一般而言,先后顺序表示上下地位,孙说并不完全可信。

② 贾公彦:《周礼注疏》,阮元校刻:《十三经注疏》,第 766 页。

钩》云"春起青受制，其名灵威仰；夏起赤受制，其名赤熛怒；秋起白受制，其名白招拒；冬起黑受制，其名汁光纪；季夏六月火受制，其名含枢纽"。①

将纬书所记与郑玄之说对比，可知纬书中的"大微宫"内的五帝星即郑玄所谓的五帝，只是其整体系统略异于郑玄之论，纬书中，五帝是星辰，五帝星与五色相配、与四季(以及季夏)相配，但未与人帝相配。贾公彦虽然正确地指出郑注来源于纬书，但他并未否定郑玄之说，反而依据疏不破注的原则，在郑玄注的基础上进一步推衍，将五帝与四方、五行之气系联起来，谓"天文有五帝坐星，东方苍帝灵威仰，南方赤帝赤熛怒，中央黄帝含枢纽，西方白帝白招拒，北方黑帝汁光纪。各于其面是布神坐也"，②又谓"五帝者，东方青帝灵威仰，南方赤帝赤熛怒，中央黄帝含枢纽，西方白帝白招拒，北方黑帝汁光纪。依《月令》，四时迎气，及季夏六月迎土气于南郊，其余四帝各于其郊，并夏正祭所感帝于南郊，故云祀五帝于四郊也"。③ 贾公彦不仅因循郑玄之说将五帝与五帝星系联起来，还将五帝与四方、中央相搭配，特别予感生帝以特殊地位。

对于祭祀五帝，郑玄以为是在四郊及明堂。郑玄注《周礼》"祀五帝，则掌百官之誓戒"句云"祀五帝，谓四郊及明堂"，推其意，五帝各对应于四方。贾公彦申论曰"郑云及明堂者，总禘五帝于明堂"。按照贾疏，五帝是天上不同方位的星辰，祭祀感生帝于南郊，其余四帝各祭于与之相配的四郊，而在明堂中总祭五帝。总而言之，郑玄以五帝配五色、配五人帝，但未明确将之与五方相联。贾公彦则在郑注的基础上，配以五方，并特别强调感生帝的重要性。

郑玄、贾公彦谲诡其辞，强为生解，但对后儒影响深刻。清儒孙星衍

---

① 贾公彦：《周礼注疏》，阮元校刻：《十三经注疏》，第757页。孙诒让之说与郑玄略有不同，他解释郑玄"及明堂"之意谓"合祀五帝则于南郊之明堂也"，其根据则是《诗经·周颂·我将》序"祀文王于明堂"，《孝经》"昔者周公郊祀后稷以配天，宗祀文王于明堂以配上帝"。众所周知，《诗》序、《孝经》为战国以降编成，并非周代古礼的反映，故不能作为祭祀五帝于明堂的证据。

② 贾公彦：《周礼注疏》，阮元校刻：《十三经注疏》，第677页。

③ 贾公彦：《周礼注疏》，阮元校刻：《十三经注疏》，第649页。

即支持郑玄六天五帝(五帝亦天,加以上天为六天)说,①并以为圜丘之祭与郊祭是二非一。他指出郑玄灵威仰等说法并非源自谶纬,而是源于甘公、石申"星经",其本源在周,古已有之。孙星衍之说还杂以西汉晚期儒生修改礼制时所创汉代礼仪,②距离先秦愈远,治丝益棼,不可凭信。③

其二,"五帝"即"五色之帝"。汉郑众持此说,谓"五帝,五色之帝"。④先郑言简,揣测其意,五帝是代表五种颜色之帝,亦与五行观念相联,但并未明确五帝具体名称。然而,贾公彦作疏时,却依据纬书之载将先郑所说五色帝归结为有具体名称之五帝:东方青帝灵威仰,南方赤帝赤熛怒,中央黄帝含枢纽,西方白帝白招拒,北方黑帝汁光纪。⑤ 在贾公彦的调和下,先郑之说与后郑之说已无区别。

其三,五帝是天之辅佐。《尚书大传》"天立五帝,以为相,四时施生,法度明察"。⑥ 魏晋时期著名学者王肃持此说。王肃反对郑玄以纬书之帝解说五帝,其驳难郑玄云:

> 天唯一而已,何得有六? 又《家语》云:季康子问五帝,孔子曰:"天有五行,木火金水及土,四分时化育,以成万物,其神谓之五帝。"是五帝之佐也,犹三公辅王,三公可得称王辅,不得称天王,五帝可得

---

①　孔颖达曾对郑玄的六天说有所解释,并谓五帝为天,"郑氏以为天有六天,天为至极之尊,其体只应是一,而郑氏以为六者,指其尊极清虚之体,其实是一;论其五时生育之功,其别有五,以五配一,故为六天。据其在上之体谓之天,天为体称,故《说文》云'天,颠也';因其生育之功谓之帝,帝为德称也,故《毛诗》传云'审谛如帝'"。他引《周礼·司服》"王祀昊天上帝,则大裘而冕,祀五帝亦如之"及《礼记·礼器》"飨帝于郊,而风雨寒暑时",谓:"五帝若非天,何为同服大裘?""帝若非天,焉能令风雨寒暑时?"他还引用汉代纬书,称"五帝与大帝六也",又五帝亦称上帝,故《孝经》曰:'严父莫大于配天,则周公其人也。'下即云:'宗祀文王于明堂,以配上帝。'帝若非天,何得云严父配天也"(《礼记·郊特牲》,孔颖达:《礼记正义》,阮元校刻:《十三经注疏》,第1444页)。

②　孙星衍:《问字堂集》,上海:上海书店出版社,1988年,第92页。

③　郑玄所说与纬书之论难脱干系,因此也遭到不少诟病,如清儒金鹗即批评曰:"以此(按,指纬书)为五帝正名,而不知其怪妄不足据也。"见金鹗《求古录礼说》卷十三"五帝五祀考",王先谦编《清经解续编》第三册,第330页。

④　《周礼·天官·掌次》郑玄注引郑司农说(贾公彦:《周礼注疏》,阮元校刻:《十三经注疏》,第677页)。

⑤　贾公彦:《周礼注疏》,阮元校刻:《十三经注疏》,第649页。

⑥　陈寿祺辑校:《尚书大传》,北京:中华书局,1985年,第116页。

称天佐，不得称上天。而郑云以五帝为灵威仰之属，非也。[1]

王肃主要依据《孔子家语》，以为天有五行，分为四时以化育万物，五行之神称为五帝，而五帝皆为天之辅佐。

王肃之说对于宋代学者影响显著，例如王安石《周官新义》谓"五帝则五精之君，昊天之佐也"，[2]按照他所说，五帝与上天是国与君的关系，其说仍然是宋儒所论的天为体、帝为用的惯常解释方法。五帝为天之辅佐的说法在清儒中也有相当的影响，金鹗在注释《周礼》时，即指出："天神兼五帝日月星辰等神言之……日月与五帝同为昊天之佐。"[3]"五帝为五行之精，佐昊天化育，其尊亚于昊天。有谓五帝即天者，非也。《月令》春帝大暤、夏帝炎帝、中央黄帝、秋帝少暤、冬帝颛顼，此五天帝之名也。伏羲、神农、轩辕、金天、高阳五人帝，以五德迭兴，故亦以五天帝为号。若《月令》所言，则天帝也。郑注以五帝为五人帝，岂伏羲以前无司四时者乎？其亦误矣。"[4]"五帝非天也，五帝各司一时、一方，是五行之精，为天之佐，犹四岳之于地、三公之于王耳，岂可谓五帝即天乎？"[5]金鹗认为，五帝不等同于上天，其为五行之精，天之辅佐。

其四，五帝系五方帝，即五色帝，是指太暤、炎帝、黄帝、少暤、颛顼五位天神。孙诒让持此说。孙诒让还认为上帝即受命帝，包括在五帝之中。他说：

> 五帝四郊之兆，每帝各于当方之郊，黄帝则在南郊。其青帝迎气之兆，自于东郊，而在周尊为受命帝，则亦别设兆于南郊。《周书·作

---

① 王肃：《圣证论》，孔颖达疏引，见孔颖达：《礼记正义》，阮元校刻：《十三经注疏》，第 1587 页。

② 王安石：《周官新义》，吴人整理，朱维铮主编：《中国经学史基本丛书》第二册，上海：上海书店出版社，2012 年，第 309 页。

③ 金鹗：《求古录礼说》卷七《四类四望考》，收入王先谦编：《清经解续编》第三册，第 293 页。

④ 清儒黄以周肯定金鹗此说，并于其所著《礼书通故》中详细征引（见《礼书通故》，《续修四库全书》第 111 册，第 381 页）。孙诒让也引用了金鹗此说，但谓"五方天帝之祭，自秦襄公以来，史有明文，则其说甚古，非郑君臆定"（《周礼正义》，第 1429 页），以为不可信。

⑤ 金鹗：《求古录礼说》卷七"禘祭考"条，王先谦编：《清经解续编》第三册，第 289 页。

洛》篇云"乃设丘兆于南郊，以祀上帝，配以后稷，日月星辰，先王皆与食"。盖其坛兆特大，足以容配食众神，与四郊迎气之兆不同。此经通举四郊迎气之兆，以晐南郊泰坛，以受命帝亦五帝之一，故不别出也。①

在孙诒让的观念中，五帝配以四方，各于其方祭祀五帝。周人有所谓的受命帝，即于南郊而祭之帝。他根据《逸周书·作洛》篇"乃设丘兆于南郊，以祀上帝"之说，推演受命帝即上帝，上帝包含在五帝之中。

孙诒让在郑注、贾疏注解《天官·大宰》"祀五帝"句基础上，详细阐述了受命帝为五帝之一的论点："凡此经通例，有天，有上帝，有五帝。天即昊天，祀北辰；上帝为受命帝，在周则祀苍帝；五帝为五色之帝。此上下文有天有五帝而无上帝，则五帝内含有苍帝。以受命帝虽尊，然亦五帝之一，言五帝可以晐上帝也。周夏正南郊虽特崇祀苍帝，然四帝亦配食，故注云四郊，虽指四时迎气，亦关南郊大祀……五帝之名，依《月令》即太皞、炎帝、黄帝、少皞、颛顼五天帝。"②孙诒让坚持五帝为五色帝，即苍、赤、黄、白、黑五帝，是五位天神。虽然他认为上帝是周人的受命帝，具有独特的地位，但上帝包含于五帝之中。不过，与郑注、贾疏不同，他认为五帝之名，当为《月令》中的"五人帝"名，从而放弃了郑玄以纬书中五帝星名称指称五位天神的做法。

其五，五帝与昊天为一体。五帝之说纠葛纷繁，近代学者胡玉缙试图调和，以为五帝与昊天上帝实为一体。他说：

盖以祭之等秩言，则祀昊天上帝之与兆五帝自有隆杀之殊，故《礼器》云："大旅具矣，不足以飨帝。"郑注云："大旅，祭五帝也。飨帝，祭天。"而以祭之类别言，则五帝同是天神，亦通称上帝，祭五帝即祭天之一种……此先秦以来之通义，安得云五帝非天也？盖天之为神，出于人之想象，非实有其质。苟以清虚之体言之，则岂独五帝非天，即所谓昊天上帝者，亦何必天哉？而以神明不测之德言之，则昊

---

①　孙诒让：《周礼正义》，第1425页。
②　孙诒让：《周礼正义》，第135页。孙诒让根据郑玄注"及明堂"，说"谓合祀五帝则于南郊之明堂也"。

> 天者群灵之总汇,五帝者一神之化身,分之则为六天,合之仍为一体。
> 必斤斤较量其高卑,斯拘墟之见也。①

胡玉缙意图调和五帝与昊天上帝之间的不合之处,升格五帝亦即昊天之一体,但他忽略了《周礼》中确有天帝与"五帝"并列的情形,其说未达一间。

总之,关于五帝之所指,各家人言言殊。实际上,较早的文献中,只有《周礼》记载有所谓的五帝之祭,且一言半语、含义不详,但后代儒家拘泥于先王所制之礼,"斟酌于疏数之间"的观念,执拗于五帝起源甚古的断言,又辅之以汉唐时期的郊丘之祭为参照,以为其意必当至精,遂使五帝之解愈益纷乱,歧义迭呈。但其说多推测之辞,莫可质信。

就《周礼》而言,其中并没有五帝是五方帝或五色帝的任何只言片语。不过,推《周礼》之意,五帝似乎是指与方位有关的五方帝。最显明的证据为"春官""小宗伯"所记"掌建国之神位,右社稷,左宗庙。兆五帝于四郊,四望、四类,亦如之",兆,郑玄注"为坛之营域",即确定祭祀五帝的场地,而这些场地,分设于四郊,推想应当是在东、西、南、北祭祀与之相配的帝。此外,《周礼》中出现了以颜色与方位相配的思想因素,也建立起东、西、南、北、中五方与五色相配的观念,如《周礼·春官·大宗伯》"以苍璧礼天,以黄琮礼地,以青圭礼东方,以赤璋礼南方,以白琥礼西方,以玄璜礼北方",②在这里苍、黄与天地相配,青、赤、白、黑与东、南、西、北相配,几近于五色配五方。但是,《周礼》中并未出现将五帝与五人帝相合的蛛丝马迹。将五帝与五方、五色、五人帝相结合,出自后儒的附会。正如当代学者杨天宇先生所说:"《周礼》中有五帝尚未分别命名……五帝系统还不完备,它还只是一个雏型。"③《周礼》成书于战国后期,成熟完备的五帝观

---

① 转引自汪荣宝:《法言义疏》,第 351 页。

② 贾公彦:《周礼注疏》,阮元校刻:《十三经注疏》,第 762 页。孙诒让云"此兆五帝于四郊,谓于王城外近郊五十里之内……五帝四郊之兆,每帝各于当方之郊,黄帝则在南郊"(《周礼正义》,第 1425 页)。

③ 杨天宇:《〈周礼〉之天帝观考析》,《中国史研究》1990 年第 4 期。按,顾颉刚先生曾经推测《周礼》中昊天上帝与五帝的说法为汉儒伪撰。杨先生文对此行了辨析,指出新莽时期前后的学者只是将昊天上帝与五帝系统进行发展,使其愈益精致完善,并未杜撰五帝之说。

念在《周礼》中尚未成型,留给后儒无穷的想象、发挥空间。

总之,就《周礼》而言,五帝不是上帝,其地位低于上帝。在《周礼》系统中,五帝很可能是五方帝。《周礼》中有五色、五方、五帝相搭配的情形,但尚未有将五帝与五人帝汇合的情况。

(二) 五帝与五行的结合

1. 战国社会思潮中的五帝配五行观念

如上所述,《周礼》中已经出现了将五帝与方位、色彩相配合的观念。事实上,春秋战国社会,确实出现了以若干元素相系联、相匹配的风气,人们热衷于将或相关或不相关的元素进行组合、搭配,[①]以形成一定的体系与模式。在这个搭配之中,时令、方位、色彩成为其中重要的因素。

《尚书·舜典》中有以四时配四方、四岳的组合,云"岁二月,东巡守,至于岱宗,柴……五月,南巡守,至于南岳,如岱礼;八月,西巡守,至于西岳,如初;十有一月,朔巡守,至于北岳,如西礼",[②]此处有东南西北四岳,但未有中岳。

《左传》写成的年代,也已出现以五人帝与其他元素相配的情况,这也是目前所见最早的将五帝与五种元素搭配的记录。《左传》中此类记载出现数次,其中,春秋后期郯国君主郯子朝鲁,与鲁国大夫论及"五帝之纪"事,是很典型的一例。其所论不仅出现了五位人帝之名,并且将其与火、水等相配。他说:

---

① 如《墨子·贵义》记载日者对墨子说"帝以今日杀黑龙于北方,而先生之色黑,不可以北",在这里,北方与黑色搭配起来。是篇还记载墨子回应曰"帝以甲乙杀青龙于东方,以丙丁杀赤龙于南方,以庚辛杀白龙于西方,以壬癸杀黑龙于北方,若用子之言,则是禁天下之行者也……子之言,不可用也"(孙诒让:《墨子间诂》,第 448 页),由墨子之述看,当时社会中人们以颜色配方位,且以天干与之相配。《旗帜》谓"木为苍旗,火为赤旗,薪樵为黄旗,石为白旗,水为黑旗"(孙诒让:《墨子间诂》,第 579 页),将木、火等元素与颜色相配。《迎敌祠》中也将颜色、方位、数字搭配起来。有关五行思想的起源和发展,参见庞朴:《五行思想三题》,《山东大学学报》1964 年第 1 期。出土文献中,也可见不少此类记载,如睡虎地秦墓竹简《日书》中,记有"东方木,南方火,西方金,北方水,中央土"(睡虎地秦墓竹简整理小组:《睡虎地秦墓竹简》,第 223 页),以五行配五方,竹简中还有天干配五行,以及五行相生、相克的记载,是成熟的五行说。

② 孔颖达:《尚书正义》,阮元校刻:《十三经注疏》,第 127 页。

> 昔者黄帝氏以云纪，故为云师而云名；炎帝氏以火纪，故为火师而火名；共工氏以水纪，故为水师而水名；大皞氏以龙纪，故为龙师而龙名；我高祖少皞挚之立也，凤鸟适至，故纪于鸟，为鸟师而鸟名。①

郯子排列出黄帝、炎帝、共工氏、大皞氏、少皞挚五位人神，并分别以云、火、水、龙、鸟与之相配。郯子所说的五位人帝，似乎是不同部族之祖先，又似乎是部族之称。就郯子所搭配的情况看，此种组合并不成熟，例如与五人神相应的五种事物，并不具有同类性，云、火、水或可归为一类，龙、鸟或可划为一档，但是二者之间并不具有同质性。五种物体之中，其中的水、火列入五行系统，而云、龙、鸟则与五行无关。此外，郯子所列出的五位人神，除共工氏外，其余的四位均进入《月令》系统所谓的"五帝"。总而言之，郯子所说表明，五帝与五行相配的系统在此时已雏形初现，但远未完善。

此外，《左传》中还有"五行之官"的说法，将五行与五种职官相配，再进一步，与人神相配。这一说法典型地体现于昭公二十九年蔡墨论五行之官，其中，"五行"即为人所熟知的金、木、水、火、土。蔡墨之论，表明"五行"观念在这一时期渐趋成熟。其谓：

> 有五行之官，是谓五官，实列受氏姓，封为上公，祀为贵神。社稷五祀，是尊是奉：木正曰句芒，火正曰祝融，金正曰蓐收，水正曰玄冥，土正曰后土……少皞氏有四叔，曰重，曰该，曰修，曰熙，实能金、木、及水。使重为句芒，该为蓐收，修及熙为玄冥，世不失职，遂济穷桑，此其三祀也。颛顼氏有子曰犁，为祝融；共工氏有子曰句龙，为后土，此其二祀也。②

蔡墨提出"五行之官"的概念，他所说的五行包括木、火、金、水、土，已是完善的五行观念。他将五行与职官相配，这些职官是句芒、祝融、蓐收、玄冥、后土，而此五种职官对应于六位人神：重、该、修、熙、犁、句龙。显然，

---

① 《左传》昭公十七年，孔颖达：《春秋左传正义》，阮元校刻：《十三经注疏》，第2083页。
② 《左传》昭公二十九年，孔颖达：《春秋左传正义》，阮元校刻：《十三经注疏》，第2123—2124页。

五职官六人神的组合方式显示出这一系统不尽成熟。其粗疏之处主要有二：其一，少皞氏的两子(修与熙)同为水正一官，不合成熟的五行系统职官之例。其二，依照蔡墨的说法，"五行"系统里实有木正(句芒)、金正(蓐收)、水正(玄冥)、火正(祝融)、土正(后土)。但其后，又出现了"田正"的说法，"后土为社；稷，田正也。有烈山氏之子曰柱，为稷，自夏以上祀之。周弃亦为稷，自商以来祀之"，①这里以稷与田正相配，事实上是"六官"，与"五行之官"的系统有龃龉之处。

此外，需要注意的是，虽然蔡墨没有将五行、五神进一步与方位、五色相配，但此说对于战国时期流行的五帝配五色、五行、五方系统的出现，影响深远。在下文的分析中，可以看到《吕氏春秋·十二纪》与《礼记·月令》中所出现的神名、五行之名，与蔡墨之说渊源颇深。

在《左传》之外，其他传世文献也有人神与方位搭配的记载，表明以不同的元素相互搭配是这一时期兴盛的观念。《山海经》中即以人神与方位相配，其说应当引起重视。此书多将四方与神灵相系连，如谓：

> 南方祝融，兽身人面，乘两龙。
> 西方蓐收，左耳有蛇，乘两龙。
> 北方禺强，人面鸟身，珥两青蛇，践两青蛇。
> 东方句芒，鸟身人面，乘两龙。②

在《山海经》里，四方之神均排列在其"经"的末尾，寓意此神为某方的主管神灵。相较于《左传》中五行配人神的情形，《山海经》是以四方配人神，并且其中的祝融、蓐收、句芒三神，与《左传》蔡墨所论相合。《山海经·西次三经》还说"长留之山，其神白帝少昊居之"，③将人神与五色之一的白色相配。不过，总体来看，《山海经》中只有四方而非五方，显而易见缺乏"五行"之中的"中"，知五行、五方、五帝系统尚不成熟。

---

① 《左传》昭公二十九年，孔颖达：《春秋左传正义》，阮元校刻：《十三经注疏》，第2124页。
② 依次见《山海经》之《海外南经》《海外西经》《海外北经》《海外东经》，袁珂：《山海经校注》(增订本)，第249、273、295、314页。
③ 袁珂：《山海经校注》(增订本)，第61页。

战国后期的庄子逸兴遄飞，在其建筑的神灵世界中，构造有中央之神。庄子称其为"中央之帝"，《庄子·应帝王》篇谓：

> 南海之帝为儵，北海之帝为忽，中央之帝为浑沌。①

《庄子》亦以帝名与方位相配，但其中所列帝名与《左传》中蔡墨所说神名颇不相同，而且也只有南、北、中央三方，与社会中流行的"五帝""五行"观念，差别明显。可以说，无论是五帝，抑或是五方观念，在庄子学派这里并未完全成型。

综合上述，"五帝""五行""五方""五色"以及互配的观念在春秋战国时期经历了漫长的发展演变过程。由传世文献看，《尚书》《左传》《山海经》《庄子》中均有五方、五行以及五帝观念的萌芽，但是，无论是《尚书》《左传》还是《山海经》《庄子》，都没有出现完整地将五帝、五神与五行、五色、五方相配的系统，可以说，"五帝"观念在上述文献写成的年代尚未固定。在较早的涉及"五帝""五方"观念的文献中，《左传》所记蔡墨之言对于后世相关理论的产生有较为深远的影响，特别是其中的五行、部分人神，均为后世相关系统所采纳。

2.《月令》系统中的五帝配五行观念

完整的"五帝"系统的出现，盖当战国晚期。彼时的文献中出现了以四季与帝、神、四方、五色、五祀等相配的说法，不仅显示出五帝系统的完善，也意味着五行学说的成熟。《吕氏春秋·十二纪》《礼记·月令》集中记载了五行学说。现不惮繁琐，撮其要点，以四季为序，胪列、分析如下：

一，春之季，"其帝大皞，其神句芒"。与此月相配的动物为有鳞类动物，相配的声音为角音（角属木，为春之音），律声②则为大簇、夹钟、姑洗

---

① 《庄子·应帝王》，郭庆藩：《庄子集释》，第 309 页。

② 郑玄注"律中大簇"谓"律，侯气之管，以铜为之。中，犹应也。孟春气至，则大簇之律应。应，谓吹灰也"（孔颖达：《礼记正义》，阮元校刻：《十三经注疏》，第 1354 页）。当代学者指出，古人以十二支律管观测月气，十二支律管的名称与十二乐律同，将长短各异的十二支律管插入地中，管中填以芦灰，某月月气至，相应律管中的芦灰便会飞出，即"吹灰"，这就是律管候气法（参考杨天宇：《礼记译注》，第 234 页）。

随月变化。与本月相合的数字是八，味道是与木有关的酸，气味则是膻。祭祀对象是五祀中的户，祭品应献以牺牲的脾。在这一季中，天子居住明堂中的青阳堂，在左室、正堂以及右室随月转换，他"乘鸾路，驾仓龙，载青旂，衣青衣，服仓玉"，乘坐带鸾铃的车，驾青龙马，插青色的旗，服饰、配饰以青为主。① 其所要完成的活动之一是"先立春三日，大史谒之天子曰：'某日立春，盛德在木。'天子乃斋。立春之日，天子亲帅三公、九卿、诸侯、大夫以迎春于东郊"，太史拜谒天子，告知立春的时日，并谓此月之"性"与木相合。天子斋戒之后，与群臣在东郊迎春。根据所载，主要元素相配的情形是：

春—大皞、句芒—木—东方—青色

至于为何以木、春、东方与大皞、句芒相配，郑玄、孔颖达有所解说。② 需要注意的是，依照《月令》，天子在春之月所当完成的祭祀活动，除迎春于东郊、祀于高禖外，尚有"祈谷于上帝"，"荐衣于先帝"一系列活动。

　　二，夏之月，"其帝炎帝，其神祝融"。与夏相配的动物是有羽类动物，声音是徵音，律声为中吕、蕤宾与林中。与夏相配的数字是七，味道系苦，气味为焦，祭祀对象为与火有关的灶，祭品为牺牲之肺。天子居住在明堂南方之堂，并随月在左室、正堂、右室轮转。天子"乘朱路，驾赤骝，载赤旂，衣朱衣，服赤玉"，乘坐红色的车，驾红色的马，插红色的旗，服红色的衣服，佩红色的玉。天子需迎夏、大雩帝，"是月也，以立夏。先立夏三日，大史谒之天子曰：'某日立夏，盛德在火。'天子乃斋。立夏之日，天子亲帅三公、九卿、大夫以迎夏于南郊"。在这里，相配的主要元素是：

---

　　① 孔颖达：《礼记正义》，阮元校刻：《十三经注疏》，第 1355 页。
　　② 郑玄注"此（按，指大皞）苍精之君，木官之臣，自古以来著德立功者也"。孔颖达疏"其帝大皞者"句，"谓自古以来木德之君其帝大皞也……以东方生养元气盛大，西方收敛元气便小。故东方之帝谓之大皞，西方之帝谓之少皞"。"其神句芒者"，"谓自古以来，主春立功之臣，其祀以为神，是句芒者，生木之官，木初生之时，句屈而有芒角，故云句芒。言大皞句芒者，以此二人生时木王主春，立德立功，及其死后，春祀之时，则祀此大皞句芒……句芒言其神，则大皞亦神也，大皞言帝，则句芒当云臣也"。依照孔疏，大皞、句芒为主臣关系，皆为主春、东方之神。孔疏亦云"苍是东方之色"（孔颖达：《礼记正义》，阮元校刻：《十三经注疏》，第 1353 页）。

夏—炎帝、祝融—火—南方—赤色①

三，季夏之月，"中央土，其日戊己，其帝黄帝，其神后土"。与季夏之月相配的动物是既无鳞甲又无羽毛的动物，声音则是宫音，而定音的律声则是黄钟。合于此月的数字是五，味道以甘为主，气味以香气为主。祭祀对象是房屋的中央（中雷），祭品应献以牺牲之心。与这一时间相配的是黄色，"天子居大庙大室，乘大路，驾黄骝，载黄旂，衣黄衣，服黄玉"。由于五方中有"中央"之故，因此夏季再次与"中"配，具体元素为：

夏—中央—土—黄帝、后土—黄色

四，秋之月，"其帝少皞，其神蓐收"。与秋相配的动物是有毛类动物，与之相合的声音是商音，律声为夷则、南吕、无射。与秋配合的数字是九，味道是辛，气味为腥。祭祀对象是五祀中的门，祭品献以动物的肝脏。在秋之月，天子居住在明堂的总章的左室，并随月在大庙、右室转换。天子"乘戎路，驾白骆，载白旂，衣白衣，服白玉"，乘坐兵车，驾驶有黑色鬣毛的白马，②所用的旗帜、衣服、佩玉，均为白色。天子迎秋，"先立秋三日，大史谒之天子曰：'某日立秋，盛德在金。'天子乃斋。立秋之日，天子亲帅三公、九卿、诸侯、大夫，以迎秋于西郊"，在立秋前三天，太史报告天子立秋的时间，并告知天的盛德在五行中的金。天子斋戒，率领群臣迎秋。在

---

① 关于炎帝、祝融与夏之月、火相配的原因，郑玄谓"此赤精之君，火官之臣。自古以来著德立功者也"。炎帝、祝融与火相关，在先秦文献里只见于《墨子》，谓成汤伐夏之时，"天命融（祝融）隆（降）火于夏之城间，西北之隅"（《墨子·非攻下》，孙诒让：《墨子间诂》，第150页）。另外，春秋时期，郑国曾禳火于"回禄"，孔颖达认为"回禄"即祝融（孔颖达：《春秋左传正义》，阮元校刻：《十三经注疏》，第2086页）。至于是否"自古以来"，是不能肯定的。"迎夏"，郑玄注"迎夏，祭赤帝赤熛怒于南郊之兆也"，采用纬书之说；"大雩帝"，郑注"雩帝谓为坛南郊之旁，雩五精之帝，配以先帝也"，郑玄之说解没有任何文献依据，纯属臆测。孔颖达强为之疏"以雩是祭天，当从阳位，以五天总祭，不可遍布四方，故知在南郊也。以春夏秋冬共成岁功，不可偏祭一天，故雩五精之帝，以自外至者，无主不正，当以人帝配之，大皞配灵威仰，炎帝配赤熛怒，黄帝配含枢纽，少皞配白招拒，颛顼配汁光纪，故云配以先帝也"（孔颖达：《礼记正义》，阮元校刻：《十三经注疏》，第1369页），将大皞等当作先帝，以人帝与纬书中的五帝配。
② 白骆，郑玄注"白马黑鬣曰骆"（孔颖达：《礼记正义》，阮元校刻：《十三经注疏》，第1373页）。

这里，与秋相配的元素是：

　　　　秋—金—西方—少皞、蓐收—白色

　　五，冬之月，"其帝颛顼，其神玄冥"。与冬相配的动物是有甲类动物，声音则是羽音，律声为应钟、黄钟、大吕。与冬相合的数字是六，味道尚咸，气味系朽。所祭对象是道路（行），祭品以动物的肾脏为主。在冬季，天子居住在玄堂的左室，并随月转换于大庙、右室。天子所乘坐的车、驾驶的马、装饰的旗帜、穿戴的衣服、佩戴的玉器，都是黑色。天子迎冬，在立冬的前三日，太史拜见天子，告知立冬的具体时间，并谓此月之"性"为五行之水。天子斋戒，然后率领群臣在北郊迎冬。根据记载，与冬相配的元素为：

　　　　冬—颛顼、玄冥—水—北方—黑色

　　总之，《月令》中形成五帝与五神、五行、五色、四方和中央，以及四时相配的系统。事实上，还不仅于此，在这个系统中，还有五音、五律、五祀、五日、五虫、五数、五味、五臭。"五"成为归纳元素时重要的节点。

　　在上引的《月令》相关论述中，可见若干内容与《左传》中蔡墨之论有相似性。如五行木、火、土、金、水，与蔡墨所说完全一致；《月令》中的五帝分别为大皞、炎帝、黄帝、少皞、颛顼，除颛顼外，其余四帝见于《左传》郯子所列五帝，而少皞、颛顼亦见于蔡墨之言，可以说黄帝、炎帝、太皞、少皞在春秋战国时期已经"久负盛名"。而《月令》中与五帝相配的人神句芒、祝融、后土、蓐收、玄冥，亦见于蔡墨之论。所不同的是，在蔡墨之语中，句芒等为职官名，而在《月令》中却摇身变为与五帝相配的五人神。尽管有若干相异处，仍然可见《左传》相关记载与《月令》五帝、五行有密切的关联。那么，《月令》中的五位人帝是否即是《周礼》中所说的"五帝"？目前来看，并没有证据能够说明《周礼》中的五帝即是大皞等五人帝。要之，《月令》系统中，具有以四季与五方、五色、五行、五帝、五人神相配的系统，这是战国时期完善的五行学说的体现。

　　然而，一个不能回避的问题是，战国时期为什么会兴起五帝观念？遗憾的是，迄今为止，人们并不清楚其中的缘由。推测或许与以下因素相关：第一，与五行学说的兴盛有联系。五行学说并非本文主题所在，故不赘言。然而，五行学说与五帝说相纠缠，五帝说当是在五行论兴起的背景下产生的。第二，战国"五帝"观念的兴盛，很可能与春秋战国时期人们所设想的帝有帝廷、帝臣存在关联。殷商、西周时期，有关上帝的概念皆过于模糊。人们知道有帝廷，周先王在帝左右，但舍此之外，帝廷显得浩大空虚。随着帝廷区域之开阔，事务之趋繁，帝廷亦必须增设神职。昊天之下，远大无际的四方亦需上帝派员管理。故而在春秋时期，与上帝有关的内容有所具体化，至少在帝臣方面，有所丰富且职责有所明确。战国时期，人们在具体化的道路上更加迈进，构思出五帝，并且在《月令》系统中，五帝有具体的名称，有人神相配。五帝的出现，乃是"帝廷"建设的必由之路。第三，五帝观念的产生，是从上帝观念衍生而来，它所造成的客观现实是帝由一帝演变为五帝，五帝的地位获得增强。这种观念的出现是否与战国时期诸侯国势力的兴起有关？战国时期，在楚之外，魏国君主最早称王（魏惠王，其时为周烈王七年，前370年），随后，魏、齐两国"会徐州相王"（前334年），齐亦称王。再之后，魏、韩、赵、燕、中山"五国相王"（前323年），多个诸侯加入了称王的行列。此外，周赧王二十五年（前301年），齐、秦称帝。至此，天下最高政权所有者不再是独一无二的王，而是天有二日，王号、帝号可以并称。西周以来的政治格局发生了根本性的变化，也标志着新的政权形式即将出现。五帝的出现是否应和了现实中诸侯纷纷称王、称帝的格局？

　　总结战国时期的五帝，可归纳认识为：其一，《左传》中郯子所说五人帝，以及蔡墨将五神与五行相配的做法，对后世五帝配五行、五色、五位的观念有重要影响。① 其二，战国晚期《周礼》《礼记》中"五帝"观念的出现，以五帝配五行的做法，表明战国时期"五帝"观念趋于成型。其三，《周礼》中的五帝、《礼记》中出现的五帝，并非上帝，五帝是与上帝不同的神灵。从神格方面说，五帝低于上帝。因此，可以说，尽管帝的观念在战国时期

---

　　① 学者认为《月令》五帝系统来源于《左传》昭公十七年郯子所论，为阴阳家学说。见常金仓：《五帝名号考辨》，《陕西师范大学学报》2003年第5期；葛志毅：《谶纬思潮与三皇五帝史统的构拟》，《管子学刊》2007年第4期。

发生了重大变化,帝由商、西周时期的唯一的帝,至战国时期出现了五帝,但是五帝没有替代上帝的位置,上帝至尊的地位在战国时期并未动摇。①

二、秦人的五帝

若干文献记载,秦人祭祀五帝。钱穆先生甚至说"祀'五帝',其事兴于秦",②认为"五帝"之兴,以及五帝祭祀,缘起于秦。战国时期的礼学家勾画了祭祀五帝的图景,主要见诸《周礼》。而在现实中,将五帝祭祀付诸实践的,首推秦国。不仅如此,秦始皇首次采纳了五德终始说,以之作为秦王朝建立的依据,西周传统的天帝之祀、天命观念,至此发生了根本性的变化。秦人之五帝,值得关注。

有关秦人之帝,见载于《史记·秦本纪》《秦始皇本纪》《六国年表》以及《封禅书》等篇。但特别需要指出的是,秦人祭五帝的说法,只见于《封禅书》,③而不见载于《本纪》与《年表》。围绕秦人五帝的若干问题,错综复杂、扑朔迷离。现将《封禅书》中所记载的秦人祭祀五帝的情况缕析如下,以期对于秦之五帝的来龙去脉有大致的了解。

依照司马迁所说,秦人的五帝之祭,始于襄公之时。《史记·封禅书》谓:

> 自周克殷后十四世,世益衰,礼乐废,诸侯恣行,而幽王为犬戎所败,周东徙洛邑。秦襄公攻戎救周,始列为诸侯。秦襄公既侯,居西垂,自以为主少皞之神,作西畤,祠白帝,其牲用骝驹、黄牛、羝羊各一

---

① 杨天宇先生也指出"在五帝说形成过程中,并不排斥周代原有的至上神天、帝或上帝之信仰……战国晚期的天帝观,仍然是以'上帝＋五帝'为主干的"(《〈周礼〉之天帝观考析》)。

② 钱穆:《周官著作年代考》,收入《两汉经学今古文平议》,第 323 页。

③ 关于《封禅书》的成书问题,近代以来,学者有所研究。有学者认为此书是妄人"录《汉书·郊祀志》而去其昭、宣以下",并直谓"此书有自相矛盾"处,特别是有关"五帝"之说,云:"五色人帝之说,自'终始五德'始。'终始五德'之说,此书谓自齐威、宣时邹子始……姑如其说,据之则是齐威、宣以前未有为'终始五德'之说者,即无人知有五色天帝矣,何以秦襄公、文公在春秋前已祠白帝,宣公与鲁庄公同时,已祠青帝,灵公犹在姜齐未亡、田齐未兴之时,已祠黄帝、炎帝乎?"(崔适:《史记探源》,北京:中华书局,1986 年,第 102 页)有学者亦指出秦人祀五帝记载仅见于《封禅书》,而此书所记有可怀疑处(田天:《秦汉国家祭祀史稿》,北京:三联书店,2015 年,第 32 页)。

云。其后十六年，秦文公东猎汧渭之间，卜居之而吉。文公梦黄蛇自天下属地，其口止于鄜衍。文公问史敦，敦曰："此上帝之征，君其祠之。"于是作鄜畤，①用三牲郊祭白帝焉。②

《封禅书》中屡次言及西周之衰及秦之始兴，谓周之盛时，"郊社所从来尚矣"，然而与之形成反差的是周王室衰落，秦人势力崛起，开始祭祀上帝。上引《封禅书》云秦人作畤以祭帝，所谓的"畤"，即是秦人祭祀之所。③ 根据此篇记载，秦人的五帝系统是渐趋完备的过程，并非一蹴而就。秦人最先祭祀的是白帝，其时大致为秦襄公列为诸侯时（前 770 年），其具体所配为西畤——少皞——白帝，所用牲为骝驹、黄牛、羝羊。此后，秦文公（前 756 年）东进于汧渭之间，梦祥瑞之兆——黄蛇自天而降于鄜畤，于是又设鄜畤祭祀白帝，但此处未将白帝与西方、少皞相联。

在白帝之后，祭祀青帝出现于秦宣公（前 675—前 664 年在位）之时，其时上距襄公祭祀白帝已近百年。《封禅书》谓：

秦宣公作密畤于渭南，祭青帝。④

密畤作于宣公四年（前 672 年），此时秦人势力东进，这或许是宣公在渭水之南设畤的原因。在这里，并未记载青帝与某一方位相配，但由于此时秦人东扩至渭水之南，而所祭为青帝，是否隐含有青帝与东方相配的意义（《月令》系统中，东方配合青色）？不过，需要指出的是，宣公所祭青帝，并不见受祭于其他秦国国君。

---

① 关于鄜，《秦本纪》记载"居西垂宫。三年，文公以兵七百人东猎。四年，至汧渭之会……乃卜居之，占曰吉，即营邑之。十年，初为鄜畤，用三牢"，集解"徐广曰：'鄜县属冯翊。'"正义《括地志》云'三畤原在岐州雍县南二十里。《封禅书》云秦文公作鄜畤，襄公作西畤，灵公作吴阳上畤，并此原上，因名也'"（《史记》，第 180 页）。

② 《史记》，第 1358 页。

③ 《说文解字》谓"畤，天地五帝所基止，祭地"（许慎：《说文解字》，第 291 页）。司马贞谓"畤，止也，言神灵之所依止也。……谓为坛以祭天也"（《史记·秦本纪》索隐，第 179 页）。王先谦《汉书补注》引沈钦韩说"此即《礼经》之郊兆，小宗伯职兆五帝于四郊、四望、四类亦如之，周之故都所在有之。而或说神明之隩，诸神祠皆聚，非也"（《汉书补注》，北京：中华书局，1983 年，第 531—532 页）。按，所谓"畤"，《封禅书》说齐地八神"盖天好阴，祠之必于高山之下，小山之上，命曰畤"（《史记》，第 1367 页），"畤"之义为祭天之处，至为显明。

④ 《史记》，第 1360 页。

进入战国时期,除白帝、青帝之外,秦人又增加祭祀黄帝、炎帝,这时距离宣公祭祀青帝已逾二百五十年。《封禅书》谓:

> 秦灵公作吴阳上畤,祭黄帝;作下畤,祭炎帝。①

依照记载,秦灵公作吴阳畤为公元前 422 年,在吴阳的两畤中,秦君祭祀黄帝、炎帝。但是,黄帝、炎帝之祭,不见载于《本纪》与《六国年表》。并且,吴阳畤中的祭祀,也未将黄帝、炎帝进一步与方位相配。

按照《封禅书》记载,秦人之五帝并非同时出现,其中产生最早的是白帝,始见于秦人建国之时。此后,随着春秋时期秦人东进步伐的加快,又出现了青帝。而黄帝与炎帝(赤帝)则是战国时期才出现。在秦人的五帝之中,白帝最受青睐。《封禅书》记载,秦献公时(前 368 年)②再次祭祀白帝:

> 周太史儋见秦献公曰:"秦始与周合,合而离,五百岁当复合,合十七年而霸王出焉。"栎阳雨金,秦献公自以为得金瑞,故作畦畤栎阳而祀白帝。③

《封禅书》中的这段记载富于预言性、传奇性。依照书中之说,此次秦献公作畦畤祭祀白帝,是由于祥瑞之故。不仅如此,太史儋将秦与周并提,暗示秦人源于周,接续周,秦人称霸,秦将代周。上天降下的祥瑞,加深了祭祀白帝的必然性以及秦人霸业到来的正当性。值得注意的是,秦献公时,秦人锐意进取,献公在即位之后不久即迁都栎阳(陕西富平县东南),又在蒲、蓝田等地设县,图谋向东发展。在栎阳祭祀白帝,似可视为献公蓄力发展的见证。④

以上即是《封禅书》记载秦人由春秋至战国祭祀五帝的情形。综合上述,可将秦人所祭五帝情况列表如下:

① 《史记》,第 1364 页。
② 根据《年表》,"雨金"在秦献公十七年,而《秦本纪》则记为献公十八年。
③ 《史记》,第 1364—1365 页。
④ 关于太史儋谶语及献公的东进,参阅晁福林:《周太史儋谶语考》,《史学月刊》1993 年第 6 期。

作西畤—祀白帝—主少皞—襄公八年(前 770 年)

作鄜畤—祀白帝—文公十年(前 756 年)

作密畤—祀青帝—宣公四年(前 672 年)

作吴阳上畤—祀黄帝—灵公三年(前 422 年)

作吴阳下畤—祀炎帝—灵公三年(前 422 年)

作畦畤—祀白帝—献公十七年(前 368 年)

进一步观察可见,秦人所祭之帝,事实上只有四帝(白、青、黄、炎),而非五帝。历次祭祀当中,只有襄公时祭祀白帝,并将之与方位、少皞神联系起来,而其他数次并未见将帝与四方、神灵相联的做法。这表明终战国一世,秦人的五帝系统也并未完备。钱穆先生说:"五帝祀直到秦始皇统一后,才正式采用。"①是很正确的说法。

然而,需要注意的是,依《封禅书》,秦人祭祀五帝,肇端于春秋初年秦襄公祭祀白帝。秦人如此之早即已祭祀白帝,这一记载是否可信?需要辨析:

首先,目前文献可见将五帝与方位、神灵相配者,皆为战国晚期文献,如《吕氏春秋·十二纪》《礼记·月令》。而《封禅书》中出现的西方、白帝、少皞之配,已见于《吕氏春秋》《礼记》,虽然《封禅书》中增加了贡献骝驹之类牺牲的素材,但仍不免使人怀疑其来源并非秦襄公时史官所记,而是依据战国以来如《吕览》《礼记》等文献推想了襄公时期的状况。换言之,《封禅书》中襄公祭祀白帝配以少皞之说,很可能出于后人的想象而非实有其事。

其二,综合出土文献及其他文献所见,春秋战国时期秦人的天神崇拜,仍以上帝为主,五帝并未居于至上核心地位,因此襄公祭祀白帝的说法十分可疑。秦人注重上帝,在不少文献中可以得见。如春秋中期秦公簋显示,上帝在秦人的信仰系统中占据重要地位。簋铭云:

丕显朕皇祖,受天命,幂宅禹迹。十又二公,在帝之坏,严恭夤

---

① 钱穆:《周官著作年代考》,《两汉经学今古文平议》,第 328 页。

天命。①

秦公赞颂祖先,称扬先祖在帝之所,足见帝之地位重要。铭文中"十又二公,在帝之坏",句式与西周晚期鼗狄钟"先王其严在帝左右"、春秋晚期叔夷钟"赫赫成汤,有严在帝所"相仿佛,显而易见,铭文中的"帝",为皇天上帝之帝。秦公簋的年代,多数学者以为是秦景公时器,景公卒于公元前537年。由铭文看,彼时秦人依旧推崇上帝。又如,春秋晚期秦景公石磬中,亦可见秦人之称上帝:

> 上帝是暎,左以灵神。②

磬铭中的上帝,指昊天上帝。即便是战国晚期的若干记载,亦显示秦人推崇上帝,而非五帝。如著名的诅楚文,其中重要的大神有巫咸、漱渊、亚陀,秦人向其祈祷以达诅咒楚人之效,但至尊的神灵却是皇天上帝。仅以《诅楚文·巫咸》为例,以窥其大致:③

> 有秦嗣王,敢用吉玉宣璧,使其宗祝邵鼇,布憝告于丕显大神厥湫,以底楚王熊相之多罪。昔我先君穆公及楚成王,是勠力同心,两邦若一。绊以婚姻,袗以斋盟。曰世万子孙,毋相为不利。亲印丕显大神巫咸而质焉。今楚王熊相……内之则暴虐不辜……外之则冒改厥心,不畏皇天上帝,及丕显大神巫咸之光列威神,而兼背十八世之诅盟,率诸侯之兵以临加我。欲剗伐我社稷,伐灭我百姓,求蔑废皇天上帝及丕显大神巫咸之卹祠、圭玉、牺牲……唯是秦邦……将之以自救也。亦应受皇天上帝,及丕显大神巫咸之几灵德赐,克剂楚师,且复略我边城。④

---

① 《集成》4315。

② 王辉、程学华:《秦文字集证》,图版70—71。

③ 需要注意的是,秦子簋盖铭文中有"時"字,"……時。有嬰(柔)孔嘉,保其宫外"(李学勤:《论秦子簋盖及其意义》,《故宫博物院院刊》2005年第6期),"時"字属铭文前半部,属上读,学者推测或与秦人所作時有关。但遗憾的是,此器铭文不完整,难以尽通"時"字确切含义。相关研究参见李学勤:《论秦子簋盖及其意义》;田延峰:《论秦的時祭与五帝说的形成》,《前沿》2011年第6期。

④ 郭沫若:《诅楚文考释》,《郭沫若全集·考古编》,第295—298页。

诅楚文的背景是秦、楚两国共仰大神巫咸，以大神巫咸之名义而约质。然楚王背盟犯约，率兵攻秦，故秦人祷于大神，希冀仰大神之威，克楚制胜。诅文中，秦君历数楚人之罪，其中最为重要的即是置皇天上帝、大神巫咸之威而不顾，胡作非为。秦君祈祷仰赖皇天上帝、大神巫咸之灵，克灭楚师。诅文显示，秦、楚两国，皆以大神巫咸、湫渊、亚陀等为重要神灵，但是皇天上帝均列于大神之前，透露出秦君以皇天上帝为至尊之神的重要信息。诅楚文写成的年代，郭沫若先生断定在楚怀王十七年，亦即秦惠文王后元十三年(前320年前后)，①此时当战国中期，是时五帝之说应当已见端倪，但是目前可见的诅楚文中，不见秦人祈祷在《封禅书》中至为重要的白帝，反而皇天上帝屡屡出现于文中。上帝与五帝，孰重孰轻，一望即知。

　　传世文献中，亦可见秦人注重上帝的蛛丝马迹。《秦本纪》记载昭襄王五十四年，周之九鼎入秦、周初亡之后两年，"王郊见上帝于雍"，秦昭襄王所祭祀的神灵是上帝。②《封禅书》记载秦穆公时，上帝托梦于穆公：

> 秦缪公立，病卧五日不寤。寤，乃言梦见上帝，上帝命缪公平晋乱。史书而记藏之府。而后世皆曰秦缪公上天。③

上帝托梦秦穆公以平晋乱，纯粹是秦人所造之舆论。但不可否认的是，此处所言为上帝而非白帝或青帝，④显示出上帝地位之特殊。《封禅书》又记载秦始皇登封泰山，禅于梁父，祭祀上帝：

> 上自泰山阳至巅，立石颂秦始皇帝德，明其得封也。从阴道下，禅于梁父。其礼颇采太祝之祀雍上帝所用，而封藏皆祕之，世不得而记也。⑤

---

① 郭沫若：《诅楚文考释》，《郭沫若全集·考古编》，第291页。
② 《史记》，第218页。
③ 《史记》，第1360页。
④ 《封禅书》谓"自未作鄜畤也，而雍旁故有吴阳武畤，雍东有好畤，皆废无祠。或曰：'自古以雍州积高，神明之隩，故立畤郊上帝，诸神祠皆聚云。盖黄帝时尝用事，虽晚周亦郊焉。'"但是，对于这些说法，《封禅书》自谓"其语不经见，缙绅者不道"(《史记》，第1359页)，因此，秦人祭祀白帝是否早已有之，还需要进一步研究。
⑤ 《史记》，第1366—1367页。

据此,禅梁父礼与雍地祭祀上帝之礼相同,这表明雍地之神系上帝,上帝为秦人所重。

合以上诸条记载,可说上帝在秦人的信仰系统中居于重要地位,《封禅书》记录自秦襄公时即开始祭祀白帝,或当不可能之事。

其三,《封禅书》中所记白帝处,在《秦本纪》《六国年表》中皆写为上帝,更加令人质疑《封禅书》所记之不可尽信。

与《封禅书》相应之处,《秦本纪》写作:

> 平王封襄公为诸侯,赐之岐以西之地……襄公于是始国,与诸侯通使聘享之礼,乃用骝驹、黄牛、羝羊各三,祠上帝西畤。①

在这里,太史公谓襄公获封,遂作西畤,祭祀上帝而非《封禅书》中的白帝。《史记·六国年表》则谓:

> 太史公读《秦记》,至犬戎败幽王,周东徙洛邑,秦襄公始封为诸侯,作西畤用事上帝,僭端见矣。礼曰:"天子祭天地,诸侯祭其域内名山大川。"今秦杂戎翟之俗,先暴戾,后仁义,位在藩臣而胪于郊祀,君子惧焉。②

此处太史公斥责秦人僭用天子之礼,而所僭用者,正是位在藩臣却"用事上帝"。毫无疑问,这里的上帝为昊天上帝、至高神灵,而绝不可能是五帝之一的白帝,否则太史公无由谓其"僭端见矣"。

揆诸史书,记秦襄公作西畤而祀者,统共三条,其中唯《封禅书》记为"白帝",《秦本纪》与《六国年表》并谓"上帝"。且由《六国年表》上下文看,西畤所祭者当为上帝而绝非白帝。对此,学者曾指出,《封禅书》将西、鄜畤所祠记作"白帝",盖司马迁一时笔误所致。③ 顾颉刚先生甚至注意到秦之青帝、黄帝、炎帝都只有一祠,而白帝却有三祠。因此他认为《封禅

---

① 《史记》,第179页。按,《秦始皇本纪》载"襄公立,享国十二年。初为西畤"(《史记》,第285页)。

② 《史记·六国年表》序,《史记》,第685页。

③ 钱穆:《周官著作时代考》,《两汉经学今古文平议》,第327页;杨天宇:《〈周礼〉之天帝观考析》。

书》中记载秦襄公作西畤祠白帝、秦献公作畦畤祀白帝出自司马迁以后之人的伪窜。[1]

综合以上分析，可说秦襄公时秦人尚未有祀白帝之举。在秦人的信仰系统中，昊天上帝仍为至尊神灵，太史公所谓"唯雍四畤，上帝为尊"，[2]当是可信的说法。[3]

至秦始皇一统天下，五德之说盛行。[4] 在五德系统中，由夏至秦，皆有五德中之一德与不同的王朝相配。然而，怪异的是，即便完善的系统如是，仍然未见清晰的五帝。《封禅书》谓：

> 黄帝得土德，黄龙地螾见；夏得木德，青龙止于郊，草木畅茂。殷得金德，银自山溢。周得火德，有赤乌之符。今秦变周，水德之时。昔秦文公出猎，获黑龙，此其水德之瑞。于是秦更命河曰德水，以冬十月为年首，色上黑。[5]

《封禅书》解释了秦何以为水德，并由此设置了夏至秦每一王朝所配之德，所合之色：

黄帝—土德—黄

夏—木德—青

殷—金德—白

周—火德—赤

---

① 顾颉刚：《五德终始说下的政治和历史》，《顾颉刚古史论文集》第三册，北京：中华书局，1988 年，第 340—343 页。

② 《封禅书》，《史记》，第 1376 页。

③ 在作西畤等之外，《秦本纪》还记载秦人在德公、宣公时，祠鄜畤、作密畤：秦德公元年（前 710 年），"初居雍城大郑宫。以牺三百牢祠鄜畤。卜居雍"（《史记》，第 184 页）。秦宣公四年（前 672 年）作密畤。与晋战河阳，胜之。不过，这里虽记载德公、宣公祠于鄜畤、作密畤，但并未交待祀何神。并且，关于雍地之祀，秦地固有一种舆论，谓"雍州积高，神明之隩，故立畤郊上帝，诸神祠皆聚"（《史记》，第 1359 页），可见所祀仍为上帝。

④ 关于秦人的五行观念，顾颉刚先生总结说"邹衍创了五德终始说，把三代的制度用了五德之运来说明，这是'考诸三王而不缪'的。这个学说永远可以循环应用，乃是'百世以俟圣人而不惑'的。这个学说给'功过五帝，德侔三皇'的秦始皇当着'天下车同轨，书同文，行同伦'的时候用来'议礼、制度、考文'，自然万民就尊而信之，信而从之了"（《五德终始说下的政治和历史》，第 279 页）。

⑤ 《史记》，第 1366 页。

　　秦—水德—黑

这里有五个朝代,有五德,有五色,但却没有"五帝"。

　　事实上,遍检史载,也未见秦王朝立国后祭祀"五帝"的记录。《封禅书》载秦祀详矣,多记杂祀其他神灵,但其中并无"五帝"被享祀的消息。司马迁云:

> 昔三代之居皆在河洛之间,故嵩高为中岳,而四岳各如其方,四渎咸在山东。至秦称帝,都咸阳,则五岳、四渎皆并在东方。自五帝以至秦,轶兴轶衰,名山大川或在诸侯,或在天子,其礼损益世殊,不可胜记。及秦并天下,令祠官所常奉天地名山大川鬼神可得而序也。①

在这一记载中,秦始皇祭祀的神灵主要是天地、名山、大川、鬼神,没有涉及五帝。有关秦始皇兼并天下后的祭祀举措,学者们指出,其吸收了燕赵文化中的五行学说、方士仙人之道,同时也采纳了齐鲁文化中的"封禅"学说。在全国范围内,以原秦地为中心,规范对名山大川的祭祀,其所序的名山大川,都以国家政令的形式规定了祭祀等级、规格,此外,还有自然神、祖先神。这些祭祀对象,不但由政府规定,亦由政府管理,所谓"诸此祠皆太祝常主,以岁时奉祠之","郡县远方神祠者,民各自奉祠,不领于天子之祝官"。学者指出,秦始皇的这些行为,"固然是欲以天下共主的身份,以国家规定的等级和礼仪规格,统一天下祭祀活动,然而,这也是企图以秦文化统一各地域文化的一项举措"。② 可是,在政府所管理的诸多的祭祀活动中,并未见五帝的痕迹。③ 易言之,秦始皇虽然采纳五德终始说,但却没有施行五帝之祭。大略推测,在信仰世界里,秦人仍是以上帝

---

　　① 《史记》,第 1371 页。

　　② 张铭洽:《从〈史记·封禅书〉看秦汉之际的神灵崇拜》,《司马迁与〈史记〉国际学术研讨会论文集》,西安,2000 年 9 月。

　　③ 秦人未祭五帝,秦汉之际人亦持此说。《汉书》记载刘邦初起之时,以赤帝子的身份斩杀大蛇(白帝子),又东击项羽而还入关,询问秦时所祭祀之帝,属下告以"四帝,有白、青、黄、赤帝之祠"(《汉书》,第 1210 页)之说。以班固所记,知秦人只有四帝,五帝之祭并不完善。

为重。

《史记》明确记载祭祀五帝，是西汉文帝之时。① 《孝文本纪》记载：

> 鲁人公孙臣上书陈终始传五德事，言方今土德时，土德应黄龙见，当改正朔服色制度。天子下其事与丞相议。丞相推以为今水德，始明正十月上黑事，以为其言非是，请罢之。十五年，黄龙见成纪，天子乃复召鲁公孙臣，以为博士，申明土德事。于是上乃下诏曰："有异物之神见于成纪，无害于民，岁以有年。朕亲郊祀上帝诸神。礼官议，毋讳以劳朕。"有司礼官皆曰："古者，天子夏躬亲礼祀上帝于郊，故曰郊。"于是天子始幸雍，郊见五帝，以孟夏四月答礼焉。赵人新垣平以望气见，因说上设立渭阳五庙。欲出周鼎，当有玉英见。十六年，上亲郊见渭阳五帝庙，亦以夏答礼而尚赤。②

汉文帝之时，方士献上五德终始之论。文帝十五年，祥瑞显现，黄龙现于天水。礼官推荐古代的郊祭之礼，文帝采纳，在雍地郊祀五帝，③又在第二年渭阳五帝庙中再次郊祭五帝。汉文帝之举，标志着五帝祭祀正式成为西汉国家祭祀，也标志着战国晚期以来礼学家对于国家建制的设计，在西汉时期获得部分实践。五帝信仰上升为国家信仰，也成为国家指导思想当中的一个部分。④ 中国古代王朝的宗教信仰转入了另一篇章。

---

① 《封禅书》记载高祖刘邦之时，已设五帝祠："二年，东击项籍而还入关，问：'故秦时上帝祠何帝也？'对曰：'四帝，有白、青、黄、赤帝之祠。'高祖曰：'吾闻天有五帝，而有四，何也？'莫知其说。于是高祖曰：'吾知之矣，乃待我而具五也。'乃立黑帝祠，命曰北畤。有司进祠，上不亲往。"（《史记》，第1378页）按照这一说法，刘邦时已有五帝祠，但义谓"上不亲往"，因此还不是正式的祭祀。

② 《史记》，第429、430页。《汉书·郊祀志》的记载更为详尽："赵人新垣平以望气见上，言：'长安东北有神气，成五采，若人冠冕焉。或曰东北神明之舍，西方神明之墓也。天瑞下，宜立祠上帝，以合符应。'于是作渭阳五帝庙，同宇。帝一殿，面五门，各如其帝色。祠所用及仪亦如雍五畤。明年夏四月，文帝亲拜霸渭之会，以郊见渭阳五帝。"所谓的"同宇"，颜师古注曰"宇，谓屋之覆也。言同一屋之下而别为五庙，各立门室也"（《汉书》，第1213、1214页），指五帝之设，在同一屋之下而别有五室。

③ 《封禅书》记载："文帝始郊见雍五畤祠，衣皆上赤。"（《史记》，第1381页）

④ 西汉一代，由汉初高祖至汉末成帝时，经历了先以五行相胜，继之以五行相生的理论来解释历史代易的理论方面的变化，而其间又加杂以汉高祖以水德称，武帝改制为土德，成帝又改为金德的复杂变化。

本 章 小 结

战国时期信仰领域中突出的景象是五帝的出现、五德终始说的兴起。

所谓"五帝",含义有二:一,与三皇并列的五帝,即五人帝;二,天上的神灵。五人帝的说法在战国时期十分盛行,然而,表示天上神灵的五帝则较为少见。先秦文献中,仅见于《周礼》与《晏子春秋》(仅一见)。在这个意义上,可说"五帝"是战国礼学家的创造。

五帝具体所指,《周礼》并未明言,然而后儒围绕《周礼》中的相关记载,论辩不休。其观点主要有:一,五帝指五位上帝。郑玄采星占家之说,以五个怪异的星名解说五帝,并进一步将五帝与五色、五人帝相配。不过,在郑玄之说中,未将方位与五帝系联起来;二,五帝指五色之帝。此说出于东汉经学家郑众。在郑众这里,五帝与五色相联,但未见与其他因素搭配;三,五帝系天之辅佐。魏晋经学家王肃批评郑玄的五帝说,指出天有五行,五行之神称为五帝,他们是天之辅佐;四,五帝指五方帝,具体而言,是太皞、炎帝、黄帝、少皞、颛顼五位天神。清儒孙诒让根据礼书当中的郊祭礼特别是《吕氏春秋·十二纪》《礼记·月令》之中的记载,推断五帝当是在不同方位中祭祀的在上神灵;五,五帝即是上天。近代有学者提出此说。

揆诸《周礼》,并未有五帝是五方帝或五人帝的任何草蛇灰线。因此,后儒之说,皆为推测之辞。不过,由《周礼》可以确定的是,五帝不是上帝,五帝不同于上帝,五帝的神格低于上帝。并且,《周礼》中没有将五帝与五方、五色、五人帝结合的做法。《周礼》当中的"五帝"系统尚不完备。

完整的"五帝"系统的出现,盖当战国晚期。《吕氏春秋·十二纪》《礼记·月令》中已有五帝与五神、五行、五色、四方和中央,以及四时等相配的系统。在这个系统中,五帝是太皞、炎帝、黄帝、少皞、颛顼,他们既是人神又是天神。

五帝在战国社会的出现,其缘由未可考。推测或许与战国社会诸侯纷纷称王、称帝（秦昭襄王称西帝、齐缗王称东帝），周天子不再享有独尊地位的状况有关。

就战国时期整体情况而言，上帝仍然是最高神灵。在礼学家的规划中，上帝为在上位者所祭祀。不过，在民间信仰中，帝虽然也是至高神灵，威严可怖，但却被戏谑化，常常为非作歹，显示出民众心目中的上帝并非神圣无比。

战国时期有关上帝的信仰活动，秦人所为尤其值得关注。[①] 秦人祀五帝的记载，仅见于《封禅书》。秦人是否在秦襄公时，即已开启祭祀五帝的模式，需要进一步研究。依照《封禅书》，秦人所祭之帝，事实上只有四帝而不是五帝。历次祭祀当中，也只有襄公时祭祀白帝，将之与方位、少皞神联系起来，其他数次并未将帝与四方、神灵相联。这表明终战国一世，秦人的五帝系统或许也不完备。因此，学者指出五帝之祀很可能直到秦始皇统一之后，才正式采用。

在可靠的文献中，《史记》记载汉文帝时祭祀五帝，五帝祭祀真正上升到国家祭祀层面。西汉天子祭祀五帝，是战国礼学家的设想在西汉王朝的回响。

---

① 六国统一后，秦始皇及秦二世行封禅、祠名山大川、礼八神、祠雍杂祀，雍四畤已经淡出秦始皇祭天系统的主体地位，咸阳之旁，三年一郊天不过是由祠官领祭。秦人祭祀的演变，此处暂不涉及，俟诸他文。

第九章　礼　敬　祖　先

有关战国时期祖先崇拜的研究,学术界较为少见。已有的成果常常将这一时期的特点归纳为两个方面:一,祖先崇拜在战国时期趋于衰落;二,与祖先崇拜衰落相对应,战国时期个体意识、理性因素增强。应当说,这一论点基本勾勒了战国时期祖先崇拜的状况。此外,还有学者指出春秋战国时期,出现了由崇拜祖先转向崇拜圣人、英雄的趋势,这一观点对于缕析西周至战国时期观念的转变,极富意义。但略感遗憾的是,尚未有更具体、细致的讨论,也缺少对于战国时期祖先崇拜整体状况的描绘。

战国时期,宗法制大家族解体,个体小家庭蓬勃发展,与宗法家族相背离的观念如个性、自主等受到社会广泛关注。① 从表面上看,祖先——昔日凝聚宗法家族的象征,其崇高地位失去了赖以存在的社会环境。然而,考察战国社会,则可见即便家族解体、个体意识普遍觉醒,但并不妨碍人们在情感方面、精神方面与祖先一脉相承。无论在礼仪层面还是观念层面,祖先仍然植基深厚,拥有崇高地位,祖先崇拜的衰落只是相对而言。在自我意识高涨的战国时期,祖先崇拜转入了另一层面的发展。

---

① 赵世超先生指出,进入战国时期"'百亩一守'的个体劳动已经成为可能,脱离家族集体便无以生存的局面终于一去不复返,而工商业的活跃又向人民群众展示出一幅空前诱人的图景,于是,个人的价值第一次被普遍认识,甚至取得了浸浸然凌乎一切之上的势头"(《周代国野制度研究》,西安:陕西人民出版社,1991 年,第 306 页)。

第一节 "报本反始"：祖先的崇高性

相较于春秋社会，宗法家族在战国时期进一步解体，伴随着对于父权的批判，[1]作为宗族凝聚力的祖先，也受到冲击，祖先崇拜有所削弱，是不争的事实。

不过，值得指出的是，祖先对于抟聚家族人心，聚合家族实力，扩展家族影响，仍然有其意义。虽然战国时期不乏宗族大规模的解体，但是，新生贵族、新兴地主所代表的大家族，以及盘根错节的旧贵族，在社会中仍然具有重要影响力。学者指出，"战国时期新的统治者和贵族并没有废弃宗法制，而是将宗法制作为巩固自己地位的手段之一，将宗法制纳入于尊卑秩序之列"，[2]家族组织依然根深蒂固。战国大儒孟子总结治国经验，云"为政不难，不得罪于巨室"，所谓"巨室"即强宗大族。[3] 由孟子所说可以推测，强宗大族在各国政治中占据显赫位置，依然是战国时期较为普遍的现象。如此，作为宗族凝聚力象征的祖先，地位依旧崇高，也就势所必然。战国时人延续传统做法，彰显祖先而强化家族认同，并且在这方面产生了更加经典的论述：《礼记·丧服小记》谓"尊祖故敬宗，敬宗所以尊祖祢也"，[4]尊崇祖先与敬奉宗族是一体之两面，尊祖与敬宗相辅相成、相待而立，礼家所说深切揭示了祖先对于宗族凝聚的关键意义。《礼记·大传》则谓"人道亲亲也，亲亲故尊祖，尊祖故敬宗"，[5]从为人之道、人之为人方面论证了尊祖敬宗的必然性，如此一来，尊祖成为人伦的根本，具有了普遍价值。

---

① 赵世超：《周代国野制度研究》，第 307 页。

② 晁福林：《试论战国时期宗法制度的发展和衍变》，《史学史研究》1999 年第 1 期。文中所举例亦参考了晁先生之论。

③ 赵岐注"巨室，大家也，谓贤卿大夫之家"（孙奭：《孟子注疏》，阮元校刻：《十三经注疏》，第 2719 页）。

④ 孔颖达：《礼记正义》，阮元校刻：《十三经注疏》，第 1495 页。

⑤ 《礼记·大传》，孔颖达：《礼记正义》，阮元校刻：《十三经注疏》，第 1508 页。

　　战国时人对于祖先的意义,凝结出更加深化的内容。人们指出祖先是人之本源、生命的源初,赋予祖先以根本性的意义。谓"君子反古复始,不忘其所由生也",①提示人们追念远祖,感恩生命的缘起。《荀子·礼论》亦谓:"先祖者,类之本也。""无先祖,恶出?"强调祖先是生命的本始,子孙的根源。时人谓:

　　　　万物本乎天,人本乎祖……郊之祭也,大报本反始也。②

人固然为万物之灵,而究本身之由来,不能自外于祖先,因此回报本源、彰显祖先的恩情即是生者义不容辞的责任,"报本反始"体现出的是对祖先无尽的敬意。一系列的论述,务在加重祖先与生者之间的情义,务使其情益亲,其义益重。

　　在礼学家规划社会秩序的努力中,尊祖、崇祖是重要的内容。礼学家以为,称扬先祖之美,报答祖先恩泽,以启发教育子孙,是人们在所不辞的责任。礼书中说,人们为先祖作器,目的在于使祖先名扬后世:"铭者,自名也,自名以称扬其先祖之美,而明著之后世者也……铭者,论撰其先祖之有德善、功烈、勋劳、庆赏、声名,列于天下,而酌之祭器,自成其名焉,以祀其先祖者也。显扬先祖,所以崇孝也。"③对于生者而言,追美先祖,促成祖先扬名后世,就是弘其孝思的最显著成就。礼学家指出,维护祖先之荣光,不遏失先祖之光烈,是生者的基本责任:"为先祖者,莫不有美焉,莫不有恶焉,铭之义,称美而不称恶,此孝子、孝孙之心也。"④明明了解人无完人,祖先也不例外,但却扬善讳恶,显示出子孙对于祖先荣誉的全面维护。《中庸》云"夫孝者,善继人之志,善述人之事者也",⑤生者或者光大门庭,显扬父母;或者继志述事,无坠家声;或者步武祖先,法视其祖而行之,此即到达孝的境地。

　　祖先享有至高的荣誉,对于子孙而言,祭祀祖先是尊祖的重要方法。

---

① 《礼记·祭义》,孔颖达:《礼记正义》,阮元校刻:《十三经注疏》,第 1597 页。
② 《礼记·郊特牲》,孔颖达:《礼记正义》,阮元校刻:《十三经注疏》,第 1453 页。
③ 《礼记·祭统》,孔颖达:《礼记正义》,阮元校刻:《十三经注疏》,第 1606 页。
④ 《礼记·祭统》,孔颖达:《礼记正义》,阮元校刻:《十三经注疏》,第 1606 页。
⑤ 《礼记·中庸》,孔颖达:《礼记正义》,阮元校刻:《十三经注疏》,第 1629 页。

有关祭祀祖考的礼文在《礼记》《仪礼》当中累千累百，但是，徒具礼文并无意义，战国礼学家特别强调祭祀中的诚信与忠敬，再进一步，礼学家们倡导纯粹的祭祀，即仅仅表达诚敬而不追求获得祖先福佑。《礼记·祭统》谓：

> 贤者之祭也，致其诚信与其忠敬，奉之以物，道之以礼，安之以乐，参之以时，明荐之而已矣，不求其为，此孝子之心也。

祭祀的高超境界，是表达诚信和忠敬之心，向祖先奉献祭物，用礼作指导，用乐来安慰先祖，以洁净而合于时令的祭品向祖先进献，不求得到祖先的福佑。① 在这里，重点是尊祀祖考，而非凸显生人的意志，这就是孝子的心意，这就是纯而又纯的祭祖。纯粹祭祀的观念在战国时期较为流行，《吕氏春秋》也有类似的说法，谓："昔者神农氏之有天下也，时祀尽敬而不祈福也。其于人也，忠信尽治而无求焉。"②《吕氏春秋》借古喻今，指出美好的上古时期，人们举行祭祀意在表达崇敬，而不是祈祷祖先以获福报。西周金文嘏辞中，充满了生者向祖先的求祷，而在战国时期，礼学家、思想家推崇纯粹的祭祀，这一面既能慰安情感，极其曲尽深到，另一方面则引发崇高之情，使人自尽其心而涵厚其德，郑重其事而妥安其志。这是将祭祀祖先的仪式输入了充分的伦理情操，将祭祀祖先彻底道德化了。

祭祀祖先至关重要，因此宗庙之事，备受关注。《礼记·曲礼下》说人们建造居室，首先要考虑建造宗庙，"君子将营宫室，宗庙为先……居室为后。凡家造，祭器为先"，③不但首先考虑宗庙，祭祀祖先的用器也较之其他用品更为重要。宗庙遭受破坏，则痛悼之，"有焚其先人之室，则三日哭"。④ 与祖先相关联的宗庙，在人们的观念中，享有至尊地位。宗庙本

---

① "不求其为"，郑玄注"为，谓福佑为己之报"，孔颖达疏"言孝子但内尽孝敬，以奉祭祀，不求其鬼神福祥为己之报"（孔颖达：《礼记正义》，阮元校刻：《十三经注疏》，第1602—1603页）。

② 《吕氏春秋·诚廉》，陈奇猷：《吕氏春秋新校释》，第640页。

③ 孔颖达：《礼记正义》，阮元校刻：《十三经注疏》，第1258页。《礼记·王制》有类似的说法，"大夫祭器不假，祭器未成，不造燕器"（孔颖达：《礼记正义》，阮元校刻：《十三经注疏》，第1347页），大夫的祭器不借人，祭器没有制造完成，不造生活器具。

④ 《礼记·檀弓下》，孔颖达：《礼记正义》，阮元校刻：《十三经注疏》，第1313页。

是祭祀之所，但是在礼学家看来，宗庙全面体现着伦理情操。《礼记·礼运》谓：

> 祖庙，所以本仁也……礼行于祖庙，而孝慈服焉。①

在祭祀祖先的礼仪中，礼乐作用于身心，作用于血气，子孙的心理情志随之而变化，与祖先相通，在冥冥中感悟抽象的道理，恍然体悟到仁义的真谛。因此，祖庙是仁爱之所，祭祀祖庙，则孝敬慈爱的德行就可以化行天下。不难看出，此处礼学家所说，与之前"报本反始"、祭祖以"致其诚信与其忠敬"思路如出一辙，都是将原本为礼仪的祭祀全面精神化了。

祖先在上，凡重大事项，尽需告祖。天子出征之前，要祭祀祖先，以表明得到祖先之命。"天子将出征，类乎上帝，宜乎社，造乎祢……受命于祖"，在类祭上帝、宜祭社神之外，还要造祭祢庙，以示受命于祖先。② 在外出途中，生者需载主以行，以示祖先始终在上。《礼记·曾子问》云"天子巡守，以迁庙主行，载于齐车，言必有尊也"，天子外出巡守，要以迁庙的神主随行，把牌位载在齐车③上，以示尊崇。"天子、诸侯将出，必以币帛、皮、圭，告于祖祢，遂奉以出，载于齐车以行。每舍奠焉，而后就舍。反必告，设奠，卒，敛币玉，藏诸两阶之间，乃出，盖贵命也"。④ 意谓天子、诸侯出行之前，以币帛、兽皮和玉圭在祖庙、父庙祭祀，然后将币帛等装载在金辂车上随行。停宿之时，以币帛等祭奠。返回之后，再设奠告祭宗庙，祭毕，将币帛等细致收藏好，表示对于祖先之命的尊敬。⑤ 天子巡守，归来之后，"归假于祖祢，用特"，⑥要在祖祢之庙向祖考汇报，以特牲祭祀祖、父。同样，天子以下等级，凡有事，也需上告祖先。《礼记·曾子问》记"诸

---

① 孔颖达：《礼记正义》，阮元校刻：《十三经注疏》，第 1425—1426 页。

② 引文见《礼记·王制》，孔颖达：《礼记正义》，阮元校刻：《十三经注疏》，第 1333 页。陈澔释"受命于祖"谓"卜于庙也"(《礼记集说》，第 99 页)。《周礼·春官·大祝》有类似记载，"大师，宜于社，造于祖，设军社，类上帝"(贾公彦：《周礼注疏》，阮元校刻：《十三经注疏》，第 811 页)，征伐之时，用造祭祭祀祖先。

③ 郑玄注"金路"(孔颖达：《礼记正义》，阮元校刻：《十三经注疏》，第 1393 页)，即天子所乘之车，以金为饰。

④ 《礼记·曾子问》，孔颖达：《礼记正义》，阮元校刻：《十三经注疏》，第 1393 页。

⑤ 具体释义见杨天宇：《礼记译注》，第 317 页。

⑥ 《礼记·王制》，孔颖达：《礼记正义》，阮元校刻：《十三经注疏》，第 1328 页。

侯适天子，必告于祖，奠于祢……诸侯相见，必告于祢……命祝史告于五庙……反必亲告于祖祢"，①意谓诸侯朝见天子，必须先到祖庙去向祖、父的神灵报告并以币帛祭奠。诸侯相见，也应告于父考。返回后必须向祖考汇报。而对于士人来说，人生中重要时刻无不需要祭告于上，《仪礼》记载，冠礼、婚礼的举行，皆在宗庙之中。由天子至于士，之所以事事请示祖先，是由于祖先之尊：

> 行之于庙者，所以尊重事。尊重事而不敢擅重事，不敢擅重事，所以自卑而尊先祖也。②

祖先具有尊崇地位，生者无论地位多么高超，也必须在祖先之前显示出谦卑。战国时人对于祖先的尊崇，可谓至极。

综之，战国社会结构的变革，削弱了宗族根基，较之于西周春秋之时，祖先崇拜确有下降之势。但是，祖先崇拜的衰落，只是相对的。从观念方面、礼仪层面看，祖先依然广受崇拜。战国礼学家出于对社会整体秩序稳定的思虑，强化祖先的象征意义，延续祖先作为家族凝聚力符号的做法，稳固了祖先的地位。这一做法，与西周传统并无二致。礼学家还从伦理的角度提升祖先对于生者的意义，倡导生者铭记祖先恩泽、荣耀祖先、祭祀祖先致其忠信诚敬而不求福佑。一系列的观念，使得祖先崇拜在战国时期内容更丰富，意味更深长。

第二节　祭祀祖先的范围

祭祀祖先的范围以及与之相关的为祖先立庙之事，是礼制中非常重要的议题，战国时期的思想家、礼学家就各种人群所祭祖先的范围、所应设立的庙数都有详细的规定。例如，《荀子·礼论》谓：

> 有天下者事十世，有一国者事五世，有五乘之地者事三世，有三

---

① 孔颖达：《礼记正义》，阮元校刻：《十三经注疏》，第1389—1390页。
② 《礼记·冠义》，孔颖达：《礼记正义》，阮元校刻：《十三经注疏》，第1680页。

乘之地者事二世，持手而食者不得立宗庙。

这里的十世、五世即为若干世的祖先建立宗庙。① 在荀子学派看来，天子祭祀十世祖先，诸侯祭祀五世祖先，次于诸侯者祭三世祖先，再次一级祭二世祖先，而庶人不能立宗庙祭祀祖先。可是，对于祭祀祖先的范围以及所设的庙数，礼学家们各执一词。

《礼记·王制》谓"天子七庙：三昭、三穆，与大祖之庙而七。诸侯五庙：二昭、二穆，与大祖之庙而五。大夫三庙：一昭、一穆，与大祖之庙而三。士一庙。庶人祭于寝"。② 在这里，天子设立七庙，大夫五庙。然而，《礼记·丧服小记》又云"王者禘其祖之所自出，以其祖配之，而立四庙"，③依其说，自始祖以下，只立四庙。《礼记·祭法》又有更详细的规划，谓：

> 天下有王，分地建国，置都立邑，设庙、祧、坛、墠而祭之，乃为亲疏多少之数。是故王立七庙⋯⋯诸侯立五庙，一坛，一墠。曰考庙，曰王考庙，曰皇考庙，皆月祭之；显考庙、祖考庙，享尝乃止。去祖为坛，去坛为墠。坛、墠有祷焉祭之，无祷乃止。去墠为鬼。大夫立三庙，二坛。曰考庙，曰王考庙，曰皇考庙，享尝乃止。显考、祖考无庙，有祷焉，为坛祭之。去坛为鬼。适士二庙，一坛。曰考庙，曰王考庙，享尝乃止。显考无庙，有祷焉，为坛祭之。去坛为鬼⋯⋯庶士、庶人无庙，死曰鬼。④

《祭法》区分了天子、诸侯、大夫、上士、官师、庶士、⑤庶人不同级别所祭祖庙之多少，其意在于区别亲疏远近。按照《祭法》所说，诸侯设五庙，其中的三庙是父考之庙、祖父之庙、曾祖之庙，此三种庙按月祭祀；高祖

---

① 杨倞、王先谦俱云"十庙"当作"七庙"，可从。见王先谦：《荀子集解》，第351页。
② 孔颖达：《礼记正义》，阮元校刻：《十三经注疏》，第1335页。
③ 孔颖达：《礼记正义》，阮元校刻：《十三经注疏》，第1495页。
④ "显考无庙"，郑玄指出此处之"显"为"皇"之误，见孔颖达：《礼记正义》，阮元校刻：《十三经注疏》，第1589页。
⑤ 郑玄注"适士，上士也；官师，中士、下士；庶士，府史之属"（孔颖达：《礼记正义》，阮元校刻：《十三经注疏》，第1589页）。

（显考）庙、高祖之父（祖考）庙，则以季节祭祀。① 祭祀高祖之父之上一代的祖先，可设坛祭祀；再上一代的祖先，设墠祭祀。② 设坛、设墠的祖先，有所祈祷则祭，无所祷请则不祭。设坛、设墠所祭高祖以上的祖先称为鬼。大夫立三庙、二坛。其中的三庙是父庙、祖庙，曾祖庙，只需按季节祭祀。高祖、高祖之父无庙，有所祷请时则设坛祭祀，高祖之父以上的先祖称为鬼。士、庶人依次类推。但是，在《仪礼·丧服》中，又有"诸侯及其大祖，天子及其始祖之所自出"的说法，③其祭祀范围远非七世、五世所能概括。

显而易见，有关庙数与祭祀祖先的范围，战国不同的礼学家与思想家论点纷纭。④ 那么，孰是孰非？各家所说是否反映战国的实际状况？有关这一问题的讨论，夙来鲜有，主要的困难是战国时期的相关史料零散缺略。不过近年出土面世的战国竹简，为研究这一议题提供了难得的素材。战国竹简中，有被学者们称为"卜筮祭祷简"的内容，记载了竹简主人生前为消除疾病而进行占筮，而祷请祖先，是其中的重要内容。由这部分内容，可以窥测祖先与生者的关系、祖先神的功能、祖先神的地位等，对于研究战国时期的祖先崇拜、亲属关系，十分有益，对于了解战国时人的祭祖范围，也极其宝贵。

卜筮祭祷简主要涉及包山简、望山简、新蔡简、天星观楚简、秦家嘴楚简，以及严仓简。六种竹简除新蔡简出土于河南新蔡外，其余五种集中出土于今湖北江陵地区，均在以纪南城为中心的半径 30 公里的范围之内，可谓地域相邻。⑤ 上述竹简的主人，生前身份、地位不尽相同。包山简出

---

① 郑玄注"享尝谓时之祭"，指四时之祭(孔颖达：《礼记正义》，阮元校刻：《十三经注疏》，第 1589 页)。

② 郑玄注"封土曰坛，除地曰墠"，孔颖达疏"起土为坛，除地曰墠，近者起土，远亲除地，示将去然也"(孔颖达：《礼记正义》，阮元校刻：《十三经注疏》，第 1589 页)。

③ 贾公彦：《仪礼注疏》，阮元校刻：《十三经注疏》，第 1106 页。

④ 当代学者杨宽先生则认为天子当为五庙，见《古史新探》，北京：中华书局，1965年，第 170 页。

⑤ 晏昌贵：《巫鬼与淫祀——楚简所见方术宗教考》，第 28 页。李天虹先生指出严仓墓地位于荆门市沙洋县，西距纪南城约 8 公里(《严仓 1 号墓墓主、墓葬年代考》，《历史研究》2014 年第 1 期)。

自包山二号墓,墓主邵<unclear>纶</unclear>,官居左尹,等级身份约合周制大夫级,低于天星观1号墓主,而高于望山1号墓主,其下葬时间为公元前316年。[①] 望山1号墓墓主悼(悼)固,大约"生活在楚威王及其早些时候"(按,楚威王在位年代为前339—前329年),身份为下大夫,[②]具体官职不详。新蔡竹简主人为平夜君成,其墓葬年代为楚悼王末年(按,悼王在位年代约为前400—前381年),其生前为楚国封君。[③] 天星观1号墓墓主番胜,为邸阳封君,其爵位属楚国上卿,官职可能在令尹、上柱国之列,[④]其墓葬年代在前340年左右。[⑤]秦家嘴竹简出于三座墓葬,据学者研究,三人生前社会地位不高,属于士、庶人之列。[⑥] 严仓简墓主为楚国怀王时期最高军事长官大司马悼慣(活跃于前316年左右)。[⑦] 总之,这些卜筮祭祷材料不仅有出自社会上层者,也有的出自士、庶人之列,对于了解战国时期不同社会阶层的信仰状况比较有利。[⑧] 特别值得注意的是,在简文所反映的系统中,"没有核心权威,没有专门的僧侣,没有言简意赅的信条,没有至高无上的仪礼,也没有要求所有人遵奉的原则。推动这一系统运行的根本力量,不是自上向下流布的宗教权威,而是自下向上涌动的宗教需求,这种力量永远与人对福、禄、寿的渴望相一致",[⑨]换言之,竹简所反映的原

---

① 湖北省荆沙铁路考古队:《包山楚墓》,北京:文物出版社,1991年,第334—335页。

② 湖北省文物考古研究所:《江陵望山沙冢楚墓》,第211—214页。

③ 河南省文物考古研究所:《新蔡葛陵楚墓》,第184页。

④ 湖北省荆州地区博物馆:《江陵天星观1号楚墓》,《考古学报》1982年第1期。

⑤ 湖北省荆州地区博物馆:《江陵天星观1号楚墓》;李学勤:《试说江陵天星观、秦家嘴楚简的纪年》,《简帛研究(2004)》,桂林:广西师范大学出版社,2006年。

⑥ 相关研究较多,兹不备述。综合研究见晏昌贵:《巫鬼与淫祀——楚简所见方术宗教考》,第23页。

⑦ 包山楚简中曾出现有大司马悼慣,学者已就其身份及时代进行研究,见徐少华:《包山二号楚墓的年代及有关问题》,《江汉考古》1989年第4期;李学勤:《包山楚简"鄎"即巴国说》,《四川师范大学学报》2006年第6期。

⑧ 晏昌贵先生业已指出此点。晏先生同时指出,几种卜筮祭祷简所出墓葬,地域相临,年代相近,对于揭示特定时期、特定地域间的信仰,十分有益。见《巫鬼与淫祀——楚简所见方术宗教考》,第23、28页。

⑨ 克里斯蒂安·乔基姆:《中国的宗教精神》,王平等译,北京:中国华侨出版公司,1991年,第37页。

初的宗教意识更为强烈。

上列竹简均出自楚地，是否能够代表战国时期祖先崇拜的整体情况？六种竹简所反映的信仰、风俗，富有战国楚地风格，毋庸多言。但同时也应注意到，楚地信仰有与中原相通之处。如竹简中频繁出现的神灵"司命"，即见于春秋时期齐国洹子孟姜壶铭文。① 又如由竹简可见，楚人有祭祷始祖、远祖的习俗，而春秋青铜铭文及传世材料显示，此一习俗为中原各国普遍奉行。因而大略可说，卜筮祭祷简具有浓厚的楚地特色，但并非独特的楚地因素，在一定程度上，具有普遍意义。由卜筮祭祷简可以管窥战国时期的祖先崇拜，应当是不误的。

六种卜筮祭祷简的主人皆由于生前有疾而举行占卜，其简文书写风格有一致性。遗憾的是除包山简外，其余几种皆为残断简。因此，首先移录包山简中典型简文，以见其余几种之一斑：

> 宋客盛公边聘于楚之岁，荆尿之月乙未之日，石被裳以训蘥为左尹舵贞，自荆尿之月以庚荆尿之月，尽卒岁躬身尚毋有咎。占之，恒贞吉，少外有忧，志事少迟得。以其故敓之。罷祷于邵王特牛，馈之；罷祷文坪夜君、郚公子春、司马子音、蔡公子家各特豢、酒食；罷祷于夫人特腊。志事速得，皆速赛之。占之，吉，享月、夏栾有惠。（简199—200）②

简文中的"宋客盛公边聘于楚之岁"为以事纪年，用事纪年的传统可上溯至西周时期。③ 简文中行占筮者是贞人石被裳，用具为训蘥，占筮对象是官居左尹的邵舵。占筮内容是询问自今年的荆尿之月④至来年的荆尿之月，左尹邵舵身体是否有恙。占筮结果是当吉，但稍有忧戚，所愿之事稍缓达成，以此之故采用"敓"的方法。⑤ 此外，向先祖行罷祷，并献以祭品。

---

① 《集成》9730。另，《史记·封禅书》记汉初祭祀，晋巫所祀之神中也有司命（《史记》，第1378页）。

② 湖北省荆沙铁路考古队：《包山楚简》。

③ 西周中期作册翻卣云"隹明保殷成周年"（《集成》5400）。

④ "荆尿"即秦简的"刑尸"，刑尸之月为夏历正月。

⑤ "敓"的含义与内容此处暂不讨论。

所愿之事将很快达成,并将报塞神灵。① 需要指出的是,简文中所记录的各种祭祷活动,本是占卜的内容,在实际中是否真正举行,不得而知。但由此考察竹简主人生前的家族关系乃至若干观念,并无不妥。

几种卜筮祭祷简虽有极为相似之处,但在祭祷祖先范围方面,却各不相同,以下即运用几种卜筮祭祷简材料讨论战国时期的祭祖范围、祭祀祖先的系统。

一、几种卜筮祭祷简所显示的祭祀祖先系统

几类卜筮祭祷简所显示的祭祷祖先的范围十分复杂,以下分别论述。

包山简中,所祷请的先祖可以分为三类:一,远祖,即简文所称之"楚先";二,先王;三,先祖、父。包山简中祭祷"楚先"的记录为:

> 举祷楚先老童、祝融、媸酓(鬻熊)各一牂,思攻解于不殆。(简217)

> 举祷太一膞,后土、司命各一牂;举祷大水一膞,二天子各一牂,峗山一羖;举祷楚先老童、祝融、媸酓各两羖,享祭;享之高丘、下丘各一全腊,思左尹阤践复处。(简237—238)

简文中的三楚先是"老童、祝融、鬻熊"。楚人祭祀远祖,似为定制。《左传》僖公二十六年记载,"夔子不祀祝融与鬻熊,楚人让之",夔坚持不祀,结果"(楚)帅师灭夔"。夔为楚之别封,按照礼制,夔当祀祝融、熊鬻。夔子不祀融、鬻,虽有其理,但却由于不合礼制而成为口实,导致覆亡之灾。由是可知楚人长久以来保持祭祀远祖的习俗。②

其实,春秋战国时期祭祀始祖、先祖的诸侯国不在少数。《左传》僖公

---

① "赛"为达成所愿后再次祭祀回报神灵,《韩非子·外储说》记载"秦襄王病,百姓为之祷,病愈,杀牛塞祷",王先慎注"'塞''赛'义同"(王先慎:《韩非子集解》,北京:中华书局,2003年,第336页);《史记·封禅书》"冬塞祷祠",司马贞索隐。赛,今报神福也"(《史记》,第1371—1372页);《汉书·郊祀志》颜师古注"塞谓报其所祈也"(《汉书》,第1206—1207页)。

② 详见杨伯峻:《春秋左传注》,第441页。

三十一年记载，"卫成公梦康叔曰：'相夺予享。'公命祀相"。① 康叔为卫之始祖，相为夏王启之孙，皆应有卫人、夏之后裔祭祀之。《礼记·明堂位》记载鲁人祭祀始祖周公之礼，谓"季夏六月，以禘礼祀周公于大庙，牲用白牡，尊用牺、象、山罍"，是说以白色雄禽为牺牲，以绘有牺牛形之尊、象形之尊和山云之形之尊奉献以酒。② 祭祀始祖、先祖为春秋战国时期各国比较普遍的做法。

包山楚简中祷请先王的记载为：

> 举祷荆王，自熊绎以庚（就）武王，五牛、五豕。思攻解于水上与
> 象人。（简 246）

需要注意的是，祷请先王系列在包山简中只此一见，发生于墓主生命的最后时刻。在祷请活动中，涉及的先王由熊绎③直至武王，按照《史记·楚世家》中的记载，为 15 世 19 王。其实，墓主所祷请的楚武王，在位年代为春秋初年，距离包山墓主生活的时代约四百多年，与墓主并无特别紧密的血缘关系，但仍在祭祷行列之中。而武王之后的楚王，除与邵㐌有密切关系的昭王外，反而皆不见有祭祷记录。这一现象，不合常理，但个中原因，尚难探知。

包山简中祷请颇为频繁的是先祖、父，即自昭王至蔡公子家的五世祖先：

> 举祷于宫地主一羖；祒于新父蔡公子家特腊、酒食，馈之；祒新母肥豣、酒食；举祷东陵连嚣肥豣、酒食。举石被裳之敓，罷祷于邵王特牛，馈之；罷祷于文坪夜君、郚公子春、司马子音、蔡公子家各特豵、酒食，夫人特腊、酒食。（简 202—204）
>
> 冬柰之月癸丑之日，罷祷于文坪夜君、郚公子春、司马子音、蔡公

---

① 孔颖达：《春秋左传正义》，阮元校刻：《十三经注疏》，第 1832 页。
② 牺、象、山罍皆为酒尊名，见孔颖达：《礼记正义》，阮元校刻：《十三经注疏》，第 1489 页。
③ 熊绎之释，可参汤余惠：《包山楚简读后记》，《考古与文物》1993 年第 2 期。另，何琳仪、李家浩先生释为熊丽，见《包山竹简选释》，《江汉考古》1993 年第 4 期；《楚王熊丽考》，《中国史研究》2000 年第 4 期；李家浩：《包山竹简所见楚先祖名及其相关的问题》，《文史》第四十二辑，北京：中华书局，1997 年。

子家各特豢,馈之。(简 206)

　　赛祷太佩玉一环,后土、司命、司祸各一少环,大水佩玉一环,二天子各一少环,峗山一珤……移石被裳之敓,至秋三月,赛祷昭王特牛,馈之;赛祷文平夜君、邵公子春、司马子音、蔡公子家各特腊,馈之。赛祷新母特腊,馈之。(简 213—215)

　　举祷五山各一牂;举祷昭王特牛,馈之;举祷文平夜君子良、邵公子春、司马子音、蔡公子家各特腊,馈之。(简 240—241)

　　举祷大水一牺马;举祷邵公子春、司马子音、蔡公子家各特豢,馈之;举祷社一腊。(简 248)

简文记载对祖先行举祷、罷祷、①赛祷。包山楚简所祷请的先祖,据学者研究,为墓主邵佗的五世祖,具体亲属关系为:昭王(高祖之父)—文平夜君(高祖)—邵公子春(曾祖)—司马子音(祖父)—蔡公子家(生父)。② 简文显示,所祭祷先祖中,蔡公子家(新父)出现次数较多(8 次),简文中还有一条为蔡公子家单独行祷的记录,谓"又敓见新王父、殇,以其故敓之,举祷直牛,馈之"(简 222),说明生父具有重要地位。生父蔡公子家之外,出现次数频繁的是祖父司马子音、曾祖邵公子春(各 5 次),然后是高祖文平夜君(4 次)。众先祖中,昭王无疑具有特殊地位(出现 3 次)。简文书写格式中,基本是将昭王与其他先祖分列开来,显示出昭王身份的不同一般。此外,竹简中又有两条有关昭王的记录,更是将其与其他先祖相分别(见简 205、243),说明昭王具有独特的地位,③这很可能由于昭王为墓主邵佗得氏之祖,且为先王之故。总体来看,包山简中生父蔡公子家与五世祖昭王地位高于其他先祖,但在祭祷频次方面,却与其他祖先相差无几,④表明在竹简主

---

① 举祷、罷祷之义尚不明晰。

② 何浩:《文坪夜君的身份与昭氏的世系》,《江汉考古》1992 年第 3 期;吴郁芳:《包山二号墓墓主昭佗家谱考》,《江汉论坛》1992 年第 11 期。

③ 亦有学者指出,在昭王与文平夜君之间有世系方面的缺环,见湖北省荆沙铁路考古队:《包山楚简》,第 13 页。

④ 从祭品方面看,昭王与其他先祖有所区别。昭王所受主要为"特牛",而自高祖文平夜君至生父蔡公子家主要为"特豢""特腊"。蔡公子家又与其他先祖略有不同,受祭特牛、腊、酒食(简 202—204)。

人的观念中,五世先祖皆具有重要地位。

五世祖之外,墓主生前祭祀的还有"兄弟无后者昭良、昭辖、县貉"(简227),以及东陵连嚣(简202—203,简210—211,简243)等。昭良、昭辖等或为邵𰚷兄弟辈,[①]而东陵连嚣,学者指出其身份较为特殊,当是邵𰚷的叔父或伯父,[②]若是,则包山简中有祭祷旁系近亲的现象。

望山楚简中祷请的祖先亦包括先王、先祖、远祖三类。望山简记载竹简主人悊(悼)固祭祷先王:

> 为悼固举祷柬大王、圣□☑(简10)
>
> 享归佩玉一环柬大王,举祷宫行一白犬,酒食。(简28)
>
> 圣王、悼王既赛祷☑(简88)
>
> ☑归玉柬大王。己巳内斋。(简106)
>
> ☑问归玉于柬[大王]☑(简107)
>
> ☑赛祷于柬大[王]。(简108)
>
> ☑圣桓王、悼王各佩玉一环,东宅公佩玉一环。赛祷宫地主一𤞢。(简109)
>
> ☑圣王、悼王、东宅公各特牛,馈祭之。速祭公主冢冢,酒食。(简110)
>
> ☑圣王、悼王既☑(简111)
>
> ☑哲王各特牛,馈之。罷祷先君东宅公特牛,馈□☑(简112)[③]

简文中的先王有柬大王(楚简王)、圣桓王(楚声王)、悼王(简112称为哲王,学者指出当为悼哲王,)[④]为世次相衔接的三代楚王。[⑤] 三位楚王中,悼王与墓主悼固有更为密切的关系,为悼固得氏之祖。就竹简所记看,三位

① 何浩:《文坪夜君的身份与昭氏的世系》。

② 彭浩:《包山二号楚墓〈卜筮祭祷〉竹简的初步研究》,楚文化研究会编:《楚文化研究论集》第二集,武汉:湖北人民出版社,1991年,第325—347页;吴郁芳:《包山二号墓墓主昭佗家谱考》。

③ 湖北省文物考古研究所:《江陵望山沙冢楚墓》。

④ 晏昌贵:《巫鬼与淫祀——楚简所见方术宗教考》,第161页。

⑤ 《史记·楚世家》记载"惠王卒,子简王中立……简王卒,子声王当立。声王六年,盗杀声王,子悼王熊疑立"(《史记》,第1719—1720页)。

先王出现次数几相仿佛。① 望山简为断简,目前所见简文中,不见有祷请简、声、悼三王之外其他楚之先王的记录,与包山简,特别是新蔡简区别明显。

望山简中主要祷请的先祖有东宅公、王孙巢、新父:

　　☐于父太,与新父,与不辜,与盟祖,与☐☐(简78)

　　☐以新父☐(简80)

　　☐己未之日赛祷王孙巢。(简89)

　　☐之日,月馈东宅公。(简113)

　　☐一少环。举祷于东宅☐(简114)

　　☐☐于东石公,社、北子、行☐☐☐(简115)

　　☐与祷大夫之私巫,与祷行白犬,罷祷王孙巢冢冢。(简119)

　　☐先君☐(简133)②

上述几例之外,东宅公还见于前引简109、110。简109,特别是110中,东宅公位列悼王之后,表明他很有可能为悼王之子。③ 但王孙巢的身份难以确定。④ 先秦时期,周王室以及楚、吴等国贵族习称王子、王孙,⑤然其具体身份不易明确。有称为"王孙某"者,确为王之孙,如著名的王孙牟,为康叔封之子,⑥即周文王之孙。再如楚惠王时的白公胜,亦称"王孙",⑦

---

　　① 几位先王中,柬大王(楚简王)出现5次,圣桓王(楚声王)出现5次(简10中应补为圣桓王),悼王亦出现5次。

　　② 湖北省文物考古研究所:《江陵望山沙冢楚墓》。简112称东宅公为先君,因此,简133中的先君当为东宅公。传世文献中,"先君"指过世的王或诸侯等,因此,东宅公生前亦或为封君。朱德熙、裘锡圭、李家浩先生指出"东宅公当为东宅之地的县公"(《江陵望山沙冢楚墓》,第267页注82)。

　　③ 朱德熙、裘锡圭、李家浩:《望山1号墓竹简的性质和内容》,收入《江陵望山沙冢楚墓》,第311页。

　　④ 陈振裕先生推测墓主悼固与"王孙巢相隔一、两辈的可能性最大",并不确定王孙巢一定是墓主之父(见《望山一号墓的年代与墓主》,《中国考古学会第一次年会论文集》,北京:文物出版社,1980年,第232页);朱德熙、裘锡圭、李家浩先生认为"王孙巢大概是东邸公之子。东邸公是王子,所以他的儿子称王孙"(《望山1号墓竹简的性质和内容》,收入《江陵望山沙冢楚墓》,第311页)。

　　⑤ 容庚:《鸟书考》,《中山大学学报》1964年第1期。

　　⑥ 《左传》昭公十二年,孔颖达:《春秋左传正义》,阮元校刻:《十三经注疏》,第2064页。

　　⑦ 《左传》哀公十六年。白公胜之弟为"王孙燕"。孔颖达:《春秋左传正义》,阮元校刻:《十三经注疏》,第2178页。

其父太子建,楚平王之子。但王孙亦有可能是身份的称呼,如卫国王孙贾,其子为王孙齐,学者认为是王孙牟之后,①显然这里的王孙为身份之称。因此,望山简中的王孙喿有可能是悼王之孙,也有可能仅是身份之称。若其果为悼王之孙,即有可能为东宅公之子,墓主悼固之父辈,但是生父抑或伯、叔,殊难遽断。②

望山简中也包含祭祷"楚先"的记载,见于简 120、121、122、123、124,其"三楚先"与包山简同,即老童、祝融、媸酓(鬻熊)。

新蔡楚简中祭祷祖先的内容十分丰富,可惜多为断简(相关简文较多,为篇幅计,不具引)。新蔡简所祷请祖先同样包括楚先、③先王与先祖,但却更为复杂,其特点为:

一,新蔡简主人所祷请的先王,数量众多,在几种卜筮祭祷简中,最为突出。其祭祷的祖先由荆王④至楚文王,又至楚声王,即时王楚悼王之前直至熊丽的所有楚王、先公皆在祭祷、册告之列。⑤ 如简文谓"☑□栾

---

① 杨伯峻：《春秋左传注》,第 1566 页。

② 简 78、80 有"新父"之称,但似乎并非指称王孙喿。学者曾经指出王孙喿为悼王之孙,悼固之父(见刘信芳：《望山楚简校读记》,收入李学勤、谢桂华主编：《简帛研究》第三辑,南宁：广西教育出版社,1998 年,第 36 页)。但与包山简对比,则有不确定性。包山简称"蔡公子家"为"新父",明白无误,蔡公子家为墓主邵𨒡之父。但从包山简看,对蔡公子家的祷请多紧随其他先祖之后,而望山简中王孙喿似皆与其他先祖分列。另外,望山简中祷请王孙喿的次数并不多,若其果为悼固之父,则有不近理处。

③ 新蔡简祷请"楚先"次数较为频繁,是五种竹简中次数最多的。楚先中的鬻熊与穴熊,皆见于新蔡简中,如甲三：35,甲三：188、197,鬻熊与穴熊为一人抑或两人,引起学者们热议,不烦赘述。

④ 陈伟先生指出,"荆王"代表楚国历史的一个时代,是指从熊丽到武王,其间,楚国的政治中心在丹阳(《包山楚简初探》,武汉：武汉大学出版社,1996 年,第 171 页)。还有一些学者认为,"荆王"构成了楚人的先公,文王以后的历代君王构成了楚人的先王。先公和先王在祭祀上有所差别(李零：《考古发现与神话传说》,《学人》第五辑,南京：江苏文艺出版社,1994年;陈伟：《湖北荆门包山卜筮楚简所见神祇系统与享祭制度》,《考古》1999 年第 4 期)。

⑤ 楚悼王之前的楚王系列为：楚武王、楚文王、楚堵敖、楚成王、楚穆王、楚庄王、楚共王、楚康王、楚郏敖、楚灵王、楚平王、楚昭王、楚惠王、楚简王、楚声王。此外,新蔡简中,先王与远祖、先祖并不截然分开,楚先与先王同时祷请(在书写格式上,先王紧随楚先之后),如"☑[祝]融、穴[熊]、昭王、献[惠王]"(甲三：83);先王与先祖同时祷请,如"择日于八月延祭竞平王,以逾至文君"(甲三：201),"☑户、门。有祟见于昭王、惠王、文君、文夫人、子西君。就祷☑"(甲三：213),"☑荆王、文王以逾至文君□□☑"(零：301、150)。这一点,新蔡简与望山简类似,而与包山简不同。

赛祷于荆王,以逾顺至文王,以逾☐"(甲三：5),此一格式与包山简"举祷荆王,自熊绎以庚(就)武王"(简 246)相似。参照简零：301、150(见脚注6 所引),以及简甲三：137"册告自文王以就圣桓王",此条当是祷于荆王系列,以及文王至声王的众位楚王。然而,竹简显示,有些祭祷很可能并不包括所有楚王,如简甲三：69"……赓于竞平工、昭王☐",依照文例,此条所祭祷先王有可能止于昭王,而不包括此后的惠、简、声王。若果如此,表示行祷者在选择祭祷对象时,有所思虑,但具体内容如何,如何确立选祭对象,由于材料限制,无从考察。新蔡简祭祷楚王系统中,文王为一段落点(如前引甲三：5),与包山简以武王为段落点有所不同(《楚世家》记文王为武王子)。此外平王又为一段落点,如简甲三：280"☐竞平王,以逾至……",以及前揭简甲三：69"……赓于竞平王、昭王☐"。竹简以武王、文王为系列点,学者曾指出与他们的功烈有关。① 但新蔡简以平王为段落点,则较为独特,因为平王并未有突出的政绩,其所以选用平王为时间点,猜测很有可能在于其为昭王父,就血缘言,与墓主平夜君成有相对切近的亲缘关系。② 考诸文献,春秋时人有祭祀立国之祖之父的习俗,如《左传》文公二年记载"宋祖帝乙,郑祖厉王,犹上祖也",帝乙,微子之父；厉王,郑桓公之父。③ 宋始封于微子,郑始封于桓公,在祭祀中,则进一步上推至始封君之父,报本反始之义。新蔡简以平王为界点,当与平王是昭王之"上祖"有关。新蔡简祭祷的诸多先王中,楚昭王所涉及次数最多,④这

---

① 陈伟：《包山楚简初探》,第 171 页；晏昌贵：《巫鬼与淫祀》,第 159 页。陈伟先生还指出,楚人将熊丽至武王与文王以后的楚君看作两个系列(《包山楚简初探》,第 171—172 页；《楚人祷祠记录中的人鬼系统以及相关问题》,收入陈昭容主编：《古文字与古代史》第一辑,台北："中研院"历史语言研究所,2007 年,第 377 页),但从新蔡楚简看,楚王系列中,平王亦为一时间段落点,这其中的缘由是什么,尚难断定。

② 楚平王在楚史中,不可谓昏庸无为之君,《史记·楚世家》记载他"以诈弑两王而自立"(《史记》,第 1709 页),此后,他施惠百姓,存恤国中,楚邦稍安。但其功业难以与楚武、文王相提并论,故以平王为一界点,还应当从其与墓主平夜君成的亲缘关系方面考虑。

③ 孔颖达：《春秋左传正义》,阮元校刻：《十三经注疏》,第 1839 页。

④ 新蔡简中记有楚昭王者见于：甲一：5,甲一：21,甲三：2,甲三：83,甲三：128,甲三：161,甲三：212、199‑3,甲三：213,甲三：344‑1,乙一：6,乙一：21、33,乙一：29、30,乙二：1,乙三：28,乙四：12,乙四：82,零：111,零：361,零：436,零：445,零：560、522、554。计 21 次。

是由于墓主出自昭王一系之故。昭王之外，惠王所记次数亦相对较多，①惠王为墓主直系先祖平夜文君之兄，属于墓主近亲旁系先辈。可以看出，血亲关系在新蔡简选择祭祷先王时，具有一定的支配作用。

　　二，先祖系列中，所祭祷祖先有平夜文君（又称文君、平夜文君子良）、文夫人、子西君、王孙厌等，遗憾的是，他们与墓主平夜君成的亲属关系不能确定。竹简整理者指出，平夜文君为昭王之子，惠王之弟，是始封的平夜君。② 简文所见先祖中，平夜文君和文夫人受祷次数最多，③显然是由于他们为墓主平夜君成的直系祖先，但是平夜君成之父母抑或是祖父母，难以确定。此外，子西君也受到频繁的祭祷。在简文中，子西君常常位列文君、文夫人之后，如简甲三：213"有祟见于昭王、惠王、文君、文夫人、子西君"，但有时也列于文夫人之前，如简甲三：200"举祷子西君、文夫人各戠牛，馈"，简乙二：24,36"举祷子西君，文夫人"，显示出子西君较为特殊的地位。整理者认为子西君即楚昭王、惠王时的令尹子西，为昭王之兄，平夜文君之伯父。④ 若此，令尹子西为平夜君成之旁系先辈，血

---

　　① 惠王见于：甲一：5,甲一：21,甲三：83,甲三：213,甲三：241,乙一：21、33,乙一：29、30,乙四：12,零：361。凡9次。

　　② 河南省文物考古研究所：《新蔡葛陵楚墓》，第183页。《左传》哀公十七年记楚惠王与叶公枚卜子良为令尹，因其"过志"而舍之，改卜子国（孔颖达：《春秋左传正义》，阮元校刻：《十三经注疏》，第2179页）。

　　③ 平夜文君或文君见于甲三：2（此简为断简，根据其他简文，此简"文"字后可补"君"字），甲三：99,甲三：121,甲三：176,甲三：201,甲三：213,甲三：260,甲三：276,甲三：300、307,甲三：344-1,甲三：419,乙一：6,乙一：21,33,乙三：28,乙四：128,零：111,零：301、150,零：445,零：499,零：511,零：640。凡21见（按，乙四：128,零：499两简简文"君"前字残泐，据"文夫人"及相关文例，"君"前字当为"文"字；依照文例，乙一：11,乙一：27当中应有文君。零：255"就祷文☐"或为文君，或为文夫人；零：445、零：676也当为昭王、文君）。文夫人见于：甲三：176,甲三：200,甲三：213,乙一：6,乙一：11,乙一：13,乙一：27,乙二：24,36,乙三：46,乙四：128,零：387,零：499。凡12见。子西君见于甲一：27,甲二：38、39,甲三：200,甲三：202、205,甲三：213,乙一：6,乙一：7,乙一：11,乙二：24,36,零：147。凡10见。

　　④ 河南省文物考古研究所：《新蔡葛陵楚墓》，第183页。关于子西的身份，前人有不同的说法，杜预注《左传》昭公二十六年"令尹子常欲立子西"条曰"子西，平王之长庶"（孔颖达：《春秋左传正义》，阮元校刻：《十三经注疏》，第2113页），但《史记·楚世家》则谓"子西，平王之庶弟也"（《史记》，第1714页）。两相比较，以杜预说为优。平王名弃疾，为康王弟，《楚世家》明谓"康王宠弟公子围、子比、子晳、弃疾"（《史记》，第1703页），并未（转下页）

缘关联并非紧密。并且，令尹子西死于白公之乱，并非善终，①当属于简文所说的"强死"一类。② 但他在祷请行列中居于重要地位，显得十分突兀。不过，子西君在新蔡简祭祷系列中有特别的地位，其间有理可寻。勘诸文献，可知他在促成昭王即位方面，有突出之举，③这很可能是他在祭祀系统中身为旁系，却占据显赫地位的缘由。与令尹子西有关的或许还有"令尹之子"，简文记载"文夫人，举祷各一佩璧。或举祷于盛武君、令尹之子叡，各大牢"（乙一：13），这里的令尹之子叡，有可能为子西之子，若是，则他与墓主平夜君成的亲缘关系相对疏远，亦为旁系先辈。先祖系列中，还有王孙厌，④然其与墓主平夜君成的关系尚不明确。⑤

要之，新蔡楚简中祭祷先王、先祖的情况较为复杂。不仅祭祷世系较近的楚王，也祭祷时代颇远之先王；⑥不但祷请直系祖先，又祷请旁系祖

（接上页）提到子西亦为康王弟。因此，以子西为平王弃疾之弟的说法不足凭信。而就《左传》昭公二十六年记载子西力主太子珍继王位事件看，子西更像是平王之长庶。

① 《左传》哀公十六年记"楚大子建之遇谗也，自城父奔宋。又辟华氏之乱于郑，郑人甚善之。又适晋，与晋谋袭郑，乃求复焉。郑人复之如初。晋人使谍于子木，请行而期焉。子木暴虐于其私邑，邑人诉之。郑人省之，得晋谍焉，遂杀子木。其子曰胜，在吴。子西欲召之，叶公曰：'吾闻胜也诈而乱，无乃害乎？'子西曰：'吾闻胜也信而勇……'叶公曰：'……吾闻胜也好复言，而求死士，殆有私乎？……子必悔之。'弗从。召之使处吴竟，为白公……吴人伐慎，白公败之。请以战备献，许之。遂作乱。秋七月，杀子西、子期于朝，而劫惠王。子西以袂掩面而死"（孔颖达：《春秋左传正义》，阮元校刻：《十三经注疏》，第2177—2178页）。

② "强死"见于竹简，学者以为是非正常死亡者。如天星观竹简，"思攻解于盟诅与强死"（22、28、212、273、326、338、355、585、629、726、884、885），"思攻解于强死"（272、325、355、726、884）。见晏昌贵：《天星观卜筮祭祷简释文辑校》，收入《巫鬼与淫祀——楚简所见方术宗教考》，第364、365页。

③ 《左传》昭公二十六年。子西的突出作用在其他简文中有所记载，清华简《良臣》篇谓"楚昭王有令尹子西"，见李学勤主编：《清华大学藏战国竹简》（叁），图版第95页、释文第157页。

④ 有关王孙厌的祭祷为"☒祭王孙厌☒"（乙三：24），"是日祭王孙厌一𧝒，酒食"（乙三：42）。另有两例或与王孙厌有关："☒是日祭王孙□☒"（零：313），"☒祭王□"（零：666）。

⑤ 竹简整理者以为王孙厌是墓主平夜君成的父亲，墓主平夜君成的先祖序列为：昭王（曾祖）、平夜文君（祖）、王孙厌（父）（河南省文物考古研究所：《新蔡葛陵楚墓》，第184页）。但宋华强先生认为王孙厌实为墓主平夜君成之同辈兄弟，简文中的祖考序列为昭王（祖父）、平夜文君（父）（《新蔡葛陵楚简初探》，武汉：武汉大学出版社，2010年，第118、120页）。

⑥ 有学者认为祭祀世系的远近与宗法制下"大宗""小宗"祭祀权有关，葛陵楚墓的墓主平夜君成为大宗，故其所祭范围广。见陈伟：《楚人祷祠记录中的人鬼系统以及相关问题》，陈昭容主编：《古文字与古代史》第一辑，第383—385页。

先。然而，综观之，可见那些地位特殊的先祖、先王如文王、武王，那些与墓主平夜君成有密切血缘关系者如平夜文君、楚昭王，或是那些在平夜君成一系家族发展过程中，有重要建树的先祖如楚昭王、令尹子西，在整个所祷先祖系列中，具有比较重要的地位。

天星观竹简中，亦可见有祭祷远祖与先祖的记录。祭祷远祖简文只有一条："举祷番先特牛，馈之。"（简 119）简文记载竹简主人邸阳君番胜称远祖为"番先"而非"楚先"，学者指出其当为楚国异姓贵族。① 简文记载所祷之先祖较为单纯，主要有惠公、卓公，以及惠公至卓公之间的先祖，如"举祷卓公"（简 120）、"举祷惠公特牷"（简 121）、"罷祷卓公顺至惠公"（简130）、"赛祷卓公训至惠公，大牢，乐之"（简 136）。② 在可见的简文中，惠公受祭祷的次数较多，③其与墓主邸阳君番胜当有较紧密的亲缘关系。

秦家嘴 M1、M13、M99 三座墓葬中所出竹简祭祷先祖的情况是：

> □祷□都于五世王父以逾至新父④······（简 2）
>
> 至新父，苟使紫之疾速瘥，紫将择良月良日将速赛（简 3）（按，以上两简出于 M1）
>
> 乙未之日，赛祷五世以至新父母肥豢（简 1）
>
> □顺至新父母众鬼，特牛，酒食（简 4）
>
> 既□祷特牛于五世王父王［母］······（简 5）
>
> 赛祷五［世］（简 14；按，以上简文出自 M13）
>
> □祷之于五世王父王母训至新父母，疾（简 10）
>
> 赛祷于五世王父王母······地主、司命、司祸，各一羘（简 11；按，以上两简出自 M99）⑤

---

① 徐少华：《周代南土历史地理与文化》，武汉：武汉大学出版社，1994 年，第 123—138 页；晏昌贵：《巫鬼与淫祀——楚简所见方术宗教考》，第 158 页。

② 简文引自晏昌贵：《天星观卜筮祭祷简释文辑校》，收入《巫鬼与淫祀——楚简所见方术宗教考》。

③ 惠公还见于简 129、134、135、144、145、149、150、151、152。卓公见于简 146。

④ 新蔡简简文中也有"自某祖以逾至某祖"的格式，秦家嘴 M1 简略有不同，是由先祖直至生父。

⑤ 秦家嘴竹简简文皆引自晏昌贵：《秦家嘴卜筮祭祷简释文辑校》，收入《巫鬼与淫祀——楚简所见方术宗教考》，简文后编号为晏先生文编号。

从简文看，其祭祷的祖先都应当是"五世王父王母以至新父母"，只是表达用语略有不同，简2为"逾至"，简1为"以至"，简10为"训至"，但其义相同。① 三座墓葬墓主生前社会地位并不高，位于士、庶人行列，因此简文中没有祭祷楚远祖、先王的记录。但其祭祷先祖有一致性，皆包括生父、生母以及由祖父、祖母上溯的五世先祖。

严仓简有27枚为卜筮祭祷简，但可惜全部残断，目前尚未见有关祭祷祖先的内容。

综合上述，五种卜筮祭祷简由于墓主身份不一，因此所祭祖先也不尽相同，包山、望山、新蔡、天星观竹简主人皆为楚贵族，尽管所祷请祖先人数、数量存在差异，但所祭祷先祖的系统基本可划分为三类：远祖、先王（天星观简中为番先）、祖考。

二、"五世先祖"与祭祖范围

以上大致缕析了几种简文中祭祷祖先的系统，下面进一步探讨简文祭祖系统所展现出的特点，特别是需要讨论祭祷祖先的范围是否合于礼书中所说。

（一）祭祷"五世"祖先是否为普遍的祭祀方法

包山简中，所祷先祖包括由生父至高祖之父的五世之祖，新蔡简、秦家嘴简中亦出现"五世"的说法，表明"五世"是战国时期人颇为注重的亲属关系。学者曾经指出"连续祷祠五代先人，大概是战国中期楚国贵族中的流行做法"，②那么，祭祀五世祖是否是战国时期普遍的做法？需要辨析。

---

① 陈伟先生曾指出新蔡简文中的"竞平王以逾至文君"与"自文王以就圣声王"中"逾""就"代表不同的意义，撮其大义，"就"代表在同一系列中的系联，而"逾"表示过渡（《楚人祷祠记录中的人鬼系统以及相关问题》，收入陈昭容主编：《古文字与古代史》第一辑，第379页）。但从秦家嘴竹简来看，"逾""就"没有区别，故此"逾""就"或许没有根本性的不同，它们所串连起的先祖系列也没有本质的区别。

② 陈伟：《望山楚简所见的卜筮与祷祠——与包山楚简相对照》，《江汉考古》1997年第2期；《楚人祷祠记录中的人鬼系统以及相关问题》，陈昭容主编：《古文字与古代史》第一辑，第380页。陈伟先生在另一篇论文中又说"战国时楚人封君一级祭祀七代先人，大夫一级祭祀五代先人"（《新蔡楚简零释》，《华学》第六辑）。

"五世"之称见于传世文献，《礼记》谓：

> 有五世而迁之宗，其继高祖者也。①

> 有百世不迁之宗，有五世则迁之宗……宗其继高祖者，五世则迁者也。②

孔颖达疏"五世者，谓上从高祖下至玄孙之子，此玄孙之子则合迁徙，不得与族人为宗"。③《礼记·大传》又谓：

> 四世而缌，服之穷也。五世袒免，杀同姓也。六世，亲属竭矣。

孔颖达疏"四世，谓上至高祖以下至己，兄弟同承高祖之后，为族兄弟……五世袒免杀同姓也者，谓其承高祖之父者也……六世亲属竭矣者，谓其承高祖之祖者也"。④ 合经传可知，"五世先祖"是指高祖之父、高祖、曾祖、祖父、父五代祖考，古人对于"五世"有固定的理解。

揆诸卜筮祭祷简，则可见明确存在祭祷五世先祖的，只有包山简。望山楚简中祷请对象为柬大王（楚简王）、圣桓王（楚声王）、楚悼王、东宅公、王孙喿，看似为五世。但王孙喿与墓主亲属关系不能确定，故望山简中是否有真正的"五世"，未敢遽断。新蔡简中有"五世"之说，⑤但五世先祖的线索并不明晰，有学者认为"（新蔡）简文的'五世'不可能是指得氏之祖以

---

① 《礼记·丧服小记》，孔颖达：《礼记正义》，阮元校刻：《十三经注疏》，第 1495 页。
② 《礼记·大传》，孔颖达：《礼记正义》，阮元校刻：《十三经注疏》，第 1508 页。
③ 《礼记·丧服小记》，孔颖达：《礼记正义》，阮元校刻：《十三经注疏》，第 1495 页。
④ 《礼记·大传》，孔颖达：《礼记正义》，阮元校刻：《十三经注疏》，第 1507 页。关于五世，亦见于《礼记·檀弓上》"大公封于营丘，比及五世，皆反葬于周"，关于这里的"五世"，孔颖达疏曰"大公望生丁公伋，伋生乙公得，得生癸公慈母，慈母生哀公……周夷王烹哀公，亦葬周也。哀公是大公玄孙。哀公死，弟胡公靖立，靖死，献公山立，山死，武公寿立。若以相生为五世，则武公以上皆反葬于周。若以为君五世，则献公以上反葬周。二者未知孰是"（孔颖达：《礼记正义》，阮元校刻：《十三经注疏》，第 1281 页）。孔颖达提出"相生五世"和"君五世"两种说法，若是"相生五世"，则为由太公之子伋至太公玄孙之子齐献公的五代；若为"君五世"，则是指五位齐君，自丁公伋一太公玄孙胡公。这里有"生五世"与"君五世"的区别，主要是由于齐哀公之后其弟胡公即位，此为二君，但同一世。
⑤ "五世"在新蔡简中仅一见，"歽（恒）思郹亥敚于五世"（乙四：27）。

降的五世"。① 特别是前文已经分析，新蔡简中祭祀的先王、先祖系统十分复杂，先王包括熊丽至时王悼王之前的所有楚王，而先祖中也不存在特重五世先祖的状况，并且旁系祖先在新蔡简的祭祷中还占有显著位置，显然五世先祖的线索并不突出。秦家嘴简文数次出现"赛祷五世""祷于五世"的说法，然而，秦家嘴简文中的"五世"，其所包含的亲属关系与包山简、礼书中所说并不对等。秦家嘴竹简谓"赛祷五世以至新父母肥豢"（M13 简 1）、"祷之于五世王父王母训至新父母"（M99 简 10），其所说"五世"是指由祖父母而起的五代先祖，并不包括父考、母妣，所包含的亲属关系与包山简中所说的自高祖之父至父考的五世并不相同。因此，"五世"可能是战国时期重要的亲属概念，但在具体实践当中，人们并不以祭祷五世先祖为限，也尚难论定祭祷五世之祖是战国时期楚人普遍的习俗。

　　考其实，不但卜筮祭祷简中祈祷祖考不限于五世，传世文献中，亦可见春秋战国时人祭祀、祈祷祖先远不止于五世范围。如《国语·鲁语上》记曹刿进谏鲁庄公"诸侯祀先王、先公"，②知即便是常祀，远祖也在祭祀行列。至于有事而祷，则或祷诸先公、先王，或祷于某位特殊先祖，皆不以五世为界。③ 前编所引鲁昭公出居在外，季孙氏欲废昭公之子公衍而立昭公之弟，即此后的鲁定公，季平子遂祷于鲁炀公，即伯禽之庶子，而且在昭公死后又"立炀宫"，④季氏所祷即远祖。又如，鲁国季寤等欲因阳虎去三桓，行事之前，在鲁僖公庙中合祭先公。⑤ 既然是合祭先公，则必然包括远祖。再如，卫太子蒯聩大战前夕曾向其皇祖文王、烈祖康叔、文祖襄

---

　　① 晏昌贵：《巫鬼与淫祀——楚简所见方术宗教考》，第 161 页。但晏先生又提出"简文祷告平王、昭王、惠王、简王、声王，五世也可能是指这五王世而言"（同书第 162 页），若是，此五世与墓主血缘关系十分疏远。

　　② 上海师范大学古籍整理组校点：《国语·鲁语上》，第 153 页。

　　③ 《左传》昭公三十二年记载，周敬王欲城成周，请求晋人援助，谓"我欲徼福假灵于成王，修成周之城"（孔颖达：《春秋左传正义》，阮元校刻：《十三经注疏》，第 2127 页）。敬王所以祈灵于成王，由于成王曾命诸侯城成周。此条并非周敬王之祭祀、祈祷，但可见有事而请祖先，往往请灵于与事项有关的先祖，而不计世代。

　　④ 《左传》定公元年，孔颖达：《春秋左传正义》，阮元校刻：《十三经注疏》，第 2131—2132 页。

　　⑤ 《左传》定公八年，孔颖达：《春秋左传正义》，阮元校刻：《十三经注疏》，第 2143 页。

公祈祷。①皇祖文王即是周之先王，康叔是卫之始封君，他们距离蒯聩的时代绝对超越五世。统而言之，五世未必是春秋战国时人普遍祭祷的范围。

（二）远祖与近祖

分析五种竹简，可见在祖先系统中，直系近亲并非总是最重要的神灵。一般而言，父与祖父往往有特殊的地位，但他们并不具有绝对崇高的位置。包山楚简中，墓主祷请生父蔡公子家的次数最多，但单独祭祷生父、母的次数并不多，只有简202—204记载："祫于新父蔡公子家特腊、酒食，馈之；祫新母肥豨、酒食……"绝大多数情况下，生父、祖父与其他先祖一同受祷，如简202—204所记等等。望山简中情况与之类似，墓主悼固祭祷祖父东宅公，也多与其他先祖、神灵相混合，并且祭品也与其他祖先相同，没有特殊之处。

与祖考并不具有绝对崇高地位相比，远祖在所祈祷的祖先中却有其重要性。几种卜筮祭祷简都有祷请远祖如楚先、番先的记录，始祖的重要性不言而喻。注重远祖，实为春秋战国的时代风气。春秋青铜铭文中，常见作器者将家世追溯至始祖、远祖，足见始祖、远祖具有特别的意义。文献中常常可见人们以重要的祖先为名号标识子孙后代，如郑人谓"良霄，我先君穆公之胄，子良之孙，子耳之子"，将被杀的卿大夫良霄（死于襄公十九年，前554年）追溯至郑穆公（前648—前606年），鲁人则提醒背鲁适齐的公孙成为"周公之孙也"。② 可见春秋战国时人的观念中，重要的祖先和生者息息相关。

不但是重要的远祖在生者心目中地位非同一般，重要的旁系祖先也时时占有高位。在包山简中，简主祭祷的对象有东陵连器，此为旁系。而在新蔡楚简中，更可见旁系令尹子西享有特殊地位。事实上，春秋战国时人对于重要的旁系先祖十分推崇，以为他们也具有荫庇后人的强大能力。

---

① 《左传》哀公二年，孔颖达：《春秋左传正义》，阮元校刻：《十三经注疏》，第2157页。

② 分别见于《左传》昭公七年、哀公十五年，孔颖达：《春秋左传正义》，阮元校刻：《十三经注疏》，第2050、2175页。

《左传》昭公八年(前534年,时为齐景公十四年)记载,齐国子尾卒,其从兄弟之子子旗(栾施)欲并治子尾之家政,①为子尾之子子良(高彊,子旗与子良为从兄弟)立家宰,引起子良不满,意欲联合陈桓子攻打子旗。子旗不信,亲至桓子家,桓子劝子旗先下手进攻子良。但子旗说其本意是佑助尚未成年的子良,若与子良战,将何以对祖先(栾、高同出于齐惠公,前608—前599年在位),桓子感于子旗之言而有愧于心,遂对子旗说"顷、灵福子",②意谓齐顷公、齐灵公之灵福佑子旗。齐顷公为惠公之子,灵公为顷公之子,而子旗是顷公弟公子栾之孙,因此顷公为子旗之叔公,灵公为子旗之叔伯。栾氏得氏之祖为公子栾,顷公、灵公皆为旁系,但桓子却说顷公、灵公福佑子旗,可见旁系祖先也可发挥福佑的功能。揆诸新蔡简,旁系祖先令尹子西的地位比较突出,很可能也是由于子西对于平夜君成家族有重大贡献之故(前已述之,令尹子西在支持昭公嗣位方面,发挥关键作用)。

因此,祭祷活动中,生者注重直系父祖,但远祖往往也受到重视,这或许体现出"报本返始"之意。此外,旁系祖先也在生者的祭祷之列,特别是具有特殊身份、曾经发挥关键影响的旁系先祖,受到生者的推崇。

(三)"大夫不敢祖诸侯"

需要注意的是,五种竹简,除秦家嘴、天星观竹简(祭祀番先)外,皆有祭祷楚先王的记录。他们所祭祷的先王,不但包括得氏之祖,而且包括得氏之祖以上之先王,这一现象与礼书中所录规则显示出不小的差异,值得关注。《礼记·郊特牲》云:

> 诸侯不敢祖天子,大夫不敢祖诸侯。

即是说,诸侯不可祭祀天子,大夫不可祭祀诸侯,这是礼学家所强调的宗

---

① 子尾与子旗同出于齐惠公。惠公生公子栾、公子高,顷公生灵公。公子栾生公孙竈(子雅),公孙竈生栾施(子旗);公子高之子系公孙虿(子尾),公孙虿生高彊。因此,栾施(子旗)为公孙虿(子尾)之侄辈,栾施(子旗)与高彊(子良)为从兄弟辈。

② 见于《左传》昭公八年,孔颖达:《春秋左传正义》,阮元校刻:《十三经注疏》,第2052、2053页。

法制度当中的重要内容，其所以如此，"不敢以卑祭尊也"，①以严嫡庶尊卑之别。若依此，包山简、望山简、新蔡简简主身为大夫等级，就不得祭祀楚先王。可是，在几种简文中，皆见墓主生前祭祷楚先王之例，这一做法似乎为常态。

事实上，以诸侯之身祭祀天子之例，史有明载。《左传》文公二年云"宋祖帝乙，郑祖厉王"，宋国始封君为微子启，商王帝乙为其父，宋君祭祀帝乙，即是以诸侯的身份祭祀商先王；郑国始封君为桓公，周厉王之子，郑君祭祀周厉王，同样是以诸侯的身份祭祀周先王。对于宋、郑两国祭祀先王，前人解释为事出有因，并非常例，谓："诸侯不敢祖天子。若有大功德，王特命立之则可。若鲁有文王之庙、郑祖厉王是也。鲁非但得立文王之庙，又立姜嫄之庙，及鲁公文公之庙，并周公及亲庙，除文王庙外，犹八庙也。此皆有功德特赐，非礼之正。"②"此据寻常诸侯大夫，彼据有大功德者"，以为宋祭帝乙、郑祭厉王，为王之"特命"，为其有大功德之故，并非礼之常态。又谓"古《春秋左氏》说，天子之子，以上德为诸侯者，得祖所自出。鲁以周公之故，立文王庙。《左传》'宋祖帝乙，郑祖厉王，犹上祖也'。又曰'凡邑有宗庙先君之主曰都'，以其有先君之主，公子为大夫，所食采地亦自立所出公庙，其立先公庙准礼。公子得祖先君，公孙不得祖诸侯"，"诸侯有德祖天子者，知大夫亦得祖诸侯"。③ 在"有德"的旗号之下，不但诸侯可祭祀天子，大夫也可祭祀诸侯。

然而此说有可疑之处：宋、郑立国，是否真正具有大德，并无依据，只是经学家的一面之辞。而上引卜筮祭祷简，情形较之"宋祖帝乙，郑祖厉王"更为复杂。帝乙、厉王，系宋、郑始封君之父，换言之，宋、郑之祭也仅仅是祭其始祖之所自出上推一代而已。可是，包山、望山、新蔡简所祭祷祖先，不但有得氏之楚王，而且包括得氏祖之前的多代先王。这种情况，显然很难以各个简主有德而获得楚君恩准来解释。此种情况表明，作为

---

① 孙希旦：《礼记集解》，第 681 页。
② 孔颖达疏《礼记·王制》"天子七庙"（孔颖达：《礼记正义》，阮元校刻：《十三经注疏》，第 1335 页）。
③ 《礼记·郊特牲》，孔颖达：《礼记正义》，阮元校刻：《十三经注疏》，第 1448 页。

大夫等级的生者在事实上可以祭祀身为诸侯的远祖,而《礼记·郊特牲》所说只是礼学家为约束社会等级秩序而作的努力,是理想的境况,并非社会真实状况的反映。《礼记·祭法》中所录祭祀范围,分为常规之祭与因有事而祈的非常规祭祷两种。有事而祷的祖先范围,明显扩大,具有很大的随机性,这一做法很可能是对理想情境下的规则与社会现实状况的一种折中。

　　综之,祭祀祖先的数量、范围,在一定程度上反映了人们的血缘观念、家族观念。春秋战国时期,就卿大夫阶层来说,较为普遍的家庭形式是由直系近亲组成的。据学者研究,西周春秋时期常见的卿大夫之室是以核心家族(父母与其未婚子女两代),或者小型伸展家族(父母与其已婚诸子及其子女三代中的直系家族)为主所组成的亲属集团。"不仅一般贵族中有不含旁系的居住方式",在国氏集团中也是类似的居住方式。① 战国以来,世族存在的社会基础遭受破坏,大规模的家族难以保存,两代或三代共居应当也是这一时期普遍的居住形式。如此,则三世近亲为重要的亲属关系。反映于祭祀、祈祷活动中,父与祖或上推一代至曾祖理应具有至关重要的地位。然而在具体的实践中,如卜筮祭祷简显示,战国时人祷请祖先范围不拘于三世,甚至五世之界,非但没有固定世数的限制,而且祭祀远祖是为通例,甚至还可延伸至旁系,祭祷与家族有特殊关联的旁系祖先。种种情况,多数与礼书所说不相契合。只能说,礼学家所设定的祭祷祖先的级别、范围,具有整齐划一的特点,与实际操作有不小的出入。

第三节　祖先的神力

　　祖先是无可置疑的生者的保护神,全方位地保护生者。按照礼书所说,与生者有关的一切重大事项,皆须上告祖先。这在第一节中已有论述,不赘言。如果说礼书中所言是抽象出的原则,具有为未来社会规划的

---

① 见朱凤瀚:《商周家族形态研究》(增订本),第458—461页;谢维扬:《周代家庭形态》,北京:中国社会科学出版社,1990年,第205页。

意味，那么卜筮祭祷简不同，它们提供了具体而微的祭祀、祷请祖先的情况，为了解祖先的功能、祖先与生者的关系，以及祖先的地位提供了具体细致的材料。

五种卜筮祭祷简均显示，①祖先是生者的保护神，对于生者有强大的保护力。竹简主人在有疾不起时向祖先请祷，本身即已说明祖先对于护佑子孙的生命意义重大。西周时期青铜铭文中，生者往往向先祖祈祷"万年眉寿"，"永令多福"，而祖先神则"报以介福"，"万寿无疆"，祖先神灵具有护佑子孙绵延、终老寿考的功能。金文中的祈祷，基本是在常态下进行，是日常中的一般性祈祷。而竹简中的祷请发生在祷者方生方死之时，疾病愈重，祷请愈繁。可以想见，生死攸关之际，生者迫切希求祖先消灾禳疾，祖先神灵承载了生者的殷殷期待。

祖先护佑子孙，但竹简显示，祖先并非唯一的保护神，山川、河流、居所等神灵同样可以起到免除灾祸、病患的作用，祖先的神力受到其他神灵的牵制。五种卜筮祭祷简记载，墓主生前亦向宫、行、后土、司命、大水、宫地主等神灵行祷请。这些神灵并非大神，而是称为"杂祀"的小神。墓主生前有疾，向其他神灵请祷，表明不唯祖先，其他神灵一样发挥着消除灾害、延长生命的功用。不过，与其他神灵相较，祖先神的作用似乎更为突出。考之于简文，墓主生前祷请其他神灵的次数虽然很多，但祖先神仍然是墓主生前祷请最多的神灵。例如在完整的包山简中，祷请次数最多的是墓主之父蔡公子家（8次），而其他神灵之中，祷请次数最多的是行与二天子（各5次）。② 因而，在子孙患病，祷神禳疾方面，祖先神仍然最为有效，他们保护子孙的功能超过了其他神灵。

但需要引起注意的是，竹简亦表明祖先神非必总是处于最重要的位置。竹简时有记载，对祖先的祭祷跟随于其他神灵之后，并非始终是生者的首选。如包山简222、241、244、248是在举行了对太一、后土、大水等神灵的祭祷之后，才对祖先行祭祷。新蔡简甲三：213记载"☐户、门。有

---

① 严仓简由于残断原因，未见向祖先祭祷的内容。

② 新蔡简中情况相同，祷请直系先祖平夜文君、昭王的次数远超过祷请地主、北方、太等神灵的次数。

祟见于昭王、惠王、文君、文夫人、子西君。就祷☐",同样是在祷于门、户后,再向祖先祷请,祖先神的地位或不如其他神灵。《仪礼·既夕礼》甚至记载病人弥留之际,不祷于祖先,而祷于其他小神,谓"乃行祷于五祀,乃卒",①五祀是与日常生活有关的神,即司命、中霤、门、行(路神)、公厉(古代公侯死而无后,而为厉鬼者),既与生者没有血缘关联,也并非关键神灵,但却是主司日常生活之神。弥留之时,向五祀之神而非祖先祈祷,以求病人不死,可见祖先神的功能较之五祀有所不及。这意味着在人们的心目中,祖先的神力不是万能的。

祖先神并不总是最为重要的神灵,在其他材料中也有显示。秦骃祷病玉版显示,祷请者祈求的对象是华大山。铭文谓:

> 有秦曾孙小子骃曰:孟冬十月,厥气癝(败)周(凋)。余身曹(遭)病,为我慽忧。怲怲反侧,无间无瘳。众人弗智(知),余亦弗智(知),而靡有鼎休。吾穷而无奈之可(何),永懃忧螯(愁)。周世既没,典灋(法)薛(散)亡,惴惴小子,欲事天地、四亟(极)、三光、山川、神示(祇)、五祀、先祖,而不得厥方……东方有士姓,为刑(形)法氏,其名曰陉。洁可以为灋(法),净可以为正。吾敢告之:余无罪也,使明神智(知)吾情。若明神不☐其行,而无罪☐友(宥)刑,螜(贤)螜(贤)烝民之事明神,孰敢不精? 小子骃敢以芥(玠)圭、吉璧、吉叉(瑶)以告于华大山。大山又(有)赐,八月☐巳吾腹心以下至于足髀之病能自复如故。请有祠用牛牺贰,其齿七,洁☐☐及羊、豢、路车四马,三人壹家,壹璧先之;☐☐用贰牺、羊、豢,壹璧先之,而复(覆)华大山之阴阳,以☐☐昝,☐昝既☐,其☐☐里,世万子孙,以此为尚(常)。句(苟)令小子骃之病日复,故告太一、大将军,人壹家,☐王室相如。②

据学者研究,秦骃祷病玉版的制作时间约在公元前 320 年前后。③ 铭文

---

① 贾公彦:《仪礼注疏》,阮元校刻:《十三经注疏》,第 1158 页。

② 铭文释文参考:李零《秦骃祷病玉版的研究》,李学勤《秦玉牍索隐》,李家浩《秦骃玉版铭文研究》,以及曾宪通、杨泽生、肖毅《秦骃玉版文字初探》。

③ 关于秦骃玉版的制作时间,本文参考了李学勤先生的意见,见《秦玉牍索隐》。

大意是，秦国高级贵族骃，向华山神祈祷。他向神灵诉说疾病缠身，遭遇痛苦，忧愁无间。他表白自己欲祭祀天地、四极、三光、山川、神祇、五祀、先祖各类神灵而不得方，心情苦痛。他又向东方掌刑法的士姓申诉自己无罪，请神灵明察。他还向华山神赛祷还愿，①感谢神灵恩赐病情好转。他再次祈祷疾病痊愈，并许愿将以丰富的祭品告祀太一、大将军等。在这里，名骃者罹患疾病，在祷辞中他虽提及祖先，但显然祖先不是他主要依赖的神灵，保佑他趋于好转的是华山神，寄托了他无限期望的也是华大山神灵。

在新蔡楚简的一段祷辞中，祷者同样向自然神灵祈祷而非祖先神：

> ▢食，昭告大川有泲，曰：呜呼哀哉！少（小）臣成暮（暮）生毕孤▢（零：9，甲三：23、57）▢食，昭告大川有泲。少（小）臣▢（甲三：21）有祝（祟）见于大川有泲，小臣成敬之瞿▢（零：198、203）▢▢少（小）臣成奉遗戲（甲三：64）▢成敢用解讹怿忧，若（甲三：61）臣成敢▢（乙四：28）▢少（小）臣成拜手稽首，敢用一元▢（乙四：70）▢之，敢用一元犕痒（牂），先之▢（乙四：48）▢少（小）臣成迷（速）瘳，是▢（甲三：16）▢［小］臣成之▢（零：106）自我先（先人），以▢（零：217）②

这一段简文，祷者自称小臣成，可以推断即新蔡葛陵楚墓墓主平夜君成。简文记载，平夜君成祷告的对象为"大川有泲"。"泲水"文献缺载，但根据先秦时期"祭不越望"③的礼制判断，应当是平夜君成封国境内的河流。祷者自述"少臣成敬之瞿"，"呜呼哀哉，小臣成暮生毕孤"，"小臣成奉遗戲"。"瞿"通为"惧"，此句可拟补为"敬之惧之"，是说大川有泲致祟，平夜君成对其戒慎恐惧；暮，整理者释为"暮"，"暮生"应与习见的"暮年"同意，

---

① 有学者认为祷辞所谓"大山有赐……世万子孙，以此为常"应为报赛之辞。从祷辞推断，骃以前也曾祈祷华山神，后病情稍愈，因此在再次祈祷中有报赛还愿的内容。

② 河南省文物考古研究所：《新蔡葛陵楚墓》。需要说明的是，上引简文并非一次祷请祷辞的完整记录。如"昭告大川有泲"重复出现，就可说明祷辞是数次祷请结果的记录。屡次祷请，恐怕与平夜君成疾病缠身，渴求祓禳去疾的焦灼迫切心理有关。

③ 《左传》哀公六年，孔颖达：《春秋左传正义》，阮元校刻：《十三经注疏》，第2162页。

指人生之晚境；"毕"有皆、全之意，"毕孤"是说晚年完全孤独，平夜君成自表孤寂悲苦，请神怜悯；奉，《说文》"承也"，段玉裁注"承，奉也，受也"；"遗"，裘锡圭先生曾将"禹"释为"害"，①"戯"，可释作"瘧（疟）"，《说文》"虍"部"虐"之古文即为"虐"，段注曰"今人谓间二日一发为大疟，颜之推云两日一发之疟，今北方犹呼痎疟"。② 平夜君成遭受害疟之苦，因此向神灵诉说愿望，谓"成敢用解讹怿忧"，"小臣成迷（速）瘳"。"解"有解判、消除之意；讹，从化读音，"化""祸"皆为歌部字，音同可通，"怿"，通为"斁"。"解祸斁忧"，即消除灾祸和忧患；瘳，病愈。"解祸斁忧"是从宽泛的角度来说，落实到具体则是冀其病愈，即"速瘳"。平夜君成祈祷大川有沇助其一臂之力，赐降福佑，度过危难。

照一般逻辑来说，个体生命源于先祖，在遭遇疾痛之时，当朝夕窬窬以呼祖考。而秦駰、新蔡墓主祷请自然神灵，将哀婉、悲切的心中之情寄托在自然神灵之上，或许以为这些神灵较之祖先拥有更强大的神力、护佑祷者的能力更加突出吧。相形之下，祖先的神力似乎有所不逮。

还需要提及的是，祖先固然护佑子孙，但是另一方面，祖先又降祟于生者。先祖缘何为祟降祸，原因不明。但由竹简看，即使祖先为祟，生者亦可采取若干方法禜祟。包山简记录在祖父司马子音为祟后，"以其故敓之，举祷特牛，馈之"（简222），"为子左尹铊举祷于新王父司马子音特牛，馈之"（简224），以敓、祷等方式消除祖父所降之祟。新蔡简记载有祟后，"就祷"（甲三：213），同样是以祷的方式禜祟。祖先降祟，表明祖先是必须敬畏的神灵。

综合上述，卜筮祭祷简所反映出的祖先崇拜状况是：祖先是生者的保护神，方生方死之际，起到护佑生者，禳疾消灾的作用。但同时，祖先又可降灾，导致生者患疾。另外，祖先虽可以保护生者，但并不是唯一的保护神，其他诸种小神如门、行、宫等也常常成为墓主生前祷请的对象，有时他们的作用甚至超越祖先神。这意味着，相对而言，祖先的神力衰落了。

---

① 裘锡圭：《释"蛊"》，《古文字论集》，北京：中华书局，1992年，第11—16页。

② 段玉裁：《说文解字注》"痎"字注，第350页。

本 章 小 结

战国时期"三礼"的编纂，代表着礼制进一步精细化。礼制对于祖先崇拜特别是在祖先祭祀方面不但有许多细致的规定，而且将祭祀祖先归纳为原理，总结为理论，以凸显祖先的重要性，以及对于人生的影响，其所产生的客观结果即是维护了祖先无上的地位。

战国时期礼学家倡导"诚""敬"观念，为祭祀礼仪输入真切的情感、诚挚的追忆。礼学家谓"贤者之祭也，致其诚信与其忠敬……不求其为，此孝子之心也"，提倡祭祖之时，献上的是一片冰心，而不祈求祖先福报，宣扬不夹杂利己意识的单纯的祭祀。应当说，西周时期，周人强调对待祖先敬爱有加，战国时人则在此基础上进一步提升出追念祖先、感恩祖先、荣耀祖先的意识，谓"郊之祭也，大报本反始也"，①天子郊祭祭祀祖先，体现的是回归本初、感恩祖先之心。战国礼学家将祭祀祖先与治理国家等量齐观，谓"禘、尝之义大矣，治国之本也"，②将禘、尝等祖先之祭体现出的对于祖先的尊崇，视为国家治理的基本观念。祖先祭祀的道德化更进一步。

关于战国时期祭祀祖先的系统，几种竹简（主要是包山、望山、新蔡、天星观贵族类竹简）提供了弥足珍贵的材料。尽管几种竹简所祷请祖先人数、数量存在差异，但所祭祷先祖的系统基本可划分为三类：远祖、先王（天星观简中为番先）、祖考。细致分析这三类祖先，可以知晓，战国时人祷请祖先范围不限于三世、五世的设定，与《礼记·大传》《丧服小记》等所说的祭祀范围不完全相合。并且，在简文中，祭祷远祖是人们通常的惯例，远祖常常具有重要的地位。在各个简主所祭祷的祖先范围内，还可见旁系祖先，若干在家族发展中有独特贡献的先祖同样受到人们的重视。

而说到祖先的神力，则可见战国社会，祖先受到人们的崇敬，祖先依

① 《礼记·郊特牲》，孔颖达：《礼记正义》，阮元校刻：《十三经注疏》，第 1453 页。
② 《礼记·祭统》，孔颖达：《礼记正义》，阮元校刻：《十三经注疏》，第 1606 页。

然保护生者身体发肤不受损害,保佑子孙长命无疆,当子孙生命遭遇威胁之时,他们向祖先祷告发愿。然而,综观战国时期的文献,又可见在一些危急时刻,人们更情愿将祈求诉诸其他神灵,这种情况,显示出祖先的神力相对地衰落了。

本　编　小　结

　　西周传统的天命论，即以上天为王权终极依据的理论，在战国时期遭遇了来自五德终始说方面的挑战。由天命论向五德终始说的转变，是战国至秦汉时间段中，古代政治文化、意识形态转折、变革的重要内容。缕析天命到五德终始说的演变，是了解战国、秦汉时期政治意识的关键内容。①

　　史书记载，秦昭襄王五十二年（前 255 年）周之九鼎入秦，秦王认为秦将取代有周王朝。在这一重大转变过程中，五德终始说为其提供了观念支撑。《史记·封禅书》记载"自齐威、宣之时，驺子之徒论著终始五德之运，及秦帝而齐人奏之，故始皇采用之"，到秦始皇的时代，五德终始说替代传统的天命论成为大一统王朝立国的最重要观念依据，天命论相对边缘化了。

　　天命观念在战国时期的式微，与现实中周代王权的衰落大有关联。周之德衰，意味天命行将转移。在这种情况下，天命论不再受到青睐。换言之，行将衰亡之政权所看重的理论，在其王朝沦为夕阳之时，怎么可能再具有强大的说服力呢？这是不言自明的事实。

　　然而，若将五德终始说与天命观相比较，可见天命论作为一种解说政权建立依据的理论，有其优势：

　　一，传统的天命观认为，天命转移的依据是人之德行，即周人所谓

---

　　①　由五德终始说重新演变为新的天命观念，则是另一复杂的课题。因学力所限，本书暂不涉及。

"天辅明德"。而五德终始说则是以冥冥中存在事实上并不存在的一类因素(人们亦将之称为"德",归纳、依附为五种自然物质:水、木、金、火、土)为观念的起点。前者表现出人文色彩,它强调统治者只有拥有伦理之德,才可膺受大命。因此在上位者只有勉力求德,天命乃降;后者则是一种随机的"耦合",它认为每一王朝自然而然具有与之相配的德,这一种"德"是客观存在,只须使其圆满地揭示出来,战胜前朝之"德",就可获取统治权力。五德终始说认为,意欲获得天下者,关键之处在于发现支配其王朝发展的那些自然因素,并且自觉地向那些因素靠拢,因循那些因素。五德终始说之中,虽然没有抛弃伦理之德,如司马迁所说驺衍所宣扬的五德终始,"然要其归,必止乎仁义节俭,君臣上下六亲之施"。① 但是在这种学说当中,伦理之"德"只是自然之"德"的组成部分,其自然所具备的"德"(即五行)对于王朝而言,更加至关重要。换句话说,五德终始说更加强调自然因素,伦理之德在其体系中并未居于最核心地位。

二,传统的"天命"论中,天、帝是至高神灵,政权来源于最高的神灵,因此,政权具有无可置疑的崇高性。五德终始学说当中,五德虽然也有对应的五帝,但五帝相较于皇天上帝,并非绝对至上的最高神灵。而且五帝是按照"五德终始"规律循环运行,轶兴轶衰。因此,五德终始虽然是一种解释王朝递嬗的体系,但在赋予政权的崇高、庄严及权威方面,不及以礼敬昊天上帝为核心的天命观念。

三,天命论中,统治者自称膺受大命,然而并没有任何可资证明之处,西周统治者径称天降大命,文王有德而获得皇天上帝垂顾,但事实上这类宣称都可视为意识形态的组成部分,而无法证明。五德终始说是用五行即五种自然元素来阐释政权兴替,而又将这些自然元素与社会元素关联,由于自然元素具有客观性,因此与之相应的王朝的转换也就貌似具有了客观性,王朝的递嬗便具有了不以统治者自身意志为转移的客观性。但是,若究其实,其中并不存在真正的客观性,无法论证王朝与之对应的"五行"之一实际上存在对应关系。因此,尽管五德终始说囊括古今,对于

---

① 《史记·孟子荀卿列传》,《史记》,第 2344 页。

人们的视听,产生相当的震撼冲击力量,但是"其语闳大不经",正如司马迁所言,"王公大人初见其术,惧然顾化,其后不能行之",①"怪迁阿谀苟合之徒自此兴",②终究不能令人信服。

总而言之,天命论向五行说的过渡,是战国时期政治思想当中的一件大事,值得瞩目。

战国社会,信仰领域中另一显著的变化是五帝观念的出现。帝由昔日的一帝变为五帝,上帝至上神的地位变得模糊起来。不仅如此,五帝与五行观念相结合,酝酿出五德终始说,在战国后期产生巨大影响。

关于五帝的起源,目前尚不清楚。但可以肯定的是,五帝不是上帝,五帝的神格低于上帝。在记载五帝最为详备的《周礼》当中,可见五帝应当是五方帝。然而,《周礼》中尚无将五帝与五方、五色、五人帝结合的做法。《周礼》当中的"五帝"系统尚不完备。

完整的"五帝"系统的出现,盖当战国晚期。《吕氏春秋·十二纪》《礼记·月令》中已有五帝与五神、五行、五色、四方和中央,以及四时等相配的系统。在这个系统中,五帝是太皞、炎帝、黄帝、少皞、颛顼,他们既是人神又是天神。

战国礼书中记载有不少祭祀上帝、祭祀五帝的说法,但与其说这是战国社会的实录,不如说是礼学家根据周代礼制推演、抽绎、提炼的结果,其目的,很可能是为未来社会规划。

战国时期的祖先崇拜,最为重要的内容是华夏共同祖先意识的形成。这一点,已为学界共识,无需赘言。略可补充的是,春秋战国社会,出现了"创造祖先"的热潮。众所周知,西周以至春秋初年,时人对于古史尚没有悠久的推测,也并没有许多民族公认的始祖,③正所谓"上古天子本不相继"。④ 而在春秋中期以来,开始出现将众多的氏族部落合并、串联成一

---

① 《史记·孟子荀卿列传》,《史记》,第 2344 页。
② 《史记·封禅书》,《史记》,第 1369 页。
③ 详见顾颉刚:《与钱玄同先生论古史书》,《古史辨》第一册中编,上海:上海古籍出版社,1982 年,第 61 页。
④ 崔述:《夏考信录》卷一"禹上"(顾颉刚编订:《崔东壁遗书》,上海:上海古籍出版社,1983 年,第 108 页)。

定的世系的现象,如社会中有夏、商、周皆出自颛顼的说法,而诸多部族皆与黄帝、炎帝、祝融等有了血缘上的关联。原始部族中某些人物的相互关系,即通过上挂下连开列出来的所谓世系,当然是出于古人的想象和后世的附会,但造成的结果则是周代诸夏人士自称"皆黄、炎之后",[1]囊括万邦以为一家,华夏共同祖先的意识已然形成。

---

① 《国语·周语下》,上海师范大学古籍整理组点校:《国语·周语》,第107页。

参 考 文 献

一、传世文献

孔颖达：《周易正义》，阮元校刻：《十三经注疏》，北京：中华书局，1980年。

　　　　《尚书正义》，阮元校刻：《十三经注疏》，北京：中华书局，1980年。

　　　　《毛诗正义》，阮元校刻：《十三经注疏》，北京：中华书局，1980年。

贾公彦：《周礼注疏》，阮元校刻：《十三经注疏》，北京：中华书局，1980年。

　　　　《仪礼注疏》，阮元校刻：《十三经注疏》，北京：中华书局，1980年。

孔颖达：《礼记正义》，阮元校刻：《十三经注疏》，北京：中华书局，1980年。

　　　　《春秋左传正义》，阮元校刻：《十三经注疏》，北京：中华书局，1980年。

徐　彦：《春秋公羊传注疏》，阮元校刻：《十三经注疏》，北京：中华书局，1980年。

杨士勋：《春秋穀梁传注疏》，阮元校刻《十三经注疏》，北京：中华书局，1980年。

邢　昺：《论语注疏》，阮元校刻：《十三经注疏》，北京：中华书局，1980年。

　　　　《孝经注疏》，阮元校刻：《十三经注疏》，北京：中华书局，1980年。

　　　　《尔雅疏》，阮元校刻：《十三经注疏》，北京：中华书局，1980年。

孙　奭：《孟子注疏》，阮元校刻：《十三经注疏》，北京：中华书局，1980年。

蔡　沈：《书集传》，南京：凤凰出版社，2010年。

孙星衍：《尚书今古文注疏》，北京：中华书局，1986年。

阎若璩：《尚书古文疏证》，上海：上海古籍出版社，2010年。

陈寿祺辑校：《尚书大传》，北京：中华书局，1985年。

朱　熹：《诗集传》，北京：中华书局，1958年。

陈　奂：《诗毛氏传疏》，北京：中国书店，1984年。

王先谦：《诗三家义集疏》，北京：中华书局，1987年。

马瑞辰：《毛诗传笺通释》，北京：中华书局，1989年。

胡承珙：《毛诗后笺》，合肥：黄山书社，1999年。

方玉润：《诗经原始》，北京：中华书局，1986年。

王安石：《周官新义》，吴人整理，朱维铮主编：《中国经学史基本丛书》第二册，上海：
　　　　上海书店出版社，2012年。

王昭禹：《周礼详解》，文渊阁四库全书第九十一册，台北：商务印书馆影印，1982年。

孙诒让：《周礼正义》，北京：中华书局，1987年。

叶　时：《礼经会元》，文渊阁四库全书第九十二册，台北：商务印书馆影印，1982 年。

陈　澔：《礼记集说》，南京：凤凰出版社，2010 年。

王夫之：《礼记章句》，《船山全书》第四册，长沙：岳麓书社，1996 年。

郭嵩焘：《礼记质疑》，长沙：岳麓书社，1992 年。

朱　彬：《礼记训纂》，北京：中华书局，1995 年。

孙希旦：《礼记集解》，北京：中华书局，1989 年。

刘文淇：《左传旧注疏证》，北京：科学出版社，1959 年。

顾栋高撰，吴树平、李解民点校：《春秋大事表》，北京：中华书局，1993 年。

朱　熹：《论语集注》，《四书章句集注》，北京：中华书局，1983 年。

刘宝楠：《论语正义》，北京：中华书局，1990 年。

郝懿行：《尔雅义疏》，上海：上海古籍出版社，1983 年。

焦　循：《孟子正义》，北京：中华书局，1987 年。

王聘珍：《大戴礼记解诂》，北京：中华书局，1983 年。

黄以周：《礼书通故》，《续修四库全书》第 111 册。

秦蕙田撰，方向东、王锷点校：《五礼通考》，北京：中华书局，2020 年。

金　鹗：《求古录礼说》，王先谦编：《清经解续编》第三册。

雷学淇：《介庵经说》卷七，北京：商务印书馆，1936 年。

王引之：《经传释词》，长沙：岳麓书社，1982 年。

　　　　《经义述闻》，南京：江苏古籍出版社，1985 年。

皮锡瑞：《经学通论》，北京：中华书局，1954 年。

许　慎：《说文解字》，北京：中华书局，1963 年。

段玉裁：《说文解字注》，上海：上海古籍出版社，1988 年。

朱骏声：《说文通训定声》，北京：中华书局，1984 年。

周祖谟：《广韵校本》，北京：中华书局，1960 年。

　　　　《宋本广韵》，北京：中国书店，1982 年。

王念孙：《广雅疏证》，北京：中华书局，1983 年。

徐复主编：《广雅诂林》，南京：江苏古籍出版社，1992 年。

刘　熙：《释名》，北京：中华书局，1985 年。

上海师范大学古籍整理组校点：《国语》，上海：上海古籍出版社，1988 年。

徐元诰：《国语集解》，北京：中华书局，2002 年。

方诗铭、王修龄：《古本竹书纪年辑证》，上海：上海古籍出版社，1981 年。

　　　　《战国纵横家书》，北京：文物出版社，1976 年。

《史记》，北京：中华书局，1959 年。

《汉书》，北京：中华书局，1962 年。

《后汉书》，北京：中华书局，1965 年。

《晋书》，北京：中华书局，1974 年。

郦道元著，陈桥驿校证：《水经注校证》，北京：中华书局，2007 年。

欧阳修、宋祁：《新唐书》，北京：中华书局，1975 年。

宋敏求编：《唐大诏令集》，北京：商务印书馆，1959 年。

王　溥：《唐会要》，上海：上海古籍出版社，1991 年。

《宋史》，北京：中华书局，1977 年。

郑　樵：《通志》，北京：中华书局，1987 年。

《通志二十略》，北京，中华书局，1995 年。

马端临：《文献通考》，北京：中华书局，1986 年。

《明史》，北京：中华书局，1974 年。

《清实录》，北京：中华书局，1985 年。

王先谦：《汉书补注》，北京：中华书局，1983 年。

秦嘉谟等：《世本八种》，北京：中华书局，2008 年。

郭庆藩：《庄子集释》，北京：中华书局，2012 年。

王钧林、周海生：《孔丛子》，北京：中华书局，2009 年。

吴则虞：《晏子春秋集释》，北京：中华书局，1962 年。

杨丙安：《十一家注孙子校理》，北京：中华书局，1999 年。

孙诒让：《墨子间诂》，北京：中华书局，2001 年。

黎翔凤：《管子校注》，北京：中华书局，2004 年。

王先谦：《荀子集解》，北京：中华书局，1988 年。

王先慎：《韩非子集解》，北京：中华书局，2003 年

许维遹：《吕氏春秋集释》，北京：中华书局，2009 年。

郝懿行：《山海经笺疏》，成都：巴蜀书社，1985 年。

刘文典：《淮南鸿烈集解》，北京：中华书局，1989 年。

苏　舆：《春秋繁露义证》，北京：中华书局，1992 年。

汪荣宝：《法言义疏》，北京：中华书局，1987 年。

陈　立：《白虎通疏证》，北京：中华书局，1994 年。

汪继培：《潜夫论笺校正》，北京：中华书局，1985 年。

王应麟：《困学纪闻》，上海：上海古籍出版社，2008 年。

刘若愚：《酌中志》，北京：北京古籍出版社，1994 年。

施耐庵：《水浒传》第 2 版，北京：人民文学出版社，1997 年。

于　鬯：《香草校书》，北京：中华书局，1984 年。

王念孙：《读书杂志》，北京：中国书店，1985 年。

崔　适：《史记探源》，北京：中华书局，1986 年。

朱　熹：《楚辞集注》，上海：上海古籍出版社，2001 年。

洪兴祖：《楚辞补注》，北京：中华书局，1983 年。

王夫之：《楚辞通释》，上海：上海人民出版社，1975 年。

　　　　《韩昌黎文集注释》，西安：三秦出版社，2004 年。

　　　　《二程遗书》，文渊阁四库全书本，上海：上海古籍出版社影印，1992 年。

　　　　《欧阳修全集》，李逸安点校，北京：中华书局，2001 年。

黄宗羲：《破邪论》，《黄宗羲全集》第一册，杭州：浙江古籍出版社，1985 年。

清高宗：《御制诗四集》卷十四，文渊阁四库全书本。

阮　元：《揅经室集》，北京：中华书局，1993 年。

崔述著，顾颉刚编订：《崔东壁遗书·丰镐考信录》，上海：上海古籍出版社，
　　　　2013 年。

孙星衍：《问字堂集》，上海：上海书店出版社，1988 年。

王鸣盛：《蛾术编》，上海：上海书店出版社，2012 年。

二、出土文献

曹玮编著：《周原甲骨文》，北京：世界图书出版公司，2002 年。

陈伟主编：《睡虎地秦墓简牍》，《秦简牍合集（壹）》上，武汉：武汉大学出版社，
　　　　2014 年。

甘肃省文物考古研究所：《天水放马滩秦简》，北京：中华书局，2009 年。

河南省文物考古研究所编著：《新蔡葛陵楚墓》，郑州：大象出版社，2003 年。

河南省文物研究所、河南省丹江库区考古发掘队、淅川县博物馆：《淅川下寺春秋楚
　　　　墓》，北京：文物出版社，1991 年。

湖北省博物馆、湖北省文物考古研究所、随州市博物馆编：《随州叶家山——西周早
　　　　期曾国墓地》，北京：文物出版社，2013 年。

湖北省荆沙铁路考古队：《包山楚简》，北京：文物出版社，1991 年。

　　　　　　　　　　　《包山楚墓》，北京：文物出版社，1991 年。

湖北省文物考古研究所：《江陵望山沙冢楚墓》，北京：文物出版社，1996 年。

湖北省文物考古研究所、随州市考古队编：《随州孔家坡汉墓简牍》，北京：文物出版
　　社，2006年。

湖北省文物考古研究所、北京大学中文系编：《九店楚简》，北京：中华书局，2000年。

黄德宽主编：《清华大学藏战国竹简》第十册，上海：中西书局，2020年。

荆门市博物馆：《郭店楚墓竹简》，北京：文物出版社，1998年。

李学勤、齐文心、艾兰编：《英国所藏甲骨集》，北京：中华书局，1985年。

李学勤主编：《清华大学藏战国竹简》第一册，上海：中西书局，2010年。

　　　　　　《清华大学藏战国竹简》第二册，上海：中西书局，2011年。

　　　　　　《清华大学藏战国竹简》第三册，上海：中西书局，2012年。

　　　　　　《清华大学藏战国竹简》第五册，上海：中西书局，2015年。

刘雨、卢岩：《近出殷周金文集录》，北京：中华书局，2002年。

马承源主编：《上海博物馆藏战国楚竹书》第一册，上海：上海古籍出版社，2001年。

　　　　　　《上海博物馆藏战国楚竹书》第二册，上海：上海古籍出版社，2002年。

　　　　　　《上海博物馆藏战国楚竹书》第四册，上海：上海古籍出版社，2004年。

　　　　　　《上海博物馆藏战国楚竹书》第五册，上海：上海古籍出版社，2005年。

　　　　　　《上海博物馆藏战国楚竹书》第六册，上海：上海古籍出版社，2007年。

　　　　　　《商周青铜器铭文选》，北京：文物出版社，1990年。

容　庚：《金文编》，北京：中华书局，1985年。

山东省博物馆编：《山东金文集成》，济南：齐鲁书社，2007年。

首阳斋等编：《首阳吉金》，上海：上海古籍出版社，2008年。

睡虎地秦墓竹简整理小组：《睡虎地秦墓竹简》，北京：文物出版社，1990年。

吴镇烽编：《商周青铜器铭文暨图像集成》，上海：上海古籍出版社，2014年。

　　　　　《商周青铜器铭文暨图像集成续编》，上海：上海古籍出版社，2016年。

叶玉森：《殷契钩沉》，《甲骨文研究资料汇编》第十六册，北京：北京图书馆出版社，
　　2008年。

中国社会科学院考古研究所编：《小屯南地甲骨》，北京：中华书局，1980年。

中国国家博物馆、中国书法家协会编：《中国国家博物馆典藏甲骨文金文集粹》，合
　　肥：安徽美术出版社，2015年。

中国社会科学院历史研究所编：《甲骨文合集》，北京：中华书局，1978—1982年。

中国社会科学院考古研究所编：《殷周金文集成》（修订增补本），北京，中华书局，
　　2007年。

　　　　　《殷墟小屯村中村南甲骨》，昆明：云南人民出版社，2012年。

朱汉民、陈松长主编：《岳麓书院藏秦简》第一册,上海：上海辞书出版社,2010 年。

三、学术专著

常玉芝：《商代宗教祭祀》,北京：中国社会科学出版社,2010 年。

晁福林：《春秋战国的社会变迁》,北京：商务印书馆,2011 年。

　　　《上博简〈诗论〉研究》,北京：商务印书馆,2013 年。

陈秉新、李立芳：《出土夷族史料辑考》,合肥：安徽大学出版社,2005 年。

陈初生：《金文常用字典》,西安：陕西人民出版社,2004 年。

陈　来：《古代宗教与伦理——儒家思想的根源》,北京：三联书店,1996 年。

　　　《古代思想文化的世界——春秋时代的宗教、伦理与社会思想》,北京：三联
　　　书店,2009 年。

陈梦家：《尚书通论》(增订本),北京：中华书局,1985 年。

　　　《殷虚卜辞综述》,北京：中华书局,1988 年。

　　　《西周铜器断代》,北京：中华书局,2004 年。

　　　《西周年代考六国年表》,北京：中华书局,2007 年。

陈佩芬：《夏商周青铜器研究》,上海：上海古籍出版社,2004 年。

陈奇猷：《韩非子新校注》,上海：上海古籍出版社,2000 年。

　　　《吕氏春秋新校释》,上海：上海古籍出版社,2002 年。

陈全方：《周原与周文化》,上海：上海人民出版社,1988 年。

陈　伟：《包山楚简初探》,武汉：武汉大学出版社,1996 年。

陈英杰：《西周金文作器用途铭辞研究》,北京：线装书局,2009 年。

陈子展：《诗三百解题》,上海：复旦大学出版社,2001 年。

董楚平：《吴越徐舒金文集释》,杭州：浙江古籍出版社,1992 年。

董　珊：《简帛文献考释论丛》,上海：上海古籍出版社,2014 年。

董作宾：《董作宾先生全集》(甲编),台北：艺文印书馆,1978 年。

杜正胜：《从眉寿到长生——医疗文化与中国古代生命观》,台北：三民书局,2005 年。

范祥雍：《战国策笺证》,上海：上海古籍出版社,2006 年。

费孝通：《中华民族多元一体格局》,北京：中央民族学院出版社,1989 年。

冯友兰：《中国哲学史》,北京：中华书局,1961 年。

　　　《中国哲学史新编》,北京：人民出版社,1982 年。

　　　《中国哲学简史》,赵复三译,北京：三联书店,2009 年。

傅斯年：《民族与古代中国史》,石家庄：河北教育出版社,2002 年。

高　明：《帛书老子校注》，北京：中华书局，1996年。

高　亨：《高亨著作集林》，北京：清华大学出版社，2004年。

　　　　《诗经今注》，上海：上海古籍出版社，1980年。

　　　　《文史述林》，北京：中华书局，1980年。

　　　　《周易大传今注》，济南：齐鲁书社，1979年。

顾颉刚：《顾颉刚古史论文集》，北京：中华书局，1988年。

顾颉刚、刘起釪：《尚书校释译论》，北京：中华书局，2005年。

郭沫若：《甲骨文字研究》，北京：人民出版社，1952年。

　　　　《青铜时代》，北京：科学出版社，1957年。

　　　　《中国古代社会研究》，北京：人民出版社，1982年。

　　　　《郭沫若全集·考古编》，北京：科学出版社，1982年。

　　　　《两周金文辞大系图录考释》，上海：上海书店出版社影印，1999年。

郭人民：《战国策校注系年》，郑州：中州古籍出版社，1988年。

何建章：《战国策注释》，北京：中华书局，1990年。

黄怀信、张懋镕、田旭东：《逸周书汇校集注》，上海：上海古籍出版社，1995年。

黄灵庚：《楚辞章句疏证》，北京：中华书局，2007年。

黄晓芬：《汉墓的考古学研究》，长沙：岳麓书社，2003年。

侯外庐、赵纪彬、杜国庠：《中国思想通史》第一卷，北京：人民出版社，1957年。

侯外庐：《中国古代社会史论》，石家庄：河北教育出版社，2000年。

蒋善国：《尚书综述》，上海：上海古籍出版社，1988年。

金景芳：《中国奴隶社会史》，上海：上海人民出版社，1983年。

金祥恒：《续甲骨文编》，台北：艺文印书馆，1959年。

李　零：《中国方术续考》，北京：东方出版社，2000年。

李　圃：《古文字诂林》，上海：上海教育出版社，1999年。

李孝定：《甲骨文字集释》，南港："中研院"，1965年。

李学勤：《殷代地理简论》，北京：科学出版社，1959年。

　　　　《古文献丛论》，上海：上海远东出版社，1997年。

　　　　《缀古集》，上海：上海古籍出版社，1998年。

　　　　《学术文化随笔》，北京：中国青年出版社，1999年。

　　　　《文物中的古文明》，北京：商务印书馆，2008年。

　　　　《通向文明之路》，北京：商务印书馆，2010年。

李宗侗：《中国古代社会新研》，北京：中华书局，2010年。

梁漱溟：《中国文化要义》，上海：上海人民出版社，2005 年。

林义光：《诗经通解》，上海：中西书局，2012 年。

刘乐贤：《睡虎地秦简日书研究》，台北：文津出版社，1994 年。

刘起釪：《尚书学史》，北京：中华书局，1989 年。

刘　源：《商周祭祖礼研究》，北京：商务印书馆，2004 年。

罗家湘：《〈逸周书〉研究》，上海：上海古籍出版社，2006 年。

罗西章、罗红侠：《周原寻宝记》，西安：三秦出版社，2005 年。

梁启雄：《荀子简释》，北京：中华书局，1983 年。

茅　盾：《神话研究》，天津：百花文艺出版社，1981 年。

缪文远：《七国考订补》，上海：上海古籍出版社，1987 年。

裴学海：《古书虚字集释》，上海：上海书店，1933 年。

钱　穆：《两汉经学今古文平议》，北京：商务印书馆，2005 年。

秦照芬：《商周时期的祖先崇拜》，台北：兰台出版社，2003 年。

裘锡圭：《古文字论集》，北京：中华书局，1992 年。

　　　　《裘锡圭学术文集》，上海：复旦大学出版社，2012 年。

曲英杰：《先秦都城复原研究》，哈尔滨：黑龙江人民出版社，1991 年。

任继愈主编：《儒教问题论争集》，北京：宗教文化出版社，2000 年。

石井宏明：《东周王朝研究》，北京：中央民族大学出版社，1999 年。

宋华强：《新蔡葛陵楚简初探》，武汉：武汉大学出版社，2010 年。

孙占宇：《天水放马滩秦简集释》，兰州：甘肃文化出版社，2013 年。

孙作云：《诗经与周代社会研究》，北京：中华书局，1966 年。

唐　兰：《陕西省博物馆、陕西省文物管理委员会藏青铜器图释》，北京：文物出版社，
　　　　1960 年。

　　　　《西周青铜器铭文分代史征》，北京：中华书局，1986 年。

　　　　《唐兰先生金文论集》，北京：紫禁城出版社，1995 年。

汤余惠：《战国铭文选》，长春：吉林大学出版社，1993 年。

田　天：《秦汉国家祭祀史稿》，北京：三联书店，2015 年。

童书业：《春秋左传研究》，上海：上海人民出版社，1980 年。

王国维：《观堂集林》，北京：中华书局，1959 年。

　　　　《王国维遗书》，上海：上海书店出版社影印，1983 年。

王　辉：《商周金文》，北京：文物出版社，2006 年。

王辉、程学华：《秦文字集证》，台北：艺文印书馆，1999 年。

王利器：《风俗通义校注》，北京：中华书局，1981 年。

　　　　《吕氏春秋注疏》，成都：巴蜀书社，2002 年。

王明珂：《英雄祖先与弟兄民族——根基历史的文本与情境》，北京：中华书局，
　　　　2009 年。

王宇信：《甲骨学通论》，北京：中国社会科学出版社，1993 年。

王治心：《中国宗教思想史大纲》，上海：上海三联书店，1988 年。

王子杨：《甲骨文字形类组差异现象研究》，上海：中西书局，2013 年。

闻一多：《闻一多全集》第五卷，武汉：湖北人民出版社，1993 年。

吴静安：《春秋左氏传旧注疏证续》，长春：东北师范大学出版社，2005 年。

吴毓江：《墨子校注》，北京：中华书局，1993 年。

谢扶雅：《宗教哲学》，济南：山东人民出版社，1998 年。

谢维扬：《周代家庭形态》，北京：中国社会科学出版社，1990 年。

邢义田：《天下一家：皇帝、官僚与社会》，北京：中华书局，2011 年。

徐复观：《中国人性论史》先秦篇，上海：上海三联书店，2001 年。

徐少华：《周代南土历史地理与文化》，武汉：武汉大学出版社，1994 年。

徐旭生：《中国古史的传说时代》（增订本），北京：文物出版社，1985 年。

徐中舒主编：《甲骨文字典》，成都：四川辞书出版社，1989 年。

徐中舒：《徐中舒历史论文选辑》，北京：中华书局，1998 年。

许倬云：《西周史》（增订本），北京：三联书店，1995 年。

许倬云著，邹水杰译：《中国古代社会史论——春秋战国时期的社会流动》，桂林：广
　　　　西师范大学出版社，2006 年。

晏昌贵：《巫鬼与淫祀——楚简所见方术宗教考》，武汉：武汉大学出版社，2010 年。

杨伯峻：《春秋左传注》，北京：中华书局，1982 年。

杨　宽：《古史新探》，北京：中华书局，1965 年。

　　　　《战国史》，上海：上海人民出版社，1980 年。

　　　　《中国上古史导论》，《古史辨》第七上册，上海古籍出版社，1982 年。

　　　　《战国史料编年辑证》，上海：上海人民出版社，2001 年。

杨筠如：《尚书核诂》，西安：陕西人民出版社，2005 年。

杨树达：《词诠》，北京：中华书局，1954 年。

　　　　《积微居读书记》，上海：上海古籍出版社，2006 年。

　　　　《积微居金文说》，上海：上海古籍出版社，2007 年。

杨天宇：《礼记译注》，上海：上海古籍出版社，1997 年。

《周礼译注》，上海：上海古籍出版社，2004 年。

游国恩：《天问纂义》，北京：中华书局，1982 年。

余敦康：《中国宗教与中国文化》第二卷《宗教·哲学·伦理》，北京：中国社会科学出版社，2005 年。

于豪亮：《于豪亮学术文存》，北京：中华书局，1985 年。

于省吾：《泽螺居诗经新证》，北京：中华书局，1982 年。

于省吾主编：《甲骨文字诂林》，北京：中华书局，1996 年。

于省吾：《双剑誃尚书新证》，北京：中华书局，2009 年。

　　　　《双剑誃吉金文选》，北京：中华书局，2009 年。

　　　　《甲骨文字释林》，北京：中华书局，2009 年。

袁　珂：《山海经校注》（增订本），成都：巴蜀书社，1992 年。

袁仲一：《秦代陶文》，西安：三秦出版社，1987 年。

曾运乾：《尚书正读》，北京：中华书局，1964 年。

张秉权：《殷虚文字》，台北："中研院"历史语言研究所，1965 年。

张长寿：《商周考古论集》，北京：文物出版社，2007 年。

张光直：《中国青铜时代》，北京：三联书店，1983 年。

　　　　《考古学专题六讲》，北京：文物出版社，1986 年。

赵平安：《金文释读与文明探索》，上海：上海古籍出版社，2011 年。

赵世超：《周代国野制度研究》，西安：陕西人民出版社，1991 年。

郑　开：《德礼之间——前诸子时期的思想史》，上海：上海三联书店，2009 年。

中国社会科学院考古研究所编：《中国考古学大辞典》，上海：上海辞书出版社，2014 年。

周秉钧：《尚书易解》，长沙：岳麓书社，1984 年。

周法高、张日昇：《金文诂林》，香港：香港中文大学出版社，1975 年。

朱芳圃：《殷周文字释丛》，北京：中华书局，1962 年。

朱凤瀚：《商周家族形态研究》（增订本），天津：天津古籍出版社，2004 年。

　　　　《中国青铜器综论》，上海：上海古籍出版社，2009 年。

朱歧祥：《周原甲骨研究》，台北：学生书局，1997 年。

朱谦之：《老子校释》，北京：中华书局，1984 年。

朱天顺：《中国古代宗教初探》，上海：上海人民出版社，1982 年。

诸祖耿：《战国策集注汇考》，南京：江苏古籍出版社，1985 年。

邹　衡：《夏商周考古学论文集》，北京：文物出版社，1980 年。

艾兰著,刘学顺译:《龟之谜——商代神话、祭祀、艺术和宇宙观研究》,北京:商务印书馆,2010 年。

白川静通释,曹兆兰选译:《金文通释选译》,武汉:武汉大学出版社,2000 年。

C.A.托卡列夫著,汤正方译:《外国民族学史》,北京:中国社会科学出版社,1983 年。

岛邦男著,濮茅左、顾伟良译:《殷墟卜辞研究》,上海:上海古籍出版社,2006 年。

恩格斯著,李季译:《马克思恩格斯通信集》第一卷,北京:三联书店,1957 年。

古朗士著,李玄伯译:《希腊罗马古代社会研究》,上海:上海文艺出版社影印,1990 年。

亨利·富兰克弗特著,郭子林、李岩、李凤伟译:《王权与神祇——作为自然与社会结合体的古代近东宗教研究》,上海:上海三联书店,2007 年。

克里斯蒂安·乔基姆著,王平等译:《中国的宗教精神》,北京:中国华侨出版公司,1991 年。

马克斯·韦伯著,康乐、简惠美译:《中国的宗教 宗教与世界》,桂林:广西师范大学出版社,2004 年。

马林诺夫斯基著,费孝通译:《文化论》,北京:华夏出版社,2002 年。

孟旦著,丁栋、张兴东译:《早期中国"人"的观念》,北京:北京大学出版社,2009 年。

缪勒著,金泽译:《宗教的起源与发展》,上海:上海人民出版社,1989 年。

史华兹著,程钢译:《古代中国的思想世界》,南京:江苏人民出版社,2004 年。

施密特著,萧师毅、陈祥春译:《原始宗教与神话》,上海:上海文艺出版社,1987 年。

汤因比著,曹未风译:《历史研究》,上海:上海人民出版社,1964 年。

亚里士多德著,吴寿彭译:《政治学》,北京:商务印书馆,1981 年。

伊利亚德著,晏可佳、姚蓓琴译:《神圣的存在:比较宗教的范型》,桂林:广西师范大学出版社,2008 年。

伊利亚德著,晏可佳等译:《宗教思想史》,上海:上海社会科学院出版社,2008 年。

伊藤道治著,江蓝生译:《中国古代王朝的形成——以出土资料为主的殷周史研究》,北京:中华书局,2002 年。

尤锐著,孙英刚译:《展望永恒帝国——战国时代的中国政治思想》,上海:上海古籍出版社,2013 年。

余英时著,侯旭东等译:《东汉生死观》,上海:上海古籍出版社,2005 年。

竹添光鸿:《毛诗会笺》,台湾:大通书局影印,1975 年。

《左氏会笺》,成都:巴蜀书社,2008 年。

外文著作

Holy Bible，New International Version，Zondervan，2011.

Constance Cook（柯鹤立），*Ancestors*，*Kings and the Dao*，Harvard University Press，Cambridge（Massachusetts）and London，2017.

H. G. Creel（顾立雅）："The Origins of Statecraft in China"，*The western zhou empire*，Volume one，Chicago and London：The University of Chicago Press，1970.

Eno，Robert（伊若泊），*The Confucian Creation of Heaven: Philosophy and the Defense of Ritual Mastery*. New York：State University of New York Press，1990.

Jean Bottero，Clarisse Herrenschmidt，Jean-Pierre Vernant，*Ancestor of The West: Writing*，*Reasoning*，*and Religion in Mesopotamia*，*Elam and Greece*，translated by Teresa Lavender Fagan，Chicago and London，The University of Chicago Press，2000.

Paul R. Goldin（金程鹏），*After Confucius: Studies in Early Chinese Philosophy*，University of Hawai'i Press，2005.

Puett，Michael（普鸣），*To become a god: Cosmology*，*Sacrifice*，*and Self-Divinization in Early China*，Harvard University Press，Cambridge，Massachusetts，and London，2002.

Benjamin I. Schwartz（史华慈），*The World of Thought of in Ancient China*，The Belknap Press of Harvard University Press，Cambridge，Massachusetts and London，1985.

Yuri Pines（尤锐），*Foundations of Confucian Thought: Intellectual Life in the Chunqiu Period*，*722 - 453 B.C.E*，University of Hawai'i Press，2002.

四、论文

安徽省文化局文物工作队：《安徽淮南市蔡家岗赵家孤堆战国墓》,《考古》1963 年第 4 期。

巴新生：《试论先秦"德"的起源与流变》,《中国史研究》1997 年第 3 期。

蔡家麒：《论"原始至上神"》,《世界宗教研究》1995 年第 2 期。

蔡运章：《哀成叔鼎铭考释》,《中原文物》1985 年第 4 期。

《周初金文与武王定都洛邑》,《中原文物》1987 年第 3 期。

《洛阳北窑西周墓青铜器铭文简论》,《文物》1996 年第 7 期。

蔡哲茂：《再论子犯编钟》,《故宫文物月刊》1995 年,总 150 期。

曹锦炎：《程桥新出铜器考释及相关问题》,《东南文化》1991 年第 1 期。

《自铎铭文考释》,《文物》2004 年第 2 期。

常金仓：《西周的典范政治及其文化基础》,陕西历史博物馆编：《西周史论文集》下,
西安：陕西人民教育出版社,1993 年。

《五帝名号考辨》,《陕西师范大学学报》2003 年第 5 期。

常玉芝：《说文武帝——兼略述商末祭祀制度的变化》,《古文字研究》第四辑,北京：
中华书局,1980 年。

《由商代的"帝"看所谓"黄帝"》,《文史哲》2008 年第 6 期。

常正光：《甲骨文字的一字多形问题》,宋镇豪、段志洪主编：《甲骨文献集成》第十八
册,成都：四川大学出版社,2001 年。

晁福林：《甲骨文考释两篇》,《中华文史论丛》增刊《语言文字研究专辑》下,上海：上
海古籍出版社,1986 年。

《论殷代神权》,《中国社会科学》1990 年第 1 期。

《周太史儋谶语考》,《史学月刊》1993 年第 6 期。

《春秋时期礼的发展与社会观念的变迁》,《北京师范大学学报》1994 年第 5 期。

《试论春秋时期的祖先崇拜》,《陕西师大学报》1995 年第 2 期。

《试论宗法制的几个问题》,《学习与探索》1999 年第 4 期。

《试论战国时期宗法制度的发展和衍变》,《史学史研究》1999 年第 1 期。

《逢泽之会考》,《文史》第五十辑,北京：中华书局,2000 年。

《先秦时期"德"观念的起源及其发展》,《中国社会科学》2005 年第 4 期。

《从上博简〈诗论〉看文王"受命"及孔子的天道观》,《北京师范大学学报》
2006 年第 2 期。

《先秦社会最高权力的变迁及其影响因素》,《中国社会科学》2015 年第 2 期。

《"山海经图"与"山海经"成书问题补释》,《晋阳学刊》2016 年第 2 期。

《从清华简〈程寤〉篇看"文王受命"问题》,《北京师范大学学报》2016 年第 5 期。

《说商代的"天"和"帝"》,《史学集刊》2016 年第 3 期。

《卜辞所见商代祭尸礼浅探》,《考古学报》2016 年第 3 期。

《"穆卜"、"枚卜"与"蔽志"：周代占卜方式的一个进展》,《文史》2016 年第二辑。

陈秉新：《寿县蔡侯墓出土铜器铭文通释》,楚文化研究会编：《楚文化研究论集》第二
集,武汉：湖北人民出版社,1991 年。

陈　剑：《上博简〈子羔〉〈从政〉篇的拼合与编连问题小议》,《文物》2003 年第 5 期。

　　　　《释造》,《甲骨金文考释论集》,北京：线装书局,2007 年。

陈　絜：《应公鼎铭与周代宗法》,《南开学报》2008 年第 6 期。

陈梦家：《寿县蔡侯墓铜器》,《考古学报》1956 年第 2 期。

　　　　《蔡器三记》,《考古》1963 年第 7 期。

　　　　《东周盟誓与出土载书》,《考古》1966 年第 5 期。

陈佩芬：《繁卣、趩鼎及梁其钟铭文诠释》,《上海博物馆集刊》总第 2 期,1982 年。

陈全方：《陕西岐山凤雏村西周周原甲骨文概论》,《古文字研究论文集》,《四川大学学报丛刊》第十辑,1982 年。

陈仁涛：《男性生殖器石刻》,《金匮论古初集》,香港：亚洲石印局,1952 年。

陈双新：《子犯钟铭考释》,《安徽教育学院学报》2000 年第 1 期。

　　　　《鼄钟铭文补议》,《古文字研究》第二十四辑,北京：中华书局,2002 年。

　　　　《子犯编钟铭文补议》,《考古与文物》2003 年第 1 期。

陈斯鹏：《说"卣"及其相关诸字》,《中山大学研究生学刊》2002 年第 2 期。

陈　伟：《望山楚简所见的卜筮与祷祠——与包山楚简相对照》,《江汉考古》1997 年第 2 期。

　　　　《湖北荆门包山卜筮楚简所见神祇系统与享祭制度》,《考古》1999 年第 4 期。

　　　　《新蔡楚简零释》,饶宗颐主编：《华学》第六辑,北京：紫禁城出版社,2003 年

　　　　《楚人祷祠记录中的人鬼系统以及相关问题》,陈昭容主编：《古文字与古代史》第一辑,台北："中研院"历史语言研究所,2007 年。

陈英杰：《燹公盨铭文再考》,《语言科学》2008 年第 1 期。

陈振裕：《望山一号墓的年代与墓主》,《中国考古学会第一次年会论文集》,北京：文物出版社,1980 年。

陈　直：《秦陶券与秦陵文物》,《西北大学学报》1957 年第 1 期。

陈志向：《下土和下都》,《辞书研究》2012 年第 4 期。

丁　山：《由陈侯因育敦铭黄帝论五帝》,《历史语言研究所集刊》第三本第四分,1933 年。

丁声树：《诗经"式"字说》,《历史语言研究所集刊》第六本第四分,1936 年。

董楚平：《程桥三号墓盘匜铭文新考》,《东南文化》2001 年第 3 期。

董莲池：《天亡簋铭的重新考察》,《中国古文字研究》第一辑,长春：吉林大学出版社,1999 年。

董　珊：《略论西周单氏家族窖藏青铜器铭文》,《中国历史文物》2003 年第 4 期。

《秦子姬簋盖初探》,《故宫博物院院刊》2005 年第 6 期。

《晋侯墓出土楚公逆钟铭文新探》,《中国历史文物》2006 年第 6 期。

《释西周金文的"沈子"和〈逸周书·皇门〉的"沈人"》,李学勤主编:《出土文献》第二辑,上海:中西书局,2011 年。

《试论殷墟卜辞之"周"为金文中的妘姓之瑚》,《中国国家博物馆馆刊》2013 年第 7 期。

《试说山东滕州庄里西村所出编镈铭文》,《古文字研究》第三十辑,北京:中华书局,2014 年。

《随州文峰塔 M1 出土三种曾侯與编钟铭文考释》,复旦大学出土文献与古文字研究中心网站,2014 年 10 月 4 日。

《它簋盖铭文新释——西周凡国铜器的重新发现》,复旦大学出土文献与古文字研究中心编:《出土文献与古文字研究》第六辑,上海:上海古籍出版社,2015 年。

董作宾:《中国古代文化的认识》,《董作宾先生全集乙编》第三册,台北:艺文印书馆,1977 年。

杜迺松:《邿其三卣铭文考及相关问题的研究》,《故宫博物院院刊》1985 年第 4 期。

凡国栋:《曾侯與编钟铭文柬释》,《江汉考古》2014 年第 4 期。

方 辉:《高青陈庄铜器铭文与城址性质考》,《管子学刊》2010 年第 3 期。

冯胜君:《瓯钟铭文解释》,《吉林大学古籍整理研究所建所十五周年论文集》,长春:吉林大学出版社,1998 年。

冯 时:《邙夫人𢼸鼎铭文及相关问题》,《中原文物》2009 年第 6 期。

《我方鼎铭文与西周丧奠礼》,《考古学报》2013 年第 2 期。

高鸿缙:《毛公鼎集释》,台北:台湾师范大学《师大学报》1956 年第 1 期。

高 明:《从甲骨文中所见王与帝的实质看商代社会》,《高明论著选集》,北京:科学出版社,2001 年。

《论墙盘铭文中的微氏家族》,《考古》2013 年第 3 期。

高西省:《扶风巨良海家出土大型爬龙等青铜器》,《文物》1994 年第 2 期。

葛志毅:《谶纬思潮与三皇五帝史统的构拟》,《管子学刊》2007 年第 4 期。

耿 超:《禹簋铭文与西周宗妇地位》,朱凤瀚主编:《新出金文与西周历史》,上海:上海古籍出版社,2011 年。

顾颉刚:《"周公制礼"的传说和"周官"一书的出现》,《文史》第六辑,北京:中华书局,1979 年。

《与钱玄同先生论古史书》,《古史辨》第一册,上海:上海古籍出版社,1982 年。

郭长江等:《𫚭加编钟铭文的初步释读》,《江汉考古》2019 年第 3 期。

郭沫若:《由寿县蔡器论到蔡墓的年代》,《考古学报》1956 年第 1 期。

《跋江陵与寿县出土铜器群》,《考古》1963 年第 4 期。

《班簋的再发现》,《文物》1972 年第 9 期。

郭若愚:《从有关蔡侯的若干资料论寿县蔡墓蔡器的年代》,《上海博物馆集刊——建馆三十周年特辑》,上海:上海古籍出版社,1983 年。

郭子直:《战国秦封宗邑瓦书铭文新释》,《古文字研究》第十四辑,北京:中华书局,1986 年。

韩高年:《春秋时期的铭论与铭体》,《文学遗产》2009 年第 6 期。

河北省文物研究所、邢台市文物管理处:《邢台南小汪周代遗址西周遗存的发掘》,《文物春秋》1992 年增刊。

何光岳:《妘子国考》,《湘潭大学学报》1982 年第 2 期。

何 浩:《文坪夜君的身份与昭氏的世系》,《江汉考古》1992 年第 3 期。

何琳仪:《包山竹简选释》,《江汉考古》1993 年第 4 期。

《楚王熊丽考》,《中国史研究》2000 年第 4 期。

河南省文物考古研究所、平顶山市文物管理局:《河南平顶山应国墓地八号墓发掘简报》,《华夏考古》2007 年第 1 期。

何双全:《天水放马滩秦简综述》,《文物》1989 年第 2 期。

洪家义:《关于〈天亡簋〉所记史事的性质》,《东南文化》1987 年第 2 期。

湖北省博物馆:《湖北京山发现曾国铜器》,《文物》1972 年第 2 期。

湖北黄冈市博物馆、湖北蕲春县博物馆:《湖北蕲春达城新屋塆西周铜器窖藏》,《文物》1997 年第 12 期。

湖北省荆州地区博物馆:《江陵天星观 1 号楚墓》,《考古学报》1982 年第 1 期。

湖北省文物考古研究所等:《湖北随州枣树林墓地 2019 年发掘收获》,《江汉考古》2019 年第 3 期。

湖北省文物考古研究所、随州市博物馆:《湖北随州叶家山西周墓地发掘简报》,《文物》2011 年第 11 期。

《湖北随州市叶家山西周墓地》,《考古》2012 年第 7 期。

《湖北随州市文峰塔东周墓地》,《考古》2014 年第 7 期。

《随州文峰塔 M1(曾侯与墓)、M2 发掘简报》,《江汉考古》2014 年第 4 期。

《"随州文峰塔曾侯舆墓"专家座谈会纪要》,《江汉考古》2014 年第 4 期。

胡厚宣：《殷卜辞中的上帝和王帝》，《历史研究》1959 年第 9、10 期。

《殷代之天神崇拜》，《甲骨学商史论丛初集（外一种）》上册，石家庄：河北教育出版社，2002 年。

黄德宽：《安徽大学藏战国竹简概述》，《文物》2019 年第 9 期。

黄凤春：《说西周金文中的南公——兼论随州叶家山西周曾国墓地的族属》，《江汉考古》2014 年第 2 期。

黄锦前：《郑人金文两种释读》，复旦大学出土文献与古文字研究中心网站，2016 年 1 月 14 日。

黄盛璋：《大丰簋铭制作的年代、地点与史实》，《历史研究》1960 年第 6 期。

《秦封宗邑瓦书及其相关问题考辨》，《考古与文物》1991 年第 3 期。

黄锡全：《子犯编钟补议》，《中国文物报》1996 年 6 月 2 日。

黄锡全、李祖才：《郑臧公之孙鼎铭考释》，《考古》1991 年第 9 期。

黄锡全、于柄文：《山西晋侯墓地所出楚公逆钟铭文初释》，《考古》1995 年第 2 期。

黄旭初、黄凤春：《湖北郧县新出唐国铜器铭文考释》，《江汉考古》2003 年第 1 期。

江苏省丹徒考古队：《江苏丹徒北山顶春秋墓发掘报告》，《东南文化》1988 年第 4 期。

江苏省文物管理委员会、南京博物院：《江苏六合程桥东周墓》，《考古》1965 年第 3 期。

蒋玉斌、周忠兵：《据清华简释读西周金文一例——说"沈子""沈孙"》，李学勤主编：《出土文献》第二辑，上海：中西书局，2011 年。

焦智勤：《殷墟甲骨拾遗·续三》，王宇信主编：《2004 年安阳殷商文明国际学术研讨会论文集》，北京：社会科学文献出版社，2004 年。

金寿福：《古代埃及国王不具备神性》，《中国社会科学报》2014 年 10 月 22 日，第 B01 版。

孔令远：《徐国青铜器群综合研究》，《考古学报》2011 年第 4 期。

孔令远、陈永清：《江苏邳州市九女墩三号墩的发掘》，《考古》2002 年第 5 期。

李存山：《饮食·血气·道德——春秋时期关于道德起源的讨论》，《文史哲》1987 年第 2 期。

李丹杨、李发：《"方帝""帝方"再辨》，《殷都学刊》2018 年第 4 期。

李家浩：《包山竹简所记楚先祖名及其相关的问题》，《文史》第四十二辑，1997 年。

《鼄钟铭文考释》，《北大中文研究》第一辑，北京：北京大学出版社，1998 年。

《秦骃玉版铭文研究》，北京大学中国古文献研究中心编：《北京大学中国古文献研究中心集刊》二，北京：燕山出版社，2001 年。

李瑾：《徐楚关系与徐王义楚元子剑》，《江汉考古》1986 年第 3 期。

李晶：《〈尔雅·释亲〉王父王母考》，《历史研究》2016 年第 6 期。

李　凯：《应公鼎"斌帝日丁"试解》,《殷都学刊》2008 年第 3 期。

李　零：《春秋秦器试探——新出秦公钟、镈铭与过去著录秦公钟、簋铭的对读》,《考古》1979 年第 6 期。

《楚国族源、世系的文字学证明》,《文物》1991 年第 3 期。

《考古发现与神话传说》,《学人》第五辑,南京：江苏文艺出版社,1994 年。

《再论淅川下寺楚墓——读〈淅川下寺楚墓〉》,《文物》1996 年第 1 期。

《读九店楚简》,《考古学报》1999 年第 2 期。

《燹公盨发现的意义》,《中国历史文物》2002 年第 6 期。

《读杨家村出土的虞逑诸器》,《中国历史文物》2003 年第 3 期。

李绍连：《殷的'上帝'与周的'天'》,《史学月刊》1990 年第 4 期。

李守奎：《〈楚居〉中的樊字及出土楚文献中与樊相关文例的释读》,《文物》2011 年第 3 期。

李双芬：《卜辞"帝"观念的转变与商末政治理性的进步》,《齐鲁学刊》2016 年第 5 期。

李天虹：《严仓 1 号墓墓主、墓葬年代考》,《历史研究》2014 年第 1 期。

《曾侯䐗(與)舆编钟铭文补说》,《江汉考古》2014 年第 4 期。

李文君：《故宫三大殿的更名与匾联》,《中国纪检监察》2018 年第 7 期。

李夏廷、张奎：《天马—曲村遗址北赵晋侯墓地第四次发掘》,《文物》1994 年第 8 期。

李学勤：《论史墙盘及其意义》,《考古学报》1978 年第 2 期。

《谈祝融八姓》,《江汉论坛》1980 年第 2 期。

《何尊新释》,《中原文物》1981 年第 1 期。

《晋公盫的几个问题》,文化部文物局古文献研究室编：《出土文献研究》第一辑,北京：文物出版社,1985 年。

《班簋续考》,《古文字研究》第十三辑,北京：中华书局,1986 年。

《它簋新释——关于西周商业的又一例证》,文物出版社编辑部编：《文物出版社成立三十周年纪念——文物与考古论集》,北京：文物出版社,1986 年。

《放马滩简中的志怪故事》,《文物》1990 年第 4 期。

《春秋南方青铜器铭文的一个特点》,《吴越地区青铜器研究论文集》,香港：两木出版社,1997 年。

《试论楚公逆编钟》,《文物》1995 年第 2 期。

《补论子犯编钟》,《中国文物报》1995 年 5 月 28 日。

《由蔡侯墓青铜器看"初吉"和"吉日"》,《中国社会科学院研究生院学报》1998 年第 5 期。

《释郭店简祭公之顾命》，《文物》1998 年第 7 期。

《戎生编钟论释》，《文物》1999 年第 9 期。

《秦玉牍索隐》，《故宫博物院院刊》2000 年第 2 期。

《续释"寻"字》，《故宫博物院院刊》2000 年第 6 期。

《师询簋与〈祭公〉》，《古文字研究》第二十二辑，北京：中华书局，2000 年。

《菁簋铭文考释》，《故宫博物院院刊》2001 年第 1 期。

《春秋郑器与兵方壶论释》，《松辽学刊》2001 年第 5 期。

《秦怀后磬研究》，《文物》2001 年第 1 期。

《论爯公盨及其重要意义》，《中国历史文物》2002 年第 6 期。

《眉县杨家村新出青铜器研究》，《文物》2003 年第 6 期。

《论清华所藏的一版历组岁祭卜辞》，《出土文献研究》第七辑，上海：上海古籍出版社，2005 年。

《论秦子簋盖及其意义》，《故宫博物院院刊》2005 年第 6 期。

《试论新发现的𩰬方鼎和荣仲方鼎》，《文物》2005 年第 9 期。

《试论新发现的𩰬方鼎和荣仲方鼎》，《文物》2005 年第 9 期。

《试说江陵天星观、秦家嘴楚简的纪年》，《简帛研究（2004）》，桂林：广西师范大学出版社，2006 年。

《包山楚简"鄯"即巴国说》，《四川师范大学学报》2006 年第 6 期。

《小邾国墓及其青铜器研究》，《东岳论丛》2007 年第 2 期。

《"天亡"簋试释及有关推测》，《中国史研究》2009 年第 4 期。

《论西周王朝中的齐太公后裔》，《烟台大学学报》2010 年第 4 期。

《枣庄徐楼村宋公鼎与费国》，《史学月刊》2012 年第 1 期。

《曾侯舆编钟铭文前半释读》，《江汉考古》2014 年第 4 期。

《试论董家村青铜器群》，《新出青铜器研究》（增订版），北京：人民美术出版社，2016 年。

李义海：《哀成叔鼎铭文续考》，《漳州师范学院学报》2003 年第 4 期。

李仲操：《史墙盘铭试释》，《文物》1978 年第 3 期。

《再论墙盘年代、微宗国别——兼与黄盛璋同志商榷》，《社会科学战线》1981 年第 1 期。

连劭名：《商周青铜器铭文新证》，《古文字论集》三，《考古与文物》2005 年增刊。

林　沄：《越王者旨於睗考》，《考古》1963 年第 8 期。

《天亡簋"王祀于天室"新解》，《史学集刊》1993 年第 3 期。

刘　复：《帝与天》，顾颉刚编：《古史辨》卷二，上海：上海古籍出版社，1982 年。

刘复生：《宋朝"火运"论略——兼谈"五德转移"政治学说的终结》，《历史研究》1997年第 3 期。

刘国忠：《周文王称王史事辨》，《中国史研究》2009 年第 3 期。

刘怀君：《眉县出土一批西周窖藏青铜乐器》，《文博》1987 年第 2 期。

刘怀君、辛怡华、刘栋：《逨盘铭文试释》，《文物》2003 年第 6 期。

　　　　　　　　　　　《四十二年、四十三年逨鼎铭文试释》，《文物》2003 年第 6 期。

刘　桓：《墙盘铭文札记》，《故宫博物院院刊》2004 年第 1 期。

刘　杰：《秦封宗邑瓦书铭文研究述补》，《湖南科技大学学报（社会科学版）》2013 年第 4 期。

刘军社等：《陕西省宝鸡市石鼓山西周墓》，《考古与文物》2013 年第 1 期。

刘浦江：《"五德终始"说之终结——兼论宋代以降传统政治文化的嬗变》，《中国社会科学》2006 年第 2 期。

刘信芳：《望山楚简校读记》，收入李学勤、谢桂华主编：《简帛研究》第三辑，南宁：广西教育出版社，1998 年。

刘太恒：《荀子天论篇探析——兼论先秦时期的天人之辨》，《郑州大学学报》1986 年第 5 期。

刘　兴：《吴臧孙钟铭考》，《东南文化》1990 年第 4 期。

刘　雨：《邵𪭸编钟的重新研究》，《古文字研究》第十二辑，北京：中华书局，1985 年。

　　　　《西周金文中的祭祖礼》，《考古学报》1989 年第 4 期。

　　　　《金文中的禴祭》，《故宫博物院院刊》1998 年第 4 期。

　　　　《师𡎯钟和姬寏母豆》，中国古文字研究会、华南师范大学文学院编：《古文字研究》第二十六辑，北京：中华书局，2006 年。

刘　源：《试论西周金文"帅型祖考之德"的政治内涵》，《周秦伦理文化与现代道德价值国际学术研讨会论文集》，西安：陕西人民出版社，2008 年。

罗卫东：《〈子范编钟〉补释》，《古汉语研究》2000 年第 2 期。

罗西章、吴镇烽、雒忠如：《陕西扶风出土西周伯𢻹诸器》，《文物》1976 年第 6 期。

罗新慧：《周代天命观念的发展与嬗变》，《历史研究》2012 年第 5 期。

洛阳博物馆：《洛阳哀成叔墓清理简报》，《文物》1981 年第 7 期。

洛阳市文物工作队：《洛阳体育场路东周墓（M8830）发掘简报》，《文物》2011 年第 8 期。

麻爱民：《墙盘补释》，《考古与文物》2003 年第 6 期。

马承源：《越王剑、永康元年神禽兽镜（上海博物馆藏）》，《文物》1962 年第 12 期。

《何尊铭文初释》，《文物》1976年第1期。

马俊才、张学涛：《上蔡县郭庄楚墓》，中国考古学会编：《中国考古学年鉴（2007）》，北京：文物出版社，2008年。

马良民、林仙庭：《海阳嘴子前春秋墓试析》，《考古》1996年第9期。

马　楠：《〈尚书〉、金文互训三则》，《中国国家博物馆馆刊》2014年第11期。

马世之：《邻国史迹初探》，《史学月刊》1984年第5期。

牟钟鉴：《从比较宗教学的视野看中国宗教文化模式》，《中国宗教》2007年第7期。

穆海亭、朱捷元：《新发现的西周王室重器五祀㝬钟考》，《人文杂志》1983年第2期。

南京市博物馆、六合县文教局：《江苏六合程桥东周三号墓》，《东南文化》1991年第1期。

欧阳晓莉：《两河流域王权观念的嬗变》，《文汇报》2016年6月24日，第16版。

庞　慧：《"类"与"襊"祭》，《北京师范大学学报》2005年第3期。

庞　朴：《五行思想三题》，《山东大学学报》1964年第1期。

《帛书"五行篇"校注》，《中华文史论丛》第十二辑，上海：上海古籍出版社，1979年。

彭　浩：《包山二号楚墓〈卜筮祭祷〉竹简的初步研究》，楚文化研究会编：《楚文化研究论集》第二集，武汉：湖北人民出版社，1991年。

彭裕商：《嘉鼎铭文考释》，《考古与文物丛刊》第二号《古文字论集》，1983年。

《再论嘉鼎的年代》，《纪念徐中舒先生诞辰110周年国际学术研讨会论文集》，成都：巴蜀书社，2010年。

《晋公盆年代再探》，陈伟武主编：《古文字论坛（曾宪通教授八十庆寿专号）》第一辑，2015年。

平　心：《甲骨文金石文札记（二）》，《华东师大学报》1958年第3期。

裘锡圭：《史墙盘铭解释》，《文物》1978年第3期。

《燹公盨铭文考释》，《中国历史文物》2002年第6期。

饶宗颐：《说九店楚简之武夷（君）与复山》，《文物》1997年第4期。

容　庚：《鸟书三考》，《燕京学报》第23期，1938年。

《鸟书考》，《中山大学学报》1964年第1期。

容肇祖：《月令的来源考》，《燕京学报》第18期，1935年。

山东大学历史文化学院考古系：《长清仙人台五号墓发掘简报》，《文物》1998年第9期。

山东省文物考古研究所、青州市博物馆：《青州市苏埠屯商代墓发掘报告》，《海岱考古》1989年刊。

山西省考古研究所大河口墓地联合考古队：《山西翼城县大河口西周墓地》，《考古》
　　2011 年第 7 期。

陕西省考古研究所、宝鸡市考古工作队、眉县文化馆联合考古队：《陕西眉县杨家村
　　西周青铜器窖藏》，《考古与文物》2003 年第 3 期。

陕西省周原考古队：《陕西扶风庄白一号西周青铜器窖藏发掘简报》，《文物》1978 年
　　第 3 期。

单育辰：《再论沈子它簋》，《中国历史文物》2007 年第 5 期。

　　《作册嗌卣初探》，中国文化遗产研究院编：《出土文献研究》第十一辑，上海：
　　中西书局，2012 年。

　　《作册嗌卣铭文与西周士大夫礼研究》，《中原文化研究》2016 年第 1 期。

商承祚：《殷契佚存》，收入《甲骨文研究资料汇编》第十四册，北京：北京图书馆出版
　　社，2008 年。

尚民杰：《睡虎地秦简〈日书〉中的"土神"与"土忌"》，《陕西历史博物馆馆刊》第七辑，
　　西安：三秦出版社，2000 年。

商志䕶：《次口缶铭文考释及相关问题》，《文物》1989 年第 12 期。

尚志儒：《秦封宗邑瓦书的几个问题》，《文博》1986 年第 6 期。

沈长云：《作为中华民族共同祖先的黄帝》，《信阳师范学院学报》2019 年第 4 期。

沈建华：《由出土文献看祝融传说之起源》，《东南文化》1998 年第 2 期。

沈文倬：《略论礼典的实行和"仪礼"书本的撰作（上）》，《文史》第十五辑，北京：中华
　　书局，1982 年。

施谢捷：《秦简文字考释札记》，《简帛研究》第三辑，南宁：广西教育出版社，1998 年。

水　汶：《〈诗经·周颂·执竞〉主旨再探讨》，《天中学刊》2015 年第 1 期。

斯维至：《说德》，《人文杂志》1982 年第 6 期。

孙斌来、孙凌安：《西周开国于周文王》，《松辽学刊》1992 年第 2 期。

孙常叙：《"毁虎"考释》，《孙常叙古文字学论集》，长春：东北师范大学出版社，1998 年。

孙稚雏：《天亡簋铭文汇释》，《古文字研究》第三辑，北京：中华书局，1980 年。

　　《驫羌钟铭文汇释》，中国古文字研究会编：《古文字研究》第十九辑，北京：
　　中华书局，1992 年。

唐　兰：《略论西周微史家族窖藏铜器群的重要意义——陕西扶风新出墙盘铭文解
　　释》，《文物》1978 年第 3 期。

　　《论周昭王时代的青铜器铭刻》，《古文字研究》第二辑，北京：中华书局，1981 年。

　　《天壤阁甲骨文存并考释》，《唐兰全集》第六册，上海：上海古籍出版社，2015 年。

汤余惠：《包山楚简读后记》，《考古与文物》1993 年第 2 期。

　　　　《邾钟铭文补释》，《古文字研究》第二十辑，北京：中华书局，2000 年。

田　率：《陕西眉县青铜器窖藏与西周单逨家族》，《中国历史文物》2008 年第 4 期。

　　　　《伯有父剑考释》，北京大学出土文献研究所编：《青铜器与金文》第二辑，上海：上海古籍出版社，2018 年。

田延峰：《论秦的畤祭与五帝说的形成》，《前沿》2011 年第 6 期。

王长丰、乔保同：《河南南阳徐家岭 M11 新出邥夫人嬭鼎》，《中原文物》2009 年第 3 期。

王长启：《西安市文物中心所藏的商周青铜器》，《考古与文物》1990 年第 5 期。

王恩田：《跋陈乐君欱瓺与耶盂——兼论齐桓公伐楚》，《中原文物》1998 年第 1 期。

　　　　《曾侯與编钟释读订补》，复旦大学出土文献与古文字研究中心网站，2015 年 1 月 17 日。

王冠英：《说"严在上，翼在下"》，《中国历史博物馆馆刊》1992 年，总 18—19 期。

王　和：《文王"受命"传说与周初的年代》，《史林》1990 年第 2 期。

　　　　《左传的成书年代与编纂过程》，《中国史研究》2003 年第 4 期。

王　晖：《最早的封邑文物凭证》，《中国文物报》，1991 年 9 月 1 日，第 1 版。

　　　　《论商代上帝的主神地位及其有关问题》，《商丘师专学报》1999 年第 1 期。

　　　　《周文王受命称王考》，《陕西师范大学学报》2002 年第 4 期。

　　　　《出土文字资料与五帝新证》，《考古学报》2007 年第 1 期。

王　辉：《殷人火祭说》，《古文字研究论文集》，《四川大学学报丛刊》第十辑，成都：四川人民出版社，1982 年。

　　　　《逨盘铭文笺释》，《考古与文物》2003 年第 3 期。

　　　　《秦子簋盖补释》，饶宗颐主编：《华学》第九、十辑，上海：上海古籍出版社，2008 年。

王人聪：《西周金文"严在上"解——并述周人的祖先神观念》，《考古》1998 年第 1 期。

　　　　《郑大子之孙与兵壶考释》，《古文字研究》第二十四辑，北京：中华书局，2002 年。

王蕴智、陈淑娟：《应国有铭青铜器的初步考察》，《中原文物》2008 年第 4 期。

伍士谦：《王子午鼎、王孙诰钟铭文考释》，《古文字研究》第九辑，北京：中华书局，1984 年。

文术发：《从古文字看商周祭祀制度的演变》，《西南师范大学学报》2000 年第 3 期。

邬可晶：《说古文字里旧释"陶"之字》，《文史》2018 年第三辑。

吴晓松、洪刚：《湖北蕲春达城新屋塆窖藏青铜器及相关问题的研究》,《文物》1997 年
　　第 12 期。

吴郁芳：《包山二号墓墓主昭佗家谱考》,《江汉论坛》1992 年第 11 期。

吴镇烽：《新出秦公钟铭考释与有关问题》,《考古与文物》1980 年第 1 期。

　　《咸阳市发现西周𪏁鼎》,《考古与文物》2005 年增刊。

　　《㺇器铭文考释》,《考古与文物》2006 年第 6 期。

　　《𪏁鼎铭文考释》,《文博》2007 年第 2 期。

　　《鲍子鼎铭文考释》,《中国历史文物》2009 年第 2 期。

　　《晋公盘与晋公盆铭文对读》,复旦大学出土文献与古文字研究中心网站,
　　2014 年 6 月 22 日。

吴振武：《陈曼瑚"逐"字新证》,《吉林大学古籍整理研究所建所十五周年论文集》,长
　　春：吉林大学出版社,1998 年。

　　《新见西周再簋铭文释读》,《史学集刊》2006 年第 2 期。

涂白奎：《关于何尊铭文的几点新补证》,《贵州社会科学》1991 年第 8 期。

　　《说何尊的"复……自天"及相关问题》,《考古与文物》2010 年第 1 期。

襄樊市博物馆：《湖北襄阳团山东周墓》,《考古》1991 年第 9 期。

夏德安著,陈松长译：《战国时代兵死者的祷辞》,见中国社会科学院简帛研究中心
　　编：《简帛研究译丛》第二辑,长沙：湖南人民出版社,1998 年。

谢明文：《晋公蠡铭文补释》,复旦大学出土文献与古文字研究中心编：《出土文献与
　　古文字研究》第五辑,上海：上海古籍出版社,2013 年。

　　《臣谏簋铭文补释》,《中国国家博物馆馆刊》2014 年第 3 期。

谢雨田：《封子楚簠小考》,复旦大学出土文献与古文字研究中心网站,2016 年 1 月
　　13 日。

徐伯鸿：《程桥三号春秋墓出土盘匜簠铭文释证》,《东南文化》1991 年第 1 期。

徐俊英：《南阳博物馆藏一件春秋铜敦》,《文物》1991 年第 5 期。

徐难于：《幽公𥁕铭："乃自作配乡民"浅释——兼论西周"天配观"》,《中华文化论坛》
　　2006 年第 2 期。

徐少华：《包山二号楚墓的年代及有关问题》,《江汉考古》1989 年第 4 期。

　　《论己姓、彭姓诸族的流变和分布》,《江汉考古》1996 年第 2 期。

徐锡台：《周原出土卜辞选释》,《考古与文物》1982 年第 3 期。

徐中舒：《西周墙盘铭文笺释》,《考古学报》1978 年第 2 期。

徐义华：《商代的帝与一神教的起源》,《南方文物》2012 年第 2 期。

晏昌贵：《秦家嘴"卜筮祭祷"简释文辑校》第 11 简，《湖北大学学报》2005 年第 1 期。
　　《楚简所见诸司神考》，《江汉论坛》2006 年第 9 期。

杨怀源、孙银琼：《禹簋、盇章钟、盇章镈、公鼎"乍"新释》，《重庆理工大学学报》2014
　　年第 12 期。

杨树达：《关涉周代史实之彝铭五篇》，《历史研究》1954 年第 2 期。

杨天宇：《〈周礼〉之天帝观考析》，《中国史研究》1990 年第 4 期。

杨向奎：《先秦儒家之一统思想——兼论"炎黄"、"华夏"两实体之形成》，《山东大学
　　学报》1988 年第 4 期。

杨振红：《月令与秦汉政治再探讨——兼论月令源流》，《历史研究》2004 年第 3 期。

余敦康：《夏商周三代宗教——中国哲学思想发生的源头》，收入姜广辉主编：《经学
　　今诠三编》，《中国哲学》第二十四辑，沈阳：辽宁教育出版社，2002 年。
　　《春秋思想史论（上篇）——哲学突破的历史进程》，收入《新哲学》第一辑，郑
　　州：大象出版社，2003 年。
　　《春秋思想史论（下篇）》，王中江主编：《新哲学》第二辑，郑州：大象出版社，
　　2004 年。

于豪亮：《墙盘铭文考释》，《古文字研究》第七辑，北京：中华书局，1982 年。

于省吾：《穆天子传新证》，考古学社：《考古社刊》第 6 期，1937 年。
　　《寿县蔡侯墓铜器铭文考释》，《古文字研究》第一辑，北京：中华书局，
　　1979 年。
　　《释从天从大从人的一些古文字》，《古文字研究》第十五辑，北京：中华书局，
　　1986 年。

袁金平、王丽：《新出曾国金文考释二题》，李学勤主编：《出土文献》第六辑，上海：中
　　西书局，2015 年。

袁　珂：《山海经写作的时地及篇目考》，《中华文史论丛》第七辑，上海：上海古籍出
　　版社，1978 年。

曾宪通、杨泽生、肖毅：《秦骃玉版文字初探》，《考古与文物》2001 年第 1 期。

翟胜利：《中国国家博物馆近藏禹鼎、禹簋试析》，《中国国家博物馆馆刊》2016 年
　　第 3 期。

张崇礼：《封子楚簠铭文补释》，复旦大学出土文献与古文字研究中心网站，2016 年 1
　　月 15 日。

张俊成：《鲍子鼎铭文补释及年代问题》，《华夏考古》2017 年第 2 期。

张光裕：《西周遗器新识——否叔尊铭之启示》，《历史语言研究所集刊》第七十本第

三分,1999 年。

张光远:《故宫新藏春秋晋文称霸"子犯和钟"初释》,《故宫文物月刊》1995 年,总
145 期。

张桂光:《殷周"帝""天"观念考索》,《华南师范大学学报》1984 年第 2 期。

张怀通:《西周祖先崇拜与君臣政治伦理的起源》,《河北师范大学学报》1997 年
第 4 期。

《〈作雒〉研究——兼论周公篇章的制作与流传问题》,《第五届世界儒学大会
学术论文集》,北京:文化艺术出版社,2012 年。

张懋镕:《高家堡出土青铜器研究》,《考古与文物》1997 年第 4 期。

张懋镕、王勇:《遣伯盨铭考释》,李学勤主编:《出土文献》第一辑,上海:中西书局,
2010 年。

张铭洽:《从〈史记·封禅书〉看秦汉之际的神灵崇拜》,《司马迁与〈史记〉国际学术研
讨会论文集》,西安,2000 年 9 月。

张若一:《以马内利的兆头——希伯来圣经异象的形式特征、建构类型及拯救意义》,
《国外文学》2016 年第 3 期。

张树国:《鼺羌钟铭与楚竹书〈系年〉所记战国初年史实考论》,《中华文史论丛》2016
年第 2 期。

张天恩:《从逨盘铭文谈西周单氏家族的谱系及相关铜器》,《文物》2003 年第 7 期。

张玉金:《德方鼎铭文续考》,《中国文字研究》第五辑,南宁:广西教育出版社,
2004 年。

张再兴:《"文"、"皇"考辨》,《中国文字研究》2007 年第二辑,郑州:大象出版社,
2007 年。

张振林:《关于两件吴越宝剑铭文的释读问题》,《中国语文研究》第 7 期,1985 年。

张政烺:《周厉王胡簋释文》,《古文字研究》第三辑,北京:中华书局,1980 年。

《哀成叔鼎释文》,《古文字研究》第五辑,北京:中华书局,1981 年。

《矢王簋盖跋——评王国维古诸侯称王说》,《古文字研究》第十三辑,北京:
中华书局,1986 年。

张志强:《超越民族主义:"多元一体"的清代中国——对新清史的回应》,《文化纵横》
2016 年第 2 期。

赵伯雄:《先秦"敬"德研究》,《内蒙古大学学报》1985 年第 2 期。

《先秦文献中的"以数为纪"》,《文献》1999 年第 4 期。

《西周至秦汉间天下观之演变》,北京大学、南开大学:《郑天挺先生 110 周年

诞辰暨中国古代社会高层论坛会议论文集》,2009 年。

赵光贤：《说〈逸周书·世俘〉篇并拟武王伐纣日程表》,《历史研究》1986 年第 6 期。

《〈逸周书·作洛〉篇辨伪》,《文献》1994 年第 2 期。

赵平安：《绍兴塔山甬钟的自名名称及相关问题》,《中国历史文物》2004 年第 5 期。

《谈谈战国文字中值得注意的一些现象——以清华简〈厚父〉为例》,《出土文献与古文字研究》第六辑（复旦大学出土文献与古文字研究中心成立十周年纪念文集）,上海：上海古籍出版社,2015 年。

《媵盘及其"邶君"考》,《中国史研究》2016 年第 3 期。

赵世纲、刘笑春：《王子午鼎铭文试释》,《文物》1980 年第 10 期。

赵振华：《哀成叔鼎的铭文与年代》,《文物》1981 年第 7 期。

郑慧生：《天子考》,《历史教学》1982 年第 11 期。

郑州市文物考古研究所、登封市文物局：《河南登封告成东周墓地三号墓》,《文物》2006 年第 4 期。

钟春晖：《从"西土"到"中国"——周初天下观的形成和实践》,《紫禁城》2014 年第 10 期。

周凤五：《〈秦惠文王祷祠华山玉版〉新探》,《历史语言研究所集刊》第七十二本第一分,2001 年。

《九店楚简〈告武夷〉重探》,《历史语言研究所集刊》第七十二本第四分,2001 年。

周　亚：《楚大师登编钟及相关问题的认识》,《上海博物馆集刊》第 11 期,上海：上海书画出版社,2008 年。

《郳公镈铭文及若干问题》,《古文字研究》第二十九辑,北京：中华书局,2012 年。

《关于夨及臣辰夨诸器的检讨》,北京大学出土文献研究所编：《青铜器与金文》第一辑,上海：上海古籍出版社,2017 年。

周　言：《说"上下"——商周巫觋社会说的文字学质疑》,《史学月刊》1997 年第 1 期。

朱凤瀚：《商周时期的天神崇拜》,《中国社会科学》1993 年第 4 期。

《有关郳其卣的几个问题》,《故宫博物院院刊》1998 年第 4 期。

《燹公盨铭文初释》,《中国历史文物》2002 年第 6 期。

祝中熹：《文王受命说新探》,《人文杂志》1988 年第 3 期。

外文论文

Constance Cook（柯鹤立）, "Wealth and the Western Zhou", *The Bulletin of the School of Oriental and African Studies* 60.2, 1997 年.

Constance Cook（柯鹤立）, "Ancestor Worship during the Eastern Zhou", 收入 J.

Lagerwey and M. Kalinowski 编 Early Chinese Religion，Leiden：Brill，2009.

Constance Cook（柯鹤立），"Education and the Way of the Former Kings"，收入李峰、D. Branner 编，Writing & Literacy in Ancient China，University of Washington Press，2011.

Robert Eno（伊若泊），"Was There A High God *TI* in Shang Religion?" *Early China*，vol. 15，1990.

Mercedes Valmisa："Is the ideology of the 'Mandate of Heaven' already present in Western Zhou bronze inscriptions?"，Princeton University，May 2012.

Scott A. Barnwell："The Evolution of the Concept of De 德 in Early China"，收入 Victor Mair 编 *Sino-Platonic Papers*，Department of East Asian Languages and Civilizations，University of Pennsylvania，2013.

Vassili Kryukov（刘华夏），"Symbols of Power and Communication in Pre-Confucian China（On the Anthropology of "de"）：Preliminary Assumptions"，*Bulletin of the School of Oriental and African Studies*，University of London，Vol. 58，No.2（1995）.

Paul，R. Goldin（金鹏程），"The Myth that China Has No Creation Myth"，*Monumenta Serica*，vol. 56，2008.

Peter. Boodberg（卜弼德），"The Semasiology of Some Primary Confucian Concepts"，收入 *Selected works of Peter A. Boodberg*，Berkeley：University of California Press，1979.

Yuri Pines（尤锐），"Changing views of 'tianxia' in pre-imperial discourse"，*Oriens Extremus*，Vol. 43，2002.

Yuri Pines（尤锐），"Disputers of the 'Li'：Breakthroughs in the Concept of Ritual in Preimperial China"，*Asia Major*，vol. 13，no. 1，2000.

博、硕士学位论文

金学清：《东周王室研究》，华东师范大学博士学位论文，2004 年。

郭旭东：《卜辞与殷礼研究》，陕西师范大学博士学位论文，2010 年。

杨　坤：《两周宗法制度的演变》，北京大学博士学位论文，2019 年。

钟传永：《荆楚古史系统研究——以"三楚先"为中心》，北京师范大学硕士学位论文，2019 年。

腾兴建：《商代祭祀对象研究》，南开大学博士学位论文，2020 年。

后 记

这部书稿的写作，历经多年，完成之际，充斥于内心的，是感激之情。

从进入研究生阶段算起，我步入先秦史研究领域已经三十年了，但说起研究成果，真是令人汗颜。我感到自己愧对两位导师晁福林、赵世超教授的殷殷教诲。

晁老师指导我，从事先秦史研究，当以探索华夏文明的产生、发展、演变为职责。赵老师教育我，了解中华文明，必须探本溯源、追踪其初。老师的谆谆告诫，引导我升华学术境界，俾我自励自惕，不敢或忘。在写作本书的过程中，我勉力遵循老师的教导，虽不能至于理想境界，但深切地体会到两位老师对我影响甚巨。

我的两位导师，人生经历有十分近似之处。他们都是在二十世纪六十年代负笈北上，经过大学阶段的学习之后，又离开了学术中心。晁老师远去黑龙江，任教于中学，赵老师则分配至河北从事考古发掘。待改革开放之后，两位老师才有机遇回归先秦史研究，而那时，他们已经人到中年了。在他们中年、壮年阶段，老师们所承受的学术重担、生活压力，我目睹耳闻。晁老师常年与十来位同事挤在一间办公室当中，读书写作，寒来暑往，精进不懈。而当我读研究生时，有一次帮赵老师搬家，看到老师书桌的一角竟然是用废旧书籍支撑起来的，在场的同学一时沉默不能语。至今走笔于此，当时的酸楚犹在心中。那个时代，老师们生活清苦，也没有什么荣誉，但两位老师不以个人私利介怀，从未停止对学术的探索和追求。他们吃苦耐劳、宠辱不惊、意志坚定，心无旁骛地持恒努力，他们对于学术的孜孜以求、对于正义的坚持坚守、对于担当社会责任的热切，时时予我以鼓舞。

回忆学生时代，我非常感谢萧正洪教授。萧老师视野宏阔，热情开朗，在迷茫之时，幸获萧老师的指点，我才能够明晰自己的道路。

在我求学的过程中，有幸结识了齐世荣先生、刘家和先生。两位先生为学界前辈，但他们待人热忱、提携后学，令人铭感不能忘。我还十分幸运地得到了张光裕先生的帮助,张先生古道热肠,对于后辈学生深为奖掖。

感谢金鹏程(Paul Goldin)、柯鹤立(Constance Cook)、吴欣、尤锐(Yuri Pines)、李峰诸位教授,得益于他们的支持,我获得了外出学习的机会。尤老师、吴老师、金老师近年来常常在北师大讲学,他们使我意识到,中国史的研究需要扩展至具有世界性的意义。

衷心感谢我的朋友江湄、张志强、陈惠琴、罗卫东、贺照田,我们一同求学,一同成长,成为一生的切磋益友。借此机会,也致意远方的朋友Linda Meiberg、Mike Meiberg、Gregg Smyrl、孙岩、杨顺子(Soon-ja Yang)、徐诚彬(Daniel Sou)、Christina Janney(简宁)、Munair Simpson。

感谢韩江苏、杨兆贵、仝卫敏、田率、黄国辉、李凯、刘卓昇,师门内的讨论常常予我以启发。感谢毛承慈编辑、李明阳先生、宋嫚以及同学们,他们辛苦付出,校对书稿、提出建议。感谢北京师范大学历史学院 2015 年专项经费的资助,使得本书的出版最终提上日程。

还要特别感谢原协和医院外科杰出的女专家郭惠琴教授,她以精湛的医术和高度的责任感,数次挽救了家人的生命,使我能够在过去的十多年间,虽经历险境,但绝大多数的时间,能够安心平静地工作学习,她是我心目中的英雄。

最后,感谢父母对我的养育。我的父亲在十七岁的年龄就离开家乡,跟随部队辗转来到新疆罗布泊马兰基地,在孔雀河边的沙漠中挥洒青春。作为一名工程兵,他见证了中国第一颗原子弹的成功爆炸。随后,又奔赴中印边界反击战。父亲很少说到自己年轻时的经历,但母亲说,在我们家里,父亲做出的贡献最大。父母教育我的和老师们所教诲的相一致,也都植根在我的心里。

罗新慧

2020 年 5 月 14 日写于家中